# DEMOCRACIA E NEOLIBERALISMO

O legado da Constituição em tempos de crise

Coordenadores
**Adriane Reis de Araujo**
**Marcelo José Ferlin D'Ambroso**

# DEMOCRACIA E NEOLIBERALISMO

O legado da Constituição em tempos de crise

**2ª edição**
Revista, atualizada e ampliada

2019

www.editorajuspodivm.com.br

www.editorajuspodivm.com.br

Rua Território Rio Branco, 87 – Pituba – CEP: 41830-530 – Salvador – Bahia
Tel: (71) 3045.9051
• Contato: https://www.editorajuspodivm.com.br/sac

**Copyright:** Edições *Jus*PODIVM

**Conselho Editorial:** Eduardo Viana Portela Neves, Dirley da Cunha Jr., Leonardo de Medeiros Garcia, Fredie Didier Jr., José Henrique Mouta, José Marcelo Vigliar, Marcos Ehrhardt Júnior, Nestor Távora, Robério Nunes Filho, Roberval Rocha Ferreira Filho, Rodolfo Pamplona Filho, Rodrigo Reis Mazzei e Rogério Sanches Cunha.

**Capa:** Ana Caquetti

---

D383  Democracia e neoliberalismo: O legado da Constituição em tempos de crise / coordenadores Adriane Reis de Araujo, Marcelo José Ferlin D'Ambroso. – 2. ed. rev., atual. e ampl. – Salvador: Editora JusPodivm, 2019.
704 p.

Vários autores.
Bibliografia.
ISBN 978-85-442-2952-1.

1. Constituição Federal. 2. Democracia. 3. Neoliberalismo. I. Araujo, Adriane Reis de. II. D'Ambroso, Marcelo José Ferlin. III. Título.

CDD 341.2

---

Todos os direitos desta edição reservados à Edições *Jus*PODIVM.

É terminantemente proibida a reprodução total ou parcial desta obra, por qualquer meio ou processo, sem a expressa autorização do autor e da Edições *Jus*PODIVM. A violação dos direitos autorais caracteriza crime descrito na legislação em vigor, sem prejuízo das sanções civis cabíveis.

# Apresentação à 2ª edição

O lançamento da segunda edição desta obra reafirma o compromisso com o espírito democrático da Constituição da República Federativa do Brasil de 1988 em um cenário de intensificação do desmonte dos direitos sociais e das instituições de proteção do trabalhador. O retrocesso social inaugurado com a Reforma Trabalhista (2017), sob análise na primeira edição, em 2019 foi agudizado por meio do enfraquecimento de alguns dos principais entes e órgãos incumbidos da fiscalização do trabalho. O Ministério do Trabalho foi extinto pela Medida Provisória 870, cujas atividades foram divididas entre o Ministério da Economia e o Ministério da Justiça, e foi dificultado o recolhimento da contribuição sindical por meio da edição da Medida Provisória 873. A alardeada Reforma da Previdência veio acompanhada pela ameaça de extinção da Justiça do Trabalho e do Ministério Público do Trabalho, bem como pela extinção dos Conselhos Federais com participação popular, por meio do Decreto 9.759. Por fim, às vésperas da comemoração do Dia do Trabalho, é editada a Medida Provisória 881, intitulada de "Declaração de Direitos de Liberdade Econômica", com o intuito de "desburocratizar o exercício da livre-iniciativa". Pouco a pouco, revela-se claramente a intenção do governo Bolsonaro de desmantelar o paradigma do Estado Democrático de Direito e sepultar a centralidade da dignidade humana prevista no texto constitucional.

As cartas constitucionais democráticas têm por característica impedir aventuras autoritárias e distópicas nos países ao limitar os poderes, sejam eles econômicos, políticos, militares ou judiciários, lembrando que todo poder emana do povo, em nome de quem e para quem deve ser exercido. A Constituição da República do Brasil segue esta linha.

O bem-estar da Nação, que se alcança pelo desenvolvimento dos índices de igualdade social, significa que o crescimento econômico deve operar para o benefício de todas as pessoas e não só de algumas, muito menos de corporações privadas que respondem à fórmula da máxima lucratividade às custas da exploração alheia.

Na verdade, está em curso um projeto de retirar a autonomia do Direito do Trabalho e incorporar toda prestação de serviços em modalidade de Direito Civil, sob a pecha do "empreendedorismo". Quando não, as pessoas trabalhadoras são incentivadas abertamente, e de modo indiscutivelmente contrário aos direitos sociais previstos nos arts. 6º e segs. da Constituição, a "negociar" individualmente com o poder econômico, através da carteira "verde e amarela".

A história do Brasil e da América Latina é permeada por avanços e retrocessos sociais e períodos de autoritarismo marcados sob o signo do neoliberalismo. Como bem denuncia a jornalista Naomi Klein, no livro "*La doctrina del shock: el auge del capitalismo del desastre*"[1], este modelo não se amolda à democracia, haja vista a primeira experiência de prática neoliberal dessa doutrina foi implantada através do golpe militar de Pinochet, no Chile, em 1973, com o apoio da Escola de Chicago. A resistência civil foi controlada por meio do genocídio das pessoas mais vulneráveis. Antes do Chile, entretanto, o Brasil de 1964 já sofria um golpe militar, mergulhando numa ditadura de 21 anos, justamente por interesses de multinacionais que financiaram e apoiaram os militares, alocando "Chicago boys" à frente da direção da economia brasileira. Nesta época, a perseguição a sindicalistas, fechamento e intervenção de sindicatos, sucessivas alterações da CLT (para pior), medidas de austeridade fiscal, privatizações, cortes de gastos sociais e corrupção geradora do endividamento externo andaram de mãos dadas com o regime, enquanto o povo amargou a hiperinflação do começo da década de 1980, acentuando-se, por consequência, os índices de desigualdade social.

Agora, ainda que por voto popular cozido em uma campanha cercada do uso de redes sociais, discursos de ódio e "fake news", esse cenário se repete com a repristinação da perseguição ao sindicalismo, por meio de sua submissão ao Ministério da Justiça e do estrangulamento de sua arrecadação financeira. A tentativa de extirpar os direitos sociais através do incentivo ao negociado sobre o legislado, em uma verdadeira *"race to the bottom"*, traduz a ironia do momento em que a entidade desenhada nos ordenamentos jurídicos como interlocutor dos trabalhadores se soma ao poder econômico para recrudescer suas condições de vida. Em um espaço de desqualificação do trabalho e dos atores sociais que o representam, o emprego se torna uma mercadoria valiosa, ainda que espoliado e precarizado.

Tudo isso se dá no espaço exíguo de poucos meses, pouco mais de 100 dias.

Portanto, há disjunção entre democracia e neoliberalismo[2]. O anacronismo de um regime militar-empresarial na égide da Constituição de

---

1. KLEIN, Naomi. ***La doctrina del shock: el auge del capitalismo del desastre.*** Barcelona: Paidós/Editorial Planeta, 2012.
2. O professor Eugenio Raúl Zaffaroni explica o *modus operandi* do neoliberalismo nas democracias contemporâneas:

1988, embasado em "doutrina de segurança nacional" – cadáver insepulto da Guerra Fria –, desafia não só o regramento constitucional, como também os Tratados de Direitos Humanos de que o País é signatário, em especial as Convenções da OIT. O acordo comercial com o Chile, do final de 2018, exigiu a promulgação do Decreto Legislativo 9.571, instituindo o *Compliance* e, inclusive, *Compliance* trabalhista, com a obrigação de as empresas pátrias, e daquelas que operarem em território brasileiro, de observar os Princípios Orientadores sobre Empresas e Direitos Humanos da ONU e as Linhas Diretrizes para Empresas Multinacionais da OCDE, organismo no qual o País aspira a posição de membro. De forma que as políticas neoliberais antes citadas e em curso agridem brutalmente os postulados da ONU, da OCDE e o próprio Decreto 9.571/18, inviabilizando o comércio com países civilizados e o próprio desenvolvimento da economia nacional.

A denúncia desta obra, de que o corte reformista de 2017, além de enfraquecer a negociação coletiva e os sindicatos, atingira, também, espaços de cidadania relativos ao acesso à justiça pelas pessoas trabalhadoras, avança com as novas reformas neoliberais de 2018 e 2019 no sentido de extinguir ou esvaziar os sindicatos e as instituições de proteção ao trabalho humano. O trabalho deixa de ser reconhecido como um bem produtor de riquezas e a pessoa do trabalhador se vê alijada de garantias de cidadania, sob a sombra de exércitos de reserva facilmente descartáveis pelo capital e reprimidos pelo Estado. Boaventura de Souza Santos[3] explica que o movimento neoliberal de retrocesso ao contrato social se dirige para o contratualismo individualista e possessivo e grupos sociais cada vez maiores são expulsos do contrato social (pós-contratualismo) ou nem sequer têm acesso a ele (pré-contratualismo), convertendo-se em populações descartáveis, sem direitos mínimos e lançados a um novo estado de natureza, em suas palavras: um *fascismo social*.

---

En la periferia, en esta fase superior del colonialismo, se opera de modo parecido, tratando de imponer gobernantes sumisos a los intereses del capital financiero transnacional o procurando destituir a quienes les opongan resistencia o descalificar a los políticos que los denuncian.

Para eso el colonialismo se vale de la opinión pública, convenientemente formateada por los medios masivos de comunicación monopolizados, que forman parte del mismo capital transnacionalizado, como también de políticos inescrupulosos o insensatos, de lobbystas (corruptores especializados) y de técnicos políticamente asépticos, previamente esterilizados en los cónclaves de sus Think Tanks centrales. (ZAFFARONI, Eugenio Raúl. *El Derecho Latinoamericano en la fase superior del colonialismo*. **Passagens. Revista Internacional de História Política e Cultura Jurídica.** Rio de Janeiro: vol. 7, n. 2, maio-agosto, 2015, p. 198)

3. SANTOS, Boaventura de Sousa. *Si Dios fuese un activista de los derechos humanos.* Madrid: Editorial Trotta, 2014, p. 68.

Como diz o professor Eugênio Raúl Zaffaroni[4], o neoliberalismo é uma máscara do capitalismo corporativo, dessas grandes corporações que buscam sugar recursos naturais e explorar mão-de-obra barata em favor da máxima lucratividade ao menor custo. Lamentavelmente, a prática brasileira bem o está demonstrando.

Luigi Ferrajoli[5] aponta que os direitos fundamentais expressam a dimensão substancial da democracia, em oposição à dimensão política ou formal e a forma universal, inalienável, indisponível e constitucional desses direitos se revela como a técnica ou garantia prevista para a tutela de tudo aquilo que no pacto constitucional se considerou fundamental, ou seja, de necessidades substanciais cuja satisfação é condição da convivência civil e causa ou razão social do artifício que é o Estado.

Por tudo isso, a segunda edição deste livro, diante do agravamento do quadro de ruína dos direitos sociais, vai além do alerta inicial. Esta obra pretende ser um instrumento de reflexão e defesa contra a exploração gananciosa e inescrupulosa do capitalismo predatório. A Constituição precisa ser revigorada e aplicada em todo seu rigor às normas editadas em contrariedade e que venham a ser editadas em atentado à democracia para que nós, e as futuras gerações, possamos efetivamente ter esperança em um futuro mais livre, igualitário e solidário.

Com revisão e significativa ampliação, esta obra segue incorporando textos de conteúdo crítico e novos aportes relativos ao tema principal, "democracia e neoliberalismo", além das interpretações do texto constitucional afinadas a uma visão social do Direito.

Nenhum direito a menos!

Boa leitura!

São Paulo, 10 de maio de 2019.

**Marcelo Ferlin D'Ambroso**  **Adriane Reis de Araujo**
Desembargador do TRT 4ª Região.  Procuradora Regional do Trabalho.
Ex-Presidente fundador do IPEATRA.  Presidente do IPEATRA.

---

4. ZAFFARONI, Eugenio Raúl. *El Derecho Latinoamericano en la fase superior del colonialismo.* **Passagens. Revista Internacional de História Política e Cultura Jurídica.** Rio de Janeiro: vol. 7, n. 2, maio-agosto, 2015, p. 182-243.
5. FERRAJOLI, Luigi. *Derechos fundamentales.* In FERRAJOLI, Luigi. **Los fundamentos de los derechos fundamentales. Debate com Luca Baccelli, Michelangelo Bovero, Riccardo Guastini, Mario Jori, Anna Pintore, Ermanno Vitale y Danilo Zolo. Edición de Antonio de Cabo y Gerardo Pisarello.** 4. ed., Madrid: Editorial Trotta, 2009, p. 35-6.

# Apresentação à 1ª edição

*"..., es un dato de 'experiencia eterna' que los poderes, libres de límites y controles, tienden a concentrarse y a acumularse en formas absolutas; a convertirse, a falta de reglas, en poderes salvajes"* (LUIGI FERRAJOLI[1])

A Constituição da República Federativa do Brasil cumpre trinta anos de vigência em um momento político conturbado repleto de incertezas, retrocessos, certa apatia e muita preocupação quanto ao futuro do país. Esse documento, essencial para a transição de modelos de governo tão díspares, inicia seu período de maturidade em plena crise existencial. Sob a sombra de uma reforma trabalhista profunda, que – "sem revogar um só dispositivo de direito social" constitucional – enxertou novos modelos de contrato de trabalho e provocou fissuras no arcabouço teórico das relações de trabalho e do processo do trabalho, a Constituição brasileira parece agonizar em um canto escuro.

Seguindo os conselhos da Declaração de Filadélfia, de que "a pobreza, onde quer que exista, constitui um perigo para a prosperidade de todos" (item I.c), a nossa democracia capitalista foi fundada na valorização do trabalho e na livre iniciativa (art. 1º, IV, CR). O equilíbrio entre os fatores sociais e econômicos é determinante para aferição do grau democrático de uma nação, pois a desigualdade nas relações privadas (em que a maioria da população se submete, sem defesa, a uma minoria) impede a consolidação dos requisitos básicos desse modelo político: igualdade, liberdade e solidariedade. A calibragem de forças dos atores das relações de trabalho, portanto, define as coordenadas do ponto de chegada, como também os limites a serem observados na própria rota da prática democrática. Esta é a razão pela qual ADAM SMITH sempre aconselhava a escuta cautelosa das proposições legais ou regulamentares dos empresários, sugerindo que a conclusão das autoridades somente fosse adotada após uma longa e minuciosa análise dos pleitos[2].

Os legisladores brasileiros contemporâneos, porém, fizeram ouvidos moucos à experiência e aprovaram com encômios uma reforma da

---

1. FERRAJOLI, Luigi. **Poderes salvajes. La crisis de la democracia constitucional**. Madrid: Minima Trotta, 2011, p. 12.
2. SEN, Amartya. **Desenvolvimento como liberdade**. 2ª Reimp. São Paulo: Companhia das Letras, 2010, p. 20.

lei trabalhista precarizante sob o argumento de recolocar em marcha a economia. A crise econômica foi utilizada como mote para estreitar o caminho em prol da igualdade e reduzir direitos fundamentais daqueles que vivem do trabalho. O legislador ordinário então acresceu barreiras ao gozo de direitos (como o afastamento remunerado da gestante submetida a trabalho insalubre), ampliou modelos autônomos de prestação de serviços (trabalhador autônomo com exclusividade) e fragmentou o contrato de trabalho (contrato intermitente).

A promessa de equilíbrio de poder entre as partes contratantes adviria da negociação coletiva. Entretanto, aqui também o legislador ordinário atuou com precisão cirúrgica. Com um único golpe, simplesmente inviabilizou a atuação sindical ao retirar a fonte de financiamento do Sindicato profissional (imposto sindical), sem propiciar vias alternativas e sem efetuar a imprescindível reforma sindical. Em um cenário desfavorável, de unicidade sindical e extensão dos efeitos das normas negociadas a toda categoria, que desestimulam a solidariedade e a participação sindical – a asfixia das entidades sindicais profissionais repercute negativamente na autonomia, articulação e no exercício da liberdade sindical. Como resultado, há a proliferação de instrumentos coletivos fracos ou inúteis na perspectiva de conquistas sociais progressivas conforme o art. 7º, I, CR.

A intervenção no campo coletivo, todavia, não se restringe a isso. A reforma trabalhista expressamente empurra as partes a negociar as condições contratuais de modo global, com a "segurança jurídica" de fazê-la prevalecer sobre a lei. Isso fica claro ao se verificar que a Lei n. 13.467/2017 estabelece, desde logo, um rol – exemplificativo – dos temas a serem tratados pelas partes convenentes, seguido de outro rol, taxativo e mais modesto, dos temas a elas proibidos. Além do mais, o legislador reformista pretende oferecer como garantia aos signatários a blindagem à apreciação judicial das normas coletivas em seu aspecto material, ou seja, quanto a sua nulidade ou contrariedade à integridade sistêmica trabalhista.

Por fim, o corte se estendeu a espaços de cidadania, uma vez que até mesmo a certeza de poder "buscar seus direitos" foi obstaculizada à pessoa trabalhadora. Hoje, quem pretende reclamar os seus "direitos" judicialmente contra o capital corre o risco de sair do processo em situação pior àquela em que entrou, uma vez que a reforma estreitou os critérios para o reconhecimento e gozo do benefício da justiça gratuita no processo do trabalho (se comparado ao processo comum – NCPC, art. 99, §

3º c/c art. 374, IV). A inovação legal admitiu, também, a condenação no pagamento de honorários sucumbenciais e periciais ao demandante pobre em diversas situações. Dessa maneira, o legislador estimula o trabalhador antecipadamente a abrir mão de reclamar direitos trabalhistas, principalmente quando seja um caso duvidoso, enrijecendo a jurisprudência trabalhista ao redor de teses já sedimentadas, reduzindo o ritmo do avanço dessa mesma jurisprudência mais favorável ao trabalhador e promovendo um estado artificial de harmonia, retratado na redução do número de demandas judiciais.

Situação mais grave é da pessoa trabalhadora considerada hipersuficiente, ou seja, aquela que tem curso de nível superior e recebe como remuneração valor superior a duas vezes o teto de benefícios do INSS (o que equivale, hoje, a aproximadamente R$11.063,00), e que por meio de uma cláusula compromissória é "voluntariamente" levada a uma câmara arbitral. Importante pensar que essa cláusula é assinada no momento da contratação em um quadro econômico recessivo, claramente impeditivo da livre expressão do consentimento do trabalhador ou trabalhadora.

Seguramente, a assimetria de poder entre as partes individuais e coletivas da relação de trabalho aprofundou o abismo entre o capital e o trabalho. O trato diferenciado das garantias processuais e prejudicial à parte mais vulnerável da relação de trabalho, por outro lado, fez mais que isso, essa novidade do legislador nos fez retroceder a um modelo jurídico pré iluminista, pois não se concebe que uma mesma pessoa seja pobre em um processo civil e não o seja em um processo trabalhista, que uma mesma pessoa tenha acesso ao Poder Judiciário em uma lide civil e não o tenha em uma demanda trabalhista. Deste ponto de vista, a reforma artificialmente oculta a desigualdade de poder característica da relação de trabalho subordinada ao induzir a parte vulnerável a se conformar com modelos civilistas de locação de serviços (em que prevalece a igualdade jurídica entre os contratantes) para assim garantir a fruição da Justiça Gratuita. Em pequenos passos, a medida do legislador ordinário cuidadosamente descontrói o papel social e histórico da Justiça do Trabalho.

O interesse contido nas normas trabalhistas ultrapassa meros cálculos econômicos ou a soma dos interesses particulares. A Declaração de Filadélfia alerta que, para garantir a paz social, é indispensável reforçar as obrigações públicas de cuidado e solidariedade, bem como reduzir a vulnerabilidade e situações de injustiça como trabalho infantil, trabalho degradante, trabalho escravo, trabalho sem proteção. A ação pública é concretizada por meio de políticas próprias, financiadas pelo erário público. Portanto, a regulação do trabalho vigente modula a sociedade futura na medida em que interfere na tributação e na coleta dos fundos necessários aos custos dos serviços públicos de educação, saúde e previdência social.

A reforma trabalhista, é importante destacar, realiza-se dentro de um conjunto de profundas e nefastas alterações legislativas igualmente baseadas na crise econômica. Nelas se encontra somente o substrato que conforma a prevalência do bem jurídico patrimonialista sobre o bem jurídico do valor social do trabalho e instrumentos que consolidam o poder econômico no controle estatal e domínio do povo, transformado em corpo dócil. Em outros planos de atuação estatal pode-se enumerar: no plano dos investimentos públicos, o congelamento de gastos sociais por vinte anos advindo da Emenda Constitucional n. 95, objeto de atenção da ONU, que está enviando Comitê para informes no país; no plano jurídico, a alteração da Lei de Introdução ao Direito Brasileiro pela Lei 13655/18, que praticamente inviabiliza o Poder Judiciário de invalidar atos e contratos da Administração Pública; no plano econômico, a desoneração das petroleiras internacionais para exploração das reservas do pré-sal até 2040 (MP 795/17, convertida na Lei 13586/17), implicando prejuízos da ordem de um trilhão de reais na arrecadação de impostos. Estes, entre tantos, são exemplos de normas que desafiam a legitimidade legislativa.

Aliás, nesta linha de excessos de exercício de poder constituinte derivado, não é de se estranhar que siga tramitando a PEC 300/16, que altera a redação dos incisos XIII, XXI, XXVI e XXIX do art. 7º da Constituição para "dispor sobre jornada de trabalho de até dez horas diárias, aviso prévio de trinta dias, prevalência das disposições previstas em convenções ou acordos coletivos e prazo prescricional de dois anos até o limite de três meses para ações ajuizadas após a extinção do contrato de trabalho, obrigatoriamente submetidas à Comissão de Conciliação". Sem dúvida, além de pretender a alteração de cláusula pétrea sem nova constituinte – em franca violação ao art. 60, §4º, CR, representa esta PEC o verdadeiro fim do mundo no Direito do Trabalho, pois subverte a ordem social estabelecida nos fundamentos da República do art. 1º relativos à dignidade da pessoa humana e aos valores sociais do trabalho, bem assim os objetivos fundamentais de construção de uma sociedade livre, justa e solidária estabelecidos no art. 3º.

Nesse cenário, consolidou-se o quadro mais austero em direitos e bens econômicos para a pessoa que vive do seu trabalho, ou seja, somaram-se instrumentos do estado de exceção e de austeridade econômica e fiscal descritos por AGAMBEN[3]:

"(...) assim como o estado de exceção requer que haja porções sempre mais numerosas de residentes desprovidos de direitos políticos e que, no limite, todos os cidadãos sejam reduzidos a vida nua, do mesmo modo a crise, tornada permanente, exige não apenas que os povos do Terceiro Mundo sejam sempre mais pobres, mas também que um percentual crescente de cidadãos das sociedades industriais seja marginalizado e sem trabalho".

Como bem adverte LUIGI FERRAJOLI, a violação de princípios de uma democracia pode promover sua derrocada sem golpes de Estado, sem dissenso popular ou rebeliões, precisamente quando, diante da ausência de limites e controles, os poderes acabam se concentrando e acumulando em formas absolutas, tornando-se poderes selvagens, demandando, portanto, a defesa intransigente do sistema de garantias constitucionais.

A crise política em curso, explica ZYGMUNT BAUMAN, é uma crise do Estado moderno, que busca defender sua existência com ajustes de orçamento e políticas neoliberais, esquecendo que o seu propósito fundamental não é orçamentário, mas fornecer serviços adequados às pessoas[4]. A dogmática jurídica que aplica a norma sem questionar seu conteúdo e integridade sistêmica se arrisca a consolidar o desarranjo institucional que pode comprometer as bases da República e aprofundar a crise política até o colapso estatal.

O constitucionalismo se caracteriza como um sistema complexo de regras, separações e contrapesos, garantias e funções, bem como instituições de garantia, em que a legitimidade das normas ordinárias é ditada por sua conformação formal e substancial aos princípios, valores e direitos ali traçados. Nesse modelo, que é o brasileiro, a aplicação de uma regra exige a obediência às garantias formais ("que" e "como se decide") ou de conteúdo ("o que se decide"). A revisão do conteúdo da reforma trabalhista e da própria relação de trabalho reclama, pois, o despertar do texto constitucional de seu estado de torpeza.

---

3. AGAMBEN, Giorgio. **Meios sem fim: notas sobre a política.** Trad. Davi Pessoa. Belo Horizonte: Autêntica Editora, 2015, pp.119-1200.
4. BAUMAN, Zygmunt; BODONI, Carlos. Estado de crise. Rio de Janeiro: Zahar, 2016, p. 139.

Esta obra oferece a visão crítica e humanística, formada através do resgate do paradigma constitucional democrático e plural como patamar mínimo civilizatório de equilíbrio das relações de trabalho, com o objetivo de impedir a formação de "poderes selvagens". Ela se dirige a todos os campos de reflexão e aplicação dogmática e prática do Direito e aos profissionais do Direito, desde sua formação até a sua atuação perante as cortes judiciais, como procuramos demonstrar pelos convidados que prefaciaram a obra.

O livro reúne experiências trazidas por estudiosos ibero-americanos em contextos semelhantes, bem como a análise de diversos dispositivos constitucionais fundamentais em temas trabalhistas por magistradas, magistrados, procuradoras e procuradores do trabalho, na busca da preservação do Estado Democrático de Direito. Todas e todos articulistas são membros do Instituto de Pesquisas e Estudos Avançados da Magistratura e do Ministério Público do Trabalho – IPEATRA, entidade não-estatal e sem fins lucrativos, formada por profissionais das duas carreiras, com atuação em todo o Brasil, e que foi fundada em 1º de dezembro de 2007, por ocasião do I Congresso Sul-brasileiro de Juízes e Procuradores do Trabalho. O Instituto tem por finalidade a promoção de estudos e pesquisas, em nível interinstitucional e internacional, envolvendo a Magistratura e o Ministério Público do Trabalho, com vistas ao aprimoramento teórico e prático do Direito do Trabalho e à expansão tuitiva e emancipatória dos direitos sociais.

O IPEATRA, portanto, celebra o trintenário da "Constituição Cidadã", resgatando a bússola e as coordenadas deixadas pelo legislador constituinte para encontrarmos (ou melhor, construirmos) a sociedade brasileira que almejamos.

Boa leitura!

São Paulo, 10 de junho de 2018.

**Marcelo Ferlin D'Ambroso**
Desembargador do TRT 4ª Região.
Ex-Presidente fundador do IPEATRA.

**Adriane Reis de Araujo**
Procuradora Regional do Trabalho.
Presidente do IPEATRA.

# Prefácio

**Roberto Parahyba de Arruda Pinto**
*Presidente da ABRAT – Associação Brasileira de Advogados Trabalhistas*

É uma imensa honra prefaciar essa obra coletiva organizada pelo IPEATRA que contém artigos de eméritos juristas comprometidos com o Estado Democrático de Direito, melhor forma de celebração dos 30 anos da Constituição Federal. Mormente nos dias atuais, abalados pela recente e alentada modificação da legislação infraconstitucional trabalhista, em que se faz premente o escorreito manejo do sistema de controle de constitucionalidade, com a finalidade última de se preservar o chamado mínimo existencial, compreendidos os direitos sociais trabalhistas como espécie do gênero direitos fundamentais. O Brasil, junto com Portugal, é um dos poucos países que adotam o controle difuso misto com o concentrado, por meio do qual qualquer juiz pode deixar de aplicar uma lei se entende-la inconstitucional.

A interpretação de um texto normativo depende de sua conformidade com um texto de validade superior, vale dizer, a Constituição Federal, fundamento de validade de todo o sistema jurídico. A aferição dessa conformidade exige a prévia compreensão da principiologia constitucional, mediante uma interpretação que leve em conta a perspectiva de que os valores constitucionais têm precedência sobre uma lei esparsa.

Principiologia é, como a etimologia está a indicar, o estudo dos princípios. Os princípios foram extremamente bem definidos por Celso Antonio Bandeira de Melo: "Princípio – já averbamos alhures – é, por definição o mandamento nuclear de um sistema, verdadeiro alicerce dele, disposição que se irradia sobre diferentes normas, compondo-lhes o espírito e servindo de critério para sua exata compreensão e inteligência, exatamente por definir a lógica e a racionalidade do sistema normativo, no que lhe confere a tônica e lhe dá sentido harmônico". O mesmo autor arremata: "Violar um princípio é muito mais grave que transgredir uma norma qualquer. A desatenção ao princípio implica ofensa não apenas a um específico mandamento obrigatório mas a todo o sistema de comandos. É a mais grave forma de inconstitucionalidade, conforme o escalão do princípio atingido, porque representa insurgência contra todo o sistema, subversão de seus valores fundamentais, contumélia irremissível a seu arcabouço lógico e corrosão de sua estrutura mestra".

O foco constitucional deve presidir toda e qualquer análise jurídica, mormente de uma lei infraconstitucional, que deve ser compreendida e interpretada a partir da Constituição Federal, vale dizer, à luz dos direitos fundamentais e dos princípios constitucionais, além das normas internacionais. No caso da Lei 13.457/2017 ("reforma trabalhista"), considerando-se, outrossim, os princípios específicos do sistema do Direito do Trabalho, que permanecem vívidos, como os da proteção; condição mais benéfica; norma mais favorável; irrenunciabilidade; primazia da realidade; continuidade da relação de emprego; boa-fé, dentre outros.

Tal postura hermenêutica, sintetizada por alguns doutrinadores na expressão "interpretação conforme a Constituição" (mais do que uma regra hermenêutica, meio de controle de constitucionalidade), é exigida desde a segunda metade do século XX, quando começou o processo denominado de "constitucionalização do direito", donde direitos outrora previstos em sede de legislação ordinária migraram para o texto constitucional (acarretando o alargamento do espaço constitucional e a restrição do legislador ordinário). Paralelamente, direitos humanos previstos em tratados internacionais incorporaram-se à Constituição Federal e, com isso, adquiriram o status de direitos fundamentais, oponíveis não apenas ao Poder Judiciário, como aos Poderes Executivo e Legislativo, aos quais incumbem observar e respeitar, como também promover e assegurar a efetiva concretização prática dos direitos fundamentais.

Como bem advertiu José Joaquim Gomes Canotilho: "o Direito do Estado de Direito do século XIX e da primeira metade do século XX é o direito das regras dos códigos, o direito do Estado constitucional leva a sério os princípios é o direito dos princípios ... tomar a sério os princípios implica numa mudança profunda na metódica de concretização do direito, e, por conseguinte, na atividade jurisdicional dos juízes[1]".

Em seu Título I ("Dos Princípios Fundamentais"), a Constituição brasileira estabelece como fundamentos da República Federativa do Brasil a dignidade da pessoa humana, os valores sociais do trabalho e a livre iniciativa (art. 1º, III e IV). Ainda no mesmo título preambular,

---

1. A principialização da jurisprudência através da Constituição. RePro 98/84. São Paulo: RT 1998.

estatui em seu artigo 3º que: "**Constituem objetivos fundamentais da República Federativa do Brasil: I – construir uma sociedade livre, justa e solidária; II – garantir o desenvolvimento nacional; III – erradicar a pobreza e a marginalização e reduzir as desigualdades sociais e regionais; IV – promover o bem de todos, sem preconceitos de origem, raça, sexo, cor, idade e quaisquer outras formas de discriminação**".

A valorização do trabalho é um dos princípios cardeais da ordem constitucional brasileira democrática. Reconhece a Constituição a essencialidade da conduta laborativa como um dos instrumentos mais relevantes de afirmação do ser humano, quer no plano de sua própria individualidade, quer no plano social. Afinal, o trabalho é indissociável da condição humana.

Nesse contexto, essa obra composta por artigos de renomados juristas que têm como fio condutor a matriz constitucional de 1988 reveste-se de uma importância monumental. Representa uma singular, profícua e valiosíssima contribuição coletiva para a sobredita "mudança profunda na metódica de concretização do direito". Seria até desnecessário dizer que a proclamação de direitos desacompanhada de sua aplicação prática torna o texto constitucional letra morta, descaracterizando o próprio Estado Democrático de Direito. Máxime quando a inefetividade incide sobre direitos fundamentais de natureza alimentar, como os direitos sociais trabalhistas, a mais grave violação, por atentatória à "norma hipotética fundamental", para utilizar a linguagem kelseniana. Daí exsurge a importância da resistência constitucional como compromisso ético dos juristas.

# Prefácio

**Gabriela Neves Delgado**
*Professora Associada de Direito do Trabalho da Graduação e Pós-Graduação da Faculdade de Direito da Universidade de Brasília – UnB. Vice-Diretora da Faculdade de Direito da UnB. Líder do Grupo de Pesquisa Trabalho, Constituição e Cidadania (UnB-CNPq). Doutora em Filosofia do Direito pela UFMG. Mestre em Direito do Trabalho pela PUC Minas. Advogada.*

É com muita satisfação que escrevo estas breves notas para saudar o Instituto de Pesquisas e Estudos Avançados da Magistratura e do Ministério Público do Trabalho – IPEATRA – pela publicação da obra *"Democracia e Neoliberalismo: o legado da Constituição em tempos de crise"*, no contexto de celebração dos 30 anos da Constituição Federal de 1988. Parabenizo, ainda, a Procuradora Regional do Trabalho e Presidente do IPEATRA, Dra. Adriane Reis de Araújo, e o Desembargador do TRT da 4ª Região, membro Fundador do IPEATRA, Dr. Marcelo José Ferlin D'Ambroso, pela coordenação da obra.

Fundado em 1º de dezembro de 2007, o IPEATRA é uma entidade não-estatal e sem fins lucrativos, instituída com a finalidade de promover "estudos e pesquisas, em nível interinstitucional e internacional, envolvendo a Magistratura e o Ministério Público do Trabalho, com vistas ao aprimoramento teórico e prático do Direito do Trabalho e à expansão tuitiva e emancipatória dos direitos sociais".

A obra *"Democracia e Neoliberalismo: o legado da Constituição em tempos de crise"*, abrangente e oportuna, apresenta reflexões doutrinárias de membros do IPEATRA sobre temas contemporâneos do Direito do Trabalho, com ênfase na análise das experiências e dos desafios relacionados à efetivação das premissas constitucionais edificadas pela Constituição de 1988.

A proposta dos coordenadores foi a de organizar uma coletânea estruturada em duas grandes partes: a primeira, referente à regulação constitucional das relações trabalhistas a partir da experiência estrangeira; a segunda, sobre a regulação constitucional das relações trabalhistas a partir da experiência brasileira vivenciada com a Constituição

Federal de 1988. No conjunto, todos os artigos estão organicamente vinculados ao objetivo central da obra, qual seja, refletir sobre a experiência constitucional de proteção ao trabalho humano com suporte no referencial humanista, social e democrático – inerente ao Constitucionalismo europeu ocidental subsequente à Segunda Grande Guerra –, em contraposição ao pensamento neoliberalista que tem vicejado no Ocidente, sobretudo a partir dos anos 1970, predominando na realidade brasileira a contar da década de 1990.

A preocupação quanto ao recorte temático proposto foi a de enfatizar, no caso brasileiro, a importância da Constituição da República que, em 2018, completa 30 anos de vigência, lamentavelmente em meio a um cenário de singularidade perversa voltado à destruição dos patamares civilizatórios de proteção ao trabalho e de flexibilização inimaginável do estuário normativo constitucional e trabalhista, sobretudo após a promulgação da Lei n. 13.467/2017.

O consistente e esmerado esforço dos coordenadores e dos articulistas resultou em uma obra com contribuições teóricas sólidas e criteriosas. Nesse quadro, são os leitores agraciados com uma visualização imprescindível a respeito das múltiplas dimensões constitucionais de proteção ao trabalho humano.

Brasília, junho de 2018.

# Sumário

**PARTE I**
**A REGULAÇÃO DAS RELAÇÕES TRABALHISTAS PELAS CONSTITUIÇÕES**

**NEOLIBERALISMO *VERSUS* DEMOCRACIA** .................................................. 29
María José Fariñas Dulce*

**30 ANOS DA CONSTITUIÇÃO FEDERAL: PODER REFORMADOR E IDENTIDADE DO ESTADO DE DIREITO BRASILEIRO** ...................................... 47
Alex Sander Xavier Pires

**LOS DERECHOS FUNDAMENTALES COMO INSTRUMENTO DE EMANCIPACIÓN DE LOS TRABAJADORES** ............................................................. 85
Fernando Valdés Dal-Ré

**O NEOFASCISMO CAPITALISTA E A DERROTA DA DEMOCRACIA** .......... 107
María José Fariñas Dulce
Marcelo José Ferlin D'Ambroso

**LA "INVERSIÓN EN INSTITUCIONALIDAD" SEGÚN LA COMISIÓN MUNDIAL DE LA OIT SOBRE EL FUTURO DEL TRABAJO: UNA NUEVA SÍNTESIS DE TRADICIÓN Y RENOVACIÓN** ......................................................... 135
Hugo Barretto Ghione

**O DIREITO DO TRABALHO NA JURISPRUDÊNCIA CONSTITUCIONAL DA CRISE – O CASO PORTUGUÊS** ............................................................. 141
Guilherme Dray

**EL MODELO SINDICAL ANTE LA CRISIS ECONÓMICA Y DEMOCRÁTICA** ........ 167
Antonio Baylos

**CAPITALISMO E DIREITOS SOCIAIS** ......................................................... 189
Alysson Leandro Mascaro

**A PROTEÇÃO JURISDICIONAL DOS DIREITOS FUNDAMENTAIS DOS TRABALHADORES EM PORTUGAL: TÓPICOS SOBRE O CASO DAS REDUÇÕES SALARIAIS NO SETOR PÚBLICO** ............................................................................ 197
João Leal Amado

**CONSTITUCIÓN FEDERAL DE BRASIL Y PROTECCIÓN PENAL DE LOS DERECHOS ECONÓMICOS, SOCIALES Y CULTURALES** ........................................... 207
Juan M. Terradillos Basoco

**FLEXIBILIZAÇÃO E MODERNIZAÇÃO DO DIREITO DO TRABALHO: UMA REFLEXÃO A PROPÓSITO DO TRABALHO INTERMITENTE** ............................ 231
João Leal Amado

**O TRABALHO 4.0 E A IGUALDADE DE GÊNERO: ALGUMAS QUESTÕES** ......... 253
Teresa Coelho Moreira

**PUNITIVISMO Y DERECHOS HUMANOS** .............................................................. 281
Eugenio Raúl Zaffaroni
Matías Bailone

**CORRUPCIÓN, DERECHO PENAL Y PREVENCIÓN DESDE LA REALIDAD ESPAÑOLA** ................................................................................................................. 309
María Acale Sánchez

**CUMPLIR LA LEY: ANÁLISIS DE EXIGENCIAS JURÍDICAS CONVENCIONALES EN CATALUNYA** ............................................................................................. 327
Edileny Tomé da Mata

**NOTA SOBRE LA SENTENCIA MAYORITARIA DICTADA, EN FECHA 13-03-2019 (RECURSO 3970/2016), POR LA SALA DE LO SOCIAL DEL TRIBUNAL SUPREMO ESPAÑOL CONSTITUIDA EN PLENO DE TODOS SUS MAGISTRADOS/AS, ASÍ COMO AL VOTO PARTICULAR SUSCRITO POR DOS MAGISTRADOS/AS** .................................................................................................... 339
Fernando Salinas Molina
Rosa María Virolés Piñol

**TODO PODER ÀS PALAVRAS** .................................................................................. 345
Ricardo Carvalho Fraga

## PARTE II
### O IMPACTO DA CONSTITUIÇÃO FEDERAL DE 1988 NAS RELAÇÕES DE TRABALHO

**PREÂMBULO**
**CAPITALISMO, GLOBALIZAÇÃO E DESENVOLVIMENTO: CAMINHO PARA O DESASTRE** ............................................................................ 351
*Marcelo José Ferlin D'Ambroso*

**ARTIGO 5º, INCISO V**
**A INTRODUÇÃO DA TARIFAÇÃO DO DANO MORAL NA CLT: INCOMPATIBILIDADES COM A ORDEM CONSTITUCIONAL BRASILEIRA** ............................. 373
*Brígida Joaquina Charão Barcelos*
*Otávio Barcelos Pavinato*

**ARTIGO 5º, INCISOS V E X**
**A IMPORTÂNCIA DA REPARAÇÃO DO DANO EXTRAPATRIMONIAL COLETIVO NA CONCRETIZAÇÃO EFETIVA DOS DIREITOS SOCIAIS DO TRABALHO** ............................................................................................................................. 389
*Viviann Brito Mattos*

**ARTIGO 5º, INCISO LXXIV**
**ACESSO À JUSTIÇA DO TRABALHO E OS OBSTÁCULOS INCONSTITUCIONAIS E INCONVENCIONAIS DA REFORMA TRABALHISTA DE 2017** .................. 405
*Raimundo Simão de Melo*
*Patricia Braga Medeiros*
*Marcelo José Ferlin D'Ambroso*

**ARTIGO 7º, INCISOS I E XXIV**
**DISPENSA COLETIVA E O REGIME DA LEI N. 13.467/2017 – UM LONGO CAMINHO A PERCORRER** ........................................................................................... 421
*Thereza Christina Nahas*

**ARTIGO 7º, INCISO XX**
**PROTEÇÃO DO MERCADO DE TRABALHO DA MULHER: JURIMETRIA E O ART. 7º, XX, DA CONSTITUIÇÃO FEDERAL E RECENTES DECISÕES** .............. 445
*Bárbara Fagundes*
*Luciane Cardoso Barzotto*

ARTIGO 7º, INCISOS XXII E XXVIII

**A RESPONSABILIDADE DO EMPREGADOR PELOS DANOS AO MEIO AMBIENTE DO TRABALHO E À SAÚDE DO TRABALHADOR NA CONSTITUIÇÃO FEDERAL DE 1988** .................................................................................. 465

*Raimundo Simão de Melo*

ARTIGO 7º, INCISO XXVII

**A PROTEÇÃO EM FACE DA AUTOMAÇÃO E O LIMITE AO PODER DE DIREÇÃO EMPRESARIAL** ............................................................................................ 491

*Adriane Reis de Araujo*

ART. 7º, INCISO XXXI

**A NATUREZA MATERIAL CONSTITUCIONAL DA CONVENÇÃO SOBRE OS DIREITOS DAS PESSOAS COM DEFICIÊNCIA**......................................................... 509

*Maria Aparecida Gugel*

ART. 7º, INCISO XXXII

**PROIBIÇÃO DE DISTINÇÃO ENTRE TRABALHOS MANUAL, TÉCNICO E INTELECTUAL OU ENTRE OS PROFISSIONAIS RESPECTIVOS, REFORMA TRABALHISTA E "TELETRABALHO": DIFERENCIANDO IGUAIS PARA REDUZIR DIREITOS**........................................... 529

*Oscar Krost*

ARTIGO 8º

**A NEGOCIAÇÃO COLETIVA DE DIREITOS HUMANOS DO TRABALHO** ............. 559

*Marcelo José Ferlin D'Ambroso*

ARTIGO 9º

**GREVE E INTERDITOS POSSESSÓRIOS NA JUSTIÇA DO TRABALHO** ............... 579

*Pedro Lino de Carvalho Júnior*
*Gabriela Lemos Cunha*

ARTIGO 92

**O PAPEL DO JUIZ CONTEMPORÂNEO SOB A ÓTICA DA CONSTITUIÇÃO DE 1988: UMA QUESTÃO DE ÉTICA E INDEPENDÊNCIA**.................................... 591

*Roberta Ferme Sivolella*

ARTIGO 114

**A JUSTIÇA DO TRABALHO E SEU PAPEL NA ORDEM CONSTITUCIONAL**........ 613

*Augusto César Leite de Carvalho*

**ARTIGO 170**
**A PROTEÇÃO CONSTITUCIONAL DO TRABALHO CONTRA AUTOMAÇÃO: UMA PROPOSTA CLARIVIDENTE** ............................................................................. 639
*Luiz Alberto de Vargas*

**ARTIGO 200, INCISO VIII**
**MEIO AMBIENTE DO TRABALHO: RELEVÂNCIA SOCIOJURÍDICA DE SEU RECONHECIMENTO CONSTITUCIONAL E INTERNACIONAL** ............................ 649
*Ney Maranhão*

**ARTIGO 226, PAR. 8º**
**O FEMINISMO BRASILEIRO E A CONSTRUÇÃO DOS DIREITOS HUMANOS DAS MULHERES** ................................................................................................... 667
*Tania Regina Silva Reckziegel*
*Rubia Abs da Cruz*

**ARTIGO 230**
**O DEVER CONSTITUCIONAL DE AMPARO ÀS PESSOAS IDOSAS – O DIREITO DE A PESSOA IDOSA NÃO SER DISCRIMINADA NO TRABALHO E EM CONCURSO PÚBLICO** .................................................................................. 693
*Maria Aparecida Gugel*

# PARTE I

# A REGULAÇÃO DAS RELAÇÕES TRABALHISTAS PELAS CONSTITUIÇÕES

# Neoliberalismo *versus* Democracia

*María José Fariñas Dulce*[1]*

SUMÁRIO: 1. Introducción – 2. La quebra de los consensos básicos de la modernidad – 3. Anomia constitucional – 4. Criminalización de la pobreza *versus* exaltación de la riqueza – 5. Neoliberalismo versus democracia – 6. Alternativas – Bibliografía.

## 1. INTRODUCCIÓN

En la escena final de la hasta ahora última película de Ken Loach: *Yo, Daniel Blake* (2016), la protagonista Katie, lee la nota que Daniel llevaba escrita antes de producirse su muerte en los baños de unas dependencias administrativas, donde iba a solicitar una pensión de invalidez. Daniel Blake era un carpintero de 59 años, viudo, que sufrió un ataque cardíaco y el médico le recomienda que cese de trabajar. Daniel se acerca, entonces, a la Seguridad Social para conseguir un apoyo público, una pensión. E ingresa en un laberinto burocrático, generador de desigualdad, que atenta contra su salud, no sólo cardíaca, sino mental y espiritual. Pierde su dignidad y, finalmente muere. La nota que llevaba escriba decía lo siguiente:

> "No soy un cliente, ni un consumidor, ni un usuario del servicio. No soy un gandul, ni un mendigo, ni un ladrón. No soy un número de la Seguridad Social, ni un expediente. Siempre pagué mis deudas hasta el último centavo. Y estoy orgulloso. No acepto ni busco caridad. Me llamo Daniel Blake, soy una persona, no un perro, y como tal exijo mis derechos. Exijo respeto. Yo soy Daniel Blake, soy un ciudadano. Nada más y nada menos".

He aquí un dilema ético brutal en tiempos del neoliberalismo. En tiempos de trabajo precario y desregulación de derechos sociales, de tránsito del ciudadano al cliente, de la radicalización del individualismo posesivo hasta el aislamiento más ansiógeno del individualismo de la desposesión, de conversión de lo público en negocio, de la vuelta a las políticas

---

1. Profesora Titular de Filosofía y Sociología del Derecho en la Universidad Carlos III de Madrid, *Universidad Carlos III de Madrid*.

* La realización de este trabajo ha tenido lugar en el marco del proyecto de investigación *NEW TRUSTCM: Programa interuniversitario en Cultura de la Legalidad* (S2015/HUM-3466) del GIDYJ.

asistencialistas de "pobres" en detrimento de los derechos universales, de la ruptura de la solidaridad social sustituida ahora por la caridad privada, de triunfo de la privacidad sobre la colectividad y en tiempos, en definitiva, de jaque a la democracia y a sus vínculos de la integración social.

La apelación que *Daniel Blake* hace a la ciudadanía ("soy un ciudadano, nada más y nada menos", dice) no es baladí. El ciudadano es un sujeto moral con derechos y obligaciones. Por el contrario, el cliente es aquel que tiene solvencia económica para consumir lo que los proveedores privados suministran. El individuo libre ("no existe la llamada sociedad: solo hay individuos libres", recordemos una reiterada frase de Margaret Thatcher) es aquél que se gestiona particularmente sus propias contingencias y riesgos, aquél que, parafraseando a Milton Friedman, es "libre para elegir" o, realmente, se le hace creer que es libre, aunque sea el sistema el que está sometiendo su libertad. Ahora bien, si presuponemos que la sociedad no existe, lo que existe entonces es un individuo sistémico, que rechaza los deberes con el grupo social, quiebra las bases solidarias de la estructuración social y gestiona individualmente sus contingencias y riesgos "libremente".

Aquí radica la carga ideológica y el poder seductivo de la ofensiva neoliberal, que desde los años ochenta del siglo pasado nos ha conducido hasta la situación actual. Pero, está claro, en mi opinión, que no se puede organizar una sociedad prescindiendo de la moralidad cívica de la ciudadanía, por cuanto eso es lo que supone el enganche legitimador con sus instituciones y normas de convivencia, salvo que prescindamos también de ellas.

El capitalismo, con su estructura patrimonialista y jerárquica, ha generado siempre desigualdad sistémica. Pero ahora el capitalismo neoliberal global está siendo cada vez más compulsivo en la generación de desigualdades de todo tipo. No estamos ante una crisis económica convencional o cíclica, sino ante el derrumbe de la última fase de un tipo de capitalismo global neoliberal basado fundamentalmente en la especulación del dinero a partir del dinero. Asistimos a una etapa de cambio social profundo o de tránsito paradigmático. Por lo tanto, no estamos ante una cuestión meramente técnica de medidas económicas a adoptar (necesarias por otra parte en la coyuntura actual), sino ante un debate ideológico sobre el modelo político en el que esta última fase del capitalismo se ha asentado, que de momento camina hacia la opulencia de lo privado y la pobreza de lo público, y hacia el incremento de las desigualdades, la indiferencia y el egoísmo individualista.

## 2. LA QUEBRA DE LOS CONSENSOS BÁSICOS DE LA MODERNIDAD

Tenemos la certeza de que desde comienzos del siglo XXI estamos perdiendo muchos de los elementos éticos y estéticos conquistados durante los dos siglos anteriores. La lógica del beneficio sin límite está destruyendo las bases de la solidaridad social y del orden moral que lo sustentaba. Se están quebrando algunos de los consensos básicos de la Modernidad[2].

El comienzo del siglo XXI nos sorprendió a todos con tres hechos irrefutables:

1. La expansión de un nuevo proceso histórico, denominado Globalización, caracterizado por una oleada masiva de privatizaciones de empresas y servicios públicos, por la desregulación y supresión de mecanismos legales de control especialmente en el ámbito financiero y laboral, pero también en el ámbito de las tierras, bienes y recursos públicos, caracterizado además por la aparición de nuevos sistemas jurídicos de carácter privado que compiten con los tradicionales derechos estatales y con el derecho internacional clásico, a la vez que los condicionan o modifican en favor de sus intereses privados y en contra de los intereses generales. Como en todo proceso histórico, en el de la globalización confluyen dos elementos, uno técnico (la revolución informática, nuevas tecnologías e inteligencia artificial) y otro ideológico que pretende hegemonizar dicho proceso (la ideología neoliberal y neoconservadora). Por eso, cuando se habla de la actual globalización debemos tener presente que se trata de una construcción ideológica y no solo de la descripción de un nuevo entorno económico y/o tecnológico. Porque constatar el aumento de los intercambios mundiales, el papel de las nuevas tecnologías, la inmediatez de las comunicaciones y transportes, la multipolarización del sistema de producción, la digitalización e, incluso, la robotización del trabajo y de la vida..., es una cosa; pero decir que la economía debe escapar de los controles políticos, prescribir la desregulación en diferentes ámbitos o poner en marcha privatizaciones de servicios públicos es otra muy distinta. Esto último no responde a un determinismo tecnológico. Cuando así se afirma, se está sustituyendo una descripción empírica exacta por una interpretación ideológica errónea e ilegítima. La totalización o globalización de los mercados, la privatización, la concentración oligopólica del poder económico y financiero no está predeterminada por la revolución de las nuevas tecnologías, aunque éstas lo faciliten. Está prescrita ideológicamente. El proceso de la globalización es un proceso histórico de construcción social, y no un proceso natural derivado de un determinismo mecanicista. Es más, creo incluso que el discurso neoliberal que se ha apropiado de este proceso

---

2. Todo esto está más ampliamente desarrollado en FARIÑAS, M. J. (2017), *Democracia y Pluralismo: Una mirada hacia la emancipación*, Ed. Dykinson, Madrid.

ni siquiera está verdaderamente preparado, aunque lo pretenda, para responder a muchos de los desafíos reales planteados por los actuales cambios socio históricos y tecnológicos de la integración global.

2. La aparición en escena de un nuevo tipo de terrorismo, las "franquicias" políticas y/o redes del yihadismo global, que incorpora un nuevo discurso ideológico, no sólo religioso o político, resumido en la idea de la construcción de una "comunidad islámica global" (*Umma*).Y, correlativamente, la respuesta militarizada y mesiánica de las democracias liberales occidentales, que han convertido a este tipo de terrorismo en un nuevo "actor social"[3] con capacidad para incidir en la realidad. La respuesta, que están dando a este fenómeno las democracias liberales, a veces no es ni liberal ni democrática, puesto que debilita el garantismo jurídico en aras de la defensa física frente a un enemigo que es preciso aniquilar. Cuando este objetivo se coloca de manera preferente a la libertad y a la dignidad humana, se están poniendo a los preceptos democráticos liberales bajo una tensión evidente, a la vez que se atenta contra la unidad moral de una sociedad. Se limitan conquistas, y se acentúa el autoritarismo.

3. La ruptura del equilibrio geo-estratégico producida tras la caída de los países comunistas del bloque soviético. Hasta dicha caída el mundo se había configurado como un sistema bipolar, después intentó ser unipolar, pero el "sueño americano" duró poco (recuérdese la efímera profecía del "Fin de la Historia", realizada por Francis Fukuyama) y dio paso a un mundo "post-americano" (Zakaria, 2009)[4]. El anterior consenso geoestratégico se ha escindido y ha dado lugar a un mundo sin polos claros de dominación, en términos de Richard Haass un mundo *apolar* (*La era de la no polaridad*) (Haass, 2008)[5], con nuevos actores sociales y políticos con capacidad para ejercer poder y cada vez con mayor acceso a los recursos. Hablamos de corporaciones transnacionales, empresas criminales con beneficios a escala global, terrorismo global yihadista, nuevos Estados fallidos, Estados corporativos, redes de la indignación, partidos-ciudadanos y ciber-partidos, organizaciones globales de

---

3. La doctrina de "la guerra global contra el terror" parece olvidar, como apunta Jonathan Raban, que "el terrorismo es un medio de beligerancia, no un objeto o un enemigo, y declararle la guerra es como declarársela a los tanques o a los arcos y las fechas". Cfr. RABAN, J. (2005), "La verdad sobre el terrorismo" en *Claves de la Razón Práctica*, nº 150, marzo de 2005.
4. Cfr. ZAKARIA, F. (2009), *El mundo después de USA*, Espasa, Madrid. Se trata de una interesante visión dada por un liberal-conservador, discípulo de Samuel Huntington, sobre el futuro geopolítico y la distribución de poder del mundo actual, caracterizado por el rápido posicionamiento mundial de algunas de las potencias emergentes más importantes. Lo que denomina "el ascenso de los demás" o "el poder del resto o de los restantes".
5. Richard Haass, que fue presidente del Consejo de Relaciones Exteriores de Estados Unidos publicó en la Revista *Foreign Affairs*, "La era de la no-polaridad", mayo/junio 2008. La "no polaridad", es decir, la inexistencia de polos de poder sino más bien de muchos más centros de poder capaces direccionar a la política y la economía mundiales hacia los intereses por ellos promulgados o buscados; nuevos actores que no necesariamente son los tradicionales Estados-nación.

carácter regional, ciudades o regiones económicopolíticas (Shanghai, California...), milicias y grupos terroristas de ámbito global, organizaciones de narcotráfico, piratería internacional de todo tipo (marítima, informática, financiera) organizada o libertaria. La era de la *apolaridad* se está caracterizando por una progresiva erosión del papel regulador del Estado en las relaciones socioeconómicas y de la supervisión de los organismos internacionales que conlleva una quiebra de la legalidad, que hace que el mundo sea ahora más inseguro. Un mundo que, de momento, se caracteriza más por la divergencia y el desconcierto, que por la convergencia y la concordia. Un mundo que ha perdido muchos de sus referentes éticos y estéticos, carece de alternativas claras y actúa solamente con soluciones *ad hoc* para conflictos concretos.

Estos tres hechos están quebrando algunos de los consensos básicos de la Modernidad. Fundamentalmente, el equilibrio societario entre la libertad y la igualdad, por una parte, y el equilibrio entre la libertad y la seguridad, por la otra. Además, han puesto en marcha una progresiva regresión de los derechos sociales y de algunas libertades públicas. Y todo ello está planteando un *jaque mate* a la democracia y el derecho modernos como instrumentos de emancipación social. Primero se ha ido quebrando la igualdad, la solidaridad pública y los derechos sociales y de emancipación en favor de la libertad y de una mal entendida liberalización del mundo (el mito de la libertad total para elegir). Ni el mercado ni la sociedad parecen más libres ahora, todo lo contrario, la concentración monopólica u oligopólica del poder y el dinero es cada vez mayor. Después se va quebrando también la libertad (algunas libertades individuales) en favor de la seguridad física de los individuos, con la consiguiente militarización y/o *policialización* de los conflictos sociales, reducidos a cuestiones de orden público, y la criminalización del disenso político, para justificar las políticas autoritarias de seguridad nacional que limitan derechos y libertades de los ciudadanos.

El resultado es una conjunción entre la austeridad económica y el autoritarismo político, que no tiene un carácter simplemente coyuntural. A mi juicio, es el peor escenario posible para la democracia y para los derechos, especialmente aquéllos derechos que tienen un carácter redistributivo y de emancipación social (educación, sanidad, pensiones públicas, dependencia...), porque la austeridad no es para el capital ni para las instituciones financieras, lo está siendo para las políticas sociales.

## 3. ANOMIA CONSTITUCIONAL

En las últimas décadas se ha ido introduciendo un cambio fundacional en el constitucionalismo social consagrado tras la Constitución de

Weimar de 1919. Los derechos sociales están transitando desde su inicial reconocimiento constitucional, pasando por una situación de debilidad estructural, hasta su cuestionamiento teórico actual. No son derechos, se dice desde las teorías neoconservadoras, son "distorsiones del mercado". Creo que estamos entrando en una cierta *anomia* constitucional o en una (des)constitucionalización *de facto* de los derechos sociales, así como del carácter político del trabajo entendido como derecho. Parafraseando a Norberto Bobbio, frente al "tiempo de los derechos", que caracterizó una etapa pasada, estamos ahora en "el tiempo de la deconstrucción de los derechos".

La mistificación neoliberal del mercado ha conducido a justificar las desigualdades socioeconómicas como algo natural e inevitable, incluso trasladando la culpa de las mismas a los individuos. La narrativa neoliberal oficial está instalando en la opinión pública la idea de "que, si es usted pobre, es culpa suya", es su responsabilidad individual y ha de avergonzarse de su fracaso.

Tras esto se oculta la realidad de que, durante las últimas tres décadas, los ciudadanos hemos ido perdiendo derechos sociales, se van privatizando servicios públicos esenciales, se han precarizado las condiciones laborales, el trabajo productivo estable desapareció y se han disminuido las rentas del trabajo en favor de las del capital. El Estado ha hecho dejación de su función de emancipación social y va abandonando a los ciudadanos a "su suerte" en lo que respecta a sus situaciones de riesgo. En definitiva, el Estado se vuelve contra los pobres: "No tengo ingresos, no tengo pensión, pero tengo que pagar los impuestos", dice Daniel Blake.

El trasfondo de todo esto está en la progresiva *(des)constitucionalización* del derecho al trabajo y en la pérdida de su carácter político. La creación del Estado Moderno como Estado Liberal ("estado de propietarios libres" según lo teorizó John Locke) se basó en el mito fundacional de la propiedad privada como derecho natural inscrito en una supuesta razón humana universal. Esto permitió elevar a categoría política la defensa de la propiedad privada y de la libertad contractual, como derechos naturales del hombre libre, propietario, blanco y judeocristiano. Tras las revoluciones obreras y sindicales del siglo XIX, se llega a un pacto tácito entre capital y trabajo o entre economía y sociedad. Este pacto implicó la incorporación del trabajo en las Constituciones, como derecho y su reconocimiento como categoría política. Se convierte así el trabajo y los derechos a él asociados en el eje central de la estructuración de las sociedades modernas y, sobre todo, en el principal vínculo de la integración social. Los que no tenían el poder, la única manera que tenían de integrarse en la sociedad era a través de su trabajo y de los derechos a él asociados, así como los demás derechos de emancipación social (educación, sanidad, pensiones públicas...). No en vano, los Derechos Humanos se crearon como límites primero al poder político, con los derechos políticos y de libertad, y después al poder económico, con los derechos sociales y los derechos laborales. Ambos tipos de derechos son instrumentos de democratización y de inclusión social, pero ahora están en un proceso de retroceso.

La irrupción del neoliberalismo global ha abierto un proceso de *(des)construcción* de derechos y libertades. Parafraseando a Carlos S. Nino estamos en una especie de *anomia*[6] constitucional o, yo diría, en una situación de "alarma constitucional", en la que por un lado, se da una inobservancia generalizada de las normas jurídicas y, especialmente, una interpretación de las normas constitucionales (dada su eficacia normativa directa) en beneficio de sujetos concretos e intereses privados; y, por otro lado, se olvidan deliberadamente cuáles son los fines generales perseguidos por las normas jurídicas, es decir, la satisfacción de expectativas y derechos para la mayoría, es decir, el interés general.

La ciudadanía percibe esto como una falta de "lealtad constitucional" por parte de los poderes públicos y privados, es decir, como la utilización de las normas constitucionales con fines diferentes para los que fueron creadas. O dicho de otra manera y al estilo de Gabriel García Márquez, "burlar las leyes sin violarlas o violarlas sin castigo". Finalmente, los ciudadanos se sienten desconfiados, frustrados y desafectados con respecto a las normas e instituciones que permiten la vertebración democrática. No olvidemos que esta, como se sabe, ha de basarse fundamentalmente en el respeto y la protección de los derechos de la ciudadana, reforzándolos y/o blindándolos contra – parafraseando a Luigi Ferrajoli – los "poderes salvajes" tanto los *arcanos* como los nuevos derivados de la globalización neoliberal (Ferrajoli, 2011)[7]: los derechos como "contrapoderes".

---

6. NINO, C. (1992), *Un país al margen de la ley*, Emecé Editores, Buenos Aires, donde describe la situación *anómica* del sistema jurídico argentino, con incumplimientos sistemáticos y de las normas, utilización de las mismas para intereses privados, olvidando su finalidad que es la defensa de los derechos, libertades e intereses de todos. Situación que Nino denominó como "anomia boba".

7. Para quien, recordando a Montesquieu, es un dato de la experiencia que los poderes, libres de límites y controles, tienden a concentrarse y acumularse en formas absolutas: a convertirse,

En definitiva, a lo que estamos asistiendo ahora, tras la irrupción del neoliberalismo económico (con sus desregulaciones jurídicas, privatizaciones de servicios públicos, externalizaciones laborales, automatización del trabajo, etc.) es a la pérdida del trabajo como motor central de la estructuración de nuestras sociedades. El proceso de la desindustrialización, junto con las diferentes oleadas de externalizaciones laborales (la industrial, primero, la de servicios, ahora), desregulaciones y privatizaciones, junto con el tránsito del capitalismo productivo al capitalismo financiero, han roto el equilibrio societario alcanzado en el siglo XX entre capital y trabajo en favor de aquél. El capitalismo neoliberal ha triunfado y el trabajo se ha precarizado y pauperizado hasta el punto de que tener trabajo hoy día ya no es garantía de una vida digna. Por ejemplo, más de un cuarto de los adultos actualmente con trabajo en EEUU cobra salarios más bajos de lo que les permitiría superar el umbral oficial de la pobreza (Livingston, 2016). La disminución exponencial de las rentas del trabajo, la precarización del mismo, la pérdida de derechos a él asociados, producen pobreza e incrementan la desigualdad social. Las desigualdades de todo tipo se están convirtiendo en una forma de violencia estructural. Y, como afirma el sociólogo sueco Göran Therborn, la desigualdad mata y es, por lo tanto, un atentado contra la dignidad humana (Therborn, 2015)[8] que es el fundamento de la existencia de los derechos humanos y de la capacidad de tener una vida digna.

Comparto con Slavoj Žižek la opinión de que se ha instalado en el imaginario social –y esto es un triunfo también del capitalismo neoliberal global- la idea de que cualquier acción colectiva consciente, cuyo objetivo sea imponer cierto control social, es equivalente a totalitarismo (Žižek, 2011)[9]. Ha ganado la vieja visión liberal de que es mejor construir un mecanismo (el mercado) y dejarlo operar libre y ciegamente,

---

a falta de reglas, en *poderes salvajes*. De ahí la necesidad no solo de defender, sino también de repensar y refundar el sistema de garantías constitucionales de los derechos.

8. El sociólogo sueco ofrece una teoría tridimensional sobre la desigualdad y la define en base a tres pilares cuya combinación o existencia lastiman la capacidad de funcionar plenamente como un ser humano y de poder optar por una vida de dignidad y bienestar. Estos tres pilares son la *desigualdad vital*, basada en la salud física y mental, la *desigualdad existencial*, relacionada con la autonomía, los derechos y la libertad de las personas, y la *desigualdad de recursos*, centrada en los aspectos económicos y materiales. Los tres se relacionan y se entrelazan formando un fenómeno social complejo cuyo análisis no puede ser más que multidimensional.

9. Cfr. ŽIŽEK, S. (2011) *En defensa de las causas perdidas*, Akal, Madrid. La tesis básica de este libro, denso y complejo, es que el fracaso histórico de los proyectos revolucionarios emancipadores impide que veamos algunas de las aportaciones positivas de sus relatos, que ahora podrían ser útiles de nuevo para construir movimientos de resistencia.

aunque nos lleve a la catástrofe ecológica y mantenga la explotación del hombre por el hombre, a la pérdida de los derechos adquiridos o a las crisis financieras cíclicas. Por eso es tan difícil actualmente articular movilizaciones sociales de resistencia. La sociedad se ha escindido, las clases trabajadoras están fragmentadas y los conflictos socioeconómicos se han culturizado o *etnificado*, haciendo que los trabajadores se enfrenten entre sí por el color de la piel o la religión trasmitida, y que caigan entre ellos en una competencia cainita por los recursos públicos y las prestaciones sociales.

Frente a lo colectivo y a lo público, se ha impuesto lo privado y el "individualismo de la desposesión", del que no tiene nada, del desclasado, del empobrecido, del desposeído incluso de sus derechos. Abocado a la lógica del "sálvese quien pueda y yo el primero". Frente al constitucionalismo de los derechos propio de las democracias constitucionales, se está instalando ahora un constitucionalismo hegemónico neoliberal de las empresas multinacionales, de los tratados de libre comercio y del capital financiero global, que no es democrático, no garantiza los derechos fundamentales ni la libre competencia leal. Y lo peor, se está consiguiendo convencer a muchos de que "no hay alternativa" al poder seductor del neoliberalismo global y de la liberalización del mundo, bajo la cautivadora idea de que hemos conseguido "ser libres para elegir" y autónomos para trabajar, para triunfar o para fracasar.

## 4. CRIMINALIZACIÓN DE LA POBREZA *VERSUS* EXALTACIÓN DE LA RIQUEZA

En este contexto se buscan "chivos expiatorios" o culpables fuera del sistema, olvidando dónde está la verdadera culpabilidad. A la vez, se impide una articulación colectiva unitaria de los trabajadores para desafiar al sistema. Se ha fragmentado a las clases trabajadoras y se le aboca al individualismo de la desposesión y a la gestión individual de sus propias contingencias y riesgos. A un individualismo sistémico, basado en el cálculo de las ventajas individuales obtenidas dentro de un grupo social. Todo ello rompe la cohesión social y la solidaridad orgánica, que fueron las bases estructuradoras de la sociedad occidental moderna (espacio/tiempo), conduciéndonos a una ética nihilista de la desesperanza. La culpa ya no es de la sociedad, sino individual, la responsabilidad es únicamente individual.

En este contexto, primero se criminaliza la pobreza, convirtiendo al "pobre" en "sospechoso" de violencia y delincuencia. Pero de la criminalización de la pobreza se está pasando ahora a la *aporofobia* (Cortina, 2017)[10] que es el odio, repugnancia, desprecio u hostilidad ante el pobre, el sin recursos, el fracasado y el desamparado, sea inmigrante, refugiado, desplazado, desclasado o personas sin hogar, y que se manifiesta a veces en vejaciones o agresiones directas (por ejemplo, jóvenes que queman indigentes que duermen en cajeros de los Bancos y luego cuelgan la escena en la red, algo relatado hace algunos años en una novela de éxito mundial, *La cena,* de Herman Koch, 2010). Pero, aunque no llegue a manifestarse en conductas delictivas directas, este nuevo tipo de intolerancia se está instalando en el imaginario colectivo, hasta llegar a una suerte de "fascismo social de la exclusión", en palabras de Boaventura de Sousa Santos (2009, pp. 560-563)[11], que está calando ya de manera severa entre muchas personas.

Los pobres, las personas sin recursos se vuelven incómodas para la sociedad, para los políticos y para las empresas, porque no tienen capacidad para consumir. Y al no consumir, pierden sus derechos como ciudadanos y su capacidad para incluirse en el sistema: quien no tiene dinero queda automáticamente excluido en la dura lógica del capitalismo neoliberal. Nos molesta su derrota, no queremos verla y tememos que nos quiten nuestras cosas, como el trabajo, la casa, el coche e, incluso, que nos quiten "nuestros derechos". Nos genera lo que el sociólogo Stanley Cohen denominó hace años "un pánico moral" (1972)[12], es decir, una reacción irracional de construcción y rechazo de amenazas veladas o abiertamente contrarias a la norma dominante de la utopía neoliberal del consumo global.

---

10. Término introducido en el último ensayo de la filósofa española, CORTINA, A. (2017), *Aporofobia, el rechazo al pobre. Un desafío para la democracia,* Ed. Paidos, Barcelona, que califica como "el mal de nuestra época"; en el año 2017 ha sido incorporado por la Real Academia de la Lengua Española a la edición digital de su Diccionario.

11. Véase, SANTOS, B. (2009), *Sociología jurídica crítica. Para un nuevo sentido común en el derecho.* Trotta, Madrid, pp. 560-563: el *fascismo social* es una situación caracterizada por relaciones sociales y experiencias de vida, que se supeditan a relaciones jerarquizadas de poder e intercambios extremadamente desiguales, y que generan formas horizontales de exclusión particularmente severas y potencialmente irreversibles.

12. COHEN, S. (1972), *Folk Devils and Moral Panics*, Routledge Classics, New York 1ª ed. 1972, definió la teoría del "pánico moral" como la construcción social de un episodio, condición, persona o grupo de personas que han sido definidos como una amenaza para los valores e intereses dominantes de la sociedad, por no acomodarse a la norma establecida, es decir, no "someterse" al proceso de normalización.

12 Véase, la ya clásica referencia a Robert Merton, Teoría y estructuras sociales, F.C.E., México, 1964, quien define la anomia no como algo coyuntural, sino como una situación permanente en los sistemas sociales.

La filmografía de Hollywood está llena de exaltaciones a la riqueza, como saludable, hermosa, alegre, luminosa, buena…, (opciones deseables), mientras que la pobreza se muestra siempre como negativa, sucia, oscura, peligrosa, culpable (opciones amenazantes). Al contrario que en la leyenda inglesa de *Robin Hood*, nos encontramos ahora en una rebelión de los ricos contra los pobres. Pero, en definitiva, la pobreza y la desigualdad creciente reflejan el fracaso de la sociedad capitalista y esto es lo que se pretende ocultar a la mira crítica.

Por otra parte, se ha instalado en el imaginario social una cierta *anomia* en el sentido utilizado por el sociólogo norteamericano Robert Merton (1964)[12], es decir, una deficiente estructuración de las expectativas sociales o, lo que es lo mismo, una falta de adecuación entre los objetivos sociales definidos culturalmente y los medios – siempre limitados – que la sociedad establece para alcanzarlos. Los deseos y los objetivos (riqueza, bienestar, poder, estatus social, éxito…) son siempre definidos culturalmente, así como también los medios legítimos para alcanzarlos. Ahora bien, la relación entre objetivos y medios legítimos no siempre es armónica y muchos buscan atajos no legítimos para conseguir aquellos. Lo importante es triunfar, ser rico, no importa el cómo. Se celebra la riqueza por encima de todas las cosas.

Se suele dar más énfasis socialmente a los objetivos (riqueza, poder, posición social…) que, a los medios legítimos para conseguirlos, algo que queda muy bien reflejado, de manera incluso cáustica, en la película de Martín Scorsese, *El lobo de Wall Street* (2013). La película comienza con un comercial de televisión narrado por Gene Hackman donde promueve la firma Stratton Oakmont. Jordan Belfort (Leonardo DiCaprio) narra a continuación cómo logró tener una bella esposa, una gran mansión en Long Island, un gran Ferrari y volverse multimillonario. Hay una frase esclarecedora de uno de "los lobos" refiriéndose a un competidor, cuando – sosteniendo en su mano una copa de champán- desprecia a los pobres, a los torpes y a los menos ambiciosos, diciendo: "*he is a Beer Drinker*" (*es un bebedor de cerveza*). Los ricos no beben cerveza.

Se exalta la riqueza y se intentan justificar los medios no legítimos para alcanzarla. De esta manera, el que alcanza el poder y la riqueza será respetado por ello sean cuales fueren los medios que hubiese utilizado para conseguirlo. En la ciudadanía se está instalando una cierta cultura de la ilegalidad y de la impunidad, es decir, del "todo vale" con tal de alcanzar el poder o el dinero. La libertad sin ley, una libertad impregnada de *animalidad*, es decir, la "ley del más fuerte" que efectivamente beneficia al más fuerte. Se admira a los ricos (guapos, limpios, cuerpos cuidados y saludables...) y se desprecia a los pobres (sucios, feos, enfermos, fracasados: "no hay nobleza en la pobreza"), sin la menor compasión ni consideración de cómo han llegado a esa situación y, lo que es más grave, obviando cualquier responsabilidad colectiva en ello.

## 5. NEOLIBERALISMO *VERSUS* DEMOCRACIA

Parafraseando a Cornelius Castoriadis, la democracia es un proceso histórico de inclusión de todos. Un proceso, añado yo, de lucha por los derechos y las libertades que son, en realidad, los vehículos de la integración y la inclusión social. Un proceso abierto y complejo de lucha por la participación y la emancipación social, con avances y retrocesos. Sin la garantía de los derechos para todos, la democracia se convierte en una mera escenificación formal, que perpetúa los intereses particulares de las élites. No olvidemos que, en el momento fundacional del constitucionalismo moderno existió un acuerdo liberal-conservador, que consolida una democracia elitista, desigual y excluyente. Paralelamente, la construcción del Estado de Derecho ha sido un proceso histórico de sometimiento de la actuación de los poderes públicos a normas jurídicas generales que operan como garantías frente a la arbitrariedad, el abuso de poder y la corrupción.

En ambos casos, la cuestión ha radicado y radica en la implementación de límites al poder, en establecer adecuados mecanismos de control para evitar la concentración de poder y de riqueza en pocas manos. No en vano, la conquista de las libertades y de los derechos ha operado siempre, valga la redundancia, como límites al poder.

En las últimas décadas, las actuales democracias occidentales están sufriendo un golpe o un asalto por mor de la contrarrevolución neoliberal, cuyo objetivo es privatizar lo público, desregular los derechos sociales y de emancipación social (educación, sanidad, pensiones públicas), romper la solidaridad orgánica (interterritorial, interclasista, intergeneracional), mercantilizar completamente la vida y eliminar las utopías sociales decimonónicas. Como consecuencia, los Estados democráticos occidentales están pasado por una fase de creciente de *desdemocratización* paralela a su proceso de *des-industrialización*, con grandes márgenes de exclusión social, incremento exponencial de la desigualdad y un déficit cada vez mayor de la participación ciudadana en las tomas de decisión. Y lo que es peor, la situación actual puede afectar gravemente a las estructuras políticas de la Modernidad, alterando las relaciones pactadas entre la ciudadanía y sus Estados de Derecho, fundamentalmente, los pactos societarios entre libertad/igualdad, por una parte, y entre libertad/seguridad, por otra.

El Estado de Derecho se está convirtiendo en un Estado cada vez más corporativo, con menos límites en el ejercicio del poder, menos control de las autoridades públicas, menos equilibrio de poderes y cada vez más punitivo y represivo. La doctrina neoliberal ha penetrado en las entrañas del poder político de los Estados, ha capturado sus instituciones: ya no hay diferencia entre poder económico y poder político. El neoliberalismo no es sólo una ideología o una política económica, como afirman Christian Laval y Pierre Dardot, es una forma de vida (2013)[13] que está planteando un jaque a las democracias occidentales. Como viene afirmando Noam Chomsky[14], las reformas y ajustes estructurales impulsados desde hace décadas por el neoliberalismo, al excluir a grandes sectores de la sociedad, están disminuyendo la democracia. Cuanta más exclusión social y desigualdad, más difícil es la estructuración democrática de la sociedad.

Además, la falta de control y la quiebra en el equilibrio de poderes favorece e incrementa la corrupción y el abuso de poder. La corrupción de los poderes y bienes públicos atenta directamente a la democracia. La mayoría de países desindustrializados atraviesa ahora una profunda crisis institucional debida a casos, a veces coyunturales, otros estructurales, de corrupción política en connivencia con el poder económico, al desgaste de algunas instituciones, a la desafección política y al derrumbe de la moral cívica vinculada a lo público, a la obsolescencia de leyes esenciales (ley electoral, leyes fiscales y la propia Constitución) y debido también a lagunas legales, como la de la Transparencia y Acceso a la Información Pública, que perpetúan la opacidad, el secreto y, a veces, el engaño en el funcionamiento de las administraciones públicas, así como a la persistencia de las oligarquías en la estructuración democrática de la sociedad y de las administraciones públicas. Todo ello ha impedido, y sigue haciéndolo, un completo desarrollo democrático de nuestras instituciones políticas y jurídicas.

---

13. Idea reiterada por Christian Laval y Pierre Dardot, *La nueva razón del mundo*, Ed. Gedisa, 2013, el neoliberalismo es descrito por ambos, no sólo como una doctrina o una política económica, sino también como una norma general de los comportamientos, tanto de los Estados como de las empresas privadas y de los propios individuos, que hace de la competencia el elemento y el motor principal de la vida.

14. Noam Chomsky, *Neoliberalism Is Destroying Our Democracy*, La Nación, junio, 2017, quien viene oponiendo desde hace años el neoliberalismo contra la democracia, que cree realmente amenazada ahora por aquél, y al que acusa de ser la raíz de las últimas crisis económicas y financieras globales.

Muchos sistemas políticos y económicos están en ruinas, pasan por su peor momento. Existe una crisis institucional muy grave, una cooptación de las instituciones democráticas por los intereses privados de los grandes poderes económicos y financieros, un secuestro de la voluntad popular, una creciente manipulación en la formación de la opinión pública y una alarmante restricción de derechos y libertades. Se cae, con frecuencia, en la estrategia del caracol: los verdaderos corruptos siguen impunes. Y el principal problema social persiste y radica en el propio sistema político y económico productor de desigualdades de todo tipo. La cuestión no está sólo en una ética individual. Es el mismo sistema el que sostiene la corrupción.

Si no se tiene claro que el objetivo último de las democracias modernas ha de ser la igualdad, la integración, los derechos sociales y el trabajo digno, nadie va a luchar en serio contra los delitos económicos ni contra la corrupción política, la opacidad y la extorsión. Porque la corrupción perpetúa la desigualdad y la violencia estructural. La corrupción política, el abuso de poder, la falta de control de las autoridades públicas, junto con las desigualdades generadas compulsivamente por el sistema económico financiero, son los grandes desafíos de la democracia. Superar estos desafíos supondría que la democracia moderna dejara de ser una cuestión de élites (o parafraseando a Umberto Eco, de *apocalípticos*) y pasara a ser una cuestión de masas (esto es, de *integrados*) (1995)[15].

## 6. ALTERNATIVAS

He ahí la clave: la democracia moderna ha sido y lo es todavía una cuestión de élites. El poder ha pertenecido en su totalidad a las élites (pacto liberal/conservador) y a sus representantes delegados. Por eso las revoluciones introducen una brisa refrescante. Prometen cambios, pero no cambian lo esencial, es decir, la desigualdad, la injusticia social, la rapiña del sistema, la impunidad de los detentadores del poder. Parece que lo que las revoluciones hasta ahora lo que han conseguido ha sido un cambio de élites, un cambio en los mecanismos de dominación, para que todo siga más o menos igual.

1. Creo que es necesario recuperar esa dimensión colectiva de los proyectos emancipadores del siglo pasado. No se trata simplemente, de

---

15. Parafraseando de nuevo a Eco, ¿podríamos plantearnos si es la democracia, al igual que la cultura, un hecho aristocrático, contrario a las masas? ¿Igual que la "cultura de masas" es la *anticultura*, podríamos afirmar que la democracia de masas sería la *antidemocracia*? He aquí el "nudo gordiano" que las sociedades globales han de afrontar.

una vuelta a las experiencias revolucionarias pasadas: la historia no tiene vuelta atrás. Pero sí de ser capaces de construir nuevos activismos colectivos de resistencia frente al poder seductor del neoliberalismo global, que no pasen por los repliegues identitarios, ni por los fundamentalismos neoconservadores y proteccionistas. Porque sólo la búsqueda de una identidad compartida (la identidad cívica como ciudadanos titulares de derechos y obligaciones) permite construir valores comunes.

Lo cierto es que es urgente construir políticamente nuevas utopías emancipadoras, capaces de generar esperanzas de fututo para una ciudadanía frustrada, temerosa, desesperada e individualizada. Por ello creo que el reto de la política en el siglo XXI está en tomar conciencia de un cierto estado de depresión colectiva frente a la euforia capitalista neoliberal del híper consumo y de la producción destructiva de desigualdades. Y, sobre todo, no dejar que las nuevas extremas derechas, los fundamentalismos religiosos y los populismos autoritarios conservadores coopten este espacio y se apropien, como parece que lo están haciendo, del discurso político y de la agenda social. La desigualdad socioeconómica está produciendo ya no sólo conflictividad social, sino conflictos políticos, y está minando las bases utópicas e igualitarias de la democracia.

2. En segundo lugar, se debería dar una batalla política y transnacional por la (re)regulación de los mercados. Establecer nuevos mecanismos de control y de límites al poder, tanto a los poderes *arcanos* como a los nuevos poderes salvajes surgidos en el contexto global. El sistema capitalista es un sistema patrimonialista que se basa en relaciones jerarquizadas de poder. Por ello necesita de regulaciones, principalmente, fiscales para poder corregir las desigualdades que el mismo genera.

3. Corregir las desigualdades con políticas sociales, desarrollo sostenible y redistribución equitativa de los recursos, en el objetivo de conseguir una subordinación de la riqueza al 'interés general'. Si el sistema es un generador compulsivo de desigualdades, no podemos perder de vista que el reto político más acuciante en el siglo XXI es la gestión de las desigualdades. Sin igualdad y redistribución no puede haber integración. Y sin integración, es decir, sin la participación de todos, la estructuración democrática de nuestras sociedades no será plena.

4. Es preciso volver a afrontar políticamente las cuestiones económicas, fiscales e institucionales fuertes que en las últimas décadas han sido un coto vedado, recuperando así el control normativo de la política democrática. Ésta parece estar secuestrada por un parlamento virtual de inversores y prestamistas que ha conseguido controlar

hasta ahora los programas gubernamentales y comercializar totalmente nuestras vidas.

5. Abordar actualmente las desigualdades no es solo un imperativo ético. Es esencial para sostener la estructuración democrática de las sociedades globales y su crecimiento económico. Y esto ha de abordarse con políticas fiscales adecuadas. Las políticas fiscales sin duda son cruciales para resolver problemas de desigualdad, junto con las políticas de educación y sanidad[16]. La decisión está en optar, o bien entre políticas fiscales para ricos y sistemas impositivos que pivotan sobre el consumo e incrementan la desigualdad social, o bien entre políticas fiscales para paliar la desigualdad, para redistribuir la renta y, por lo tanto, para democratizar las sociedades. No deberíamos olvidar que, tal y como aparece en un reciente informe de Oxfam-Intermon[17], "el sistema fiscal español es uno de los que menos capacidad redistributiva tiene de toda Europa".

## BIBLIOGRAFÍA

COHEN, S. (1972), *Folk Devils and Moral Panics*, Routledge Classics, New York.

CORTINA, A. (2017), *Aporofobia, el rechazo al pobre. Un desafío para la democracia,* Ed. Paidós, Barcelona.

ECO, U. (1995), *Apocalípticos e integrados*, Tusquest Editores, Barcelona.

FARIÑAS, M. J. (2017), *Democracia y Pluralismo: Una mirada hacia la emancipación*, Ed. Dykinson, Madrid.

FERRAJOLI, L. (2011) *Poderes salvajes. La crisis de la democracia constitucional*, (Prólogo y traducción Perfecto Andrés Ibáñez) Trotta, Madrid.

HAASS, R. (2008), "La era de la no-polaridad", *Foreign Affairs*, Volume 87, Number 3. LAVAL, C. y DARDOT, P. (2013), *La nueva razón del mundo*, Ed. Gedisa, España.

LIVINGSTON, J. (2016), "A la mierda el trabajo", en *CTXT*, 16 de diciembre de 2016.

MERTON, R. (1964) *Teoría y estructuras sociales,* F.C.E., México.

NINO, C. (1992), *Un país al margen de la ley*, Emecé Editores, Buenos Aires.

RABAN, J. (2005), "La verdad sobre el terrorismo" en *Claves de la Razón Práctica*, nº 150, marzo de 2005.

SANTOS, B. (2009), *Sociología jurídica crítica. Para un nuevo sentido común en el derecho.* Trotta, Madrid.

---

16. Puede parecer una vuelta a las propuestas socialdemócratas del bienestar. Sin embargo, así lo ha puesto de manifiesto el Informe del Fondo Monetario Internacional: IMF Fiscal Monitor: Tackling Inequality, October 2017.
17. https://oxfamintermon.s3.amazonaws.com/sites/default/files/documentos/files/recuperacioneconomica-una-minoria.pdf.

THERBORN, G. (2015), *La desigualdad mata,* Alianza Editorial, Madrid.
ZAKARIA, F. (2009), *El mundo después de USA*, Espasa, Madrid.
ZIZEK, S. (2011) *En defensa de las causas perdidas*, Akal, Madrid.

# 30 anos da Constituição Federal: poder reformador e identidade do Estado de Direito brasileiro

*Alex Sander Xavier Pires*[1]

**SUMÁRIO:** 1. Estado de direito no contexto do constitucionalismo: 1.1. Direito e estado – 2. Princípio do estado de direito na lusofonia – 3. Poder reformardor e a constituição de 1988: 3.1. Leitura quantitativa: emendas à constituição à luz dos mandatos presidenciais; 3.2. Leitura normativa: dispositivos constitucionais modificados; 3.3. Leitura qualitativa por amostragem – Conclusão – Referências bibliográficas

Trinta anos separam a abertura democrática conseguida com a superação do Estado de exceção militar dos dias atuais, ao mesmo tempo que marca os quase duzentos anos de rompimento com o estado de dominação política que lançou o Brasil na condição de Estado constitucional na leitura de um constitucionalismo moderno que, vendo na Constituição um instrumento normativo de limitação do poder político, pretendia, num primeiro momento, estruturar a divisão do poder político à luz da distribuição das competências constitucionais destinadas fruição das liberdades fundamentais; e, num segundo estágio, favorecer o acesso dos indivíduos aos direitos constitucionais.

Neste percurso de quase dois séculos, oito Constituições (1824, 1891, 1934, 1937, 1946, 1967, 1969 e 1988) foram elaboradas em vias de introduzir Impérios e Repúblicas, ditaduras civis e militares, democracias e autocracias, liberalismos políticos e liberalismos econômicos; enfim, introduzir tantos Estados quantos a realidade sócio-política exigia em cada momento em nível de historicismo que marcou o constitucionalismo brasileiro. Numa ou noutra percepção, ao lado da instauração das

---

1. Pós-Doutor em Direito (Portugal), Doutor em Ciências Jurídicas e Sociais (Argentina), Doutor em Ciência Política (Brasil), Docente da Universidade Autónoma de Lisboa (UAL), Investigador do *Ratio Legis* – da Universidade Autónoma de Lisboa (RL/UAL), e Investigador do CEDIS/FD/UNL. Fundador do Projeto Pensar a Justiça. Advogado.

novas ordens constitucionais sempre pairava a divagação sobre a leitura jurídica que se deveria emprestar em cada período constitucional.

Chegada à atual Constituição Federal, o constituinte originário consignou em seu texto duas das maiores orientações perpetradas desde a segunda metade do século XX e recrudescida com os movimentos populares da década de sessenta: a) a reconstrução dos Estados para que, vendo na Constituição o ápice normativo da ordem jurídica interna, zelasse pelo equilíbrio entre as funções públicas fundamentais (legislativo, executivo e judiciário) conseguida com a divisão do poder político inspirada pela relação de interdependência que limitasse o exercício deste poder em si, cujo resultado seria a submissão de todos a lei, em especial à Constituição; e, b) a construção de um pacto social que, orientado pela liberdade em igualdade, para além de determinar os elementos de validação do ordenamento jurídico interno, ainda se preocupasse com o acesso direto aos direitos constitucionais alçados a condição de bens sociais.

A filiação a este modelo constitucional ocidental de comunhão entre o liberalismo, o constitucionalismo, o contratualismo, e o normativismo jurídico, revela situações particulares que devem ser resolvidas, *in casu*, pelo próprio Estado constitucional, com destaque: a) a crise da legiferação tanto pela inflação normativa (criação em excesso de normas jurídicas gerais e abstratas) como pela omissão legislativa (a não produção de norma jurídicas quando deveriam ser criadas, especialmente para dar eficácia plena às normas constitucionais); b) a anarquia jurisprudencial pelo reconhecimento que a interpretação dá vida a norma jurídica, e, em sendo situação litigiosa, somente a decisão judicial com força de coisa julgada pode perpetuar a "melhor" interpretação à luz do caso concreto (desdobra-se, desde então, a crise hermenêutica, em nível constitucional – qual a força da jurisprudência dominante dos Tribunais Constitucionais? –, em nível infraconstitucional – qual o limite da liberdade de julgar a ser observada quanto a determinação da jurisprudência pontual? –, e em nível de integração – como reconhecer a hierarquia entre as fontes jurisprudenciais? ou, como vincular juízos hierarquicamente inferiores, ao cumprimento da jurisprudência exarada por tribunais superiores?); e c) reconhecimento da força normativa dos princípios constitucionais, tanto como fonte de direitos como fonte de interpretação para integração normativa e jurisprudencial.

A solução para estas situações pontuais, ao mesmo tempo em que cria um modelo constitucional único para cada Estado, ainda desvela princípios supraconstitucionais (supremacia da Constituição, soberania popular, etc.) e constitucionais (estado de direito, democrático, separação de poderes, legalidade, etc.); e é, justamente, no âmbito da relação entre o princípio do estado de direito e do princípio democrático que se instaura, contemporaneamente, a crise de identidade dos Estados constitucionais. Afinal, cada Estado tem que definir, para si, o que entende ser estes princípios, para, somente após, determinar uma acepção própria que lhe permita ser considerado um Estado de direito democrático (ou, Estado democrático de direito, se for de preferência).

Assim, para contribuir com o debate sobre a identidade do Brasil como Estado de direito no âmbito da atual Constituição Federal, o texto que se inicia, pretende colacionar elementos que permitam ao interlocutor raciocinar criticamente sobre a questão: Há necessidade da República Federativa do Brasil, em sua última versão do constitucionalismo, conceituar, para si, o princípio fundamental do Estado de direito inspirado pelos valores democráticos enquanto um elemento de limitação dos poderes públicos?

Para tanto, metodologicamente, põe-se em causa o poder reformador quanto a descaracterização do texto constitucional originário para que se pondere sobre a necessidade de fechamento do texto constitucional, tanto para fortalecimento da norma constitucional que seria tomada por estável como para construção de um modelo jurisprudencial que permita o convívio e a integração entre as súmulas que tenha nos princípios, especialmente os constitucionais, sua fonte normativa e interpretativa.

Nesta seara, parte-se da apresentação dos quatro modelos paradigmáticos que permitem a compreensão sobre a criação de modelos próprios de Estados de direito no âmbito do constitucionalismo dos modernos (*rule of law*, *Reign of law*, *état légal*, e *rechtsstaat*) no estreito limite da relação entre Estado e Direito na preservação da liberdade pela lei que limita os poderes públicos, passando pela experiência próxima lusófona que permite determinar traços de aproximação entre os Estados de língua portuguesa, para convergir a três leituras específicas sobre o movimento de reforma aplicado à Constituição de 1988 (qualitativa, normativa e quantitativa), cuja análise tentou ser o mais isenta possível quanto aos juízos pessoais de valor em vias de permitir ao interlocutor a sua própria conclusão.

## 1. ESTADO DE DIREITO NO CONTEXTO DO CONSTITUCIONALISMO

Inúmeras são as formas de conceber o fenômeno do Estado de direito, inclusive a que parte da relação entre o Direito e o Estado, pela observação dos fatos históricos que compõem o constitucionalismo sob a perspectiva de um contratualismo jurídico que pende a conservação da liberdade em igualdade que tem na norma jurídica posta em ordenamento sua medida de garantia.

Neste âmbito, admite-se, dentre tantas variáveis, a possibilidade de restrição da análise aos Estados concebidos sobre "a constituição dos modernos"[2], com ênfase na busca de fortalecimento da lei como medida de preservação da liberdade quanto à limitação do poder político[3]; fala-se, assim, em Estado Constitucional no contexto do constitucionalismo ocidental moderno[4]. Portanto, nesta ocasião, o ponto de ilustração se cinge à limitação do poder político e ao fortalecimento do ordenamento jurídico que tenha em seu ápice a Constituição, ponto que permite o diálogo entre o *rule of law* anglo-saxão, o *reign of law* estadunidense, o *état légal* francês, e o *rechtsstaat* germânico[5].

O *rule of law*, concebido desde tempos imemoriais no âmbito do constitucionalismo inglês, caracterizou-se pela limitação do poder político:

---

2. Adere-se a concepção de "constituição moderna" [rectius, "*constituição dos modernos*"], cuja leitura de Maurizio Fioravanti leva a três momentos históricos que permitiram identificar constituições com traços comuns (a dos antigos, a medieval e a dos modernos), em que a constituição dos modernos formalizara "de maneira extrema a problemática da forma de governo, resolvendo-a finalmente por uma técnica de atribuição de competências baseada no pressuposto que a questão do governo se exaure totalmente no plano das relações dos poderes públicos – por exemplo, no positivismo do século XIX, entre os órgãos do Estado –, considerados distintos e separados das forças sociais, dos conflitos e dos equilíbrios sociais" (tradução livre e pessoal de Fioravanti, 2001, p. 16). Tal concepção pode ser alçada a condição de "teoria normativa da política" (Canotilho, 2003, p. 52) ou ideologia responsável pelo soerguimento do "princípio do governo limitado indispensável à garantia dos direitos em dimensão estruturante da organização político-social de uma comunidade" (Canotilho, 2003, p. 52), ponderação que leva ao reconhecimento de que o constitucionalismo moderno representa "uma técnica específica de limitação do poder com fins garantísticos" (Canotilho, 2003, p. 52).
3. Há que se notar a irradiação de textos escritos responsáveis pela sistematização e racionalização da comunidade política com força para declarar as liberdades e reconhecer os direitos, ao mesmo tempo em que fixa os limites do poder político, permitindo, como diz J. J. Gomes Canotilho (2003, p. 52), a abstração de três dimensões fundamentais: «(1) ordenação jurídico-política plasmada num documento escrito; (2) declaração, nessa carta escrita, de um conjunto de direitos fundamentais e do respectivo modo de garantia; (3) organização do poder político segundo esquemas tendentes a torná-lo um poder limitado e moderado».
4. Dentre tantas concepções, a proposta por Canotilho (2003, p. 93) que "o Estado Constitucional, para ser um estado com qualidades identificadas pelo constitucionalismo moderno, deve ser um Estado de direito democrático. Eis aqui as duas grandes qualidades do Estado constitucional: Estado de direito e Estado democrático [...]".
5. Cabe, aqui, a ressalva de Miranda (1997, p. 83): "A expressão <<Estado constitucional>> parece ser de origem francesa, a expressão <<governo representativo>> de origem anglo-saxônica e a expressão <<Estado de Direito>> de origem alemã"; de igual forma que admite a divisão proposta por Canotilho (2003; p. 93-97).

primeiro da Coroa, uma vez que o rei era a fonte do poder e o responsável pela manutenção da ordem; e, depois, do Parlamento, haja vista que a supremacia real passou a soberania do Parlamento, constituindo-se a supremacia da lei ou, mais, o sentimento de segurança conferida pela "constituição inglesa" no acesso dos indivíduos aos direitos[6] (Dicey, 1982, p. 107).

O *reign of law* estadunidense indutivo de um império da lei em que tudo está [ou deve estar] submetido às "rules" – ou melhor, *under the law* (Canotilho, 2003, p. 94) – constrói-se desde o movimento de independência contra a Coroa Inglesa quando se percebeu que a inversão do paradigma autoritário do Rei para o Parlamento havia prejudicado a histórica relação de igualdade concessiva da liberdade por concepção de que todos eram ingleses por levarem consigo o direito inglês aonde estivessem, por se constituir em direito inato (*birthright*) e em herança (*inheritance*)[7], como determinara o Calvin's Case[8] (Tunc, 1957, p. 169).

---

6. Acresce Pires (2016, p. 118), "Iniciar a abordagem do constitucionalismo pela experiência inglesa importa dúplice significação: a um, para lhe reconhecer a gênese da concepção de liberdade individual pela óptica da igualdade (acolheu-se a afirmação de Hayek [1983; p. 181] para afastar enquanto análise da liberdade em igualdade, a experiência anterior medieval: 'Se o homem medieval conheceu diversas liberdades – no sentido de privilégios concedidos aos diferentes feudos ou pessoas –, raramente conheceu a liberdade como uma condição comum a todas as pessoas'); e, a dois, consequente a anterior, por prestigiar a busca da limitação do poder antevista pela criação e cumprimento de leis a que aludira John Löcke em idos do século XVII (como se depreende de Locke em tradução livre e pessoal (1997; p. 306): 'A finalidade da lei não é abolir ou restringir, mas preservar e ampliar a liberdade. Porque onde não há lei não há liberdade, como se vê nas sociedades em que existem seres humanos capazes de fazer leis. Pois liberdade significa estar livre de coerção e da violência dos outros, o que não pode ocorrer onde não há lei; e não significa, como dizem alguns, liberdade de cada um fazer o que lhe apraz – pois quem poderia ser livre se estivesse sujeito aos humores de algum outro? –, mas liberdade de dispor a seu bel-prazer de sua pessoa, suas ações, bens e todas as suas propriedades com a limitação apenas das leis às quais está sujeito. Significa, portanto, não ser o escravo da vontade arbitrária de outro, mas seguir livremente sua própria»).

7. Este fato foi determinante para instauração, anos à frente, do sistema judiciário estadunidense, desde a forma com que a norma jurídica deveria ser elaborada instituindo o ordenamento jurídico (identidade própria para a prática do *common law*) até a composição da estrutura judiciária (em sentido amplo a dúplice estrutura intuída do sistema federativo, em que a composição estadual deve conviver harmonicamente com a federal, tendo a Suprema Corte o desprendimento necessário para se dedicar a árdua missão de garantir o fiel cumprimento por imposição da interpretação autêntica da Constituição); ambas serão melhor enfrentadas linhas à frente.

8. Há que se mencionar o ajuste elucidativo feito pelo *Lord Chief Justice Cockburn* (no mesmo ano), em que nos limites impostos pela *common law*, as pessoas nascidas sobre o domínio da Coroa Inglesa, independente da origem ou do destino de seus pais, são havidos como de nacionalidade inglesa. Como se abstrai do caso dependente 169 U.S. 649 (1897), *United States v. Wong Kim Ark*, nas razões de Gray: "(...) By the common law of England, every person born within the dominions of the Crown, no matter whether of English or of foreign parents, and, in the latter case, whether the parents were settled or merely temporarily sojourning, in the

51

Concebe-se, daí, a necessidade de uma lei suprema que deveria regulamentar os poderes políticos como forma de limitá-los, ao mesmo tempo, que restringisse a soberania para preservação da liberdade[9], enquanto princípio e direito individual, o que desvelou a federação e a divisão do poder a ser gerido em função das competências constitucionais originárias sob risco da intervenção de um poder em outro, mormente o judiciário (*judicial review*), tudo convergido a preservação dos valores democráticos[10].

O *état légal* francês[11] erige-se a partir da Revolução Francesa sobre a racionalidade concebida sobre as premissas religiosas de busca da liberdade[12] de que as liberdades públicas[13] foram expoentes desde a Declaração de Direitos do Homem e do Cidadão de 1789 consagradas nas ideias contrárias as monarquias absolutas (Duverger, 1959, p. 198). Neste

---

country, was an English subject, save only the children of foreign ambassadors (who were excepted because their fathers carried their own nationality with them), or a child born to a foreigner during the hostile occupation of any part of the territories of England. No effect appears to have been given to descent as a source of nationality. (...)". Em consequência, o caminho natural seria a submissão às leis inglesas, ainda que em colônias, desde que não sujeitas a outro direito civilizado, como expõe David: "(...) a *common law* inglesa é, em princípio, aplicável; os súditos ingleses levam-na com eles, quando se estabelecem em territórios que não estão submetidos às nações civilizadas. As colônias inglesas da América incluem-se nesta situação.". (David, 2002; p. 449).

9. Relembre-se que, desde a Constituição de 1787, ficou consignado que a "Grande Liberdade comum a todos" (*Liberty*) era alçada, no preâmbulo, a condição de Bênção (*Blessing*).
10. Esclarece Pires (2016, p. 131): "Partindo de Alexis de Tocqueville tem-se um bom indicativo sobre a importância do tema para a estabilidade daquele regime, uma vez que o Poder Judiciário, ao lado da forma federativa com a repartição de competências e do modo como a liberdade era exercida na atuação das instituições comunitárias, constituem os pilares da democracia ('Três coisas parecem concorrer mais que todas para a conservação da república democrática no Novo Mundo: [...] A primeira é a forma federal que os norte-americanos adotaram e que permite a União desfrutar do poder de uma grande república e da segurança de uma pequena. [...] Encontro a segunda nas instituições comunitárias que, ao mesmo tempo em que limitam o despotismo da maioria, dão ao povo gosto da liberdade e a arte de ser livre. [...] A terceira se encontra na constituição do Poder Judiciário.' [tradução livre e pessoal de Tocqueville, 2011, p. 286]); ao mesmo tempo em que, pela primeira vez, é reconhecido como um "grande poder político" (Tocqueville, 2011, p. 106).
11. Na concepção de Canotilho (2003, p. 95) constitutivo de uma "ordem jurídica hierárquica" que tem na Declaração de Direitos do Homem e do Cidadão sua norma de prevalência a ser seguida imediatamente abaixo pela Constituição que acolhe as demais leis.
12. «É do Cristianismo, no fundo, que parte a ideia de limitar os governantes» (Duverger, 1959, p. 198).
13. Em argumentação sobre a limitação do poder, Duverger (1959, p. 201-204) apresenta como consequência das liberdades enquanto meio de resistência aos governantes, a existência de uma zona proibida à atuação dos governantes (liberdade-limite), e, outra, de limitação de atuação dos governantes mesmo dentro das áreas a eles destinadas (liberdade-oposição).

âmbito, os processos técnicos de limitação do poder dos governantes[14], a formação teórica para preservação da cidadania[15], e a construção do sistema de constituições escritas[16], marcam os constitucionalismo francês.

O *rechtsstaat*, enquanto experiência tardia alemã[17], acolheu dois aspectos desvelados do direito prussiano no âmbito da construção do Estado de Direito[18]: o movimento de codificação (responsável pela unificação de um Direito comum para toda a Alemanha baseado em código de conteúdo geral que recopilasse todo o direito vigente[19] em única fon-

---

14. Os processos técnicos de limitação do poder dos governantes segundo Duverger (1959, p. 213-215) são: a eleição dos governantes pelos governados; a divisão de funções no âmbito da separação dos poderes; a independência dos tribunais que garante a atuação da função jurisdicional; o federalismo e a descentralização; e, o pluripartidarismo que admite a oposição livre entre os partidos.

15. A estrutura de representação política concebida nos Estados Gerais, em que as deliberações eram tomadas pelos votos sensíveis de cada Estado, e, não, pelos indivíduos que compunham a ordem, foi posta em causa, o que deu início à releitura institucional para que a representação política chegasse o mais próximo possível da vontade geral, valendo como paradigma a posição de Emmanuel-Joseph Siéyès que, grosso modo, propunha que o povo, deixasse de ser considerado politicamente como "nada" e assumisse o seu lugar como o "tudo" (Sieyès, 1989; p. 27). Neste âmbito, assentou Pires (2016, p. 140): "Como membro do Comitê de Constituição, Sieyès defendeu a elaboração de um texto fundamentado em princípios que prestigiasse a razão em detrimento da memória prevalente sobre os textos normativos (Sieyès, 1994, p. 191), de sorte que se preservasse com maior amplitude possível a liberdade – especialmente a individual (Sieyès, 1994, p. 194) –, tanto a exercida sobre coisas comuns, quanto as de domínio pessoal (Sieyès, 1994, p. 195). [...] A leitura da valorização do indivíduo como titular do poder (pressuposto da soberania popular) como base do pensamento revolucionário vitorioso constituiu, no entanto, um fator decisivo para que a liberdade individual não fosse ampliada, haja vista que 'criou a ideia de que, como finalmente o poder tinha sido colocado nas mãos do povo, todas as salvaguardas contra o abuso deste poder se haviam tornado desnecessárias' (Hayek, 1983, p. 233). De concreto, a super-valorização da democracia impediu que a Constituição atingisse um objetivo fundamental: limitar a legislação".

16. A ideia de constituição escrita firmada em idos do século XVIII marcou "a vontade de organizar coerente e racionalmente os governos determinando suas funções de modo preciso" (Duverger, 1959, p. 216).

17. "Os alemães foram o último povo tocado pela maré liberal antes que esta começasse a refluir. No entanto, foram eles que exploraram de modo mais sistemático as experiências do Ocidente, assimilando-as e aplicando deliberadamente seus ensinamentos aos problemas do Estado administrativo moderno." (Hayek, 1983, p. 244).

18. "Dada a notoriedade que a Prússia alcançou no século XIX, o leitor poderia surpreender-se ao saber que as origens do movimento alemão em favor do Estado de Direito devem ser buscadas nesse país" (Hayek, 1983, p. 235).

19. A recopilação deveria regulamentar todas as questões de direito, presentes e futuras [Savigny, s/ano, p. 146], ao que lhe incumbia conjugar o direito vigente com as novas leis [Savigny, s/ano, p. 53], a ponto de ser reconhecido como o conjunto de todo Direito existente, com a sanção exclusiva do governo [Savigny, s/ano, p. 53]). Para Savigny a elaboração do Código era necessária para a consecução do fim de prover "a elaboração de um direito induvidoso, protegido das usurpações da

te[20], tornando-o induvidoso[21]; além de sua aproximação ao liberalismo, entendendo que seria missão do movimento de liberdade zelar pela difusão dos direitos e dos interesses, inclusive com a criação de instituições dedicadas à informação[22], uma vez que seria sua missão limpar os princípios humanos atuais das impropriedades que os encobre, além de renovar o falso e corrompido direito desde sua fonte eternamente pura e fresca que é a razão, sempre no sentido da mínima restrição possível da liberdade de todos e com a máxima igualdade[23] [Pfizer, 1987, p. 122]) e o controle da administração pública[24] (diferentemente da França, o sistema alemão adotava a *judicial review* como mecanismo de frenagem do ímpeto desmedido dos atos administrativos[25]).

---

arbitrariedade e das investidas da injustiça; este direito há de ser comum para toda a nação e deve congraçar todos os esforços científicos" [em tradução livre e pessoal de Savigny, s/ano, p. 171].

20. Parte-se do movimento de Frederico II da Prússia, mas recrudescido por Friedrich Carl von Savigny ("O Estado deve discutir e formular todo o conjunto de seu direito de forma que se converta em um livro que passará a ser a única fonte, substituindo todas as que anteriormente tiveram alguma autoridade" [tradução livre e pessoal de Savigny, s/ano, p. 52]).

21. "Assim, na elaboração do Código, enquanto conteúdo jurídico, deveria o direito "alcançar o mais alto grau de certeza e, a esta, deve acompanhar uma uniforme aplicação" [tradução livre e pessoal de Savigny, s/ano, p. 54]; ao mesmo tempo em que deveria tratar a matéria o mais amplamente possível a ponto de abarcar "efetivamente a solução de qualquer caso que se apresente" [tradução livre e pessoal de Savigny, s/ano, p. 55]. Reconhecia, no entanto, que a regulamentação de todas as situações que exigissem a regulamentação do direito seria infrutuosas [Savigny, s/ano, p. 55], ao que propôs como método de generalidade mais amplo possível a identificação de teoremas fundamentais que reunissem os teoremas jurídicos aos princípios de direito que levassem a liberdade individual" (Pires, 2016, p. 143).

22. "[...] O liberalismo é precisamente o que dirige esse espírito de liberdade que acaba de despertar, leva a princípios racionais e lho conduz a sua meta mais elevada. E aonde este espírito está ainda adormecido, o liberalismo intenta despertá-lo com instituições de [in]formação e tendente ao esclarecimento do povo sobre seus direitos e interesses" (tradução livre e pessoal de Pfizer, 1987, p. 122).

23. Sobre o liberalismo em Pfizer, no âmbito da codificação, informa Pires (2016, p. 144) "que o liberalismo deve pressionar para uma constituição e para instituições com as quais o povo, ou seja, a coletividade ou o seu órgão natural, a maioria, tenha a possibilidade de expressar a sua vontade e de fazê-la valer [tradução livre e pessoal de: Pfizer, 1987, p. 122]".

24. Consequente a defesa da codificação orientada por valores liberais, lembra Pires (2016, p. 146) que "Sopesadas as atividades e as funções dos tribunais, tanto os administrativos quanto os ordinários, pendeu-se a razão de que ambos deveriam se sujeitar às leis prevalecendo sempre sua inteligência. Razão esta que, em verdade, assentou-se na Tese vitoriosa de que os tribunais administrativos seriam indispensáveis dada a especificidade da matéria que não poderia ser conhecida aos juízes ordinários; "Por isso, foram criados novos tribunais administrativos que tratariam unicamente de questões legais e teriam total independência, esperando-se que, com o passar do tempo, assumissem um controle estritamente judicial de toda a ação administrativa" (Hayek, 1983, p. 243)".

25. "Embora na França a aplicação literal do ideal da separação dos poderes tenha contribuído para isentar a ação administrativa do controle judicial, o que acontecera na Prússia levou ao

## 1.1. Direito e Estado

Qual pese as particularidades que marcam cada sistema constitucional determinando-os como únicos na História, o que o *rule of law*, o *reign of law*, o *état légal* e o *rechtsstaat* garantem, para além de confirmar que existem tantos constitucionalismos quantos são os Estados constitucionais, é que desde de o século XIII e com maior intensidade nos séculos XVIII e XIX foi consagrada a ideia de submissão de todos a lei (incluindo o Estado), cuja hierarquia normativa baseada na necessidade de um ordenamento permitia estender para a supremacia da Constituição, a ponto de ser considerada a norma constitucional como fonte de criação do Estado, mas, principalmente, como validade das demais normas jurídicas e limitação dos poderes constituídos.

Embora perceptível e sustentável, a assertiva, longe de ser uníssona, deflagra uma série de divagações que retroagem, grosso modo, a relação com que o Estado passa a se relacionar com o Direito [especialmente o Direito visto como norma], especificamente quanto a questão de submissão à lei e a limitação dos poderes.

Georg Jellinek, na virada do século XX, partindo da concepção que o Direito é um fenômeno interno [psicológico] do homem manifestado por sua vontade pelo qual dá vida a um conjunto de regras a ordenar as ações humanas (Jellinek, 2005, p. 429), cuida de distinguir as normas jurídicas das demais por três características especiais: a) referem-se às relações externas e entre pessoas; b) derivam de uma autoridade exterior legítima; e, c) são dotadas de obrigatoriedade garantida por uma autoridade exterior (Jellinek, 2005, p. 430).

Ao determinar sua concepção de Direito e os traços que lhe são característicos, Jellinek parte para a solução das questões que se põem sobre a relação entre o Direito e o Estado, a qual, restrita ao tema da obrigação do Estado a respeito de seu Direito, assevera que constitui segurança jurídica alçada a nível de princípio a regra que o Estado se obriga, por si e por seus órgãos, a cumprir as normas que elabora, constituindo-se, daí, a figura do dever jurídico oponível ao direito dos indivíduos de ver o Estado submisso as normas que cria (Jellinek, 2005, p.

---

caminho oposto. O ideal que afetou profundamente o movimento liberal do século XIX foi aquele segundo o qual todo exercício do poder administrativo sobre a pessoa ou propriedade do cidadão deveria estar sujeito à *judicial review"* (Hayek, 1983, p. 238).

471). Eis a doutrina que renega a prevalência do Estado onipotente e lhe constitui a ideia de auto-obrigação[26].

A primeira metade do século XX viu, para além do paradigmático debate entre Carl Schmitt e Hans Kelsen[27] sobre quem devia ser o guardião da Constituição nos termos da "melhor"[28] leitura a ser dada ao art. 48 da Constituição de Weimar, as construções de ambos sobre a relação entre o Estado e o Direito.

Sobre o tema, Carl Schmitt, parte de um conceito próprio de Estado de direito [*rectius*, Estado Burguês de Direito[29]] construído sobre o enfoque da liberdade burguesa apegada ao individualismo (Schmitt, 1996, p. 137), que não é outro senão a percepção que o Estado deve respeitar incondicionalmente o direito objetivo vigente e os direitos subjetivos existentes, o que pressupunha legitimar e eternizar a dita realidade e preservar os direitos adquiridos, num ambiente tido por ordem jurídica de matiz própria baseada na propriedade privada e na liberdade individual, garantida pelo Estado armado (Schmitt, 1996, p. 141).

Neste conceito próprio, Schmitt passa a questionar as premissas de submissão do Estado às normas jurídicas, no âmbito do império da lei[30],

---

26. "A ideia de auto-obrigação do Estado a respeito de seu Direito tem desempenhado um papel importantíssimo na formação do constitucionalismo moderno. Não apenas trata de conter a onipotência do Estado mediante a elaboração de normas para exteriorização de sua vontade, senão que trata de lhe frear muito excepcionalmente com a garantia de direitos individuais reconhecidos. Esta garantia consiste em outorgar aos direitos protegidos o caráter de imutáveis" (tradução livre e pessoal de: Jellinek, 2005, p. 475).
27. Para assentamento temporal (aderência ao debate teórico do primeiro quarto do século XX) e em respeito ao limite metodológico (leitura do Estado e do Direito no âmbito da Teoria do Estado), propõe-se como referencial bibliográfico apenas as obras Teoria da Constituição de Carl Schmitt, e Teoria Geral do Estado de Hans Kelsen (excluindo-se, por mais importante que seja, por agora, a leitura sobre a *Teoria Pura do Direito*).
28. Dadas as circunstâncias, a condição de "melhor" deve-se a intenção de cada teórico, nos limites dos interesses adjetos na leitura do dispositivo. Portanto, não se propõe a qualquer juízo de valor.
29. Propõe a expressão para, a um só tempo, reconhecer que se tratava de um modelo atual e dominante na formação dos Estados do início do século XX, ao que restringiu a condição de "moderna" (indicativa do modelo mas sem juízo próprio de valor) - reverbera que a Constituição de Weimar, que lhe serve de fonte primária de análise, perfila-se neste tipo (Schmitt, 1996, p. 22) -, e, também, para propor uma variável a denominação de "Estado Constitucional" pela convergente e tendenciosa leitura sobre uma acepção específica de liberdade, a burguesa, que, partindo do individualismo, recaía na liberdade individual, na liberdade de contratar, na livre iniciativa, na liberdade de propriedade, etc. (Schmitt, 1996, p. 137).
30. A que assemelha a um "Estado legalitário" que orienta a criação de leis compatíveis com os princípios do próprio Estado de direito e da liberdade burguesa (Schmitt, 1996, p. 149).

e, dentre elas, a Constituição, que, embora reconheça como elemento de juridicidade e de normatividade do sistema, renega-lhe a possibilidade de conferir toda a proteção irrestrita ao indivíduo ante o Estado como prometido pela teoria burguesa, justamente porque não haveria constituição dotada apenas de elementos jurídicos, senão de uma mescla a que se reuniria o conteúdo político que pertence apenas ao Estado, e dele é indissociável (Schmitt, 1996, p. 137); afinal, a Constituição do Estado representa a "unidade política de um povo" (Schmitt, 1996, p. 29), de igual forma que a lei é um conceito político e, não jurídico (Schmitt, 1996, p. 252).

Mesmo com as bem fundamentadas críticas, Schmitt reconhece que existe um modelo de Estado de direito [que denomina Burguês] assentado na liberdade individual e no império da lei que a Constituição de Weimar, a então vigente na Alemanha, se perfilava (Schmitt, 1996, p. 22). Assim, mesmo que a análise seja histórica ou lógica (Schmitt, 1996, p. 150), forçoso é reconhecer que o modelo fora implantado e produzira seus efeitos tendo no império da lei – concebido sobre a premissa que o próprio legislador fica obrigado ao cumprimento da norma que criou e que a faculdade de legislar não lhe admite uma dominação arbitrária (Schmitt, 1996, p. 150) – sua expressão.

Diametralmente oposta é a teoria de Hans Kelsen quando parte de uma concepção que o "Estado é uma ordem da conduta humana" (Kelsen, 1938, p. 7), ou seja, "uma ordem que é, sobretudo, normativa" (Kelsen, 1938, p. 9), isto é, "Estado e Direito são a mesma coisa" (Kelsen, 1938, p. 31); em que a dita ordem pressupõe uma coação que a distingue das demais ordens (Kelsen, 1938, p. 24), de sorte que sua autoridade consagra a validade no sentido em que o Estado domina [*rectius,* subordina] os indivíduos, tornando-os "súditos" (Kelsen, 1938, p. 38).

Neste âmbito, a Constituição assume um sentido amplo ao indicar "um sistema de normas que regula a criação de outras normas" (Kelsen, 1938, p. 112), que, alocado a teoria da "pirâmide jurídica", inculca a regra fundamental ou primária para unidade do sistema jurídico (Kelsen, 1938, p. 111), de sorte que, na prática, a Constituição, ao dar tratamento diferenciado ou específico a determinada questão, matéria ou ato estatal, limita a criação do direito, o que lhe dá a visibilidade de "conjunto das normas que regulam a situação dos órgãos superiores do Estado e as relações entre o poder público e os indivíduos que lhe estão submetidos" (Kelsen, 1938, p. 114).

A dita limitação, no entanto, tem particularidades, como se vê, por exemplo, na seara da proteção das liberdades individuais pela Constituição, uma vez que Kelsen renega a presença de direitos absolutos consagrados pela doutrina de direito natural que pretendia justificar a existência e a prevalência dos direitos individuais na Constituição (Kelsen, 1938, p. 79). A liberdade individual consagrada em direitos individuais garantidos em Constituição, nesta época e a que alude Kelsen, é a teoria que os direitos individuais criariam um contrassenso de legitimidade ao Estado pelo qual não poderia interferir na seara individual, especialmente no âmbito de criação de normas jurídicas (Kelsen, 1938, p. 80).

O dito contrassenso teria duas peculiaridades: a um, seria contrária a própria concepção de relação entre o Estado e os indivíduos, haja vista que estes podem fazer tudo o que a lei permita ou, ao menos, não proíba, enquanto aquele somente pode fazer o que a lei autoriza, portanto "se considerarmos como proibições que o Estado formularia contra si mesmo, como regras pelas quais ele se interdiria certas intervenções na esfera das liberdades dos súditos, são, pelo menos, supérfluos" (Kelsen, 1938, p. 79); e, a dois, a insuficiência do argumento, uma vez que o Estado somente pode interferir em "qualquer liberdade" se houvesse fundamento em lei legítima – a dita autorização legal – como corolário do princípio da legalidade, de sorte que seriam vazias expressões como "o Estado pode interferir em certa liberdade, nos limites da lei", ou "admite-se o exercício desta ou daquela liberdade, nos limites da lei", "porque, então, a Constituição, autorizando as leis ordinárias a regular a liberdade em questão, suprime imediatamente a garantia que acaba de estabelecer" (Kelsen, 1938, p. 81).

## 2. PRINCÍPIO DO ESTADO DE DIREITO NA LUSOFONIA

A partir da segunda metade do século XX (especialmente após a semeadura da política internacional de massificação da existência de direitos universais dos indivíduos consagrada pela Declaração Universal dos Direitos Humanos das Nações Unidas em 1948) inverteu-se a proposição, de sorte que as questões sobre a autoridade da Constituição, a força normativa de inspiração política, e a fonte formal do ordenamento jurídico deram lugar aos valores em si, o que trouxe ao debate para além do embate entre o Direito e o Estado, a natureza dos valores de justiça desvelados na produção legislativa concebidos no âmbito dos princípios de direito incorporados (ou que devessem estar incorporados) nos textos constitucionais.

Dada a complexidade do tema e a extensão das análises, nesta ocasião prefere-se partir de uma realidade concebida sobre: a) a existência de princípios de direito com valores normativos que contribuem para a integração e ordenação do sistema de normas jurídicas, especialmente como fonte de interpretação constitucional; b) a ideia de que os princípios de direito são relativos; c) a constatação que as constituições passaram a acolher os princípios de direito em vias de lhes facilitar a força normativa.

Assim, no âmbito da análise ora proposta, há que se afirmar que o Estado de direito, passa a ser lido como princípio de direito – especificamente princípio constitucional – na medida que fora incorporado pelas mais diversas constituições atuais em seus textos, geralmente sobre a tessitura de princípios fundamentais. A corroboração é possível pela restrição, em nível de exemplo, a abordagem ao sistema lusófono[31], o que permite a afirmação que os nove países que compõem a Comunidade dos Países de Língua Portuguesa (CPLP[32]), adotam o Estado de direito como princípio fundamental, direta[33] (República de Angola[34], República Federativa do Brasil[35], República de Cabo Verde[36], República de Guiné

---

31. Quando se fala em sistema lusófono, quer se exprimir uma identidade constitucional que se assenta, primeiramente, na convergência de interesses que originou a CPLP, com ênfase na adoção da língua portuguesa como idioma oficial do Estado; e, depois, na identidade constitutiva, por serem os nove Estados de Direito, que seguem a democracia como regime político e a dignidade humana como princípio fundamental, além de preverem a soberania popular como consequência da democracia e qualidade da dignidade humana, e os direitos fundamentais.
32. Estatutos da Comunidade dos Países de Língua Portuguesa, art. 1º. Disponível em: <<http://www.cplp.org/Files/Filer/Documentos%20Essenciais/Estatutos_CPLP_REVLIS07.pdf>>, último acesso em 28/01/2018.
33. Previsão constitucional expressa.
34. O Estado democrático de direito na República de Angola, instituído pela Constituição de 2010, é um princípio fundamental (Constituição da República de Angola, art. 2º, 1). Disponível em: <<http://www.tribunalconstitucional.ao/uploads/%7B9555c635-8d7c-4ea1-b7f9-0cd-33d08ea40%7D.pdf>>, último acesso em 28/05/2018.
35. A República Federativa do Brasil, instituída pela Constituição Federal de 1988 e superadas as inúmeras Emendas à Constituição, tem o Estado de direito como princípio fundamental explícito (Constituição da República Federativa do Brasil, art. 1º). Disponível em: <<http://www.planalto.gov.br/ccivil_03/constituicao/constituicao.htm>>, último acesso em 28/05/2018.
36. A Constituição da República de Cabo Verde, conforme segunda Revisão Constitucional de 2010, ínsita no Boletim Oficial – Suplemento, I Série – Número 17 de 3 de maio de 2010 (Retificado pelo BO nº 28 de 26 de Julho de 2010, I Serie), consagra no art. 2º, 1, o Estado de direito como princípio fundamental. Disponível em: <<https://www.tribunalconstitucional.cv/index.php/download/48/tribunal-constitucional/1594/01%20-%20Constitui%C3%A7%-C3%A3o%20da%20Rep%C3%BAblica.pdf>>, último acesso em 28/05/2018.

Equatorial[37], República de Moçambique[38], República Portuguesa[39], e República Democrática de Timor-Leste[40]) ou indiretamente (República de Guiné-Bissau[41] e República Democrática de São Tomé e Príncipe[42]).

Nesta seara, Jorge Bacelar Gouveia vê o Estado de direito enquanto princípio fundamental, para além da força de limitar os poderes públicos impondo-lhes regras de atuação como denotador de três dimensões: a material ("transcendente ao poder público, que se lhe impõe segundo uma axiologia que o próprio poder público não controla e não elabora, antes lhe devendo obediência" [Gouveia, 2013, p. 701]); a normativa (reconhece-se a existência e a funcionalidade do ordenamento jurídico interno com especial destaque a força normativa da Constituição e o dever de observância às leis); e, a organizatória ("exprime a necessidade de a limitação desse poder público agir através de uma sua específica

---

37. A República de Guiné Equatorial, nos termos da Lei Fundamental (LFGE) conforme texto promulgado em 16 de fevereiro de 2012, tem o Estado de Direito como princípio fundamental (LFGE, art. 14º). Disponível em: <<http://www.cabri-sbo.org/uploads/files/Documents/equatorial_guinea_2012_legislation_external_constitution_national_government_region_english_.pdf>>, último acesso em 28/05/2018.

38. A República de Moçambique, nos termos de sua Constituição (CRM), conforme texto aprovado em 16 de novembro de 2004, pela Assembleia da República, tem o Estado de direito como princípio fundamental (CRM, art. 3º). Disponível em: <<http://www.portaldogoverno.gov.mz/por/content/download/194/1138/version/2/file/constituicao.pdf>>, último acesso em 28/05/2018.

39. O Estado de direito é um princípio fundamental (CRP, art. 2º) nos termos da Constituição da República Portuguesa (CRP), na redação que lhe confere a VII Revisão Constitucional de 2005. Disponível em: <<https://www.parlamento.pt/Legislacao/Documents/constpt2005.pdf>>, último acesso em 28/05/2018.

40. A República Democrática de Timor-Leste, com Constituição de 2002 (CRDTL), tem o Estado de direito como princípio fundamental (CRDTL, art. 1º, 1). Disponível em: <<http://timor-leste.gov.tl/wp-content/uploads/2010/03/Constituicao_RDTL_PT.pdf>>, último acesso em 28/05/2018.

41. A República da Guiné-Bissau, embora sem previsão expressa, permite concebê-la como Estado de Direito, na medida que assegura uma "democracia constitucionalmente instituída" (CRGB, art. 3º), que tem o povo como detentor do poder político (CRGB, art. 2º, 2) enquanto manifestação da soberania nacional (CRGB, art. 2º, 1), que, além de limitar a gestão das políticas públicas, ainda tem garantia em lei (CRGB, art. 24º). Constituição da República de Guiné-Bissau (CRGB), nos termos da aprovação em 27 de novembro de 1996, e promulgação a 4 de Dezembro de 1996. Disponível em: <<http://www.anpguinebissau.org/leis/constituicao/constituicaoguine.pdf/at_download/file>>, último acesso em 28/05/2018.

42. A República Democrática de São Tomé e Príncipe, nos termos de sua Constituição (CRDSTP), promulgada em 25 de janeiro de 2003, tem o Estado de direito democrático como fundamento (CRDSTP, art. 6º) a salvaguardar a "justiça e a legalidade como valores fundamentais da vida coletiva" (CRDSTP, art. 7º). Disponível em: <<http://www2.camara.leg.br/saotomee-principe/constituicao/constituicao-da-republica-democratica-de-s.tome-e>>, último acesso em 28/05/2018.

distribuição pelos órgãos públicos, sobretudo realçando-se o papel da vertente da vertente do controlo da constitucionalidade do mesmo" [Gouveia, 2013, p. 701]).

Por inspiração na definição de Estado de direito proposta por Jorge Miranda[43], desvelam-se três elementos: a) prevalência da garantia dos direitos dos cidadãos; b) divisão jurídica do poder; e, c) respeito pela legalidade. Percebe-se, pois, a inversão do paradigma atuário, tanto da satisfação dos interesses do Estado (deixa de ser o fim em si mesmo para perquirir a satisfação dos direitos dos cidadãos compatíveis com o texto constitucional num ambiente de igualdade na consecução da liberdade), como da autossuficiência que dá lugar a auto-organização (quer pela divisão do poder que desafia o controlo de constitucionalidade e o equilíbrio das funções públicas, quer pela superposição da lei em que todos se sujeitam ao seus imperativos, inclusive o Estado).

A convergência leva a duas constatações: a um, que o princípio fundamental do Estado de direito deflagra um sistema de princípios constitucionais, dentre os quais se destacam o da dignidade da pessoa humana, o da juridicidade, o da constitucionalidade, o da divisão e interdependência dos poderes, o da segurança jurídica, e o da igualdade; e, a dois, que o princípio do Estado de direito encontra no princípio democrático seu complemento necessário no atual estágio médio do constitucionalismo contemporâneo.

Sobre a relação entre os princípios, há que se reconhecer a interdependência elevada ao nível de máxima relação, a ponto de conceber que o "Estado de direito é democrático e só sendo-o é que é Estado de direito; o Estado democrático é Estado de direito e só sendo-o é que é democrático. Há uma democracia de Estado-de-direito, há um Estado-de-direito de democracia" (Canotilho; Moreira, 2007, p. 204). Por conseguinte, tem-se, no âmbito desta relação, que a ordem de domínio deve ser legitimada pelo povo, bem como que o poder do estado deve ser exercido e organizado em termos democráticos (Canotilho, 2003, p. 98).

---

43. "Estado de Direito é o Estado em que, para garantia dos direitos dos cidadãos, se estabelece juridicamente a divisão do poder e em que o respeito pela legalidade (seja a mera legalidade formal, seja – mais tarde –a conformidade com valores materiais) se eleva a critério de ação dos governantes" (Miranda, 2011, p. 95).

## 3. PODER REFORMADOR E A CONSTITUIÇÃO DE 1988

A considerar que a República Federativa do Brasil constituiu-se, no oitavo período de filiação ao modelo de Estado Constitucional no âmbito da Constituição dos modernos[44] pela inspiração de persecução da liberdade, em Estado de direito qualificado pelos valores democráticos, apõem-se várias questões nestes longos trinta anos que separam a promulgação da Constituição de 1988 fruto de exercício do poder constituinte originário consagrado em Assembleia Nacional e o atual texto concebido pelo poder constituinte derivado acolhido pela autorização de reformas constitucionais que lhe entrega a concepção de poder reformador.

Nesta oportunidade, a convergência da análise permite reconhecer que o Brasil, para além de ter suas particularidades no que se refere ao próprio constitucionalismo, enquanto estado de direito deve [ou, "deveria"] respeitar ao menos duas proposições: a) limitação do poder político nos estreitos limites do ordenamento jurídico validado pela norma constitucional cingido, nesta ocasião, a divisão do poder público fundamental por suas competências constitucionais em respeito ao princípio da interdependência, a observância da regra de submissão de todos à Constituição incluindo o Estado, e o reconhecimento que a Constituição Federal é uma norma suprema de garantia dos direitos individuais; e, b) o respeito aos princípios constitucionais tanto ao deflagrar o sistema hermenêutico (os princípios servem, dentre outros fundamentos, para facilitar a interpretação e a integração da norma constitucional) como para limitar o poder reformador.

Assim, propõe-se a leitura das emendas à Constituição por três ópticas que permitam ao interlocutor, *de per si*, concluir se o movimento de reforma do texto constitucional de 1988 tem respeitado pelo menos as duas proposições abstraídas da universalidade de concepções desveladas na criação dos estados de direito ocidentais que seguem o império da lei na garantia de liberdades mediante a formulação de princípios fundamentais, como permitido pelo diálogo, inter e multidisciplinar, entre o constitucionalismo pelo historicismo, o positivismo pelo normativismo jurídico, e o liberalismo igualitarista que perquire a igualdade de acesso aos bens sociais tanto quanto foram livremente escolhidos para integrarem o seleto rol de direitos constitucionais.

Restaura-se, aqui, a proposta metodológica consignada na introdução pela qual se pretende que, ao final, cada interlocutor se sinta

---

44. Leia-se a sucessão com as Constituições de 1824, 1891, 1934, 1937, 1946, 1967, EC nº 1/1969, e 1988.

confortável para, racional e criticamente, responder a questão se há necessidade da República Federativa do Brasil, em sua última versão do constitucionalismo, conceituar, para si, o princípio fundamental do Estado de direito inspirado pelos valores democráticos enquanto um elemento de limitação dos poderes públicos?; e, mais, como questão secundária: se o Brasil pode ser considerado, pelos parâmetros e proposições universais, um estado de direito quanto ao exercício do poder reformador adotado na prática? Dá-se, portanto, por iniciada a análise do movimento de reforma à Constituição Federal de 1988 pela: a) leitura quantitativa; b) leitura normativa; e, c) leitura qualitativa por amostragem

## 3.1. Leitura quantitativa: emendas à Constituição à luz dos mandatos presidenciais

Os trinta anos que marcam a promulgação da Constituição Federal e os tempos atuais[45] viu o texto original ser modificado por noventa e nove Emendas Constitucionais[46] e seis Emendas de Revisão[47], durante dez períodos de governo. A presente análise se restringe à determinar os limites para a seguinte questão: quantas emendas à Constituição foram realizadas em cada mandato presidencial?

José Sarney (15/03/1985[48] a 15/03/1990), filiado ao Partido Democrático Social (PDS), responsável pela instauração da Constituinte de 1987 que culminou com a promulgação da Constituição da República Federativa do Brasil, de 10 de outubro de 1988, não acompanhou, em seu Governo, qualquer emenda.

Fernando Collor de Mello (15/03/1990 a 29/12/1992[49]), filiado ao Partido da Reconstrução Nacional (PRN), cujo período acolheu a

---

45. A data limite para encerramento da presente análise foi 25 de maio de 2018.
46. As emendas constitucionais podem ser consultadas em: <<http://www.planalto.gov.br/ccivil_03/constituicao/Emendas/Emc/quadro_emc.htm>>, último acesso em 20/05/2018.
47. As emendas constitucionais de revisão podem ser consultadas em: <<http://www.planalto.gov.br/ccivil_03/constituicao/Emendas/ECR/quadro_ecr.htm>>, último acesso em: 20/05/2018.
48. Na condição de Vice-Presidente assumiu interinamente a Presidência da República em razão da doença grave do Presidente eleito Tancredo de Almeida Neves que, vindo a óbito em 21 de abril de 1985, permitiu a sua efetivação no cargo, assumindo o mandato presidencial. O Partido do Movimento Democrático Brasileiro (PMDB) venceu as eleições, mas o governo, de fato, foi exercido pelo Partido Democrático Social (PDS).
49. Data da renúncia ao mandato presidencial por acusação de corrupção e imputação de inexigibilidade pelo período de oito anos.

Emenda Constitucional (EMC[50]) nº 1, de 31 de março de 1992 (Dispõe sobre a remuneração dos Deputados Estaduais e dos Vereadores), e a EMC nº 2, de 25 de agosto de 1992 (Dispõe sobre o plebiscito previsto no art. 2º do Ato das Disposições Constitucionais Transitórias).

Itamar Augusto Cautiero Franco (29/12/1992[51] a 01/01/1995), filiado ao Partido da Reconstrução Nacional[52], teve em seu governo, as seis Emendas Constitucionais de Revisão: a primeira, de 1º de março de 1994 (Acrescenta os arts. 71, 72 e 73 ao Ato das Disposições Constitucionais Transitórias); e as demais promulgadas em 07 de junho de 1994, com os respectivos motivos, a segunda (Altera o caput do art. 50 e seu § 2º, da Constituição Federal), a terceira (Altera a alínea "c" do inciso I, a alínea "b" do inciso II, o § 1º e o inciso II do § 4º do art. 12 da Constituição Federal), a quarta (Altera o § 9º do art. 14 da Constituição Federal), a quinta (Altera o art. 82 da Constituição Federal), e a sexta (Acrescenta o § 4º ao art. 55 da Constituição Federal). Ademais, acolheu a EMC nº 3, de 17 de março de 1993 (Altera os arts. 40, 42, 102, 103, 155, 156, 160, 167 da Constituição Federal), e a EMC nº 4, de 14 de setembro de 1993 (Dá nova redação ao art. 16 da Constituição Federal).

Fernando Henrique Cardoso, em seu primeiro mandato presidencial (01/01/1995 a 01/01/1999), filiado ao Partido da Social Democracia Brasileira (PSDB), cujo período de governo acolheu a: EMC nº 5, de 15 de agosto de 1995 (Altera o § 2º do art. 25 da Constituição Federal); a EMC nº 6, de 15 de agosto de 1995 (Altera o inciso IX do art. 170, o art. 171 e o § 1º do art. 176 da Constituição Federal); EMC nº 7, de 15 de agosto de 1995 (Altera o art. 178 da Constituição Federal e dispõe sobre a adoção de Medidas Provisórias); EMC nº 8, de 15 de agosto de 1995 (Altera o inciso XI e a alínea «a» do inciso XII do art. 21 da Constituição Federal); EMC nº 9, de 09 de novembro de 1995 (Dá nova redação ao art. 177 da Constituição Federal, alterando e inserindo parágrafos); EMC nº 10, de 04 de março de 1996 (Altera os arts. 71 e 72 do Ato das Disposições Constitucionais Transitórias, introduzidos pela Emenda Constitucional de Revisão nº 1, de 1994); EMC nº 11, de 30 de abril de 1996 (Permite a admissão de professores, técnicos e cientistas estrangeiros pelas universidades brasileiras e concede autonomia

---

50. Emenda Constitucional.
51. Assumiu definitivamente a Presidência da República com a renúncia do Presidente eleito, Fernando Collor de Mello.
52. Desfiliou-se, por divergência política, em 05 de maio de 1992.

às instituições de pesquisa científica e tecnológica); EMC nº 12, 15 de agosto de 1996 (Outorga competência à União, para instituir contribuição provisória sobre movimentação ou transmissão de valores e de créditos e direitos de natureza financeira); EMC nº 13, de 21 de agosto de 1996 (Dá nova redação ao inciso II do art. 192 da Constituição Federal); EMC nº 14, de 12 de setembro de 1996 (Modifica os arts. 34, 208, 211 e 212 da Constituição Federal e dá nova redação ao art. 60 do Ato das Disposições Constitucionais Transitórias); EMC nº 15, de 12 de setembro de 1996 (Dá nova redação ao § 4º do art. 18 da Constituição Federal); EMC nº 16, de 04 de junho de 1997 (Dá nova redação ao § 5º do art. 14, ao caput do art. 28, ao inciso II do art. 29, ao caput do art. 77 e ao art. 82 da Constituição Federal); EMC nº 17, de 22 de novembro de 1997 (Altera dispositivos dos arts. 71 e 72 do Ato das Disposições Constitucionais Transitórias, introduzidos pela Emenda Constitucional de Revisão nº 1, de 1994); EMC nº 18, de 05 de fevereiro de 1998 (Dispõe sobre o regime constitucional dos militares); EMC nº 19, 04 de junho de 1998 (Modifica o regime e dispõe sobre princípios e normas da Administração Pública, servidores e agentes políticos, controle de despesas e finanças públicas e custeio de atividades a cargo do Distrito Federal, e dá outras providências); e, EMC nº 20, de 15 de dezembro de 1998 (Modifica o sistema de previdência social, estabelece normas de transição e dá outras providências).

Fernando Henrique Cardoso, em seu segundo mandato presidencial (01/01/1999 a 01/01/2003), filiado ao Partido da Social Democracia Brasileira (PSDB), cujo período de governo acolheu a: EMC nº 21, de 18 de março de 1999 (Prorroga, alterando a alíquota, a contribuição provisória sobre movimentação ou transmissão de valores e de créditos e de direitos de natureza financeira, a que se refere o art. 74 do Ato das Disposições Constitucionais Transitórias); EMC nº 22, de 18 de março de 1999 (Acrescenta parágrafo único ao art. 98 e altera as alíneas "i" do inciso I do art. 102 e "c" do inciso I do art. 105 da Constituição Federal); EMC nº 23, de 02 de setembro de 1999 (Altera os arts. 12, 52, 84, 91, 102 e 105 da Constituição Federal – criação do Ministério da Defesa); EMC nº 24, de 09 de dezembro de 1999 (Altera dispositivos da Constituição Federal pertinentes à representação classistas na Justiça do Trabalho); EMC nº 25, de 14 de fevereiro de 2000 (Altera o inciso VI do art. 29 e acrescenta o art. 29-A à Constituição Federal, que dispõem sobre limites de despesas com o Poder Legislativo Municipal); EMC nº 26, de 14 de fevereiro de 2000 (Altera a redação do art. 6º da Constituição Federal); EMC nº 27, de 21 de março de 2000 (Acrescenta o art. 76 ao ato das Disposições Constitucionais Transitórias, instituindo a desvinculação de arrecadação de impostos e contribuições sociais da União); EMC nº 28, de 25 de maio de 2000 (Dá nova redação ao inciso XXIX do art. 7º e revoga o art. 233 da Constituição Federal); EMC nº 29, de 13 de setembro de 2000 (Altera os arts. 34, 35, 156, 160, 167 e 198 da Constituição Federal e acrescenta artigo ao Ato das Disposições Constitucionais Transitórias, para assegurar os recursos mínimos para o financiamento das ações e serviços públicos de saúde); EMC nº 30, de 13 de setembro de 2000 (Altera a redação do art. 100 da Constituição Federal e acrescenta o art. 78 no Ato das Disposições Constitucionais Transitórias, referente ao pagamento de precatórios judiciários); EMC nº 31, de 14 de dezembro de 2000 (Altera o Ato das Disposições Constitucionais Transitórias, introduzindo artigos que criam o Fundo de Combate e Erradicação da Pobreza); EMC nº 32, de 11 de setembro de 2001 (Altera dispositivos dos arts. 48, 57, 61, 62, 64, 66, 84, 88 e 246 da Constituição Federal, e dá outras providências); EMC nº 33, de 11 de dezembro de 2001 (Altera os arts. 149, 155 e 177 da Constituição Federal); EMC nº 34, de 13 de dezembro de 2001 (Dá nova redação à alínea c do inciso XVI do art. 37 da Constituição Federal); EMC nº 35, de 20 de dezembro de 2001 (Dá nova redação ao art. 53 de Constituição Federal); EMC nº 36, de 28 de maio de 2002 (Dá nova redação ao art. 222 da Constituição Federal, para permitir a participação de pessoas jurídicas no capital social de empresas jornalísticas e de radiodifusão sonora e de sons e imagens, nas condições que especifica); EMC nº 37, de 12 de junho de 2002 (Altera os arts. 100 e 156 da Constituição Federal e acrescenta os arts. 84, 85, 86, 87 e 88 ao Ato das Disposições Constitucionais Transitórias); EMC nº 38, de 12 de junho de 2002 (Acrescenta o art. 89 ao ato das Disposições Constitucionais Transitórias, incorporando os Policiais Militares do extinto Território Federal de Rondônia aos Quadros da União); e, EMC nº 39, de 19 de dezembro de 2002 (Acrescenta o art. 149-A à Constituição Federal – Instituindo contribuição para custeio do serviço de iluminação pública nos Municípios e no Distrito Federal).

Luiz Inácio Lula da Silva, em seu primeiro mandato presidencial (01/01/2003 a 01/01/2007), filiado ao Partido dos Trabalhadores (PT), cujo período de governo acolheu a: EMC nº 40, de 29 de maio de 2003 (Altera o inciso V do art. 163 e o art. 192 da Constituição Federal, e o *caput* do art. 52 do Ato das Disposições Constitucionais Transitórias); EMC nº 41, de 19 de dezembro de 2003 (Modifica os arts. 37, 40, 42, 48, 96, 149 e 201 da Constituição Federal, revoga o inciso IX do § 3 do art. 142 da Constituição Federal e dispositivos da Emenda Constitucional nº 20, de 15 de dezembro de 1998, e dá outras providências); EMC nº 42, de 19 de dezembro de 2003 (Altera o Sistema Tributário Nacional e dá outras providências); EMC nº 43, de 15 de abril de 2004 (Altera o art. 42 do Ato das Disposições Constitucionais Transitórias, prorrogando, por dez anos, a aplicação, por parte da União, de percentuais mínimos do total dos recursos destinados à irrigação nas Regiões Centro-Oeste e Nordeste); EMC nº 44, de 30 de junho de 2004 (Altera o Sistema Tributário Nacional e dá outras providências); EMC nº 45, de 30 de dezembro de 2004 (Altera dispositivos dos arts. 5º, 36, 52, 92, 93, 95, 98, 99, 102, 103, 104, 105, 107, 109, 111, 112, 114, 115, 125, 126, 127, 128, 129, 134 e 168 da Constituição Federal, e acrescenta os arts. 103-A, 103-B, 111-A e 130-A, e dá outras providências); EMC nº 46, de 05 de maio de 2005 (Altera o inciso IV do art. 20 da Constituição Federal); EMC nº 47, de 05 de julho de 2005 (Altera os arts. 37, 40, 195 e 201 da Constituição Federal, para dispor sobre a previdência social, e dá outras providências); EMC nº 48, de 10 de agosto de 2005 (Acrescenta o § 3º ao art. 215 da Constituição Federal, instituindo o Plano Nacional de Cultura); EMC nº 49, de 08 de fevereiro de 2006 (Altera a redação da alínea b e acrescenta alínea c ao inciso XXIII do caput do art. 21 e altera a redação do inciso V do caput do art. 177 da Constituição Federal para excluir do monopólio da União a produção, a comercialização e a utilização de radioisótopos de meia-vida curta, para usos médicos, agrícolas e industriais); EMC nº 50, de 14 de fevereiro de 2006 (Modifica o art. 57 da Constituição Federal); EMC nº 51, de 14 de fevereiro de 2006 (Acrescenta os §§ 4º, 5º e 6º ao art. 198 da Constituição Federal); EMC nº 52, de 08 de março de 2006 (Dá nova redação ao § 1º do art. 17 da Constituição Federal para disciplinar as coligações eleitorais); e, EMC nº 53, de 19 de dezembro de 2006 (Dá nova redação aos arts. 7º, 23, 30, 206, 208, 211 e 212 da Constituição Federal e ao art. 60 do Ato das Disposições Constitucionais Transitórias).

Luiz Inácio Lula da Silva, em seu segundo mandato presidencial (01/01/2007 a 01/01/2011), filiado ao Partido dos Trabalhadores (PT), cujo período de governo acolheu a: EMC nº 54, de 20 de setembro de 2007 (Dá nova redação à alínea c do inciso I do art. 12 da Constituição Federal e acrescenta art. 95 ao Ato das Disposições Constitucionais Transitórias, assegurando o registro nos consulados de brasileiros nascidos no estrangeiro); EMC nº 55, de 20 de setembro de 2007 (Altera o art. 159 da Constituição Federal, aumentando a entrega de recursos pela União ao Fundo de Participação dos Municípios); EMC nº 56, de 20 de dezembro de 2007 (Prorroga o prazo previsto no caput do art. 76 do Ato das Disposições Constitucionais Transitórias e dá outras providências); EMC nº 57, de 18 de dezembro de 2008 (Acrescenta artigo ao Ato das Disposições Constitucionais Transitórias para convalidar os atos de criação, fusão, incorporação e desmembramento de Municípios); EMC nº 58, de 23 de setembro de 2009 (Altera a redação do inciso IV do caput do art. 29 e do art. 29-A da Constituição Federal, tratando das disposições relativas à recomposição das Câmaras Municipais); EMC nº 59, de 11 de novembro de 2009 (Acrescenta § 3º ao art. 76 do Ato das Disposições Constitucionais Transitórias para reduzir, anualmente, a partir do exercício de 2009, o percentual da Desvinculação das Receitas da União incidente sobre os recursos destinados à manutenção e desenvolvimento do ensino de que trata o art. 212 da Constituição Federal, dá nova redação aos incisos I e VII do art. 208, de forma a prever a obrigatoriedade do ensino de quatro a dezessete anos e ampliar a abrangência dos programas suplementares para todas as etapas da educação básica, e dá nova redação ao § 4º do art. 211 e ao § 3º do art. 212 e ao caput do art. 214, com a inserção neste dispositivo de inciso VI); EMC nº 60, de 11 de novembro de 2009 (Altera o art. 89 do Ato das Disposições Constitucionais Transitórias para dispor sobre o quadro de servidores civis e militares do ex-Território Federal de Rondônia); EMC nº 61, de 11 de novembro de 2009 (Altera o art. 103-B da Constituição Federal, para modificar a composição do Conselho Nacional de Justiça); EMC nº 62, de 09 de dezembro de 2009 (Altera o art. 100 da Constituição Federal e acrescenta o art. 97 ao Ato das Disposições Constitucionais Transitórias, instituindo regime especial de pagamento de precatórios pelos Estados, Distrito Federal e Municípios); EMC nº 63, de 04 de fevereiro de 2010 (Altera o § 5º do art. 198 da Constituição Federal para dispor sobre piso salarial profissional nacional e diretrizes para os Planos de Carreira de agentes comunitários de saúde e de agentes de combate às endemias); EMC nº 64, de 04 de fevereiro de 2010 (Altera o art. 6º da Constituição Federal, para introduzir a alimentação como direito social); EMC nº 65, de 13 de julho de 2010 (Altera a denominação do Capítulo VII do Título VIII da Constituição Federal e modifica o seu art. 227, para cuidar dos interesses da juventude); EMC nº 66, de 13 de julho de 2010 (Dá nova redação ao § 6º do art. 226 da Constituição Federal, que dispõe sobre a dissolubilidade do casamento civil pelo divórcio, suprimindo o requisito de prévia separação judicial por mais de 1 (um) ano ou de comprovada separação de fato por mais de 2 (dois) anos); e, EMC nº 67, de 22 de dezembro de 2010 (Prorroga, por tempo indeterminado, o prazo de vigência do Fundo de Combate e Erradicação da Pobreza).

Dilma Vana Rousseff, em seu primeiro mandato presidencial (01/01/2011 a 01/01/2015), filiada ao Partido dos Trabalhadores (PT), cujo período de governo acolheu a: EMC nº 68, de 21 de dezembro de 2011 (Altera o art. 76 do Ato das Disposições Constitucionais Transitórias); EMC nº 69, de 29 de março de 2012 (Altera os arts. 21, 22 e 48 da Constituição Federal, para transferir da União para o Distrito Federal as atribuições de organizar e manter a Defensoria Pública do Distrito Federal); EMC nº 70, 29 de março de 2012 (Acrescenta art. 6º-A à Emenda Constitucional nº 41, de 2003, para estabelecer critérios para o cálculo e a correção dos proventos da aposentadoria por invalidez dos servidores públicos que ingressaram no serviço público até a data da publicação daquela Emenda Constitucional); EMC nº 71, de 29 de novembro de 2012 (Acrescenta o art. 216-A à Constituição Federal para instituir o Sistema Nacional de Cultura); EMC nº 72, de 02 de abril de 2013 (Altera a redação do parágrafo único do art. 7º da Constituição Federal para estabelecer a igualdade de direitos trabalhistas entre os trabalhadores domésticos e os demais trabalhadores urbanos e rurais): EMC nº 73, de 06 de junho de 2013 (Cria os Tribunais Regionais Federais da 6ª, 7ª, 8ª e 9ª Regiões); EMC nº 74, de 06 de agosto de 2013 (Altera o art. 134 da Constituição Federal); EMC nº 75, de 15 de outubro de 2013 (Acrescenta a alínea e ao inciso VI do art. 150 da Constituição Federal, instituindo imunidade tributária sobre os fonogramas e videofonogramas musicais produzidos no Brasil contendo obras musicais ou literomusicais de autores brasileiros e/ou obras em geral interpretadas por artistas brasileiros bem como os suportes materiais ou arquivos digitais que os contenham); EMC nº 76, de 28 de novembro de 2013 (Altera o § 2º do art. 55 e o § 4º do art. 66 da Constituição Federal, para abolir a votação secreta nos casos de perda de mandato de Deputado ou Senador e de apreciação de veto); EMC nº 77, de 11 de fevereiro de 2014 (Altera os incisos II, III e VIII do § 3º do art. 142 da Constituição Federal, para estender aos profissionais de saúde das Forças Armadas a possibilidade de cumulação de cargo a que se refere o art. 37, inciso XVI, alínea "c"); EMC nº 78, de 14 de maio de 2014 (Acrescenta art. 54-A ao Ato das Disposições Constitucionais Transitórias, para dispor sobre indenização devida aos seringueiros de que trata o art. 54 desse Ato); EMC nº 79, de 27 de maio de 2014 (Altera o art. 31 da Emenda Constitucional nº 19, de 4 de junho de 1998, para prever a inclusão, em quadro em extinção da Administração Federal, de servidores e policiais militares admitidos pelos Estados do Amapá e de Roraima, na fase de instalação dessas unidades federadas, e dá outras providências); EMC nº 80, de 04 de junho de 2014 (Altera o Capítulo IV – Das Funções Essenciais à Justiça, do Título IV – Da Organização dos Poderes, e acrescenta artigo ao Ato das Disposições Constitucionais Transitórias da Constituição Federal); EMC nº 81, de 05 de junho de 2014 (Dá nova redação ao art. 243 da Constituição Federal); EMC nº 82, de 16 de julho de 2014 (Inclui o § 10 ao art. 144 da Constituição Federal, para disciplinar a segurança viária no âmbito dos Estados, do Distrito Federal e dos Municípios); EMC nº 83, de 05 de agosto de 2014 (Acrescenta o art. 92-A ao Ato das Disposições Constitucionais Transitórias – ADCT); e, EMC nº 84 de 02 de dezembro de 2014 (Altera o art. 159 da Constituição Federal para aumentar a entrega de recursos pela União para o Fundo de Participação dos Municípios).

Dilma Vana Rousseff, em seu segundo mandato presidencial (01/01/2015 a 31/08/2016[53]), filiada ao Partido dos Trabalhadores (PT), cujo período de governo acolheu a: EMC nº 85, de 26 de fevereiro de 2015 (Altera e adiciona dispositivos na Constituição Federal para atualizar o tratamento das atividades de ciência, tecnologia e inovação); EMC nº 86, de 17 de março de 2015 (Altera os arts. 165, 166 e 198 da Constituição Federal, para tornar obrigatória a execução da programação orçamentária que especifica); EMC nº 87, de 16 de abril de 2015 (Altera o § 2º do art. 155 da Constituição Federal e inclui o art. 99 no Ato das Disposições Constitucionais Transitórias, para tratar da sistemática de cobrança do imposto sobre operações relativas à circulação de mercadorias e sobre prestações de serviços de transporte interestadual e intermunicipal e de comunicação incidente sobre as operações e prestações que destinem bens e serviços a consumidor final, contribuinte ou não do imposto, localizado em outro Estado); EMC nº 88, de 07 de maio de 2015 (Altera o art. 40 da Constituição Federal, relativamente ao limite de idade para a aposentadoria compulsória do servidor público em geral, e acrescenta dispositivo ao Ato das Disposições Constitucionais Transitórias); EMC nº 89, de 15 de setembro de 2015 (Dá nova redação ao art. 42 do Ato das Disposições Constitucionais Transitórias, ampliando o prazo em que a União deverá destinar às Regiões Centro-Oeste e Nordeste percentuais mínimos dos recursos destinados à irrigação); EMC nº 90, de 15 de setembro de 2015 (Dá nova redação ao art. 6º da Constituição Federal, para introduzir

---

53. Data da votação no Senado Federal, no âmbito do processo de impeachment, do crime de responsabilidade fiscal que culminou com o afastamento definitivo que havia sido decretado, provisoriamente, em 12/05/2016 (Parecer nº 475/2016).

o transporte como direito social); EMC nº 91, de 18 de fevereiro de 2016 (Altera a Constituição Federal para estabelecer a possibilidade, excepcional e em período determinado, de desfiliação partidária, sem prejuízo do mandato); e, EMC nº 92, de 12 de julho de 2016 (Altera os arts. 92 e 111-A da Constituição Federal, para explicitar o Tribunal Superior do Trabalho como órgão do Poder Judiciário, alterar os requisitos para o provimento dos cargos de Ministros daquele Tribunal e modificar-lhe a competência).

Michel Miguel Elias Temer Lulia, filiado ao Partido do Movimento Democrático Brasileiro (PMDB), foi eleito Vice-Presidente na campanha eleitoral que empossou a Presidente Dilma Rousseff, assumindo definitivamente a Presidência da República em 31 de agosto de 2016 – data de acolhimento do pedido de impeachment pelo Senado Federal –, exercendo, até 31 de dezembro de 2018, esta função, cujo período de governo acolheu a: EMC nº 93, de 08 de setembro de 2017 (Altera o Ato das Disposições Constitucionais Transitórias para prorrogar a desvinculação de receitas da União e estabelecer a desvinculação de receitas dos Estados, Distrito Federal e Municípios); EMC nº 94, de 15 de dezembro de 2016 (Altera o art. 100 da Constituição Federal, para dispor sobre o regime de pagamento de débitos públicos decorrentes de condenações judiciais; e acrescenta dispositivos ao Ato das Disposições Constitucionais Transitórias, para instituir regime especial de pagamento para os casos em mora); EMC nº 95, de 15 de dezembro de 2016 (Altera o Ato das Disposições Constitucionais Transitórias, para instituir o Novo Regime Fiscal, e dá outras providências); EMC nº 96, de 06 de junho de 2016 (Acrescenta § 7º ao art. 225 da Constituição Federal para determinar que práticas desportivas que utilizem animais não são consideradas cruéis, nas condições que especifica); EMC nº 97, de 04 de outubro de 2017 (Altera a Constituição Federal para vedar as coligações partidárias nas eleições proporcionais, estabelecer normas sobre acesso dos partidos políticos aos recursos do fundo partidário e ao tempo de propaganda gratuito no rádio e na televisão e dispor sobre regras de transição); EMC nº 98, de 06 de dezembro de 2017 (Altera o art. 31 da Emenda Constitucional nº 19, de 4 de junho de 1998, para prever a inclusão, em quadro em extinção da administração pública federal, de servidor público, de integrante da carreira de policial, civil ou militar, e de pessoa que haja mantido relação ou vínculo funcional, empregatício, estatutário ou de trabalho com a administração pública dos ex-Territórios ou dos Estados do Amapá ou de Roraima, inclusive suas prefeituras, na fase de instalação dessas unidades federadas, e dá outras providências); EMC nº 99, de 14 de dezembro de 2017 (Altera o art. 101 do Ato das Disposições Constitucionais Transitórias, para instituir novo regime especial de pagamento de precatórios, e os arts. 102, 103 e 105 do Ato das Disposições Constitucionais Transitórias).

Diante da proposta de análise cingida a intenção de responder à questão sobre o levantamento do número de emendas à Constituição promulgadas em cada mandato presidencial, pode-se construir a seguinte tabela:

| Presidente | Período de mandato | Emendas |
|---|---|---|
| 1. José Sarney | 15/03/1985 a 15/03/1990 | Nenhuma |
| 2. Fernando Collor de Mello | 15/03/1990 a 29/12/1992 | 2 emendas constitucionais (EMC nº 1 e 2) |
| 3. Itamar Augusto Cautiero Franco | 29/12/1992 a 01/01/1995 | 6 emendas constitucionais de revisão (ECR nº 1 a 6) 2 emendas constitucionais (EMC nº 3 e 4) |
| 4. Fernando Henrique Cardoso (1º mandato) | 01/01/1995 a 01/01/1999 | 16 emendas constitucionais (EMC nº 5 a 20) |
| 5. Fernando Henrique Cardoso (2º mandato) | 01/01/1999 a 01/01/2003 | 19 emendas constitucionais (EMC nº 21 a 39) |
| 6. Luiz Inácio Lula da Silva (1º mandato) | 01/01/2003 a 01/01/2007 | 14 emendas constitucionais (EMC nº 40 a 53) |
| 7. Luiz Inácio Lula da Silva (2º mandato) | 01/01/2007 a 01/01/2007 | 14 emendas constitucionais (EMC nº 54 a 67) |
| 8. Dilma Vana Rousseff (1º mandato) | 01/01/2011 a 01/01/2015 | 17 emendas constitucionais (EMC nº 68 a 84) |
| 9. Dilma Vana Rousseff (2º mandato) | 01/01/2015 a 31/08/2016 | 8 emendas constitucionais (EMC nº 85 a 92) |
| 10. Michel Miguel Elias Temer Lulia | 31/08/2016 a 31/12/2018 | 7 emendas constitucionais (EMC nº 93 a 99) |

## Gráfico de Emendas Constitucionais (EMC) e Emendas de Revisão (ECR), por mandato presidencial

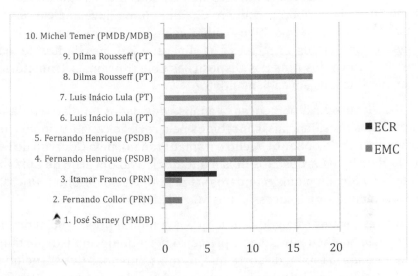

## Esquema consolidado das emendas à Constituição por Presidente

## 3.2. Leitura normativa: dispositivos constitucionais modificados[54]

A delimitação sobre o número de emendas à Constituição levadas a cabo em cada período presidencial, admite uma nova análise restrita a questão: quantos dispositivos constitucionais (assim considerados os artigos, os parágrafos, os incisos e as alíneas; e, isto, nos limites do texto constitucional e dos Atos das Disposições Constitucionais Transitórias) foram modificados em cada mandato?

Para favorecer a percepção, a análise dos dados foi distribuída pelos períodos presidenciais, concebidos pela revisão constitucional (José Sarney, Fernando Collor de Mello e Itamar Franco), pelo Governo de Fernando Henrique Cardoso (os dois mandatos), pelo Governo de Luiz Inácio Lula da Silva (os dois mandatos), e pelo Governo de Dilma Rousseff (os dois mandatos e a sucessão por Michel Temer).

Nestes termos e considerando que o mandato presidencial de José Sarney não acolheu emendas, o primeiro período de análise, portanto, é o de Fernando Collor, de sorte que, as duas Emendas Constitucionais admitiram seis modificações (um parágrafo e dois incisos na EMC nº 1/1992, e, três parágrafos que foram incluídos na regulamentação do art. 2º do ADCT, no domínio da EMC nº 2/1992); enquanto no período de Itamar Franco, observa-se a alteração de vinte e nove dispositivos no âmbito das emendas constitucionais (quatro artigos, dezoito parágrafos, cinco incisos e uma alínea, na EMC nº 3/1993; e, um artigo na EMC nº 4/1993), e vinte oito alterações por Emendas de Revisão, assim distribuídas: ECR nº 1/1993, dezoito; ECR nº 2/1993, duas; ECR nº 3/1993, cinco; ECR nº 4/1993, uma; ECR nº 5/1993, uma; e, ECR nº 6, uma.

O Governo de Fernando Henrique Cardoso teve, em seus dois períodos, quinhentas e cinquenta e três alterações de dispositivos, assim distribuídas: o primeiro mandato presidencial acolheu trezentos e dezenove alterações (uma, EMC nº 5/1995; quatro, EMC nº 6/1995; quatro,

---

54. Quanto à metodologia adotada, nesta análise, não se pretende um rigor acurado que imponha a revisão dos dados por outrem, ou, mais, a criação de técnica específica para abordagem de dispositivos definitivos e transitórios, tampouco o tratamento diferenciado entre normas alteradas porém revogadas posteriormente, e normas que se mantiveram ante as demais reformas. Em concreto, a intenção é de apresentar números (análise quantitativa) sobre as hierarquias normativas internas do texto constitucional (análise qualitativa) que permitam ao leitor dar prosseguimento, desde então, a uma abordagem mais específica; fica, assim, assegurado o interesse nominal em apresentar apenas números de dispositivos alterados (acrescidos, modificados, suprimidos – independentemente da forma de revogação –, realinhado, etc.).

EMC nº 7/1995; três, EMC nº 8/1995; seis, EMC nº 9/1995; treze, EMC nº 10/1996; duas, EMC nº 11/1996; cinco, EMC nº 12/1996; uma, EMC nº 13/1996; dezesseis, EMC nº 14/1996; uma, EMC nº 15/1996; cinco, EMC nº 16/1997; dez, EMC nº 17/1997; dezessete, EMC nº 18/1998; cento e vinte, EMC nº 19/1998; cento e doze, EMC nº 20/1998; e, o segundo, acolheu duzentos e trinta e quatro alterações (quatro, EMC nº 21/1999; três, EMC nº 22/1999; oito, EMC nº 23/1999; doze, EMC nº 24/1999; dezoito, EMC nº 25/2000; uma, EMC nº 26/2000; três, EMC nº 27/2000; quatro, EMC nº 28/2000; vinte e oito, EMC nº 29/2000; onze, EMC nº 30/2000; dezenove, EMC nº 31/2000; trinta e quatro, EMC nº 32/2001; trinta, EMC nº 33/2001; uma, EMC nº 34/2001; nove, EMC nº 35/2001; seis, EMC nº 36/2002; trinta e nove, EMC nº 37/2002; duas, EMC nº 38/2002; e, duas, EMC nº 39/2002).

O Governo de Luiz Inácio Lula da Silva, em seus dois períodos, teve quinhentas e treze alterações, assim distribuídas: o primeiro mandato presidencial anotou trezentos e setenta e três alterações (dezesseis, EMC nº 40/2003; cinquenta e duas, EMC nº 41/2003; cinquenta e quatro, EMC nº 42/2003; uma, EMC nº 43/2004; uma, EMC nº 44/2004; cento e sessenta e três, EMC nº 45/2004; uma, EMC nº 46/2005; dezenove, EMC nº 47/2005; seis, EMC nº 48/2005; quatro, EMC nº 49/2006; quatro, EMC nº 50/2006; cinco, EMC nº 51/2006; e, uma, EMC nº 52/2006; quarenta e oito, EMC nº 53/2006), enquanto o segundo acolheu cento e quarenta alterações de dispositivos (duas, EMC nº 54/2007; três, EMC nº 55/2007; uma, EMC nº 56/2007; uma, EMC nº 57/2008; trinta, EMC nº 58/2009; oito, EMC nº 59/2009; três, EMC nº 60/2009; quatro, EMC nº 61/2009; setenta e cinco, EMC nº 62/2009; uma, EMC nº 63/2010; uma, EMC nº 64/2010; nove, EMC nº 65/2010; uma, EMC nº 66/2010; e, uma, EMC nº 67/2010).

O Governo de Dilma Rousseff, em seus dois mandatos e a sucessão presidencial por Michel Temer, contou com duzentas e setenta e nove alterações, assim distribuídas: o primeiro mandato de Dilma anotou setenta e oito alterações (quatro, EMC nº 68/2011; cinco, EMC nº 69/2012; três, EMC nº 70/2012; vinte e sete, EMC nº 71/2012; uma, EMC nº 72/2013; duas, EMC nº 73/2013; uma, EMC nº 74/2013; uma, EMC nº 75/2013; duas, EMC nº 76/2013; três, EMC nº 77/2014; duas, EMC nº 78/2014; treze, EMC nº 79/2014; cinco, EMC nº 80/2014; duas, EMC nº 81/2014; três, EMC nº 82/2014; uma, EMC nº 83/2014; três, EMC nº 84/2014), e o segundo, sessenta e três alterações de dispositivos (quinze, EMC nº 85/2015; vinte e cinco, EMC nº 86/2015; doze,

EMC nº 87/2015; duas, EMC nº 88/2015; quatro, EMC nº 89/2015; uma, EMC nº 90/2015; uma, EMC nº 91/2016; três, EMC nº 92/2016), enquanto o mandato de Temer recepcionou centro e trinta e oito alterações de dispositivos (quinze, EMC nº 93/2016; vinte e nove, EMC nº 94/2016; cinquenta, EMC nº 95/2015; uma, EMC nº 96/2017; dezessete, EMC nº 97/2017; dezenove, EMC nº 98/2017; dezessete, EMC nº 99/2017).

O levantamento leva as seguintes constatações: a um, foram concretizadas, no total de trinta anos, mil quatrocentos e oito alterações de dispositivos; a dois (gráfico 1), dos quatro períodos propostos, o que mais levou a cabo reformas foi o de Fernando Henrique Cardoso (FHC), com quinhentos e cinquenta e três, seguido, respectivamente, por Luiz Inácio Lula da Silva (Lula) com quinhentos e treze, Dilma Rousseff (Dilma) com duzentas e setenta e nove, e período de revisão constitucional com sessenta e três; e, a três (gráfico 2), o mandato que mais promoveu reformas foi o primeiro de Lula (trezentos e setenta e três), seguido, respectivamente, pelo primeiro mandato de FHC (trezentos e dezenove), segundo mandato de FHC (duzentos e trinta e quatro), segundo mandato de Lula (cento e quarenta), Temer (centro e trinta e oito), primeiro mandato de Dilma (setenta e oito), segundo mandato de Dilma (sessenta e três), Itamar (cinquenta e sete), e Collor (seis). Veja-se a breve representação gráfica:

*Gráfico 1:*

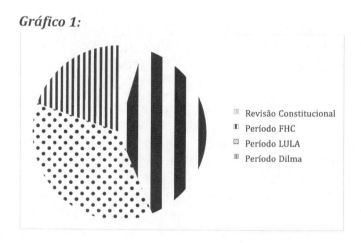

*Gráfico 2:*

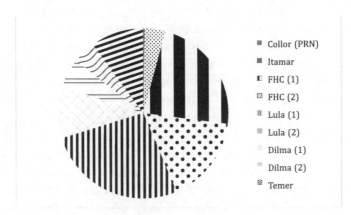

## 3.3. Leitura qualitativa por amostragem[55]

A presente proposta não comporta uma análise minuciosa sobre todo o conteúdo material das emendas à Constituição, de sorte que, partindo dos períodos propostos no item anterior (revisão constitucional, Governo FHC, Governo Lula, e Governo Dilma com a sucessão do mandato por Temer), pretende-se apresentar, por amostragem, a intenção material das reformas.

No período de revisão constitucional foi iniciada a reforma do Poder Judiciário com a proposta de reconstrução do controle concentrado de constitucionalidade de competência exclusiva do Supremo Tribunal Federal com a ampliação do rol de ações originárias (EC nº 3/1993) que passou, no segundo mandato de Fernando Henrique Cardoso, pela reformulação da estrutura judiciária trabalhista responsável pela supressão dos juízes classistas e reordenação das Juntas de Conciliação e Julgamento pelo juiz singular típico das Varas do Trabalho (EC nº 24/1999), para se aprofundar no primeiro mandato de Luiz Inácio Lula da Silva com a EC nº 45/2004, ao criar o Conselho Nacional de Justiça, reconstruir o controle difuso de constitucionalidade (vide súmulas vinculantes, repercussão geral, etc.), prosseguir a reforma da estrutura judiciária trabalhista, e criar o Conselho Nacional do Ministério Público.

No Governo de Fernando Henrique Cardoso, destacam-se a alteração do regime constitucional dos militares (EMC nº 18/1998), a reforma

---

55. A atual proposta não comporta uma análise minuciosa sobre todo o conteúdo material das emendas à Constituição, de s.

da Administração Pública (EMC nº 19/1998), a modificação do sistema de Previdência Social (EMC nº 20/1998), a previsão de criação de Juizados Especiais Federais nos termos de lei ordinária posterior (EMC nº 22/1999), redefinição orçamentária para os municípios (EMC nº 25/2000), reforma para garantia orçamentária para financiamento de ações e serviços públicos de saúde (EMC nº 29/2000), releitura do sistema de pagamento de precatórios judiciais (EMC nº 30/2000), criação do Fundo de Erradicação da Pobreza (EMC nº 31/2000), reforma do processo legislativo em razão da releitura do sistema de medidas provisórias (EMC nº 32/2001), adoção de microrreforma tributária (EMC nº 33/2001), reconstrução das medidas de garantias aos Deputados Federais e aos Senadores (EMC nº 35/2001), inclusão da moradia como direito social no rol do art. 6º da Constituição (EMC nº 26/2000) – alterada mais duas vezes, posteriormente, para inclusão, no Governo Lula, do direito social à alimentação (EMC nº 64/2010), e, no Governo Dilma, do direito ao transporte (EMC nº 90/2015).

No Governo Luiz Inácio Lula da Silva tomou lugar a reforma do Sistema Financeiro Nacional (EMC nº 40/2003); prosseguiu com a reformas, tanto da Administração Pública (EMC nº 41/2003) como do Sistema de Saúde Pública (EMC nº 51/2006 e EMC nº 63/2009), do Fundo Nacional de Erradicação da Pobreza (EMC nº 67/2010), da Previdência Social (EMC nº 47/2005), do sistema de precatórios (EMC nº 62/2009), da organização político-orçamentária dos municípios no âmbito do Fundo de Participação (EMC nº 55/2007) e da limitação política (EMC nº 58/2009); instituiu o Plano Nacional da Cultura (EMC nº 48/2005); promoveu a reforma seletiva da educação (EMC nº 53/2006); atualizou o tratamento constitucional sobre a relação entre a família e o Estado, com o reconhecimento, neste núcleo, dos jovens (EMC nº 65/2010), e, também, sobre o regime jurídico de dissolução do casamento (EMC nº 66/2010).

O Governo Dilma Rousseff, em seus dois mandatos, instituiu o Sistema Nacional de Cultura (EMC nº 71/2012), reformou o sistema de direitos dos trabalhadores (EMC nº 72/2012) ao mesmo tempo em que deu tratamento uníssono ao Tribunal Superior do Trabalho positivando-o no rol de órgãos do Poder Judiciário (EMC nº 92/2016), alterou a dinâmica de votação para o Congresso Nacional (EMC nº 76/2013), alterou as disposições concernentes à Defensoria Pública (EMC nº 80/2014), prosseguiu com a reforma no âmbito do Fundo de Participação dos Municípios (EMC nº 84/2014), alterou o regime jurídico de tratamento para o desenvolvimento da ciência, tecnologia e inovação (EMC nº 85/2015). Ademais, a sucessão presidencial com a nomeação de Michel Temer acolheu a desvinculação de receitas dos Estados, do Distrito Federal e dos Municípios (EMC nº 93/2016); retomou a reforma dos precatórios públicos (EMC nº 94/2016 e EMC nº 99/2017); instituiu o novo Regime Fiscal (EMC nº 95/2016); e, instituiu a microrreforma política (EMC nº 97/2017).

## CONCLUSÃO

Ao final, resgata-se, à luz da metodologia proposta, as questões centrais que se pretende sejam objeto de racionalização pelo interlocutor:

a) Há necessidade de a República Federativa do Brasil, em sua última versão do constitucionalismo, conceituar, para si, o princípio fundamental do Estado de direito inspirado pelos valores democráticos enquanto elemento de limitação dos poderes públicos?

b) O Brasil pode ser considerado, pelos parâmetros e proposições universais, um estado de direito quanto ao exercício do poder reformador adotado na prática?

Para delimitar a área de racionalização e convergir a análise que desafia o método dedutivo amparada no levantamento dos dados, destacam-se algumas constatações que se asseveram como verdadeiras, gerais e lógicas:

1. A leitura quantitativa[56] debruçada sobre as emendas à Constituição (independentemente da natureza) à luz dos mandatos presidenciais permite afirmar que as cento e cinco emendas (noventa e nove Emendas Constitucionais, e seis Emendas de Revisão) tiveram maior incidência no segundo mandato de Fernando Henrique Cardoso (19), seguindo-se, por ordem de grandeza, do primeiro mandato de Fernando Henrique Cardoso (16), primeiro mandato de Dilma Rousseff (17), o primeiro (14) e o segundo (14) mandatos de Luiz Inácio Lula da Silva, segundo mandato de Dilma Rousseff (8), o de Itamar Franco (8), o de Michel Temer (7), e o de Fernando Collor de Mello (2).

2. A leitura quantitativa debruçada sobre as emendas à Constituição (independentemente da natureza) à luz dos mandatos presidenciais também permite afirmar que as cento e cinco emendas

---

56. Dispensou-se o mandato de José Sarney pela inexistência de emendas à Constituição.

(noventa e nove Emendas Constitucionais, e seis Emendas de Revisão) tiveram maior incidência na terceira década constitucional (de outubro/2008 a maio de 2018[57]) com quarenta e três emendas, seguida da segunda década (de outubro/1998 a setembro/2008) com quarenta emendas, e, por fim, a primeira década (de outubro/1988 a setembro/1998), com vinte e duas emendas (dezesseis Emendas Constitucionais e seis Emendas de Revisão).

3. A leitura normativa referendada nos dispositivos constitucionais modificados[58] permite afirmar que foram concretizadas, no total de trinta anos, mil quatrocentos e oito alterações de dispositivos.

4. A leitura normativa referendada nos dispositivos constitucionais modificados também permite afirmar que, na leitura dos quatro períodos propostos, o que mais levou a cabo reformas foi o de Fernando Henrique Cardoso (FHC), com quinhentos e cinquenta e três, seguido, respectivamente, por Luiz Inácio Lula da Silva (Lula) com quinhentos e treze, Dilma Rousseff (Dilma) com duzentas e setenta e nove, e período de revisão constitucional com sessenta e três.

5. A leitura normativa referendada nos dispositivos constitucionais modificados permite ainda afirmar que o mandato que mais promoveu reformas foi o primeiro de Lula (trezentos e setenta e três), seguido, respectivamente, pelo primeiro mandato de FHC (trezentos e dezenove), segundo mandato de FHC (duzentos e trinta e quatro), segundo mandato de Lula (cento e quarenta), Temer (centro e trinta e oito), primeiro mandato de Dilma (setenta e oito), segundo mandato de Dilma (sessenta e três), Itamar (cinquenta e sete), e Collor (seis).

---

57. Período final de levantamento de dados para fins da presente análise.
58. Quanto à metodologia adotada, nesta análise, não se pretende um rigor acurado que imponha a revisão dos dados por outrem, ou, mais, a criação de técnica específica para abordagem de dispositivos definitivos e transitórios, tampouco o tratamento diferenciado entre normas alteradas porém revogadas posteriormente, e normas que se mantiveram ante as demais reformas. Em concreto, a intenção é de apresentar números (análise quantitativa) sobre as hierarquias normativas internas do texto constitucional (análise qualitativa) que permitam ao leitor dar prosseguimento, desde então, a uma abordagem mais específica; fica, assim, assegurado o interesse nominal em apresentar apenas números de dispositivos alterados (acrescidos, modificados, suprimidos – independentemente da forma de revogação –, realinhado, etc.).

6. A leitura qualitativa por amostragem[59] permite afirmar que, ao menos dez temas de fundo do texto constitucional e intimamente ligados a questão da identidade do Estado de direito pelos valores democráticos na realidade brasileira, sofreram alterações: a) reforma do Judiciário; b) reforma da Previdência Social; c) reforma do sistema público de saúde; d) reforma do sistema público de educação; e) reforma do pacto federativo por reordenação político-orçamentária dos municípios; f) microrreforma política; g) microrreforma tributária; h) releitura do sistema de direitos fundamentais; i) releitura do sistema de direitos sociais; e, j) reforma dos precatórios.

Para além da certeza que o texto constitucional de 1988 foi inteira e profundamente reformado, constituindo uma nova ordem constitucional quanto aos elementos normativos, a divagação sobre este fenômeno leva a pensar sobre a necessidade de o Brasil construir os seus próprios conceitos sobre "estado de direito" e "democracia", sob a óptica da limitação do poder (concebido em três proposições: a um, divisão do poder político com respeito ao princípio da interdependência; a dois, submissão de todos, incluindo o Estado – do povo ao Congresso Nacional, passando pelo Governo e pelas instituições judiciárias – à Constituição Federal; e, a três, o respeito à Constituição Federal como norma jurídica suprema de garantia de direitos individuais de matriz constitucional) e da concepção prática dos princípios fundamentais (reconhecimento que deflagram um sistema hermenêutico constitucional, ao mesmo tempo que têm acepções que devem ser respeitadas pelos intérpretes, inclusive para limitação do poder reformador).

Esta formulação de conceitos próprios construídos sobre a realidade histórica, social, política e jurídica do Brasil (aos moldes de qualquer outro Estado politicamente independente) está devidamente autorizada e recomendada pela certeza que existem tantos constitucionalismos quantos são os Estados constitucionais, como se depreende tanto da primeira parte da presente análise denotada pelas experiências inglesa (*rule of law*), estadunidense (*Reign of law*), francesa (*état légal*) e germânica (*rechtsstaat*) como da orientação das Nações Unidas no atual Período de Sessões sobre o tratamento a ser dispensado à democracia[60].

---

59. A atual proposta não comporta uma análise minuciosa sobre todo o conteúdo material das emendas à Constituição, de s.
60. Dentre tantas leituras, o 72º Período de Sessões das Nações Unidas, ao dar prosseguimento a Agenda anterior, concebe a democracia como a reunião de valores universais fundados na livre vontade dos povos para determinar seu próprio sistema político, econômico, social e

Por fim se propõe uma assertiva que, seguramente, complementa a presente análise: ao se conceber o desmedido uso do poder reformador que descaracterizou o texto originário de 1988 e introduziu – e, vem introduzindo – uma nova ordem constitucional se está esvaziando a força cogente e coercitiva da norma jurídica validada na Constituição com o múnus de limitação do poder enquanto medida de segurança jurídica do próprio povo em favor da legitimação dos Governos, de sorte que a Constituição passa a ser submissa a ele, e não o contrário. Neste contexto, há que se lembrar que a Constituição não pode se configurar como instrumento garantístico dos governos, senão de normas conducentes das políticas públicas no sentido de garantia de acesso dos indivíduos aos direitos constitucionais em igualdade (respeito aos bens sociais numa leitura de princípios de justiça que prevejam a liberdade em igualdade).

## REFERÊNCIAS BIBLIOGRÁFICAS

DICEY, A. V. *The Law of the Constitution.* Indianapolis: Liberty Fund, 1982; p. 107.

CANOTILHO, J. J. Gomes. *Direito Constitucional e Teoria da Constituição.* 7 ed. Coimbra: Almedina, 2003.

CANOTILHO, J. J. Gomes; MOREIRA, Vital. *Constituição da República Portuguesa Anotada.* v. 1. Coimbra: Coimbra, 2007; p. 204.

CURRIE, David P. *Introducción a la Constitución de los Estados Unidos.* Tradução ao espanhol: Veronica Gomes. Buenos Aires: editorial Zavalía, 1993.

DUVERGER, Maurice. *Droit Constitutionnel et Institutions Politiques.* Paris: Presse Universitaire de France, 1959.

DWORKIN, Ronald. *Uma Questão de Princípios.* Tradução: Luis Carlos Borges. São Paulo: Martins Fontes, 2001.

FIORAVANTI, Maurizio. *Constitución: de la Antigüedad a nuestros días.* Madrid: Editorial Trotta, 2001.

GOUVEIA, Jorge Bacelar. *Manual de Direito Constitucional.* V.II. 5 ed. Coimbra: Almedina, 2013.

HAYEK, Friedrich August von. *Os Fundamentos da Liberdade.* Tradução: Anna Maria Capovilla e José Ítalo Stelle. São Paulo: Visão, 1983.

KELSEN, Hans. *Teoria Geral do Estado.* Coimbra: Arménio Amado, 1938.

LOCKE, John. *Two Treatises of Governement.* New York: Cambridge University, 1997.

MIRANDA, Jorge. *Manual de Direito Constitucional.* 9. ed. v. 1. Coimbra: Coimbra, 2011.

MIRANDA, Jorge; MEDEIROS, Rui. *Constituição Portuguesa Anotada.* v.1. Coimbra: Coimbra Editores, 2005.

---

cultural, além de deliberar sobre todos os aspectos da sua vida, ao mesmo tempo que reconhece que não existe um modelo único, tampouco que seja um instituto ou fenômeno que pertença a um país ou região (A/RES/71/8).

PFIZER, Paul Achatius. Liberale, Liberalismus. In: *Staatslexikon oder Encyklopädie der Staatswissenschaften*. Tradução: Joaquín Aellan e Gabriela Ossenbach. Recopilação: Liberalismo Alemán en el Siglo XIX. Madrid: Centro de Estudios Constitucionales, 1987; pp. 121-133.

PIRES, Alex Sander Xavier. *Súmula Vinculante e Liberdades Fundamentais*. Rio de Janeiro: Pensar a Justiça, 2016.

PIRES, Alex Sander Xavier; TRINDADE, Carla Dolezel; FILHO, Simão Asnar. *Constitucionalismo Luso-Brasileiro*. Rio de Janeiro: s/ed., 2017.

SAVIGNY, Friedrich Karl von. *De la Vocación de Nuestro Siglo para la Lesgilsación y la Ciencia del Derecho*. Tradução: Adolfo G. Posada. Buenos Aires: Editorial Heliasta, s/ano.

SCHMITT, Carl. *Teoría de la Constitución*. Tradução: Fancisco Ayala. Madrid: Alianza Editorial, 1996; p. 137.

SIEYÈS, Emmanuel Joseph. *Ecrits Politiques*. Bruxelas: Gordon and Breach Science Publishers Ltda, 1994.

SIEYÈS, Emmanuel Joseph. *Qu'est-ce que le Tiers Etat?* Paris: Quadrige, 1989.

TUNC, André; TUNC, Suzanne. E*l Derecho de los Estados Unidos de América* – Instituiciones Judiciales, Fuentes y Tecnicas. Tradução [ao espanhol]: Javier Elola. Ciudad de Mexico: Imprenta Universitaria, 1957.

ZIPPELIUS, Reinhold. *Teoria Geral do Estado*. 3. ed. Tradução: Karin Praefke-Aires Coutinho. Lisboa: Calouste Gulbenkian, 1997; p. 383.

# Los Derechos Fundamentales como instrumento de emancipación de los trabajadores

*Fernando Valdés Dal-Ré[1]*

**SUMARIO:** 1. Introducción – 2. El obligado encuadramiento de los derechos del trabajador: la constitución laboral – 3. Los derechos fundamentales laborales: 3.1. Un ensayo de noción lógico-formal; 3.2. Tipología; 3.3. Razones de la vigencia y actualidad de los derechos de la persona del trabajador – 4. Bibliografía.

## 1. INTRODUCCIÓN

1. Una primera y acaso superficial lectura del programa del presente Seminario Internacional[2] me suscitó interrogantes sobre la delimitación objetiva del encargo asignado por los organizadores de este Seminario Internacional, dedicado a la memoria de ese insigne y comprometido jurista y ejemplar persona que fue Giorgio Ghezzi. Sin embargo, una lectura integrada del título general del Seminario (Diritto, Mercato e Persona) a la luz de las diversas rúbricas de las sesiones en que se estructura el propio Seminario, señaladamente de aquella en la que se inserta mi intervención (L´emancipaziones dei prestatori di lavoro) eliminó todo rastro de duda. El objeto de mi exposición debía detectar, a partir de las nociones base que sustentan el programa, el principal instrumento emancipatorio de los sujetos que prestan trabajo asalariado en un sistema jurídico democrático y en un sistema económico de mercado. Y este instrumento no puede ser otro – y tampoco debe serlo, en mi opinión –, que los derechos fundamentales del trabajador.

Al estudio de este concepto se dedican las reflexiones que siguen, en las que se analizarán, con obligada brevedad, la noción lógico formal de derechos fundamentales del trabajador, su tipología y, en fin, las razones de su

---

1. Catedrático de Derecho del Trabajo, Magistrado del Tribunal Constitucional da Espanha.
2. Palestra proferida no Seminário Internacional promovido pela Universidade de Turim.

relevancia y actualidad. No obstante y con carácter preliminar, me ha parecido pertinente hacer algunas consideraciones generales sobre su encuadramiento sistemático, que no es otro que el de la Constitución laboral

## 2. EL OBLIGADO ENCUADRAMIENTO DE LOS DERECHOS DEL TRABAJADOR: LA CONSTITUCIÓN LABORAL

2. Desde una perspectiva formal, la noción de Constitución tiene una dimensión unitaria, resultando innecesario recordar que con semejante expresión la doctrina identifica la norma dictada de ordinario, aunque no siempre, en el marco de un proceso constituyente y que ocupa, en cada sistema jurídico, la posición de norma suprema, supraordenada a las demás.

Sin embargo, ese carácter unitario de los textos constitucionales se difumina y desdibuja desde una perspectiva sustantiva, habiéndose preocupado la doctrina científica, señaladamente desde la segunda mitad del siglo XX, de elaborar la noción de constitución material en la que no basta detectar los valores que informan y fundamentan el orden jurídico que la norma suprema pretende ordenar; en estrecha vinculación con ello, también es preciso tomar en consideración a las fuerzas sociales portadoras de los intereses que representan y defienden. En este nuevo escenario conceptual, el trabajo emerge como eje central del conjunto del sistema jurídico constitucional[3], centralidad esta que es la que sustenta la construcción de una segunda categoría de constitución material, que, en lo esencial, queda articulada en torno a dos grandes modalidades: de un lado, la constitución económica y, de otro, la constitución laboral.

La primera categoría, que es la más elaborada por la literatura académica[4], en sí misma considerada y enjuiciada igualmente en sentido comparativo, en relación con otros tipos, agrupa al conjunto de reglas (derechos, principios y valores) iusconstitucionales que regulan la actividad económica, tanto la privada como la pública. La segunda, de seguro necesitada de una mayor construcción teórica, alude a su vez al entramado de reglas (derechos, principios y valores) constitucionales que ordenan las relaciones laborales, individuales y colectiva.

Esta diversidad en el estadio de construcción dogmática de ambas modalidades probablemente trae su razón de ser en el distinto momento

---

3. Vid. MORTATI 1954, 149.
4. Entre la muy extensa bibliografía, vid., como trabajos más recientes, PINELLI/TREU (2010) y CASESSE (2011).

histórico de la emergencia de los contenidos configuradores de una y otra. La Constitución económica nace y madura en unas secuencias temporales coincidentes con el desarrollo del constitucionalismo del siglo XIX; con una comprensión de la Constitución como el instrumento de limitación del ejercicio por el Estado de sus poderes públicos al tiempo que de reconocimiento de las facultades de gobierno, por los particulares, del mercado. O, por decirlo con el lenguaje acuñado por la literatura norteamericana, como la vía destinada a asegurar simultáneamente el ejercicio de las facultades vinculadas con las libertades públicas y el derecho de propiedad (*liberty and property*). Las primeras manifestaciones del constitucionalismo laboral, en cambio, hacen su aparición en el período de entreguerras[5] y maduran, tras la conclusión de la II Guerra mundial, al hilo de un nuevo pacto social en el que se reconoce a la clase trabajadora la condición de sujeto político, titular de derechos a los que se les atribuye el máximo rango y protección. Este pacto comportará una reformulación del constitucionalismo económico. La asunción ahora por el Estado de potestades de índole económica, conteniendo o limitando el libre funcionamiento de las leyes del mercado, pretende, precisamente, garantizar un desarrollo económico en armonía con un progreso social asentado en los principios de igualdad y justicia.

En relación con las dos grandes modalidades que se articulan a través de la noción de constitución material, me parece de todo punto pertinente efectuar algunas observaciones que definan con mayor precisión tanto sus vinculaciones recíprocas como con las del texto constitucional, entendido en un sentido unitario.

En primer lugar, las nociones de constitución económica y constitución laboral son nociones dogmáticas y no normativas. Por consiguiente, las fronteras de ambas partes de la Constitución están sujetas a las transformaciones y mutaciones que, en general, son aplicables a todo texto constitucional, con toda razón calificado por la jurisprudencia, nacional y extranjera, como un "instrumento vivo". En segundo lugar, constitución económica y constitución laboral, lejos de enunciar cláusulas separadas, formulan disposiciones que interactúan recíprocamente. Por fundamentar la idea con dos ejemplos sencillos. El primero, extraído de la Constitución española (CE), evidencia que los

---

5. Con motivo de la aprobación de las Constituciones mexicana de Querétaro (1917) y alemana de Weimar (1918). En relación con la primera, BARBAGELATA 1985, 58. La segunda cuenta con una extensa y especializada bibliografía; entre otros, vid. RAMM 1989.

contenidos de dos de los derechos más significativos encuadrables en esas diferentes modalidades o, si se prefiere y por enunciar la idea con mayor rigor, algunas expresiones de esos derechos, cuales son la libertad de empresa (art. 38 CE) y el derecho al trabajo (art. 35.1 CE), suelen interpretarse de manera conexa. Girando ahora la atención hacia el derecho de la Unión Europea (en adelante, Unión), el Tribunal de Justicia de la Unión Europea (TJUE) o Tribunal de Luxemburgo, en reiteradas ocasiones, ha atribuido a las libertades económicas fundamentales, señaladamente a la libre prestación de servicios, la facultad de imponer límites al ejercicio de derechos fundamentales laborales, como los de negociación colectiva y huelga[6].

Por último, los contenidos de las facultades pertenecientes a cada una de las fracciones de una Constitución no solo se encuentran en una posición de recíproca y potencial incidencia limitativa. Una y otra han de ser aplicadas en un sentido acorde a las cláusulas constitucionales de dimensión transversal. Por razonar la aseveración nuevamente con la ayuda que brindan los textos sobre derechos fundamentales, el preámbulo de la Carta Social Europea (CSE), versión 1961, declara que "el goce de los derechos sociales debe quedar garantizado sin discriminación (...)", afirmando de manera indubitada la transversalidad del derecho a no ser discriminado. De su lado, el principio de igualdad y de no discriminación es un principio transversal del derecho de la Unión, no pudiendo entenderse los derechos establecidos en la Carta de Derechos Fundamentales de la Unión Europea de manera desvinculada y contraria al principio de igualdad (art. 20) y a la prohibición de no discriminación (art. 21). De ahí que, como afirma el TJUE, en referencia a los derechos de los trabajadores pero en aserto que puede generalizarse sin esfuerzo alguno, el juez nacional debe inaplicar "toda disposición nacional discriminatoria, sin solicitar ni esperar su previa derogación por el legislador"[7]. En todo caso y de entre las diversas cláusulas transversales, aquella que, a mi juicio, desempeña una mayor función configuradora del texto constitucional en su conjunto, al tiempo que es la que pide una mayor exigencia de acomodación y ajuste entre los derechos que puedan integrarse en cada una de las dos rúbricas de las constituciones es la cláusula social o, si se prefiere, el Estado Social.

---

6. En las conocidas sentencias *Viking Line, Laval y Rüffert*. Vid., entre la muy extensa bibliografía, SCIARRA, 2008 y CARUSO 2008.

7. Cfr. Ap. 46, sentencia TJUE *Cordero Alonso*, asunto C-81/05 (7 septiembre 2006).

## 3. LOS DERECHOS FUNDAMENTALES LABORALES

### 3.1. Un ensayo de noción lógico-formal

3. En un ensayo escrito hace ya años, Norberto Bobbio, con su habitual lucidez, recuerda que los derechos no son realidades eternas, situadas fuera del tiempo y del espacio; son, antes, al contrario, fenómenos históricos y, por lo mismo, en la historia han de ser ubicados y desde ella ha de ser analizada su formación así como su desarrollo y sus vicisitudes. En su obra, Bobbio no se ocupa de reflexionar sobre los derechos en general; se circunscribe a una muy concreta categoría de derechos cuya reivindicación colectiva, conceptuación teórica y atribución positiva ofrece las señas de identidad de nuestra época, precisamente por ello calificada y redefinida por el ilustre filósofo italiano como "el tiempo de los derechos"[8].

Cuáles son los derechos que cumplen simultáneamente la doble función de identificar los derechos de nuestro tiempo y de caracterizar nuestra era como la del tiempo de derechos, no es un interrogante que se preste a discusión. Por encima y al margen de las intensas y no pacificadas querellas y polémicas que acompaña la práctica totalidad de las numerosas perspectivas desde las que aquellos pueden analizarse (lingüística, teórica, dogmática, axiológica, histórica o sociológica, por citar las más significativas), los derechos de nuestro tiempo, los que los individuos reclaman ante y contra la sociedad y los poderes que la gobiernan, son los "derechos fundamentales"; aquellos que se perciben, se entienden y actúan como fundamento de todo un orden jurídico-político plasmado en textos y cartas constitucionales y en declaraciones o pactos internacionales.

La atribución a los derechos fundamentales de la condición de derechos de nuestra época tiene un valor universal, entendida la nota de universalidad no sólo ni tanto en un sentido subjetivo, que atiende a la titularidad de los derechos, cuanto en un significado material. En el arco de tiempo que discurre entre los movimientos revolucionarios de finales del siglo XVIII en ambos lados del Atlántico y que alumbran los dos grandes tipos de constitución que se entrelazan en la teoría e historia del constitucionalismo moderno[9] y los movimientos democráticos

---

8. Cfr. BOBBIO 1991, 57.
9. La Constitución como norma fundamental de garantía (versión americana) y la Constitución como norma directiva fundamental a la que han de acomodarse en sus acciones, en nombre de la comunidad de valores que aquella encarna, todos los sujetos políticamente activos, sean públicos o privados (versión del liberalismo europeo). Cfr. FIORAVANTI 2000, 97.

de finales del siglo XX que también se producen en las dos orillas del océano común a resultas de la caída de regímenes de signo totalitario, los derechos fundamentales han experimentado una notable expansión. Lejos de configurarse como una categoría cerrada de una vez por todas, los derechos fundamentales han ido incorporando a su catálogo nuevos intereses, bienes y expectativas como consecuencia de las sucesivas y no agotadas reivindicaciones y luchas de los individuos y de los grupos sociales en los que ellos se integran a fin de lograr mayores y más decentes espacios de igualdad y libertad. Pero los derechos fundamentales no sólo han ampliado su catálogo, el cual tiende a enunciarse en la actualidad de nuestros días con la ayuda de símiles biológicos, en cuanto formado por distintas generaciones de derechos o en cuanto integrado por derechos de protección generacional[10]; también ha variado la propia configuración dogmática de la noción derecho fundamental, señaladamente en lo que se refiere a su estructura y a su eficacia.

Numerosos y de muy diverso signo han sido los factores que han acompañado este proceso de expansión de los derechos fundamentales y de transformación de su morfología jurídica. No es mi intención, y afortunadamente tampoco la ocasión lo requiere, narrar, ni tan siquiera en sus trazos más gruesos, las vicisitudes por las que ha atravesado este proceso, aún inacabado[11]. Pero no resultará impertinente recordar el relevante papel que en él han desempeñado los que cabe denominar, utilizando por el momento una terminología desprovista de toda finalidad de tipificación jurídico-constitucional, "derechos fundamentales laborales" o, mejor aún, derechos fundamentales del trabajador.

La utilización de la figura del trabajador como una situación jurídica atributiva de unos derechos sancionados como fundamentales por textos constitucionales ha servido, por lo pronto, para corregir algunos de los rasgos originarios del pacto social fundante del Estado moderno y, por lo mismo, para alterar las bases del propio Estado. En la doctrina del constitucionalismo moderno, aquél, el pacto social, ya no puede ser entendido ni como la mera expresión de la voluntad de los individuos de limitar los poderes políticos con fines de garantizar la libertad y la propiedad (*liberty and property*) (versión americana) ni como la afirmación de la soberanía

---

10. Tal es la terminología de HÄBERLE 1994, 111.
11. Las fuentes bibliográficas sobre la formación y evolución de los derechos fundamentales cubren holgadamente los más variados campos de la investigación (teoría del Estado, filosofía política, filosofía jurídica, historia, derecho o dogmática jurídica). Una selecta y plural reseña bibliográfica puede consultarse en FIORAVANTI 2000, 151.

del Estado, de un Estado en el que el ámbito de aplicación, el contenido normativo y la protección efectiva de las libertades públicas constitucionalmente reconocidas no pasan de ser simples enunciados programáticos, desprovistos de fuerza jurídicamente vinculante hasta tanto en cuanto no sean desarrollados por la voluntad no limitada de la ley (versión europea)[12]. La consideración de los trabajadores como miembros de un grupo social políticamente activo a efectos constitucionales no cambia la forma del pacto social; pero sí altera su estructura formal y sus contenidos materiales. La recepción por los textos constitucionales de unos derechos, los laborales, que no sólo atribuyen expectativas de omisión de interferencias por parte de los poderes publicos, sino que también asignan expectativas de prestaciones cuya satisfacción pide el desarrollo de un programa sostenido de acciones y medidas políticas, muda la tradicional morfología de los derechos fundamentales. En buena medida, la constitucionalización de los derechos laborales ha facilitado históricamente el tránsito de una noción monista de derechos fundamentales (derechos de libertad) a otra dualista (derechos de libertad/derechos de prestación), en la que terminará normalizándose una subcategoría de derechos fundamentales, los derechos sociales, constitutivos del núcleo del Estado Social y Democrático de Derecho. O expresada la misma idea en otras palabras, la configuración por parte del constitucionalismo moderno de unos derechos laborales como derechos fundamentales ha contribuido al cambio del modelo de Estado; esto es, a la transformación de las relaciones entre Estado y Sociedad y de la función tipificadora de esas relaciones asignada a las constituciones. Estas ya no son sólo un pacto para la limitación del ejercicio del poder político; también son, y en parte nada desdeñable, un pacto para la predeterminación de un programa de acción política de promoción de la igualdad y del bienestar de los ciudadanos.

4. Las anteriores consideraciones no terminan de dar cuenta del relevante papel desempeñado por los derechos laborales en relación, ahora, a dogmática jurídica de los derechos fundamentales. Además de haber colaborado a reconstruir o, al menos, a repensar la teoría de los derechos fundamentales, en un sentido no sólo lógico o deóntico sino, también, ético y político, la consideración del trabajador como titular de derechos fundamentales ha propiciado o, acaso, está propiciando la revisión crítica de alguno de los postulados más arraigados de la estructura iuspositiva del derecho fundamental; en concreto, del que afecta a

---

12. Vid. TOMAS Y VALIENTE 1989, 42.

la relación jurídica de derecho fundamental o, si se prefiere, a los efectos sobre el sistema jurídico de las normas iusfundamentales.

En la concepción más clásica, en aquella que se halla ya presente en el momento germinal del movimiento constitucional pero que también le ha acompañado en su decurso histórico hasta nuestros días, el ámbito natural y exclusivo de las normas de derecho fundamental es el de las relaciones jurídico-públicas de sujeción general[13]; es en este tipo de relaciones, y sólo en ellas, en las que se inserta el derecho fundamental, cuyos efectos se desarrollan en un plano vertical, entendida la verticalidad en un doble sentido[14]: de un lado, la titularidad del derecho fundamental pertenece al individuo, que la ejerce frente al Estado; de otro, al derecho fundamental expresado en una norma de derecho iusfundamental[15] corresponde una obligación o una prohibición a cargo del Estado. Si la primera manifestación ya aparece clara en el *Bill of Rights* de la Constitución Americana, la segunda se expresa con no menor claridad en la Constitución francesa del año III (1791), a tenor de la cual "la declaración de los derechos contiene las obligaciones de los legisladores"[16].

La configuración de los derechos fundamentales como derechos públicos subjetivos, cuya eficacia directa queda constreñida al ámbito de los poderes públicos (legislativo, ejecutivo y judicial), ha ido templándose y corrigiéndose con el transcurso del tiempo. Sin entrar por el momento en los detalles de esta evolución, que en modo alguno puede darse por concluida, lo que interesa ahora destacar es que la revisión crítica de los efectos verticales de los derechos fundamentales ha encontrado en la relación jurídica privada entre empresario y trabajador su mejor terreno de expresión y desarrollo.

Por lo demás, el reconocimiento a favor de los trabajadores, en cuanto sujetos de una relación privada, de unos derechos amparados con la veste de la fundamentalidad no sólo ha colaborado a un replanteamiento dogmático de la eficacia de los derechos fundamentales; también ha contribuido, a través de un diálogo recíproco, a una reformulación dogmática de las posiciones jurídicas, activas y pasivas, de las partes del contrato de trabajo.

---

13. Vid. JIMÉNEZ CAMPO 1999, 34.
14. Vid. FERRAJOLI 2001a, 34.
15. Sobre la diferencia entre derecho fundamental, entendido como derecho subjetivo que atribuye al titular unas *facultas agendi* o, en su caso, *una potestas agendi*, y la norma de derecho fundamental, que enuncia las determinaciones objetivas en qué consisten estas facultades y poderes. Vid., por todos, ALEXY 2001, 61.
16. Cfr. art. 1, sección "deberes", de la Constitución francesa de 3 de septiembre de 1791.

5. El propósito de la presente exposición no es el análisis de los derechos fundamentales dotados de una dimensión laboral, sea ésta *rationae subiecti* o *rationae materiae*. Con bastante menor ambición, me ocuparé de una concreta modalidad de esos derechos, a la que muy probablemente conviene designar sin más adjetivación que la de su fundamentalidad. Son éstos los derechos del trabajador.

Cuáles son esos derechos, es interrogante que reenvía, en rigor, a las decisiones de cada derecho positivo. Es en los textos constitucionales[17] de los distintos ordenamientos así como en las declaraciones internacionales en dónde se debe buscar el catálogo de este tipo de derechos. No obstante ello, no estará de más intentar ofrecer una definición de lo que entiendo por derechos fundamentales de la persona del trabajador. Ha de ser ésta una definición formal y no iuspositiva; una definición que, basada en conceptos convencionales comúnmente aceptados por la teoría del Derecho, pueda ser aplicable en cualquier ordenamiento, con independencia de los concretos derechos fundamentales que se hayan establecido o, incluso, al margen de que se hubieren reconocido ciertos derechos como fundamentales.

En este orden de cosas, se debe al mérito del italiano Luigi Ferrajoli haber elaborado la noción formal o lógica más acabada, a mi juicio, de la categoría de los derechos fundamentales, entendiendo por tal "aquellos derechos subjetivos que corresponden universalmente a todos los seres humanos en cuanto dotados del *status* de personas, ciudadanos o personas con capacidad de obrar"[18]. Tres son los rasgos estructurales, "independientes del contenido de las expectativas que tutelan", que, en el decir de este autor, distinguen este tipo de derechos de los demás[19]. El primero es la forma universal de su imputación; se trata de derechos "universales", en el sentido deóntico y no valorativo de la cuantificación universal de la clase de sujetos que, como personas, ciudadanos o capaces de obrar, son sus titulares. El segundo rasgo es su indisponibilidad tanto activa, pues son inalienables por su titular, como pasiva, ya que no

---

17. Por texto constitucional entiendo ahora el conjunto de normas supraordenadas a las demás. En este concepto, por tanto, tienen cabida tanto la Constitución formal como aquellas otras normas de rango supralegal.
18. Vid. FERRAJOLI 2001a, p. 19. Para este autor, "derecho subjetivo" es cualquier expectativa positiva (de prestación) o negativa (de no sufrir lesiones) adscrita a un sujeto por una norma jurídica; de su lado, el concepto de *status* lo define como condición de un sujeto, prevista asimismo por una norma jurídica positiva, como presupuesto de idoneidad para ser titular de situaciones jurídicas (*loc.cit*).
19. Vid. FERRAJOLI 2001a, 30; 2001b, 155 y 2001c, 292.

son expropiables por otros sujetos, comenzando por el Estado. El último rasgo, en fin, consiste en que los derechos fundamentales tienen su estatuto en reglas generales y abstractas; esto es, se confieren mediante normas generales de rango habitualmente constitucional, que son normas téticas (y no hipotéticas), ya que disponen de manera inmediata las situaciones jurídicas expresadas en ellas[20].

La anterior definición no dice "cuáles son", en un ordenamiento concreto, los derechos fundamentales; y tampoco pretende identificar "cuáles deberían ser", en cualquier ordenamiento, los derechos que han de ser sancionados como fundamentales. Su objetivo, que no es poco, es el destacar "la forma o estructura lógica" de los derechos que, con carácter estipulativo, se vienen en denominar fundamentales[21]. Sin embargo, es esta una noción que tan sólo suministra el punto de partida de la delimitación de mi exposición, que no pretende ocuparse de los derechos fundamentales en cuanto género sino, más limitadamente, de un grupo de ellos: el de los derechos fundamentales del trabajador. Es preciso, pues, proseguir esta tarea mediante nuevas aproximaciones teóricas; tarea ésta que se presenta como formalmente delimitadora del campo de nuestro análisis pero que tiene un propósito más ambicioso, cuál es el de ofrecer, desde unas bases estrictamente formales y con fines aclaratorios del lenguaje jurídico y de sus implicaciones normativas, un concepto de derechos fundamentales laborales.

La nota de fundamentalidad y las propiedades a ella asociada ya suministran algunas importantes pistas para identificar, aunque sea en negativo, el tipo de derechos del trabajador al que me estoy refiriendo. Por lo pronto, el rasgo de universalidad requiere que el derecho venga atribuido a todos los trabajadores por igual; es decir, a todas aquellas personas físicas a las que se confiera la situación jurídica de trabajador (*lavoratore, worker, arbeiter o travailleur*), sea cual fuere el criterio de configuración de esa situación establecido por las normas de derecho positivo. La aplicación de este rasgo excluye así del ámbito de los derechos fundamentales cualquier derecho reconocido no en virtud del cuantificador universal

---

20. La noción de FERRAJOLI de derechos fundamentales ha sido objeto de un vivo debate doctrinal, sostenido en la revista italiana *Teoria Política* entre 1998 y 2000. Las intervenciones críticas de un selecto grupo de juristas italianos, máximos especialistas en derechos fundamentales (Guastini, Vitale, Jori, Pintore, Bacelli y Bovero), han quedado recogidas en un volumen colectivo editado por DE CABO/PISARRELLO, 2001. Las réplicas de Ferrajoli a estas críticas pueden leerse en Ferrajoli 2001b, 139 y 2001c, 287-382.
21. De nuevo FERRAJOLI 2001b, 142.

(trabajador) sino en virtud de cuantificadores singulares relacionados, por ejemplo, con adscripciones profesionales (oficio, profesión o actividad económica dónde se ejecute el trabajo, por ejemplo). En segundo lugar, el rasgo de indisponibilidad sitúa extramuros de la fundamentalidad todos aquellos derechos laborales que se encuentran a disposición de la autonomía privada; esto es, que pueden ser constituidos, modificados o extinguidos mediante actos jurídicos singulares dotados de efectos obligatorios. Finalmente, sólo podrán ser calificados como fundamentales los derechos laborales reconocidos mediante reglas generales y abstractas contenidas en normas supraordenadas a las demás. En consecuencia, la fundamentalidad no podrá predicarse de aquellos derechos laborales que, aun estando sancionados mediante reglas generales y abstractas, vienen enunciados en normas téticas sujetas al principio de jerarquía normativa (el convenio colectivo respecto de las normas estatales o el reglamento con relación a la ley) o, en su caso, sometidas a control jurisdiccional de constitucionalidad (por ejemplo, ley respecto de la Constitución).

La concurrencia de todas y cada una de estas tres propiedades actúa como requisito necesario de la nota de fundamentalidad de un derecho laboral. De ahí que no sea suficiente para la caracterización como fundamental de un derecho laboral la apreciación de los rasgos de universalidad e indisponibilidad, que son rasgos, de otro lado, que pertenecen a muy arraigadas tradiciones positivas de un buen número de ordenamientos laborales nacionales; precisamente de aquellos que cuentan con una legislación laboral que, al tiempo de establecer derechos mínimos en favor de todos los trabajadores con fines de tutela (jornada, vacaciones o salario, por citar algunos ejemplos tópicos), prohíbe a sus titulares el ejercicio de actos de renuncia, tanto en un sentido estricto (actos ablativos) como en otro compensatorio (transacción). El reconocimiento de estos derechos en normas que, pese a su naturaleza tética y no meramente hipotética[22], no se encuentran supraordenadas a las demás priva a esos derechos, de manera automática, de su condición de derechos fundamentales. En tales hipótesis, la denominación que propongo es la de derechos universales no fundamentales, categoría ésta que, de seguro, conviene a la mayor y mejor parte de los derechos laborales de los ordenamientos de tradición legicentrista reconocidos en las normas estatales. De su lado, en los ordenamientos positivos que responden

---

22. Normas hipotéticas son aquellas "que no adscriben ni imponen inmediatamente nada, sino que simplemente predisponen situaciones jurídicas como efectos de los actos previstos por ellas". Cfr. FERRAJOLI 2001a, 34.

a una tradición de *industrial autonomy,* un buen número de derechos laborales habrán de configurarse como derechos singulares, en lugar de como derechos universales no fundamentales[23].

## 3.2. Tipología

6. Los razonamientos hasta ahora expuestos no clausuran de manera satisfactoria la tarea de delimitación objetiva de la presente exposición. Y no cumplen esta función de cierre por cuanto, como ya ha sido manifestado, el objeto de mi exposición no comprende el estudio de la integridad de los derechos fundamentales de dimensión laboral sino, más limitadamente, de un concreto tipo de ellos.

Los derechos fundamentales pueden ser clasificados, entre otras variadas modalidades, de conformidad con un criterio objetivo; esto es, atendiendo a los tipos de conducta o de acto objeto del derecho. En tal sentido, constituye un lugar común en la doctrina distinguir, en el capítulo de los derechos primarios o sustanciales, dos tipos. El primero es el de los derechos de libertad o derechos negativos o de inmunidad y cuyo objeto consiste en la expectativa de la ausencia de intromisiones o injerencias; los segundos son los derechos positivos, que se sustancian en expectativas de prestaciones.

La tipología de los derechos fundamentales que se viene de exponer ya permite clausurar el campo que acota la presente lección, tarea ésta que acometeré de inmediato a través de una doble secuencia aclaratoria. Los derechos fundamentales del trabajador de los que me ocuparé son los que reúnen esta doble naturaleza: la subjetiva de tratarse de derechos personales y la objetiva de sustanciarse en derechos negativos o de inmunidad. Extramuros de mi reflexión quedan, así pues, los derechos de prestación, por no ser (o poder no ser) derechos personales, así como los derechos de autonomía por cuanto, si bien son derechos personales, no son derechos primarios. Mientras la primera exclusión constituye una derivación lógica de la propia noción de derechos fundamentales del trabajador, la segunda obedece, más bien, a una razón de índole meta-teórica. Los derechos fundamentales secundarios de la persona del trabajador se sustancian en un derecho de autonomía privada que, en el

---

23. Sin perjuicio de que en estos ordenamientos también puedan identificarse derechos universales no fundamentales, básicamente enunciados en el *statutory law.* Vid. WEDDENBURN 1986, 386. Innecesario resulta destacar que una noción formal o lógica de derechos fundamentales, como la que aquí se maneja, excluye, por hipótesis, la existencia de derechos singulares fundamentales.

ámbito de la relación laboral, rara vez, si es que en alguna, se encuentra enunciado en normas supraordenadas a las demás.

Sin embargo, he de manifestar que tampoco es mi propósito examinar, ni desde un plano dogmático ni, menos aún, desde otro meramente tópico, el conjunto de derechos de libertad del trabajador sino, exclusivamente, de aquellos (o de algunos de entre ellos) que le vienen atribuidos por las normas en su condición de trabajador y no en su calidad de persona, que son los que se expresan en el marco de una relación laboral y se reivindican ante o frente al empresario o empleador; en otras palabras, de los derechos adscritos con carácter general a todas las personas, pero que son ejercidos por quienes al tiempo son trabajadores[24]. En otras y breves palabras, la condición de trabajador, activa o como referencia pretérita o futura, se convierte en presupuesto inesquivable de su nacimiento y ejercicio.

### 3.3. Razones de la vigencia y actualidad de los derechos de la persona del trabajador

7. Aun cuando la historia de la constitucionalización de los derechos fundamentales laborales, en todas sus complejas facetas y sinuosas vicisitudes, está aún por escribir, habiéndose destinado más esfuerzo a narrar, con un cierto tono épico, el punto de partida (Querétaro y Weimar) que las fases intermedias entre aquél y la actualidad de nuestros días. Pero al margen de ello, la reconstrucción de ese proceso arrojaría algunas conclusiones de notable interés, la principal de las cuales, en lo que ahora me interesa destacar, es la falta de sincronía jurídica en el reconocimiento y disfrute de los derechos de libertad que a los trabajadores corresponde cuando actúan en el ámbito de la sociedad, como meros ciudadanos[25], y cuando lo hacen en el ámbito de las organizaciones productivas en las que, sin perder su *status personae*, adicionan su condición de *homo lavoratori*.

Desde una óptica lógico-formal, las identidades entre una y otra situación son evidentes y contundentes: en ambas el derecho es el mismo e indivisible y en ambas, también, la titularidad se atribuye en función de un mismo e indivisible *status*: el de la persona humana. Las diferencias, de su lado, son apreciables en un doble y entrelazado plano: el lugar de ejercicio de los derechos y el sujeto frente al que se ejercen los derechos. De una valoración de las estas convergencias y divergencias, no me parece

---

24. De esta tipología me he ocupado con detalle en mi trabajo VALDÉS DAL-RÉ 2003.
25. La expresión "ciudadano" se utiliza en un sentido amplio, desprovisto de cualquier connotación de nacionalidad.

atrevido asignar a las primeras un carácter sustancial y a las segundas otro accidental. La esencia de un derecho, adornado con los rasgos de la fundamentalidad, no debiera alterarse en razón del *locus* de su ejercicio. Sin embargo y desde una perspectiva material, la accidentalidad ha primado durante largo tiempo sobre la sustancialidad. Lo que a los trabajadores les era reconocido en su nuda veste de ciudadanos, les era negado o, al menos, discutido en su indivisible cualidad de ciudadanos/trabajadores.

Las vías de resistencia al reconocimiento, disfrute y tutela de los derechos de la persona del trabajador como derechos fundamentales van a provenir de distintos frentes jurídicos. Unos son internos a la dogmática de los derechos fundamentales; otros, en cambio, son externos a ella, procediendo más bien de la dogmática del contrato de trabajo. No obstante, ambos terminarán aliándose y formando un discurso común, en el que no siempre resultará fácil diferenciar los elementos pertenecientes a una y a otra dogmática. Sin entrar a discutir la influencia de los derechos laborales sobre la formación y desarrollo de los derechos fundamentales, lo que ahora me interesa es efectuar dos observaciones. La primera alude a la profunda afinidad existente entre la lógica reivindicativa que animó la proclamación del principio de supremacía de la Constitución como técnica de tutela de los derechos de libertad de los ciudadanos y la que está impulsando, a partir del último tercio del siglo XX, la extensión de este mismo principio a los derechos personales del trabajador. Con la segunda observación, de su lado, pretendo reflexionar sobre las posibles causas que han propiciado o están propiciando en la actualidad de nuestros días una creciente demanda, por parte de los trabajadores y de sus organizaciones de representación de intereses, de la aplicación de las garantías constitucionales a los derechos de libertad individual.

5. La lucha histórica por los derechos personales de libertad puede resumirse, sin incurrir en una ruda simplificación, en una reivindicación en favor de la limitación de poderes; de poderes del legislador, del monarca, de los órganos de la administración o de los jueces. Los derechos de libertad se perciben y, en razón de ello, se reclaman como instrumentos de emancipación, ética y política, de los ciudadanos (de la sociedad civil) frente a los poderes públicos (el Estado). En el constitucionalismo europeo, no así en el norteamericano, esta lógica reivindicativa de los derechos de libertad se mantuvo largo tiempo oculta o enmascarada bajo la influencia de la cultura estatalista de los derechos públicos; no obstante, la misma terminaría por aflorar y ser compartida por la doctrina constitucional moderna. Es esta misma, me parece, la lógica que anida en la actual fase histórica de vindicación, como fundamentales, de

los derechos de la persona del trabajador. También ahora, como entonces, estos derechos se entienden como instrumentos de emancipación frente a un poder; el poder del empresario. Quede ahora sólo enunciada una idea sobre la que más adelante habrá ocasión de retornar.

La historia del constitucionalismo puede ser descrita como la historia de una progresiva ampliación de los derechos fundamentales; es ésta una historia no teórica, "sino social y política, dado que ninguno de estos derechos cayó del cielo sino que todos fueron conquistados mediante sucesivos cortes institucionales"[26]. Las diversas generaciones de derechos se corresponden con otros tantos movimientos de reivindicación y ruptura, pacíficos unos y violentos otros. Y también forma parte (o está formando parte) de este *continuum* histórico la quiebra del paradigma de los derechos de libertad como garantía de una expectativa de omisión de interferencia por el poder público y su sustitución por un nuevo paradigma que también asegure esa misma expectativa frente a los poderes privados del empresario. La negación de los atributos de fundamentalidad a los derechos de la persona del trabajador en particular, cuando estos pretenden ejercerse en el interior de las organizaciones productivas, no pone en jaque o no sólo pone en jaque, a mi juicio, la democracia económica; lo que hace, más sencillamente, es poner en cuestión el pacto social fundante de las constituciones modernas y, por encima de ello y también, el fundamento axiológico de la configuración de los derechos de la persona como derechos fundamentales.

6. Aun cuando la historia del constitucionalismo laboral no consiente una rígida periodificación del proceso de fundamentalización de los derechos de los trabajadores, creo que puede convenirse que la reivindicación de los derechos de la persona del trabajador aparece en un momento tardío; en una fase, en efecto, en la que ya han accedido al catálogo de los derechos fundamentales en la mayor parte de las constituciones modernas, de un lado, las libertades de dimensión colectiva[27] y, de otro, los derechos de prestación cuya satisfacción requiere la adopción por el legislador de concretas medidas positivas[28]. La invocación de una falta de sincronía en el proceso de constitucionalización de unos y otros derechos laborales no logra dar cuenta, sin embargo, de la verdadera

---

26. Cfr. FERRAJOLI 2001a, 39.
27. Derechos de huelga y de sindicación, por ejemplo.
28. Derechos a un salario suficiente, a una jornada de trabajo limitada o a una protección social adecuada, por ejemplo.

diferencia apreciable en dicho proceso. La consagración de aquellos derechos, los denominados derechos sociales en su doble vertiente de derechos de libertad colectiva y de prestación, es el resultado histórico de una profunda ruptura del modelo constitucional hasta entonces imperante o, si se quiere formular la idea de otro modo, es el fruto de la refundación, con otros actores políticos y bajo otros principios, del pacto constitucional. El reconocimiento de estos otros derechos, de los derechos fundamentales de la persona del trabajador, no ha advenido a resultas de reformas de los textos constitucionales; su silenciosa aparición y discreta consolidación traen causa no en una innovación de las normas con rango constitucional, sino en una reconstrucción dogmática de la noción misma de derecho fundamental, en un "refinamiento" en la interpretación de estos derechos[29].

En otro orden de consideraciones, creo que también puede convenirse que la intensidad de esa reivindicación es inversamente proporcional al grado de real y efectivo cumplimiento de los derechos de prestación, entendidos ahora estos en su entera dimensión social. La experiencia muestra que cuanto más acentuado es el déficit de prestaciones básicas generalizadas, más tenue es la demanda de tutela, en el ámbito de las organizaciones productivas, de los derechos de la persona del trabajador. La idea puede expresarse en términos acaso más exactos, afirmando que, al margen de la suerte seguida en un concreto ordenamiento positivo por los derechos de libertad de los trabajadores, la demanda social de protección de estos depende de factores meta-jurídicos. Una situación del mercado de trabajo desfavorable para los intereses de los trabajadores, un movimiento sindical debilitado y fragmentado, unas políticas públicas de transferencia al mercado de los instrumentos de protección social o una ruda aplicación política o una dura exaltación ideológica de los valores del mercado conforman un escenario en el que las reivindicaciones de los trabajadores se concentran, *malgré eux*, en derredor de los intereses vitales que los derechos de libertad colectiva y los derechos de prestación tienden a satisfacer. En suma, hay un nexo profundo, no siempre detectable en el plano de los enunciados de las normas iusfundamentales, entre desigualdades sociales y económicas y desigualdades jurídicas o, a la inversa, entre expectativas de igualdad social y económica y expectativas de libertad individual.

---

29. Cfr. DEL REY GUANTER 1995, 21.

El reconocimiento en el ámbito de las relaciones laborales de los derechos de libertad ha entrado en una fase de creciente normalización jurídica en un buen número de ordenamientos positivos, fase ésta que coincide cronológicamente con la década de años 80. En ocasiones, esta normalización ha venido facilitada por la entrada en vigor de disposiciones con rango de ley, que no siempre se han presentado como normas de desarrollo de normas iusfundamentales; en otras, en cambio, ha sido el resultado de un activismo judicial de impronta constitucional o de un activismo judicial comprometido, *sans phrase*, con la defensa de los derechos de la persona del trabajador. Más adelante, en otros apartados de la presente exposición, tendré la oportunidad de analizar con más detalle los cauces a través de los cuales se ha ido promoviendo y fortaleciendo una nada desdeñable cultura de libertades en el interior de las organizaciones empresariales. Mi interés se centra, ahora y como ya anuncié, en reflexionar sobre las causas o, con bastante menor ambición, sobre algunas de las causas que pueden haber propiciado esta creciente demanda por los trabajadores de un ejercicio y tutela de sus derechos de libertad en un sentido acorde con las expectativas, formales y materiales, que ofrece el constitucionalismo democrático.

Los derechos fundamentales, esos derechos que alimentan nuestro "tiempo de derechos", se han erigido en la actualidad de nuestros días en el lugar privilegiado de encuentro y convergencia, á *tort ou á raison*, de buena parte de las demandas y reivindicaciones sociales, políticas y morales. La formidable seducción que la noción produce en términos de igualdad jurídica [30]- máxime cuando la expresión se sustituye, bien como tipo autónomo bien como subtipo e, incluso, como fórmula fungible, por la de "derechos humanos" – da cuenta de su arraigo social y de su *vis* expansiva; de su diseminación en todos los sectores del ordenamiento jurídico y más allá. La invocación del derecho fundamental como un parámetro de enjuiciamiento de las conductas de los poderes públicos y de los poderes privados ya forma parte de los usos y hábitos lingüísticos de nuestra época; y viene utilizado con funciones de acreditación o desacreditación del comportamiento enjuiciado[31]. Pero esa misma seducción del *nomen* también explica la necesidad de contener su expansión dentro de límites razonables a fin de evitar que la multiplicación del listado

---

30. Con toda razón, dice TOMAS Y VALIENTE (1998, 32) que el concepto "contiene una referencia a la igualdad en cuanto exige la universalidad en la titularidad del derecho".
31. Con razón, dice CLAPHAM (1993, 138) que los derechos fundamentales vienen a veces utilizados como instrumento de propaganda en el ámbito de las relaciones internacionales.

de derechos fundamentales termine degradando su vinculabilidad jurídica y desactivando su fuerza moral.

Desde luego, el universo de las relaciones laborales no se ha sustraído a este fenómeno de reivindicación tan sumariamente descrito. Y tampoco podía hacerlo. La radical asimetría de poderes que mantienen quienes actúan como sujetos en ese universo de relaciones jurídicas interprivadas, sobre la que ya se ha razonado, constituye un campo especialmente abonado para canalizar los valores que la cultura de los derechos fundamentales encarna. Es esta, sin embargo, una primera y superficial explicación de la creciente demanda existente, en nuestros días, de la aplicación de los derechos de la persona del trabajador en el interior de las organizaciones empresariales. El proceso de afirmación por los trabajadores de sus derechos de libertad es el resultado de una compleja combinación de causas de muy diversa índole. Sin perjuicio de reconocer el papel desempeñado por factores tales como la creciente terciarización de la economía, los cambios experimentados en las técnicas de producción y, sobre todo, en la organización del trabajo o, en fin, la tendencia hacia la "humanización de las relaciones de trabajo" (*Humanisierung der Arbeitwelt*)[32], tres causas en particular, y a mi juicio, han contribuido de manera decisiva a aflorar y a acelerar este proceso.

La primera tiene mucho que ver con el reencuentro por los propios trabajadores de su individualidad, durante largo tiempo oculta tras la larga sombra, primero, del sujeto político triunfante de la revolución burguesa, del ciudadano, y, más tarde, del sujeto político claudicante de las revoluciones sociales de finales del XIX y primeros del XX: la clase obrera. El reencuentro del trabajador, de cada trabajador, consigo mismo o, por decirlo con las elegantes palabras de Simitis[33], "*la riscoperta dell'individuo*" por el ordenamiento laboral es un fenómeno de doble faz. De un lado, está comportando el resurgimiento de los tradicionales instrumentos civilistas de regulación; en breve, está fomentando un inquietante auge del contractualismo individual. Pero de otro, las manifestaciones de contractualización de la relación laboral actúan como conductor de las reivindicaciones de los trabajadores a ser tratados y respetados con arreglo a la dignidad de su persona. Estas reivindicaciones se manifiestan en una exigencia dirigida al empresario, al que a veces se le reclama la no interferencia en las libertades personales y

---

32.  Cfr. DÄUBLER 1990, 173.
33.  Cfr. SIMITIS 1990, 88.

otras la adopción de medidas positivas que faciliten su ejercicio; pero también al legislador, al que se le requiere la implantación y puesta a punto de mecanismos eficaces para garantizar dichas libertades frente a eventuales agresiones procedentes del empresario y, más en general, de su organización. La personalización del contrato de trabajo revaloriza, en definitiva, los derechos de libertad del trabajador. La supresión o, al menos, la difuminación de "lo colectivo" acentúa la relevancia de estos derechos. En primer lugar, su importancia subjetiva, ya que la conciencia del trabajador de su condición de titular de los mismos aflora, como igualmente emerge su decidida voluntad de ejercer las *facultates agendi* que esa titularidad le ofrece. En segundo lugar, aquél fenómeno de personalización también acentúa la importancia objetiva de los derechos fundamentales, que tienden a cubrir ahora la protección dispensada, con anterioridad, por los mecanismos externos (norma estatal o convenio colectivo) de regulación.

La segunda causa que también puede contribuir a explicar la creciente atención hacia los derechos de la persona del trabajador es la revolución tecnológica o, por mejor decirlo, las denominadas nuevas tecnologías (NT), que giran alrededor de la microelectrónica, la informática, las telecomunicaciones y la optoelectrónica. Las NT no sólo están modificando los modos tradicionales de producir y la morfología de las organizaciones empresariales, que crean intrincadas redes para optimizar sus recursos y mejorar su posición en un mercado cada vez más abierto[34]. Las NT plantean espinosos problemas al ordenamiento laboral, aunque no solo a él. Y, en buena parte, tales problemas traen causa en la formidable capacidad de las NT de invadir la esfera personal de los trabajadores a resultas de la multiplicación de las oportunidades de control y vigilancia sobre la prestación laboral que ellas mismas brindan. El viejo "feudalismo industrial"[35], ese que había convertido la fábrica en una zona franca y segregada de la sociedad civil en la que el empresario ejercía una autoridad legitimada e indiscutida, abre paso a un feudalismo de nuevo cuño, a un "feudalismo virtual"[36], frente al que el trabajador se alza, reivindicando el respeto de sus libertades personales a través de la garantía más fuerte; aquella que presta el principio de supremacía de la Constitución.

---

34. La noción de empresa-red ha sido ampliamente desarrollada por CASTELLS 1999, 179 y ss.
35. Cfr. ROMAGNOLI 1970, 260.
36. Cfr. MERCADER UGUINA 2002, 99.

La tercera causa que, en fin, puede igualmente explicar, bien que ahora de manera más difusa, la centralidad que los derechos de la persona del trabajador están adquiriendo en los actuales sistemas de relaciones laborales proviene del multiculturalismo. No es cuestión ahora de entrar en el estudio de un tema de dimensiones tan complejas como el enunciado. Bastará aquí con recordar que los movimientos migratorios habidos en los últimos años y que, en lo esencial, se han concentrado en los países económicamente más desarrollados, unido a la propia globalización cultural, han puesto en cuestión la homogeneidad cultural de la figura del trabajador en esas sociedades y, con ello, de algunos de los elementos de la organización productiva que se habían ido acomodando en el tiempo a los patrones o usos sociales normativizados. En este contexto, el universalismo de la igualdad y de los derechos fundamentales adquiere todo su vigor no sólo como doctrina ética sino como "convención jurídica"[37]. Las normas iusfundamentales y los derechos por ellas puestos para la protección de los individuos se perciben como cauce adecuado para lograr el respeto a las diferencias (religiosas o ideológicas, por ejemplo), las cuales se demandan, precisamente, a través del instrumento que mejor garantiza el valor de igualdad jurídica.

## 4. BIBLIOGRAFÍA

ALEXY, R. (2001): *Teoría de los derechos fundamentales*, 2ª reimp., Madrid (CEC).

BARBAGELATA, H.H. (1985): El *Derecho del Trabajo en América Latina*, Madrid (MTSS).

BOBBIO, N. (1991): *El tiempo de los derechos*, Madrid (Sistema).

CARUSO, B. (2008): "La integración der los derechos sociales en el espacio social supranacional y nacional: primeras reflexiones sobre los casos *Viking y Laval*", RELACIONES Laborales (RL) núms. 15-16, pp. 29 y ss.

CASTELLS, M. (1999): *La era de la información. Economía, sociedad y cultura*, vol. 1, *La sociedad red*, 4ª reimp., Madrid (Alianza Editorial).

CASSESE, S. (a cura di) (2011): *La nuova costituzione económica*, Bari (Laterza).

CLAPHAM, A. (1993): *Human Rights in the Private Sphere*, Oxford (Claredon Press).

DEL REY GUANTER, S. (1995): "Derechos fundamentales de la persona y contrato de trabajo: notas para una teoría general", Relaciones Laborales, núm. 3, pp. 8 y ss.

FERRAJOLI L. (2001a): "Derechos fundamentales" en De Cabo/Pissarelo (Editores), *Los fundamentos de los derechos fundamentales*, Madrid (Ed. Trotta), pp. 19 y ss.

FERRAJOLI, L. (2001b):"Los derechos fundamentales en la teoría del Derecho" en De Cabo/Pisarello (Editores), *Los fundamentos de los derechos fundamentales*, Madrid (Ed. Trotta), pp. 139 y ss.

---

37. Cfr. FERRAJOLI 2001c, 365.

FERRAJOLIi, L. (2001c): "Los fundamentos de los derechos fundamentales" en De Cabo/ Pisarello (Editores), *Los fundamentos de los derechos fundamentales*, Madrid (Ed. Trotta), pp. 287 y ss.

FIORAVANTI, M. (2000): *Los derechos fundamentales. Apuntes de historia de las Constituciones*, 3ª edic., Madrid (Ed. Trotta).

HäBERLE, P. (1994): "El concepto de los derechos fundamentales", en J.M. Sauca (editor), *Problemas actuales de los derechos fundamentales*, Madrid (Universidad Carlos III/ BOE), pp. 81 y ss.

JIMÉNEZ CAMPO, J. (1999): *Derechos fundamentales. Concepto y garantías*, Madrid (Ed. Trotta).

MERCADER UGUINA, J. (2002): *Derecho del trabajo. Nuevas tecnologías y sociedad de la información*, Valladolid (Lex-Nova).

MORTATI, C. (1954): *Il diritto al lavoro*, Milán (Giuffré).

PINELLI, C. /TREU, T. (a cura di) (2010): *La Costituzione económica: Italia, Europa*, Bologna (Il Mulino).

RAMM, T. (1989): *Per una storia della costituzione del lavoro tedesca*, Milán (Giuffré).

ROMAGNOLI, U. (1970): "Feudalismo industriale e diritti di libertà", Quale Giustizia, pp. 260 y ss.

SCIARRA, S. (2008): «*Viking y Laval* : huelga, convenio colectivo y libertades fundamentales en le mercado europeo» RL núms. 15-16, pp. 7 y ss.

SIMITIS, S. (1990): "Il diritto del lavoro e la riscoperta dell'individuo", Giornale di Diritto del Lavoro e di Relazioni Industriali, núm. 45, pp. 87 y ss.

TOMAS Y VALIENTE, F. (1989): "Los derechos fundamentales en la historia del constitucionalismo español", en AA.VV., *Introducción a los derechos fundamentales*, vol. I, Madrid (Pub. Ministerio de Justicia), pp. 31 y ss.

VALDÉS DAL-RÉ, F. (2003): "Los derechos fundamentales de la persona del trabajador", en AA.VV., *XVII Congreso Mundial de Derecho del Trabajo y de la Seguridad Social, Libro de Informes Generales*, Montevideo (AUDTT & SIDTSS) 2003, pp. 37-160.

WEDDERBURN, W. (1986): *The worker and the law*, 3ª ed., Londres (Penguin Books).

# O neofascismo capitalista e a derrota da democracia

*María José Fariñas Dulce*[1]
*Marcelo José Ferlin D'Ambroso*[2]

[3]

---

1. Professora Catedrática de Filosofia e Sociologia do Direito da *Universidad Carlos III de Madrid*, Integrante Honorária do IPEATRA – Instituto de Pesquisas e Estudos Avançados da Magistratura e do Ministério Público do Trabalho (Brasil), Professora do Mestrado em Sociologia Jurídica do *Instituto Internacional de Sociología Jurídica de Oñate*, do Mestrado em Direitos Humanos, Interculturalidade e Desenvolvimento da *Universidad Pablo de Olavide*, do Mestrado em Direitos Humanos do *Instituto de Derechos Humanos "Bartolomé de las Casas"*, e do Mestrado em Direitos Humanos da *Universidad Pedagógica y Tecnológica de Colombia*, Investigadora del Instituto de Estudios de Género de la Universidad Carlos III de Madrid, Investigadora do Instituto Joaquín Herrera Flores/Brasil, Investigadora do *Instituto de Derechos Humanos "Bartolomé de las Casas"*.

2. Desembargador do Trabalho (TRT da 4ª Região – RS/Brasil), ex-Procurador do Trabalho, ex-Presidente Fundador e atual Diretor Legislativo do IPEATRA, Vice-Presidente de Finanças da UIJ, Membro da AJD – Associação Juízes para a Democracia, Doutorando em Estudos Avançados em Direitos Humanos (*Universidad Carlos III de Madrid*, Espanha) e Ciências Jurídicas (*Universidad Social del Museo Social Argentino*), Mestre em Direito Penal Econômico (*Universidad Internacional de La Rioja*, Espanha) e em Direitos Humanos (*Universidad Pablo de Olavide*, Espanha); Especialista em Direitos Humanos (*Universidad Pablo de Olavide*), Jurisdição Social (*Consejo General del Poder Judicial de España – Aula Iberoamericana*), e Relações Laborais pela OIT (*Università di Bologna, Universidad Castilla-La Mancha*), Coordenador do Grupo de Estudos de Filosofia do Direito da Escola Judicial do TRT4, Presidente do Conselho Consultivo da FEMARGS, Conselheiro da Escola Judicial do TRT4, Professor convidado da Pós-Graduação de Direito Coletivo do Trabalho e Sindicalismo da UNISC – Universidade de Santa Cruz do Sul, e de Direito do Trabalho e Processo do Trabalho da UCS – Universidade de Caxias do Sul, UNISINOS – Universidade do Vale dos Sinos, FEEVALE e FEMARGS.

3. Imagem retirada do sítio: <https://esseresinistra.wordpress.com/2015/01/27/la-costruzione-del-consenso-il-fascismo-i-giovani-la-famiglia/>. Acesso em fev. 2018.

> *18. La moral del padecimiento voluntario. – ¿Cuál es el goce mayor para los hombres en estado de guerra, en las pequeñas comunidades rodeadas de constantes peligros, en que reina la moral más estrecha? O mejor: ¿Cuál es el mayor placer para las almas vigorosas, sedientas de venganzas, rencorosas, pérfidas, dispuestas para los lances más tremendos, endurecidas por las privaciones y por la moral? El placer de la crueldad; de ahí que para estas almas y en estas situaciones se tenga por virtud el ser ingenioso e insaciable en la venganza. La comunidad se siente vigorizada ante el espectáculo de los actos de crueldad y puede desechar por un momento la presión del medo y la inquietud de las continuas precauciones a que se ve obligada. La crueldad es uno de los más antiguos goces de la humanidad.*
>
> (Friedrich Nietzsche[4], *Aurora*, p. 16-7)

**SUMÁRIO:** 1. Introdução – 2. Mitos e manobras: a manipulação do povo e a estrutura do neofascismo – 3. A doutrina do choque e a implantação do neofascismo – 4. O papel das grandes corporações – 5. Conclusão – 6. Referências – 6.1. Bibliografia – 6.2. Filmografia – 6.3. *Links*

## 1. INTRODUÇÃO

Os descaminhos que se revelam diariamente no mundo, quando nos encaminhamos para a terceira década do Século XXI, deixam notas de angústia e aflição para aqueles que sonham com um futuro melhor.

Com efeito, a guinada das Américas à direita radical, com Trump nos EUA e as eleições no Brasil, Argentina, Chile, Peru, Colômbia, Paraguai etc., e, ainda, a ascensão da extrema direita na Itália, França, Polônia, Hungria, Holanda e, mais recentemente, Espanha, mostram tratar-se de um movimento coordenado e que traz consigo um projeto de consolidação de poder mundial. Não se trata de mero acaso. Não é acidental, é um câmbio estrutural que afeta o coração da democracia liberal.

Sobretudo, preocupam as distopias que acompanham essa ascensão da extrema direita, profundamente arraigada no patriarcado, na luta "anticomunista", na militarização dos conflitos sociais, na manipulação do medo como pulsão coletiva, na xenofobia e no populismo de nacionalismo excludente e ou de protecionismo econômico exacerbado.

---

4. NIETZSCHE, Friedrich. **Aurora**. N. ed., Barcelona: Ediciones Brontes, 2017, p. 16-7.

Já é de tempo que se denuncia a manipulação midiática para controle de massas, porém, desde a ascensão do nazifascismo não se via tamanha ilusão do povo.

Segundo Todorov[5], o regime democrático se forma a partir de uma série de características que se combinam entre si para formar uma entidade complexa em cujo interior tais características se limitam e equilibram, sendo que o rompimento desse equilíbrio deve gerar o sinal de alerta. E que se trata de um regime em que o poder pertence ao povo, exercido na prática por seus representantes, implicando a ideia de que é possível aperfeiçoar a ordem social pelos esforços da vontade coletiva, e que a democracia se caracteriza pela forma como se institui o poder e pela forma como é exercido, constituindo palavra-chave dessa equação o pluralismo, evitando-se a concentração de poderes nas mesmas pessoas ou instituições. De modo que o Poder Judiciário não deve se submeter ao poder político (enfeixado por Executivo e Legislativo); o poder dos meios de comunicação não deve estar a serviço exclusivo do governo, mantendo-se a economia com autonomia diante do poder político, e este, por sua vez, não pode se converter em instrumento a serviço de alguns magnatas[6].

Ou, seguindo Cornellius Castoriadis, a democracia supõe a inclusão de todos; se não participam *todos* é a estrutura democrática da sociedade a que se debilitará[7]. Mas para a inclusão de todos se necessitam de instituições democráticas, transparentes e participativas que ajudem a conformar uma opinião pública livre (uma *pandeia* democrática), assim como mecanismos de vinculação social através do reconhecimento de liberdades e direitos para *todos* e sistemas fiscais progressistas.

É necessário, pois, investigar em que ponto se rompe o regime democrático em favor de interesses particulares (e não coletivos), e que interesses particulares são esses na atualidade, que não incluem a todos, senão que geram compulsivamente exclusões, marginalizações, polarizações e desprezo de amplos setores da cidadania.

---

5. Todorov (2012, p. 11-3).
6. Valendo lembrar o alerta de Chomsky (2017, p. 10): "Outra concepção de democracia é aquela que considera que o povo deve ser impedido de conduzir seus assuntos pessoais e os canais de informação devem ser estreita e rigidamente controlados. Esta pode parecer uma concepção estranha de democracia, mas é importante entender que ela é a concepção predominante."
7. Castoriadis (1995).

## 2. MITOS E MANOBRAS: A MANIPULAÇÃO DO POVO E A ESTRUTURA DO NEOFASCISMO

A história mostra os altos e baixos da humanidade e de momento se anuncia uma depressão profunda que parece estar levando a vida a imitar a arte, em referência ao "Conto da Aia" (*The Handmaid's Tale*)[8], um seriado que apresenta um futuro com uma teocracia misoginista na não tão imaginária assim República de Gilead.

Como já referimos no artigo "Ameaças à democracia brasileira e a crise da contemporaneidade"[9], TOURAINE[10] menciona a *sociedade programada,* a sociedade pós-industrial na qual o poder de gestão é a previsão e modificação de opiniões, atitudes, condutas e modelagem da personalidade e da cultura.

A perda do equilíbrio de forças, com o fim da guerra fria[11], em 1989, quando havia uma divisão de mundo entre regimes capitalistas e comunistas[12] (o mundo era "bipolar"), para a hegemonia capitalista (mundo "unipolar"), permitiu o exercício ilimitado e despudorado do uso da

---

8. Romance distópico escrito por MARGARET ATWOOD, canadense, em 1985, descrevendo uma espécie de teonomia (governo pelas leis da Bíblia). Foi transformado em seriado por Bruce Miller em 2017, nos EUA. Atwood comenta que visualizou a República de Gilead como uma extrapolação das tendências observadas nos Estados Unidos na época em que escreveu o livro, mas que, atualmente, ao invés de distanciar-se, os EUA se aproximam cada vez mais do espírito da obra. A autora se inspirou no sequestro de bebês ocorrido na ditadura argentina e no projeto nazista denominado *Lebensborn.* (Fonte: entrevista publicada no jornal argentino *La Nación,* em 26.11.2017. Disponível em: <https://www.lanacion.com.ar/2085098-margaret-atwood-antes-la-idea-de-un-estados-unidos-totalitario-parecia-inverosimil>. Acesso em jan. 2018).
9. FARIÑAS DULCE; D'AMBROSO (2018).
10. TOURAINE (1994, p. 241-2).
11. Nas palavras de SANDERS (2012, p. 11): "Vivemos numa época em que quase tudo pode ser comprado e vendido. Nas três últimas décadas, os mercados – e os valores de mercado – passaram a governar nossa vida como nunca. Não chegamos a essa situação por escolha deliberada. É quase como se a coisa tivesse se abatido sobre nós.

    Quando a guerra fria acabou, os mercados e o pensamento pautado pelo mercado passaram a desfrutar de um prestígio sem igual, e muito compreensivelmente. Nenhum outro mecanismo de organização da produção e distribuição de bens tinha se revelado tão bem-sucedido na geração de afluência e prosperidade. Mas, enquanto um número cada vez maior de países em todo o mundo adotava mecanismos de mercado na gestão da economia, algo mais também acontecia. Os valores de mercado passavam a desempenhar um papel cada vez maior na vida social. A economia tornava-se um domínio imperial. Hoje, a lógica da compra e venda não se aplica mais apenas a bens materiais: governa crescentemente a vida como um todo."
12. E também a arte imita a vida: impagável o filme *Dr. Strangelove,* de Stanley Kubrick, com Peter Sellers, de 1964, ridicularizando o anticomunismo do senador estadunidense Joseph McCarthy.

moeda por quem detém o capital para compra de eleições, de políticos, de notícias, de mídias, tudo em escala inimaginável, na qual o dinheiro (ou melhor, as cifras monetárias) compra tudo, desde a desinformação até a desconstrução da história[13].

E estabelecido o domínio do mercado por grandes corporações que sustentam poder muitas vezes superior ao dos Estados[14], a lógica do sistema é a prevalência da ganância, do individualismo, do estímulo ao egoísmo (direito natural à propriedade privada exacerbado), em que as pessoas são levadas a acreditar no impossível sonho americano (já que, cada vez mais, se torna praticamente inviável a mobilidade social), sem preocupações de solidariedade com quem tem menos. O novo Estado que surge depois do *welfare state* se apresenta contrário aos mecanismos e instrumentos públicos de solidariedade social, castigando, reprimindo e eliminando impiedosamente as pessoas ditas incompetentes, que não logram atingir o padrão de vida esperado, enquanto quem detém o capital segue acumulando mais e mais, na ótica do maior lucro com menor custo, pela qual sucumbe toda ética pública e humanidade[15].

Assim, o ataque neofascista do capitalismo corporativo se baseia no tripé de manipulação midiática do povo com a construção de falsidades como verdades alternativas (*fake news*), controle de pensamento pela religião com a imposição arrogante de uma verdade absoluta (fundamentalismo evangélico), militarização do Estado (repressão) e *lawfare* (manipulação política do Judiciário para reprimir a oposição e/ou ao inimigo), no novo totalitarismo que renova o patriarcado na forma mais primitiva da ideologia do protótipo ideal: varão, proprietário, branco, cristão (leia-se,

---

13. Conforme notícia publicada no jornal *El País*, em 17.09.2018, com o propósito de esclarecer a população sobre uma série de *fake news* divulgadas durante as eleições presidenciais do Brasil em 2018, de que nazismo seria um regime de esquerda, a Embaixada alemã divulgou vídeo institucional mostrando que o nazismo foi um regime de direita, recebendo críticas de internautas que não acreditavam nem sequer no holocausto, tamanho o nível de desinformação produzida. (Disponível em: <https://brasil.elpais.com/brasil/2018/09/13/politica/1536853605_958656.html>. Acesso em set. 2018).

14. Tomando como exemplo ilustrativo, o valor de mercado de Apple e Microsoft, na casa de 1 trilhão de dólares, aproximadamente, supera o PIB de muitos países, como Indonésia, Turquia, Suíça, Argentina, Bélgica, Noruega, Áustria etc.

15. Isso está representado no exemplo recente da tragédia e desastre de Brumadinho, Minas Gerais, em que o rompimento da barragem Córrego do Feijão, por falhas de segurança, provocou a morte e desaparecimento de mais de trezentas pessoas, já se consolidando como o maior acidente de trabalho do Brasil e severo desastre ambiental. (Fonte: notícia publicada pela BBC News Brasil, em 29.01.2019. Disponível em: <https://www.bbc.com/portuguese/brasil-47012091>. Acesso em fev. 2019).

evangélico), e, também, homofóbico, racista, machista e xenófobo. Neste novo modelo desponta a entrega ao povo da reprodução da ignorância e o autocontrole (vigilância social), com a imediata exclusão, isolamento e repressão do grupo às minorias contra-hegemônicas, em cenário que nos remete ao conceito *nietzschiano* de gozo da crueldade[16].

Como elemento comum a este tripé manipulatório, destaca-se a *disciplina* – disciplina de pensamento, nas escolas, na TV, no rádio, nas mídias sociais, nos quartéis e no serviço público. A disciplina renovada pelo neofascismo com a doutrinação das pessoas para não pensar, apenas obedecer[17] e seguir procriando, consumindo (até acabar o planeta ou até que este modelo acabe com as pessoas[18], retirando-lhes completamente o poder aquisitivo) e obedecendo sem questionar. Por outras palavras, a velha fórmula do fascismo italiano revitalizada de *credere, obbedire e combattere* – acreditar no regime e nos governantes sem duvidar, obedecer e submeter-se ao regime sem questionar, e combater os inimigos do sistema, isto é, as pessoas mais fracas e vulneráveis e as que não sucumbem à ideologia imposta.

Novack[19] esclarece que, diferente de outras formas de governo antidemocrático, o fascismo encabeça uma contrarrevolução política e

---

16. Como no cenário distópico do filme "Brazil", de Terry Gilliam, de 1985, antevendo uma sociedade totalitária e fascista, de pessoas não autorizadas a pensar, apenas a serem tecnocratas e burocratas. Da mesma forma, a narrativa histórica de Trotsky:

    "A burguesia exige ao fascismo um trabalho 'limpo': desde que admite os métodos de guerra civil, ela quer ter paz durante uma série de anos. E os agentes fascistas, servindo-se da pequena burguesia como de uma arma, e aniquilando tudo à sua passagem, prosseguem no seu trabalho até o fim. A vitória do fascismo coroa-se quando o capital financeiro subordina, direta e imediatamente, todos os órgãos e instituições de domínio, de direção e de educação: o aparelho do Estado e o exército, as prefeituras, as universidades, as escolas, a imprensa, os sindicatos, as cooperativas. A fascistização do Estado significa não apenas 'mussolinizar' as formas e os processos de direção – neste domínio as mudanças desempenham, no final das contas, um papel secundário – mas, antes de tudo e sobretudo, destruir as organizações operárias, reduzir o proletariado a um estado amorfo, criar um sistema de organismos que penetre profundamente nas massas e esteja destinado a impedir a cristalização independente do proletariado. É precisamente nisto que consiste a essência do regime fascista" (Trotsky: 2018, p. 88).

17. É o que denuncia o filme indicado por Slavoj Zizek, *Eles vivem*, 1988, de John Carpenter, sobre a manipulação de pessoas pela classe dominante para consumir, procriar e se conformar. (Fonte: vídeo *O guia pervertido da ideologia*. Disponível em: <https://www.youtube.com/watch?v=LHIzkTuoQGM>. Acesso em dez. 2018).

18. Nas palavras de Adorno (2003, p. 22), o sonho fascista propagado pelo agitador é a união do horrível com o maravilhoso, um delírio de aniquilação disfarçado de salvação, e o inconsciente desejo psicológico de autoaniquilação reproduz fielmente a estrutura de um movimento político que acaba transformando seus partidários em vítimas.

19. Novack (1999, p. 195-6).

extirpa completamente todas as instituições, tanto da burguesia como da democracia proletária e todas as forças independentes, prendendo pés e mãos das massas, amordaçando-as, atomizando a classe trabalhadora e levando a nação a uma camisa de força autoritária. Afirma que, enquanto o parlamentarismo é o produto político mais característico do crescimento do capitalismo, o fascismo é o desdobramento distintivo da decomposição da sociedade burguesa em sua fase monopolista, sendo que uma formação fascista é engendrada por um estado de crise social intolerável em um capitalismo avançado que abala todas as classes e ameaça as normas costumeiras de dominação burguesa, esclarecendo que as relações de tal movimento com os grandes negócios são ambíguas e complexas e muitas vezes levam a conclusões unilaterais e incorretas, pois, de regra, os capitalistas prefeririam, se possível, manter a aparência de um regime mais representativo e menos repressivo, de modo que o fascismo representa o último recurso desesperado. Sustenta que, inicialmente, os movimentos fascistas foram subsidiados em grande parte pelos magnatas da indústria pesada em ferro, aço e mineração, pois a prosperidade das indústrias pesadas depende de um fluxo constante de ordens militares do estado. Em suas palavras[20]:

> However, in its origins and makeup, fascism is much more than a hireling of big business. Fascism differs in one decisively important respect from other political expressions of reaction. It is a mass movement based upon the activity of a particular social force, the dispossessed and despairing petty bourgeoise. Unlike bonapartism and military dictatorships which are imposed from above, the fascist movement surges up from below. It has a plebeian composition, impetus and leadership.
>
> Fascism attracts to its banner the most discontented elements from the battered and bruised intermediate layers of bourgeoise society. Its following embraces shopkeepers, professionals, white-collar workers, small artisans and functionaries in the cities and towns, and small landholders in the countryside. It recruits its shock troops from the lumpenproletariat, the unemployed and the most demoralized and backward toilers. It can make strong appeals to jingoistic war veterans who fell out of place and unrewarded in civil life, to misled youth and to alarmed pensioneers beset by inflation and insecurity.
>
> The capitalists cannot smash the workers and shatter the parliamentary system by themselves alone. They require the services of a more formidable organized mass-force and popular political movement to act as a battering ram. They find this agency in fascism. Through collusion with its top leadership, often unbeknownst to the ranks, they take hold of this

---

20. Idem, p. 196-7.

seething social movement, which demands radical changes and has a momentum and aims of its own, and ultimately bend it to their purposes.[21]

Novack[22] explica que essas características opostas do fascismo, a saber, a base popular e o propósito plutocrático estão inextricavelmente interligadas, conferindo à formação uma natureza demagógica de duas faces, pois enquanto se apresenta como um movimento plebeu radical, na verdade age como outra coisa completamente diferente, uma ferramenta da grande burguesia contra os trabalhadores, citando o exemplo dos camisas negras de Mussolini, como fura-greves e guarda-costas dos patrões, enquanto os propagandistas pregavam contra a plutocracia.

Por outro lado, a submissão da mulher, pela apropriação de seu corpo e atribuição da função de procriar, se apresenta como valor puritano recebido pelas massas nas manifestações antiaborto e em projetos de lei aberrantes, representativos do pensamento fundamentalista patriarcal[23], que alerta dos males de uma suposta "ideologia de gênero"[24].

---

21. "No entanto, em suas origens e maquiagem, o fascismo é muito mais do que um mercenário de grandes empresas. O fascismo difere em um aspecto decisivamente importante de outras expressões políticas de reação. É um movimento de massa baseado na atividade de uma força social particular, a pequena burguesia despossuída e desesperada. Ao contrário do bonapartismo e das ditaduras militares que são impostas de cima, o movimento fascista surge de baixo. Tem uma composição, ímpeto e liderança plebeus.

    O fascismo atrai para sua bandeira os elementos mais descontentes das camadas intermediárias da sociedade burguesa que foram agredidas e feridas. Seus seguidores abrangem lojistas, profissionais, trabalhadores de colarinho branco, pequenos artesãos e funcionários das cidades e vilarejos e pequenos proprietários rurais. Recruta suas tropas de choque do lumpemproletariado, dos desempregados e dos trabalhadores mais desmoralizados e atrasados. Ele pode fazer fortes apelos aos veteranos de guerra jingoístas que perderam lugar e não foram recompensados na vida civil, para enganar a juventude e alarmar os pensionistas cercados de inflação e insegurança.

    Os capitalistas não podem esmagar os trabalhadores e destruir o sistema parlamentar sozinhos. Eles demandam os serviços da mais formidável força de massa organizada e de um movimento político popular para atuar como um aríete. Eles encontram essa agência no fascismo. Através de conluio com sua alta liderança, freqüentemente sem o conhecimento das fileiras, eles se apossam desse fervilhante movimento social, que exige mudanças radicais e tem um momentum e objetivos próprios, e, em última instância, os dobra para seus propósitos." (Obs.: a tradução é nossa)

22. Novack (1999, p. 197).

23. Como o apresentado pelo deputado Márcio Labre (PSL/RJ – Brasil), propondo a proibição do comércio, propaganda e distribuição de métodos contraceptivos, como o dispositivo intrauterino (DIU) e a pílula do dia seguinte. Segundo notícia publicada no jornal Gazeta Online, o parlamentar retirou o projeto, devido à pressão popular, declarando ter sido registrado por engano. Disponível em: <https://www.gazetaonline.com.br/noticias/politica/2019/02/labre-projeto--para-proibir-diu-e-pilula-foi-registrado-por-engano-1014167119.html>. Acesso em fev. 2019.

24. Yayo Herrero, ao comentar o fascismo, explana sobre o tema:
    "El feminismo está en el centro de su diana, creo que por tres motivos. Uno, por ser un movimiento organizado, de masas y transversal que ha lanzado un órdago al sistema en su

Se está colocando em marcha uma perigosa regressão dos direitos de igualdade entre homens e mulheres, dos avanços em paridade política e administrativa, dos direitos sexuais e reprodutivos das mulheres, assim como uma criminalização dos movimentos feministas, de consequências todavia não previstas.

Espetáculos de xenofobia na Europa, nos EUA e na América do Sul, de agressão a pessoas pobres (a *aporofobia*: medo ou ódio ao pobre) e a minorias vulneráveis (migrantes, refugiados, minorias étnicas, povos tradicionais etc.) desfilam na mídia, retroestimulando o comportamento de vigilância social e repressão no novo modelo de "Estado" entregue pelo neofascismo capitalista.

Neste clima constante de terror social, tal qual na Alemanha nazista, surgem as condições ideais para crescimento de figuras carismáticas e salvadoras da pátria – os "mitos", em populismo de ultradireita baseado na exacerbação do pseudonacionalismo (já que de nacionalismo nada tem, diante da entrega dos recursos naturais e do povo, leia-se força de trabalho –, para a exploração sem escrúpulos das empresas transnacionais, as grandes corporações).

ADORNO[25] refere a essas figuras como "agitadores", esclarecendo que as declarações dos agitadores, em sua grande maioria, são dirigidas *ad hominem* e se baseiam em cálculos psicológicos. Em referência à expressão francesa *rabble-rouser* (por ele traduzida como "agitador de chusma"), que, embora padeça do inerente desprezo às massas, resulta adequada ao expressar a esfera de agressividade visceral e irracional promovida deliberadamente por esses Hitlers, no sentido de que deliberadamente tentam transformar as pessoas em chusma, multidões inclinadas à ação violenta sem nenhum objetivo político razoável, com a intenção de criar uma atmosfera propícia ao pogrom[26]. Evidente que

---

conjunto y que reclama revertir las prioridades económicas y políticas poniendo las personas en el centro; dos, porque en un marco de recortes y destrucción de servicios públicos, se pretende que las mujeres garanticen la reproducción cotidiana de la vida; y tres, porque es fácil generar rechazo contra un movimiento que cuestiona los privilegios de la mitad de la población y que pone patas arriba la ética reaccionaria familiarista que lleva milenios asentada" (HERRERO: 2019).

25. ADORNO (2003, p. 23-4).
26. Conforme a *Holocaust Encyclopedia*, pogrom é uma palavra russa cujo significado é causar estragos, destruir violentamente, sendo que historicamente, o termo se refere a violentos ataques físicos da população em geral contra os judeus. (Disponível em: <https://encyclopedia.ushmm.org/content/pt-br/article/pogroms>. Acesso em fev. 2019)

o pogrom contemporâneo é dirigido para aniquilação das minorias. Segundo ADORNO, o propósito universal desses agitadores é a promoção da psicologia das massas[27].

Propõem soluções aparentemente simples, tranquilizadoras e rápidas, para problemas complexos, mas não são capazes de propor reformas em sistemas sociais que parecem agora bloqueados. Sem embargo, conseguem a adesão de uma cidadania desencantada e temerosa, que no fundo é consciente de todo esse processo, mas o aceita de maneira indolente e acrítica, mesmo que suponha uma ameaça para o sistema democrático. Assume-se o discurso populista de um "salvador", já que enfrenta emotivamente o povo com as oligarquias e as elites dominantes, seguindo uma divisão antagônica da sociedade em dois blocos contrapostos (os de baixo *versus* os de cima). Buscam nessas mensagens uma certeza perdida em suas vidas, como consequências negativas acarretadas pela globalização neoliberal.

O resultado é inquietante, porque se destrói a democracia desde dentro, aniquilando suas instituições, suas vias participativas e seus mecanismos de crítica e de deliberação sobre questões cruciais da convivência social, uma vez que se retroalimenta a ignorância da população. Com isso, nos impedimos a possibilidade de construir metas socialmente compartilhadas por todos, isto é, se freia a estruturação democrática da sociedade.

ECO[28] cita quatorze elementos para reconhecer o que chama de ur--fascismo ou fascismo eterno, dos quais, em vários se podem identificar traços comuns nas práticas atuais: culto à tradição (tradicionalismo) – tal como o apego a valores do passado; irracionalismo (rechaço da modernidade); ação pela ação (a cultura é suspeita quando se identifica com atitudes críticas); intolerância ao pensamento crítico; medo da diferença – racismo; movimento das classes médias frustradas por crises econômicas ou humilhação política, com medo das classes inferiores, e dos antigos proletários convertidos em pequena burguesia; identidade social caracterizada pelo privilégio de haver nascido no mesmo país (nacionalismo), nação cuja identidade é fornecida pelos inimigos; "elitismo popular" – cada cidadão pertence ao melhor povo do mundo (os membros

---

27. O autor trabalha o conceito a partir da obra de Freud, *Group psychology and the analysis of the ego*, dizendo que Freud antecipou claramente a expansão e a natureza dos movimentos fascistas de massas em categorias puramente psicológicas (ADORNO: 2003, p. 25-6).
28. ECO (2018, p. 34-57).

do partido são os melhores cidadãos, cada cidadão deveria pertencer ao partido), cujos líderes, que exercem o poder conquistado à força, sabem que essa força se baseia na debilidade das massas que, por sua fraqueza, necessitam e merecem um "dominador"; o modelo do grupo é o militar, baseado na hierarquização, em que todo líder subordinado despreza seus subalternos e esses, por sua vez, os inferiores, reforçando o sentido de elitismo de massa; vontade de poder projetada em questões sexuais, machismo (desdém com as mulheres, condenação intolerante aos costumes sexuais não conformistas, desde a castidade até a homossexualidade)[29]; populismo qualitativo – os indivíduos enquanto indivíduos não tem direitos e o povo se expressa como uma qualidade, uma entidade monolítica que expressa a vontade comum, traduzida pelo líder que é seu intérprete; neolíngua: léxico pobre e sintaxe elementar, com a finalidade de limitar os instrumentos para o raciocínio complexo e crítico.

Segundo HANNAH ARENDT[30], Proust descreve como a sociedade, constantemente à espreita do estranho, do exótico, do perigoso, finalmente identifica o refinado com o monstruoso e se prontifica a admitir monstruosidades – reais ou imaginárias[31], pois o "homem de gênio" supõe-se, transmitirá um "senso de sobrenatural" e em torno dele a sociedade "reúne-se como em torno de uma mesa de pé-de-galo, para aprender o segredo do Infinito".

## 3. A DOUTRINA DO CHOQUE E A IMPLANTAÇÃO DO NEOFASCISMO

Como descreve RIBAUDO[32], *il liberalismo è la teoria politica ed economica che sancisce che il MERCATO sia um meccanismo perfetto in grado di autoregolarsi e, quindi prescrive di adottare leggi dello stato che garantiscano alle aziende private il completo dominio su qualsiasi diritto sociale (e l'eliminazione di ogni diritti sindacale), di generare il massimo profitto dallo sfruttamento del lavoro umano e dell'ambiente naturale*[33]. E prosse-

---

29. Em suas palavras, "o herói ur-fascista joga com as armas que são seu *Ersatz* fálico: seus jogos de guerra se devem a uma *invidia penis* permanente" (ECO: 2018, p. 53).
30. ARENDT (2017, p. 107).
31. Idem. ARENDT prossegue na referência a Proust lembrando a estranha e desconhecida "peça russa ou japonesa representada por atores nativos", cuja "personagem pintada, rechonchuda e apertada nos seus botões lembra uma caixa de origem exótica e dúbia, da qual escapa um curioso aroma de frutos, de modo que só o pensamento de prová-los já excita o coração".
32. RIBAUDO (2017).
33. "O liberalismo é a teoria política e econômica que afirma que o MERCADO conhece o mecanismo perfeito capaz de se autorregular e, portanto, antecipa as leis do Estado que garantem às

gue asseverando que não enxergamos isso porque o mercado propicia um sopro de liberdade de expressão, porém totalmente inútil quando os direitos políticos são anulados por leis eleitorais majoritárias não representativas e por uma mídia completamente servil ao modelo econômico, social e político fundado no contínuo choque das populações através de notícias relativas ao terrorismo, a homicídios privados, epidemias inventadas e o medo de invasão de imigrantes. Assim, conclui, se desvia a atenção das massas das suas normas, da sua propensão à mais feroz e estática desigualdade, à competição do indivíduo contra o indivíduo e ao darwinismo social, convergindo esta atenção sobre patologias sociais e individuais que o próprio modelo cria, a criminalidade, corrupção e guerra entre os pobres. O autor chama a isto de *ORDOLIBERISMO*, segundo ele, muito mais perverso porque demanda que o modelo seja administrado pelo Estado, como máscara de corporações privadas em conluio com as instituições públicas, junto aos bancos e companhias privadas de seguros, para sufocar a população na escravidão por dívida.

E sobre o choque referido por RIBAUDO, escreve KLEIN[34] que se trata de uma estratégia desenvolvida por Milton Friedman[35], discípulo de Friedrich Von Hayek, pela qual "articulou o núcleo da panaceia tática do capitalismo contemporâneo", a doutrina do *shock*, no sentido de que só uma crise, real ou percebida, daria lugar a uma "mudança verdadeira", normalmente aproveitada para vender a quem pagar mais os pedaços da rede estatal a agentes privados, enquanto os cidadãos ainda se recuperam do trauma, e rapidamente lograr que as reformas neoliberais, aparentemente conjunturais com a crise (privatização, austeridade econômica, cortes de gastos públicos e sociais, autoritarismo político) se tornem permanentes.

De novo, nada é fortuito, senão que responde a uma mudança estrutural levada a cabo pela contrarrevolução neoconservadora, que aproveita as consequências dos câmbios tecnológicos e, sobretudo, a

---

empresas privadas domínio completo sobre qualquer direito social (e a eliminação de todos os direitos sindicais), para gerar lucros máximos a partir da exploração do trabalho humano e do ambiente natural" (a tradução é nossa).

34. KLEIN (2015, p. 27).
35. Milton Friedman, 1912-2006, norte-americano, foi economista e professor da Universidade de Chicago, fundador, junto com Friedrich Von Hayek, economista e filósofo austríaco, e de Karl Popper e Georges Stigler, dentre outros, da *Societé du Mont Pèlerin*, organização internacional para promoção do liberalismo (disponível em: <https://www.montpelerin.org/>. Acesso em jan. 2019).

incompreensão que gera em muitas pessoas. Incompreensão, que leva a uma falta de segurança e certezas, uma vulnerabilidade facilmente manipulável.

Naomi Klein vai adiante em sua teoria, demonstrando no livro *"Não basta dizer não: resistir à nova política de choque e conquistar o mundo do qual precisamos"*, que o neoliberalismo, por mais de quarenta anos, tem usado reiteradamente a mesma prática, ou seja, esperar por uma crise (ou fomentar uma), declarar um momento de "política extraordinária" (em suas palavras, que corresponde ao estado de exceção), suspender algumas ou todas as normas democráticas e depois efetivar a lista de desejos das corporações o mais rápido possível[36].

O efeito do choque das crises, nas pessoas, traz a insegurança e vulnerabilidade econômicas entregues pela ordem neoliberal que são traduzidas no senso comum no apelo à radicalização como esperança de último recurso. Não é difícil, a partir daqui, entender como o Brasil, país de tradições pacifistas, mergulha, no pós-golpe de 2016, num discurso de ódio, xenofobia, homofobia, machismo, racismo etc., pois, como sustenta Klein[37], o racismo e "o medo do outro" são potentes ferramentas do neoliberalismo. Aliás, sobre essa perversão da alteridade, escreve Achille Mbembe[38] que a percepção da existência do outro como um atentado contra minha vida, como uma ameaça mortal ou perigo absoluto, cuja eliminação biofísica reforçaria meu potencial de vida e segurança, é um dos muitos imaginários da soberania, característico tanto da primeira como da última modernidade. Assim como Deleuze menciona o fascismo como uma perversão do gregário, Mbembe descreve, no que chama de necropolítica[39], relembrando a definição de soberania de Carl Schmitt como o poder do soberano de decidir sobre o estado de exceção, uma perversão da soberania como "a capacidade de definir quem importa e quem não importa, quem é 'descartável' e quem não é"[40]. Neste ponto, é inegável a comparação ao Direito Penal nazista, ex-

---

36. Klein (2017, p. 150). Klein prossegue explicando que em meio à hiperinflação ou ao colapso dos bancos, por exemplo, as elites governantes conseguem convencer a população em pânico de um ataque às proteções sociais ou de enormes resgates para manter o setor financeiro privado de pé.
37. Idem, p. 11-2.
38. Mbembe (2018, p. 19-20).
39. Em suas palavras, "formas contemporâneas que subjugam a vida ao poder da morte" (Idem, p. 71).
40. Ibidem, p. 41.

presso na obra "A licença para a aniquilação da vida sem valor de vida", de Karl Binding e Alfred Hoche[41], segundo quem a "vida indigna de ser vivida" podia ser assim definida pelo soberano e, nesta condição, podia ser exterminada[42], como aplicação da biopolítica moderna: decisão sobre o valor ou desvalor da vida, ou, na definição de Mbembe, a necropolítica.

De forma mais direta, explica Yayo Herrero[43]:

> En medio de estas turbulencias se produce un repunte significativo de opciones políticas de ultraderecha. Trump, Bolsonaro o Abascal enarbolan un discurso xenófobo, misógino, histriónico y agresivo que evoca un pasado glorioso que nunca existió. Buscan desviar la mirada del proceso de desposesión y expulsión que estamos viviendo. Solo en un clima de tensión, violencia e histeria es posible esconder dicho proceso.
>
> La economía globalizada asienta el fascismo territorial a partir de la ingeniería social y la racionalidad económica que considera que las vidas y los territorios importan solo en función del "valor añadido" que produzcan. La extrema derecha es el cómplice necesario que criminaliza, estigmatiza, deshuman.iza y legitima el abandono y expulsión de las personas "sobrantes". La ultraderecha pretende mantener el orden del fascismo territorial mediante el miedo, la desconfianza y el ejercicio del poder contra el último.

Rosana Pinheiro-Machado e Lucia Mury Scalco, no artigo "Da esperança ao ódio: a juventude periférica bolsonarista"[44], descrevem contundente relato de sua pesquisa realizada desde 2009 com jovens no Morro da Cruz, em Porto Alegre, sobre consumo e política, que mostra, na prática, como acontece a adesão ao radicalismo de direita:

> A figura militar de Bolsonaro também despertava profunda admiração. Nenhum adolescente entrevistado defendeu a volta a ditadura, mas acharam importante os valores de 'pulso', 'ordem', 'disciplina', 'mão forte' e 'autoridade' neste momento de crise nacional. Enquanto todos os meninos se colocaram contra a tortura e a censura, sendo inclusive críticos da ação policial nas comunidades, eles viam na imagem do militar uma forma de 'último recurso', isto é, figurativamente, um pedido de socorro de jovens que já foram tomados pelo desalento. Este é o caso de Rique (21 anos), integrante da chamada geração *nem-nem*: nem es-

---

41. Binding; Hoche (2009). Binding e Hoche ficaram conhecidos como os penalistas que estruturaram o Direito Penal nazista.
42. Como destaca Agamben (2002), o *homo sacer*, de vida matável e insacrificável, na formulação do Direito Romano arcaico – *homo sacer, parricidi non damnatur*).
43. Herrero (2019).
44. In Gallego (2017, p. 59).

tuda nem trabalha. Ele passa o dia entre a casa e a igreja universal que frequenta. Deus e Bolsonaro, para ele, são duas formas de salvação de uma vida indigna.

Ou seja, as pessoas são levadas à borda de uma vida indigna e o sistema as coopta[45], como também coopta as que já estão vivendo sob condições indignas nos bolsões de miséria justamente produzidos pelo sistema e justamente sob essa ameaça, de condenação à vida indigna, restando a elas acreditarem nas figuras míticas de "salvadores da pátria", especialmente se estiverem acopladas à religião (o "mito" se identifica, no plano terrestre, com a divindade salvadora – esperança). O que não é dito às pessoas é que a implementação das políticas de choque neoliberais irá acentuar as condições de vida indignas e multiplicar o número de pessoas que são rebaixadas a elas, com forte aumento da desigualdade social.

Evidente que os "mitos" neoliberais não nascem do nada: FLÁVIO HENRIQUE CALHEIROS CASIMIRO[46] e CAMILA ROCHA[47], desvendam, com maestria, a rede de financiamento e fomento da radicalização junto ao povo, explicando as conexões desde a *Sociedad Mont Pèlerin* e da *Atlas Network, Foundation for Economic Freedom*[48] (entidades de difusão do neoliberalismo no mundo e neoconservadores antidireitos), a serviço das grandes corporações, com os aparelhos desenvolvidos para propagação da doutrina no país, presentes desde 1983, através da criação do Instituto Liberal (em São Paulo) e, em 1984, do Instituto de Estudos Econômicos (em Porto Alegre), consolidando um eixo sul-sudeste, sob o

---

45. TROTSKY (2018, p. 87) narra que "A hora do regime fascista chega no momento em que os meios militares-policiais 'normais' da ditadura burguesa, com a sua capa parlamentar, se tornam insuficientes para manter a sociedade em equilíbrio. Por meio da agência fascista, a burguesia põe em movimento as massas da pequena burguesia enfurecida, os bandos de 'sem-classe', os 'lumpen-proletários' desmoralizados, todas essas inumeráveis existências humanas que o próprio capital financeiro levou ao desespero e à fúria".
46. CASIMIRO explica, no artigo *"As classes dominantes e a nova direita no Brasil contemporâneo"*, o *modus operandi* da ação político-ideológica da direita para consolidar a hegemonia de sua doutrina (*In:* GALLEGO: 2017, p. 41-5).
47. No artigo *"O boom das novas direitas brasileiras: financiamento ou militância"*, CAMILA ROCHA mostra o funcionamento das direitas em rede no Brasil. (*In:* GALLEGO: 2017, p. 47-52).
48. Conforme consta do sítio da entidade, "*Atlas Network cultivates a network of partners that share a vision of a free, prosperous and peaceful world where the rule of law, private property and free markets are defended by governments whose powers are limited. To accelerate the pace of achievement by its partners in their local communities, Atlas Network implements programs within its Coach, Compete, Celebrate strategic model.*" (Fonte: <https://www.atlasnetwork.org/about/our-story>. Acesso em mar. 2019).

comando de grandes grupos empresariais e empresários milionários[49]. Na década de 90, Casimiro cita a expansão com o Grupo de Institutos, Fundações e Empresas; o Instituto Ethos de Responsabilidade Social; o Instituto de Estudos para o Desenvolvimento Industrial e o Instituto Atlântico (Rio de Janeiro). Mais recentes surgem o Movimento Brasil Competitivo; Grupo de Líderes Empresariais; Instituto Millenium; Instituto Mises Brasil; Instituto Liberal do Rio de Janeiro; Instituto de Estudos Empresariais; Estudantes pela Liberdade; Ordem Livre; Fórum da Liberdade; Movimento Brasil Livre; Endireita Brasil; Cansei; Vem pra Rua; Movimento Renovação Liberal; Revoltados Online etc.

Há uma forte penetração nos jovens, estimulada especialmente a partir do *Students for Liberty* e do Movimento Brasil Livre (que é o braço de atuação política e ideológica do primeiro, segundo CASIMIRO)[50], com diversificada rede de disseminação dessas ideias radicais, capilarizada por todo o país, do Amazonas ao Rio Grande do Sul[51], além de cada

---

49. Importante destacar as conexões que CASIMIRO aponta entre essas entidades/movimentos e políticos, empresários e jornalistas: Grupo de Líderes Empresariais – LIDE (fundado por João Dória Júnior, empresário e atual governador do Estado de São Paulo); Instituto de Estudos Empresariais – IEE, Movimento Brasil Competitivo – MBC, Instituto Liberal – IL, Instituto de Estudos de Desenvolvimento Industrial – IEDI, Instituto Millenium – IMIL (Jorge Gerdau Johannpeter, que Casimiro classifica como intelectual orgânico da burguesia brasileira); Pedro Bial (TV Globo) é membro do Instituto Millenium; Rodrigo Constantino (colunista da Revista *Veja*, Jornal *O Globo* e *Valor Econômico*) também é membro do IMIL e dirigente do IL a partir de 2012; Antônio Carlos Pereira (editor do jornal *O Estado de São Paulo*) e Luiz Eduardo Vasconcelos (diretor da Rede Globo) são membros do IMIL. Aliás, uma rápida visita ao sítio do Instituto Millenium revela alguns de seus mantenedores: Armínio Fraga (Gávea Investimentos), João Roberto Marinho (Organizações Globo), Jorge Gerdau Joahannpeter (Grupo Gerdau). O notório advogado tributarista Ives Gandra da Silva Martins figura como autor (entre especialistas e convidados). Não por acaso, em notícia constante do sítio, Armínio Fraga consta como "defensor de uma reforma impactante", em referência à reforma previdenciária. Fonte: <http://www.institutomillenium.org.br>. Acesso em mar. 2019.
50. In GALLEGO (2017, p. 45).
51. BAGGIO aponta que a entidade denominada *"Students for Liberty"* (SFL) – Estudantes pela Liberdade (EPL ou SFLB) – é um braço da *Atlas Network*, tendo o MBL por fundadores líderes formados na EPL. De acordo com o sítio da *"Students for Liberty"*, a entidade "tem como missão educar, desenvolver e capacitar a próxima geração de líderes da liberdade", dispondo de recursos, treinamento "e uma incrível comunidade para defender o liberalismo na sua universidade e comunidade". Pode-se ver, no sítio, a premiação de entidades como Libertas (no Estado de Minas Gerais), Clube Farroupilha (Rio Grande do Sul), por defesa do armamento da população, prisão do ex-Presidente Lula, além do coincidente nome do "Canal *Ideias Radicais*", com debates sobre Ludwig von Mises, anatomia do Estado, libertarianismo etc. (fonte: <https://www.studentsforliberty.org/melhoresdoano2018>. Acesso em mar. 2019). Na Espanha não é diferente, com "capítulos" da entidade (SFLE) espalhados por todo o país, inclusive junto a Universidades (fonte: <https://www.studentsforliberty.org/europe/spain>. Acesso em mar. 2019).

uma dessas entidades estimular e criar outras, promovendo congressos, cursos, premiações, selecionando jovens nas Universidades para treinamento. Ou seja, é um projeto que aposta, a longo prazo, depois da transição na tomada do Estado pelo capital, num futuro de anarcocapitalismo patriarcal, meritocracia etc., também de consequências perigosas e imprevisíveis para a humanidade.

Neste sentido, um cenário apocalítico é descrito por STREECK no sugestivo livro "¿Cómo terminará el capitalismo?"[52]:

> El mundo social del interregno poscapitalista, infragobernado e infragestionado después de que el capitalismo neoliberal haya arrasado Estados, gobiernos, fronteras, sindicatos y otras fuerzas moderadoras, puede verse golpeado en cualquier momento por el desastre; por ejemplo, por la implosión de burbujas o porque la violencia penetre hasta el centro desde una periferia colapsada. Con los individuos privados de defensas colectivas y abandonados a su suerte, lo que quede de orden social dependerá de la motivación de los individuos para cooperar con otros individuos sobre una base ad hoc, impulsados por el miedo y la codicia y por intereses elementales de supervivencia individual.

## 4. O PAPEL DAS GRANDES CORPORAÇÕES

NIETZSCHE[53] alertava para a nova escravidão mantida na sociedade capitalista industrial, do máximo rendimento, e a ameaça de ser escravo do Estado, a serviço do capital:

> 206. *Estado imposible* – Pobre, alegre e independiente son tres condiciones que se encuentran reunidas en una persona por excepción; pobre, alegre y esclavo son condiciones que se encuentran también, y es lo mejor que puede decirse de los obreros de la esclavitud de las fábricas, suponiendo que no les parezca vergonzoso el ser utilizados como el tornillo de una máquina. ¡Vaya noramala la creencia de que con un salario más elevado se remediaría lo que hay de esencial en su miseria, es decir, su servidumbre impersonal; vaya noramala el dejarse persuadir de que con un aumento de esa impersonalidad, por medio de las ruedas de la máquina de una nueva sociedad, la vergüenza de la esclavitud podría transformarse en virtud; vaya noramala el tener un precio mediante el cual se deja de ser persona para convertirse en tornillo! ¿Sois cómplices de la presente locura de las naciones que lo que quieren es producir mucho y enriquecerse todo lo posible?[54]

---

52. STREECK (2017, p. 29-30).
53. NIETZSCHE (2017, p. 126-7).
54. "206. Estado impossível – Pobre, alegre e independente são três condições que se encontram reunidas em uma pessoa por exceção; pobre, alegre e escravo são condições que se encontram

No livro "O que o dinheiro não compra", SANDERS[55] aponta para a necessidade de se refletir sobre o tipo de sociedade que queremos, se queremos ser dominados pela lógica da compra e venda para todas as coisas e situações da vida.

A desmedida acumulação de capital aliada à globalização fez proliferar, especialmente no século XX, as grandes empresas transnacionais, que tendem a monopolizar o mercado em relação aos produtos ou serviços que ofertam. Tais empresas, com filiais em diversas partes do mundo, operam sob os auspícios da volatilidade do capital, chegando a ter maior expressão econômica do que muitos Estados, o que vem acompanhado de perigoso poder de mídia, especialmente no caso das GAFAM (Google, Apple, Facebook, Amazon e Microsoft), que detêm o domínio global das principais redes sociais, sistemas operacionais e aplicativos para computadores e dispositivos portáteis.

As empresas transnacionais se converteram em um novo ator social com capacidade para incidir na realidade social, econômica e jurídica. A ação jurídica das grandes corporações e de seus advogados globais está gerando um novo tipo de pluralismo jurídico privado (*lex mercatoria*), que é difícil de gerir e harmonizar com as tradicionais esferas jurídicas estatais e internacionais[56]. Atuam como os "novos senhores feudais" do capitalismo global, que impõem seu poder absoluto sem legitimação democrática. Representam a concentração unilateral de poder político, empresarial e militar sem regras de jogo democrático, cujo único fim é a estabilidade do capital financeiro global.

Evidente que a hegemonia do pensamento neoliberal, segundo o qual a *lex mercatoria* tudo resolve, com a pregação do Estado mínimo no público (mas corporativo no privado), alavancou a maximização de acúmulo de capital e a perda de limites do poder econômico das empresas

---

também, e é o melhor que se pode dizer dos obreiros da escravidão das fábricas, supondo que não lhes pareça vergonhoso serem utilizados como o parafuso de uma máquina. Vai normal a crença de que com um salário mais elevado se remediaria o que há de essencial em sua miséria, isto é, sua servidão impessoal; vai normal deixar-se persuadir de que com um aumento dessa impessoalidade, por meio das rodas da máquina de uma nova sociedade, a vergonha da escravidão poderia transformar-se em virtude; vai normal ter um preço mediante o qual se deixa de ser pessoa para se converter em parafuso! Sois cúmplices da presente loucura das nações que o que querem é produzir muito e enriquecer tanto quanto possível?" (Obs.: a tradução é nossa).

55. SANDERS (2012, p. 11-2).
56. FARIÑAS DULCE (2005, p. 145 e ss.).

transnacionais. Assim, a decadência do Estado do bem-estar social (*welfare state*) é, na realidade, consequência da assunção do neoliberalismo e de suas prescrições ideológicas.

E a maximização do acúmulo de capital pelo monopólio das transnacionais juntamente com a ausência de limites ao poder econômico, são armas dessas empresas com aptidão para comprometer as democracias ao redor do mundo, grande parte delas já fragilizadas pelas constantes reformas constitucionais e legislativas pregadas em inúmeros países ao adotar as políticas neoliberais do Estado mínimo e de privatizações, de cortes fiscais e de legislações laborais escassamente garantistas, ensejando uma espécie de capitalismo predatório, sem limites, de alto poder econômico, monopolizante e sem escrúpulos para violações de direitos humanos, notadamente, direitos civis, políticos, sociais e culturais[57].

Se grandes corporações têm hoje orçamentos maiores do que Estados, sendo sua operação ditada pelo máximo de lucro no menor tempo possível, é óbvio que a ausência de limites para suas atividades representa sérios riscos para os Direitos Humanos, para o meio ambiente e, mais do que tudo, para as democracias. O dinheiro pode comprar a política, pode comprar milícias armadas, pode controlar um ou mais países ou regiões do mundo, tudo sem nenhuma regra a ser cumprida, porque elas simplesmente não existem. Esta é a consequência imediata do processo de desregulação neoliberal, posto em marcha a nível global já há quatro décadas.

Neste ponto se poderia objetar o *compliance,* ou seja, o plano de cumprimento das multinacionais dos países integrantes da OCDE – Organização para Cooperação e Desenvolvimento Econômico, pelo qual devem demonstrar o compromisso de respeito às leis dos territórios aonde operam, bem assim, dos Princípios Orientadores sobre Empresas e Direitos Humanos, da ONU, e das Linhas Diretrizes para as Empresas Multinacionais, da OCDE, entrando-se no campo da governança corporativa, do *soft-Law.* Não obstante, se trata mais de aparência do que efetividade, pois a OCDE, integrada por seleto grupo de 36 países com renda

---

57. Como exemplo, o caso Shell na Nigéria, na década de 90, acusada de financiar a ditadura militar e de cumplicidade no assassinato de ativistas nigerianos pela preservação do meio ambiente, pelo tema do petróleo. A empresa fez um acordo de 15,5 milhões de dólares para indenização de familiares das vítimas. (Fonte: notícia da BBC. Disponível em: <https://www.bbc.com/portuguese/lg/noticias/2009/06/090609_shellacordog.shtml>. Acesso em fev. 2019). Também o financiamento do golpe que depôs Salvador Allende pela empresa ITT, que em 1970 adquiriu 70% da CTC – Compañia de Teléfonos de Chile (FÜLLGRAF: 2013).

alta, tem suas linhas diretrizes impostas no âmbito de seus membros (como espécie de acordo de cavalheiros para que não haja capitalismo predatório entre potências) e, ainda assim, sem impedir que reiteradamente aconteçam escândalos de corrupção envolvendo multinacionais na própria Europa[58], nos EUA[59], de onde provêm e, especialmente, nos países periféricos, de economia mais permeável e vulnerável aos ataques do capitalismo corporativo.

## 5. CONCLUSÃO

Como denunciava Novack[60], nenhum dos países neocoloniais conseguiu ter completo comando de seus próprios destinos econômicos, permanecendo sujeitos aos poderes das metrópoles ricas. A burguesia neocolonial pode dirigir o Estado, mas o capital estrangeiro é o fator primordial na moldagem do desenvolvimento da economia. Afirma que mesmo aonde regimes constitucionais ou democracias parlamentares tenham se afirmado, elas permanecem frágeis e instáveis e, no primeiro sinal de tensão social séria e conflito de classe agudo, sucumbem.

Atualmente, se pode dizer que os países cujas economias não completaram a industrialização ou não atingiram o nível de grandes potências, também permanecem sujeitos a estas, ou seja, mesmo democracias constituídas em países ditos desenvolvidos estão a risco pela nova versão de fascismo capitalista e do fim da era do humanismo, como prognostica o multicitado filósofo camaronês Achille Mbembe[61]. O estágio pós-capitalista já não segue a lógica de metrópole-colônia, mas sim de

---

58. Na reportagem do Jornal El País Brasil, intitulada "Os fiascos 'made in Germany'", consta uma série de apontamentos sobre as multinacionais alemãs e sua operação na Europa e ao redor do mundo, violando regras, pagando propinas e subornando. (Disponível em: <https://brasil.elpais.com/brasil/2015/09/25/economia/1443197454_856174.html>. Acesso em mar. 2019).
59. A Apple, por exemplo, foi acusada de sonegar impostos nos EUA e trocar sua sede para a Irlanda, para não pagá-los, como se pode conferir na notícia publicada no CanalTech, em 20.05.2013. (Disponível em: <https://canaltech.com.br/juridico/Apple-e-acusada-de-sonegar-bilhoes-de-dolares-nos-Estados-Unidos/>. Acesso em mar. 2019).
60. Novack (1999, p. 306-7).
61. Achille Mbembe, assinala que "a política se converterá na luta de rua e a razão não importará. Tampouco os fatos. A política voltará a ser a um assunto de sobrevivência brutal em um ambiente ultracompetitivo". (Mbembe, 2016) – como adverte o Instituto Humanitas Unisinos, "O artigo foi publicado, originalmente, em inglês, no dia 22-12-2016, no sítio do Mail & Guardian, da África do Sul, sob o título 'The age of humanism is ending' e traduzido para o espanhol e publicado por Contemporeafilosofia.blogspot.com, 31-12-2016. A tradução é de André Langer". (Fonte: <http://www.ihu.unisinos.br/186-noticias/noticias-2017/564255-achille-mbembe-a-era-do-humanismo-esta-terminando>. Acesso em mar. 2019).

grandes corporações empresariais supra estatais interessadas em explorar não só recursos naturais e mão-de-obra barata como também em toda e qualquer atividade (mesmo estatal) que se possa considerar rentável e apropriável (ainda que a fórceps, pela aplicação da doutrina e das políticas de choque), conforme ditar a fórmula do lucro máximo e menor custo e o interesse da ganância.

Há **vários** sintomas de fascismo no mundo, com matizes, certo, porque estamos em outra época – embora as comparações históricas sejam inevitáveis –, mas com muitos elementos comuns à Alemanha e Itália da década de 20/30, especialmente quanto à propaganda e doutrinamento das pessoas. No Brasil, por exemplo, a operação lava-jato abriu caminho e criou as condições de revolta da população, fabricou uma crise econômica[62] e preparou as pessoas para receber o "mito"[63] – a quem ADORNO[64] chama muito propriamente de agitadores, ou seja, "salvadores da pátria" fabricados especialmente para surgir no momento em que as pessoas entram em descrédito, insatisfação e fadiga total da política. Líderes "salvadores" que baseiam seus discursos em uma crítica sistemática do estado das coisas. Sem embargo, este descontentamento não repercute em uma maior participação, nem em benefícios para a cidadania, senão em manipulação do descontentamento social em favor de interesses particulares.

O fascismo é sempre o último recurso dos capitalistas, vinculado a altas concentrações de capital na mão de corporações gananciosas que não querem perder centímetros de poder ou lucro. A opção aplicada ao

---

62. Como se pode ver no documentário disponível no sítio do jornal *Brasil de Fato* (fonte: <https://www.brasildefato.com.br/2016/11/14/documentario-explica-como-a-lava-jato-contribuiu-para-a-crise-economica-no-brasil/>. Acesso em mar. 2019), e na reportagem "Lava Jato deixa rastro de arbitrariedade e devastação econômica", também com vídeo disponível (fonte: <https://www.redebrasilatual.com.br/politica/2017/04/lava-jato-deixa-rastro-de-arbitrariedade-e-devastacao-economica>. Acesso em mar. 2019). A mídia tradicional também admite os efeitos econômicos deletérios da lava-jato, ainda que de forma indireta, como se pode constatar, *ad exemplum*, da notícia intitulada "Efeito lava-jato reforçou crise das concessionárias" (fonte: <https://exame.abril.com.br/economia/efeito-lava-jato-reforcou-crise-das-concessionarias/>. Acesso em mar. 2019), e da reportagem "Lava Jato e crise derrubam receita das grandes construtoras em 2016" (fonte: <https://g1.globo.com/economia/negocios/noticia/lava-jato-e-crise-derrubam-receita-das-grandes-construtoras-em-2016.ghtml>. Acesso em mar. 2019).
63. Neste sentido, SOUZA (2018, p. 20) esclarece que, nas sociedades seculares, é a "ciência" que herda da religião o privilégio de definir o que é verdade e o que é mentira e, de posse desse poder, de dizer o que é certo e o que é errado, sendo que os modernos mitos nacionais expressam essas necessidades e refletem o novo prestígio da ciência, representando uma espécie de "conto de fadas" para adultos.
64. ADORNO (2003, p. 23-4).

Brasil foi a alternativa para o que se desenhava como golpe militar puro, como alertamos no artigo "Ameaças à democracia brasileira e a crise da contemporaneidade"[65].

Essa modalidade neofascista contemporânea pode avançar ou retroceder, na medida em que aconteça ou não o esclarecimento das pessoas. Também é importante entender que, por mais que se estude história e fascismo, viver isso é bem diferente e ninguém pode se dizer preparado, quando mais, é uma prática que atua na psique coletiva e produz efeitos deletérios para todos (sejam pró ou contra). Na verdade, o delírio ou alucinação coletiva que leva as pessoas a não distinguirem certo do errado, verdadeiro do falso, justo do injusto é um entorpecimento causado pela perversão do caráter gregário da sociedade, perversão da alteridade (como as pessoas passam a enxergar o outro), perversão da soberania e perversão da política, e, com estas, perversão do Estado (que deixa de ser democrático para se tornar totalitário ou estado de exceção). Com estes elementos, finda a democracia, as instituições são deturpadas e a sociedade opera sobre uma realidade distópica.

Como elementos de enfrentamento e resistência, se pode elencar:

1) reconhecer que estamos convivendo com neofascismo;

2) não pensar que as pessoas desejaram isso, elas são cooptadas a esta forma de pensamento;

3) entender que a estratégia de dominação das massas implica na sua imbecilização e isso pode se acentuar de agora em diante, através das conhecidas práticas de desconstrução da história, *fake news*, ataque a professores, sindicatos, militarização das escolas, fundamentalismo religioso exacerbado, homofobia, xenofobia, racismo, machismo etc., enfim, por todas as formas de incitação à violência, vigilância social e disciplina imbecilizadora[66] para criar uma idiocracia em que o povo, medíocre, esteja completamente subjugado e incapaz de pensar. E neste ponto,

---

65. Fariñas Dulce; D'Ambroso (2018).
66. Márcia Tiburi e Rubens Casara, em provocador artigo intitulado "*Imbecilizadores profissionais*", descrevem a pós-imbecilidade: "Os imbecilizados, depois de aparentemente indolores processos de imbecilização, começam a agir em nome do capital, de ícones em geral, ou em nome de Deus. Muitos passam a adorar pessoas ou roupas de marcas, alguns aprendem a cultuar a si mesmos. A imbecilização não funciona sem "deuses", sem algo, uma pessoa ou um produto que é posto como objeto de um culto que prega o imobilismo ou o consumo acrítico." (Tiburi; Casara: 2017)

a democracia alcançará o governo da maioria medíocre[67], representado pelas tradicionais elites dominantes, fantoches do capital financeiro.

Foucault[68], em prólogo intitulado "Uma introdução à vida não fascista", feito para a edição norte-americana do livro *O Anti-Édipo*, de Deleuze e Guattari, resume um guia para evitar o fascismo no cotidiano:

- Despoje a ação política de toda forma de paranoia unitária e totalizante;

- Desenvolva a ação, o pensamento e os desejos por proliferação, justaposição e disjunção, antes que por subdivisão e hierarquização piramidal;

- Libere-se das velhas categorias do Negativo (a lei, o limite, a castração, a falta, a lacuna) que o pensamento ocidental, desde muito tempo considerou sagradas tanto em formas de poder e modo de acesso à realidade. Prefira o positivo e o múltiplo, a diferença antes da uniformidade, os fluxos antes das unidades, os agenciamentos móveis antes dos sistemas. Considere que o produtivo não é sedentário, senão nômade.

- Não imagine que é necessário ser triste para ser militante, inclusive se a coisa que se combate é abominável. O laço entre desejo e realidade é o que possui força revolucionária (e não sua fuga para as formas de representação).

- Não utilize o pensamento para dar a uma prática política um valor de Verdade, nem a ação política para desacreditar um

---

67. Ou o que Deleuze e Guattari chamam de máquinas desejantes: "Mesmo as mais repressivas e mortíferas formas da reprodução social são produzidas pelo desejo, na organização que dele deriva sob tal ou qual condição que deveremos analisar. Eis porque o problema fundamental da filosofia política é ainda aquele que Espinosa soube levantar (e que Reich redescobriu): "Por que os homens combatem por sua servidão como se se tratasse da sua salvação?" Como é possível que se chegue a gritar: mais impostos! Menos pão! Como diz Reich, o que surpreende não é que uns roubem e outros façam greve, mas que os famintos não roubem sempre e que os explorados não façam greve sempre: por que os homens suportam a exploração há séculos, a humilhação, a escravidão, chegando ao ponto de querer isso não só para os outros, mas para si próprios? Nunca Reich mostra-se maior pensador do que quando recusa invocar o desconhecimento ou a ilusão das massas para explicar o fascismo, e exige uma explicação pelo desejo, em termos de desejo: não, as massas não foram enganadas, elas desejaram o fascismo num certo momento, em determinadas circunstâncias, e é isso que é necessário explicar, essa perversão do desejo gregário." (Deleuze; Guattari: 2010, p. 46-7)

68. Foucault (2014, p. 73-4).

pensamento, como se este fosse mera especulação. Utilize a prática política como um intensificador do pensamento, e a análise como um multiplicador das formas e dos domínios de intervenção da ação política.

- Não exija da política que restabeleça os "direitos" do indivíduo tal como os definiu a filosofia. O indivíduo é produto do poder. É necessário "desindividualizar" por meio da multiplicação e o deslocamento, o agenciamento de diferentes combinações. O grupo não deve ser o laço orgânico que une os indivíduos hierarquizados, senão um gerador constante de "desindividualização".
- Não se enamore do poder.[69]

Que se mantenha a esperança: as perversões neofascistas da alteridade, do gregário, da soberania e da política não serão capazes de corromper a verdade e a luta por um mundo melhor!

## 6. REFERÊNCIAS

### 6.1. Bibliografia

ADORNO, Theodor W. **Ensayos sobre la propaganda fascista.** Barcelona: Voces y Cultura, 2003.

AGAMBEN, Giorgio. **Estado de exceção.** São Paulo: Boitempo, 2004.

AGAMBEN, Giorgio. **Homo Sacer: o poder soberano e a vida nua I.** Belo Horizonte: UFMG, 2002.

AGAMBEN, Giorgio. **Meios sem fim: notas sobre a política.** Belo Horizonte: Autêntica Editora, 2015.

ARENDT, Hannah. **As origens do totalitarismo.** 7. ed., Alfragide: Dom Quixote Publicações, 2017.

ATWOOD, Margaret. **O Conto da Aia.** Trad. Márcia Serra. São Paulo: Marco Zero, 1987.

BAGGIO, Kátia Gerab. Conexões ultraliberais nas Américas: o *think tank* norte-americano Atlas Network e suas vinculações com organizações latino-americanas. *In:* **Anais do XII Encontro Internacional da ANPHLAC**, Campo Grande, 2016. Disponível em: <http://anphlac.fflch.usp.br/sites/anphlac.fflch.usp.br/files/Katia%20Gerab%20Baggio%20_Anais%20do%20XII%20Encontro%20Internacional%20da%20ANPHLAC.pdf>. Acesso em mar. 2019. ISBN 978-85-66056-02-0.

BENJAMIN, Walter. **Iluminaciones.** v.3. Madrid: Taurus, 1980.

BINDING, Karl; HOCHE, Alfred. **La licencia para la aniquilación de la vida sin valor de vida.** Buenos Aires: Ediar, 2009.

---

69. Obs.: a tradução é nossa.

CASARA, Rubens R. R. *El estado post-democrático. Neoliberalismo y gestión de los indeseables.* Valencia: Tirant lo Blanch Alternativa, 2018.

CASIMIRO, Flávio Henrique Calheiros. As classes dominantes e a nova direita no Brasil contemporâneo. *In:* GALLEGO, Esther Solano (org.). **O ódio como política: a reinvenção das direitas no Brasil.** São Paulo: Boitempo, 2018, p. 41-5.

CASTORIADIS, Cornellius. *La democracia como procedimiento y como régimen.* **Leviatán: Revista de hechos e ideas,** España, n. 62, 1995, p. 65-84.

CHOMSKY, Noam. **Mídia: propaganda política e manipulação.** São Paulo: WMF/Martins Fontes, 2017.

CHOMSKY, Noam. *Secrets, lies and democracy.* Tucson: Odonian, 1995.

DELEUZE, Gilles; GUATTARI, Félix. **O Anti-Édipo (capitalismo e esquizofrenia 1).** São Paulo: Editora 34, 2010.

ECO, Umberto. *Contra el fascismo.* Barcelona: Penguin Random House Grupo Editorial, 2018.

FARIÑAS DULCE, María José. *Constitución o Biblia.* **Domínio Público,** jun. de 2018. Disponível em: <https://blogs.publico.es/dominiopublico/25857/constitucion-o-biblia/>. Acesso em jul. 2018.

FARIÑAS DULCE, María José. *La lucha por los Derechos Humanos en el siglo XXI. In:* PRONER, Carol; OLASOLO, Héctor; VILLÁN DURÁN, Carlos; RICOBOM, Gisele; BACK, Charlotth. **70º Aniversario de la Declaración Universal de Derechos Humanos. La protección de los Derechos Humanos en cuestión.** Valencia: Tirant lo Blanch – Perspectivas Iberoamericanas sobre la Justicia, 2018, p. 481-491. ISBN: 978-84-9190-026-9.

FARIÑAS DULCE, María José. *Mercado sin Ciudadanía: Las falacias de la Globalización Neoliberal.* Madrid: Biblioteca Nueva, 2005.

FARIÑAS DULCE, María José; D'AMBROSO, Marcelo José Ferlin. *Ameaças à democracia brasileira e a crise da contemporaneidade.* **Estado de Direito,** Porto Alegre, 18 jul. 2018. Disponível em: <http://estadodedireito.com.br/ameacas-democracia-brasileira-e-crise-da-contemporaneidade/>. Acesso em fev. 2019.

FERNÁNDEZ-GARCÍA, Nuria. *Fake news: una oportunidad para la alfabetización mediática.* **Revista Brasileira de Ciências Sociais,** São Paulo: ANPOCS, vol. 32 (n. 93), fev. 2017, p. 67-77. ISSN: 0251-3552.

FERREIRA, Yuri; RIBEIRO, Paulo Victor. **Democracia dos views**: a força dos *youtubers* e das redes sociais vai influenciar o voto do jovem brasileiro em 2018? Disponível em: <https://tab.uol.com.br/politica-influencers?utm_source=chrome&utm_medium=webalert&utm_campaign=uol&cmpid=copiaecola>. Acesso em jul. 2018.

FOUCAULT, Michel. *Las redes del poder.* Buenos Aires: Prometeo Libros, 2014.

FÜLLGRAF, Frederico. *Um Jornal no Banco dos Réus.* **Observatório da Imprensa,** São Paulo: PROJOR – Instituto para o Desenvolvimento do Jornalismo, ed. 769, 22 out. 2013. Disponível em: <http://observatoriodaimprensa.com.br/imprensa-em-questao/_ed769_um_jornal_no_banco_dos_reus/>. Acesso em fev. 2019.

GALLEGO, Esther Solano (Org.). **O ódio como política**: a reinvenção das direitas no Brasil. São Paulo: Boitempo, 2018.

HERRERO, Yayo. *Límites, fascismo territorial y la derecha sin complejos.* **Revista Contexto,** Madrid: Contexto, n. 206, 30 jan. 2019. Disponível em: <https://ctxt.es/

es/20190130/Firmas/24130/fascismo-extractivismo-cambio-climatico-boaventura-da-sousa-yayo-herrero.htm>. Acesso em mar. 2019.

KLEIN, Naomi. *La doctrina del shock: el auge del capitalismo del desastre*. 2. ed. 3. reimp., Barcelona: Paidós, 2015.

MACHADO, Flávio Paulo Meirelles. *Hegemonia, Internacionalização do Estado e Direito Internacional segundo a Teoria Neogramsciana*. **Revista Primas: Direito, Políticas Públicas, Mundialização,** Brasília: UNICEUB, v. 7 (n. 1), 2010, p. 173-221. ISSN 1809-9602 (impresso) – ISSN 1808-7477 (on-line). DOI: <http://dx.doi.org/10.5102/prismas.v7i1.912>.

MBEMBE, Achille. *A era do humanismo está acabando*. **Revista IHU Online,** Porto Alegre: Instituto Humanitas Unisinos, 24 jan. 2017. Disponível em: <http://www.ihu.unisinos.br/186-noticias/noticias-2017/564255-achille-mbembe-a-era-do-humanismo-esta-terminando>. Acesso em mar. 2019.

MBEMBE, Achille. **Necropolítica. Biopoder, soberania, estado de exceção, política da morte.** 3. ed., São Paulo: n-1 Edições, 2018.

MENA, José Candón; REDONDO, Diana. *Redes digitales y su papel en la movilización. In:* CRUELLS, Marta; IBARRA, Pedro (edits.). ***Participación democrática: la democracia del futuro del 15m a la emergencia de una sociedad civil viva.*** Barcelona: Icaria Editorial – Antrazyt.

NIETZSCHE, Friedrich. **Aurora.** Barcelona: Ediciones Brontes, 2017.

NIETZSCHE, Friedrich. **Crepúsculo dos ídolos.** 5. ed., Rio de Janeiro: Nova Fronteira, 2017.

NOVACK, George. **Democracy and revolution.** 5ª. reimp., Nova Iorque: Pathfinder, 1999.

PINHEIRO-MACHADO, Rosana; SCALCO, Lucia Mury. Da esperança ao ódio: a juventude periférica bolsonarista. *In:* GALLEGO, Esther Solano (Org.). **O ódio como política: a reinvenção das direitas no Brasil.** São Paulo: Boitempo, 2018, p. 53-9.

RAJAGOPAL, Balakrishnan. *El Derecho Internacional desde Abajo: el desarrollo, los movimientos sociales y la resistencia del Tercer Mundo*. Bogotá: ILSA, 2005. ISBN 958-9262-55-4.

RANCIÉRE, Jacques. **O ódio à democracia.** São Paulo: Boitempo, 2014.

RIBAUDO, Massimo. *Liberismo e ordoliberismo, detti in breve*. Reggio nell'Emilia: MovES, 01 jul. 2017. Disponível em: <http://www.movimentoesseresinistra.it/blog-movimento/politica/2017/07/01/neoliberismo-ordoliberismo/>. Acesso em fev. 2019.

ROCHA, Camila. O *boom* das novas direitas brasileiras: financiamento ou militância? *In:* GALLEGO, Esther Solano (org.). **O ódio como política: a reinvenção das direitas no Brasil.** São Paulo: Boitempo, 2018, p. 46-52.

RONCAGLIO, Rafael. *El nomic: comunicación y poder*. **Chasqui Revista Latinoamericana de Comunicación.** Quito: CIESPAL, abr.-mai.-jun. 1982, pp. 32-40.

SANDERS, Michael J. **O que o dinheiro não compra.** São Paulo: Civilização Brasileira, 2012.

SCHMITT, Carl. **A crise da democracia parlamentar.** Trad. de Inês Lohbauer. São Paulo: Scritta, 1996.

SCHMITT, Carl. **La dictadura (1921). Desde los comienzos del pensamiento moderno de la soberanía hasta la lucha de clases proletaria.** Trad. José Díaz García. Alianza: Madrid, 1999.

SCHMITT, Carl. *Teoría de la constitución.* Trad. Francisco Ayala. Barcelona: Ariel, 2006.

SIERRA CABALLERO, Francisco. *Guerra informacional y sociedad-red: la potencia inmaterial de los ejércitos.* **Revista Signo y Pensamiento,** Bogotá: Pontificia Universidad Javeriana, v. XXI (n. 40), 2002, pp. 32-41. ISSN 0120-4823.

SOUZA, Jessé. **A elite do atraso: da escravid**ão à **Lava Jato.** Rio de Janeiro: Leya, 2017.

SOUZA, Jessé. O engodo do combate à corrupção: ou como imbecilizar pessoas que nasceram inteligentes. *In:* SOUZA, Jessé; VALIM, Rafael (coords.). **Resgatar o Brasil.** São Paulo: Contracorrente/Boitempo, 2018.

SOUZA, Jessé; VALIM, Rafael (coords.). **Resgatar o Brasil.** São Paulo: Contracorrente/Boitempo, 2018.

STREECK, Wolfgang. ¿Cómo terminará el capitalismo? Madrid: Traficantes de Sueños, 2017.

TIBURI, Márcia; CASARA Rubens. *Imbecilizadores profissionais.* **Revista Cult,** São Paulo: Bregantini, pub. 04 out. 2017. Disponível em: <https://revistacult.uol.com.br/home/marcia-tiburi-imbecilizadores-profissionais/>. Acesso em fev. 2019,

TODOROV, Tzvetan. *Los enemigos íntimos de la democracia.* Buenos Aires: Del Nuevo Extremo/Galaxia Gutemberg, 2012.

TOURAINE, Alain. *Crítica de la modernidad.* Buenos Aires: Fondo de Cultura Económica, 1994.

TROTSKY, Leon. **Como esmagar o fascismo.** São Paulo: Autonomia Literária, 2018.

TROTTTA, Nicolás; GENTILI, Pablo. *América Latina: la democracia en la encrucijada.* Buenos Aires: La Página S.A., 2016.

ZAFFARONI, Eugenio Raúl. *Doctrina penal nazi: La dogmática penal alemana entre 1933 y 1945.* Buenos Aires: Ediar, 2017.

## 6.2. Filmografia

BRAZIL (Brazil, o filme). Direção de Terry Gilliam. Inglaterra: Embassy International Pictures, 1985. 1 DVD (132 min.), som., cor.

DR. STRANGELOVE. Direção de Stanley Kubrick. EUA/Inglaterra: Hawk Films/Columbia Pictures, 1964. 1 DVD (93 min.), som., PB.

THE HANDMAID'S TALE (O conto da aia), (Temporadas 1, 2 e 3, ep. 1 a 24). Direção: Bruce Miller. Produção: Margaret Atwood, Elizabeth Moss. 2017, Toronto: Hulu/Cinespace Studio Films, 2017. 1 ep. DVD (60 min.), som, cor.

O DIA QUE DUROU 21 ANOS. Direção de Camilo Galli Tavares. Brasil: Pequi Filmes, 2012. 1 DVD (77 min.), som, cor.

THE PERVERT'S GUIDE TO IDEOLOGY (O guia pervertido da ideologia). Direção de Sophie Phiennes. Irlanda: P. Guide/Blinder Films, 2012. 1 DVD (134 min), som., cor.

THEY LIVE (Eles vivem). Direção de John Carpenter. Los Angeles: Alive Films/Larry Franco Productions, 1988. 1 DVD (94 min.), som., cor.

## 6.3. *Links*

1) https://esseresinistra.wordpress.com/2015/01/27/la-costruzione-del-consenso--il-fascismo-i-giovani-la-famiglia

2) https://www.lanacion.com.ar/2085098-margaret-atwood-antes-la-idea-de-un-estados-unidos-totalitario-parecia-inverosimil
3) https://brasil.elpais.com/brasil/2018/09/13/politica/1536853605_958656.html
4) https://www.youtube.com/watch?v=LHIzkTuoQGM
5) https://www.bbc.com/portuguese/brasil-47012091
6) https://www.gazetaonline.com.br/noticias/politica/2019/02/labre-projeto-para-proibir-diu-e-pilula-foi-registrado-por-engano-1014167119.html
7) https://encyclopedia.ushmm.org/content/pt-br/article/pogroms
8) https://www.montpelerin.org
9) http://estadodedireito.com.br/ameacas-democracia-brasileira-e-crise-da-contemporaneidade
10) https://blogs.publico.es/dominiopublico/26385/las-amenazas-a-la-democracia-brasilena-y-la-crisis-de-la-contemporaneidad/
11) https://www.bbc.com/portuguese/lg/noticias/2009/06/090609_shellacordog.shtml
12) http://observatoriodaimprensa.com.br/imprensa-em-questao/_ed769_um_jornal_no_banco_dos_reus/
13) https://brasil.elpais.com/brasil/2015/09/25/economia/1443197454_856174.html
14) https://canaltech.com.br/juridico/Apple-e-acusada-de-sonegar-bilhoes-de-dolares-nos-Estados-Unidos/
15) https://www.atlasnetwork.org/about/our-story
16) http://www.institutomillenium.org.br
17) https://www.studentsforliberty.org/melhoresdoano2018
18) https://www.studentsforliberty.org/europe/spain
19) https://www.brasildefato.com.br/2016/11/14/documentario-explica-como-a-lava-jato-contribuiu-para-a-crise-economica-no-brasil/
20) https://www.redebrasilatual.com.br/politica/2017/04/lava-jato-deixa-rastro-de-arbitrariedade-e-devastacao-economica
21) https://exame.abril.com.br/economia/efeito-lava-jato-reforcou-crise-das-concessionarias/
22) https://g1.globo.com/economia/negocios/noticia/lava-jato-e-crise-derrubam-receita-das-grandes-construtoras-em-2016.ghtml

# La "Inversión en Institucionalidad" según la Comisión Mundial de la oit sobre el futuro del trabajo: Una nueva síntesis de tradición y renovación[1]

*Hugo Barretto Ghione[2]*

### I

El 22 de enero de 2019 se publicó el informe de la Comisión Mundial sobre el Futuro del Trabajo, el grupo de especialistas convocados por el Director General de la Organización Internacional del Trabajo que debía producir el documento central sobre "futuro del trabajo", con miras a la celebración del centenario del organismo cuyo epicentro será la reunión de la conferencia internacional en junio de este año.

El informe se estructura en tres partes: en la primera, "Aprovechar el momento", se identifican los factores que desafían al mundo del trabajo; en la segunda, "El cumplimiento del contrato social", se aportan las principales propuestas, mientras que en el último capítulo, titulado "Asumir responsabilidades", se destaca el papel de los organismos internacionales y multilaterales.

Corresponde asignar gran relevancia al documento, ya que desde el mensaje del Director General acerca de la "Iniciativa del centenario" en 2015, en que planteaba las cuatro conversaciones sobre el futuro del trabajo, se había desatado una expectativa significativa sobre lo que tenía para decir la OIT como organismo especializado, inspirado desde

---

1. El presente artículo se publicó como editorial de la revista Derecho Laboral en su número 272, correspondiente a octubre – diciembre de 2018.
2. Catedrático de Derecho del Trabajo y la Seguridad Social de la Universidad de la República (Uruguay). Director del Instituto de Derecho del Trabajo y la Seguridad Social de dicha Universidad. Miembro del comité de redacción de revista Derecho Laboral.

su Constitución en 1919 en objetivos tales como la justicia social y la consigna que el trabajo no debe ser considerado como una mercancía. Por otra parte, además de la adecuada elección del tema, no era menos justo reconocer el acierto de confiar la elaboración del informe a un grupo de expertos de diversos pareceres y procedencias regionales y disciplinarias.

## II

La primera lectura del documento de la Comisión Mundial deja la impresión que estamos ante una trama conceptual compleja, con una apertura temática que no deja ningún costado sin tratar, lo que demandará en lo sucesivo retornar al mismo más de una vez para su análisis crítico. Entretanto, esa apreciación primaria permite desde ya advertir que algunas de las propuestas contenidas evaden los habituales lugares comunes de muchos papeles de organismos internacionales escritos para salir del paso y en lenguaje habitualmente elíptico y neutro.

En particular, conviene subrayar que el informe retoma el tópico de la reconstitución del valor trabajo, sesgo que ya se vislumbraba en la primera de las "conversaciones" –trabajo y sociedad– del mensaje del Director General Guy Ryder de 2015.

Seguramente lo más fecundo y de mayor proyección se encuentra en el capítulo segundo, que refiere al cumplimiento del "contrato social". Según la acepción que le asigna al término, se trata de reconocer la interlocución y participación de las organizaciones de trabajadores y de empleadores en el mundo del trabajo, toda una *inversión* (destacamos el término, luego veremos por qué) de la concepción liberal que solo concibe la "libertad negativa" e invisibiliza a los actores, radicando todas las relaciones sociales a nivel del individuo.

En este sentido, el informe asigna una importancia tal a la representación colectiva de trabajadores y de empleadores y al diálogo social que la califica de *"bien público que se fundamenta en la esencia misma de la democracia"*, y apuesta a una profundización y actualización de los medios organizativos de los actores en todos los niveles, quebrando así las cortapisas que en muchas legislaciones se colocan a la negociación colectiva para el caso de las relaciones triangulares de trabajo.

Así se dice, por ejemplo, que debe garantizarse

> *"la representación colectiva de los trabajadores y los empleadores a través del diálogo social como bien público, promovido activamente a través de*

> *políticas públicas. Todos los trabajadores deberán disfrutar del reconocimiento de su libertad sindical y del derecho de negociación colectiva, con el Estado como garante de esos derechos. Las organizaciones de trabajadores y de empleadores deben robustecer su legitimidad representativa a través de técnicas de organización innovadoras que lleguen a quienes están involucrados en nuevos modelos empresariales, incluso a través del uso de la tecnología. Asimismo, deben recurrir a su poder de convocatoria para poder traer diversos intereses en torno a la mesa de negociación".*

Con un eco en Amartya Sen, el documento postula

> *"un programa centrado en las personas para el futuro del trabajo que fortalezca el contrato social, situando a las personas y el trabajo que realizan en el centro de las políticas económicas y sociales y de la práctica empresarial".*

El mentado programa deberá asentarse en tres ejes de actuación, con sustento en el aumento de la inversión: a) en las capacidades de las personas; b) en las instituciones del Trabajo; y c) en el trabajo decente y sostenible.

Obsérvese lo reiterado del uso de la palabra "inversión" (en capacidades, institucionalidad y trabajo decente y sostenible) en el curso de esta segunda parte del documento, claramente utilizada en el sentido de "emplear u ocupar el tiempo" en algo, o aún "gastar" en esas iniciativas. Pero es posible también que, en atención al tipo de propuestas realizadas, que acentúan en la institucionalidad del mundo del trabajo, podamos ensayar otro nivel de lectura según el cual "inversión" sea entendida asimismo como la acción capaz de "cambiar, sustituyéndolos por sus contrarios, la posición del orden o el sentido de las cosas". Una inquietante re/significación para el caso del empleo del término "inversión", según se encuentra previsto como segunda acepción en el diccionario de la lengua española.

Ese juego con la ambivalencia del término viene a cuento si consideramos lo que es el aporte más oportuno e interesante del documento, la inversión en institucionalidad del trabajo, que consiste, básicamente, en consolidar y revitalizar las instituciones que regulan el trabajo, dado que estas instituciones, desde la reglamentación y los contratos de trabajo hasta los convenios colectivos y los sistemas de la inspección, son las piedras angulares de las sociedades justas. Son las forjadoras de las vías que llevan a la formalización, la reducción dela pobreza laboral y un futuro de trabajo con dignidad, seguridad e igualdad económicas.

En este sentido, "invertir" en institucionalidad tiene la consecuencia de "invertir" el sentido de ciertas políticas económicas y sociales de la crisis.

## III

Entre las medidas tendientes a ese reforzamiento institucional figura el establecimiento de una Garantía Laboral Universal, un concepto que encierra una gran potencialidad semántica para desatar y desarrollar contenidos valiosos para (todas) las personas que trabajan.

El informe recuerda que todos los trabajadores, con independencia de su acuerdo contractual o situación laboral, deben disfrutar de derechos fundamentales del trabajo, cuya formulación y síntesis data de 1998, cuando la OIT adoptó la Declaración relativa a los Principios y Derechos Fundamentales en el trabajo limitándola a la libertad sindical, la no discriminación en el empleo y la ocupación, la eliminación del trabajo infantil, y la abolición del trabajo forzoso. La Declaración permitió a la OIT desarrollar políticas y programas de promoción de estos derechos entre los países miembros, pero siempre dejó un "regusto a poco", ya que, si bien constituyó una reafirmación de un elenco de principios y derechos, a la larga parecía un inventario muy modesto si lo mirábamos desde la óptica de los fines del organismo, o sea, la justicia social y la consideración que el trabajo no es una mercancía.

El informe de la Comisión Mundial muy saludablemente zafa de este confinamiento a unos pocos derechos y agrega el derecho a un "salario vital adecuado" con cita expresa a la Constitución de la OIT, más otros dos elementos vitales: "los límites máximos respecto a las horas de trabajo" y la "protección en relación con la seguridad y la salud en el trabajo".

El marco de los derechos fundamentales de las personas que trabajan adquiere así otra andadura y solidez, puesto que ingresan aquellos que son actuantes en el interior de la relación de trabajo durante la ejecución de la prestación laboral, como son el salario, la limitación horaria y las condiciones de seguridad y salud, que habían quedado omitidos en 1998. Esta esperada incorporación supone ponerse en línea con la finalidad y justificación del derecho del trabajo, ya que la desigualdad de la relación laboral hace que deban salvaguardarse esas condiciones básicas, que por otra parte fueron los reclamos iniciáticos de los trabajadores en el origen mismo del industrialismo y la economía de mercado aplicada al trabajo.

Aparece así en toda su dimensión esta construcción de la "Garantía Laboral Universal" como una nueva síntesis de principios y derechos fundamentales que amplía la Declaración de 1998, completándola y robusteciéndola con miras a su funcionalidad en un mundo del trabajo en transformación acelerada.

## IV

Hay todavía dos señalamientos que desarrollan de manera crítica estos nuevos/viejos derechos que ahora integra la Garantía Laboral Universal, en lo que parece ser una respuesta a las medidas de corte ultraflexibilizador que conocemos en la región latinoamericana.

El documento aboga por una *"ampliación de la soberanía sobre el tiempo"*, ya que *"Los trabajadores necesitan una mayor autonomía sobre su tiempo de trabajo, sin dejar de satisfacer las necesidades de la empresa"*. Pero no se trata de asignar valor a la "autonomía" individual del trabajador en el sentido que le da la dogmática contractual común, sino que, en una nueva "inversión", el documento, sin dejar de reconocer la complejidad del tema del tiempo de trabajo, llama a que los trabajadores se sirvan de la tecnología "para ampliar las oportunidades y conciliar la vida profesional con la vida personal" de modo que pueda

> *"ayudarles a (...) encarar las presiones derivadas de la difuminación de la línea divisoria entre el tiempo de trabajo y el tiempo privado. Será preciso perseverar en los esfuerzos encaminados a aplicar límites máximos al tiempo de trabajo además de medidas para mejorar la productividad, así como un mínimo de horas de trabajo garantizadas que genere opciones reales de flexibilidad y control sobre los horarios de trabajo".*

El párrafo refiere a la tradicional visión de la limitación del tiempo de trabajo, pero agrega la necesidad de aplicar un *"mínimo de horas garantizado"* para que configure una *"opción real de flexibilidad"*.

Parece escrito a la medida de las recientes tendencias que en países como Brasil han acogido en su legislación el llamado "trabajo intermitente", que bajo el argumento de la flexibilidad laboral "beneficiosa" para ambas partes, deja al trabajador a merced del absoluto arbitrio del empleador, en un ejemplo de extrema mercantilización y cosificación del trabajo.

El aporte de la Comisión en este punto se despliega en tres líneas de reflexión plenas de significaciones y resonancias actuales: a) retoma la necesidad de establecer (diríamos mantener) los límites máximos al tiempo de trabajo; b) demanda la existencia de una garantía de horario mínimo – ¡signo de los tiempos! – y desnuda al trabajo intermitente como una opción falaz de flexibilidad, y c) reclama un control sobre los horarios de trabajo, lo que puede traducirse en una mayor actividad de la administración del trabajo en su tarea inspectiva, pero fundamentalmente, lo entendemos como una apelación a la reconstitución de la bilateralidad de la relación de trabajo (o del "contrato", para quien sostenga esa figura).

En esta vertiente crítica de las políticas liberales aplicadas en muchos países, el informe es muy elocuente al tomar partido por los sistemas públicos de protección y seguridad social, concibiendo a los sistemas de ahorro privado como meramente marginales y optativos. Veamos cómo lo concibe:

> "*El futuro del trabajo precisa un sistema de protección social sólido y con capacidad de respuesta, basado en los principios de solidaridad y de reparto de los riesgos que ayude a satisfacer las necesidades de las personas a lo largo del ciclo de vida. Los gobiernos tienen que garantizar la protección social universal desde el nacimiento hasta la vejez. Entre otras cosas, con un piso de protección social que ofrezca un nivel básico de protección a todas aquellas personas que la necesiten, complementado con regímenes de seguro social contributivo que proporcionen niveles más altos de protección. El ahorro personal solo debe ser una opción voluntaria que complemente prestaciones estables, equitativas y adecuadas del seguro social obligatorio*".

En síntesis, y a resguardo de una próxima y más detenida lectura, el documento de la Comisión Mundial ofrece a la OIT una gran oportunidad para que en su centenario tome un nuevo impulso en su actividad normativa para cumplir sus objetivos históricos en favor de la "paz universal y permanente".

La Comisión llama a una inversión en institucionalidad del mundo del trabajo con asiento en una estructura conceptual que apela a la innovación – la noción de "Garantía Laboral Universal" es su hallazgo más emblemático – y a la tradición, como ocurre con las inevitables referencias a los objetivos históricos del organismo. En ese trayecto, termina inevitablemente proponiendo una inversión de toda política que subsuma las condiciones de trabajo a una variable de ajuste económico.

# O Direito do Trabalho na Jurisprudência Constitucional da crise – o caso português

*Guilherme Dray[1]*

**SUMÁRIO:** I. A "constituição laboral": 1. Generalidades – 2. Os direitos, liberdades e garantias e os direitos económicos, sociais e culturais dos trabalhadores – II. A crise das dívidas soberanas, a reforma do direito do trabalho e a jurisprudência do tribunal constitucional: 1. Breve contexto histórico: o acordo entre o governo português e a "troika" e a alteração do paradigma do direito do trabalho – 2. A reforma do código do trabalho de 2012 – 3. O acórdão do tribunal constitucional n.º 602/2013, de 20 de setembro – 4. A diminuição da retribuição dos funcionários públicos – 5. Os acórdãos n.º 353/2012, de 5 de julho e n.º 187/2013, de 5 de abril – III. Conclusão.

## I. A "CONSTITUIÇÃO LABORAL"

### 1. Generalidades

I. O texto inicial da Constituição de 1976 estabelecia, no Título III da I Parte, relativa aos *direitos e deveres económicos, sociais e culturais,* que incumbia *"ao Estado, através da aplicação de planos de política económica e social, garantir o direito ao trabalho",* designadamente *"a segurança no emprego, sendo proibidos os despedimentos sem justa causa ou por motivos políticos ou ideológicos".*

Com a revisão constitucional de 1982 foi-se mais longe e autonomizou-se, no Título II, sobre *direitos, liberdades e garantias,* um capítulo específico respeitante aos direitos, liberdades e garantias dos trabalhadores ([1]) – a Constituição passou a assumir um capítulo

---

1 Guilherme Dray é Doutor em Direito e Professor Auxiliar da Faculdade de Direito da Universidade de Lisboa. O presente artigo foi oportunamente publicado na *Revista de Direito e de Estudos Sociais,* Janeiro-Setembro 2015, Ano LVI (XXIX da 2.ª Série), n.º 1-3, pp. 155-189, tendo do servido igualmente de base à conferência dada pelo autor, em abril de 2018, sobre o tema

especificamente dedicado aos *trabalhadores*, enquanto categoria mais débil, simultaneamente como forma de reconhecimento dessa tendencial inferioridade e como ideia de promoção da igualdade real entre os portugueses.

O fundamento desta opção é simples de explicar: na nossa Constituição, o princípio da igualdade (artigo 13.º da Constituição), para além de conter uma proibição genérica de discriminação, assume também uma função social, que pressupõe o dever de eliminação ou atenuação, pelos poderes públicos, das desigualdades sociais, económicas e culturais, tendo em vista a prossecução de uma igualdade jurídico-material. Tal desiderato surge como uma ideia estruturante de todo o sistema constitucional, como a afirmação constitucional do "Estado Social" e como uma tarefa fundamental do Estado, ao qual incumbe *"promover o bem-estar e a qualidade de vida do povo e a igualdade real dos portugueses (...)"* (artigo 9.º, alínea d)), *"em especial das* [pessoas] *mais desfavorecidas"* (artigo 81.º, alínea a), da Lei Fundamental) ([2]).

Foi, pois, com base neste entendimento e no âmbito da indicada meta político-constitucional de prossecução de uma igualdade real ([3]) que a revisão constitucional de 1982 autonomizou um capítulo (Capítulo III do Título II – artigos 53.º a 57.º) especificamente dedicado aos *direitos, liberdades e garantias* dos *trabalhadores*, dando corpo à habitualmente denominada "Constituição Laboral", garantindo em simultâneo, a par

---

*A reforma laboral portuguesa de 2012: sentido e (in)constitucionalidade,* a qual foi organizada pela Escola Judicial do TRT da 4ª Região, em Porto Alegre, Brasil.

1. Quanto ao conceito de trabalhador constitucionalmente consagrado veja-se João Caupers, *Os Direitos Fundamentais dos Trabalhadores e a Constituição*, Almedina, Coimbra, 1985, p. 80, segundo o qual *"o conceito constitucional de trabalhador, enquanto titular de direitos, corresponde à noção de trabalhador subordinado"*. Veja-se também, a propósito da nossa *Constituição Laboral*, José João Abrantes, "Direito do Trabalho e Constituição", *Direito do Trabalho, Ensaios*, Edição Cosmos, 1995; e Jorge Miranda, Manual de Direito Constitucional, Tomo IV, Direitos Fundamentais, 5.ª ed., Coimbra Editora, 2012, pp. 99 e ss.

2. Veja-se, a este propósito, Guilherme Dray, "Igualdade e não discriminação.", *Separata de Código do Trabalho, a Revisão de 2009*, Coimbra Editora, Coimbra, 2009, pp. 123-138; "O Sentido Jurídico do Princípio da Igualdade: Perspectiva Luso-Brasileira", *Revista Brasileira de Direito Constitucional, n.º 2*, Jul./Dez. de 2003: pp. 113-137; e *O Princípio da Igualdade no Direito do Trabalho — sua aplicabilidade no domínio específico da formação de contratos individuais de trabalho*, Almedina, Coimbra, 1999.

3. Veja-se, a este propósito, João Filipe Moreira Sabino, "Os Direitos Fundamentais nas Relações de Trabalho", *Direitos Humanos e Direito do Trabalho*, Flávia Piovesan / Luciana Paula Vaz de Carvalho (coord.), Editora Atlas, São Paulo, 2010, pp. 64 e ss.

daqueles direitos de caráter precetivo, "direitos de crédito" previstos no Capítulo I do Título III, na parte atinente aos *direitos económicos, sociais e culturais* (artigos 58.º e 59.º)([4]).

## 2. Os *direitos, liberdades e garantias* e os *direitos económicos, sociais e culturais* dos trabalhadores

I. No primeiro grupo de direitos, previstos no Capítulo III do Título II, é possível descortinar direitos precetivos de índole individual e de natureza coletiva, encontrando-se no primeiro caso o *direito à segurança no emprego*, através da proibição de despedimentos sem justa causa ou fundados em motivos políticos e ideológicos (artigo 53.º) ([5]), o *direito à inscrição sindical* (artigo 55.º, n.º 2, alínea *b)*) ([6]) e o *direito de adesão individual à greve* (artigo 57.º) ([7]); no segundo caso, encontramos a *liberdade sindical* (artigo 55.º) ([8]), o *direito de associação sindical* e *contratação coletiva* (artigo 56.º) ([9]) e o mesmo *direito à greve*, enquanto direito de decisão e declaração de natureza coletiva. Trata-se, em todas estas situações, de direitos que gozam do mesmo regime dos restantes *direitos, liberdades e garantias*: vinculam os poderes públicos e privados (artigo 18.º), sendo como tal diretamente oponíveis aos próprios empregadores; as leis que se lhes refiram estão sujeitas a reserva de competência legislativa da Assembleia da República (artigo 165.º, n.º 1, alínea *b)*); e o seu regime deve ser respeitado pelas leis de revisão constitucional (artigo 288.º, alíneas *d)* e *e)*).

---

4. Sobre a distinção entre "direitos, liberdades e garantias" e "direitos económicos, sociais e culturais", v. Jorge Miranda, "O regime dos direitos, liberdades e garantias", *Estudos Sobre a Constituição*, III, pp. 41 ss.

5. Veja-se, a este propósito, os acórdãos do Tribunal Constitucional n.ºs. 659/97, em <www.tribunalconstitucional.pt/tc/acordaos> (ano 1997)] e n.º 581/95, em <www.tribunalconstitucional.pt/tc/acordaos> (ano 1995)].

6. Veja-se, a este propósito, os acórdãos do Tribunal Constitucional n.ºs 445/93 e 437/00, em <www.tribunalconstitucional.pt/tc/acordaos> (anos 1993 e 2000).

7. Veja-se, a este propósito, o Acórdão do Tribunal Constitucional n.º 289/92, em <www.tribunalconstitucional.pt/tc/acordaos> (ano 1992).

8. Veja-se, a este propósito, os acórdãos do Tribunal Constitucional n.º 449/91, em <www.tribunalconstitucional.pt/tc/acordaos> (ano 1991)] e n.º 75/85, em <www.tribunalconstitucional.pt/tc/acordaos> (ano 1985)].

9. Veja-se, a este propósito, os acórdãos do Tribunal Constitucional n.ºs. 118/97, 160/99 e 103/01 em <www.tribunalconstitucional.pt/tc/acordaos> (anos 1997, 1999 e 2001)] e n.º 306/03, em <www.tribunalconstitucional.pt/tc/acordaos> (ano 2003),.

II. No segundo grupo de direitos, previstos no Capítulo I do Título III, encontramos direitos programáticos (¹⁰) ou sociais (¹¹), que têm como destinatário o próprio Estado e que se concretizam, designadamente, no *direito ao trabalho* (artigo 58.°) (¹²), que passa pela execução de políticas de pleno emprego e pela garantia da *"igualdade de oportunidades"* na escolha da profissão; no *direito à retribuição do trabalho* (59.°, n.° 1, alínea *a)*), segundo a quantidade, natureza e qualidade, observando-se o princípio de que *"para trabalho igual, salário igual",* de forma a garantir uma *"existência condigna"* – impondo-se ao Estado a obrigação de estabelecer e atualizar o salário mínimo nacional (¹³); no *direito à organização do trabalho em condições socialmente dignificantes* (59.°, n.° 1, alínea *b)*) e no *direito à prestação do trabalho em condições de higiene e segurança* (59.°, n.° 1, alínea *c)*) (¹⁴); no *direito ao repouso e aos lazeres*, a um limite máximo da jornada de trabalho, ao descanso semanal e a férias periódicas pagas (artigo 59.°, n.° 1, alínea *d)*) (¹⁵); no *direito à assistência material* quando involuntariamente se encontrem em situação de desemprego

---

10. A este propósito, veja-se João Caupers, Os Direitos Fundamentais dos Trabalhadores e a Constituição, *cit.*, pp. 103 ss.; Vieira de Andrade, *Os Direitos Fundamentais na Constituição Portuguesa de 1976*, 3.ª edição, Almedina, Coimbra, 2004, pp. 198 ss.; Ana Prata, A Tutela Constitucional da Autonomia Privada, Almedina, Coimbra, 1982, pp. 105 ss.; José João Abrantes, "Direito do Trabalho e Constituição", *Direito do Trabalho*, Ensaios, cit., pp. 41 ss.

11. A propósito dos *"direitos sociais" positivados na Constituição,* veja-se Jorge Reis Novais, *Teoria jurídica dos direitos sociais enquanto direitos fundamentais.* Coimbra: Coimbra Editora, 2010.

12. O fundamento do direito ao trabalho reside na dignidade da pessoa humana e destina-se a *"prover às necessidades de uma vida digna"* – cf. Acórdão do Tribunal Constitucional n.º 635/99, em <www.tribunalconstitucional.pt/tc/acordaos> (ano 1999)].

13. Para além disso, o artigo 59.º, n.º 1, alínea *a)* garante também o direito fundamental a uma justa remuneração – cf. Acórdão do Tribunal Constitucional n.º 635/99, em <www.tribunalconstitucional.pt/tc/acordaos> (ano 1999) – que visa garantir ao trabalhador uma *existência condigna* e que se assume como um direito de natureza análoga ao dos direitos, liberdades e garantias [cf. acórdãos do Tribunal Constitucional n.ºs. 373/91 e 498/03, em <www.tribunalconstitucional.pt/tc/acordaos> (anos 1991 e 2003)].

14. Está em causa, neste caso, "(...) *o direito de o trabalhador realizar o pleno desenvolvimento da sua personalidade pela forma socialmente mais dignificante*" [cf. Acórdão do Tribunal Constitucional n.º 951/96, em <www.tribunalconstitucional.pt/tc/acordaos> (ano 1996)]. Nesse sentido, os preceitos constitucionais em apreço são concretizados, respetivamente, nos artigos 14.º e ss. (*direitos de personalidade*), 127.º, n.º 1, alíneas *a), c), d), g), h)* e *i)* (*deveres do empregador*) e artigos 281º e ss. (*princípios gerais em matéria de segurança e saúde no trabalho*), todos do CT.

15. Por esta via procura-se evitar uma permanente disponibilidade do trabalhador para a prestação laboral e garantir-lhe uma vida pessoal para além da vida profissional [cf. Acórdão do Tribunal Constitucional n.º 368/97, em <www.tribunalconstitucional.pt/tc/acordaos> (ano 1999)].

(59.º, n.º 1, alínea *e*)) (¹⁶); no *direito à assistência e justa reparação*, quando vítimas de acidente de trabalho ou de doença profissional (59.º, n.º 1, alínea *f*)) (¹⁷) e na imposição, feita ao Estado, de proteger o trabalho das mulheres durante a gravidez e após o parto, bem como o trabalho dos menores, dos diminuídos e dos que desempenhem atividades particularmente perigosas (¹⁸).

A ideia é, pois, a de promover uma igualdade real entre os cidadãos, através da concessão de especiais direitos de tutela atribuídos, neste caso, aos trabalhadores, tidos como uma categoria de cidadãos que se encontra numa situação de inferioridade suscetível de pôr em causa a sua liberdade negocial.

III. Ou seja: na base dos direitos fundamentais dos trabalhadores, quer dos *direitos, liberdades e garantias*, quer dos *direitos económicos, sociais e culturais*, está uma preocupação de proteção do trabalhador – está, no fundo, como assinala Juliane Martins, uma ideia de proteção da sua dignidade, própria de um *"Estado Ético"* (¹⁹).

O *princípio da proteção do trabalhador* é, assim, o "princípio-chave" ou a "partícula de Deus" do Direito do trabalho, que está por detrás

---

16. O direito a assistência material constitui um direito económico, social e cultural, que se articula com o direito a que se refere o artigo 63.º da Constituição, segundo o qual *"Incumbe ao Estado organizar, coordenar e subsidiar um sistema de segurança social unificado e descentralizado (...)"* (número 2), que proteja *"(...) os trabalhadores na doença, velhice, invalidez, viuvez e orfandade, bem como no desemprego e em todas as outras situações de falta ou diminuição de meios de subsistência ou de capacidade para o trabalho"* (número 3). Trata-se, por isso, de um direito cuja plena concretização depende das disponibilidades financeiras do Estado, mas cujo incumprimento, pelo Estado, acarreta inconstitucionalidade por omissão.

17. Veja-se, a este propósito, os acórdãos do Tribunal Constitucional n.ºs. 392/99 e 150/00, em <www.tribunalconstitucional.pt/tc/acordaos> (anos 1999 e 2000)]. Em termos de legislação ordinária, a matéria encontra-se concretizada, respetivamente, nos artigos 281.º e ss. do Código do Trabalho (*Prevenção e reparação de acidentes de trabalho e doenças profissionais*) e na Lei n.º 98/2009, de 4 de setembro, que regulamenta o regime de reparação de acidentes de trabalho e de doenças profissionais.

18. A matéria surge concretizada, a este propósito, na Lei n.º 102/2009, de 10 de setembro, que regulamenta: o regime jurídico da promoção e prevenção da segurança e da saúde no trabalho; a proteção da trabalhadora grávida, puérpera ou lactante em caso de atividades suscetíveis de apresentar risco específico de exposição a agentes, processos ou condições de trabalho (artigo 62.º, n.º 6) do Código do Trabalho; e a proteção do menor em caso de trabalhos que, pela sua natureza, sejam prejudiciais ao seu desenvolvimento (artigo 72.º, n.º 6) do Código do Trabalho.

19. Cf. Juliane Caravieri Martins Gamba, "Dignidade do Trabalhador e Políticas Públicas: Perspectivas no Âmbito do Estado Ético", *Direitos Humanos e Direito do Trabalho*, Flávia Piovesan / Luciana Paula Vaz de Carvalho (coord.), Editora Atlas, São Paulo, 2010, pp. 115 e ss.

dos valores constitucionais do subsistema laboral e que tem orientado a evolução do Direito do trabalho, desde a sua génese até à atualidade ([20]). Os valores constitucionais em apreço, por sua vez, têm um sentido muito claro: visam, no essencial, garantir a preservação de um núcleo irredutível de direitos dos trabalhadores, no âmbito da relação de trabalho – visam, no limite, garantir a preservação da sua dignidade enquanto cidadãos que atuam no mundo do trabalho ([21]).

## II. A CRISE DAS DÍVIDAS SOBERANAS, A REFORMA DO DIREITO DO TRABALHO E A JURISPRUDÊNCIA DO TRIBUNAL CONSTITUCIONAL

### 1. Breve contexto histórico: o acordo entre o Governo português e a "Troika" e a alteração do paradigma do Direito do trabalho

I. No dia 14 de setembro de 2008 ocorreu a falência do *Lehman Brothers*, o quarto maior banco de negócios dos Estados Unidos da América, facto que abalou de forma considerável o sistema financeiro mundial e que esteve na origem de uma das mais graves crises sentidas na Europa – a chamada "crise das dívidas soberanas".

A crise em apreço, na Europa, afetou significativamente os países da periferia (*v.g.* Islândia, Irlanda, Grécia, Espanha e Itália) e Portugal não fugiu à regra. Neste contexto, no dia 6 de abril de 2011, o XVIII Governo constitucional solicitou à União Europeia e ao Fundo Monetário Internacional um pedido de assistência financeira, tendo em vista garantir condições de financiamento a Portugal, ao sistema financeiro nacional e à economia portuguesa.

II. Na sequência do referido pedido de assistência financeira o Governo assinou dois acordos: o Memorando de Entendimento sobre as Condicionalidades de Política Económica (*"Memorandum of Understanding on Specific Economic Policy Conditionality"* – "MoU") com o Banco Central Europeu e a Comissão Europeia; e o Memorando de Políticas Económicas e Financeiras (*"Memorandum of Economic and Financial Policies"* – "MEFP"), com o Fundo Monetário Internacional.

---

20. Veja-se, a este propósito, Guilherme Dray, *O Princípio da Proteção do Trabalhador*, Almedina, Coimbra, 20015; e *O Princípio da Proteção do Trabalhador*, Ltr, São Paulo, 2015.
21. Veja-se, a este propósito, a obra coletiva, *Direitos Constitucionais dos Trabalhadores e Dignidade da pessoa Humana*, Coord. Nilton Carlos de Almeida Coutinho, Ltr, São Paulo, 2015.

Ambos os acordos incluíram clausulado sobre as políticas de emprego e sobre o mercado laboral ([22]) ([23]). E em ambos os casos o que se teve em vista não foi o aperfeiçoamento do sistema juslaboral ou qualquer avanço na Ciência Jurídica – o propósito foi exclusivamente de natureza económica.

O fundamento das alterações preconizadas é simples de enunciar: na perspetiva da *troika*, o regime legal de proteção do trabalhador foi visto como um obstáculo à competitividade das empresas e da economia nacional. Haveria, pois, que diminuir o grau de proteção do trabalhador.

III. Foi, pois, neste contexto, que foi aprovado, entre 2011 e 2012, um conjunto significativo de alterações ao Código do Trabalho (CT), em especial as que resultam da Lei n.º 23/2012, de 25 de junho, abaixo analisada. E foi neste contexto, também, que o XIX Governo Constitucional enveredou por uma fortíssima política de contenção de custos ou de "austeridade", nomeadamente através da redução de retribuições e das pensões de reforma.

Entrou-se, por esta via, numa nova fase da evolução do Direito do trabalho – *Direito do trabalho de exceção* ([24]) – na qual os direitos laborais foram indexados ao ciclo económico de austeridade, que transfere

---

22. No "MoU" acordado com a Comissão Europeia e o Banco Central Europeu foram acolhidas normas sobre o mercado de trabalho e a política de emprego. A este último propósito, o "MoU" enunciou os seguintes objetivos: *"(...) implementar reformas na legislação relativa à proteção ao emprego para combater a segmentação do mercado de trabalho, promover a criação de emprego e facilitar a transição dos trabalhadores entre várias atividades, empresas e setores; facilitar os regimes dos tempos de trabalho para conter flutuações de emprego ao longo do ciclo, acomodar melhor as diferenças de padrões de trabalho nos diferentes setores e empresas e aumentar a competitividade das empresas; promover uma evolução dos custos do trabalho consistente com a criação de emprego e a melhoria da competitividade; garantir boas práticas e recursos apropriados para Políticas Activas do Mercado de Trabalho, com o objetivo de melhorar a empregabilidade dos jovens e das categorias desfavorecidas e minorar os desajustamentos no mercado de trabalho (...)"*.

23. No mesmo sentido, ainda que de forma menos desenvolvida, o "MEFP" incluiu também regras relativas ao "Mercado de Trabalho", enquadrando-as no objetivo mais vasto de melhoria da competitividade da economia. Alude-se, a esse propósito, à necessidade de se *"alinhar as compensações por cessação de contrato de trabalho sem termo e a termo certo, reduzindo as compensações para todos os novos contratos a 10 dias por cada ano de efectividade, com 10 dias adicionais suportados por um fundo financiado pelos empregadores"*, à redução da *"duração máxima do subsídio de desemprego para não mais do que 18 meses"* e à necessidade de se garantir que, *"ao longo da vigência do programa, qualquer aumento do salário mínimo apenas ocorrerá se as condições económicas o justificarem e for acordado no contexto das revisões periódicas do programa"*.

24. Cf. António Casimiro Ferreira, *Sociedade da Austeridade e Direito do trabalho de exceção*, Vida Económica, Lisboa, 2012, pp. 75 e ss.

para os cidadãos os custos da recuperação do sistema financeiro; à luz dessa indexação, envereda-se por uma política de erosão dos direitos sociais e laborais, vistos como barreiras a eliminar no quadro de resposta à crise económica e financeira da Europa; as reformas laborais passam, por esta via, não apenas a apostar na flexibilização do Direito do trabalho, como sucedeu nos finais da década de noventa, mas a apostar também na redução dos custos salariais, na diminuição das indemnizações por despedimento, na facilitação dos despedimentos por razões objetivas, na maior flexibilização da gestão do tempo de trabalho e na imposição de pesadas restrições à negociação coletiva através da fixação de normas imperativas absolutas que esvaziam de forma considerável a auto-regulamentação de interesses que sempre marcou o Direito do trabalho tradicional [25].

As reformas laborais deixam de assumir contorno nacional e são "desnacionalizadas", passando a assumir-se como um produto de mercado utilizado como caução do apoio externo, ou como uma moeda de troca para efeitos de obtenção de financiamento internacional. O *princípio da proteção do trabalhador* deixa de ser tido em consideração enquanto elemento conformador de política legislativa – a reforma laboral levada a efeito tem por fundamento, apenas, preocupações de natureza económica e é instrumentalizada em função das mesmas.

A reforma laboral portuguesa iniciada em 2011 e que culmina com a revisão do CT de 2012 insere-se nesta linha.

Vejamos os principais aspetos desta reforma.

## 2. A reforma do Código do Trabalho de 2012

I. Na sequência do "*Compromisso para o crescimento, competitividade e emprego*" [26], assinado em janeiro de 2012 entre o Governo e os parceiros sociais, o XIX Governo constitucional aprovou a Lei n.º 23/2012, de 25 de junho, que procedeu à terceira alteração do CT, aprovado pela Lei n.º 7/2009, de 12 de fevereiro, e alterado pelas Leis n.ºs 105/2009, de 14 de setembro, e 53/2011, de 14 de outubro [27].

---

25. Veja-se, a este propósito, Guilherme Dray, *O Princípio da Proteção do Trabalhador*, cit., pp. 285 e ss.
26. Disponível em <http://www.ces.pt/151>.
27. Recorda-se que a Lei n.º 53/2011, de 14 de outubro, estabeleceu um novo sistema de compensação em diversas modalidades de cessação do contrato de trabalho, aplicável apenas aos novos contratos de trabalho. No essencial, através do (novo) artigo 366.º-A, o legislador

Atenta a profundidade das alterações e a alteração do rumo do Direito do trabalho nela operada, a Lei n.º 23/2012, ainda que tenha mantido em vigor, formalmente, o CT de 2009, foi marcante e significativa – tratou-se de uma verdadeira *reforma*, mais do que de uma simples *revisão*.

II. O sentido geral desta *reforma* é simples de enunciar: maior flexibilização da relação laboral, nomeadamente quanto à gestão do tempo de trabalho; redução de benefícios do trabalhador, nomeadamente quanto a férias, descanso e remuneração compensatória decorrente da prestação de trabalho suplementar; maior facilidade em promover o despedimento, quer por redução de custos para o empregador ao nível da compensação a pagar ao trabalhador, quer por força da atenuação de determinados requisitos ao nível do despedimento coletivo, por extinção do posto de trabalho e por inadaptação; maior individualização da relação de trabalho, admitindo-se a obtenção de acordos entre empregador e trabalhador quando antes se exigia a intervenção de instrumentos de regulamentação coletiva de trabalho, nomeadamente ao nível da gestão do tempo de trabalho – *v.g. banco de horas individual*; menor intervenção do Ministério responsável pela área laboral em diversos assuntos relacionados com a vida laboral; maior descentralização da negociação coletiva, admitindo-se, de forma mais alargada, que esta possa ser levada a efeito por outras estruturas representativas de trabalhadores que não as associações sindicais; redução do papel anteriormente atribuído aos instrumentos de regulamentação coletiva de trabalho e diminuição das normas convénio-dispositivas.

---

estabeleceu um sistema de compensação pela cessação do contrato de trabalho uniformemente aplicável a diversas modalidades de cessação, abrangendo: a cessação do contrato de trabalho em regime de comissão de serviço – artigo 164.º, n.º 1, alíneas b) e c); a resolução do contrato pelo trabalhador com justa causa em caso de transferência definitiva do local de trabalho que lhe cause prejuízo sério – artigo 194.º, n.º 5; a cessação por caducidade do contrato de trabalho a termo certo ou incerto – artigos 344.º, n.º 3 e 345.º, n.º 4; a cessação por caducidade do contrato de trabalho em caso de morte do empregador, extinção da pessoa coletiva ou encerramento de empresa – artigo 346.º, n.º 6; a cessação do contrato por extinção do posto de trabalho – artigo 372.º; e a cessação do contrato de trabalho por inadaptação – artigo 379.º. No essencial, o novo sistema de compensação, no essencial, trouxe as seguintes inovações: a) diminuição do valor da compensação por cada ano de antiguidade de 1 mês para 20 dias de retribuição base e diuturnidades; b) estabelecimento de um limite máximo de compensação (até então inexistente), no montante correspondente a 12 vezes a retribuição base mensal e diuturnidades por cada ano completo de antiguidade; e c) supressão do limite mínimo de 3 meses de compensação constante do regime do artigo 366.º do Código do Trabalho de 2009. Visou-se, por esta via, flexibilizar o mercado de trabalho e garantir maior competitividade às empresas, tendo por pressuposto a ideia de que o problema da competitividade da economia assenta numa alegada excessiva rigidez da legislação laboral.

III. Em particular e no que diz respeito à cessação do contrato de trabalho e ao *princípio da segurança no emprego*, destacam-se as seguintes alterações legislativas ao CT, levadas a efeito pela citada Lei n.º 23/2012:

a) Redução da *compensação* devida em caso de *caducidade de contrato de trabalho a termo certo* (artigo 344.º) ou *incerto* (artigo 345.º) por força da sua indexação ao regime da compensação por despedimento coletivo (artigo 366.º), deixando o trabalhador de ter direito a compensação correspondente a 3 ou 2 dias de retribuição base e diuturnidades por cada mês de duração do contrato, consoante esta não excedesse ou fosse superior a seis meses, respetivamente, para passar a ter direito a compensação correspondente a 20 dias de retribuição base e diuturnidades por cada ano completo de antiguidade, sendo certo que em caso de fração de ano o montante da compensação é calculado proporcionalmente (artigo 366.º n.ºs 1 e 2, alínea *d)*) ([28]);

b) Facilitação do *despedimento coletivo*, através da redução do valor da compensação devida ao trabalhador – nos termos acima assinalados, a compensação passa a corresponder a 20 dias de retribuição base e diuturnidades (antes correspondente a um mês de retribuição base e diuturnidades – artigo 366.º, n.º 1), com eliminação do limite mínimo antes existente de três meses de retribuição base e diuturnidades (artigo 366.º, n.º 3, do CT2009), criação de tetos máximos ao valor da compensação (atual artigo 366.º, n.º 2, alíneas *a), b)* e *c)*) e criação da regra segundo a qual, em caso de fração de ano, o montante da compensação é calculado proporcionalmente (atual artigo 366.º, n.º 2, alínea *d)*) ([29]);

---

28. Recorda-se que, mais tarde, através da Lei n.º 69/2013, de 30 de agosto, que aprovou a quinta alteração ao Código do Trabalho, o valor da compensação em caso de cessação por caducidade do contrato a termo ainda foi mais reduzida – o artigo 344.º, a propósito da caducidade do *contrato de trabalho a termo certo*, passou a prever uma compensação correspondente a 18 dias de retribuição base e diuturnidades por cada ano completo de antiguidade. Por outro lado, quanto ao *contrato de trabalho a termo incerto*, a redução foi ainda mais intensa a partir do quarto ano de duração do contrato, passando a determinar-se, nos termos do número 4 do artigo 345.º, que em caso de caducidade o trabalhador tem direito a compensação que corresponde a 18 dias de retribuição base e diuturnidades por cada ano completo de antiguidade, no que respeita aos três primeiros anos de duração do contrato; e a 12 dias de retribuição base e diuturnidades por cada ano completo de antiguidade, nos anos subsequentes.

29. Recorda-se que, mais tarde, através da citada Lei n.º 69/2013, de 30 de agosto, o valor da compensação em caso de cessação por *despedimento coletivo, despedimento por extinção do posto de trabalho* (por força da remissão do artigo 372.º) e *despedimento por inadaptação* (por força da remissão do artigo 379.º), foi reduzido de 20 dias para 12 dias de retribuição base e diuturnidades por cada ano completo de antiguidade.

c) Facilitação do *despedimento por extinção do posto de trabalho*, por três vias: por um lado, pela atenuação do requisito antes existente de que o despedimento só podia ter lugar se fosse praticamente impossível a subsistência da relação de trabalho (artigo 368.º, n.º 1, alínea *b)* do CT) – o novo número 4 do artigo 368.º determina que, uma vez extinto o posto de trabalho, se deve considerar que a subsistência da relação de trabalho é praticamente impossível quando o empregador demonstre ter observado critérios *relevantes* e *não discriminatórios* face aos objetivos subjacentes à extinção do posto de trabalho, quando é certo que na anterior redação apenas se considerava a impossibilidade da subsistência da relação de trabalho em caso de extinção do posto de trabalho *"quando o empregador não disponha de outro compatível com a categoria profissional do trabalhador"* (artigo 368.º, n.º 4, do CT); por outro lado, por força da atribuição, ao empregador, da faculdade de escolher os critérios – que não podiam ser discriminatórios – que determinavam a escolha dos trabalhadores objeto da cessação do contrato por extinção do posto de trabalho, sempre que existisse, na secção ou estrutura equivalente, uma pluralidade de postos de trabalho de conteúdo idêntico (artigo 368.º, n.º 2), quando é certo que anteriormente a lei estabelecia (ao contrário do regime do despedimento coletivo) uma ordem legal de critérios (artigo 368.º, n.º 2, do CT2009); em terceiro lugar, pela redução da compensação devida ao trabalhador, por força da remissão levada a efeito pelo artigo 372.º para o citado artigo 366.º, relativo ao despedimento coletivo;

e) Facilitação do *despedimento por inadaptação* promovido pelo empregador e fundamentado em inadaptação superveniente do trabalhador ao posto do trabalho, por três vias: por um lado, no que diz respeito ao despedimento por inadaptação determinado pelo modo de exercício das funções do trabalhador previsto no artigo 374.º, n.º 1, foi revogado o requisito antes previsto na alínea *d)* do número 1 do artigo 375.º do CT, à luz do qual o despedimento só era juridicamente aceitável se não existisse na empresa *"(...) outro posto de trabalho disponível e compatível com a qualificação profissional do trabalhador"*; por outro lado, passou a ser admitido o despedimento por inadaptação mesmo quando não tenham sido introduzidas modificações no posto de trabalho, desde que verificados os requisitos cumulativos previstos no atual artigo 375.º, n.º 2 – recorda-se que nos termos do artigo 375.º, n.º 1, do CT2009, o despedimento por inadaptação só era juridicamente aceitável se tivessem sido introduzidas modificações no posto de trabalho resultantes de alterações nos processos de fabrico ou de comercialização, de novas tecnologias ou equipamentos baseados em diferente ou mais complexa tecnologia, nos seis meses anteriores ao procedimento; em terceiro lugar e tal como no despedimento coletivo, por força da redução da compensação, nos termos conjugados dos artigos 379.º e 366.º.

IV. A *reforma* do CT foi, pois, de um modo geral, levada a efeito como uma exigência da economia de mercado, seguindo uma tendência que se vinha revelando a partir da primeira década do século XXI ([30]) e que foi precipitada com o advento da crise das dívidas soberanas. A *reforma* em causa visou, no essencial, a limitação dos custos da força de trabalho ([31]).

V. Em qualquer caso, a evolução acima exposta permitiu, paradoxalmente, que se recordassem e invocassem os valores axiológicos do sistema laboral que estiveram na origem do Direito do trabalho e que determinaram o seu desenvolvimento, valores esses unificados, como se afirmou, pelo *princípio da proteção do trabalhador*: apesar de não ter estado na origem desta *reforma*, o princípio em causa não deixou de estar presente, limitando e balizando os efeitos da mesma. Mesmo quando contraditado, o *princípio da proteção do trabalhador* mantém a sua importância, que pode até, no limite, sair reforçada: as investidas levadas a efeito contra o Direito do trabalho fazem sobressair o que este tem de mais profundo e de mais central.

Nesse sentido, através de alguns dos seus subprincípios operativos ([32]), como seja o da *segurança no emprego*, o princípio em causa esteve na origem da declaração de inconstitucionalidade de algumas das normas da referida lei n.º 23/2012.

É o que veremos de seguida.

## 3. O Acórdão do Tribunal Constitucional n.º 602/2013, de 20 de setembro

I. Durante o período crítico da crise das dívidas soberanas, o papel do Tribunal Constitucional (TC) na defesa da Constituição e do seu sistema de valores foi determinante, nomeadamente ao nível das relações de trabalho e da preservação do núcleo essencial do Direito do trabalho.

---

30. Veja-se, a este propósito, Antoine Jeammaud, *Le droit du travail confronté à l'economie,* Paris, Dalloz, 2005, em especial pp. 39-51.
31. Sobre esta tendência, veja-se Jean Pélissier, Alain Supiot, Antoine Jeammaud, *Droit du Travail,* 24 edition, Dalloz, Paris, 2008, p. 11
32. A propósito dos subprincípios operativos do *princípio da prote*ção do trabalhador e das suas diversas concretizações, designadamente a nível interpretativo-aplicativo, nos domínios da formação, execução e cessação do contrato de trabalho, bem como enquanto elemento de conformação legislativa, veja-se Guilherme Dray, *O Princípio da Proteção do Trabalhador,* cit.

A *reforma* de 2012 do CT não fugiu à regra: a lei em apreço foi apreciada pelo TC e algumas das suas normas, em especial as que dizem respeito à cessação do contrato de trabalho e que lidam, consequentemente, com o princípio constitucional da *segurança no emprego*, foram declaradas inconstitucionais, no Acórdão n.º 602/2013, de 20 de Setembro, cujos traços essenciais cumpre recordar.

II. Desde logo, foi declarado inconstitucional o enunciado normativo do novo número 2 do artigo 368.º do CT, na parte em que este, ao contrário do que sucedia anteriormente, atribuía ao empregador a tarefa de definição dos critérios que devem presidir à seleção do trabalhador a despedir no caso do *despedimento por extinção do posto de trabalho*. Ou seja, ao passo que, na versão anterior à Lei n.º 23/1012, a individualização do posto de trabalho a extinguir obedecia a uma previsão legal de recorte determinado (uma ordem de prioridades baseadas na antiguidade dos trabalhadores envolvidos no posto, na categoria e na empresa), a nova versão do artigo 368.º, n.º 2, atribuía a escolha do trabalhador a despedir ao empregador, ainda que segundo critérios *"relevantes e não discriminatórios"*.

Pois bem: o TC entendeu que possibilidade de o empregador escolher o trabalhador a despedir através da definição prévia de critérios "relevantes" e "não discriminatórios" assenta em "(...) *conceitos vagos e indeterminados, desprovidos de um mínimo de precisão e de eficácia"* ([33]). Nesse sentido, o Tribunal entendeu que a norma questionada abria "*(...) a porta a despedimentos arbitrários ou judicialmente incontroláveis".* E, por essa razão, o Tribunal concluiu que "*o n.º 2 do artigo 368.º do Código do Trabalho, na redação dada pela Lei n.º 23/2012 (...) viola a proibição de despedimentos sem justa causa consagrada no artigo 53.º da Constituição, na medida em que não fornece as necessárias indicações normativas quanto aos critérios que devem presidir à decisão do empregador de seleção do posto de trabalho a extinguir."* ([34]).

O *princípio da proteção do trabalhador,* através do seu subprincípio operativo – *princípio da segurança no emprego* – jogou um papel decisivo ([35]).

---

33. Cf. Acórdão do Tribunal Constitucional n.º 602/2013, de 20 de setembro, disponível em <http://www.tribunalconstitucional.pt/tc/acordaos/20130602.html> (acesso em 26 de setembro de 2013), p. 82.
34. Cf. Acórdão do Tribunal Constitucional n.º 602/2013, cit., p. 84.
35. Recorda-se que, na sequência da referida declaração de inconstitucionalidade, a Assembleia da República aprovou, alguns meses mais tarde, a Lei n.º 27/2014, de 8 de maio, que

II. Em segundo lugar, o TC declarou também a inconstitucionalidade do novo artigo 368.º, n.º 4, do CT.

No essencial: a redação anterior à Lei n.º 23/2012 fazia depender a impossibilidade prática da subsistência da relação de trabalho da demonstração de que o empregador não dispunha de outro posto de trabalho compatível com a categoria profissional do trabalhador. A nova redação conferida ao citado n.º 4 do artigo 368.º dava por assente essa impossibilidade *"quando o empregador demonstre ter observado critérios relevantes e não discriminatórios face aos objetivos subjacentes à extinção do posto de trabalho".* Ou seja, apesar de manter a impossibilidade de subsistência da relação de trabalho como requisito geral do despedimento por extinção do posto de trabalho, a Lei n.º 23/2012, no caso de haver uma pluralidade de postos de trabalho de conteúdo funcional idêntico, utilizou o mesmo critério a que sujeitava a identificação do posto de trabalho a extinguir, nos termos do artigo 368.º, n.º 2. Ora, com esta solução, entendeu (bem) o Tribunal que o novo regime *"revoga, na prática, a regra que impunha ao empregador o dever de oferecer ao trabalhador um posto de trabalho alternativo, quando ele existisse na empresa"* [36]. Ou seja, *"o regime impugnado gera a possibilidade de despedimento num quadro circunstancial em que existe um outro posto de trabalho disponível na empresa e em que o trabalhador anteriormente ocupado no posto extinto esteja disponível para aceitar a mudança de funções. Nessas circunstâncias, a extinção do posto de trabalho, só por si, não põe em causa a subsistência da relação de trabalho, o mesmo é dizer, a preservação do emprego, sendo por isso inconstitucional"* [37]. O Tribunal concluiu, enfim, que a norma em causa *"viola a proibição de despedimentos sem justa causa consagrada no artigo 53.º da Constituição, pelo que deve ser declarada inconstitucional"* [38] [39].

---

procedeu à sexta alteração ao CT2009, conferindo nova redação ao citado artigo 368.º, n.º 2, estabelecendo que havendo na secção ou estrutura equivalente uma pluralidade de postos de trabalho de conteúdo funcionalmente idêntico, o empregador, para determinação do posto de trabalho a extinguir, deve seguir a seguinte ordem de critérios relevantes e não discriminatórios: a) pior avaliação de desempenho, com parâmetros previamente conhecidos pelo trabalhador; b) menores habilitações académicas e profissionais; c) maior onerosidade pela manutenção do vínculo laboral do trabalhador da empresa; d) menor experiência na função; e) menor antiguidade na empresa.

36. Cf. Acórdão do Tribunal Constitucional n.º 602/2013, cit., p. 85.
37. Cf. Acórdão do Tribunal Constitucional n.º 602/2013, cit., p. 88.
38. Cf. Acórdão do Tribunal Constitucional n.º 602/2013, cit., p. 89.
39. Também neste caso, na sequência da declaração de inconstitucionalidade em apreço, a Lei n.º 27/2014, de 8 de maio, conferiu nova redação ao citado artigo 368.º, n.º 4, estabelecendo que, uma vez extinto o posto de trabalho, apenas se considera que a subsistência da relação de

III. Em terceiro lugar, o TC declarou inconstitucional, a propósito do despedimento por inadaptação, pelas mesmas razões que estiveram na origem da inconstitucionalidade do artigo 368.º, n.º 4, a revogação da alínea d) do n.º 1 artigo 375.º do CT, que exigia a verificação da impossibilidade de subsistência do vínculo laboral pela inexistência na empresa de um outro posto de trabalho disponível e compatível com a qualificação profissional do trabalhador. A citada alínea d) prescrevia, como requisito do despedimento, que não existisse na empresa outro posto de trabalho disponível e compatível com a qualificação profissional do trabalhador, exigência essa que estava ligada ao requisito da impossibilidade prática da subsistência da relação de trabalho, que continua a constar do n.º 1 do artigo 374.º do CT. Nesse sentido, o Tribunal concluiu também (e bem, mais uma vez), que *"o despedimento por causas objetivas deve ser configurado como ultima ratio, o que não é compatível com a dispensa de integrar o trabalhador em posto de trabalho alternativo, quando este exista"* ([40]), razão pela qual declarou inconstitucional a revogação da alínea d) do n.º 1 artigo 375.º do CT.

No mesmo sentido e agora quanto à modalidade de despedimento por inadaptação sem que tenham ocorrido modificações no local de trabalho (o habitualmente denominado *despedimento por inaptidão*), o Tribunal, sem prejuízo de admitir que em termos substantivos se trata de uma modalidade de *justa causa objetiva*, concluiu, também, pelas mesmas razões, que *"se, para formular o juízo de inexigibilidade de manutenção do trabalhador cuja inaptidão se revelou na sequência da introdução de modificações no seu posto de trabalho, é essencial que o empregador não disponha na empresa de outro posto de trabalho compatível com a qualificação profissional do trabalhador (...), não se vê por que razão a situação deva ser diferente, no tocante ao juízo de inexigibilidade, nos casos em que a inadaptação do trabalhador se revele independentemente de terem sido introduzidas modificações no seu posto de trabalho. O problema, em termos de impossibilidade prática de subsistência da relação de trabalho (..) é exatamente o mesmo nas duas situações"* ([41]).

Em suma: o TC declarou a inconstitucionalidade da norma do artigo 9.º n.º 2, da Lei n.º 23/2012, de 25 de junho, na parte em que procedeu à

---

trabalho é praticamente impossível quando o empregador não disponha de outro compatível com a categoria profissional do trabalhador.
40. Cf. Acórdão do Tribunal Constitucional n.º 602/2013, cit., p. 97.
41. Cf. Acórdão do Tribunal Constitucional n.º 602/2013, cit., p. 105.

revogação da alínea *d)* do n.º 1 do artigo 375.º do CT, por violação, mais uma vez, da proibição de despedimentos sem justa causa consagrada no artigo 53.º da Constituição ([42]).

IV. Por fim: o TC declarou a inconstitucionalidade dos números 2 e 5 do artigo 7.º da referida Lei n.º 23/2012.

No primeiro caso – artigo 7.º, n.º 2 – estava em causa a norma que determinava a *nulidade* das disposições de instrumentos de regulamentação coletiva de trabalho e as cláusulas de contratos de trabalho celebrados antes da entrada em vigor desta lei que dispusessem sobre *descanso compensatório por trabalho suplementar* prestado em dia útil, em dia de descanso semanal complementar ou em feriado. No segundo caso – artigo 7.º, n.º 5 – estava em causa a norma que declarava a *redução* das disposições de instrumentos de regulamentação coletiva de trabalho e das cláusulas de contratos de trabalho que, decorrido o prazo de dois anos contados a partir da entrada em vigor desta mesma lei, não tivessem sido alteradas de forma a adaptarem-se à supressão do regime de *majoração ao período anual de férias*.

Neste caso, o Tribunal considerou tais normas *"inconstitucionais por violarem as disposições conjugadas dos artigos 56.º, n.ºs 3 e 4, e 18.º, n.º 2, da Constituição"* ([43]) ([44]). Considerou-se, enfim, ter sido posto em causa o direito constitucional à contratação coletiva ([45]).

V. Em suma: o TC julgou inconstitucionais normas relativas ao *despedimento por extinção do posto de trabalho*, normas relativas ao *despedimento por inadaptação* e normas relativas ao *conflito hierárquico* entre a *lei* e os *instrumentos de regulamentação coletiva do trabalho*, fazendo--o, no essencial, em nome do princípio constitucional da *segurança no emprego* e do direito constitucional à contratação coletiva.

Fê-lo, em suma, em nome dos valores constitucionais e da ordem objetiva de valores constantes da "Constituição Laboral" *supra*

---

42. Recorda-se que, também neste caso, na sequência da declaração de inconstitucionalidade em apreço, a Lei n.º 27/2014, de 8 de maio, conferiu nova redação à alínea *d)* do citado artigo 375.º, n.º 1, retomando a regra segundo a qual, a impossibilidade de subsistência do vínculo laboral só ocorre quando não exista, na empresa, outro posto de trabalho disponível e compatível com a qualificação profissional do trabalhador.
43. Cf. Acórdão do Tribunal Constitucional n.º 602/2013, cit., p. 124.
44. Cf. Acórdão do Tribunal Constitucional n.º 602/2013, cit., p. 129.
45. Recorda-se que os citados números 2 e 5 do artigo 7.º da Lei n.º 23/2012 foram, mais tarde, revogados pelo artigo 3.º da Lei n.º 48-A/2014, de 31 de julho.

enunciada, a qual, como se afirmou, é pautada pelo *princ*ípio da proteção do trabalhador.

## 4. A diminuição da retribuição dos funcionários públicos

I. A necessidade de garantir a dignificação do trabalho, nomeadamente através do pagamento de uma retribuição justa, esteve na génese do Direito do trabalho e marcou toda a sua evolução ([46]). E tal necessidade resultou, como reiteradamente se tem afirmado, da constatação de que o trabalho é o principal ou exclusivo meio de sustento do assalariado ([47]).

Neste contexto, o regime da retribuição e a sua proteção são absolutamente determinantes na relação de trabalho ([48]).

A ideia de dignificação do trabalho está intimamente associada à da obrigatoriedade da retribuição e à da sua proteção e ambas resultam, sem margem para dúvidas, do *princípio da proteção do trabalhador*: é deste princípio que resulta a necessidade de tutelar o trabalhador e de dignificação do seu trabalho, a qual passa, imperiosamente, pela garantia de que quem trabalha tem direito a uma retribuição e que esta deve ser justa e condigna, de forma a garantir ao trabalhador e à sua família o mínimo de dignidade ([49]). Por essa razão, a tutela da retribuição, como recorda Montoya Melgar ([50]), foi sempre uma das temáticas mais relevantes do Direito do trabalho ([51]) ([52]).

II. No domínio privado, o regime de proteção da retribuição passa, nomeadamente, pela proibição de diminuição da mesma. Trata-se do habitualmente denominado subprincípio da *irredutibilidade da*

---

46. A propósito da relação entre o trabalho e a defesa da dignidade humana veja-se, nomeadamente, Victor Hugo Struchi, "O Trabalho Penoso e a Dignidade da Pessoa Humana", *Direitos Humanos e Direito do Trabalho*, Flávia Piovesan / Lucianna Paula Vaz de Carvalho (coord.), cit., pp. 222 e ss.

47. Cf. Jean Pelisier, Alain Supiot e Antoine Jeammaud, *Droit du Travail*, 24.ª ed. cit, p. 38.

48. Cf. Franscesco Santoro-Passarelli, *Nozioni di Diritto del Lavoro*, 35.ª ed., cit., pp. 216-217.

49. Gonçalo Diéguez / Jaime Cabeza, *Derecho del Trabajo*, Segunda Edición, Marcial Pons, Madrid/Barcelona, 2003, p. 183.

50. Cf. Montoya Melgar, *Derecho del Trabajo*, 30.ª ed., cit., p. 69.

51. Cf. João Leal Amado, *A Proteção do Salário*, suplemento do Boletim da Faculdade de Direito da Universidade de Coimbra (BFDUC), Vol. XXXIX, Coimbra, 1995, p. 1.

52. Veja-se também, a este propósito, Pedro Romano Martinez, *Direito do Trabalho*, 5.ª ed., cit., p. 605 e *Direito do Trabalho*, 6.ª ed., cit., p. 538, e Maria do rosário ramalho, *Direito do Trabalho, Parte II – Situações laborais individuais*, cit., pp. 535-536.

*retribuição*, do qual decorre que o valor da retribuição ajustado pelas partes (que deve ser igual ou superior ao "salário mínimo") não pode ser diminuído, exceto nos casos previstos na lei ou por instrumento de regulamentação coletiva.

Deve-se, pois, partir do princípio geral e da norma proibitiva constante do artigo 129.º, n.º 1, alínea d), do CT, com o seguinte sentido: os desvios ao princípio em referência apenas se admitem excecionalmente, dentro de condicionalismos muito específicos ([53]).

Em princípio, portanto, é proibido diminuir a retribuição do trabalhador, salvo nos casos previstos no CT ([54]) ou sempre que ocorram, factualmente, modificações ao nível do modo específico de execução da prestação laboral ([55]) que justifiquem a supressão de alguns subsídios ([56]) ([57]).

---

53. A propósito do artigo 129.º do CT, veja-se a anotação ao preceito em referência de Pedro Romano Martinez, Pedro Madeira de Brito e Guilherme Dray, em Pedro Romano Martinez, Luís Miguel Monteiro, Joana Vasconcelos, Pedro Madeira de Brito, Guilherme Dray e Luís Gonçalves da Silva, *Código do Trabalho Anotado*, cit., 9.ª ed., cit., pp. 342-344.

54. As hipóteses de redução da retribuição previstas e admitidas no Código do Trabalho são as seguintes: em caso de *mudança do trabalhador para categoria inferior* (artigo 119.º), em caso de *mobilidade funcional*, aquando do regresso do trabalhador às funções anteriormente exercidas depois de ter beneficiado temporariamente de condições de trabalho mais favoráveis (artigo 120.º, n.ºs. 4 e 5), em caso de *passagem do trabalhador em regime de trabalho a tempo inteiro para o trabalho a tempo parcial* (artigo 154.º, n.º 3, alínea a)), quando, findo o *contrato de trabalho em regime de comissão de serviço*, o trabalhador volte a exercer as funções anteriores à sua contratação no regime de comissão de serviço (artigo 164.º) e em caso *redução ou suspensão do contrato de trabalho em situação de crise empresarial* (artigo 298.º) – ou em instrumento de regulamentação coletiva de trabalho, o que significa, consequentemente, que tal diminuição não pode ser diminuída por contrato de trabalho. Estamos, neste caso, perante uma norma "convénio-dispositiva", nos termos a que se refere o artigo 3.º, n.º 5, do CT.

55. Cf. Pedro romano Martinez, *Direito do Trabalho*, 5.ª ed., cit., pp. 649-650 e *Direito do Trabalho*, 6.ª ed., cit., pp. 577-578. A este propósito, veja-se também os acórdãos do STJ, respetivamente de 31.10.01 (Proc. n.º 589/01), de 20.2.02, (Proc. n.º 1967/01) e de 8.5.02 (Proc. n.º 3446/01).

56. Cf. Monteiro Fernandes, *Direito do Trabalho*, cit., p. 471; Mário Pinto/Furtado Martins/Nunes de Carvalho, *Comentário às Leis do Trabalho*, cit., anotação (4) ao artigo 21.º da LCT, p. 100. Para os autores, os subsídios que têm que ver com o modo específico de prestação da atividade, como sejam os subsídios de penosidade ou de trabalho noturno, por exemplo, apenas são devidos enquanto persistir a situação de base que lhes serve de fundamento. No mesmo sentido, Luís Menezes Leitão, *Direito do Trabalho*, 3.ª ed., cit., p. 307.

57. Romano Martinez defende, ainda, que o princípio em referência não veda em absoluto a diminuição ou a supressão de determinadas parcelas retributivas, nomeadamente quando tais operações não afetam a habitualmente denominada "retribuição global" – "*a irredutibilidade da retribuição não se opõe (...) a que se façam ajustamentos salariais compensatórios, isto é, que deixem de ser pagos complementos salariais, aumentando, na respetiva proporção, a remuneração de base*", Pedro romano Martinez, *Direito do Trabalho*, 5.ª ed., cit., p. 651 605 e *Direito do*

III. O problema muda de figura quando abordamos a questão do ponto de vista dos trabalhadores que prestam a sua atividade para o Estado, dado que, ao contrário do que sucede no setor privado, onde se aplica o citado artigo 129.º, n.º 1, alínea d), do CT, não se retira da Constituição qualquer previsão normativa específica que contenha o referido princípio da *irredutibilidade da retribuição* – não consta da Constituição qualquer preceito que, à semelhança do citado preceito do CT, imponha ao legislador ordinário a proibição de redução da retribuição dos trabalhadores do setor público.

Pareceria, pois, à primeira vista, que o legislador ordinário seria livre, consequentemente, de diminuir a retribuição dos trabalhadores do setor público, atenta a inexistência de qualquer regra constitucional proibitiva.

IV. A questão, todavia, não é absolutamente linear e o TC, precisamente no âmbito da crise da dívida soberana que afetou o nosso país e a propósito das leis do Orçamento de Estado para 2012 e 2013, pronunciou-se sobre a matéria, sedimentando aquilo a que podemos apelidar de *redutibilidade condicionada* ou *irredutibilidade relativa*: em regra, o legislador pode diminuir a retribuição dos trabalhadores do setor público, por via legislativa, mas desde que tal redução obedeça a critérios de *necessidade, adequação* e *proporcionalidade,* desde de que a mesma não afete o *princípio da igualdade* e, bem assim, desde que a mesma não ponha em causa uma existência minimamente condigna dos trabalhadores, neles se incluindo, materialmente, os desempregados, à luz do princípio da dignidade humana aplicável ao Direito do trabalho.

Vejamos de forma sintética como é que o Tribunal se pronunciou.

## 5. Os acórdãos n.º 353/2012, de 5 de julho e n.º 187/2013, de 5 de abril

I. No Acórdão n.º 353/2012 ([58]), a propósito da Lei do Orçamento de Estado (LOE) para 2012 ([59]), que veio suspender total ou parcialmente o pagamento dos subsídios de férias e de Natal, ou quaisquer prestações

---

*Trabalho,* 6.ª ed., cit., p. 578. Perfilhando uma orientação mais restritiva, à luz do princípio do *pacta sunt servanda,* Júlio Vieira Gomes, *Direito do Trabalho,* Vol. I, cit., p. 776-777

58. Disponível em: <http://www.tribunalconstitucional.pt/tc/acordaos/20120353.html>
59. No Acórdão em apreço, esteve em causa a fiscalização da constitucionalidade das normas constantes dos artigos 21.º e 25.º, da Lei n.º 64-B/2011, de 30 de dezembro (Lei do Orçamento de Estado para 2012), que dispunham no sentido da *suspensão do pagamento de subsídios*

correspondentes aos 13.º e, ou, 14.º meses, quer para pessoas que auferiam remunerações salariais de entidades públicas, quer para pessoas que auferiam pensões de reforma ou aposentação através do sistema público de segurança social de valor superior a 600,00€, estabelecendo que tal medida, qualificada como excecional, teria a duração do período de vigência (2012-2014) do Programa de Assistência Económica e Financeira (PAEF), o TC considerou tais normas inconstitucionais, por violação do princípio da igualdade na repartição dos encargos públicos consagrado no artigo 13.º da Constituição.

Por outras palavras, o TC considerou que apesar de ser *"(...) certamente admissível alguma diferenciação entre quem recebe por verbas públicas e quem atua no setor privado da economias"*, a liberdade do legislador recorrer ao corte das remunerações e pensões das pessoas que auferem verbas públicas, na mira de alcançar um equilíbrio orçamental, *"não pode ser ilimitada. A diferença do grau de sacrifício para aqueles que são atingidos por esta medida e para os que não o são* não pode deixar de ter limites (...). *A dimensão da desigualdade do tratamento tem que ser proporcionada às razões que justificam esse tratamento desigual, não podendo revelar-se excessiva".* Ora, segundo o TC, no caso da Lei do Orçamento de Estado para 2012, tornava-se *"(...) evidente que o diferente tratamento imposto a quem aufere remunerações e pensões por verbas públicas ultrapassa os limites da proibição do excesso em termos de igualdade proporcional. (...)".* O TC considerou, enfim, que as citadas normas *"(...) violam o princípio da igualdade, na dimensão da igualdade na repartição dos encargos públicos, consagrado no artigo 13.º da Constituição".* Foram, pois, declaradas inconstitucionais as normas constantes dos artigos 21.º e 25.º, da Lei n.º 64-B/2011, de 30 de dezembro (Orçamento do Estado para 2012) (⁶⁰).

---

*de férias e de Natal ou equivalentes* dos *funcionários públicos (*artigo 21.º) e dos *aposentados* e *reformados* (artigo 25.º), durante o Período de Assistência Financeira a Portugal.

60. Recorda-se que, não obstante declarar a inconstitucionalidade, com força obrigatória geral, por violação do princípio da igualdade consagrado do artigo 13.º da Constituição, dos artigos 21.º e 25.º da lei do Orçamento de Estado para 2012, o TC, encontrando-se a execução orçamental de 2012 já em curso avançado e reconhecendo que as consequências da declaração de inconstitucionalidade acima anunciada, sem mais, poderiam determinar, inevitavelmente, esse incumprimento, pondo em perigo a manutenção do financiamento acordado e a consequente solvabilidade do Estado, decidiu também, invocando uma situação de interesse público de excecional relevo, restringir os efeitos da declaração de inconstitucionalidade, nos termos permitidos pelo artigo 282.º, n.º 4, da Constituição, não os aplicando à suspensão do pagamento dos subsídios de férias e de Natal, ou quaisquer prestações correspondentes aos 13.º e, ou, 14.º meses, relativos ao ano de 2012.

III. Já em 2013, através do seu Acórdão n.º 187/2013, de 5 de abril, o TC voltou a declarar inconstitucionais quatro normas da LOE para 2013, a Lei n.º 66-B/2012, de 31 de dezembro, mais uma vez por violação do princípio da igualdade na sua vertente de exigência de *proporcionalidade*. As normas declaradas inconstitucionais e os motivos da declaração de inconstitucionalidade foram, no essencial, os seguintes:

a) A norma do artigo 29.º, n.º 1, da LOE ([61]), segundo a qual durante *"a vigência do PAEF, como medida excecional de estabilidade orçamental é suspenso o pagamento do subsídio de férias ou quaisquer prestações correspondentes ao 14.º mês às pessoas a que se refere o n.º 9 do artigo 27.º, cuja remuneração base mensal seja superior a €1100"*. Neste caso, o TC, começando por admitir a inexistência de uma regra de irredutibilidade da retribuição por via legal, afirma, todavia, que esta descida não pode ser imposta de forma arbitrária, devendo ser fundamentada e obedecer aos princípios da *igualdade* e da *proporcionalidade*. A este propósito, o TC afirmou que *"A ablação por via ordinária de parte significativa dos rendimentos do trabalho imposta aos trabalhadores do setor público, apesar de não se encontrar constitucionalmente vedada (...), não se torna por isso constitucionalmente insindicável e pressupõe o esclarecimento das razões, necessariamente de interesse público, que conduziram o Estado a intervir unilateralmente naquele sentido no âmbito da relação de emprego público (...)".*

Reconhecendo a existência de um interesse público resultante da *"consecução de fins de redução da despesa pública e de correção de um excessivo desequilíbrio orçamental"*, o TC concluiu, todavia, que tal norma viola o princípio da igualdade, dado que *"a distinção introduzida no âmbito da repartição dos encargos públicos não se revela proporcional à medida daquela diferença, tornando-se intolerável, do ponto de vista daquela dimensão da igualdade"*. Ou seja, o TC considerou que *"os efeitos cumulativos e continuados dos sacrifícios impostos às pessoas com remunerações do setor público, sem equivalente para a generalidade dos outros cidadãos que auferem rendimentos provenientes de outras fontes, corresponde a uma diferença de tratamento que não encontra já fundamento bastante*

---

61. O artigo 29.º, n.º 1, da LOE, estabelecia que durante *"a vigência do PAEF, como medida excecional de estabilidade orçamental é suspenso o pagamento do subsídio de férias ou quaisquer prestações correspondentes ao 14.º mês às pessoas a que se refere o n.º 9 do artigo 27.º, cuja remuneração base mensal seja superior a €1100"*. O n.º 2 deste artigo estabelecia, por sua vez, que*"[a]s pessoas a que se refere o n.º 9 do artigo 27.º, cuja remuneração base mensal seja igual ou superior a €600 e não exceda o valor de €1100 ficam sujeitas a uma redução no subsídio de férias ou nas prestações correspondentes ao 14.º mês, auferindo o montante calculado nos seguintes termos: subsídio/prestações = 1320 – 1,2 x remuneração base mensal".*

*no objetivo da redução do défice público. E implica por isso uma violação do princípio da igualdade proporcional (...)".* O Tribunal pronunciou-se, pois, no sentido da inconstitucionalidade da norma do artigo 29.º, por violação do princípio da igualdade na repartição dos encargos públicos e do princípio da igualdade proporcional.

b) A norma do artigo 77.º da LOE ([62]), que estabelecia a suspensão de 90% do subsídio de férias dos pensionistas. A este propósito, o TC começa por considerar que *"do ponto de vista da tutela jurídico-constitucional, a proteção conferida ao direito à pensão não é substancial ou qualitativamente diferente da dispensada ao direito ao salário. De facto, trata-se, em ambos os casos, de direitos econômicos, previstos, respetivamente, no artigo 63º e no artigo 59º da Constituição"*, ainda que reconheça que *"a Constituição é bastante mais explícita quanto ao elevado grau de proteção que lhe merece o salário".* Também neste caso, o TC considerou que *"os efeitos cumulativos e continuados dos sacrifícios impostos às pessoas com remunerações ou pensões do setor público (...), não tem equivalente para a generalidade dos outros cidadãos que auferem rendimentos provenientes de outras fontes".* O TC concluiu, pois, que mesmo no âmbito de uma grave situação econômico-financeira, *"o diferente tratamento imposto a quem aufere remunerações e pensões por verbas públicas ultrapassa os limites da proibição do excesso em termos de igualdade proporcional"*, razão pela qual considerou inconstitucional a referida norma.

c) A norma do artigo 117º, n.º 1, da LOE ([63]), que sujeitava os beneficiários de prestações do sistema previdencial a uma contribuição de 5% sobre o montante dos subsídios concedidos por doença e de 6% sobre o montante de subsídios concedidos em caso de desemprego. Neste caso concreto, a argumentação do TC assenta, fundamentalmente,

---

62. Recorda-se que o artigo 77.º da Lei n.º 66-B/2012, de 31 de dezembro, suspendia parcialmente o pagamento do subsídio de férias de aposentados e reformados, determinando, durante a vigência do Programa de Assistência Econômica e Financeira, e como medida excecional de estabilidade orçamental, *"a suspensão do pagamento de 90 % do subsídio de férias ou quaisquer prestações correspondentes ao 14.º mês, pagas pela Caixa Geral de Aposentações, pelo Centro Nacional de Pensões e, diretamente ou por intermédio de fundos de pensões, por quaisquer entidades públicas, aos aposentados, reformados, pré-aposentados ou equiparados cuja pensão mensal seja superior a €1100"* (n.º1).

63. O artigo 177.º da LOE dispunha o seguinte: *"1. As prestações do sistema previdencial concedidas no âmbito das eventualidades de doença e desemprego são sujeitas a uma contribuição nos seguintes termos: a) 5% sobre o montante dos subsídios concedidos no âmbito da eventualidade de doença; b) 6% sobre o montante dos subsídios de natureza previdencial concedidos no âmbito da eventualidade de desemprego".*

no princípio da dignidade humana e na ideia segundo a qual o Estado deve assegurar a todos, nomeadamente aos mais desfavorecidos, uma existência condigna, através de um mínimo de apoio social, mesmo em períodos excecionais de crise económica e financeira. Reconhecendo que *"o subsídio de desemprego (...) tem uma função sucedânea da remuneração salarial"* e que constitui um *"direito fundamental dos trabalhadores"*, o TC defende que se deve admitir *"(...) a garantia do direito a uma sobrevivência minimamente condigna ou a um mínimo de sobrevivência (...), fundando um tal direito na conjugação do princípio da dignidade da pessoa humana e do direito à segurança social em situações de carência, e estabelecendo como padrão o salário mínimo nacional"*. Assim sendo, o TC sustenta a necessidade de se *"ressalvar, ainda que em situação de emergência económica, o núcleo essencial da existência mínima já efetivado pela legislação geral que regula o direito às prestações nas eventualidades de doença ou desemprego, pelo que poderá estar, também, aqui em causa o parâmetro constitucional da existência condigna"*. O TC pronunciou-se, nestes termos, no sentido da inconstitucionalidade da norma do artigo 117º, n.º 1, tendo por base o princípio da dignidade humana ([64]).

IV. Em suma: os citados acórdãos n.º 353/2012 e n.º 187/2013, ambos do TC, afirmam a defesa de uma *redutibilidade salarial condicionada* no que diz respeito à atuação do legislador ordinário: por um lado, o legislador pode diminuir a retribuição dos trabalhadores, por via legislativa, desde de que tal redução obedeça a critérios de *necessidade, adequação* e *proporcionalidade* e não afete o *princípio da igualdade*; por outro lado, essa diminuição salarial não pode pôr em causa, mesmo num contexto de emergência e de grave crise económica, o direito a uma sobrevivência minimamente condigna, à luz do *princípio da dignidade da pessoa humana*.

Este último princípio, na sua projeção laboral, consubstancia-se precisamente, nos termos acima assinalados, no *princípio da proteção do trabalhador*.

---

64. Recorda-se que o TC reconhece, no âmbito do seu acórdão, que *"De acordo com o enquadramento constante do Relatório que acompanhou a Lei do Orçamento de Estado para 2013, o conjunto das normas impugnadas inscreve-se no âmbito da concretização de uma orientação estratégica comprometida com o prosseguimento do esforço de consolidação orçamental previsto no Programa de Ajustamento Económico e Financeiro (PAEF) acordado entre o Governo português e o FMI, a Comissão Europeia e o BCE "*.

## III. CONCLUSÃO

I. Não obstante as iniciativas legislativas que foram promovidas a partir de 2012, destinadas a diminuir o custo do trabalho e a alterar o equilíbrio de forças do Direito do trabalho, quer no setor privado, quer no setor público, a verdade é que o núcleo central deste ramo do Direito, alicerçado no *princípio da proteção do trabalhador* e na sua *primazia axiológica* ([65]) e constitucional, foi preservado, em grande parte graças à atuação do TC.

A ideia é simples: na medida em que este princípio se encontra incorporado no sistema de valores da Constituição e no elenco de *direitos, liberdades* e *garantias* dos trabalhadores expresso nos seus artigos 53.º e ss., qualquer regra que venha a ser aprovada pelo poder legislativo e que se mostre contrária ao *princípio da proteção do trabalhador* tende, consequentemente, a ser uma regra inconstitucional, filtrada nos termos dos artigos 277.º e ss. da Constituição. Quer a Constituição, quer a Declaração Universal dos Direitos do Homem, acolhida no nosso sistema nos termos do artigo 16.º, n.º 2, da Lei Fundamental, atuam, pois, como *limites externos* à modificação do Direito do trabalho.

Foi isso, no essencial, o que sucedeu na aludida "Jurisprudência Constitucional da Crise": o *princípio da proteção do trabalhador*, através das suas regras positivadas na Constituição, funcionou como um *limite* à modificação do Direito do trabalho, fazendo sobressair este ponto – o Direito do trabalho pode e deve ser alterado e atualizar-se em função do devir social; as modificações levadas a efeito não devem, todavia, subverter os valores essenciais deste ramo do direito, plasmados no seu princípio jurídico central.

II. As alterações levadas a efeito no Direito do trabalho devem ter por objetivo a sua atualização, mas não a sua substituição; as modificações levadas a efeito no CT podem atuar ao nível de determinadas soluções concretas, mas não devem alterar o *espírito* e o *sentido* do Direito do trabalho (*The Idea of Labour Law*), expressos no *princípio da proteção do trabalhador*.

Como sustenta Manfred Weiss, apesar das transformações significativas que se têm verificado no mundo do trabalho e de ser clara, hoje, a necessidade de o Direito do trabalho se adaptar a novas realidades, os

---

65. Veja-se, a este propósito, Guilherme Dray, *O Princípio da Proteção do Trabalhador*, cit. pp. 19 e ss. e 813 e ss.

problemas fundamentais do mundo laboral, expressos nomeadamente na ideia de que *"labour is not a commodity, that employees are personally dependent and that the employee's human dignity has to be protected"* mantêm-se ([66]). A desigualdade entre as partes e a afetação pessoal de quem presta a sua atividade por conta de outrem, não deixaram de se verificar ([67]). O *princípio da proteção do trabalhador* mantém, pois, plena atualidade. E a positivação deste princípio e das suas diversas concretizações na Constituição revela-se particularmente decisiva, em especial em épocas de crise.

III. Em última instância, ao afirmarmos o *princípio da proteção do trabalhador* e a necessidade de serem preservados os valores constitucionais do Direito do trabalho, estamos, afinal, a contribuir para o valor civilista da *liberdade* e do *livre desenvolvimento da personalidade:* o trabalhador que seja tratado com dignidade, que receba uma retribuição condigna pelo trabalho que desenvolve e que seja protegido contra despedimentos arbitrários, adquire, consequentemente, as condições necessárias para se afirmar como um Homem *livre* e *independente* ([68]), que pode exercer de forma plena a sua *cidadania* ([69]), determinar *o tipo de vida que quer viver* ([70]) e dar azo, nesse sentido, ao *princípio da igualdade material de oportunidades* ou à ideia de *equality of fair opportunity* de John Rawls ([71]). Nessa medida, fica claro, também, que o Direito do trabalho, não pode perder de vista o essencial: a *dignidade*, a *igualdade* e a *liberdade* do trabalhador ([72])., enquanto cidadão que atua no mundo

---

66. Cf. Manfred Weiss, "Re-Inventing Labour Law?", *The Idea of Labour Law,* cit., pp. 43-56 (p. 46).
67. Cf. Guy Davidov, "Re-Matching Labour Laws with Their Purpose", *The Idea of Labour Law,* cit., pp. 179-189 (p. 189). – como recorda o autor,"*This has been the case in the past and has not changed. The goal of labour law is to provide protection to these people, by minimizing such vulnerabilities (...)"*
68. Veja-se, a este propósito, nos termos acima assinalados, Kyle Swan, segundo o qual o *princípio da igualdade republicano* visa, nomeadamente, garantir a todos os cidadãos "*(...) a level of capabilities minimally necessary for operating as a free and independent citizen"* – cf. Kyle Swan, "Republican Equality", *Social Theory and Practice,* Department of Philosophy The Florida State University, cit., July 2012, p. 454.
69. Cf. Suzy Killmister, *Autonomy and the Problem of Socialization",* *Social Theory and Practice,* Department of Philosophy The Florida State University, cit., p. 95. Para quem *"Autonomous persons are self-governing".*
70. Cf. Amartya Sen, *A ideia de Justiça,* cit., p. 313.
71. Cf. John Rawls, *Justice as Fairness: A Restatement,* ed. by Erin Kelly, Cambridge, Harvard University Press, 2001.
72. Cf. Simon Deakin, "The Contribution of Labour Law to Economic and Human Development", *The Idea of Labour Law,* cit., pp. 156-175 (p. 157).

produtivo (⁷³), de forma a garantir a defesa daquilo a que certa doutrina chama de *"personality in work"* (⁷⁴).

IV. O papel do Tribunal Constitucional foi, pois, absolutamente decisivo neste domínio: permitiu preservar a *basic idea* do Direito do trabalho (⁷⁵), que garante ao trabalhador uma *liberdade* efetiva e a capacidade de se desenvolver enquanto cidadão (⁷⁶), sem ser objeto de despedimentos arbitrários ou *ad nutum*. O TC e a "Jurisprudência Constitucional da Crise" foram decisivos na preservação do *sentido ético* do Direito do trabalho, que visa garantir ao trabalhador um amplo espaço de liberdade e de cidadania (⁷⁷).

---

73. Cf. Harry Arthurs, "Labour Law after Labour", *The Idea of Labour Law*, cit., pp. 13-29 (p. 27).
74. Veja-se, a este propósito, Mark Freedland e Nicola Kountouris, "The Legal Characterization of Personal Work Relations and The Idea of Labour Law", *The Idea of Labour Law*, cit., pp. 190-208, para quem o conceito de *"personality in work"*, abarca *"the objectives of promoting dignity, capability and stability"* (p. 208).
75. Veja-se, a este propósito, Adrián Goldin, "Global Conceptualizaions and Local Constructions", *The Idea of Labour Law*, cit., pp. 69-87 (p. 73). No essencial, o autor recorda que as políticas de flexibilização não são suscetíveis de pôr em causa a *basic idea* da *labour law* – *"the idea of protection"* (p. 73).
76. Recorda-se a recente afirmação do *Supreme Court* do Canadá, para quem o trabalho garante aos trabalhadores, não apenas *"a means of financial support and, as importantly, a contributory role in society"*, mas também *"a sense of identity, self-worth and emotional well-being"* – decisão citada por Harry Arthurs, "Labour Law after Labour", *The Idea of Labour Law*, cit., p. 20.
77. Cf. Brian Langille, "Labour Law´s Theory of Justice", *The Idea of Labour Law*, cit., p. 112.

# El Modelo Sindical ante la crisis económica y democrática

*Antonio Baylos*[1]

**SUMARIO:** 1. Democracia social, libertad sindical y modelo europeo. – 2. Sindicalismo, regulación legal y crisis. – 3. Crisis económica y crisis democrática. – 4. Sindicalismo y nuevo modelo democrático de relaciones laborales.

## 1. DEMOCRACIA SOCIAL, LIBERTAD SINDICAL Y MODELO EUROPEO.

Desde la cultura jurídico-laboral española es obligado hablar de Europa y el proceso de construcción jurídica y política que se está verificando en este espacio supranacional. Esta perspectiva es obligada si el objeto de reflexión es la tutela y el reconocimiento de los derechos sociales en este espacio supranacional, lo que se viene a conocer como la dimensión social del mercado unificado o, en su versión más académica, el derecho social europeo. Este es un elemento clave en la definición del nuevo orden político europeo, como muy claramente puso de manifiesto la discusión sobre la llamada Carta de Niza y su incorporación a la futura Constitución europea, confirmada felizmente por el Tratado de Lisboa del 2007, pero lo cierto es que muchos elementos del denominado *derecho social*[2] se encuentran ya en un avanzado grado de desarrollo en el ordenamiento comunitario, normativa y jurisprudencialmente, antes de la consagración de una Carta de Derechos que impone normativamente un modelo social a nivel supranacional.

Conviene recordar que en su origen, el sistema de derechos laborales surgió en un contexto social y económico generador de una inmensa conflictividad como fórmula ambivalente de legitimación del propio

---

1. Universidad de Castilla La Mancha (España)
2. Sobre el tema, sigue siendo fundamental para la descripción y valoración del proceso de conformación del derecho social europeo, el pequeño gran libro de Joaquín Aparicio, *Derecho Social Europeo*, Bomarzo, Albacete, 2007.

orden económico y de reconocimiento de ciertas condiciones de vida y laborales a la fuerza de trabajo en acción, a los trabajadores. Fue en efecto una respuesta al orden económico del libre mercado y a su construcción social y política. El orden económico del libre mercado imponía explotación, sometimiento e indignidad, y el secreto de la creación de ese sistema de derechos laborales, de lo que se conoce comúnmente como Derecho del Trabajo fue el de encontrar un ligamen imprescindible entre la esfera de lo político – social y el ámbito de las relaciones económico – sociales. Es decir, interpretar la noción básica de la democracia como un concepto anclado en las relaciones sociales de producción, trascendiendo por tanto el plano formal de la declaración de libertad y de igualdad[3].

Desde entonces, el sistema de derechos laborales está adherido a la noción de democracia. No hay sistema democrático sin el reconocimiento de un sistema articulado de derechos y de garantías que haga realidad un nivel estándar de condiciones de trabajo y de vida a la clase social sobre cuyo esfuerzo se construye la riqueza.

Esta conclusión se articula a través de una construcción política y democrática más depurada que pone en relación estos dos grandes campos de realidad, el de la economía del libre mercado y el de la política que determina en lo social las nociones clave de igualdad y solidaridad.

De forma muy sintética, en este diseño cobra centralidad la progresiva construcción del Estado Social y su presencia en las relaciones sociales y económicas interfiriendo y limitando el orden económico del libre mercado mediante la creación de una amplia zona de desmercantilización de las necesidades sociales. En el eje de la constitucionalidad material, es decisivo el reconocimiento de un principio de igualdad sustancial que se inserta justamente en un contexto socio-económico desigual, marcando de esta manera una orientación político – democrática hacia la igualdad no sólo en la acción de los poderes públicos, sino en la propia actuación de los sujetos sociales representativos de la fuerza de trabajo global. Este esquema necesita del reconocimiento de un principio de pluralismo social que permite la definición desde el sistema jurídico – y a la vez fuera de él – de un sujeto colectivo que incorpora en su acción la mencionada tendencia político – democrática a la realización de la igualdad material y que se construye como representante general

---

3. Cfr. B. Trentin. *La ciudad del trabajo*, Fundación 1 de Mayo, Madrid, 2013.

de la clase trabajadora. Esta figura representativa es el sindicato, al que se dota de importantes medios de acción colectiva desde el reconocimiento de su autonomía. Y como consecuencia de esos procesos, el Estado viene a reconocer en el ámbito de una ciudadanía calificada como social una serie de derechos individuales y colectivos sobre la base de una concepción que sitúa al trabajo como elemento central de cohesión social y de referencia política.

Todo este tipo de elementos forman parte de lo que se suele llamar *constitución del trabajo* o *constitución social*, y que se define no sólo por la delimitación de un perímetro cada vez más extenso de desmercantilización de las necesidades sociales, asociado a la publificación del mismo, sino también, de forma más significativa, por la asignación constitucional de valor político al trabajo, que en consecuencia impregna la actuación normativa y de gestión de los poderes públicos y de los sujetos sociales y el reconocimiento de funciones tendencialmente polivalentes del principio de igualdad sustancial como objetivo y como guía del conflicto social, canalizadas a través de la acción colectiva que protagonizan las figuras de la representación de los trabajadores como clase social subalterna en las relaciones de producción y de consumo. Como fenómeno histórico, se concentra en las constituciones nacional-estatales europeas que nacen de la derrota del nazi-fascismo al término de la Segunda Guerra Mundial, con la prolongación en los años setenta respecto del salazarismo portugués y del franquismo español. En ellos el componente social es muy intenso, y se considera al trabajo como centro de la vida social y política de un país, a la vez que se mantiene en el plano de las relaciones económicas la vigencia del sistema de economía de mercado, que debe ser respetado aunque corregido y encauzado sobre la base de estos imperativos sociales.

No es una solución fácil, porque este diseño implica la coexistencia no pacífica del trabajo y los derechos a él asociados, expresada cotidianamente de forma no armónica con un principio de libertad de empresa como otro elemento estructurador de la democracia, el reconocimiento del poder del empresario de organizar y dirigir los procesos de creación de riqueza junto con la afirmación de una extensa capacidad organizativa de la forma concreta en que puede encarnarse la figura de la empresa, y, en fin, el reconocimiento del espacio – empresa como un espacio en el que se desenvuelve un activo poder empresarial sobre las personas que trabajan. Estos principios son los que fundan la llamada *constitución económica* de un país.

La convivencia de lo que por comodidad se puede llamar *constitución social* y *constitución económica* de un país no ha sido nunca serenamente armónica ni sosegada, pero para la construcción democrática post-liberal resultaba una absoluta necesidad política. Las fricciones entre ambos órdenes se manifestaban en múltiples aspectos, aunque quizá convenga resaltar ahora que en la época de oro del Estado Social la confrontación se presentaba como un conflicto en el que destacaban tan solo dos figuras, como antagonistas: el Estado y la empresa, y no tanto por consiguiente, el Estado y el mercado. Y en ese conflicto los sujetos colectivos y su campo de acción propio, la autonomía colectiva, asumieron una posición subalterna, de manera que el sindicato delegaba en la fuerza y la capacidad normativa del Estado la gestión de gran parte de sus intereses, que encontraban satisfacción *a través de* la organización del poder público.

Se puede afirmar por tanto que el reconocimiento de la libertad sindical y el principio de autonomía colectiva constituyen los elementos caracterizadores por excelencia de los sistemas democráticos de relaciones laborales europeos. La autonomía colectiva se presenta ante todo como fuente de derecho, en una relación con el ordenamiento jurídico estatal que ha sufrido diversos avatares y que conoce múltiples expresiones en función de las distintas realidades jurídicas nacionales. Pero es un poder social originario que se manifiesta como fuente material y formal del derecho del trabajo, confundiéndose con la negociación colectiva y el convenio colectivo como instrumento regulador por excelencia.

Junto a ello, y de manera muy relevante, la libertad sindical entendida como autonomía plena de esta figura representativa funciona como un principio político de autorregulación social, en paralelo al principio de pluralismo político, lo que le hace constituirse como un instrumento decisivo de gobierno del sistema de relaciones laborales en el que existen dos fuertes tensiones. La producida por el conflicto entre posiciones sociales – y políticas – enmarcadas en una referencia más o menos directa a la clase social, un conflicto en definitiva entre las fuerzas del privilegio económico y las que representan al trabajo asalariado, tensión que atraviesa y recorre el fundamento y el desarrollo de los fenómenos en los que se expresa dicho principio de autonomía colectiva. Y una segunda tensión derivada de la propia construcción de la regulación de las relaciones laborales sobre el reconocimiento de una situación de extrema desigualdad material entre personas sin embargo formalmente iguales ante la ley, para que, sobre la constatación de esa importante relación asimétrica de poder, el Estado asuma un compromiso en proceder gradualmente a la remoción de los obstáculos que impidan o dificulten la igualdad sustancial, de base económica y social (lo que determina su naturaleza política). En ese proceso gradual de nivelación social de las desigualdades no sólo está en juego la acción estatal o de los poderes públicos, sino que es justamente la autonomía colectiva de los interlocutores sociales, y en especial, la acción colectiva de los sindicatos, que debe insertarse en esa lógica que va cancelando las desigualdades.

Por eso la libertad sindical gana protagonismo en la configuración de un sistema democrático de reconocimiento de derechos fundamentales. Su materialización supone el reconocimiento como derechos fundamentales el de la libre organización sindical, los derechos de huelga y de negociación colectiva, así como el más impreciso de la "participación" en la empresa. Son derechos que están anclados en las relaciones laborales y que encuentran el mercado de trabajo y el perímetro organizativo de la empresa como los espacios naturales de su ejercicio. Pero ello no debe hacer olvidar que su función político – institucional se encuentra mediada por esa orientación sustancialmente igualitaria a la que se ha hecho referencia, de manera que no es posible configurar el sistema político democrático sin garantizar la presencia y la eficacia plena de estos derechos en el marco del sistema jurídico estatal o nacional.

Pero a la vez el papel de los sindicatos como sujetos colectivos que representan al trabajo es precisamente el de integrar el conflicto que lleva en sí el trabajo concreto, su rechazo ante la explotación, en el proceso de validación de las reglas sobre el trabajo que se presta en condiciones de subordinación económica y jurídica. Es este el valor político de las relaciones colectivas en las que se genera la normatividad del trabajo concreto, el reconocimiento de un poder social normativo que se basa precisamente en el cuestionamiento del poder económico y social que impone su dominio sobre las personas en el marco de la acumulación del capital. Y este reconocimiento que se expresa en un intercambio de propuestas que disciplinan las relaciones de trabajo en un ámbito determinado y en el acuerdo que las recoge, toma su validez de esa aceptación del dominio sin anular el conflicto de fondo que alimenta el cuestionamiento del mismo.

La eficacia de estas normas colectivas depende del gobierno y de la administración de éstas no sólo por los sujetos colectivos, sino a través de la intervención muy incisiva de la norma estatal complementada por la interpretación judicial, pero la validez de las mismas y de todo el proceso depende directamente del elemento político – democrático según el cual la centralidad del trabajo proviene de la consideración de la relación salarial como una relación de explotación y de la representación del trabajo así conformado como la condición para su integración en un proyecto común de sociedad en el que gradualmente pueda expresarse su programa emancipatorio. El modelo reposa por tanto en esa ambivalencia, y no puede anularse la dimensión conflictiva y de rechazo de la explotación del proceso de cooperación a la regulación de la misma.

Los marcos jurídicos estatales de las diversas naciones de Europa incorporan de manera central en sus constituciones y normas de desarrollo el principio de libertad sindical y sus múltiples determinaciones. Forma parte de lo que se vienen a denominar "tradiciones constitucionales" de los distintos Estados miembros de la Unión Europea que "informan" el derecho de la Unión Europea como "principios" generales del derecho comunitario (art. 6º TUE).

## 2. SINDICALISMO, REGULACIÓN LEGAL Y CRISIS.

Es un lugar común constatar la tensión que existe siempre entre el sindicalismo como movimiento social y como cultura política y la regulación que la norma realiza de sus estructuras y formas de actuación. En la formación social que denominamos sindicato hay siempre un elemento previo a cualquier regulación del sistema jurídico que constituye el núcleo central de la autonomía sindical y sobre el que la norma no puede intervenir. Es un elemento que no suele percibirse sino en momentos de crisis pero que define la extraestatalidad del sindicalismo tal y como se ha venido construyendo desde sus primeras manifestaciones históricas y que va a presentarse como la afirmación de los principios de autonomía e independencia sindical que el reconocimiento de los derechos sociales en las constituciones modernas incluirá como contenido esencial de los derechos de libertad sindical[4].

Hay que tener en cuenta además que esta temática se inscribe en general en un discurso sobre el poder y la nivelación de la desigualdad económica y social a la que el sindicalismo debe servir. Hay por tanto que encuadrar este fenómeno en unas relaciones sociales no armónicas, sino en conflicto permanente, derivado de la pertenencia a clases sociales diferenciadas. La conflictividad social que atraviesa todo el Derecho

---

4. U. Romagnoli, "La libertad sindical hoy", en *Revista de Derecho Social* nº 14 (2001), pp. 9 – 24.

del Trabajo, es especialmente notoria en el Derecho Sindical, acostumbrado a medirse en términos de poder y contrapoder en los lugares de producción. Este hecho ha sido oportunamente resaltado por el Tribunal Constitucional español en una decisión tan frecuentemente citada por la doctrina como inadvertida por los poderes públicos: "No puede olvidarse –dirá la STC 134/1994– que los sindicatos se hallan objetivamente en una posición dialéctica de contrapoder respecto de los empleadores y que la defensa de sus objetivos no se basa en fórmulas de composición de intereses o de colaboración, sino de autodefensa".

La libertad sindical ha sido reconocida en la Constitución española de 1978 como uno de los derechos fundamentales que gozan de una tutela judicial preferente y sumaria en el orden jurisdiccional competente, así como ante el Tribunal constitucional mediante el recurso de amparo, y su desarrollo en la Ley Orgánica de Libertad sindical de 1985 ha consolidado la figura de la mayor representatividad sindical como la "singular posición jurídica" que, desde el respeto a la pluralidad sindical, garantiza una serie de facultades de acción a los sindicatos que obtengan esa cualidad como representantes institucionales de los trabajadores. La mayor representatividad configura un sindicato dotado de una fuerte capacidad regulativa como *interlocutor general* tanto en la empresa, en el sector o en el conjunto de las relaciones profesionales respecto del asociacionismo empresarial representativo, como frente a los poderes públicos, estatales y autonómicos, en los procesos de diálogo social e interlocución política.

Sin embargo, a partir de la gran crisis del 2008 y de la recesión que produjo en las economías avanzadas y en especial en Europa, se ha desarrollado un proceso de remercantilización del trabajo y un replanteamiento profundo del esquema democrático y social que había conformado el modelo social en el que el sindicato ocupaba un lugar relevante[5]. El sobre endeudamiento de los países del sur de Europa causado por la inyección billonaria de dinero para sostener al sistema financiero ha generado unas políticas de austeridad y de recortes sociales que anulan en la práctica el cuadro de derechos fundamentales previsto en la Unión Europea y han exigido cambios constitucionales en aquellos países, entre los cuales se encuentra España. El marco legal del sindicato no

---

5. De esta forma, la emergencia económica se convierte en emergencia democrática. U. Romagnoli, "El derecho del trabajo ante la crisis", *Revista de Derecho Social* nº 58 (2012), pp. 21-23, publicado asimismo en M.Meik (Dir.), *Estudios críticos de Derecho del Trabajo*, AAL /Legis Argentina, Buenos Aires, 2014, pp. 806-808.

ha cambiado formalmente, pero el proceso de degradación de derechos laborales es extremadamente fuerte y por tanto se ha debilitado fuertemente el rol del sindicato al invalidar desde el poder público su proyecto reformista e impedir con todos los medios a su alcance la eficacia de sus vías de autotutela colectiva[6].

En el caso español, la asunción del proyecto neoliberal a partir del 2010 y la consagración de un cesarismo político-financiero como forma de gobierno a partir de finales del 2011 ha introducido cambios sustanciales en la regulación de los derechos individuales y colectivos derivados del trabajo[7]. La situación de emergencia constitucional o "excepcional coyuntura de emergencia económica" como la ha definido el Tribunal constitucional español[8] ha justificado la redefinición del contenido de los derechos laborales en un sentido extensamente limitativo, en especial en relación con el derecho al trabajo y el derecho a la negociación colectiva. La fuerza del poder privado que se manifiesta en la organización unilateral de la prestación de trabajo ha sido reforzada en su carácter coactivo por el poder público, que además ha debilitado

---

6. Cfr. A. Baylos, "Derecho de huelga, crisis económica y gestión sindical del conflicto", *Revista de Derecho Social* nº 66 (2014), pp.13-25.

7. El proceso efectuado se ha definido como "desconstitucionalización del trabajo" en el sentido de pérdida del valor democrático y político del mismo tal como está reconocido en el texto constitucional español. Así, A. Baylos, "La desconstitucionalización del trabajo en la reforma laboral del 2012", *Revista de Derecho Social* nº 61 (2013), pp. 19-42, artículo recogido en el *Yearbook of Comparative Labour Law Scholarship 2014,* Lancaster House, (2015), pp. 173-204. Ver asimismo M.L. Rodriguez, "Labour Law in crisis in the Eurozone: The spanish case", en C. Kilpatrick y B. de Witte, "Social Rights in Times of Crisis in the Eurozone: The Role of Fundamental Rights' Challenges", EUI Working Papers, Law 2014/5, pp.104-113; J. Pérez Rey, "Contrato de apoyo a los emprendedores, fomento del empleo y abuso de la contratación temporal" en A. Guamán (Dir.), *Temporalidad y precariedad del trabajo asalariado. ¿El fin de la estabilidad laboral?,* Bomarzo, Albacete, 2013, pp. 215-217.

8. En sus conocidas Sentencias 8/2015 y 119/2014, que desestiman los recursos de inconstitucionalidad contra varias normas de la reforma laboral del 2012. En la doctrina constitucional española se produce un giro importante a partir de la renovación del Tribunal entre 2010 y 2012, marcado por el alineamiento cerrado de este órgano con las medidas del gobierno y la convalidación constitucional de las disposiciones restrictivas de los derechos colectivos e individuales de los trabajadores. Ese corte es revalorizado por el libro coordinado por A. Baylos, J. Cabeza, J. Cruz y F. Valdés, *La jurisprudencia constitucional en materia laboral y social en el período 1999-2010. Libro Homenaje a María Emilia Casas*, Wolters Kluwer /La Ley y Grupo Santander, Madrid, 2015, que examina precisamente doce años de jurisprudencia constitucional que implican un desarrollo abierto del Estado Social y de las libertades frente a la tendencia contraria que se manifestaría con la renovación del Tribunal bajo las mayorías absolutas del PP y su apropiación partidaria del órgano. En este libro resulta muy ilustrativa la intervención de M.F. Fernández López y M. Rodríguez – Piñero Bravo-Ferrer. que lleva por título "Libertad sindical y negociación colectiva"", (pp. 495 – 542).

extraordinariamente la capacidad sindical de negociar bilateralmente aspectos centrales del mismo. Se ha producido también un endurecimiento de las sanciones frente al ejercicio de derechos colectivos de resistencia y de protesta[9]. Todo ello ha alterado de forma sustancial la posición real del sindicato, sin necesidad de modificar la normativa básica que encuadra su organización y su función institucional.

El cuadro de liberalismo autoritario en el que todavía se mueve el sistema jurídico laboral español no ha sido sin embargo asumido de manera pacífica y ante el mismo se han ofrecido importantes resistencias. A partir del 2011 y hasta el 2014 fundamentalmente, en España ha habido un ciclo de luchas sociales – no sólo conflictos laborales o socio-políticos- extremadamente fuerte y constante que ha erosionado la legitimidad de las medidas adoptadas por los poderes públicos y privados[10]. En algunas materias, la interpretación de las normas laborales ha permitido evitar algunos de los efectos más negativos que éstas podían haber producido. Desgastada y reducida en su idoneidad la negociación colectiva se sigue manteniendo a pesar de todo, y la audiencia electoral de los sindicatos sigue siendo significativa de una implantación real en el mundo del trabajo.

Puede afirmarse por consiguiente que se ha producido una confrontación real entre el sindicalismo como forma cultural y como espacio de resistencia social y de proyecto reformista con respecto al tipo de regulación normativa del sindicato como libertad pública dotada de precisos medios de acción, y que este choque es muy pronunciado, puesto que el sistema normativo laboral resulta actualmente orientado ideológicamente a través de la hostilidad hacia una cultura de reconocimiento de la autonomía colectiva como fórmula gradual de remoción de la desigualdad social y económica. Este proceso es presidido por una concepción unilateralista y a la postre autoritaria del "mando" tanto en el espacio público como en el espacio de la producción. Una tensión debe ser siempre tenida en cuenta a la hora de analizar los problemas teóricos y prácticos que se plantean en el derecho sindical en la actual crisis que, como

---

9. A través de la incriminación penal de los piquetes de huelga y la consideración penal de aspectos importantes de la libertad de expresión. Sobre el primer tema, cfr. J. Terradillos Basoco, "De la huelga como derecho al piquete como delito. A propósito de la sentencia sobre el caso "los 8 de Airbus", *Revista de Derecho Social* nº 73 (2016), pp.217-240. Sobre el segundo tema, cfr. R. Sáez Valcárcel, "Amenazas a la libertad de expresión en el ámbito penal. La represión de los discursos peligrosos", *Revista de Derecho Social* nº 74 (2016), pp. 37-60.
10. Cfr. J.D. Lacalle, *Conflictividad y crisis. España 2008-2014*, El Viejo Topo, Madrid, 2015.

se reitera en el apartado siguiente, no es sólo económica sino política y afecta a la propia idea de la democracia social.

## 3. CRISIS ECONÓMICA Y CRISIS DEMOCRÁTICA.

Lo más significativo de la incidencia de la crisis sobre las "estructuras" de las relaciones colectivas e individuales de regulación del trabajo, es que se ha conseguido imponer una situación de excepción que justifica la emanación de normas de urgencia sobre la base de la excepcionalidad económica que deroga elementos esenciales de los derechos democráticos reconocidos con carácter fundamental en las respectivas constituciones nacionales y en una serie de Tratados internacionales sobre derechos humanos que vinculan a los Estados miembros, en especial la Carta Social Europea[11], a la vez que hace ineficaz la Carta de Derechos Fundamentales de la Unión Europea[12]. Esta situación de excepción no se materializa mediante un acto o decisión del Estado que declara formalmente tal alteración sustancial del sistema de derechos, sino que se produce de manera informal, por la vía de hecho, a través del forzamiento de los canales institucionales ordinarios – la utilización exorbitante de la legislación de urgencia en manos del gobierno, la suspensión permanente de los mecanismos de participación democrática y del diálogo social con los sindicatos, etc. – y se refuerza mediáticamente mediante el dominio tendencialmente completo de la información que conforma la opinión pública.

Si se pudiera sintetizar, cabría decir que el modo de actuar de las fuerzas del privilegio económico en esta crisis ha sido el de degradar los mecanismos democráticos y su anclaje social mediante el empleo de una situación de excepción permanente que los vacía de contenido y anula su eficacia a la vez que los sustituye por elementos de tipo autoritario y antisocial que se quieren estabilizar como el nuevo cuadro

---

11. B. Cardona Rubert, "La situación del Estado español en relación al cumplimiento de la Carta Social Europea", *Revista de Derecho Social* nº 69 (2015), pp. 103-114. En general, cfr. C. Alfonso, L. Jimena, C. Salcedo, *La jurisprudencia del Comité Europeo de Derechos Sociales frente a la crisis económica*, Bomarzo, Albacete, 2014.
12. G. Orlandini, "Los derechos fundamentales de los trabajadores en la jurisprudencia del Tribunal de Justicia de la Unión Europea", *Revista de Derecho Social* nº 69 (2015), pp. 67- 77. En el libro de F. Valdés Dal-Re, *El constitucionalismo laboral europeo y la protección multinivel de los derechos laborales fundamentales: luces y sombras*, Bomarzo, Albacete, 2016, puede encontrarse una exposición muy amplia de esta problemática en relación con la garantía jurisdiccional europea de estos derechos.

de referencia político. El control constitucional, que en algunos países como en Portugal o en Italia[13], ha corregido parcialmente algunas de las medidas implementadas, no ha funcionado sin embargo en España, donde se ha dado carta de naturaleza a esta excepcionalidad económica informal como causa suficiente de la degradación de derechos laborales, y las "tensiones" con las declaraciones de derechos humanos europeas[14] que podrían limitar los efectos de la "gobernanza" son débiles y no han podido superar un cuadro de garantías muy estrecho. La técnica del contenido esencial de los derechos fundamentales, que el propio Tribunal Constitucional español había ido conformando como fórmula convincente de preservación del núcleo de actividades que definían el derecho en cuestión, con especial fuerza en materia de derechos colectivos, como la libertad sindical, la negociación colectiva o la huelga, se manipula y se inutiliza a partir de la interpretación mayoritaria[15] de este órgano de la legislación producto de la llamada "austeridad" puesta en marcha con la crisis. Lo que se ha diseñado es una arquitectura constitucional que se aparta de su tradición garantista bien asentada y que trata de definir el contenido esencial del derecho de libertad sindical y del derecho de negociación colectiva como un espacio móvil, determinado en función de los objetivos perseguidos por el legislador en orden a la mejora de los niveles de empleo reduciendo las garantías del derecho al trabajo o limitando la contratación colectiva sobre las condiciones del mismo, de forma que la "configuración legal" de un derecho fundamental permite al legislador restringir su contenido en función del objetivo que él mismo fija como causa de esa limitación, de manera autorreferencial, sin admitir parámetros externos a la misma. A través de esta doctrina se va dando carta de naturaleza a la constitución material de una economía financiarizada[16] que exige la validez y la legitimidad formal de un espacio de excepción acotado temporalmente por la duración de la "crisis" y

---

13. Sobre el caso italiano, cfr. F.J. Trillo, "Políticas de austeridad y negociación colectiva en el sector público. Algunas reflexiones en torno a la experiencia italiana", *Revista de Derecho Social* nº 71 (2015), pp. 201-213.

14. G. Gianibelli, "Normas internacionales del Derecho del Trabajo y Derecho interno. Las tensiones entre el "derecho" de la globalización económica y la regulación de los derechos humanos", en M. Meik (Dir), *Estudios críticos de Derecho de Trabajo...cit.*, pp. 759 ss.

15. En todas las decisiones del Tribunal Constitucional español que declaran conforme al bloque de constitucionalidad las normas laborales provenientes de la reforma laboral del 2010 y del 2012, hay votos particulares disidentes, redactados por el magistrado F. Valdés Dal-Re, que constituyen una fuente imprescindible de doctrina constitucional alternativa.

16. Una constitución *económica* que condiciona directamente la constitución *laboral* de un país, pero que está en directa relación, mediante la consideración multiescalar de los niveles de

que permite la restricción severa de los derechos laborales y sindicales básicos, derechos fluidificados en razón de las perspectivas del nivel del empleo y de magnitudes macroeconómicas.

La situación de excepción impide que funcionen los mecanismos garantistas de la democracia y fuerza de esta manera una transición a un modelo neoautoritario de relaciones laborales que se quiere afianzar de forma permanente, comprometiendo en este nuevo horizonte de sentido a las grandes fuerzas políticas europeas que impulsan y aseguran la llamada gobernanza económica europea. Se trata por tanto de una emergencia económica que deviene emergencia democrática[17].

Las reformas laborales del 2010 y 2012, la reforma de las pensiones del 2011 y del 2013, se gestaron bajo la presión que imponía el rescate bancario y la deuda soberana generada por la crisis financiera, la irrupción del conglomerado entre la Comisión Europea, el BCE y el FMI – la troika – sometiendo su ayuda a la estricta condicionalidad política que imponían estas "reformas estructurales" que devaluaron fuertemente los salarios, degradaron las garantías de empleo y redujeron la capacidad de regular las condiciones de trabajo a través de un sistema articulado de negociación colectiva, debilitando al sujeto sindical e induciendo un aumento de la desigualdad social y de la precariedad laboral. Entonces se habló mucho de Europa como coartada de las políticas internas. Hoy las variantes de la gobernanza económica europea respecto de la relativa recuperación económica permiten un marco de juego relativamente más amplio, como demuestra el caso portugués y, en menor medida, el caso español tras el acuerdo entre el Gobierno y el grupo parlamentario Unidos-Podemos – En Comu Podem – En Marea. Pero el neosoberanismo reactivo que se extiende por una buena parte de países europeos principalmente en su versión insolidaria y liberal, tiene serias dificultades para hacer prosperar sus políticas asistenciales, como demuestra los problemas que el Estado italiano ha tenido para lograr la aprobación de la Comisión a sus presupuestos. Y Grecia ha sido devastada por esa política de austeridad de la que no se permite retroceder.

En la redefinición de la agenda política nacional, el tema europeo es un terreno de discusión imprescindible en un doble sentido. Para hablar de los límites posibles a una política avanzada de reformas sociales tanto

---

protección de los derechos laborales, con el marco europeo de referencia. Cfr. F. Valdés, *El constitucionalismo europeo*...cit., pp. 62-63.

17. En las palabras de U. Romagnoli, "El derecho del trabajo ante la crisis"...cit., pp. 21-22.

en materia de protección social como de redefinición de las garantías de empleo, y, de manera posiblemente más importante, para entablar un programa de cambios en las decisiones europeas que modifiquen gradualmente la noción misma de gobernanza económica en vigor. Hablar de la necesidad de un sistema fiscal europeo, de un salario mínimo europeo, de un sistema articulado de desempleo europeo, de la reforma de los tratados para incorporar una cláusula o protocolo social que garantice los derechos colectivos de huelga y de negociación colectiva frente a las libertades económicas, es imprescindible porque todas ellas son medidas importantes que la ciudadanía debe poder conocer, informarse de su posibilidad y opinar sobre las mismas valorándolas. Introducir estos elementos de progreso no sólo ayudaría a consolidar un "pilar social" en la UE, sino que alteraría en ordenamientos internos como el nuestro una parte de su regulación social.

No son proyectos inalcanzables producidas por grupos de opinión insignificantes. La posibilidad de un salario mínimo europeo proviene del propio Juncker, y la implantación de una prestación europea por desempleo ha sido seriamente debatida entre Macron y Merkel. La reivindicación de un protocolo social añadido a los Tratados es una constante en los planteamientos de la Confederación Europea de Sindicatos que se ha acentuado a propósito del debate sobre el Pilar Social Europeo. Una aritmética de alianzas diferente de la que ahora existe podría lograr un cambio importante en Europa, situando a la socialdemocracia en posiciones de cambio real de las instituciones europeas en defensa de mayores derechos sociales y ciudadanos y apostando por la mayor democratización de la arquitectura de poder, reduciendo las asimetrías clamorosas que se dan en ella. Pero es también importante para lograr este objetivo la incorporación del espacio europeo a la discusión de las cuestiones nacionales, unir a las reivindicaciones esgrimidas la perspectiva europea no sólo porque sea fundamental en el devenir político de las cosas, sino porque así también se ayuda a construir un sentido de pertenencia crítica a ese constructum económico, social y político que llamamos Unión Europea que constituye una referencia hoy ineludible del proyecto de transformación social que se defiende en y desde España.

## 4. SINDICALISMO Y NUEVO MODELO DEMOCRÁTICO DE RELACIONES LABORALES.

La crisis económica ha generado por tanto una crisis de institucionalidad democrática y una modificación importante de los parámetros políticos y valorativos que definían el marco general de las relaciones laborales, produciendo el "eclipse de la representación política y social del trabajo"[18]. Salir de la crisis puede implicar la consolidación relativa de un cuadro neoliberal y autoritario como el nuevo horizonte al que referir la imputación normativa de la regulación laboral. No es una opción segura y en todo caso se trataría de una perspectiva extremadamente conflictiva que se desenvolvería entre cuestionamientos muy amplios de la validez y legitimidad de este nuevo marco de regulación. En el otro lado, la salida a la crisis sólo se concibe como una oportunidad para rediseñar y adaptar los ejes fundamentales de la regulación del trabajo como espacio de lucha por los derechos individuales y colectivos en un marco multiescalar a diferentes niveles, europeo y nacional, en donde lo sindical y lo colectivo refuercen su representatividad social.

En el caso español, hay la percepción muy extendida de que nos hemos ido deslizando hacia una situación de cambio de ciclo, de ingreso en una etapa nueva que se separa decididamente de las coordenadas que marcaron el nacimiento del modelo democrático de relaciones laborales en nuestro país y que ha ido desarrollando un modelo guiado por la corriente de fondo del pensamiento hegemónico neoliberal en esta época histórica y que culmina en la remercantilización del trabajo. Esto es, en su configuración como una pura mercancía al margen de la libertad y del dominio en el despliegue concreto de la actividad creativa y productiva de bienes y servicios. Este proceso conduce no sólo a una sociedad esencialmente desigual e injusta, sino también más autoritaria que reduce al mínimo su expresividad democrática.

Por ello, la "salida de la crisis" se concibe mayoritariamente por parte de los sindicatos y de una buena parte de los juristas del trabajo como la posibilidad de intentar crear un nuevo marco institucional y legislativo sobre el trabajo[19]. Ello exige previamente una reflexión sobre la

---

18. U. Romagnoli, "Momentos de la historia de la cultura jurídica del trabajo", *Revista de Derecho Social* nº 73 (2016), p. 19.

19. En España el sindicalismo tiene una larga tradición de intercambio con los juristas del trabajo que se traduce en una colaboración importante y permanente no sólo entre los servicios jurídicos sindicales y el espacio cultural de jueces y magistrados mediados a través de los juristas universitarios, sino a través de la creación de lugares de encuentro y de debate comunes. En el momento actual, los juristas del trabajo, junto con el análisis crítico e interpretativo de la norma y de sus condiciones de aplicación en razón de la interpretación judicial y la mediación colectiva, tienden a debatir y discutir el tipo de modelo laboral que se juzga más adecuado para la situación que puede crearse a partir de la caducidad política y teórica de las estructuras normativas puestas en marcha durante el proceso de reformas laborales impulsado por

pervivencia del sistema de derechos constitucionalmente garantizados, mucho más después de los fallos del Tribunal Constitucional ya mencionados que han avalado la compatibilidad de la reforma laboral con la Constitución española sobre la base tanto de una interpretación extensiva de la libertad de empresa, como en atención al "interés constitucional prevalente" a la conservación de un nivel de empleo mediante la reconformación por la norma legal del alcance de los derechos ciudadanos de negociación colectiva y del derecho al trabajo. La dimensión constitucional por tanto está en juego, y es algo aceptado de forma general en diversos espacios de opinión, especializados y no, que el marco normativo de la Constitución española debe asumir de forma más clara y potente estos planteamientos[20]. Se trata de revalorizar el momento político que debe rediseñar el marco de los derechos laborales como límite y garantía frente a los poderes públicos y privados y que determine con seguridad el contenido esencial de los derechos que permiten la cohesión social en un país determinado.

El sujeto que vertebra realmente el modelo laboral es el sujeto sindical, con su capacidad contractual y organizadora de las relaciones laborales y su fuerza en la propuesta y en la protesta y la resistencia a través de las diferentes formas de expresión del conflicto en el trabajo y en la sociedad. Lo que viene a significar que el rol que desempeña el sindicato en el conjunto de las relaciones laborales y del marco normativo laboral, resulta crucial.

En efecto, en último término, está el sindicato. Es decir el representante de los trabajadores que tiene como misión mejorar las condiciones

---

los poderes privados y públicos en nuestro país. Este imperativo teórico y político supone acelerar un debate provechoso entre sindicalismo y exponentes de la cultura jurídica sobre el diseño del nuevo modelo de derecho del trabajo que, en cuanto a sus contenidos y sus formas de desarrollo, se acomoden a los principios del estado social y del reconocimiento del trabajo como eje de atribución de derechos de ciudadanía. Algunos documentos son especialmente relevantes al respecto, como puede deducirse de los textos recogidos en las Actas del II Congreso "Trabajo, Economía y Sociedad" de la Fundación 1 de Mayo (Madrid, octubre 2015), que pueden consultarse en esta dirección electrónica http://www.1mayo.ccoo.es/nova/files/1018/LibroActasII.pdf, o el que se ha realizado en el seno del Grupo FIDE, con intervención de juristas de empresa además de abogados laboralistas, profesores y magistrados, que está recogido en el número monográfico "El derecho del trabajo a debate", *Derecho de las Relaciones Laborales* nº 3 (2016).

20. Este problema se liga directamente con el de la reforma constitucional a la que ya se refería en junio del 2014 la Comisión Ejecutiva Confederal de CCOO tras la abdicación del rey Juan Carlos de Borbón exigiendo el abordaje tanto del modelo de estado como el territorial, "así como los modelos social y económico". Sobre este tema ha discurrido el volumen monográfico "Por una reforma constitucional" de *Gaceta Sindical. Reflexión y Debate* nº 23 (2014).

de vida de los mismos. En la noción de representación es clave, como diría Umberto Romagnoli, definir quien representa a quien[21]. En esa conexión el representado es la persona que trabaja y, desde las premisas culturales italianas, que se afilia al sindicato que le representa. También esa es la aproximación que coincide con la cultura dominante hoy en el sindicalismo confederal español – las centrales más representativas – que ha prescindido de lo que se denominaba un pensamiento dialéctico de la unidad en el "movimiento obrero" y lo ha sustituido por la pertenencia voluntaria a la organización sindical que le representa laboral y político-socialmente. Esa persona trabajadora, para la que el sindicato debe ser un "sujeto próximo", es el referente de la acción del sujeto colectivo, pero en la medida en que se integra en la organización de éste, constituye el fundamento de la validez y de la legitimidad de las reglas y directivas que el sindicato efectúe. En ese sentido la "soberanía" sindical es equivalente al goce de una ciudadanía plena de sus afiliados en su interior, lo que requeriría un más amplio desarrollo de un posible "estatuto de la participación", más allá del requisito constitucional de la democracia interna como regla de gobierno del sindicato[22].

El sindicato ha vivido la crisis desde su propia crisis de representación sindical. No sólo por los embates que el sindicato ha sufrido y algunos errores importantes en su práctica social que han repercutido negativamente en su imagen pública, sino fundamentalmente por la pérdida de hegemonía en el discurso de la solidaridad que es el elemento fundante del sindicalismo, la destrucción de la idea del trabajo como espacio de derechos y su sustitución por la de empleo determinado directamente en función de su coste y, en fin, por la reducción de influencia en el debate político general y el detrimento de la capacidad de intimidación derivada de múltiples factores, entre los cuales seguramente son relevantes la alta tasa de precarización y segmentación del trabajo y la destrucción de empleo como forma de disciplinamiento del interés colectivo sindical.

Actualmente este rechazo del elemento representativo se detecta también en relación con el ámbito propio del trabajo objeto de representación, como si éste se hubiera inmovilizado en un espacio cada vez

---

21. U. Romagnoli, "Chi rappresenta chi. Il sindacato senza legittimazione", *Il Mulino* nº 2 (1993), pp. 16 ss.
22. Sobre la que sigue siendo un texto valiosísimo el trabajo de R. Gallardo Moya, *Democracia Sindical Interna. Un análisis jurídico*, Trotta, Madrid, 1996.

más despoblado, dejando fuera a un gran número de personas que no construyen su identidad ni primaria ni fundamentalmente a partir del trabajo. Esta carencia determina una incapacidad de la forma sindicato para cumplir su función integrativa de un interés colectivo que tiende a percibirse como general a partir de una representación del trabajo también global.

Sin embargo, crisis del sindicalismo no significa extinción ni degradación irreversible del mismo. La afiliación en el sistema español no es sino una parte del mecanismo de la representación, que pasa por los lugares de trabajo a través de los órganos unitarios y electivos y se prolonga luego en la tasa de cobertura de la negociación colectiva merced a la fuerza vinculante del convenio negociado por el sindicato representativo. La crisis ha golpeado a los tres elementos de la representación, generando pérdidas afiliativas, reduciendo el número de los órganos de representación y achicando la tasa de cobertura de la negociación. Pero no ha roto ni alterado la cadena de la representación ni ha podido fragmentar de manera importante ninguno de sus tres eslabones[23].

En la dimensión estrictamente sindical, hay elementos que esta figura social debería reforzar. En primer lugar la construcción multiescalar del sindicato, es decir, delinearse simultáneamente tanto en el estado – nación como en el nivel supranacional, especialmente europeo. Ello implica actuar contracorriente de la renacionalización de las políticas sindicales frente a la diferente forma de recibir la aplicación de las políticas de austeridad, en oposición a una actuación centralizada y compacta de la gobernanza europea. Se trata de nuclear, desde el nivel estatal, un esfuerzo colectivo y solidario en el nivel europeo que recupere los rasgos centrales del modelo social europeo. Una forma de concebir la Unión Europea como un espacio de libertad no sólo de mercado, sino de derechos, recordando el elemento central que anima textos como la Carta de Derechos Fundamentales de la UE, que el crecimiento económico no es sinónimo de restricción de derechos. Un propósito que incida decisivamente en un proyecto de democratización de Europa a través

---

23. Para una mirada comparativa global del sindicalismo europeo en correlación con el americano, es extremadamente clarificador el texto de P.J. Beneyto y A. Orsatti, "Sindicalismo europeo y latinoamericano. Un análisis comparado de sus recursos de poder", en *Revista de Derecho Social Latinoamérica (Nueva época digital)* nº 1 (2016), pp. 133- 149. Un estudio más amplio sobre la realidad española, en Pere Jódar, Ramon Alós, Pere Beneyto, Sergi Vidal, "La representación sindical en España: cobertura y límites", *Cuadernos de Relaciones Laborales* nº 36 (1), 2018, pp. 15-34.

de compromisos horizontales para el desarrollo y la cohesión social que garantice un mínimo de condiciones de existencia en especial para la población de los estados más pobres, desde el sur al este de Europa. Es algo tan reiterado como actualmente negado, el fortalecimiento y desarrollo del federalismo político europeo, que implica la creación de un sistema fiscal, la instauración de un control parlamentario real de las decisiones del ejecutivo de la Unión, compromiso de ampliación del gasto, y un amplio plan de inversiones sociales como el que ha reivindicado, sin éxito, la Confederación Europa de Sindicatos. Se dan tímidos pasos en esa dirección con la aprobación, en noviembre de 2017 del Pilar Social Europeo, pero reivindicaciones importantes como el salario mínimo europeo, o el Protocolo social según el cual los derechos de libertad sindical no pueden ser funcionalizados a las libertades económicas, siguen siendo aplazados.

Este es un problema político de primer orden, no sólo sindical, puesto que se ha debilitado hasta prácticamente desaparecer la soberanía de los estados que permitía la realización de políticas de nivelación social, especialmente en los países sobre endeudados de la periferia europea, de manera que la prohibición de cualquier negociación sobre la deuda – como en el caso griego – bloquea la financiación del desarrollo del país y sustituye la soberanía política democrática por un autoritarismo cada vez más violento. Es preciso por el contrario trabajar contra ese flujo autoritario que se percibe "de fuera hacia dentro" y crear las condiciones de una soberanía compartida sobre la base de solidaridades directas posiblemente de ámbito sub-regional entre gobiernos, sindicatos y fuerzas sociales al margen de los procesos comandados por la globalización financiera, fuera de los patrones marcados por el conglomerado financiero-político que diseña la gobernanza económica europea.

Junto a ello, el sindicato tiene que volver a explorar los lugares en los que está y aquellos en los que debería situarse para obtener una mejor posición en la defensa de los intereses de las personas que trabajan. Es una labor difícil porque requiere un cierto desdoblamiento entre la presencia y la posibilidad, y estos distanciamientos implican muchas veces una crítica a la inacción o a la omisión que puede resultar muy injusta en momentos como los actuales de reducción de efectivos sindicales y de acoso directo a la acción sindical. Pero la reflexión sobre lo que hoy consista el lugar de trabajo y la organización de éste es imprescindible para trazar los nuevos confines que delimiten el espacio sindical como base de sus capacidades de acción. En ese sentido es importante abrir de forma amplia la organización sindical a las diferentes identidades que pueblan hoy el trabajo y que se expresan en una larga graduación de desigualdades. La voz de los representados, no sólo de los afiliados, como forma de comprender mejor el lugar desde el que el sindicato debe actuar en la defensa de éstos. Y, naturalmente, proceder a un nuevo examen de la relación entre el conflicto y la negociación que permita encontrar las claves para la reformulación de la fuerza y la presión colectiva que definen la capacidad de intimidación del sindicato a la hora de avanzar en sus reivindicaciones, una mirada sobre el conflicto y su propia configuración interna – entre las trabajadoras y trabajadores – y externa – respecto de sus interlocutores y antagonistas- como un eje importante de la recuperación sindical.

En efecto, hay problemas de articulación muy fuerte – que requieren sin duda "síntesis" sindicales virtuosas no siempre fáciles de conseguir – entre la estructura organizativa sindical, fuertemente enraizada en el fordismo como estructura de orden y en la burocracia de tipo weberiano como referencia cultural, y el nuevo espacio en el que se despliegan los nuevos tipos del trabajo asalariado. La estructura sindical alude a un sistema organizativo empresarial que se ha transformado de manera decisiva, fragmentándose, dislocándose, compartimentando la toma de decisiones en función de una externalización de funciones bajo un poder unificado. El sindicato no ha acoplado su ordenación interna a este cambio cada vez más decisivo de la organización post-fordista, que ha fragmentado asimismo a las personas que trabajan, precarizando su empleo y devastando identidades laborales en sujetos débiles y exánimes, privados de derechos. El tipo ideal del trabajador sindicado, que desempeña un trabajo con iniciativa, cualificado y formado, ideológicamente orientado, es negado por una realidad – y una normativa – que en la crisis hace de éste un sujeto precario, discriminado y mal remunerado en una situación de explotación extensa de la que culpabiliza a las instituciones reguladoras del estado y del mercado[24]. El sindicato tiene

---

24. El discurso sobre la *vulnerabilidad* de las diferentes identidades laborales es plenamente utilizado en relación con la precariedad en el empleo, es decir como una cualidad relacionada normalmente con la dificultad de inserción en el mercado de trabajo, mientras que en el estudio de la afiliación sindical en la crisis de las trabajadoras y trabajadoras del Estado español se habla de "afiliaciones frágiles" en cuanto a su escasa duración y encuadramiento. Sin embargo, a través de la descripción de las personas vulnerables, se puede directamente rastrear las categorías o las identidades que constituyen esos sujetos que trabajan precariamente en la crisis y que sin embargo no utilizan el sindicato como forma de defensa de transformación de su propia situación laboral. Cfr. p. ej., la tipología que menciona J. Cabeza, *Ensayo sobre el trabajo precario y las personas vulnerables*, Laborum, Murcia, 2015, pp. 24-27.

dificultades para encajar en este espacio líquido de la precariedad y de la rotación del trabajo, y hace esfuerzos por repensarse también en esa nueva situación.

En este punto se puede comprobar la convergencia de dos elementos sobre los que el sindicalismo debe reflexionar con vistas a esa reformulación del proyecto sindical. De un lado, la eficacia sindical, su capacidad para obtener resultados tangibles para los trabajadores y trabajadoras como "barómetro de su utilidad", es la condición de su legitimidad e influye de manera directa en su capacidad para "involucrar" a los trabajadores que forman parte del sindicato en una acción que obtenga resultados favorables o correctos a través del conflicto y del acuerdo como resultado del poder contractual del mismo. Resultados que deben ser sin embargo ser generales, extendidos al conjunto de los trabajadores. Por lo que la eficacia debe ser general y la valoración de la misma no sólo la realizarán los afiliados sino el ámbito colectivo de referencia. En el proceso actual de desconstitucionalización del trabajo que se ha verificado en España, uno de los ámbitos centrales de referencia es el de la interlocución política. Y en este dominio, la eficacia sindical es nula si se interpreta como capacidad para obtener resultados apreciables para las relaciones laborales, por lo que desarrollar esa capacidad de intercambio con el gobierno en una nueva situación política es importante, pero a condición de que produzca resultados tangibles de cambio concordados sindicalmente.

Una vía virtuosa por el contrario debería ser la de construir hegemónicamente la centralidad del trabajo en la vida política y el sistema de derechos que explica la ciudadanía cualificada en el mundo de la producción, extendiendo esta aproximación a otros sectores sociales a la vez que se impulsa la movilización en torno a ese eje, interviniendo asimismo en los "lugares estratégicos" de la producción. Aunque ello implique una reflexión imprescindible sobre la eficacia de las formas de acción "clásicas", las prácticas sindicales efectuadas y la revigorización del poder contractual del sindicato. La reivindicación del territorio como forma de abordaje de la representación socio-política, especialmente intensa en los desocupados y los precarios, requiere el desarrollo de prácticas y experiencias que cubren este espacio como forma adecuada de acción colectiva sindical.

El sindicato tiene un proyecto de transformación y de regulación social. Un proyecto que enlaza con la concepción de la globalización de los derechos y la construcción de espacios de emancipación más amplios en todo el mundo, y que plantea una revigorización del espacio estatal--nacional desde la revisión del Estado Social y del trabajo que constituye figuras representativas con amplio poder contractual. Se apoya en un modelo de democracia expansiva, abogando por un nuevo contrato social que articule una nueva forma de concertación política y estratégica en la que el trabajo constituya el centro de la sociedad. Al margen de sus precisas articulaciones técnicas, que podrán ser discutidas, el programa sindical explica la realidad en la que vivimos y da sentido a la necesidad de transformaciones sociales intensas como única forma de evitar la violencia autoritaria que mantiene la explotación en el trabajo y amplía la desigualdad. Se requiere un intenso trabajo cultural para recuperar esta "proyectualidad" del sindicato más allá de las aplicaciones pragmáticas que se realizan en la cotidianeidad de sus prácticas. Pero en esa recuperación estriba una de las claves de la subsistencia de esta figura social y su idoneidad para cambiar las condiciones de existencia de la mayoría de las personas que trabajan.

Es evidente que el sindicalismo español tiene que dar un salto adelante en su capacidad de diseñar y planear un marco de referencia normativo, social y económico, que rompa con la deriva autoritaria y anticolectiva del derecho del trabajo tal como ha sido impuesta por las decisiones derivadas de la crisis económica durante cinco años consecutivos en progresión ascendente, y que además presente un marco de relaciones colectivas e individuales sobre el trabajo en el que se pueda reconocer un impulso emancipatorio que ligue el trabajo asalariado con la democracia tan ausente de esta relación. Pero resulta asimismo seguro que la autonomía colectiva que legitima la presencia del sindicato como sujeto colectivo que representa el trabajo tal como efectivamente se está prestando en la sociedad actual, tiene que posibilitar la confección de un programa sindical que debe ser compartido y debatido por la gran mayoría de los trabajadores y trabajadoras del país para consolidar un proyecto posible y necesario de cambio social que resulta imprescindible tras cinco años de políticas de austeridad devastadoras de la solidaridad y del trabajo con derechos y que se ancle a un escenario de fraternidad activa y de coordinación eficiente con el resto de los trabajadores y trabajadoras europeos.

# Capitalismo e Direitos Sociais

*Alysson Leandro Mascaro*[1]

**SUMÁRIO:** Capitalismo e trabalho – Direitos sociais e forma jurídica – Forma jurídica e luta de classes

A hecatombe dos direitos sociais no Brasil atual obriga a um fortalecimento da reflexão acerca da relação estrutural entre trabalho e direito. A dinâmica do recrudescimento neoliberal envolve não apenas o espaço jurídico e estatal, mas, fundamentalmente, a própria exploração econômica e as formas sociais pelas quais se assenta – mercadoria, valor, acumulação. A história do direito do trabalho é a história do capitalismo, e a expansão e a diminuição dos direitos sociais são derivadas tanto da reprodução econômica quanto das lutas de classes que atravessam a sociabilidade contraditória e crítica do capital.

O mundo jurídico tende a contar a história do direito do trabalho – e também dos ramos assim chamados por direitos sociais – a partir de uma evolução interna da consciência e do labor dos próprios juristas e dos legisladores. Por tal métrica, a regulação jurídica ao trabalhador passa a ser entendida apenas como produto do direito, esquecendo-se das situações e lutas econômicas, políticas ou sociais que lhe dão base. Lidando-se então somente com esse campo interno dos juristas, um par de opostos se estabelece, num contraste moral linear: de um lado, o trabalho degradante ou em condições extremas de desumanidade; de outro lado, o trabalho protegido juridicamente, decente ou digno.

Nessa polaridade, do lado do direito laboral parece estar sempre a melhor posição ética do jurista, dada sua comparação em relação aos horrores que lhe foram prévios ou aos que ainda lhe são, atualmente,

---

1. Professor da Faculdade de Direito da Universidade de São Paulo (USP). Doutor e Livre-Docente em Filosofia e Teoria Geral do Direito pela USP. Também Professor do Mestrado em Direito da Universidade Santa Cecília. Autor, dentre outros, de "Estado e forma política" e "Crise e golpe" (Editora Boitempo) e "Filosofia do Direito" e "Introdução ao Estudo do Direito" (Editora Atlas).

opositores. Os direitos sociais e o direito do trabalho (seu máxime exemplo) são havidos como conquistas civilizatórias. No que tange aos seus contendores, em específico, podem ser vistos, historicamente, dois grandes campos de atraso e horror: de um lado, os pleitos pela manutenção das explorações do passado; doutro lado, as persistências e ativismos antissociais do presente. Um deles é o mundo dos arranjos sociais pré-contratuais, para os quais o direito não deve ser afirmado ou então se torna mitigado em favor da submissão, da vassalagem ou da própria escravidão. O outro deles é o do próprio direito, mas sob sua estrutura meramente liberal, que dissolve as relações contratuais de trabalho dentro do próprio campo das relações contratuais gerais, de direito privado.

Assim, as duas contendas do atraso contra os direitos sociais remanescem de fontes distintas. A primeira delas se anuncia como a manutenção de formas sociais pré-capitalistas. A segunda delas, como um arranjo já capitalista, mas desprovido de maior "humanidade" ou "dignidade". No primeiro caso, trata-se da exploração do trabalho mediante formas não contratuais, que retiram do sujeito sua condição jurídica, constituindo então relações que podem ser consideradas plenamente pré-capitalistas. No segundo caso, em específico, não se trata de ver uma oposição do não-direito ao direito, mas, sim, de uma oposição entre um direito liberal-privatístico e um direito de cunho social, ambos situadas já dentro de liames capitalistas.

Os direitos sociais poderiam ser vistos como conquistas sociais relevantes em face de ambos os oponentes. De um lado, os méritos do direito em face do não direito seriam uma decorrência do fato de que o capitalismo se afirma superior, em termos de liberdade e autonomia, em relação ao feudalismo e ao escravismo. De outro lado, verificar-se-ia nos direitos sociais uma "boa consciência", enquanto, nesse mesmo diapasão, o capitalismo liberal pode ser visto como horror ético, ainda que se venda como sinônimo de eficiência econômica ou a "verdadeira essência" ou natureza do capital ou dos homens.

Contando-se uma história a partir de uma ficção linear, que teria por referência uma cronologia cadenciada entre o passado e o presente, veem-se, então, três etapas no que tange à relação entre trabalho e direito: o trabalho sem direito; o trabalho com o direito apenas liberal; o trabalho com direitos sociais. Olhando-se num retrovisor ideal da história, os direitos sociais seriam o ápice da humanidade dos próprios homens.

Ocorre, no entanto, que a história dos tempos capitalistas nem é linear, no sentido de que seus patamares garantissem uma marcha de avanços incontestes e proteções contra o retrocesso, nem é boa nos próprios termos postos pelos direitos sociais. Para vislumbrar os limites do direito do trabalho e dos direitos sociais, é preciso escapar de sua própria contagem da história e de suas autorreferências. As causas, os meios e os limites dos direitos sociais são, diretamente, aqueles do próprio capitalismo.

## CAPITALISMO E TRABALHO

A avaliação dos direitos sociais não deve se esgotar apenas em sua comparação em face do não-direito ou de um direito liberal desprovido de "humanismo" e "dignidade". Os direitos sociais devem ser compreendidos pela sua relação direta com o capitalismo. É aí que residem seus vínculos necessários. A sorte do trabalho, sob o capitalismo, é a mesma sorte do direito do trabalho. Se a natureza do trabalho assalariado é a exploração, esta é então, inexoravelmente, a mesma natureza do direito e dos direitos sociais.

O trabalho, mediante relações capitalistas, estrutura-se por formas de sociabilidade distintas daquelas anteriores, feudais ou escravistas. A produção, no capitalismo, não tem por finalidade a importância em si do que se está produzindo, mas está orientada, sim, para a extração do mais-valor. É apenas por meio da exploração do trabalho, haurindo mais-valor, que o capital se majora de modo pleno. No mundo das mercadorias, a organização do trabalho mediante salariado é a engrenagem maior de um processo constante de valorização do valor. Mas, peculiarmente, essa relação de exploração e hierarquia se faz com base em uma igualdade. O liame entre o detentor dos meios de produção e o trabalhador se estabelece mediante contrato: segundo o artifício de tornar a ambos sujeitos de direito, então a relação de trabalho passa a ser constituída juridicamente. As subjetividades são igualadas, pelo direito, para fins de contrato, jungindo-se por meio da liberdade negocial, haurida dos termos da autonomia da vontade.

Claro está que a história das relações do trabalho, sob o capitalismo, articula esse núcleo num cenário de expropriação e domínio já consolidado: a apropriação do capital pelas mãos de poucos, a separação violenta dos trabalhadores de seus meios de produção, a existência de aparelhos políticos que garantam a propriedade privada e o cumprimento dos contratos, além de um suporte ideológico que tende a naturalizar tais relações. O papel do direito, nesse quadro, é crucial. Sem a subjetividade jurídica, tornar-se-ia impossível o estabelecimento de vínculos sob forma contratual, o que exponenciaria, então, o papel da força bruta e violenta.

Tal subjetividade jurídica é parelha da própria organização de um mundo perpassado pela mercadoria. As relações tomam forma jurídica porque toda sociedade toma forma mercantil. Pessoas e coisas são intermediadas por relações contratuais. O fruto do trabalho não é dado ao trabalhador, mas sim um salário. O trabalhador, de tal modo, ao não possuir nem controlar os meios de produção, é assalariado, sendo seu pagamento dado segundo valores mercantis, isto é, num acordo de vontades, por meio de contrato. O trabalho vale no mercado, e não por qualquer princípio de dignidade intrínseca do trabalhador. Nesses termos estruturais, no seio de uma miríade infinita da mercadoria na qual sempre alguém vende algo a alguém, o trabalhador vende seu trabalho ao capital.

Antes de ser a *salvaguarda* do trabalhador, o direito é o *constituinte* da exploração mediante trabalho assalariado. No capitalismo, é com base no direito que as compras-e-vendas se estabelecem, inclusive a do trabalho. O direito garante a propriedade ao capitalista, reprime a luta dos trabalhadores para que controlem o capital ou o tomem diretamente para si e, além disso, lastreado na subjetividade jurídica, que é seu núcleo, dá o meio pelo qual a submissão do trabalhador ao burguês passa a ser voluntária.

## DIREITOS SOCIAIS E FORMA JURÍDICA

No bojo das relações capitalistas, o direito tem papel necessário. Sem ele, é impossível a constituição dessa própria rede de extração de mais-valor que é feita pela exploração do trabalho assalariado. Assim, de início, já se desmonta o pretenso papel "humanista" ou salvador de qualquer ramo do direito. Não é para frear a exploração do trabalho, mas para constituí-la, que o direito existe.

No entanto, há questões estruturais e questões incidentais – termos gerais e termos médios – no que tange aos liames entre o direito e o trabalho assalariado. Só com o direito há exploração do trabalho sobre base assalariada, mas as balizas e os parâmetros de tal exploração são variáveis.

A forma jurídica, assentada na juridificação da subjetividade, é elemento estrutural para a constituição e a reprodução do capitalismo. Sem que todos sejam considerados sujeitos de direito, não há a possibilidade da exploração do trabalho se dar em nível de igualdade entre os agentes.

A autonomia da vontade deve ser o guia de tal vínculo entre capital e trabalho. Esse núcleo da forma jurídica é necessário às formas econômicas capitalistas. Ele praticamente nunca se abala, mesmo nas mais variadas dinâmicas e lutas internas das sociedades burguesas.

Ocorre que os parâmetros dos vínculos contratuais do trabalho são variáveis. Desde uma total presunção de plenitude da autonomia da vontade liberal – que obriga o trabalhador a termos totalmente dados pelo capital – até chegar aos modelos juslaborais talhados a partir do século XX – com séries de limitações e garantias –, o vínculo entre trabalhador assalariado e capitalista pode ser dado a partir de múltiplas balizas, mas todas elas sendo conteúdos da mesma forma jurídica. Os chamados direitos sociais são o índice de tal variabilidade no arranjo contratual de exploração do trabalho sob condições capitalistas.

O capitalismo não tem, na afirmação ou no aumento dos direitos sociais, uma negação de seus princípios. Tal qual o instituto da capacidade civil no direito privado não se opõe ao princípio geral da autonomia da vontade, tampouco os parâmetros para o contrato de trabalho negam a vinculação entre trabalho assalariado e capital por meio da subjetividade jurídica. Tanto a capacidade civil – com as balizas da maioridade, por exemplo – quanto o direito do trabalho – com o salário mínimo, por exemplo – são apenas limitações à plenitude dos vínculos voluntários, mas nunca suas negações.

Nenhuma extensão nem nenhuma quantidade de direito do trabalho ou de direitos sociais são opostas estruturalmente ao capitalismo, porque, no máximo ou no mínimo de sua quantidade, havendo direito, o núcleo da forma jurídica é reflexo das relações sociais capitalistas. Os direitos de extrato liberal são uma das possibilidades da forma jurídica; os direitos sociais, outra das suas variantes. Ambas, no entanto, não são mais ou menos capitalistas: são margens de um mesmo modo de produção.

Os direitos sociais, ao invés de serem considerados monumentos da "dignidade" ou da "humanidade" propiciadas pelo campo jurídico, devem ser pensados como margens possíveis da dinâmica do capitalismo. Pelo ângulo das formas sociais, a forma jurídica, ainda que balizando proteções ao trabalhador assalariado, é reflexo da forma mercantil e, portanto, mais do que pacificadora ou regeneradora, é na verdade a constituinte da possibilidade da própria exploração do trabalho como mercadoria.

## FORMA JURÍDICA E LUTA DE CLASSES

Se o capitalismo se assenta em formas sociais necessárias, como a forma-mercadoria e a forma jurídica, isso não se faz por uma espécie de inteligência lógica geral. É no seio de dinâmicas sociais complexas e contraditórias que tais formas se erigem. As relações sociais capitalistas, por serem exploratórias e concorrenciais, não são pacíficas nem se estabilizam em parâmetros fixos e constantes. As classes e frações de classes concorrem e lutam. Assim sendo, os interesses meramente econômicos do capital são vários e se veem atravessados por demais interesses, rupturas e contraposições.

O capitalismo está permeado por injunções econômicas, como é o caso de sua tendência constante à incorporação da tecnologia na produção, o que leva, de outro lado, à queda tendencial da taxa de lucro. Essa dinâmica está ligada às forças produtivas. Mas o capitalismo não se explica apenas por uma espécie de trajetória tecnológico-econômica da produção. É justamente a luta de classes que esclarece as múltiplas dinâmicas no interior do processo de exploração do trabalho por meio assalariado. As massas exploradas exercem papel crucial de resistência, negação, composição, cooptação, submissão.

O direito do trabalho e os direitos sociais são menos dádivas dos juristas que, propriamente, resultantes das lutas de classes, ainda que essas lutas dos trabalhadores, ao final, acabem sendo incorporadas em estratégias políticas do Estado e das classes burguesas. A consolidação dos direitos do trabalhador no Brasil, ao tempo de Getúlio Vargas, não é a história da vitória dos interesses dos trabalhadores, mas, sim, um resultante complexo e matizado, empreendido pelo Estado, a partir de pressões e lutas tanto das classes trabalhadoras e, em sentido oposto e reacionário, das classes burguesas brasileiras.

A luta de classes, nas sociedades capitalistas, é feita a partir de formas sociais já estabelecidas. A forma política estatal captura a esfera da contradição social e econômica em suas instituições e procedimentos. A própria legalização sindical submete a organização dos trabalhadores à forma política estatal. Por sua vez, a forma jurídica limita os conflitos abertos, tornando-os judiciários. Além disso, no capitalismo operam grandes mecanismos ideológicos, que constituem os valores e as compreensões de mundo dos trabalhadores a partir de paradigmas como luta e sorte individual, honestidade, cumprimento dos contratos, ordem, superioridade dos ricos etc. A ideologia do capital perpassa tanto o capitalista quanto o trabalhador.

No quadro das dinâmicas de concorrência, oposição, contrariedade e luta dentro do capitalismo, os trabalhadores, constituídos por meio de tais formas sociais e horizontes ideológicos, quase sempre agem, submetem-se e mesmo se insurgem dentro do contexto geral que lhes aprisiona. O direito do trabalho e os direitos sociais, então, não são os instrumentos de luta para a superação do capitalismo mas, sim, os meios de aprisionamento das lutas no contexto dessa mesma sociabilidade.

A passagem para uma organização do trabalho de modo não-explorado, socialista portanto, não se dá com um processo contínuo e infinito de majoração do direito do trabalho e dos direitos sociais. Ao contrário disso, é a ruptura com todas as formas da sociabilidade capitalista que permite tal ultrapassagem. Os direitos sociais podem até mesmo atenuar os horrores da exploração do trabalho, mas mantêm sua maquinaria. Tal qual a reforma agrária é uma forma de manutenção da propriedade privada, ainda que mais bem distribuída, também os direitos sociais são a manutenção da exploração do trabalho assalariado pelo capital, ainda que mais balizada.

Nos tempos de entrada do século XXI, os horizontes ideológicos da dinâmica mundial do capitalismo e da luta de classes estão voltados cada vez mais à individualização, ao refastelamento no consumo e à imediatitude dos interesses, em geral de pequena monta. Na reprodução social brasileira atual, de crise econômica, política e jurídica e sob golpe, a resolução da acumulação pelo desmonte do direito do trabalho e dos direitos sociais – reforma da trabalhista e reforma da previdência – é seu objetivo prioritário. Daí, o recrudescimento do domínio do capital contra a classe trabalhadora tem feito da resistência em favor dos direitos atualmente consolidados um índice da luta aguerrida dos nossos tempos. Pela defesa dos direitos sociais, contra os retrocessos, tem passado um pedaço do andar ereto da luta da classe trabalhadora brasileira e mundial. No entanto, a superação da exploração capitalista exige uma mirada longa, cuja luta é maior, porque seu combate é estrutural. Assim, no presente, a exploração que destrói direitos é desgraçada; a resistência no direito é reconfortante, mas apenas como prumo de assentamento de luta; a plena esperança dói.

# A proteção jurisdicional dos direitos fundamentais dos trabalhadores em Portugal: tópicos sobre o caso das reduções salariais no setor público

João Leal Amado[1]

SUMÁRIO: I. A Constituição da República Portuguesa (CRP) e os direitos fundamentais dos trabalhadores – II. O direito à retribuição ou ao salário – III. A redução do salário pelo Estado-legislador – IV. O grande protagonista: o Tribunal Constitucional – V. Principais questões suscitadas junto do Tribunal Constitucional – VI. As respostas do Tribunal Constitucional quanto ao Orçamento de Estado para 2011: Acórdão n.º 396/2011 – VII. As respostas do Tribunal Constitucional quanto ao Orçamento de Estado para 2012: Acórdão n.º 353/2012 – VIII. As respostas do Tribunal Constitucional quanto ao Orçamento de Estado para 2013: Acórdão n.º 187/2013 – IX. As respostas do Tribunal Constitucional quanto ao Orçamento de Estado para 2014: Acórdão n.º 413/2014 – X. O Decreto n.º 264/XII, da Assembleia da República (2014) – XI. A resposta do Tribunal Constitucional: Acórdão n.º 574/2014 – XII. *Quid juris* quanto à irredutibilidade salarial em Portugal? – XIII. Conclusão.

## I. A CONSTITUIÇÃO DA REPÚBLICA PORTUGUESA (CRP) E OS DIREITOS FUNDAMENTAIS DOS TRABALHADORES

A Lei Fundamental de Portugal contém o que alguns designam por "bloco constitucional do trabalho", constante, basicamente, dos arts 53.º a 59.º da CRP, no qual se consagram diversos direitos fundamentais específicos dos trabalhadores subordinados: segurança no emprego e proibição dos despedimentos sem justa causa, comissões de trabalhadores e liberdade sindical, direito de contratação coletiva, direito à greve, direito ao repouso e aos lazeres, direito a um limite máximo da jornada de trabalho, direito ao descanso semanal e a férias periódicas pagas, direito à organização do trabalho em condições socialmente dignificantes, direito à prestação de trabalho em condições de higiene, segurança e saúde, direito à assistência e justa reparação em caso de acidente de

---

1. Professor Associado da Faculdade de Direito da Universidade de Coimbra, Portugal.

trabalho ou de doença profissional — e também, é claro, o direito à retribuição ou direito ao salário.

O catálogo constitucional dos direitos fundamentais dos trabalhadores é bastante generoso, traduzindo a centralidade do trabalho e a elevada importância assumida pela tutela do trabalhador, nas suas múltiplas dimensões, no seio do ordenamento jurídico português.

## II. O DIREITO À RETRIBUIÇÃO OU AO SALÁRIO

O direito à retribuição do trabalho surge, precisamente, como um dos mais emblemáticos direitos fundamentais dos trabalhadores, como um direito de caráter social ou económico, mas de natureza análoga à dos direitos, liberdades e garantias, direitos estes que beneficiam de um regime jurídico privilegiado, à luz do disposto nos arts. 17.º e 18.º da CRP. Com efeito, nos termos do art. 59.º da CRP, incumbe ao Estado assegurar a retribuição a que os trabalhadores têm direito, bem como estabelecer e atualizar o salário mínimo nacional, devendo os salários gozar de garantias especiais, instituídas por lei.

A preocupação da CRP com a tutela da retribuição, reconhecendo a este direito, sem margem para dúvidas, um estatuto de fundamentalidade, compreende-se sem qualquer dificuldade, atenta a conhecida *função social ou alimentar* desempenhada por este tão especial direito de crédito: como é sabido, a retribuição surge, tipicamente, como principal ou mesmo único meio de sustento do trabalhador e da respectiva família, pelo que se trata de um direito cuja consistência e efetividade assumem, não raro, contornos vitais para o credor-trabalhador.

## III. A REDUÇÃO DO SALÁRIO PELO ESTADO-LEGISLADOR

Tendo em conta a situação de grave crise financeira que Portugal atravessou nos últimos anos, com a premência de equilibrar as contas públicas, reduzindo despesas e/ou aumentando receitas, sucederam-se diversas medidas legislativas de índole austeritária, constantes dos diplomas que aprovaram o Orçamento de Estado (OE) para 2011, 2012, 2013 e 2014, nas quais se previam reduções salariais para os trabalhadores do setor público, aqueles que são pagos por verbas públicas. Esquematicamente, essas reduções consistiram nas seguintes medidas:

*i)* No OE para 2011, estabeleceu-se uma redução remuneratória percentual progressiva para os trabalhadores do setor público, entre

3,5% e 10% do salário, abrangendo os trabalhadores que auferissem retribuições mensais superiores a €1.500;

*ii)* No OE para 2012, mantiveram-se as reduções remuneratórias provindas do ano transato, a estas sendo acrescida a suspensão do pagamento dos subsídios de férias e de Natal dos trabalhadores do setor público que auferissem um salário não inferior a €600 mensais;

*iii)* No OE para 2013, mantiveram-se as reduções remuneratórias aplicadas em 2011, a estas sendo acrescida a suspensão ou a redução do subsídio de férias dos trabalhadores do setor público (suspensão para os que auferissem um salário mensal acima de €1100, redução para os que auferissem um salário compreendido entre €600 e €1100);

*iv)* No OE para 2014, o legislador entendeu aprofundar os cortes salariais, alargando a redução remuneratória a todos os trabalhadores do setor público que auferissem remunerações mensais superiores a €675, bem como agravando a taxa percentual da redução, a qual atingiria os 12% a partir de €2000 mensais de retribuição.

## IV. O GRANDE PROTAGONISTA: O TRIBUNAL CONSTITUCIONAL

«Nos feitos submetidos a julgamento não podem os tribunais aplicar normas que infrinjam o disposto na Constituição ou os princípios nela consignados», lê-se no art. 204.º da CRP. Acrescenta o art. 221.º da Lei Fundamental: «O Tribunal Constitucional é o tribunal ao qual compete especificamente administrar a justiça em matérias de natureza jurídico-constitucional».

O sistema de fiscalização da constitucionalidade dos atos normativos em Portugal assenta na distinção entre a chamada fiscalização *concreta* ou *difusa*, efetuada pelos tribunais em geral, que devem recusar a aplicação de qualquer norma com fundamento na sua inconstitucionalidade (art. 280.º da CRP), e a fiscalização *abstrata* ou *concentrada* – esta última cabe em exclusivo ao Tribunal Constitucional, é independente de qualquer litígio concreto pendente de decisão judicial e a declaração de inconstitucionalidade proferida tem força obrigatória geral (art. 281.º da CRP).

Cabe, igualmente, distinguir entre a fiscalização *preventiva* da constitucionalidade (art. 278.º da CRP) e a fiscalização *sucessiva* da mesma (art. 281.º). Na prática, em relação aos vários diplomas legais que vieram estabelecer as reduções remuneratórias acima referidas, o papel central em matéria de fiscalização preventiva coube ao Presidente da

República (este foi chamado a ponderar sobre se requeria ou não ao TC a apreciação preventiva da constitucionalidade dessas normas), ao passo que o papel central em matéria de fiscalização sucessiva coube aos Deputados à Assembleia da República (esta fiscalização sucessiva pode ser requerida ao TC por 1/10 dos Deputados, o que permitiu à oposição parlamentar submeter os referidos diplomas ao crivo do TC).

## V. PRINCIPAIS QUESTÕES SUSCITADAS JUNTO DO TRIBUNAL CONSTITUCIONAL

Chamado a pronunciar-se, nos moldes expostos, o Tribunal Constitucional analisou, essencialmente, as seguintes questões:

*i)* Tratava-se, *in casu*, de reduções salariais de caráter definitivo/estrutural ou meramente temporário/conjuntural?

*ii)* Registar-se-ia aqui a violação de um eventual e implícito "direito fundamental à não redução do salário"? Existe uma regra constitucional de irredutibilidade salarial?

*iii)* A atuação do Estado-legislador, reduzindo o *quantum* da remuneração devida aos trabalhadores do setor público, não se traduziria numa violação do princípio do Estado de Direito, *maxime* do seu subprincípio da proteção da confiança?

*iv)* A atuação do legislador, fazendo suportar a maior parte do ónus do reequilíbrio orçamental sobre os trabalhadores do Estado, não se analisará numa violação do princípio da igualdade, precisamente por discriminar negativamente os trabalhadores do setor público em relação aos demais trabalhadores e/ou em relação aos titulares de outro tipo de rendimentos?

## VI. AS RESPOSTAS DO TRIBUNAL CONSTITUCIONAL QUANTO AO ORÇAMENTO DE ESTADO PARA 2011: ACÓRDÃO N.º 396/2011[2]

*Redução salarial definitiva/estrutural ou temporária/conjuntural?* Segundo o TC, trata-se de medidas de caráter orçamental, de vigência anual, que, é certo, poderão ser reiteradas nos anos subsequentes (acabando por ter uma duração plurianual, enquanto perdurar o contexto de crise e o PAEF – Período de Assistência Económica e Financeira ao

---

2. O texto integral de todos os acórdãos do TC pode ser consultado no *site* <www.tribunalconstitucional.pt>.

Estado português), mas que, enquanto tais, não perdem o seu caráter transitório ou temporário. Trata-se, pois, de medidas conjunturais, de emergência, que não se destinam a perdurar indefinidamente no tempo.

*O princípio da irredutibilidade do salário encontra guarida na CRP?* O TC responde negativamente: a irredutibilidade retributiva consiste numa regra infraconstitucional, de direito ordinário, e, aliás, não absoluta, pois conhece algumas exceções. Segundo o TC, a intangibilidade ou irredutibilidade da retribuição não constitui uma dimensão primária do direito fundamental à justa retribuição do trabalho, consagrado no art. 59.º da CRP.

*Existirá uma violação do princípio da proteção da confiança, em virtude desta atuação inusitada do legislador?* Para o TC, existe aqui, sem dúvida, uma confiança do trabalhador na intangibilidade do seu salário que é digna de tutela, pelo que se impõe proceder a um balanceamento ou a uma ponderação de interesses, sendo que, *in casu*, o interesse público (reequilíbrio orçamental) deve ser considerado prevalecente, legitimando uma afetação da confiança que não seja desproporcionada, isto é, que se situe dentro dos limites da razoabilidade e da justa medida.

*Existirá aqui uma violação do princípio da igualdade perante os encargos públicos?* Segundo o TC, numa passagem algo sibilina do aresto, estas medidas orçamentais situavam-se a montante dessa questão, através delas o legislador procuraria definir/limitar os encargos públicos (reduzir a despesa pública), não propriamente repartir esses encargos...

Em suma, esta opção redutora da retribuição situar-se-ia ainda no âmbito da livre conformação política do legislador, pelo que o TC não declarou a inconstitucionalidade das normas do Orçamento de Estado para 2011 que reduziam os salários no setor público. Tratava-se, repete-se, de medidas temporárias, de emergência, de resposta imediata a uma situação particularmente grave no domínio das contas públicas, que, apesar disso, deixavam intocados os salários de montante inferior a €1.500. O TC ponderou, o TC tolerou, mas o TC avisou...

## VII. AS RESPOSTAS DO TRIBUNAL CONSTITUCIONAL QUANTO AO ORÇAMENTO DE ESTADO PARA 2012: ACÓRDÃO N.º 353/2012

Um acórdão que, perante o agravamento da redução salarial (corte adicional dos subsídios de férias e de Natal, para todos os trabalhadores do setor público que auferissem mais de €600 mensais) e tendo em conta o alargamento temporal dessa medida (que vigoraria até ao final do PAEF, isto é, ao longo de mais três anos), entendeu que o legislador havia ultrapassado o limite do sacrifício admissível e razoável. Em conformidade, o TC entendeu que a lei do OE para 2012 violava o princípio da igualdade, na dimensão de igualdade na repartição dos encargos públicos.

A igualdade surge, pois, como um *problema relacional*: segundo o TC, havia aqui um tratamento desproporcionadamente desigual para quem aufere remunerações por verbas públicas em relação a quem aufere outro tipo de rendimentos ou em relação a quem aufere rendimentos do trabalho provenientes de entidades privadas. As normas em apreço foram, pois, declaradas inconstitucionais, ainda que o tribunal tenha procedido a uma muito discutível restrição temporal dos efeitos da declaração, que foi privada do seu normal efeito retroativo e, mais ainda, foi diferida para o futuro (para o final do ano de 2012), supostamente com base no disposto no art. 282.º, n.º 4, da CRP.

## VIII. AS RESPOSTAS DO TRIBUNAL CONSTITUCIONAL QUANTO AO ORÇAMENTO DE ESTADO PARA 2013: ACÓRDÃO N.º 187/2013

As normas que, a mais da redução remuneratória em vigor desde 2011, suspendiam total ou parcialmente o pagamento do subsídio de férias foram declaradas inconstitucionais, por violação do "princípio da igualdade proporcional" e da "justa repartição dos encargos públicos". Neste acórdão, o TC reiterou que a questão não residia no estabelecimento de um regime diferente para os funcionários públicos, nem na ausência de razões bastantes para legitimar um tratamento diferenciado e mais penalizador para estes; a questão residia, isso sim, na "medida da diferença constitucionalmente tolerada". Para o TC, a redução remuneratória instituída em 2011 ainda se continha dentro dos limites aceitáveis, mas a privação, total ou parcial, do subsídio de férias para os trabalhadores do setor público, e só para estes, já ultrapassava o limite do constitucionalmente admissível, em termos de igualdade proporcional.

## IX. AS RESPOSTAS DO TRIBUNAL CONSTITUCIONAL QUANTO AO ORÇAMENTO DE ESTADO PARA 2014: ACÓRDÃO N.º 413/2014

Mantendo-se o TC fiel à linha de abordagem traçada nos acórdãos anteriores, as normas orçamentais que alargavam o universo de trabalhadores abrangidos pela redução (o limiar mínimo passava de €1.500 para €675) e que aumentavam a taxa percentual dos cortes salariais no setor público (de 10% para 12%, logo a partir dos €2000 mensais de retribuição) foram, sem surpresa, declaradas inconstitucionais, por violação do princípio da igualdade. Também neste caso, porém, à declaração de inconstitucionalidade foram atribuídos meros efeitos *ex nunc* (a partir da data da decisão, proferida em finais de maio de 2014), o que não deixou de atenuar os efeitos práticos da mesma.

## X. O DECRETO N.º 264/XII, DA ASSEMBLEIA DA REPÚBLICA (2014)

Através deste diploma, aprovado na sequência da declaração de inconstitucionalidade dos "cortes remuneratórios" constantes da Lei do Orçamento de Estado para 2014, o legislador português veio estabelecer o regime das reduções remuneratórias temporárias no setor público, bem como o regime da gradual reversão das mesmas ao longo de um período de quatro anos. O regime previsto consistia, basicamente, no seguinte: *i)* para o ano de 2014, retomava-se uma redução remuneratória semelhante à estabelecida no OE para 2011 (redução reiterada e sempre tolerada, desde então, pelo TC); *ii)* para o ano de 2015, determinava-se que a redução remuneratória de 2014 seria revertida em 20% (vale dizer, mantinha-se 80% da redução remuneratória até então aplicada); *iii)* no triénio 2016-2018, a percentagem de reversão da redução remuneratória dependeria da disponibilidade orçamental, sem qualquer compromisso calendarizado e quantificado prévio, salvo o de que, em qualquer caso, a reversão total da redução remuneratória deveria ocorrer no final desse período. De todo o modo, não há dúvida de que o programa legislativo aprovado permitia que as reduções remuneratórias perdurassem, quiçá inalteradas em função da (in)disponibilidade orçamental, até ao final de 2018.

## XI. A RESPOSTA DO TRIBUNAL CONSTITUCIONAL: ACÓRDÃO N.º 574/2014

Chamado a pronunciar-se a título preventivo, por iniciativa do Presidente da República, o TC consolidou e reforçou a linha jurisprudencial traçada nos acórdãos precedentes. Assim, as reduções remuneratórias para 2014 (semelhantes às que vigoraram em 2011, 2012 e 2013) foram consideradas compatíveis com a CRP, bem como a redução remuneratória prevista para o ano de 2015 (redução transposta para esse ano, mas em moldes atenuados, revertida em 20%). Já o regime previsto para o triénio 2016/2018, ao possibilitar a subsistência, por mais três anos, de uma redução remuneratória que poderia ser igual a 80% daquela que vinha vigorando desde 2011, ultrapassava, na ótica do TC, os limites do sacrifício exigível aos trabalhadores pagos por verbas públicas, ofendendo o princípio da igualdade. Estas normas foram, pois, declaradas inconstitucionais, por não assegurarem uma regressão gradual e efetiva da redução remuneratória ao longo desse período.

## XII. *QUID JURIS* QUANTO À IRREDUTIBILIDADE SALARIAL EM PORTUGAL?

Em extrema síntese, dir-se-ia: *ainda que não exista em Portugal uma regra constitucional expressa de irredutibilidade salarial, a verdade é que a redução da retribuição, enquanto medida restritiva do correspondente direito fundamental, apenas poderá ser admitida em moldes condicionados*. Como se escreve, numa passagem particularmente feliz, no Acórdão TC n.º 187/2013, «uma vez fixado, por critérios de direito ordinário, o conteúdo do direito ao salário (sem precisa determinação constitucional), uma mudança legislativa que afete negativamente esse conteúdo tem que encontrar justificação bastante, à luz dos princípios constitucionais pertinentes, sob pena de inconstitucionalidade»[3].

O que fica escrito impõe o necessário respeito, *in casu*, pelos princípios constitucionais da *proporcionalidade* e da *igualdade:* primeiro haverá que demonstrar que, para conseguir o reequilíbrio orçamental, é necessário atacar rendimentos do trabalho dependente (estes, até por força do seu estatuto constitucional privilegiado, só como expediente de *ultima ratio* deverão ser sacrificados); em caso afirmativo, então haverá que atacar tais rendimentos, lesando a legítima confiança dos trabalhadores na manutenção do seu nível/estatuto retributivo, mas só na medida estritamente indispensável, isto é, na menor medida possível (medida «mais benigna»). Ora, tudo isto implica, como condição *sine qua non* de conformidade constitucional das medidas de redução salarial, uma repartição equitativa dos sacrifícios, isto é, o respeito pela "igualdade proporcional".

---

3. Na doutrina, em sentido convergente, Jorge Reis Novais: «A Constituição consagra o direito à retribuição, mas não diz a quanto de retribuição cada funcionário tem direito. Quem vai dizer isso, quem vai determinar o conteúdo concreto daquele direito é a lei ordinária. Mas se, posteriormente, como aconteceu, o legislador restringiu o salário dos funcionários públicos, obviamente mexeu no direito fundamental à retribuição, restringiu esse direito fundamental e, nessa medida, o controlo de constitucionalidade a que o Tribunal Constitucional deve proceder é um controlo intensivo» – *Em Defesa do Tribunal Constitucional: Resposta aos Críticos*, Almedina, Coimbra, 2014, p. 153.

## XIII. CONCLUSÃO

Em jeito de conclusão, dir-se-ia que o chamado *Memorando de Entendimento com a Troika*, valha o que valer, não pode legitimar aquilo que a Constituição da República Portuguesa proíbe, a saber, uma redução remuneratória não equitativa, que sacrifique o salário e a função social ou alimentar que este desempenha para os trabalhadores do setor público. Pelo exposto, as reduções remuneratórias só serão constitucionalmente legítimas se e enquanto surgirem como expediente de *ultima ratio* (indispensabilidade das reduções) e se forem equitativas, vale dizer, se respeitarem o princípio da igualdade na repartição dos encargos públicos.

Este tema das reduções remuneratórias no setor público constitui um bom exemplo — mas, note-se, apenas um exemplo — de uma trama mais vasta, que tem motivado alterações normativas da maior importância no quadro ordenador das relação laborais em Portugal, seja na Função Pública (pense-se, para dar outro exemplo eloquente, no aumento do período normal de trabalho semanal, que chegou a passar de 35h para 40h) seja no setor privado, no qual as reformas laborais se têm sucedido (alterações em matéria de despedimento, de tempo de trabalho, de férias, feriados e faltas, de contratação coletiva, etc.), invariavelmente no sentido de reforçar os poderes patronais de gestão da mão-de-obra e de reduzir custos para as empresas, a benefício, diz-se, da salvaguarda da competitividade destas.

Desenha-se aqui, dir-se-ia, uma *dupla tensão político-constitucional*: uma inequívoca tensão entre o modelo constitucional de relações laborais e o conteúdo das alterações normativas introduzidas, supostamente justificadas pela situação de emergência financeira e nitidamente respaldadas por uma ideologia de cunho neoliberal; e uma iniludível tensão, sem precedentes, em torno da legitimidade e da idoneidade do Tribunal Constitucional para cumprir o seu papel de guardião da CRP, por alegadamente entravar e dificultar a ação do governo e da maioria parlamentar que o tinha suportado (o TC como "legislador negativo", como "força de bloqueio", etc.).

Como se a Constituição não fosse, por definição, uma norma jurídica que constrange e vincula os poderes públicos... Como bem escreve Jorge Reis Novais, «Constituição é direitos fundamentais e separação de poderes»[4]. E ao TC cumpre, justamente, sindicar a restrição de direitos

---

4. *Em Defesa do Tribunal Constitucional*, cit., p. 23. O Autor acrescenta: Constituição «é organização do poder político, competências orgânicas, independência do poder judicial e, para o

fundamentais — entre eles o direito à retribuição do trabalho — promovida pelo legislador ordinário, sobretudo indagando se a restrição de tais direitos respeita princípios estruturantes da CRP, quais sejam os princípios da igualdade, da proporcionalidade ou da proteção da confiança. Melhor ou pior, quiçá até denotando alguma complacência, foi isso mesmo, e apenas isso, que o TC português procurou fazer. Se o não fizesse o TC estaria, seguramente, a demitir-se das suas funções e a furtar-se às suas responsabilidades para com a Constituição da República, para com o Estado de direito democrático e para com o povo português.

---

que mais nos importa no quadro que atravessamos, é direitos fundamentais: liberdades e garantias pessoais e direitos sociais» (p. 166).

# Constitución Federal de Brasil y protección penal de los derechos económicos, sociales y culturales

*Juan M. Terradillos Basoco*[1]

**SUMARIO:** 1. Los derechos económicos, sociales y culturales como bien jurídico-penal protegible: 1.1. Bien jurídico y derechos fundamentales; 1.2. Derechos económicos, sociales y culturales en el entramado constitucional; 1.3. Derechos económicos, sociales y culturales en el marco del estado social de derecho – 2. Los derechos económicos, sociales y culturales como bien jurídico-penal protegido: 2.1. Lineamientos político-criminales constitucionales; 2.2. Lineamientos político-criminales para una prevención eficiente; 2.2.1. Lineamientos generales; 2.2.2. Ámbitos de actuación específica: 2.3. Protección penal de derechos económicos, sociales y culturales; 2.3.1. En el ámbito laboral; 2.3.2. Frente a los riesgos ambientales; 2.3.3. En el ámbito tributario; 2.3.4. Bagatela y aporofobia – 3. Epílogo – Bibliografía.

## 1. LOS DERECHOS ECONÓMICOS, SOCIALES Y CULTURALES COMO BIEN JURÍDICO-PENAL PROTEGIBLE

### 1.1. Bien jurídico y derechos fundamentales

El debate sobre el anclaje de los bienes jurídicos merecedores de tutela penal en soportes normativos o extra-normativos, no puede estimarse superado, por cuanto reconduce a las raíces mismas de legitimación del *ius puniendi*.

Las tesis confesadamente positivistas, que limitan el catálogo de bienes jurídico-penales al recogido explícitamente por los textos constitucionales, gozan de predicamento menor: abocan a un bucle auto-recurrente, estático, asentado en un argumentario inane por tautológico. Con todo hay que advertir que esta crítica ya no sería aplicable, en su integridad, a las propuestas de encontrar bienes jurídicos dignos de tutela penal en el mundo de valores implícito en constituciones abiertas a

---

1. Profesor Emérito. Catedrático de Derecho Penal, Universidad de Cádiz (España).

complemento externo, y, en concreto, a los tratados internacionales en materia de derechos humanos.

Para superar estas limitaciones, se han ensayado otras propuestas, dirigidas a determinar el objeto de tutela jurídico-penal más allá de los límites de cada Constitución.

Por ejemplo, tomando como criterio la satisfacción de necesidades: una escala de valores suficiente para dar solidez axiológica al Estado de Derecho (ED) puede deducirse de dos *"axiomas axiológicos fundamentales"*: debe promover la riqueza – concebida como despliegue multilateral de las fuerzas esenciales de la especie- y la apropiación igualitaria, multilateral y no alienante de esa riqueza por parte de los individuos. Con este punto de partida -que se vincula a los principios constitucionales de igualdad y libertad-, pueden ser deducidos, interpretados y complementados los catálogos de derechos penalmente tutelables, incluidos derechos sociales de participación incompatibles con conductas creadoras de marginación (por ejemplo, crisis empresariales fraudulentas, grandes fraudes inmobiliarios) o inhibidoras de integración (por ejemplo, conductas antisindicales, discriminatorias o contrarias a la libertad de migración) (TERRADILLOS, 2018a, 676-678).

En sentido diferente, aunque con los mismos objetivos, se ha propuesto dejar al margen, en esta materia, la positivización constitucional: *"Podemos aceptar que los derechos constitucionales en el marco del Estado democrático de derecho encarnan valores compartidos. Podemos incluso aceptar que derechos y principios fundamentales tienen no solo un sentido deontológico sino también teleológico, Pero nada de ello es suficiente, a nuestro juicio, para tratar de hallar en las Constituciones rígidas el referente a la base de los bienes jurídico-penales"*. La argumentación es sugerente: las constituciones pueden cambiar o desaparecer, y no por ello dejarían de existir necesidades, bienes o intereses dignos de protección penal (ALONSO, 2018, 125).

Las constituciones, así, constituyen *"un marco referencial en principio atendible"* del que se puede derivar *"lo que no debe ser un bien jurídico-penal"*. Pero la selección y definición de los bienes jurídicos en positivo debe partir *"del marco que establecen los derechos humanos"*. En ellos, que son universalizables y previos al Estado y al Derecho positivo, *"cristalizan las necesidades humanas que importa satisfacer"* y, por tanto, es en ellos donde *"podemos hallar la base de que extraer los bienes jurídico-penales"*. Y no solo los vinculados a intereses individuales, como vida, honor o libertad, sino también los referidos a intereses colectivos, que dan lugar a sucesivas generaciones de derechos sociales y de solidaridad (ALONSO, 2018, 126-127).

A los efectos que aquí interesan, ambas opciones doctrinales pueden llevar a la misma conclusión: los derechos humanos, en tanto que expresión de valores globalmente compartidos, constituyen el contenido nuclear de los bienes jurídicos dignos de protección penal. Tanto si están no están positivizados como si, y este es el caso, encuentran acogida expresa o implícita, por remisión a los tratados internacionales, en los preceptos constitucionales.

La tutela penal se centra, inicialmente, en los denominados derechos humanos de primera generación: derecho a la vida, a la libertad ambulatoria, a la libertad sexual, o a la propiedad. Es decir, aquellos derechos subjetivos que se consideran derivación directa de la dignidad propia de toda persona por el mero hecho de serlo. Tienen, pues, carácter universal, como universal es la naturaleza humana, y anclaje iusnaturalista (BOBBIO, 2004, 203).

Su catálogo de referencia es la Declaración Universal de Derechos Humanos de 1948 (DUDH), complementada por el Pacto Internacional de Derechos Civiles y Políticos de Naciones Unidas de 1966, pero cuentan con precedentes en la inglesa *Bill of Rights* de 1689 y en la Declaración de los Derechos del Hombre y del Ciudadano, de 1869, fruto de la Revolución francesa. En consecuencia, son derechos que ya gozaban de protección penal en los Códigos del siglo XIX, que criminalizaron el homicidio, el secuestro, la violación o el robo.

Pero también son susceptibles de integrarse en el catálogo de bienes jurídicos penalmente protegibles los derechos humanos de segunda generación, es decir, los que corresponden a la persona como sujeto connotado social, política, cultural y económicamente. Son los reconocidos a cada persona concreta *"como trabajador, como consumidor, como vecino de una ciudad, como miembro de una comunidad cultural o lingüística, como enfermo, como minusválido, como mujer aún discriminada, etc."* (PECES BARBA, 1978, 189). A lo que habría que añadir, como sujeto integrado en un sistema económico (TERRADILLOS, 2003, 54).

Se trata de derechos ya esbozados en parte por la DUDH, que no podía limitarse a reproducir los proclamados por los movimientos revolucionarios de siglos anteriores (SCHOLZ, 2017, 221), pero se suele considerar que su nacimiento formal se produce con el Pacto Internacional de Derechos Económicos, Sociales y Culturales de Naciones Unidas (PIDESC), hecho en Nueva York el 19 de diciembre de 1966: derechos al salario igual, a la seguridad en el trabajo, a la seguridad social, a un correcto funcionamiento de las administraciones públicas, a la protección de la infancia y de la mujer frente a la explotación, a una educación orientada al pleno desarrollo de la personalidad, etc. A partir de aquí, los códigos penales de la segunda mitad del siglo XX incluyen delitos, por ejemplo, de fraudes a la Seguridad Social, de explotación o de discriminación laboral, etc.

Finalmente, el Derecho penal incorpora la tutela de los derechos humanos de tercera generación, de los que es titular el individuo ubicado en un entorno global en el que puede intervenir participativamente. Cuando los Códigos penales actuales castigan los delitos contra la biodiversidad, los que comprometen la paz, los delitos contra los derechos de los ciudadanos extranjeros o contra el patrimonio cultural de la humanidad, no hacen sino proteger derechos humanos de tercera generación.

## 1.2. Derechos económicos, sociales y culturales en el entramado constitucional

Con independencia de que la positivización constitucional de los derechos humanos pueda resultar incompleta o deficiente, lo cierto es que brinda una referencia sólida a observar por el legislador penal, que no los podrá ignorar ni al decidirse por la atipicidad de conductas que constituyen ejercicio de su contenido esencial, ni al criminalizar conductas incompatibles con él.

Los derechos económicos, sociales y culturales (DESC) ocupan un lugar preminente en el entramado constitucional brasileño. La Constitución Política de la República Federal de Brasil (CFBr) recoge, ya en su *Preámbulo,* la obligación del Estado, en cuanto *"democrático",* de *"asegurar el ejercicio de los derechos sociales e individuales, la libertad, la seguridad, el bienestar, el desarrollo, la igualdad y la justicia".* La igualdad protegida no es solo la igualdad formal (art. 5. *"Todos son iguales ante la ley"*), sino también la material: a este respecto, el art. 3.3, proclama, entre los objetivos fundamentales de la República Federal, los de *"erradicar la pobreza y la marginación y reducir las desigualdades sociales y regionales",* lo que equivale – aunque en términos menos nítidos que los empleados por el art. 9.2 de la Constitución Española (CEs) – a obligación de los poderes públicos de promover las condiciones que hagan real y efectiva la igualdad material de individuos y grupos y a remover los obstáculos que la dificulten.

Con carácter también general, el art. 193 de la CFBr asigna al orden social, como objetivo, *"el bienestar y la justicia social",* y el art. 170 fundamenta en *"la valoración del trabajo humano y en la libre iniciativa"* el orden económico, regido, entre otros principios, por los de propiedad privada afecta a su función social, libre concurrencia, defensa del consumidor, defensa del medio ambiente y reducción de las desigualdades regionales y sociales.

En ese marco, son derechos sociales, a tenor del art. 6 de la CFBr, *"la educación, la salud, el trabajo, el descanso, la seguridad, la previsión social, la proyección de la maternidad".*

Estos derechos, así formulados de manera genérica, encuentra concreción en otros preceptos de la propia CFBr.

Así, la salud, como derecho de todos, implica el correlativo deber del Estado de implementar políticas sociales y económicas preventivas y garantizadoras del acceso *"universal e igualitario"* (art. 196) a los servicios de protección y recuperación. El derecho a la seguridad social se traduce en garantía de los *"derechos relativos a la salud, a la previsión y a la asistencia social"* (art. 194). Y el derecho a la previsión social, en la cobertura de contingencias como enfermedad, muerte, invalidez, vejez, maternidad o desempleo (art. 201).

Por su parte, el art. 7 desgrana un amplísimo catálogo de DESC de los trabajadores, que van desde el derecho a una remuneración congruente con las necesidades personales y sociales a los derechos de sindicación, pasando por la protección contra el despido injusto, el seguro de desempleo, el descanso adecuado, la negociación colectiva, el derecho a percibir una jubilación y a la prevención frente a la siniestralidad, etc. (TERRADILLOS, 2011, 263). Derechos, en definitiva, cuya inobservancia convierte la vida del trabajador en una vida vacía o, incluso, indigna de ser vivida (D'AMBROSO, 2017, 22).

El derecho al medio ambiente *"ecológicamente equilibrado, bien de uso común del pueblo y esencial para una sana calidad de vida",* se corresponde con el deber, impuesto a los poderes públicos, de preservarlo para las generaciones futuras, pudiendo imponer a los infractores, además de la obvia obligación de reparar el daño causado, sanciones administrativas o penales (art. 225).

Manifestación del derecho al medio ambiente -*lato sensu* considerado- es el derecho al goce del medio urbano, al que debe servir un desarrollo urbanístico dirigido a *"ordenar el pleno desarrollo de las funciones sociales de la ciudad y garantizar el bienestar de sus habitantes"* (art. 182), así como el derecho a la *"utilización adecuada de los recursos naturales disponibles"* y a la preservación del medio rural (art. 186).

Goza también de respaldo constitucional el patrimonio cultural, en el que se integran bienes de naturaleza material o inmaterial *"portadores de referencias a la identidad, a la actuación y a la memoria de los diferentes grupos formadores de la sociedad brasileña"* (art. 216).

Además del respaldo expreso a los anteriores DESC, la CFBr consagra también los que, extramuros de su texto, tienen un origen internacional. Así, proclama que la República Federal se rige, en sus relaciones internacionales, por el principio, entre otros, de *"prevalencia de los derechos humanos"* (art. 4.2); y advierte que *"los derechos y garantías expresadas en esta Constitución no excluyen otros derivados del régimen y de los principios por ella adoptados, o de los tratados internacionales en que la República Federativa de Brasil sea parte"* (art. 5º §1º).

Es ineludible, pues, la referencia a los tratados internacionales y, en primer lugar, al PIDESC, con el que se equiparan estos derechos a los civiles y políticos -consagrados en el Pacto Internacional de Derechos Civiles y Políticos- pues solo el respeto a todos ellos puede posibilitar *"el ideal del ser humano libre, liberado del temor y de la miseria"*.

Con la premisa inicial de que se garantiza *"el ejercicio de los derechos que en él se anuncian, sin discriminación alguna"* (art. 2), el articulado del PIDESC reconoce un amplio catálogo de derechos humanos, que convencionalmente han sido denominados de segunda generación.

El primero de ellos es el derecho a trabajar, proclamado en el art. 6. Los artículos 7 a 9 desarrollan sus contenidos: se reconocen los derechos a un salario mínimo suficiente para asegurar condiciones de vida dignas a los trabajadores y sus familias; a un salario equitativo e igual por trabajo de igual valor, sin discriminaciones – especialmente por razón de género-; a la seguridad en el trabajo; a la promoción personal asentada en criterios objetivos; a jornadas y calendarios laborales que integren razonablemente tiempo libre y vacaciones; a asociarse y a actuar sindicalmente; a la huelga; a participar en sistemas de seguridad social, etc.

El contenido del PIDESC, en lo atinente al derecho al trabajo digno -quizá el primer derecho económico, social y cultural, porque *"el derecho al trabajo comporta trabajar con derechos"* (MONEREO, 2017, 367)- se apoya en pilares tan explícitos como son los arts. 22 a 25 de la DUDH, y, presenta puntos de notable coincidencia con la Declaración Americana de Derechos y Deberes del Hombre, aprobada por la IX Conferencia

Internacional de los Estados Americanos – 02.05.1948 – y su Protocolo de San Salvador (MONEREO, 2014, 776-777).

Los Estados firmantes se obligan expresamente, en el art. 10.3 PIDESC, a la protección de niños y adolescentes *"contra la explotación económica y social"* en sus muy diversas manifestaciones, y contra su empleo *"en trabajos nocivos para su moral y salud o en los cuales peligre su vida o se corra el riesgo de perjudicar su desarrollo normal".*

El derecho a la salud, física y psíquica, como derecho social, requiere su protección y ya no solo frente a los tradicionales acometimientos físicos constitutivos de lesiones en los códigos penales del siglo XIX. Los Estados partes se comprometen, así, a adoptar medidas para *"asegurar la plena efectividad de este derecho"* mejorando, *"en todos sus aspectos ... la higiene del trabajo y del medio ambiente"* (art. 12.2). Y en el art. 11.2, se obligan a adoptar medidas, incluso de cooperación internacional, que aseguren *"una distribución equitativa de los alimentos mundiales en relación con las necesidades".*

En materia cultural, se reconoce el derecho a la educación, orientada al pleno desarrollo de la personalidad, a la afirmación de su dignidad, al fortalecimiento del respeto a los derechos humanos, y a la capacitación para participar efectivamente en una sociedad libre e igualitaria (art. 13), lo que genera la coherente obligación de los Estados a garantizar *"la conservación, el desarrollo y la difusión de la ciencia y de la cultura"* (art. 15.2). Se reconoce igualmente el derecho de toda persona a *"beneficiarse ·de la protección de los intereses morales y materiales que le correspondan por razón de las producciones científicas, literarias o artísticas de que sea autora"* (art. 15.1).

El listado de normas en virtud de las cuales los poderes públicos quedan comprometidos a la tutela de DESC podría hacerse interminable. Baste entonces, a los efectos que ahora interesan, con la conclusión de que se trata de derechos que gozan de indiscutido respaldo constitucional y -lo que en ocasiones viene a ser equivalente- del Derecho internacional.

## 1.3. Derechos económicos, sociales y culturales en el marco del Estado Social de Derecho

El Estado Social de Derecho (ESD), modelo al que mayoritariamente se adscriben los textos constitucionales de nuestro entorno político, trasciende el papel – propio de los sistemas genuinamente liberales – de garante de un orden social en el que se ejercen pacíficamente los derechos humanos de primera generación. Ese orden es puro constructo retórico; no existe. La vigencia de los derechos humanos económicos, sociales y culturales no solo es objetivo insoslayable por sus propios valores; es, además, *conditio sine qua non* de la vigencia de los derechos de primera generación, los de la DUDH y del Pacto Internacional de Derechos Civiles y Políticos. Solo la vigencia de aquellos puede dotar de contenido al ejercicio de estos.

Entre los derechos humanos de primera y segunda generación hay una diferencia determinante del modo en que ha de abordarlos el Estado de Derecho: la declaración de los primeros – aunque sea el fruto histórico de la progresiva afirmación del individuo como sujeto frente al omnímodo poder del naciente Estado moderno –, es simple constatación de un estado de naturaleza en el que los derechos del hombre son pocos y esenciales (BOBBIO, 2004, 68). Pero los segundos son construcción histórica *ex novo:* no contemplan a la persona en el estado de naturaleza previo al Estado, sino como sujeto situado en un entorno que es también construcción histórica. En consecuencia, la protección de los primeros radica, fundamentalmente, en la no interferencia del Estado en la vida personal –son conocidos como libertades negativas (SCHOLZ, 2017, 221) –, mientras que la de los segundos requiere una diligente intervención estatal.

De ahí que el ESD no pueda desentenderse del objetivo de protección de los DESC. Y para lograrlo, ni se inhibe frente a los procesos sociales, ni los abandona a la ley del más fuerte, sino que interviene activamente para dirigirlos a un orden igualitario y libre. Orden igualitario y libre que sigue bastante alejado de un *statu quo* en el que la mayoría de la población mundial no es sujeto de derechos humanos, sino objeto de discursos sobre derechos humanos (SANTOS, 2014, 15).

Respecto a la igualdad, el Foro Económico Mundial de Davos, en su reunión anual de enero de 2018, constata la resiliencia de la desigualdad creciente, en la distribución de ingresos y riqueza, que había sido detectada por el mismo organismo en 2017 (FEM, 2018, 9), cuando se advertía que la tendencia al incremento de la desigualdad era una de las cinco que habrían de determinar los acontecimientos mundiales ulteriores (FME, 2017, 11).

Respecto a la libertad, casi un siglo después de la aprobación, en 1930, del Convenio de la Organización Internacional del Trabajo (OIT) sobre el trabajo forzoso, un reconocido informe de la propia organización (http://www.ilo.org/global/topics/forced-labour/publications/WCMS_182004/lang--en/index.htm) cifraba las víctimas de estas prácticas, durante el período 2002-2011, en 20.9 millones: alrededor del

0,3% de la población mundial. De ellos, 18.7 millones (el 90%), en la economía privada: 4.5 millones sometidos a explotación sexual y 14.2 a explotación laboral en actividades como la agricultura, el trabajo doméstico, la construcción o las manufacturas. Las mujeres y niñas víctimas – 11.4 millones – representan la mayor parte del total, un 55%; el 45% restante está integrado por 9.5 millones de hombres y niños. Las cifras no son desdeñables, pero deben ser valoradas a partir de otro dato escalofriante: un estudio semejante realizado por la OIT para el período 1995-2004, ofrecía como cifra total de personas sometidas a trabajo forzoso la, notoriamente menor, de 12.3 millones.

## 2. LOS DERECHOS ECONÓMICOS, SOCIALES Y CULTURALES COMO BIEN JURÍDICO-PENAL PROTEGIDO.

### 2.1. Lineamientos político-criminales constitucionales

Frente a los modelos neo-liberales, en los que las instituciones públicas se abstienen de intervenir en la dinámica social y confían a las reglas del mercado la resolución, acorde con la *lex mercatoria*, de los posibles conflictos, el ESD asume sus responsabilidades constitucionales, actuando frente a la realidad conflictiva que es el delito.

Puede hacerlo según los modelos rígidamente intervencionistas representados, p. ej., por el Código Penal español (CPEs) de 1944, el Código penal de la dictadura franquista, que asumía expresamente el objetivo de garantizar *"el vivir pacífico de los españoles y la eficaz sanción de la Ley para los que se aparten de las reglas de moralidad y rectitud, que son norma de toda sociedad iluminada en su marcha a través de los caminos de la Historia por los reparadores principios del cristianismo y el sentido católico de la vida"*.

Este ambicioso intervencionismo represivo, propio del Estado totalitario, subordina las estrategias político-criminales a la implantación de un orden global, determinado por principios religiosos absolutos y no cuestionados, a los que sirve, como instrumento, el sistema penal.

Resulta más fértil anclar la política criminal no en el modelo del Estado totalitario, sino en el del ESD, tal como queda reflejado en el art. 9.2 CEs: *"Corresponde a los poderes públicos promover las condiciones para que la libertad y la igualdad del individuo y de los grupos en que se integra sean reales y efectivas; remover los obstáculos que impidan o dificulten su plenitud y facilitar la participación de todos los ciudadanos en la vida política, económica, cultural y social".*

Pero no todas las políticas del ESD pueden abarcar estos objetivos tan amplios: corresponde específicamente a la política criminal, dentro de ese contexto teleológico general, la tutela preventiva de bienes jurídicos; tutela que, coherentemente, no ha de ser disfuncional al objetivo global de un orden social igualitario en el que todos puedan acceder, en condiciones de igualdad, al ejercicio de los derechos humanos fundamentales.

No son coherentes con los principios configuradores del ESD las políticas criminales liberales, en las que el sistema penal se auto-define como mero guardián nocturno de los derechos humanos de primera generación, en un contexto normativo caracterizado por la presunta vigencia del principio de igualdad ante la ley. Se asume, así, la falsa percepción de que, una vez proclamado ese principio, la igualdad queda instalada como elemento natural e incuestionable de la vida social.

En ese marco de sujetos libres e iguales, cuyas posibilidades de participación en la riqueza propia de la especie dependen de cada uno de ellos, la intervención de los poderes públicos ha de ser mínima, y, coherentemente, la política criminal ha de ser tendencialmente desreguladora y absentista: una política criminal también de mínimos.

El Derecho penal que responde a estas premisas se construiría, en nuestras sociedades, visualizando al varón, blanco, propietario, cristiano y heterosexual. Sin tener en cuenta, precisamente, la desigualdad que mina las posibilidades de ejercicio pleno de sus derechos por parte de la mujer, del emigrante, del menesteroso o del heterodoxo en materia sexual o religiosa (SANTOS, 2014, 60).

Es obvio que estos modelos adolecen de legitimidad democrática, por sus inevitables consecuencias discriminantes. Al Derecho penal del ESD se le plantean otras exigencias. Su punto de partida es la igualdad, pero no como dato previo inconmovible, sino como desiderátum. En la medida en que la autonomía personal no esté consolidada, las políticas públicas deben constituirse en instrumento de emancipación igualitaria, y las estrategias político-criminales han de apuntar en la misma dirección.

En esa labor, el Derecho penal puede desplegar una importante función simbólico/didáctica que se deriva de la lectura de los tipos penales, y que consiste en mostrar a la ciudadanía la jerarquía de valores que dan coherencia al orden social. Ahí radica la relevancia del poder estatal de definición de bienes jurídicos. En efecto, cuando los códigos penales castigan con penas severas los delitos de homicidio, violación o fraude fiscal, han realizado una valoración previa, en cuya virtud han concluido que vida, libertad sexual y función social de la Hacienda Pública son valores relevantes, a cuya tutela no se puede renunciar. Y los ciudadanos captan la relevancia respectiva de los bienes jurídicos afectados por el delito a través de su reflejo en la gravedad de las penas.

Más importante que la función simbólica es la tutelar, solo viable si el legislador logra la elaboración de un catálogo jerarquizado y proporcional de tres elementos: el de bienes jurídicos a proteger, el de delitos a castigar y el de penas a imponer.

Catálogo proporcional, porque la tarea tutelar preventiva no puede asentarse en un ilimitado aparato de poder para castigar. El sistema punitivo del Estado de Derecho está sujeto a límites: en la archi-citada fórmula de V. LISZT, el Derecho penal fija los límites infranqueables de la política criminal.

El legislador, en consecuencia, solo puede recurrir a la ley penal cuando así lo exijan los criterios de necesidad, merecimiento y oportunidad de pena, en cuya virtud queda proscrita la criminalización de comportamientos que pueden ser afrontados con instrumentos pre-penales; que, en una valoración comparativa, no son pasibles de la pena; o frente a los cuáles la pena no puede ser idónea.

Por lo mismo, y en sentido contrario, procederá criminalizar y penalizar ciertas conductas cuando la reacción penal sea necesaria, merecida y oportuna. Deducción particularmente útil en la tutela de DESC, por cuanto algunos de ellos -p. ej., derecho al medio ambiente- solo en la actualidad han alcanzado la alta valoración -antes inexistente- que los acredita como posible objeto de protección penal. En otras ocasiones, es el desarrollo científico y tecnológico el que facilita la aparición de conductas delictivas sofisticadas -p. ej., manipulación genética, radiaciones ionizantes- antes desconocidas y, por tanto, no susceptibles de criminalización.

## 2.2. Lineamientos político-criminales para una prevención eficiente.

### 2.2.1. Lineamientos generales.

La tutela preventiva eficiente de los DESC no puede limitarse a reformas legales de incremento de tipos delictivos y agravación de penas. Debe intentar partir de las raíces. Y, en el caso concreto, partir de la desigualdad, que quizá sea el ingrediente más compartido por los delitos contra los DESC.

La actual construcción ideológica de la desigualdad es fruto de los principios en los que se asienta el denominado "consenso de Washington": la aceptación del modelo económico globalizado que enarbola la bandera del neoliberalismo como ortodoxia -económica y política- se traduce en políticas criminales desregularizadoras, en las que el Estado se limita a garantizar las condiciones de existencia de los mercados, que, en aplicación de la *lex mercatoria*, se regulan por sí mismos, puesto que se autovaloran como eficientes y completos.

Es importante observar cómo cierta doctrina penal ha asumido la legitimación de estas políticas criminales, consolidadoras del *statu quo*l, acudiendo a un argumentario que va desde la fuerza destipificante (¿en todo caso?) de la adecuación social, a la reivindicación de sustitución del principio de *ultima ratio* por el de *nulla ratio*, o a la apelación acrítica a la no exigibilidad de otra conducta. Así argumenta SILVA: *"La misión del Derecho penal no es cambiar los términos de lo socialmente adecuado, sino proteger el statu quo. Por eso la adecuación social es una causa de exclusión de la tipicidad. Sin embargo, en los casos de corrupción internacional precisamente hay que contar con que la ley local permite o tolere la existencia de pagos a los funcionarios o, sencillamente se vea superada por una costumbre en este sentido. Cuando el entorno se muestra absolutamente proclive a la corrupción -cuando la confusión se halla institucionalizada- la utilización del Derecho penal como mecanismo de cambio incurre en el denostado Derecho penal promocional. Al respecto, es cierto que, como Welzel indicara, el Derecho penal tiene una muy relevante fuerza configuradora de las costumbres (sittenbildende Kraft). Sin embargo, antes de su intervención, procedería agotar todos los mecanismos extrajurídicos y jurídicos no penales orientados a institucionalizar una cultura refractaria a la corrupción. En efecto, el Derecho penal no debe definir las posiciones sociales y jurídicas. Debe limitarse a su protección... En entornos estructuralmente corrompidos, la pregunta abierta es si acaso resulta exigible a un agente económico abstenerse de entrar en el juego. La respuesta debería ser probablemente negativa"* (SILVA, 2018, 64-65).

Estas tesis desconocen que, si bien es cierto que la Derecho penal no le corresponden funciones promocionales, sí está obligado a superar, en la medida de sus escasas posibilidades, los obstáculos a la efectiva vigencia de los principios constitucionales y de los derechos humanos inherentes al Estado Social de Derecho. Entre estos obstáculos ocupa un lugar preferente la corrupción. Estas tesis incurren igualmente en mistificación cuando afirman que la función del Derecho penal no es cambiar la sociedad sino *"proteger el statu quo"*; no *"definir posiciones sociales o jurídicas"*, sino protegerlas. El confesado conservadurismo del que se parte, pretende desconocer que el principio de lesividad obliga a la tutela pública de bienes jurídicos esenciales, por más que esa tutela suponga romper con un *statu quo* en el que los detentadores del poder se yerguen en sus primeros violadores.

Sin embargo, el consenso sobre la inhibición sancionadora está en la base teórica y política del modelo económico globalizado.

A pesar de los perjuicios que ha producido la entronización de la desreglamentación como principio, denunciados por el propio Foro Económico Mundial, se registra hoy una tendencia a su consolidación, tras ciertas rectificaciones producidas con ocasión de la crisis económica de 2008 (FEM, 2018, 26).

La desregulación de la economía lícita trae consigo la de la ilícita. Y así la política criminal, como política pública que es, camina, si es que no está instalada ya en ella, a la inhibición en las zonas confiadas al mercado. Pero los mercados no tienen como objetivo la consolidación de los DESC a través de la prevención de delitos que puedan afectarlos. Los objetivos son otros: en la conocida advertencia de FRIEDMAN, *"in a free society, and have said that in such a society, there is one and only one social responsibility of business –to use it resources and engage in activities designed to increase its profits so long as it stays within the rules of the game"* (FRIEDMAN, 1970).

En ese marco, en el que la evaluación de resultados no se produce por contraste con valores sino con la rentabilidad, los DESC están necesitados de tutela pública compensadora de la vulnerabilidad de la mayor parte de sus titulares.

También de tutela penal. Lo que no significa optar por un punitivismo exacerbado, que, tal como ha denunciado la Escuela de Frankfurt, pervierta el principio de bien jurídico, tomándolo no ya como criterio de prohibición de exceso, sino de prohibición de defecto (HASSEMER-MUÑOZ, 1995, 22-23).

Se ha venido asociando esta utilización perversa del principio a las políticas criminales inclusivas, propias del Estado Social, que las aplicaría recurriendo a un sistema penal de expansivo punitivismo, mientras que el Estado liberal, que rehúye las políticas de integración en favor de las de control limitado, se serviría de un deseable Derecho penal de mínimos.

El sofisma no se sostiene.

Para valorar esta propuesta teórica, no es ocioso volver a las raíces y observar cómo, históricamente, los derechos individuales de primera generación, cuya tutela penal se manifiesta ante todo en la no injerencia estatal, han sido exhibidos políticamente como santo y seña de los sistemas liberales, contraponiéndolos a los DESC, cuya tutela exige políticas públicas no de inhibición, sino de intervención teleológicamente orientada, etiquetada como autoritaria. Es decir, se ha producido una apropiación de aquellos derechos, para afirmar y legitimar los intereses de quien detenta los medios económicos de producción con la consiguiente deslegitimación de otras visiones y preferencias sociopolíticas (SCHOLZ, 2017, 222 y 226), a las que se les cuelga el sambenito de totalitarias, en cuanto incrementan las competencias y responsabilidades estatales.

Sin embargo, una intervención más acentuada no es necesariamente más punitivista.

Así lo prueban los datos. Mientras en el Reino Unido o en Alemania, países que conservan algunos restos del legado socialdemócrata, se contabilizan, por cada 100.000 habitantes, 151 u 88 presos respectivamente, en los Estados Unidos de América o en Rusia, paradigmas de sistema económico liberal, las tasas de prisonización son muy superiores: 751 y 627 presos, respectivamente, por cada 100.000 habitantes. El rigor penal acompaña también a otros Estados menores que representan lo más acendrado del modelo neoliberal. Véanse, si no, el Chile de Pinochet, el Perú de Fujimori o las Filipinas de Duterte.

Si los datos confirman que el control penal se manifiesta con inusual rigor en los sistemas de economía liberal desregulada, es obligado deducir que en ellos convive, junto a la tolerancia para con los comportamientos poco respetuosos con los DESC pero funcionales al mercado, un contundente rigor para con lo disfuncional: esto es, para con la insurgencia y la marginalidad. Así lo evidencian, por ejemplo, las políticas migratorias de la UE, cuyas manifestaciones más excluyentes son las impulsadas por los países europeos asomados al Mediterráneo. Por el contrario, los modelos "welfaristas", los que asumen políticas criminales inclusivas, garantes de los DESC, mantienen la presión penal en términos de menor intensidad. Así se puede corroborar en las socialdemocracias centro- y nord-europeas.

La consecuencia es obvia: la protección penal de los DESC pasa por políticas sociales inclusivas que garanticen la viabilidad de estos en los planos económico y social. Es en las estructuras económicas donde urge dar contenido a las reglas del juego – cuya validez reivindicara incluso FRIEDMAN –, introduciendo en ellas la vigencia de los DESC, como límite condicionante de licitud y admisibilidad del lucro empresarial.

### 2.2.2. Ámbitos de actuación específica.

Son, pues, necesarias políticas de amplio espectro dirigidas al reforzamiento de los DESC en los ámbitos en que se viene evidenciando su vulnerabilidad específica.

La vigencia de estos derechos en el mundo del trabajo asalariado constituye *"una parte importante del contrato implícito que mantiene unidas a las sociedades. Si las esperanzas y expectativas de muchas personas en relación con el empleo se están desvaneciendo* -advierte el Foro Económico Mundial- *no debe sorprendernos que esto tenga efectos políticos y sociales más amplios"* (FEM, 2018, 9). La resiliencia del desempleo juvenil y de la precarización del trabajo, secuelas no superadas de la crisis económica, *"seguirá ampliando... la exclusión social, las migraciones masivas y los choques generacionales frente a las políticas fiscales y laborales"* (FEM, 2018, 46).

Afrontar la respuesta a los riesgos ambientales debe ser otro objetivo de primer nivel. Aminorar -también, pero no solo, con instrumentos jurídico-penales- los efectos de la crisis del agua o del cambio climático supone tanto como asentar las condiciones de subsistencia, en sentido literal, de amplísimos sectores de población, incluida, específicamente, la población trabajadora (TERRADILLOS, 2018b, 217-218). Y asegurar la biodiversidad, tan vulnerable que en solo el último cuarto del siglo pasado las poblaciones vertebradas disminuyeron en un 50%, y tan esencial que más del 75% de los alimentos del mundo provienen de apenas doce plantas y cinco especies animales (FEM, 2018, 12), requiere políticas masivas y globales de respeto al bosque y de reforestación tanto como de neutralización de las presiones del crecimiento poblacional sobre los sistemas ambientales agrícolas (FEM, 2018, 12-13).

Contando con estos antecedentes de política social, compete al sistema penal no la promoción de los instrumentos de emancipación personal e integración igualitaria, pero sí la tutela de los derechos que las dotan de contenido.

En el ámbito estricto de la política criminal, las pautas de actuación son compartidas, al menos en el ámbito de las propuestas doctrinales, generalizadamente. Entre ellas: adaptación de las reglas de imputación penal a las características del sujeto activo en los delitos contra DESC, habitualmente delincuentes de cuello blanco -respetables ciudadanos de alto status y cualificación profesional (SUTHERLAND, 1969, 12)-, que, además, actúan en el seno de corporaciones mercantiles; adecuación de las sanciones a las tipologías criminológicas de este tipo de delincuentes y a la necesidad de exigir responsabilidad criminal a las personas jurídicas; ajuste proporcional entre gravedad de la pena y lesividad del delito, mayor cuando afecta a los bienes jurídicos colectivos en que se reflejan los DESC; selección de penas cualitativamente adecuadas a las necesidades preventivas del caso, como multas proporcionales, inhabilitaciones profesionales, prohibición de actividades, etc.; actualización del proceso penal, permitiendo la personación de colectivos (asociaciones gremiales o sindicales, organizaciones de consumidores, etc.) como partes acusadoras en apoyo de la indefensa víctima individual del delito, y agilizando la investigación, adaptándola a las peculiaridades del delincuente, especialmente cuando este actúa a través de organizaciones supranacionales, etc.

### 2.3. Protección penal de derechos económicos, sociales y culturales.

La protección penal de los DESC debe plasmar, a nivel normativo, las anteriores consideraciones.

#### 2.3.1. En el ámbito laboral.

La vigencia de los DESC vinculados al trabajo es inviable sin una negociación colectiva que garantice la implantación del derecho al salario mínimo digno, proclamado por el art. 7 PIDESC. Pero también que supere definitivamente la brecha mundial determinada por la diferencia de género, en el trabajo -tanto como en la salud o en la educación (FEM, 2018, 9-10). Ante la evidencia, el sistema penal no puede dejar de considerar la criminalización de las conductas graves de obstaculización de derechos sindicales (BAYLOS y TERRADILLOS, 1986, 33) de explotación laboral (TERRADILLOS, 2017a, 247) y de sus corolarios, como el acoso sexual en el trabajo.

No puede, tampoco, renunciar a la criminalización de comportamientos discriminatorios, precisamente porque la empresa constituye una estructura jerarquizada, en la que los diversos agentes asumen funciones y desarrollan competencias desiguales. La vulnerabilidad de los escalones inferiores está estructuralmente implantada, lo que lleva a concluir que el derecho/bien jurídico igualdad debe ser objeto de protección específica, porque específico es el marco en el que se le ataca. Claro que la tipificación y penalización de la discriminación laboral debe realizarse a través de preceptos penales técnicamente adecuados, no obsesionados con restringir el ámbito de lo punible, hasta el punto de reducirlo a nada, que es el resultado al que llega, por ejemplo, el art. 314 CPEs, y, reproduciéndolo, el art. 246 del CP de El Salvador. Aunque al menos, el código centroamericano prevé una pena de prisión, que parece más adecuada que la posibilidad de castigar los ataques graves y contumaces a la igualdad en el trabajo con una irrisoria multa, de nula capacidad preventiva, por la que opta el Derecho español (TERRADILLOS, 2017b, 132-134). Cierto que el legislador español no solo olvida la trascendencia constitucional del principio de igualdad en el ámbito del trabajo: la denegación discriminatoria de prestaciones es delito recogido en el art. 311 CPEs, que, a semejanza del art. 314, sigue, *de facto*, inaplicado (RODRÍGUEZ, 2018, 292).

Finalmente, resulta obvio que una política criminal que se pretenda respetuosa de los DESC no puede dejar de criminalizar el sometimiento a trabajos forzosos o a condiciones de esclavitud o servidumbre. Se trata de un fenómeno que afecta a más de cuarenta y cinco millones de personas, sobre todo en el área de Asia-Pacífico, pero también en Latinoamérica o Europa, y aunque la regla general en Derecho comparado, – con excepciones como el CPEs – es su criminalización (Códigos Penales de Brasil art. 149; Argentina, 140; Uruguay, 280; Perú, 153 y 168; Ecuador, 105, etc.) lo cierto es que no se han implementado políticas criminales eficaces contra estos fenómenos que, lejos de haber desaparecido, aparecen hoy como vivos, ubicuos y expansivos (TERRADILLOS, 2018c, 236).

### 2.3.2. Frente a los riesgos ambientales

La comunidad científica mundial viene advirtiendo, desde hace décadas, sobre la magnitud del delito ecológico y la irreversibilidad de sus efectos, logrando un consenso político internacional, reflejado inicialmente en la Cumbre de la Tierra de Estocolmo (1972), y, más tarde en las cumbres de Río de Janeiro (1992, 2912) y Johannesburgo (2002), así como en la Cumbre del Clima de París, (2015). El compromiso de Naciones Unidas en defensa del medio ambiente cristalizó, en 2015, en la aprobación de la Agenda 2030 sobre el Desarrollo Sostenible.

A pesar de la proclamada implicación internacional frente al delito ecológico, lo cierto es que los países desarrollados, primeros generadores de contaminación, la exportan hacia los menos potentes económicamente, con la consiguiente lesividad para la salud o, incluso, la vida, de sus menesterosos moradores.

No resulta, pues, admisible el abstencionismo penal frente a los riesgos ambientales, específicamente los desencadenados por la contaminación exterior e interior, responsable de más del diez por ciento de las muertes en el mundo, concentradas *"abrumadoramente"* en los países de menor nivel económico (FEM, 2018, 13).

Por el contrario, se impone una política criminal atenta a la tutela de DESC, que aborde la criminalización de los comportamientos más gravemente contaminantes o de los ataques más relevantes al equilibrio de los sistemas naturales o al biológico.

En este sentido se orienta el Derecho internacional: en la Unión Europea, por ejemplo, la Directiva 2008/99/CE, relativa a la protección del medio ambiente mediante el Derecho penal, tras constatar cómo *"la experiencia ha demostrado que los sistemas de sanciones existentes no son suficientes para lograr el total cumplimiento de la legislación para la protección del medio ambiente"*, emplaza a los Estados a reforzar ese cumplimiento *"mediante la aplicación de sanciones penales que pongan de manifiesto una desaprobación social de naturaleza cualitativamente diferente a la de las sanciones administrativas o un mecanismo de compensación conforme al Derecho civil".* Adverada la necesidad de superar las limitaciones de los instrumentos pre-penales, *"este tipo de conductas debe ser considerado delito en la Comunidad cuando se cometa dolosamente o por imprudencia grave"* (art. 2), castigado con *"sanciones penales eficaces, proporcionadas y disuasorias"* (art. 5), aplicables tanto a autores como a incitadores y cómplices (art. 4). Además, *"los Estados miembros se asegurarán de que las personas jurídicas pueden ser consideradas responsables por estos delitos"*, y de que sean castigadas con *"sanciones efectivas, proporcionadas y disuasorias"* (artículos 6 y 7).

La criminalización es la alternativa más seguida en Derecho comparado (p. ej., CPEs, artículos 325, 326 y 333), aunque también se registran supuestos de inhibición penal en la materia. Así, el ordenamiento jurídico uruguayo confía la tutela institucional del ambiente y la biodiversidad al orden administrativo: si bien la Constitución de la República (art. 47) habilita al legislador para imponer *"sanciones"* a los transgresores, la Ley Nº 17.283, decidió, de acuerdo con propuestas teóricas de *soft law*, excluir absolutamente las sanciones penales (TERRADILLOS, 2018b, 228).

## 2.3.3. En el ámbito tributario

La protección penal de los DESC no se satisface con la mera inclusión en los códigos punitivos de preceptos criminalizadores. Es necesario implementar medios para su aplicación real, y, como mínimo, evitar políticas públicas dirigidas directa y escandalosamente a la neutralización de su posible eficacia preventiva.

Estas manifestaciones de complicidad con el infractor, y de renuncia a la deseable función preventiva de la norma penal, son particularmente visibles en el modo de afrontar los delitos de fraude tributario, que reduce a nada el derecho a que las cargas tributarias se distribuyan equitativamente, *"de acuerdo con la capacidad económica del contribuyente"* (CFBr, art. 145.1º). Las amnistías tributarias y los paraísos fiscales -que blindan los beneficios del infractor, invitándole a delinquir y simultáneamente esquilman las arcas públicas- son ejemplo de opciones político-criminales que no se corresponden con las exigencias preventivas que se le plantean al ESD (TERRADILLOS, 2015, 22).

Las regularizaciones fiscales, que permiten excluir la responsabilidad penal del infractor con capacidad económica, y la -menos frecuente pero más escandalosa- diversidad de criterios a la hora de delimitar el umbral de tipicidad, atendiendo a criterios de Derecho penal de clase, borran cualquier atisbo de respeto al principio de igualdad respecto a las obligaciones tributarias (TERRADILLOS-BOZA, 2017, 168-175).

## 2.3.4. Bagatela y aporofobia

La marginación por excelencia es la que se concreta en la exclusión de una persona del ámbito de ejercicio de sus derechos fundamentales. Es la que determina la imposibilidad de acceso a los derechos de participación igualitaria en la economía, en la dinámica social o en la vida cultural.

Por ello, cuando el ESD se enfrenta a la situación del marginal excluido, su deber – consagrado en los artículos 22 y 25 de la DUDH y 11.1 y 6 del PIDESC- es el de promover políticas inclusivas, dirigidas a sacar al individuo de la pobreza (MONEREO-ORTEGA, 2017, 926) y a potenciar la plena integración material de individuos y grupos. Exactamente en las antípodas de la utilización del sistema penal como instrumento de consolidación y expansión de las situaciones de exclusión heredadas del entorno social desigual.

Los derechos de participación igualitaria son, en efecto, negados cuando el sistema penal criminaliza, incluso con rigor carcelario, infracciones triviales. Porque se trata de infracciones, sobre todo cuando tienen naturaleza patrimonial, que no cometen los sujetos acaudalados o, simplemente, instalados en el sistema: la delincuencia de bagatela la protagonizan los sujetos marginados, y su represión penal exacerbada -castigando, como hace el CPEs (artículos 234, 235, 270, 274) con pena privativa de libertad hurtos de cuantía despreciable o la venta ambulante al por menor de productos con marca falsificada, siendo la falsedad clamorosamente conocida por los compradores- constituye al Derecho penal no en garante de derechos, libertades y bienes jurídicos, sino en prolongación punitiva de los mecanismos de exclusión propios de la economía de mercado.

Item más, el autor de estas infracciones menores será, estadísticamente, el sujeto marginal, paradigmáticamente encarnado por el inmigrante irregular, sobre el que pesa no solo la amenaza de una pena de prisión de corta duración, de eficacia desocializadora probada, pero inidónea para la aplicación de programas reinsertadores, sino también la amenaza de expulsión y devolución al Estado del que puso todo su empeño en salir. La expulsión del extranjero, como respuesta prácticamente única en la Unión Europea a la problemática planteada por la inmigración irregular, constituye un instrumento penal y extra-penal de exclusión incompatible con la identidad misma del ESD, obligado a la integración en derechos humanos y libertades fundamentales de todos los titulares de dignidad derivada, precisamente, de su condición de seres humanos.

Todo ello, naturalmente, siempre que el inmigrante haya podido culminar su entrada ilegal en el país que le expulsa. Porque, sobre todo cuando se trata de otra modalidad de migración forzada, la del refugiado, las técnicas de exclusión son previas a la entrada y en ocasiones contundentes hasta rozar la brutalidad: los guardacostas de Turquía –que ha recibido 6.000 millones de euros de la Unión Europea para acoger refugiados y evitar que pasen a su territorio- abordan en altamar violentamente a frágiles embarcaciones de refugiados sirios, a fin de forzar, con grave peligro para sus vidas, su regreso a puerto sin alcanzar la costa griega (https://www.eldiario.es/desalambre/Europa-financia-intervenciones-guardacostas-Egeo_0_768873370.html). Lo que se compadece mal con los derechos reconocidos en el art. 14 de la DUDH o en el XXVII de la Declaración Americana de los Derechos y Deberes del Hombre, también de 1948.

## 3. EPÍLOGO

El pleno ejercicio de los DESC requiere que las instituciones públicas se impliquen en su promoción y tutela, abordando la cancelación de los privilegios responsables de la reproducción de los sistemas de segregación social, como primer paso hacia la materialización de la lucha por esos derechos (SAMPAIO, 2018).

El ESD no puede delegar en los mercados la dirección de las dinámicas sociales, que, regidas por la *lex mercatoria*, producirían resultados incompatibles con los objetivos de inclusión social de todos los ciudadanos libres e iguales.

Con ese punto de partida, la intervención estatal ha de recurrir al Derecho penal para hacer frente a los ataques más graves a los DESC cuando así lo avalen los principios de necesidad, merecimiento y oportunidad.

Por otra parte, se exige a las políticas criminales propias del ESD erradicar del ordenamiento jurídico normas sancionadoras que, en clave securitaria y obedientes a las propuestas de "tolerancia cero" frente al desorden, vetan el ejercicio de alguno de los DESC (TERRADILLOS, 2016, 231); así como derogar los preceptos penales que, por poco respetuosos con los principios de lesividad e igualdad, convierten al Derecho penal en garante performativo y refuerzo instrumental de situaciones discriminatorias generadas en entornos pre-penales de exclusión social (CIGÜELA, 2019, 357). Precisamente porque los DESC son el paradigma de los derechos de inclusión.

## BIBLIOGRAFÍA

ALONSO ÁLAMO, M., 2018, "Bienes jurídicos, valores y derechos: satisfacción de necesidades y lucha por el reconocimiento", en DE LA CUESTA AGUADO *et alii* (coord.), *Liber amicorum. Estudios jurídicos en homenaje al Prof. Dr. Dr. h. c. Juan Mª Terradillos Basoco*, Tirant lo Blanch, Valencia, pp. 117-128.

BAYLOS GRAU, A., y TERRADILLOS BASOCO, J.M., 1986, "Protección penal de la libertad sindical y el derecho de huelga": *Relaciones Laborales,* núm. 1, Edilex, Madrid, pp. 30-54.

BOBBIO, N., 2004, *A era dos direitos,* Elsevier, Rio de Janeiro.

D'AMBROSO, M.J.F., 2017, "Cinco minutos de Filosofia do Direito e a Reforma Trabalhista", en D'AMBROSO, M.J.F., (coord.), *Direito do Trabalho, Direito Penal do Trabalho, Direito Processual do Trabalho e a Reforma Trabalhista (Lei n. 13.467/2017) (Edição comemorativa dos 10 anos do IPEATRA),* La Tribuna, São Paulo, pp. 17-22.

CIGÜELA SOLA, J., 2019, *Crimen y castigo del excluido social,* Tirant lo Blanch, Valencia.

FORO ECONÓMICO MUNDIAL (FEM), 2017, *Informe de Riesgos Globales. 2017. 12ª edición,* World Economic Forum, Ginebra.

FORO ECONÓMICO MUNDIAL (FEM), 2018, *Informe de Riesgos Globales. 2018. 13ª edición,* World Economic Forum, Ginebra.

FRIEDMAN, M., "The Social Responsibility Of Business Is to Increase Its Profits": *The New York Times Magazine,* 13.09.1970. Accesible en https://www.nytimes.

com/1970/09/13/archives/a-friedman-doctrine-the-social-responsibility-of-business-is-to.html

HASSEMER, W., y MUÑOZ CONDE, F., 1995, *La responsabilidad por el producto en derecho penal,* Tirant lo Blanch, Valencia.

MONEREO PÉREZ, J.L., 2014, "Derecho al trabajo, derecho a trabajar y derecho a libre elección del trabajo", en Monereo Atienza, C., y Monereo Pérez, J.L., (dir.), *El sistema universal de los derechos humanos. Estudio sistemático de la declaración universal de los derechos humanos, el pacto internacional de derechos civiles y políticos, el pacto internacional de derechos económicos, sociales y culturales y textos internacionales concordantes,* Comares, Granada, pp. 405-415.

MONEREO PÉREZ, J.L., 2017, "Derecho al trabajo. Art. 1 de la Carta Social Europea", en Monereo Atienza, C., y Monereo Pérez, J.L., (dir.), *La garantía multinivel de los derechos fundamentales en el Consejo de Europa,* Comares, Granada, pp. 361-393.

MONEREO PÉREZ, J.L., y ORTEGA LOZANO, P., 2017, "Derecho a protección contra la pobreza y la exclusión social. Art. 30 de la Carta Social Europea", en Monereo Atienza, C., y Monereo Pérez, J.L., (dir.), *La garantía multinivel de los derechos fundamentales en el Consejo de Europa,* Comares, Granada, pp. 925-958.

PECES BARBA, G., 1978, *Libertad, poder, socialismo,* Civitas, Madrid.

RODRÍGUEZ YAGÜE, C., 2018, "La sanción penal de la denegación discriminatoria de prestaciones: una reflexión a partir de su (in) aplicación por los tribunales", en LANDA GOROSTIZA, J-M., y GARRO CARRERA, E., (dir.), *Delitos de odio: Derecho comparado y regulación española",* Tirant lo Blanch, Valencia, pp. 261-302.

SAMPAIO, P. de A. Jr. 2018, "Brasil: la urgencia de una alternativa": *SinPermiso,* 22.04.2018. Accesible en www.sinpermiso.info/textos/brasil-la-urgencia-de-una-alternativa.

SANTOS, B. de S., 2014, *Se Deus fosse um ativista dos direitos humanos,* 2ª ed., Cortez, São Paulo.

SUTHERLAND, E.H., 1969, *El delito de cuello blanco,* Universidad Central de Venezuela, Caracas.

SCHOLZ, J.M., 2017, "As apropriações dos direitos humanos no Brasil: O caso da Declaração Universal dos Direitos Humanos (1948)": *Passagens. Revista Internacional de História Política e Cultura Jurídica,* vol. 9, núm. 2, Gizlene Neder & Gisálio Cerqueira Filho, Niterói, pp. 214-243.

SILVA SÁNCHEZ, J. M., 2018, "Doce tesis sobre el delito de corrupción de funcionarios del art. 286 ter CP español", en GÓMEZ MARTÍN, V., MONTIEL, J.P., y SATZGER, H. (eds.), *Estrategias penales y procesales de lucha contra la corrupción,* Marcial Pons, Barcelona, pp. 55-66.

TERRADILLOS BASOCO, J.M., 2003, "Sistema penal y delitos contra el orden socioeconómico. Consideraciones introductorias", en De la Cuesta Aguado, (dir.), *Derecho Penal Económico,* Ediciones Jurídicas Cuyo, Mendoza, Argentina, pp. 53 a 78.

TERRADILLOS BASOCO, J.M., 2011, "Derecho Penal del Trabajo: un reto para la integración penal supranacional": *Revista Brasileira de Ciências Criminais,* Revista dos Tribunais, São Paulo, vol. 92, pp. 261 a 297.

TERRADILLOS BASOCO, J.M., 2015, "Corrupción, globalización y Derecho penal económico": *Derecho. Pontificia Universidad Católica del Perú,* núm. 74, pp. 11-26.

TERRADILLOS BASOCO, J.M., 2016, "De la huelga como derecho al piquete como delito. A propósito de la sentencia sobre el caso Airbus": *Revista de Derecho Social,* núm. 73, Bomarzo, Albacete, pp. 217-240.

TERRADILLOS BASOCO, J.M., 2017a, "Explotación laboral, trabajo forzoso, esclavitud ¿Retos político.criminales para el Siglo XXI?", en D'AMBROSO, M.J.F., (coord.), *Direito do Trabalho, Direito Penal do Trabalho, Direito Processual do Trabalho e a Reforma Trabalhista (Lei n. 13.467/2017) (Edição comemorativa dos 10 anos do IPEATRA),* La Tribuna, São Paulo, pp. 245-259.

TERRADILLOS BASOCO, J.M., 2017b, "Protección penal de los derechos de los trabajadores. Veinte años de experiencia aplicativa en España", en SILVA FORNÉ, D., (coord.), *Derecho Penal del Trabajo y responsabilidad penal del empleador,* CIEPUR-FCU, Montevideo, pp. 125-147.

TERRADILLOS BASOCO, J.M., y BOZA MARTÍNEZ, D., 2017, *El Derecho penal aplicable a las relaciones laborales. Lecciones.,* Bomarzo, Albacete.

TERRADILLOS BASOCO, J.M., 2018a, "La satisfacción de necesidades como criterio de determinación del objeto de tutela jurídico-penal": *Revista de Derecho Penal,* núm. 25, Fundación de Cultura Universitaria, Montevideo, pp. 667-684.

TERRADILLOS BASOCO, J.M. 2018b, "Prevención de riesgos laborales medioambientales: responsabilidades penales": *Derecho Laboral. Revista de doctrina, jurisprudencia e informaciones sociales*, 2018 (270), Fundación de Cultura Universitaria, Montevideo, pp. 215-240.

TERRADILLOS BASOCO, J.M. 2018c, "Explotación laboral, trabajo forzoso, esclavitud. ¿Retos político-criminales para el siglo XXI?", en DEMETRIO CASTRO, E., y NIETO MARTÍN, A. (dir.), *Derecho penal Económico y Derechos Humanos,* Tirant lo Blanch, Valencia, pp. 215-243.

# Flexibilização e modernização do Direito do Trabalho: uma reflexão a propósito do trabalho intermitente

*João Leal Amado*[1]

**SUMÁRIO:** 1. As modalidades atípicas de contrato de trabalho – 2. Regime jurídico do trabalho intermitente em Portugal: breves notas – 3. Tempo de balanço – 4. A canibalização do trabalho intermitente pelo trabalho a tempo parcial – 5. A canibalização do trabalho intermitente pelo contrato a termo – 5.1. O contrato de trabalho intermitente como contrato sem termo – 5.2. Intermitente: o contrato e o trabalho – 6. Conclusão: demarcar território e flexibilizar o regime – 7. O trabalho intermitente na reforma trabalhista brasileira – 8. Flexibilização ou mercantilização do Direito do Trabalho?

## 1. AS MODALIDADES ATÍPICAS DE CONTRATO DE TRABALHO

Relação com vocação para perdurar no tempo, relação que preenche, por inteiro, a «vida laboral» do cidadãotrabalhador, relação bilateral em que o trabalhador/homem[2] presta a respetiva atividade em prol de um único sujeito bem definido, que o remunera e que conforma a sua conduta emitindo as correspondentes ordens e instruções, relação que se desenvolve num quadro empresarial (a fábrica, o escritório, o estabelecimento comercial, etc.) — eis alguns dos traços caracterizadores da chamada «relação laboral típica» (tipicidade entendida aqui em sentido

---

1. Professor Associado da Faculdade de Direito da Universidade de Coimbra.
2. Como bem assinala ULRICH BECK, o chamado «emprego normal» sempre se traduziu, em certo sentido, numa «ocupação de uma pessoa e meia», envolvendo um homem a trabalhar (o *breadwinner*) e uma mulher na retaguarda, a qual se encarregava de «tudo o resto» (crianças, refeições, lavagens e limpezas, auxílio familiar, etc.) — *The Brave New World of Work*, Polity Press, Cambridge, 2000, p. 58. No plano jurídico, convém recordar que, à luz do art. 117.º da Lei do Contrato de Trabalho portuguesa (diploma datado de 1969), o marido poderia opor-se à celebração ou manutenção do contrato de trabalho da sua mulher, «alegando razões ponderosas»! É óbvio que este modelo tradicional entrou em crise a partir do momento em que as mulheres deixaram de se confinar ao espaço doméstico e fizeram valer os seus direitos de cidadania laboral.

social e não em sentido técnicojurídico) ou relação laboral *standard*. Com efeito, o emprego normal ou típico, que ainda funciona como paradigma, é um emprego permanente, de duração indefinida ou indeterminada, é um emprego em que o trabalhador labora para quem o retribui, é um emprego a tempo inteiro ou completo, é um emprego que tem a empresa por palco de execução.

Vivemos, no entanto, «tempos líquidos», na sugestiva expressão de ZYGMUNT BAUMAN[3]. Vivemos numa época de grande dinamismo e numa sociedade altamente volátil, marcada pelo risco, pela incerteza e pela instabilidade[4]. E também aqui a tradição vai deixando de ser o que era, sendo cada vez mais numerosos e significativos os desvios em relação àquele modelo laboral *standard*. Ao lado dos contratos de duração indeterminada (não raro, *em lugar* dos contratos de duração indeterminada) vão crescendo os contratos de trabalho a prazo (contratos sujeitos a um termo resolutivo), expressão maior da precariedade laboral. O «empregador único» parece, amiúde, cindirse em dois, em virtude da progressiva expansão da atividade das chamadas «empresas de trabalho temporário». As figuras do emprego em *parttime* e do trabalho intermitente vãose também disseminando, nem sempre em função dos desejos dos trabalhadores. Fenómenos como o velho «trabalho no domicílio» ganham nova vitalidade e o jovem teletrabalho subordinado vai fazendo o seu curso, quiçá lenta mas, decerto, inexoravelmente.

Todos estes fenómenos põem em xeque o paradigma clássico de contrato de trabalho. Novas modalidades contratuais surgem e velhas modalidades ressurgem, tudo contribuindo para formar um «mosaico juslaboral» rico e diversificado. É também por aqui que passa a segmentação do mercado de trabalho, entre os chamados *insiders* (os trabalhadores a tempo completo, com vínculo por tempo indeterminado e com emprego relativamente estável) e os *outsiders* (não só os desempregados e os falsos trabalhadores independentes, mas também todos aqueles que apenas dispõem de um emprego precário, como os contratados a prazo). Ora, a este propósito, o Código do Trabalho português (CT) de 2009 não deixou de inovar, ao criar a figura do *contrato de trabalho intermitente*, prevista e regulada nos seus arts. 157.º a 160.º

---

3. *Tempos Líquidos*, Zahar, Rio de Janeiro, 2007.
4. Ainda que já remonte à época medieval a sensata afirmação do poeta francês FRANÇOIS VILLON: «Nada tenho por seguro, a não ser as coisas incertas». Uma frase célebre, proferida no séc. XV, mas com acrescida atualidade no séc. XXI...

## 2. REGIME JURÍDICO DO TRABALHO INTERMITENTE EM PORTUGAL: BREVES NOTAS

2.1. Em que consiste esta nova figura, sem precedente no CT de 2003? Tratase de uma modalidade contratual que poderá ser utilizada em empresas que exerçam «atividade com descontinuidade ou intensidade variável» e que se caracteriza pela circunstância de a prestação de trabalho ser «intercalada por um ou mais períodos de inatividade» (art. 157.º, n.º 1). Tratase, pois, de uma nova modalidade contratual particularmente afeiçoada à satisfação de certo tipo de necessidades empresariais, traduzindose numa das mais flexíveis formas de emprego conhecidas pelo ordenamento jurídicolaboral. Tratase, afinal, de adaptar a prestação de trabalho, de forma elástica, às variadas e mutáveis exigências produtivas da empresa moderna, as quais, por vezes, implicam que a períodos de prestação de trabalho se sucedam períodos de inatividade laboral[5].

Tendo em conta o disposto nos arts. 158.º e 159.º do CT, afigurase que o contrato de trabalho intermitente é um *genus* composto por duas espécies. Com efeito, em qualquer espécie de contrato de trabalho intermitente este deverá conter a indicação do número anual de horas de trabalho ou do número anual de dias de trabalho (art. 158.º, n.º 1, al. *b)*), o que significa que o volume anual de trabalho, o *quantum* da prestação laboral, terá de ser programado pelos sujeitos. Casos haverá, no entanto, em que também o *quando* da prestação será previamente definido, isto é, em que as partes estabelecem no contrato o início e o termo de cada período de trabalho (art. 159.º, n.º 1, 1.ª parte), ao passo que noutros já o *quando* da prestação não é antecipadamente determinado, obrigandose o trabalhador a responder às solicitações da entidade empregadora

---

5. Para maiores desenvolvimentos sobre esta nova modalidade contratual, vd. João Leal Amado e Joana Nunes Vicente, «Contrato de trabalho intermitente», *XI-XII Congresso Nacional de Direito do Trabalho – Memórias*, Almedina, Coimbra, 2009, pp. 119-137, Tatiana Guerra de Almeida, «O novo regime jurídico do trabalho intermitente», *Direito do Trabalho + Crise = Crise do Direito do Trabalho?*, Atas do Congresso de Direito do Trabalho, Escola de Direito do Porto da Universidade Católica Portuguesa, Coimbra Editora, 2011, pp. 345-358, e António Nunes de Carvalho, «Considerações sobre o trabalho intermitente», *Estudos Dedicados ao Professor Doutor Bernardo da Gama Lobo Xavier*, vol. I, Direito e Justiça, UCP, Lisboa, 2015, pp. 327-376. Por último, Joana Nunes Vicente, «Trabalho intermitente: uma aposta ganha?», in Benizete Ramos de Medeiros (coord.), *O Mundo do Trabalho em Movimento e as Recentes Alterações Legislativas: um olhar luso-brasileiro*, JUTRA, LTr, São Paulo, 2018, pp. 233-239, e Luís Miguel Monteiro, «Trabalho intermitente – que aplicabilidade prática?», in José João Abrantes (coord.), *II Congresso Europeu de Direito do Trabalho*, Almedina, Coimbra, 2018, pp. 359-378.

(art. 159.º, n.º 1, *in fine*). Naqueles casos, o ritmo da intermitência (a cadência ocupação/inatividade) é previsível e está programado no contrato; nestes casos, pelo contrário, o ritmo da intermitência será imprevisível/irregular, pelo que o *quando* da prestação dependerá da pertinente convocatória ou «chamamento» a efetuar pelo empregador. Assim sendo, poderseá concluir que o trabalho intermitente previsto na nossa lei se desdobra em duas submodalidades: o *trabalho alternado* e o *trabalho à chamada* (isto, como é óbvio, sem prejuízo de as partes poderem modelar fórmulas mistas de trabalho intermitente)[6].

2.2. Em que circunstâncias poderá ser celebrado um contrato de trabalho intermitente? Em princípio, só numa *empresa que exerça atividade com descontinuidade ou intensidade variável* (n.º 1 do art. 157.º). Há, pois, que densificar este conceito, sendo certo que, ao utilizar a disjuntiva descontinuidade (interrupções) *ou* intensidade variável (flutuações), a lei oferece um terreno bastante vasto para o recurso ao trabalho intermitente (pensese, p. ex., em certas atividades sazonais no âmbito da agricultura ou do turismo)[7]. Aliás, e em bom rigor, se a descontinuidade poderá não ser frequente, já a «intensidade variável» será, quiçá, um traço característico da atividade da grande maioria das empresas...

Que *sanção* aplicar, em caso de recurso indevido a esta modalidade contratual, isto é, na hipótese de o contrato de trabalho intermitente ser celebrado fora do amplo círculo de situações demarcado pela lei? A resposta, cremos, só pode ser uma: recondução ao contrato *standard*, neutralização da «cláusula de intermitência», vale dizer, o contrato considerarseá celebrado sem período de inatividade laboral.

2.3. O contrato de trabalho intermitente está sujeito a forma escrita e deve conter a indicação do número anual de horas de trabalho, ou do número anual de dias de trabalho a tempo completo (n.º 1 do art. 158.º); a falta de redução a escrito do contrato ou a falta de indicação no contrato

---

6. Sobre a distinção entre o trabalho alternado e o trabalho à chamada, *vd.* JORGE LEITE, «Direito do Trabalho na Crise», *Temas de Direito do Trabalho*, Coimbra Editora, Coimbra, 1990, pp. 3536.
7. Recorde-se, de resto, que a exposição de motivos da Proposta de Lei n.º 216/X, relativa ao CT de 2009, incluiu a previsão do contrato de trabalho intermitente entre os «regimes inovadores» inseridos nas «medidas especificamente vocacionadas para alguns setores de atividade com acentuada incidência de sazonalidade».

do volume anual de trabalho implica que o contrato se tenha como celebrado sem intermitência, sem período de inatividade (n.º 2 do mesmo artigo); caso aqueles requisitos sejam satisfeitos, mas o volume anual de trabalho seja inferior ao mínimo legal, é este limite mínimo (seis meses por ano) que será aplicável (n.º 3).

Segundo o art. 159.º, as partes devem estabelecer a duração da prestação de trabalho, de modo consecutivo ou interpolado, bem como o início e termo de cada período de trabalho (no caso de trabalho alternado) ou a antecedência com que o empregador deve informar o trabalhador do início daquele (na hipótese de trabalho à chamada). Em todo o caso, a liberdade de modelação contratual dos sujeitos deve observar os seguintes limites:

*i)* A prestação de trabalho acordada não pode ser inferior a seis meses por ano, dos quais pelo menos quatro meses devem ser consecutivos (n.º 2). Ao estabelecer estes limites temporais, o legislador procura, decerto, evitar que o período de inatividade do trabalhador seja demasiado longo, mas, do mesmo passo, sujeitase à crítica daqueles que entendem que, deste modo, se introduz uma excessiva rigidez normativa numa modalidade contratual que deveria ser o santuário da flexibilidade;

*ii)* A antecedência da chamada patronal não deve ser fixada em menos de 20 dias (n.º 3). Este é um ponto particularmente sensível, em que confluem interesses contrapostos de ambos os sujeitos. Para o empregador, até em função do carácter imprevisível e irregular das necessidades de mãodeobra, o prazo de antecedência da chamada deve ser o mais curto possível, ao passo que, para o trabalhador, em ordem a que possa planificar minimamente a sua vida (pessoal, familiar, profissional), o aviso prévio deve ser o mais dilatado possível.

O CT referese ao trabalho intermitente como modalidade contratual pela qual as partes optam *ab initio*, aquando da celebração do contrato de trabalho. Nada impede, porém, que o trabalho intermitente resulte da modificação, em curso de execução, de um contrato de trabalho *standard* – isto, é claro, mediante o acordo (supõese que livre e esclarecido) de ambos os sujeitos, que deverá obedecer às exigências formuladas nos arts. 158.º e 159.º, bem como supondo que, *in casu*, a empresa exerce uma atividade «com descontinuidade ou intensidade variável», nos termos do n.º 1 do art. 157.º

2.4. O trabalhador intermitente tem direito a auferir uma *compensação retributiva* nos períodos de inatividade (nos períodos em que está em *standby*), cujo montante deverá ser estabelecido por IRCT, mas, na sua falta, será o resultante do disposto no n.º 1 do art. 160.º (20% da retribuição base), a pagar pelo empregador com periodicidade igual à da retribuição. De qualquer modo, e ainda que a lei o não diga, é óbvio que as partes podem, no legítimo exercício da sua liberdade contratual, fixar uma compensação retributiva de montante superior àqueles 20% da retribuição base. Aliás, importa não esquecer que, nos termos acima expostos, o género contrato de trabalho intermitente compreende as espécies do *trabalho alternado* e do *trabalho à chamada*, sendo certo que, nos respetivos períodos de inatividade, a situação do trabalhador intermitente é marcadamente distinta: com efeito, este, e não aquele, obriga-se a responder à convocatória do empregador; para aquele, inatividade significará autodisponibilidade, para este, inatividade rima com heterodisponibilidade (o que justifica, de modo muito especial, o pagamento de uma adequada compensação retributiva).

A lei reconhece ainda ao trabalhador intermitente a possibilidade (o direito) de *exercício de outra atividade laboral*, durante o período de *standby* (n.º 3 do art. 160.º). Note-se, contudo, que esta faculdade de exercer outra atividade laboral se depara com dois obstáculos consideráveis. Um, de ordem fática, reside na dificuldade prática de o trabalhador *intermitente/à chamada* assumir compromissos laborais minimamente consistentes com outrem, quando se sabe que ele terá de estar disponível para responder às solicitações, mais ou menos imprevisíveis, que lhe faça o empregador; enquanto trabalhador intermitente, retribuído durante os períodos de inatividade, ele é um trabalhador «à chamada», o que dificultará sobremaneira o exercício de qualquer outra atividade laboral durante tais períodos. Tendo em conta a relativa indeterminação das coordenadas temporais da sua prestação laboral intermitente, este trabalhador à chamada goza de uma escassa margem de manobra no tocante à gestão do «período de inatividade» — por isso mesmo que este período é, também, um período de heterodisponibilidade (não é tempo de trabalho, mas também não é tempo de autodisponibilidade), «à espera que o telefone toque»...

Por outro lado, e agora no plano jurídico, acontece ainda que o exercício dessa outra atividade laboral não poderá representar uma violação do dever de lealdade (*maxime* na sua dimensão de *dever de não concorrência*) a que o trabalhador intermitente se encontra vinculado face ao respetivo empregador – relembrese que, nos termos do n.º 4 do mesmo preceito, «durante o período de inatividade, mantêmse os direitos, deveres e garantias das partes que não pressuponham a efetiva prestação de trabalho». Assim sendo, não parece que reste grande espaço para esperar que o trabalhador intermitente aproveite a faculdade concedida pelo n.º 3 do art. 160.º para se dedicar a outra atividade laboral durante o período de inatividade – isso será viável, sem dúvida, no trabalho intermitente/alternado, mas sêloá muito menos no campo do trabalho intermitente/à chamada.

A manutenção, durante o período de inatividade, dos direitos, deveres e garantias das partes que não pressuponham a efetiva prestação de trabalho, compreendese sem dificuldade. Com efeito, no período de inatividade laboral o contrato não se extingue, não se interrompe nem, dirseia, se suspende. Verdadeiramente, ele cumprese dessa forma, a inatividade do trabalhador corresponde a um dos seus modos de ser, à normal execução do contrato, à mais peculiar das suas facetas. A estrutura bifásica deste contrato significa, justamente, que, por vezes, o trabalhador se encontrará inativo. Assim, e para além do que já ficou escrito em matéria de dever de não concorrência, esta norma prendese com aspectos como os referentes aos poderes patronais (poder de direção e poder disciplinar, aquele afetado e este incólume durante os períodos de inatividade) ou à antiguidade do trabalhador (o período de inatividade não deixa de ser computado para este efeito).

## 3. TEMPO DE BALANÇO

Dez anos volvidos sobre a publicação do atual CT, podemos dizer, sem receio de errar, que a doutrina e os académicos dedicaram bastante atenção a esta nova modalidade contratual, nas obras gerais de Direito do Trabalho, em artigos dedicados ao tema, em estudos monográficos (incluindo dissertações de mestrado) etc. Porém, na vida empresarial, no mundo do trabalho, ousamos perguntar: o contrato de trabalho intermitente existe mesmo? Alguém conhece algum caso real de trabalho intermitente? Cremos que, se os houver, serão casos raros...[8]

---

8. Mas parece que existem! Segundo o *Livro Verde sobre as Relações Laborais* (editado, em dezembro de 2016, pelo Gabinete de Estratégia e Planeamento do Ministério do Trabalho, Solidariedade e Segurança Social), o contrato de trabalho intermitente tem uma expressão residual no universo do trabalho por conta de outrem no nosso país, correspondente a 0,08% no ano de 2014 (p. 167).

O insucesso estatístico do contrato de trabalho intermitente é um facto. Não era difícil prognosticar tal insucesso. Ele deve-se a vários fatores, alguns ligados à excessiva permissividade do legislador, ao regular outras modalidades contratuais atípicas, máxime o contrato de trabalho a tempo parcial e o contrato a termo, as quais acabaram por canibalizar o contrato de trabalho intermitente, outros ligados à excessiva rigidez de alguns aspectos do regime do próprio trabalho intermitente. Tudo somado, o trabalho intermitente revelou-se, até agora, uma aposta falhada do legislador. Há que mudar alguma coisa nesta matéria, se realmente se quiser conceder espaço vital e importância real a esta figura.

## 4. A CANIBALIZAÇÃO DO TRABALHO INTERMITENTE PELO TRABALHO A TEMPO PARCIAL

Se pensarmos no protótipo tradicional de trabalho a tempo parcial — aquele em que a respetiva unidade de medida ou módulo de referência é a semana —, a distinção entre estas figuras surge nítida, até em atenção aos específicos interesses que, em regra, subjazem ao recurso ao trabalho a tempo parcial (instrumento de combate ao desemprego, de redução do tempo de trabalho, dando resposta a aspirações de diversas camadas de trabalhadores, como os jovens, os idosos e, quiçá, as mulheres, que não pretendem laborar a tempo completo). A verdade, porém, é que a referida distinção nem sempre é fácil, sobretudo se atendermos ao chamado «tempo parcial vertical anual», que não se encontrava previsto no CT de 2003 (cujo art. 180.º, n.º 3, utilizava um módulo de referência semanal), mas que encontra expresso acolhimento no art. 150.º, n.º 3, do atual CT (módulo de referência anual, como fórmula adicional de flexibilizar o tempo de trabalho). Como se lê neste preceito, «o trabalho a tempo parcial pode ser prestado apenas em alguns dias por semana, por mês ou por ano, devendo o número de dias de trabalho ser estabelecido por acordo».

Postas as coisas nestes termos, a distinção entre o *trabalho a tempo parcial anualizado* e o *trabalho intermitente/alternado* parece mostrar-se evanescente, registando-se uma certa sobreposição funcional entre ambas as figuras. Pelo contrário, atendendo à predeterminação das coordenadas temporais da prestação no tempo parcial e à relativa indeterminação de tais coordenadas no *trabalho intermitente/à chamada*, aqui a distinção já não suscita dúvidas: neste último, o trabalhador compromete-se a atender às solicitações do empregador, tendo de estar disponível para o efeito e sendo também especialmente retribuído por essa situação de heterodisponibilidade. Nisto reside o *plus* de flexibilidade apresentado por este contrato, face ao tempo parcial. E por isso se compreende que a lei admita, sem especiais limitações, o recurso ao trabalho a tempo parcial (basta a vontade concordante dos sujeitos para esse efeito), mas já faça algumas exigências quanto à admissibilidade do trabalho intermitente — este é um contrato causal, nisto se aproximando do contrato a termo, visto que só em certas hipóteses será admitido, não vigorando aqui, sem mais, o princípio da liberdade contratual.

Em suma, dirseia: o contrato é intermitente, não apenas porque a atividade laboral apresenta interrupções, alternando fases de trabalho com períodos de inatividade (pois essa estrutura bifásica também pode verificarse no trabalho a tempo parcial vertical, *maxime* no de módulo anual), mas, acima de tudo, porque quem gere aquela intermitência, quem marca o ritmo, é o empregador, a quem caberá definir quando se trabalha e quando se paralisa a atividade, quando o trabalhador está *on* e quando estará em *standby* (trabalho à chamada). Eis, pois, uma nova ferramenta de flexibilidade para o empregador, concebida em função e à medida das necessidades empresariais.

Em todo o caso, repete-se, a possibilidade de anualização do trabalho a tempo parcial vertical torna difícil a distinção entre este e o trabalho intermitente/alternado. E note-se que, em sede de trabalho a tempo parcial, a lei não prevê qualquer "compensação retributiva" para o trabalhador, nos períodos de ausência de trabalho... E, como se disse, o recurso ao contrato a tempo parcial é livre, bastando, para o efeito, a vontade das partes (o empregador não tem de ser titular de uma empresa que exerça atividade com descontinuidade ou intensidade variável, o empregador poderá celebrar um contrato a tempo parcial cujos períodos de inatividade ultrapassem os limites temporais impostos pelo n.º 2 do art. 159.º, etc.)... Tudo a explicar que esta primeira submodalidade de trabalho intermitente — o trabalho alternado — não tinha nem tem espaço para se afirmar, no confronto com o trabalho a tempo parcial anualizado[9].

---

9. Em sentido próximo, Catarina de Oliveira Carvalho, «A desarticulação do regime legal do tempo de trabalho», *Direito do Trabalho + Crise = Crise do Direito do Trabalho?*, cit., pp. 371-374, e Luís Miguel Monteiro, «Trabalho intermitente – que aplicabilidade prática?», cit., pp. 369-372.

## 5. A CANIBALIZAÇÃO DO TRABALHO INTERMITENTE PELO CONTRATO A TERMO

### 5.1. O contrato de trabalho intermitente como contrato sem termo

Pergunta-se: este novo contrato é sempre um contrato de duração indeterminada, sendo o trabalho intermitente mas o emprego permanente? Ou o contrato de trabalho em apreço poderá ser, simultaneamente, intermitente e a termo? É certo que, em princípio, o contrato de trabalho intermitente surge como um contrato de duração indeterminada (é como tal que a lei o configura). Porém, verificados que fossem determinados pressupostos, julgase que nada impediria que ele fosse, também, um contrato a termo, como que cumulando as duas precariedades. Pense-se nas hipóteses dos trabalhadores à procura do primeiro emprego ou desempregados de longa duração, das empresas ou estabelecimentos em início de laboração, dos contratos de interinidade, etc. É, de resto, o que sucede em matéria de trabalho a tempo parcial, caso em que não se duvida da possibilidade de o trabalhador em regime de *part-time* ser, também, um trabalhador a prazo.

O n.º 2 do art. 157.º do CT estabelece, contudo, que este contrato «não pode ser celebrado a termo resolutivo ou em regime de trabalho temporário». O contrato de trabalho intermitente é, pois, incompatível com o contrato a termo e com o trabalho temporário. São modalidades contratuais que se excluem reciprocamente: se é intermitente, não é a termo; se é a termo, não pode ser intermitente. Assim, por exemplo, se um trabalhador intermitente adoecer ou se sofrer um acidente incapacitante, ele poderá, decerto, ser substituído por um outro trabalhador contratado a termo — mas não em regime de intermitência[10].

---

10. Já vimos que a lei não permite aquela coabitação contratual, mas fica a dúvida: qual é a solução do caso, se as partes celebrarem um contrato intermitente *e* a termo? O contrato é inválido? O contrato valerá como intermitente/permanente (sem termo)? Ou valerá como contrato a termo sem intermitência? Parece que a resposta variará em função das circunstâncias concretas de cada caso (dirseia: em função da localização do vício). Assim, e dando alguns exemplos: *i)* se um jovem à procura do primeiro emprego for contratado a termo e em regime intermitente, mas por uma empresa cuja atividade não satisfaça as exigências constantes do art. 157.º, n.º 1, o contrato valerá como contrato a termo; *ii)* se, pelo contrário, um trabalhador for contratado a termo fora do círculo de hipóteses demarcado pela lei para esse efeito, mas para prestar trabalho em moldes intermitentes numa empresa cuja atividade preenche os requisitos do art. 157.º, n.º 1, então o contrato valerá como intermitente; *iii)* se nenhuma das exigências legais for satisfeita (nem os requisitos da contratação a termo, constantes do art. 140.º, nem os requisitos da contratação intermitente, plasmados no art. 157.º), então, como é óbvio, o contrato valerá como contrato de trabalho *standard* (isto é, sem termo e sem intermitência); *iv)* mais difícil é a

Nada se opõe, entretanto, a que um contrato de trabalho *standard* seja modificado por acordo das partes, passando a ser intermitente por um período determinado. Decorrido que seja esse período, o contrato não se extinguirá, apenas deixará de ser intermitente, retomando, pois, o seu carácter *standard*.

## 5.2. Intermitente: o contrato e o trabalho

Se, como acabamos de ver, o contrato de trabalho intermitente não pode ser um contrato a termo, *cabe perguntar, todavia, se o trabalho intermitente não poderá resultar da celebração de sucessivos contratos a termo*. Basta pensar nas atividades sazonais ou outras cujo ciclo anual de produção apresente irregularidades, as quais tanto legitimarão a celebração de um contrato a termo (art. 140.º, n.º 2, al. *e)*) como de um contrato intermitente (art. 157.º, n.º 1)[11]. Com efeito, há atividades sazonais que se reiteram periodicamente, com uma cadência regular, traduzindo-se em necessidades empresariais permanentes, conquanto cíclicas. Em princípio, as atividades sazonais têm uma natureza cíclica, previsível e regular. O trabalho sazonal já chegou a ser definido como «trabalho que é normalmente chamado a repetir-se em cada ano, em data mais ou menos fixa, em função do ritmo das estações ou dos modos de vida coletivos e que é efetuado por conta de uma empresa cuja atividade obedece às mesmas variações». De resto, e nas certeiras palavras de JÚLIO GOMES, «o emprego sazonal é um emprego com carácter necessariamente intermitente»[12].

---

resposta na eventualidade de os requisitos da contratação a termo e do contrato intermitente estarem, ambos, satisfeitos. Pense-se, por exemplo, na empresa em início de laboração com atividade descontínua que contrata um trabalhador pelo prazo de dois anos, em regime de intermitência. Uma das cláusulas (a de termo ou a de intermitência) é nula, não por um vício intrínseco mas apenas porque a sua convivência com a outra é legalmente vedada (as duas cláusulas não podem coexistir naquele contrato). Verifica-se, pois, uma invalidade parcial do contrato de trabalho, por violação de uma norma legal (o n.º 2 do art. 157.º). Mas qual é, *in casu*, a cláusula violadora da lei? É que a norma que determina que o contrato de trabalho intermitente não pode ser um contrato a termo, determina, outrossim, que o contrato a termo não pode ter uma cláusula de intermitência... Como resolver? Recorrer ao critério da vontade hipotética ou conjetural das partes, em ordem a determinar qual das cláusulas seria mais importante para elas, caso soubessem que teriam de abdicar de uma delas?

11. Assinalando a existência de uma certa sobreposição entre estas duas hipóteses e prognosticando que, assim sendo, a opção tenderá para o regime da contratação a termo, TATIANA GUERRA DE ALMEIDA, «O novo regime jurídico do trabalho intermitente», cit., pp. 351-352, e LUÍS MIGUEL MONTEIRO, «Trabalho intermitente – que aplicabilidade prática?», cit., pp. 372-373.

12. «O contrato de trabalho a termo ou a tapeçaria de Penélope?», *Estudos do Instituto de Direito do Trabalho*, vol. IV, Almedina, Coimbra, 2003, p. 57.

Ora, assim sendo, parece pertinente perguntar: *a partir do momento em que a lei oferece às partes a figura do contrato de trabalho intermitente, será legítimo, ainda assim, recorrer ao contrato a termo neste tipo de hipóteses?* Será que o nascimento do contrato de trabalho intermitente não implica, necessariamente, um qualquer reajustamento normativo, em sede de contrato a prazo? Será que a emergência desta nova modalidade contratual não veio retirar algum do espaço de legitimação antes reconhecido ao contrato a termo? Numa atividade destas, de cariz sazonal e cíclico, é certo que o empregador deixa, periodicamente, de ter trabalho para oferecer ao longo do ano, mas agora, desde 2009, ele passou a dispor de um contrato descontínuo ao qual pode recorrer... Ou tratase aqui, apenas, de criar mais um «produto jurídicolaboral», a somar a outros, pelo qual o empregador poderá optar, até como forma de «fidelizar» os respetivos trabalhadores?

Julgase que, *de jure condito*, esta última é a resposta acertada, sob pena, aliás, de privar de conteúdo útil o disposto no art. 140.º, n.º 2, al. *e)*, do CT. Porém, *de jure condendo*, e tendo em atenção a garantia constitucional da segurança no emprego, inscrita no art. 53.º da CRP, talvez esta norma deva ser retocada ou redimensionada, em função da criação da figura do trabalho intermitente — isto porque, repetese, *uma atividade sazonal pode não corresponder a uma necessidade temporária da empresa, mas sim a uma necessidade permanente desta, ainda que intermitente (cíclica, reiterada).*

Com efeito, e tendo a atividade da empresa, em regra destinada a perdurar no tempo por vários anos, como quadro de referência, dir-se-ia que uma atividade sazonal corresponde a uma necessidade permanente/intermitente de trabalho, não a uma necessidade meramente temporária ou transitória. Se, porém, tivermos como quadro de referência o "ciclo anual de produção", como parece resultar do n.º 2-*e)* do art. 140.º do CT, então já se dirá que uma atividade sazonal corresponde, obviamente, a uma necessidade temporária da empresa. Pelo que, não vindo esta norma codicística a ser retocada, então não será difícil prognosticar uma escassa utilização, na prática, desta nova modalidade contratual, visto que a atração do contrato a termo será, decerto, demasiado forte para as entidades empregadoras...

Em jeito de síntese conclusiva, reiterase que, se o contrato de trabalho intermitente não pode ser um contrato a termo, a verdade é que o fenómeno do trabalho intermitente resulta, as mais das vezes, da sucessão de múltiplos contratos a termo celebrados com o mesmo trabalhador[13]. Ora, o contrato de trabalho intermitente visa dar resposta a necessidades de trabalho permanentes, conquanto intermitentes (cíclicas, reiteradas) da empresa. Já o contrato de trabalho a termo visa dar resposta a necessidades temporárias ou transitórias da empresa. Como argutamente observa ANTÓNIO NUNES DE CARVALHO, a questão de saber se uma atividade sazonal corresponde a uma necessidade temporária ou a uma necessidade permanente/intermitente depende do quadro de referência adotado[14], pois a distinção entre "temporário" e "permanente" é, em si mesma, relativa. Aliás, e parafraseando JOSÉ SARAMAGO, mesmo aquilo a que chamamos vida ou existência não deixa de ser um contrato temporário, tarde ou cedo rescindido pela morte[15]. De todo o modo, dir-se-á que, no quadro da atividade da empresa (um quadro, em princípio, duradouro, plurianual), uma atividade sazonal corresponde a uma necessidade permanente/intermitente de trabalho, não a uma necessidade temporária[16]. Já se o quadro de referência for o do "ciclo anual de produção", a atividade sazonal corresponderá a uma necessidade temporária. *Levar a sério o disposto no art. 53.º da CRP implicará, cremos, reservar o contrato a termo para a satisfação de necessidades realmente transitórias da empresa, aferidas em função de um quadro plurianual; para satisfazer necessidades permanentes, ainda que cíclicas, da empresa, existe uma outra modalidade contratual, justamente vocacionada para esse tipo de situações — o contrato de trabalho intermitente.*

## 6. CONCLUSÃO: DEMARCAR TERRITÓRIO E FLEXIBILIZAR O REGIME

A título de conclusão, diremos que, para revitalizar o contrato de trabalho intermitente haverá que realizar, basicamente, duas operações: *demarcar território* e *flexibilizar o regime*. Assim, e por um lado, talvez se justifique rever a noção de trabalho a tempo parcial (voltando a adotar a semana ou a quinzena como módulo de referência) e também rever a noção de atividade sazonal como "necessidade temporária da empresa"

---

13. De resto, tratandose de atividades sazonais, o próprio legislador abdica de combater tal sucessão de contratos, conforme parece decorrer do disposto no art. 143.º, n.º 2, al. c), do CT.
14. «Considerações sobre o trabalho intermitente», cit., p. 358.
15. *As Intermitências da Morte*, Caminho, Lisboa, 2005, p. 132.
16. Como bem assinala JOANA NUNES VICENTE, «o trabalho sazonal implica não só descontinuidade mas também reprodução cíclica» («Trabalho intermitente: uma aposta ganha?», cit., p. 238, n. 17). E é justamente esta reprodução cíclica que faz com que o trabalho sazonal seja, a um tempo, intermitente e permanente, ainda que não contínuo.

para efeitos de contratação a termo (adotando uma perspectiva plurianual, vincando que aqui se poderá tratar de necessidades permanentes da empresa, ainda que intermitentes ou cíclicas)[17]. Por outro lado, talvez se justifique, em paralelo, flexibilizar alguns dos traços do atual regime jurídico do trabalho intermitente, seja reduzindo o volume mínimo anual de trabalho imposto por lei (hoje seis meses por ano, dos quais pelo menos quatro devem ser consecutivos), seja reduzindo a antecedência mínima da chamada patronal (hoje fixada em período não inferior a 20 dias), seja reduzindo ou diversificando o montante mínimo da compensação retributiva a auferir durante os períodos de inatividade (hoje fixado em 20% da retribuição base, em qualquer modalidade de trabalho intermitente, alternado ou à chamada), seja até, quiçá, permitindo a variação do *quantum* anual da prestação laboral, no "trabalho à chamada"[18]...

Como é sabido, o contrato de trabalho *standard* assenta no pressuposto da continuidade, regularidade e linearidade da execução do trabalho (trabalho constante, sempre igual, dia após dia, ano após ano). Isso tem implicado que, nas atividades, hoje dominantes, em que se verificam oscilações sensíveis de mercado, se tenha generalizado a utilização de vínculos precários. Ora, como bem escreve MONTEIRO FERNANDES, «o regime do trabalho intermitente permite que os contratos de trabalho se mantenham, ajustando-se o ciclo da sua execução ao das necessidades efetivas de trabalho que a empresa experimenta, sem que esta se desligue do seu "capital humano" nem o trabalhador viva uma situação de precariedade e incerteza»[19]. Assim é, sem dúvida. Mas, cremos, para que assim seja na prática, urge acabar com as atuais zonas de sobreposição entre o trabalho intermitente e outras modalidades contratuais mais atraentes e vantajosas para os empregadores (o contrato a tempo parcial, o contrato a prazo e o trabalho temporário), bem como introduzir maior *souplesse* no regime do próprio trabalho intermitente, assim aumentando a sua atratividade para as empresas. Caso contrário, o contrato de trabalho intermitente continuará no limbo, destinado a

---

17. Essa alteração legislativa repercutir-se-á, naturalmente, no regime do trabalho temporário, tendo em conta as situações em que a lei admite a celebração de contrato de utilização de trabalho temporário, situações que, em larga medida, se recortam por remissão para o disposto no art. 140.º do CT (*vd.*, a este propósito, o disposto no art. 175.º do CT).
18. Afinal, como sublinha ANTÓNIO NUNES DE CARVALHO, o verdadeiro trabalho à chamada tem tipicamente associada a possibilidade de variação do *quantum* da prestação — «Considerações sobre o trabalho intermitente», cit., p. 352.
19. *Direito do Trabalho*, 18.ª ed., Almedina, Coimbra, 2017, p. 196.

desempenhar um papel decorativo e residual, quase virtual, no nosso tecido empresarial[20].

## 7. O TRABALHO INTERMITENTE NA REFORMA TRABALHISTA BRASILEIRA

Uma das principais novidades introduzidas pela reforma da legislação do trabalho no Brasil, constante da Lei n.º 13.467/2017, consistiu na criação da figura do trabalho intermitente. Assim, segundo o novo *caput* do art. 443 da Consolidação das Leis do Trabalho (CLT, «o contrato individual de trabalho poderá ser acordado tácita ou expressamente, verbalmente ou por escrito, por prazo determinado ou indeterminado, ou para prestação de trabalho intermitente». E, nos termos do § 3.º do mesmo artigo, «considera-se como intermitente o contrato de trabalho no qual a prestação de serviços, com subordinação, não é contínua, ocorrendo com alternância de períodos de prestação de serviços e de inatividade, determinados em horas, dias ou meses, independentemente do tipo de atividade do empregado e do empregador, exceto para os aeronautas, regidos por legislação própria».

Registe-se que o regime jurídico do trabalho intermitente, introduzido pela Lei n.º 13.467, de 13 de julho de 2017, foi objeto de reponderação legislativa quase de imediato, pois o Poder Executivo logo editou uma medida provisória, a MP n.º 808, de 14 de novembro de 2017, a qual veio alterar diversos aspectos relevantes do regime jurídico do trabalho intermitente. Sucede que, entretanto (em 23 de abril de 2018), essa MP caducou, pois não foi convertida em lei no prazo estabelecido pela Constituição Federal, pelo que tudo terá voltado, nesta matéria, aos termos previstos na versão inicial da reforma trabalhista.

De todas as formas, e sem querer entrar nos pormenores do novo regime jurídico do trabalho intermitente em vigor no Brasil, alguns aspectos desse regime assumem, a nosso ver, particular relevo, sobretudo quando comparados com o regime vigente em Portugal. Assim:

i) Tal como sucede em Portugal, o contrato de trabalho intermitente deve ser celebrado por escrito, nos termos do art. 452-A da CLT revista[21];

---

20. Em sentido próximo, JOANA NUNES VICENTE, «Trabalho intermitente: uma aposta ganha?», cit., p. 239.
21. Como observa VÓLIA BOMFIM CASSAR, esta formalidade é essencial para a validade da cláusula de intermitência, pelo que o seu desrespeito implicará que o contrato de trabalho não seja

ii) O recurso a esta modalidade contratual poderá ter lugar em qualquer tipo de empresa e independentemente do tipo de atividade do empregado (exceto para os aeronautas), ao passo que em Portugal, como vimos, o trabalho intermitente apenas poderá existir em empresas que exerçam atividade com descontinuidade ou intensidade variável;

iii) O trabalho intermitente brasileiro surge apenas na submodalidade de trabalho à chamada, podendo o trabalhador ser convocado a qualquer momento (com apenas três dias corridos de antecedência), sendo que, nos termos da lei, também poderá não ser convocado nunca ou quase nunca para prestar trabalho. Em Portugal, como se disse, a convocatória patronal terá de ser feita com pelo menos 20 dias de antecedência, sendo que, em cada ano, o período de prestação de trabalho não pode ser inferior a seis meses a tempo completo, dos quais pelo menos quatro meses devem ser consecutivos;

iv) O período de inatividade laboral não será considerado tempo à disposição do empregador, pelo que não será remunerado, podendo o trabalhador prestar serviços a outros contratantes, ao passo que em Portugal o período de inatividade será remunerado (a compensação retributiva ascenderá, no mínimo, a 20% da retribuição base), podendo também o trabalhador exercer outra atividade, com respeito pelo dever de não concorrência.

Pelo exposto, afigura-se líquido concluir que a versão brasileira do contrato de trabalho intermitente ameaça converter o contrato de trabalho – em princípio, um contrato de atividade, que tem por objeto a prestação de uma atividade laboral pelo trabalhador –, num contrato de inatividade, isto é, num vínculo contratual em que à situação de heterodisponibilidade do trabalhador, traduzida na necessidade de, com apenas três dias de antecedência, corresponder às convocatórias do empregador, pode não corresponder qualquer atividade real e, correspondentemente, qualquer retribuição. Ou seja, um contrato de trabalho sem trabalho real nem salário garantido[22]!

---

tido como intermitente — *Direito do Trabalho*, 14.ª ed., Editora Forense, GEN, Rio de Janeiro-São Paulo, 2017, pp. 507-508.

22. Isto muito embora se façam ouvir algumas vozes bem-intencionadas na doutrina, sustentando que a lei deveria ser interpretada no sentido de garantir ao trabalhador o recebimento do salário mínimo mensal, independentemente do número de horas trabalhadas no mês – assim,

Em bom rigor, o contrato de trabalho intermitente brasileiro não faz, sequer, jus ao nome, porque intermitente, como todos sabemos, é aquilo que tem paragens, interrupções, aquilo que cessa e recomeça. Ora, tal como desenhado pelo legislador brasileiro, aqui pode nem sequer haver paragens ou interrupções, pois o trabalhador pode não ser sequer convocado para trabalhar uma vez que seja, aqui pode não haver cessação e recomeço, porque pode nem sequer haver começo da prestação de atividade... Ou seja, aqui teremos, em tese, um contrato de trabalho sem trabalho e sem salário, *rectius*, um contrato de trabalho em que o salário poderá existir, ocasionalmente, se e quando o trabalhador for convocado para prestar trabalho e na estrita medida desse trabalho ocasional. Como escreve SIDNEI MACHADO, «o contrato intermitente é um contrato de 'zero hora' e 'zero salário'. É uma modalidade de flexibilidade absoluta, que faz o empregado trabalhar sob demanda, em função da necessidade da empresa»[23]. No caso do Brasil, melhor se falaria, pois, em "trabalho à chamada" – chamada essa, aliás, meramente eventual – do que em "trabalho intermitente".

A doutrina brasileira tem criticado com vigor os termos em que a reforma veio criar e modelar a figura do trabalho intermitente, em atenção aos interesses dos empresários e não dos trabalhadores, que são colocados numa situação de insegurança extrema[24]. Trata-se, realmente, como bem assinala MAURÍCIO GODINHO DELGADO, de uma figura anómala e de uma das mais disruptivas inovações da reforma trabalhista[25]. Na feliz síntese de ÂNGELA MARIA KONRATH, que nos permitimos transcrever e subscrever, «ao alternar períodos de atividade e de inatividade

---

por todos, JORGE LUIZ SOUTO MAIOR, «Impactos do golpe trabalhista (a Lei n.º 13.467/17)», in RAIMUNDO SIMÃO DE MELO e CLÁUDIO JANNOTTI DA ROCHA (coord.), *Constitucionalismo, Trabalho, Seguridade Social e as Reformas Trabalhista e Previdenciária*, LTr, São Paulo, 2017, p. 309.

23. «A reforma trabalhista no Brasil a partir de uma perspectiva comparada das reformas da União Europeia», in JOSÉ AFFONSO DALLEGRAVE NETO e ERNANI KAJOTA (coord.), *Reforma Trabalhista ponto a ponto: estudos em homenagem ao Professor Luiz Eduardo Gunther*, LTr, São Paulo, 2018, p. 18.

24. Assim, por exemplo, AUGUSTO CÉSAR LEITE DE CARVALHO, *Direito do Trabalho – Curso e Discurso*, 2.ª ed., LTr, São Paulo, 2018, pp. 424-426, GUSTAVO FILIPE BARBOSA GARCIA, *Manual de Direito do Trabalho*, 10.ª ed., Editora Juspodium, Salvador, Bahia, 2018, pp. 183-184, ou VÓLIA BOMFIM CASSAR, *Direito do Trabalho*, cit., pp. 508-509. Por último, SÉRGIO PINTO MARTINS, o qual observa que «este dispositivo pode dar ensejo à fraude, de muitas contratações serem feitas sem fundamento como contrato intermitente, em que o empregado não sabe quando vai trabalhar e por quanto tempo» (*Direito do Trabalho*, 34.ª ed., Saraiva, São Paulo, 2018, p. 215).

25. *Curso de Direito do Trabalho*, 17.ª ed., LTr, São Paulo, 2018, pp. 637 e 668.

atrelados unicamente às necessidades produtivas da empresa, sem um mínimo de previsibilidade de chamadas e nem de ganho mínimo assegurado ao trabalhador, o contrato de trabalho intermitente (a) transfere ao empregado – que não participa da gestão da empresa – os riscos da atividade econômica; (b) desonera a empresa da sua função social; (c) intensifica a sobrecarga de trabalho, chamando o empregado apenas nos momentos de pico e sujeitando o trabalhador a manter múltiplos vínculos com diversos empregadores; (d) generaliza um padrão excepcional de contratação para todas as atividades e sem um mínimo de garantias de trabalho efetivo; (e) avilta a categoria do setor de serviços, que passa a circular entre uma e outra ocupação, de um emprego para o outro, excluída de qualquer projeto de qualificação profissional; (f) impede a construção de pertencimento do trabalhador a um grupo, a uma coletividade de determinada profissão; (g) aprofunda o distanciamento da consciência de classe, do sentimento de solidariedade; (h) põe a perder a possibilidade de construção de uma *profissão de vida inteira*»[26].

## 8. FLEXIBILIZAÇÃO OU MERCANTILIZAÇÃO DO DIREITO DO TRABALHO?

Tendo em conta a regulamentação da figura pelo legislador brasileiro, parece ser, realmente, de despudorada mercantilização do labor humano que aqui se trata; vale dizer, a mercadorização do trabalho e a desvalorização da pessoa que há em cada trabalhador, em homenagem aos interesses empresariais[27]. Sucede, porém, que o princípio normativo fundante do Direito do Trabalho consiste, justamente, na afirmação, proclamada pela

---

26. «O contrato de trabalho intermitente», VALDETE SOUTO SEVERO *et. al.*, *Comentários à Lei 13.467/17: contribuições para um enfrentamento crítico*, HS Editora, Porto Alegre, 2017, pp. 79-80.

27. Ponto que tem sido sublinhado, com vigor, por boa parte da doutrina brasileira. A título de exemplo, e na obra citada *supra*, na nota 21, CRISTIANO PAIXÃO e RONALDO CURADO FLEURY veem no trabalho intermitente «um exemplo enfático da transformação do trabalho humano em mercadoria, que torna letra morta o valor social do trabalho» («O Ministério Público no contexto da reforma trabalhista: atuação em defesa da Constituição», p. 108), MARIA CECÍLIA MÁXIMO TEODORO e LÍVIA MENDES MOREIRA MIRAGLIA, por seu turno, sustentam que o trabalho intermitente «ofende o princípio da valoração social do trabalho, afrontando o fundamento basilar de que este não é uma mercadoria» («Alguns dos efeitos econômicos, arrecadatórios e sociais da Reforma Trabalhista», p. 137), e MARCO ANTÔNIO CÉSAR VILLATORE e LUCAS MORAES RAU consideram, da sua parte, que o trabalho intermitente «é uma clara "coisificação" do trabalhador, que passa a ser um mero instrumento da consecução empresarial, ferramenta descartável do risco da atividade econômica» («Reforma trabalhista e a falácia das garantias», p. 157).

OIT na célebre Declaração de Filadélfia, segundo a qual "o trabalho não é uma mercadoria"... Assim sendo, o Direito do Trabalho parece estar mesmo em crise de identidade, com a sua axiologia própria a ser questionada. Estamos, parece, a caminho de uma regulação puramente mercantil das relações de trabalho, em trânsito acelerado, dir-se-ia, para um Direito do Trabalho *market friendly*. A tendência parece ser a de substituir as "leis do trabalho" por coisa diferente, por "leis do mercado laboral", despojadas de preocupações sociais (trabalho digno) e pautadas, tão-só, por ideias de eficiência e de contenção de custos (melhorar o funcionamento do mercado de trabalho). Como se o trabalho fosse, repete-se, uma mercadoria ou artigo de comércio. Mas, como alguém certa vez escreveu, o trabalho não existe, o que existe são pessoas que trabalham...

Como é sabido, os anos setenta do século passado assistiram ao início da *crise do Direito do Trabalho*, começando desde então a avolumarse o coro de críticas ao «monolitismo», ao «garantismo» e à «rigidez» das normas jurídicolaborais. Neste contexto, o Direito do Trabalho viuse remetido para o banco dos réus, foi colocado no pelourinho, foi acusado de irracionalidade regulativa e de produzir consequências danosas, isto é, de criar mais problemas do que aqueles que resolvia, em particular no campo económico e no plano da gestão empresarial (efeito*boomerang* das normas juslaborais, grandes responsáveis, dizse, pelas elevadas taxas de desemprego). Desta forma, no último quartel do séc. XX a *flexibilização* afirmouse como novo *leitmotiv* juslaboral e o Direito do Trabalho passou a ser concebido, sobretudo, como um instrumento ao serviço da promoção do emprego e do investimento, como variável da política económica, dominado — quando não obcecado — por considerações de eficiência (produtividade da mãodeobra, competitividade das empresas, etc.).

O Direito do Trabalho atravessa, assim, uma profunda crise de identidade. Falase, não sem alguma razão, numa autêntica «colonização economicista» deste ramo do ordenamento jurídico. A retórica discursiva em torno da flexibilidade mostrase, aliás, altamente sedutora, sendo o clássico (e, dirseia, historicamente ultrapassado) conflito social entre empregadores e trabalhadores substituído pelo novo conflito entre *insiders* (os trabalhadores com vínculo por tempo indeterminado e com emprego estável) e *outsiders* (os desempregados e os que apenas dispõem de um emprego precário, como os contratados a prazo e os falsos trabalhadores independentes). Um Direito do Trabalho demasiado rígido e excessivamente garantístico seria, afinal, o grande responsável por esta segmentação e pelo dualismo do mercado de trabalho, criando uma fratura entre os que estão dentro e os que estão fora da «cidadela fortificada» do direito laboral.

Vistas as coisas sob este prisma, a defesa dos interesses dos *outsiders* reclamaria a eliminação dos direitos (ou melhor: dos privilégios) dos *insiders*. E o apetite flexibilizador de alguns revelase, por isso, insaciável («sempre mais!»: sempre mais flexibilidade, sempre mais mobilidade, sempre mais adaptabilidade, sempre mais desregulamentação), tudo em nome das supostas exigências do sacrossanto e omnipotente «Mercado», concebido este como a *Grundnorm* de toda a ordem jurídica.

De qualquer modo, é inegável que, nos nossos dias, a *flexibilidade do mercado de trabalho* constitui um objetivo omnipresente e incontornável, surgindo aquela, dizse, como um valor "sociologicamente pósindustrial" e "culturalmente pósmoderno". Em suma, a *flexibilidade* substituiu a *solidez* como condição ideal a ser perseguida. Ora, *flexibilidade* consiste, sem dúvida, numa palavra mágica, encantatória. Flexível significa maleável, ágil, suave... vocábulos que emitem, todos eles, sinais positivos. Flexível opõese a rígido — e o que é rígido é mau, o que é rígido partese. Mas flexível também pode significar dócil, complacente, submisso. Neste sentido, flexível opõese a firme — e o que é firme é bom, o que é firme não se dobra. Na verdade, entre a maleabilidade e a docilidade vai uma distância não despicienda. Tal como entre a suavidade e a complacência. Tal como, afinal, entre a rigidez e a firmeza.

Boa parte da polêmica em torno do termo *flexibilidade* reside, assim, em sua polissemia, na diversidade de acepções — nem todas positivas — que comporta. Como bem observa MÁRCIO TÚLIO VIANA, «na verdade, a própria palavra "flexibilização" é extremamente flexível. Dependendo do contexto em que se insere, pode se mostrar democrática ou tirana, moderna ou antiquada, simpática ou cruel. Em geral, no Direito do Trabalho, tem servido para passar uma idéia democrática, moderna e simpática de uma proposta tirana, antiquada e cruel...»[28]. Ninguém quer, julgase, um Direito do Trabalho rígido e áspero. Mas alguns aspiram, parece, a um Direito do Trabalho mole e condescendente. Alguns suspiram mesmo por um Direito do Trabalho frouxo... A nosso ver, um Direito do Trabalho flexível jamais poderá deixar de ser um Direito do Trabalho robusto e vigoroso. Cremos que o Direito do Trabalho terá de ser flexível naquele sentido ideal, de «resistência tênsil», apontado por

---

28. «Quando a livre negociação pode ser um mau negócio», *Suplemento Trabalhista LTr*, 2002, vol. 3, pp. 1114.

RICHARD SENNETT: «Ser adaptável à mudança de circunstâncias mas sem ser quebrado por ela»[29].

Em jeito conclusivo, julgase ser algo falaciosa a tese segundo a qual a flexibilização do direito laboral equivale, *sic et simpliciter*, a ganhos de eficiência do aparelho produtivo e, logo, a uma maior competitividade das empresas. A verdade é que, até hoje, a ciência económica nunca conseguiu demonstrar a existência de uma relação causal entre o nível de proteção do emprego e as taxas de desemprego. Aliás, a este respeito não podemos deixar de compartilhar o ceticismo de UMBERTO ROMAGNOLI, expresso na seguinte *boutade*: «A ideia segundo a qual, para ajudar e proteger todos os que procuram trabalho, é necessário ajudar e proteger menos quem tem trabalho, é filha da mesma maldade com a qual se sustenta que, para fazer crescer cabelo aos calvos, é necessário rapar o cabelo a quem o tem»[30].

Porém, ainda que assim fosse, isto é, ainda que uma tal correlação viesse a ser estabelecida sem margem para dúvidas, sempre conviria não perder de vista que uma regra jurídica (em especial, uma regra jurídicalaboral) nunca poderá encontrar um arrimo válido e bastante em meras considerações de *eficiência*, sob pena de cairmos numa visão puramente mercantil do Direito e das suas funções. Na verdade, existem outros valores, de índole não económica (desde logo, a dignidade do trabalho e da pessoa que o presta), que ao Direito do Trabalho cabe preservar e promover — ontem como hoje. Ora, a preocupação com o trabalho digno e com a salvaguarda dos direitos humanos no trabalho não pode ser sobrelevada por uma pura lógica de produtividade laboral e de competitividade empresarial[31].

A chamada «mãodeobra» será, decerto, um fator produtivo, a conjugar com os demais no todo que é a empresa. Mas, antes e acima disso, a mãodeobra são *pessoas*. «O trabalho não é uma mercadoria»! Esta afirmação constitui, afinal, o fundamento normativo nuclear do Direito do Trabalho, significando o primado da dignidade do trabalho e de quem o presta

---

29. A *Corrosão do Caráter*, Terramar, Lisboa, 2001, p. 73.
30. «Divagazioni sul rapporto tra economia e diritto del lavoro», *Lavoro e Diritto*, n.º 3, 2005, p. 531.
31. Para uma estimulante reflexão sobre o tema, assinalando que a tradicional função tuitiva do Direito do Trabalho parece hoje agonizar e considerando que a regulação do trabalho por conta alheia deve tentar conciliar dois objetivos igualmente importantes, a equidade laboral e a eficiência empresarial, vd. OJEDA AVILÉS, *La Deconstrucción del Derecho del Trabajo*, La Ley, Madrid, 2010, p. 19.

sobre outras considerações, nomeadamente as que relevam da eficiência económica. E, como escreveu KANT, a dignidade não tem preço...[32]

Pela nossa parte, cremos que a missão fundamental do Direito do Trabalho dos nossos tempos consiste em preservar e renovar o espírito de Filadélfia, reiterando que o trabalho não é, não deve ser, não pode ser, degradado ao estatuto de mera mercadoria e que o mundo, no séc. XXI, terá de ser um mundo de trabalho digno para todos. Em jeito conclusivo, no confronto entre a norma portuguesa e a brasileira sobre o trabalho intermitente, diríamos: nem tanto ao mar, nem tanto à terra! Cremos que a norma portuguesa sobre o trabalho intermitente poderá ser algo flexibilizada, nos moldes acima propostos[33]. Mas não temos dúvidas de que o regime brasileiro carece urgentemente de ser corrigido, em sentido garantístico, de forma a salvaguardar direitos básicos de qualquer trabalhador, emergentes de qualquer modalidade de contrato de trabalho: o direito de trabalhar, de exercer uma atividade profissional, e o direito ao salário, a uma justa remuneração pelo trabalho realizado. Nem um nem outro destes direitos se encontram assegurados pela norma brasileira emergente da reforma. Impõe-se, por isso, reformar a reforma!

---

32. «No reino dos fins tudo tem ou um preço ou uma dignidade. Quando uma coisa tem um preço, pode-se pôr em vez dela qualquer outra como equivalente; mas quando uma coisa está acima de todo o preço, e portanto não permite equivalente, então tem ela dignidade» — IMMANUEL KANT, *Fundamentação da Metafísica dos Costumes*, Edições 70, Lisboa, 2007, p. 77.

33. Diga-se que, no momento em que escrevemos estas páginas, foi já aprovada no parlamento português, na generalidade, uma proposta de lei (a PL n.º 136/XIII) contendo alterações a diversas normas do CT, entre elas algumas relativas ao trabalho intermitente. Assim, e em síntese, o legislador propõe-se: *i)* diminuir o limiar anual mínimo de prestação de trabalho, de seis para cinco meses a tempo completo, dos quais pelo menos três (e já não quatro) devem ser consecutivos; *ii)* diferenciar o período de antecedência da chamada patronal, consoante o trabalhador intermitente exerça ou não outra atividade, fixando-o em 30 ou 20 dias, respetivamente; *iii)* estabelecer a obrigação, a cargo do trabalhador intermitente, de este informar o empregador caso exerça outra atividade, sendo que, neste caso, o montante da retribuição correspondente a esta última atividade será deduzido na compensação retributiva a pagar pelo primeiro empregador.

Temos dúvidas sobre o acerto das alterações propostas: a diminuição do limiar mínimo de trabalho deveria, cremos, ser mais ousada, os períodos de antecedência da chamada patronal continuam demasiado exigentes e, sobretudo, a regra da dedução da retribuição auferida pelo trabalhador em função do exercício de outra atividade parece-nos de bondade muitíssimo discutível, pois acabará por reduzir a zero o montante da compensação retributiva a suportar pelo empregador intermitente. É certo que, neste período, o trabalhador não lhe presta serviço efetivo, mas é outrossim certo que, em tal período, o vínculo contratual está em vigor e, no trabalho à chamada, o trabalhador permanece adstrito a responder à convocatória patronal, pelo que se afigura justo que alguma compensação retributiva ele deva receber — coisa que, obviamente, tenderá a evaporar-se se vier a ser abatida a retribuição que seja contrapartida de outra atividade entretanto prestada pelo trabalhador ao serviço de outrem.

# O trabalho 4.0 e a igualdade de gênero: Algumas questões[1]

*Teresa Coelho Moreira*[2]

*"Technology and automation need not be our enemies. With the right tools and direction, they may have a positive impact on women's rights and empowerment"*

MARTA OCHOA,
Coordinator UNI Equal Opportunities, UNI Global Union

*"If an ideal world is one in which technologies promote not only instrumental values such as functional efficiency, safety, reliability, and ease of use, but also the substantive social, moral, and political values to which societies and their peoples subscribe, then those who design systems have a responsibility to take these latter values as well as the former into consideration as they work."*

MARY FLANAGAN, DANIEL HOWE e HELEN NISSENBAUM,
"Embodying Values in Technology: Theory and Practice" in,
*Information Technology and Moral Philosophy (CUP, 2008),*
p. 322.

**SUMÁRIO:** 1. Introdução – 2. Igualdade de gênero no Trabalho 4.0 – 2.5. Torna-se essencial tentar antecipar as mudanças tecnológicas através da formação contínua. – Conclusões

---

1. Este artigo corresponde, com algumas alterações, ao nosso artigo "Igualdade de Género no Trabalho 4.0", *in A Igualdade nas Relações de Trabalho, Estudos APODIT*, vol. 5, (coord. MARIA DO ROSÁRIO PALMA RAMALHO e TERESA COELHO MOREIRA), AAFDL, Lisboa, 2019, pp. 45 e ss.

2. Doutora em Direito. Professora Auxiliar da Escola de Direito da Universidade do Minho. Membro da Direção da APODIT – Associação Portuguesa de Direito do Trabalho. Membro integrado do JusGov – Centro de Investigação em Justiça e Governação e Coordenadora do Grupo de Investigação em Direitos Humanos do mesmo.

## 1. INTRODUÇÃO

**1.1.** O direito à igualdade e a proibição da discriminação constitui um direito universal, reconhecido pela Declaração Universal dos Direitos do Homem, pela Convenção das Nações Unidas sobre a eliminação de todas as formas de discriminação contra as mulheres, pelos Pactos Internacionais das Nações Unidas sobre os Direitos Civis e Políticos e sobre os Direitos Económicos, Sociais e Culturais, e pela Convenção para a Proteção dos Direitos do Homem e das Liberdades Fundamentais, de que Portugal é signatário. Por outro lado, a Convenção n.º 111 da Organização Internacional de Trabalho proíbe a discriminação em matéria de emprego e atividade profissional.

**1.2.** Por outro lado, o progresso da humanidade está, muitas vezes, associado ao fascínio perante a ciência e a tecnologia por originarem inovações que fazem avançar a humanidade: da roda ao microprocessador, do ábaco ao computador, da imprensa escrita à *Internet* e à *web*, *inter alia*[3]. E, atualmente, a Inteligência Artificial[4] veio para ficar e incide sobre inúmeros aspectos da vida das pessoas em geral e dos trabalhadores em especial desde o momento de formação do contrato de trabalho[5], passando pela sua execução[6] e terminando na sua cessação[7].

---

3. Ver o esquema com diferentes fases de evolução apresentado em JEAN-MICHEL RODES, GENEVIÈVE PIEJUT e EMMANUELLE PLAS, *Memory of tthe Information Society*, UNESCO, Paris, 2003, p. 11.
4. Há que referir que não existe um conceito unívoco de Inteligência Artificial, principalmente porque tem de relacionar-se com outro conceito que também é difícil de definir e que é o de inteligência humana e que a mesma coloca várias questões que ultrapassam, largamente, o âmbito deste nosso artigo mas, apenas para referir algumas, desde logo a questão da proteção e propriedade dos dados que constituem a base de trabalho para a Inteligência Artificial; ou questões relativas à responsabilidade por exemplo no caso dos carros autónomos; ou o direito à privacidade porque todos vamos deixando uma série de *pistas digitais* que permitem a comparação à entrada de determinados locais de uma cópia digitalizada e a imagem da pessoa em causa e, em especial no caso das relações de trabalho, o trabalhador encontra-se, por esta via, amplamente *radiografado* e informações colocadas *online* podem perdurar no ciberespaço por muito tempo, correndo o risco de ficarem completamente desatualizadas e com a inerente descontextualização dos dados.
5. Através de novas formas de contratação *online*, *inter alia*, com o recurso a um novo tipo de entrevistas, ou de recurso a plataformas digitais de emprego.
6. Através de, *inter alia*, um novo tipo de formação ao longo da vida, de um novo controle, o controle eletrônico/digital, um novo tempo de trabalho, ou de um novo tipo de Direito Coletivo.
7. Cf., para maiores desenvolvimentos, *inter alia*, ILO, *Work for a brighter future – Global Commission on the Future of Work*, Genebra, 2019, Instituto de Estrategia Legal en RRHH, *Inteligencia*

Secundando ALONSO OLEA[8], já desde a Revolução Industrial, há uma "simbiose" entre a ciência e a tecnologia que se repercute no Direito do trabalho e que permitiu "a passagem para a indústria, para as máquinas e, consequentemente, para o trabalho, das ideias do sábio". E o Direito do trabalho é um dos sectores do ordenamento jurídico que, pela sua própria natureza, é mais exposto à influência das mudanças tecnológicas[9]. Os sistemas produtivos têm-se caracterizado pela sua contínua modernização e melhoria das técnicas utilizadas de tal forma que o emprego do termo novas tecnologias poderia entender-se como uma característica permanente deste ramo do Direito, perfeitamente aplicável a cada uma das suas fases ou etapas cronológicas ou, até mesmo, uma redundância. Desde que ADAM SMITH consolidou a ideia da organização do trabalho, socorrendo-se do exemplo da fábrica de alfinetes[10], a história da industrialização está estreitamente ligada às transformações e mudanças nos métodos de organização do trabalho[11].

E o setor das TIC tem revolucionado imenso o Direito do trabalho mas não só. O surgimento das plataformas digitais é enorme e em menos de uma década foram criadas cerca de 10000 companhias ou plataformas e muitos empregos foram criados[12]. Atualmente há uma *app* para tudo ou quase tudo, desde atividades mais simples como entrega de comida, até atividades mais complexas como prestação de serviços jurídicos, surgindo todos os dias novas plataformas. Por outro lado, mesmo

---

*artificial y sus impactos en los Recursos Humanos y en el Marco Regulatorio de las Relaciones Laborales*, Wolters Kuwer, Espanha, 2018, 4.ª *Revolución Industrial: Impacto de la Automatización y la Inteligencia Artificial en la Sociedad y la Economía Digital*, Thomson Reuters, Aranzadi, Espanha, 2018, e WEF, *The Future of Jobs Report*, 2018.

8. *Introducción al Derecho del Trabajo*, 4.ª edição, Editoriales de Derecho Reunidas, Madrid, 1981, pp. 100 e ss.

9. Neste sentido MIGUEL RODRÍGUEZ-PIÑERO ROYO, "El jurista del Trabajo frente a la Economia Colaborativa", in *Economia Colaborativa y trabajo em plataforma: realidades y desafíos*, (coord.: MIGUEL C. RODRÍGUEZ-PIÑERO ROYO e MACARENA HERNÁNDEZ BEJARANO), Editorial Bomarzo, 2017, pp. 187-188.

10. Neste exemplo ADAM SMITH escolhe o famoso caso da fabricação de alfinetes para descrever a passagem do artesão até à fábrica constatando que se um trabalhador isolado conseguia, anteriormente, produzir cerca de 20 alfinetes por dia, a separação de tarefas e a colaboração entre os trabalhadores permite produzir 48 mil alfinetes, isto é, 2400 vezes mais.

11. Iniciava-se, desta forma, a "grande aventura", desde a visão como uma promessa da divisão do trabalho até uma progressiva incorporação da força de trabalho numa máquina, primeiro como energia motora, para depois ser energia operadora e, por fim, com uma função de controle. *Vide* CARINCI, "Rivoluzione tecnológica e Diritto del Lavoro: il rapporto individuale", *in GDLRI*, n.º 25, 1986, p. 203.

12. MARK GRAHAM, *The Risks and Rewards of Online Gig Economy*, Oxford Internet Institute, 2017.

aquelas que estão bem sedimentadas no mercado quase que se reinventam todos os dias ou variam a sua aplicação de país para país[13].

Nesta nova sociedade digital existiu uma transformação radical da economia, na medida em que que há uma redução enorme dos custos de informação e de coordenação, e surgem as plataformas digitais e uma nova economia, a economia partilhada ou colaborativa que, na noção apresentada pela Comissão Europeia em 2 de Junho de 2016, no Documento *Uma Agenda Europeia para a Economia Colaborativa*, refere-se a "modelos empresariais no âmbito dos quais as atividades são facilitadas por plataformas colaborativas que criam um mercado aberto para a utilização temporária de bens ou serviços, muitas vezes prestados por particulares. São três as categorias de intervenientes na economia colaborativa: (i) os prestadores de serviços que partilham os ativos, os recursos, a disponibilidade e/ou as competências — podem ser particulares que oferecem serviços numa base esporádica («pares») ou prestadores de serviços que atuam no exercício da sua atividade profissional («prestadores de serviços profissionais»); (ii) os utilizadores desses serviços; e (iii) os intermediários que — através de uma plataforma em linha — ligam prestadores de serviços e utilizadores, facilitando as transações recíprocas («plataformas colaborativas»). Por via da regra, as transações de economia colaborativa não implicam uma transferência de propriedade, podendo ser realizadas com fins lucrativos ou sem fins lucrativos".

Esta economia colaborativa gera novas oportunidades, para todos, podendo dar um importante contributo para a criação de empregos, de regimes de trabalho flexíveis e de novas fontes de rendimento, desde que seja devidamente incentivada e desenvolvida de forma responsável.

Contudo, como também salienta a Comissão Europeia, há vários problemas. Desde logo, a economia colaborativa levanta frequentemente questões no que diz respeito à aplicação dos quadros jurídicos em vigor, diluindo a tradicional distinção entre consumidor e fornecedor, trabalhador por conta de outrem e trabalhador por conta própria, prestação de serviços profissionais e não profissionais.

Também o próprio Parlamento Europeu[14] realça a importância fundamental de proteger os direitos dos trabalhadores nos serviços

---

13. *Vide* JEREMIAS PRASSL, *Humans as a Service – the Promise and Perils of Work in the Gig Economy*, OUP, Oxford, 2018, pp. 12-13.
14. *Relatório sobre uma Agenda Europeia para a Economia Colaborativa*, pontos 38 e 39.

colaborativos, chamando a atenção para o facto de assegurar-se o direito de os trabalhadores se organizarem e o direito à negociação e ação coletivas, em conformidade com o direito e a prática de cada Estado-membro, salientando que todos os trabalhadores da economia colaborativa são quer trabalhadores por conta de outrem, quer trabalhadores por conta própria, consoante a primazia dos factos, devendo ser classificados como tal, devendo todos os EstadosMembros garantirem condições de trabalho equitativas e uma proteção jurídica e social adequada para todos os trabalhadores na economia colaborativa, independentemente do seu estatuto[15].

**1.3.** Assim, após uma revolução agrícola, uma revolução industrial e uma revolução informática onde o papel cimeiro é ocupado pelo computador, hoje estamos perante uma verdadeira revolução digital, associada à internet, ao *cloud computing* e a novas formas de prestar trabalho. Com esta surge também o denominado trabalho digital na economia colaborativa, em plataformas digitais, e um novo tipo de trabalhador o que origina um novo tipo de subordinação reforçada por "um espaço sem distâncias e um tempo sem demoras"[16].

As bases para esta última revolução baseiam-se em sistemas de TICs, numa robótica cada vez mais desenvolvida, em tecnologias de sensores, no *cloud computing*, numa enorme recolha e tratamento de dados que, devido à *Big Data*, podem ser utilizados conjuntamente.

Estas novas possibilidades representam a base de uma nova revolução relacionada com sistemas inteligentes e de um novo sistema de trabalho com o surgimento da *sharing economy ou economia colaborativa*. E, apesar de trazerem grandes promessas de desenvolvimento, também originam muitos desafios que requerem uma atuação proativa de empresas, governos, indivíduos e trabalhadores.

Estamos perante uma mudança que não é somente estrutural mas, também, e principalmente, funcional, no sentido de que mudou profundamente a maneira de efetuar a prestação laboral. Esta situação implica

---

15. Considera ainda, no Ponto 44, que "muitas plataformas de intermediação em linha são estruturalmente semelhantes a agências de trabalho temporário (relação contratual triangular entre: trabalhador temporário de uma agência/trabalhador de plataformas; agência de trabalho temporário/plataforma em linha; utilizador/cliente)".
16. JEAN-EMMANUEL RAY, « Qualité de vie et travail de demain », *in Droit Social*, n.º 2, 2015, p. 148.

uma mudança capital e um redimensionamento do Direito do trabalho, já não tanto em sentido material de alteração da sua extensão ou volume, mas um processo de revisão do seu âmbito ou extensão, da sua intensidade e do nível que se deve adotar na sua regulamentação, podendo falar-se de uma *nova dimensão da sua disciplina*.

E o trabalho está a revelar-se um fator-chave nesta transformação e revolução. Fala-se, assim, de trabalho 4.0, do trabalho na *gig economy* que inclui quer o *Crowdwork*, quer o trabalho em plataformas – *work-on-demand via apps*, e que, por isso, não se resume apenas à Industria 4.0[17], já que se está a falar do trabalho do futuro[18]. Claro que não há um conceito homogéneo ou monolítico deste tipo de trabalho, já que são utilizados diferentes métodos e formas de trabalhar, que podem ir desde tarefas rotineiras, extremamente parceladas, monótonas, até tarefas mais complexas, novas onde o valor acrescido está na qualificação e na inovação de quem presta.

Não há, assim, um conceito unívoco deste Trabalho 4.0 e a questão que se coloca do ponto de vista do gênero é a de saber como aplicar a legislação nesta matéria a estas novas formas de prestar trabalho.

E a questão do gênero não tem sido muito tratada. Discute-se bastante sobre a natureza do contrato celebrado entre o utilizador e a plataforma digital, a sua qualificação como contrato de trabalho, contrato equiparado ou contrato de prestação de serviços, mas há um enorme silêncio quando se começa a abordar a questão do gênero e da eventual discriminação que, felizmente, começa a ser quebrado.

---

17. Este termo provém de um programa comum lançada pelo Governo alemão e pela indústria alemã em 2011. Mais tarde, foi utilizado no léxico da Comissão Europeia bem como noutras regiões. O termo preferido no ordenamento jurídico norte-americano é de *smart manufacturing*.

    Através de *Cyber-physical systems*, e um número elevado de *robots* que substituem o trabalho humano manual, e com a utilização da *big data*, monitoriza-se toda a produção, existindo uma flexibilização na produção e na personalização do produto final.

    Este termo refere-se a uma verdadeira revolução no setor industrial sendo que no centro desta nova indústria está uma elevada automatização e interconexão de produção industrial, sendo que processos virtuais e reais emergem com base em sistemas *cyber-physical*, o que permite uma produção mais eficiente, flexível, com uma grande personalização do produto final e com os desejos dos consumidores a serem atendidos.

18. E, dados recentes estimam que nos EUA e na EU cerca de 1/3 da população adulta já participou na economia *colaborativa*, sendo que cerca de 1% a 5% já foi pago através de trabalho realizado nas plataformas. *Vide The Social Protection of Workers in the Platform Economy*, União Europeia, 2017, p. 12.

Na verdade, com estas novas formas de prestar trabalho a divisão deste origina uma espécie de cadeia de montagem virtual onde as atividades são divididas para se tornarem mais simples e, por isso, passíveis de serem realizadas por pessoas sem tantos conhecimentos e serem mais mal pagas, o que pode acentuar ainda mais a diferença de gênero.

Claro que poderia pensar-se que uma das razões para este silêncio estava relacionada com o facto de neste trabalho 4.0 não existir uma questão de gênero já que seriam neutras a este nível.

Na realidade, muitos defendem que esta transformação digital pode reforçar a posição das mulheres no mercado de trabalho ou porque cria formas mais flexíveis de realizar o trabalho, ou porque com a automatização irão ser substituídas desde logo atividades rotineiras e onde se exige uma menor formação e, por isso, cria-se uma vantagem para as mulheres porque nesta altura elas já ultrapassam os homens no nível de formação[19].

Mas isso não corresponde totalmente à verdade e as várias questões que se colocam na igualdade de gênero no mundo real, como a conciliação entre a vida profissional e a vida familiar e pessoal, o assédio, a discriminação e a desigualdade retributiva, existem igualmente no mundo virtual, no Trabalho 4.0 e nestas novas formas de prestar trabalho. Se a digitalização e as inovações tecnológicas podem auxiliar a avançar nesta questão, também podem aumentar as desigualdades existentes que podem existir, desde logo, no acesso às mesmas, já que, em grande parte dos casos, a população sem acesso é pobre e maioritariamente feminina, mas também na falta de incentivos para as mulheres aprenderem mais a este nível, assim como a criação de estereótipos negativos, que só levam ao aumento do que é conhecido pelo *gender digital divide*[20], e que existe mesmo quando se utilizam os algoritmos, incluindo robôs e a inteligência artificial.

Por outro lado, tanto as mulheres, como os homens, podem ter muito a ganhar mas também a perder com a revolução digital e com as novas formas de prestar trabalho. E, por isso, se a digitalização irá aumentar ou diminuir o *gap* entre os gêneros depende largamente da política que for adotada[21].

---

19. Cf. OCDE, *Going Digital: The Future of Work for Women*, 2017, p. 1.
20. *Vd.* MARTA OCHOA, "The path to genderless digitalization", *in Policy Choices for a digital age*, Friends of Europe, 2017, p. 66.
21. Cf., Ana de la Puebla Pinilla, "Cambio tecnológico e impacto sobre el trabajo de las mujeres", *in A Igualdade nas Relações de Trabalho, Estudos APODIT*, vol. 5, (coord. MARIA DO ROSÁRIO PALMA RAMALHO e TERESA COELHO MOREIRA), AAFDL, Lisboa, 2019, pp. 27 e ss.

Pode dizer-se que a evolução começou com o trabalho 1.0., do século XIX e da revolução industrial associado ao surgimento da sociedade industrial, o que originou mudanças no modo de produção e na própria organização do trabalho. Depois temos o trabalho 2.0., do século XX, com o surgimento da produção em massa e advento do Estado Social. Há, depois, o trabalho 3.0, a partir da década de 70 do século passado, com a globalização e o surgimento do trabalho no computador e a informática; por último tem-se o trabalho 4.0, relacionado com a digitalização, o trabalho em plataformas, a economia colaborativa, o trabalho integrado, que origina uma mudança de valores e de novos compromissos sociais. Este tipo de trabalho será mais digital, flexível e interconectado. Obviamente que está a falar-se do futuro e, por isso, convém ser um pouco cauteloso, já que as especificidades deste tipo de mundo do trabalho ainda não são claras.

## 2. IGUALDADE DE GÊNERO NO TRABALHO 4.0

**2.1.** As mudanças tecnológicas criam novos produtos, processos e serviços, assim como novas necessidades e, nalguns casos até, sectores totalmente novos. A globalização e as novas tecnologias impõem, de certa forma, novas relações de trabalho ou, pelo menos, o repensar de algumas relações.

Na verdade, as TIC, modificaram e continuam a modificar as bases do Direito do trabalho: um trabalho muito subordinado, com um perímetro de tempos de trabalho bem definido, que agora sofre uma autêntica *metamorfose*, destruidora de emprego e criadora de um novo conceito de subordinação. Contudo também parece ser importante assumir o desconhecimento e não realizar *futurologia* até porque creio que tem de atender-se que, numa primeira análise, estas mudanças ocorridas parecem não ser novas já que o mundo assistiu a anteriores revoluções industriais. Porém, numa análise mais aprofundada, ver-se-á que esta revolução é diferente já que se atravessa um período de uma evolução sistémica, excecional e raramente comparada a qualquer outra prévia[22]. Não se trata de crise mas de uma verdadeira metamorfose; não de passagem entre dois estados mas sim de um salto para o desconhecido.

---

22. CONSEIL NATIONAL DU NUMERIQUE, *Travail emploi numerique – Les nouvelles trajectoires*, França, p. 8.

**2.2.** E nestas novas formas de prestar trabalho há claramente uma questão de gênero porque mesmo estudos realizados demonstram que as mulheres recebem menos do que os homens[23] – cerca de 82% do que eles ganham – e em parte devido a que ainda são as mulheres a realizar a maior parte do cuidado informal. Na verdade, as mulheres tendem a trabalhar em atividades que lhes permitam continuar a ser as principais cuidadoras e, por isso, que lhes possibilitem uma maior flexibilidade nos tempos de trabalho ou a trabalhar menos horas consecutivas a partir de casa. E o *crowdwork* pode permitir isso com a realização de *microtarefas* que exigem mais ou menos qualificação, sendo que a maior diferença retributiva existe nas tarefas que exigem uma menor qualificação[24], mas que podem ser realizadas a partir do domicílio de quem as faz, porque muitas que realizam este tipo de atividades têm filhos e cuidam deles, assim como de outros familiares[25] e que, contrariamente a muitos homens, só realizam este tipo de atividade[26].

Por outro lado, estudos realizados mostram que nas plataformas digitais as mulheres recebem uma menor cotação do que os homens e recebem menos do que eles[27].

Assim, torna-se fundamental também nestas novas formas de prestar trabalho, no trabalho 4.0, abordar-se a questão da conciliação entre a vida profissional e a vida familiar e pessoal, e aplicar-se as mesmas políticas do trabalho *offline* ao trabalho *online*, com políticas de apoio ao cuidado de pessoas e de um melhor regime de licenças.

A conciliação entre a vida profissional e a vida pessoal e familiar é uma questão fundamental para qualquer trabalhador e encontra-se relacionada com várias outras como o aumento da participação laboral principalmente das mulheres no mercado de trabalho, tornar o emprego mais sustentável, assegurar igualdade de oportunidades entre homens e mulheres e enfrentar os desafios demográficos que se avizinham.

---

23. ABIGAIL ADAMS e JANINE BERG, "When home affects pay: an analysis of the gender pay gap among crowdworkers", outubro, 2017, disponível *in* https://papers.ssrn.com/sol3/papers.cfm?abstract_id=3048711.
24. Vejam-se os inúmeros casos citados em ABIGAIL ADAMS e JANINE BERG, *op.* cit., pp. 17-18.
25. Cf. ABIGAIL ADAMS e JANINE BERG, *op.* cit., p. 7.
26. Segundo dados fornecidos na última *op.* cit., p. 8, os homens tendem a ter outra atividade para além desta que exercem em regime de *crowdwork* numa percentagem superior à das mulheres – mais cerca de 9%.
27. Cf. ARIANNE BARZILAY e ANAT BEN-DAVID, "Platform Inequality: Gender in the Gig-Economy", *in Setton Hall Law Review*, vol. 47, 2017, pp. 404 e ss.

Na verdade, uma utilização mais equitativa dos regimes que favorecem a conciliação entre vida familiar e profissional entre os sexos tem um impacto positivo na empregabilidade das mulheres[28] e é considerada um dos pré-requisitos para atingir uma maior igualdade de gênero no emprego em particular e na sociedade em geral, quer no mundo *offline*, quer no mundo *online*.

As políticas favoráveis à conciliação entre a vida profissional e vida familiar são importantes para estimular tendências demográficas positivas, visto que a precariedade laboral e as más condições de trabalho têm efeitos negativos no planeamento familiar.

Existem várias medidas possíveis pois o acesso aos diferentes tipos de licença, ou a uma melhor flexibilização dos tempos de trabalho, ou a um regime de ausências justificadas, permite às pessoas beneficiar de licenças em diferentes momentos da sua vida e aumenta a participação no mercado de trabalho, a eficiência e a satisfação no trabalho.

Contudo, defende-se que para conciliar a vida profissional, a vida pessoal e a vida familiar, não existe uma solução igual para todos, pelo que é necessário encontrar um equilíbrio adequado a cada pessoa, a fim de responder às suas necessidades pessoais e familiares, tendo sempre em atenção que só se poderá alcançar uma qualidade de vida se as pessoas tiverem tempo suficiente fora do trabalho para o seu desenvolvimento pessoal.

Por outro lado, apesar de o número de horas de trabalho ter vindo a diminuir ao longo das últimas décadas, alguns trabalhadores continuam a trabalhar longas horas, com um aumento enorme do número de trabalhadores que trabalham aos domingos[29] e em regime de turnos[30], e o número de trabalhadores a trabalharem em regime de trabalho a tempo parcial tem vindo a aumentar com um número mais elevado de mulheres do que homens a utilizarem esta modalidade de contrato de trabalho[31].

Tem ainda de adicionar-se a este trabalho, o trabalho não pago, de cuidado, sendo que este é muito superior nas mulheres do que nos

---

28. Ver *Gender equality and work life balance*, *Pillar of Social Rights*, Comissão Europeia, *in* http://ec.europa.eu/social/main.jsp?catId=1226&langId=en.
29. 30%, segundo o *Sixth European Working Conditions Survey 2015*.
30. 21%, segundo o *Sixth European Working Conditions Survey 2015*.
31. 33% de mulheres e 10% de homens, segundo o *Sixth European Working Conditions Survey 2015*.

homens pois, segundo os dados mais recentes, as mulheres trabalham mais 22 horas por semana do denominado *trabalho não pago*, comparativamente com as 10 horas dos homens[32]. Por outro lado, muitos trabalhadores chegam a ter de abandonar o trabalho para tomar conta de familiares dependentes que não se resumem apenas a filhos pois cerca de 80% do cuidado na UE é realizado a nível informal pela família e o apoio para este tipo de atividades está muito menos organizado do que do que o relativo ao cuidado das crianças.

Assim, estas novas formas de prestar trabalho podem estar a aumentar ainda mais a desigualdade de gênero, já que conciliar a vida privada e familiar quando se está num regime de trabalho *on call*, pode tornar-se muito difícil. Na verdade, as mulheres é que continuam a assegurar a maior parte dos cuidados a nível familiar, enquanto as atividades mais lucrativas e mais bem remuneradas pertencem a quem não tem estes encargos, o que pode originar um aumento das diferenças retributivas também no Trabalho 4.0.

Contudo, as TIC e as novas formas de prestar trabalho também podem auxiliar a uma melhor conciliação entre a vida profissional e a vida privada e familiar se forem bem utilizadas através de uma reorganização que permita uma flexibilidade real e não uma mera aparência, porque a ideia do ciberespaço como uma realidade onde todos podem participar igualmente, livre de qualquer discriminação não corresponde à realidade que é bem mais complexa[33].

Na verdade, a flexibilidade muitas vezes não rima com liberdade e quando o trabalho é realizado no domicílio há um claro esbatimento das fronteiras entre a vida profissional e a vida privada[34].

E o ordenamento jurídico português prevê várias medidas para tentar conseguir obter uma maior conciliação entre a vida profissional e a vida pessoal e familiar.

Pode dizer-se que uma das modalidades para obter esta conciliação está relacionada com a flexibilização dos tempos de trabalho e várias são as disposições que permitem esta.

---

32. AGNÈS PARENT-THIRION, "Working hours are decreasing, so does work-life balance still matter?", *in Foundation Focus*, n.º 19, 2016, p. 3, e GREET VERMEYLEN, "Balance is key for sustainable work throughout the life course", *in Foundation Focus*, n.º 19, 2016, p.10.
33. Neste sentido veja-se ARIANNE BARZILAY e ANAT BEN-DAVID, *op.* cit., pp. 401-402.
34. Veja-se para maiores desenvolvimentos NAOMI SCHOENBAUM, "Gender and the Sharing Economy", *in Fordham Urb. L. J.*, vol. XLIII, 2016, pp. 1024 e ss.

O art. 55.º do CT permite que o trabalhador com filho menor de 12 anos ou, independentemente da idade, filho com deficiência ou doença crónica que com ele viva em comunhão de mesa e habitação, tem direito a trabalhar a tempo parcial. Esta prestação de trabalho a tempo parcial pode ser prorrogada até dois anos ou, no caso de terceiro filho ou mais, três anos, ou ainda, no caso de filho com deficiência ou doença crónica, quatro anos.

O art. 56.º do CT estabelece que trabalhador com filho menor de 12 anos ou, independentemente da idade, filho com deficiência ou doença crónica que com ele viva em comunhão de mesa e habitação, tem direito a trabalhar em regime de horário de trabalho flexível, podendo o direito ser exercido por qualquer dos progenitores ou por ambos.

O art. 57.º do CT prescreve o procedimento a adotar para se poder beneficiar desta flexibilidade temporal e o empregador apenas pode recusar o pedido com fundamento em exigências imperiosas do funcionamento da empresa, ou na impossibilidade de substituir o trabalhador se este for indispensável. Contudo, a justificação do empregador tem de ser considerada válida pela CITE. Se esta entender que não o é, o empregador só pode recusar o pedido do trabalhador após decisão judicial que reconheça a existência de motivo justificativo.

Há ainda a possibilidade de recurso ao teletrabalho nos termos do art. 166.º, n.º 3, que estabelece que "o trabalhador com filho com idade até 3 anos tem direito a exercer a atividade em regime de teletrabalho, quando este seja compatível com a atividade desempenhada e a entidade patronal disponha de recursos e meios para o efeito".

Por último, é necessário adequar também os próprios sistemas de segurança social e de proteção social para estas novas formas de prestar trabalho, para o Trabalho 4.0.

**2.3.** Claro que com estas novas formas de prestar trabalho também há a possibilidade de inserção no mercado de trabalho de mulheres que estariam afastadas devido às suas tarefas de cuidadoras mas cremos que se desenvolvessem melhores políticas de conciliação entre a vida profissional e a vida privada e familiar já não existiria esta necessidade de inserção das mulheres consideradas ainda como um grupo *vulnerável* de trabalhadores sujeitas a uma maior precariedade.

Na verdade, o termo *trabalho precário*, não é um conceito único nem unívoco, mantendo-se ainda hoje um pouco vago e multifacetado, variando por vezes consoante o ordenamento jurídico, a região, assim como com a estrutura social e económica do próprio sistema político e o Direito do trabalho.

Contudo, parece ser possível encontrarem-se algumas características comuns que auxiliam na identificação do trabalho precário, assim como na inter-relação entre modalidades de contrato de trabalho flexíveis e precariedade.

Estas características comuns podem ser divididas, parece-nos, em tipos de contrato celebrado, por um lado, e condições de trabalho, por outro.

Relativamente às primeiras, tem-se a existência de um contrato de trabalho com uma duração determinada[35], ou um contrato a tempo parcial, ou com outra qualificação diferente, ou, ainda, a falta de clareza quanto à identificação do empregador, e uma certa *ambiguidade* na determinação do tipo de relação laboral existente.

No que concerne as segundas, pode enunciar-se a existência de uma retribuição baixa, baixa proteção no caso de cessação do contrato, dificuldade em sindicalizar-se e negociar a nível coletivo.

Apesar da precariedade poder afetar todos os tipos de trabalhadores, existem alguns que podem ser considerados mais "vulneráveis" relativamente a outros e mais afetados por formas de trabalho e condições precárias[36]. É o caso, *inter alia*, dos contratos de trabalho a tempo parcial involuntários que afetam mais as mulheres.

Em Portugal, a tradicional divisão do trabalho que se baseava na velha ideia reacionária: *dos homens espera-se que sustentem; das mulheres espera-se que cuidem*, ou, em linguagem mais crua: *o trabalho da mulher é a casa; o trabalho do homem é a rua*, ainda continua, infelizmente, a produzir resultados na sociedade atual[37] e, por isso, as mulheres ainda

---

35. *Inter alia*, contratos de trabalho a termo, contratos de trabalho temporários.
36. Cf. a noção de trabalho vulnerável e trabalhadores vulneráveis apresentada pela TUC, Commission on Vulnerable Employment, *Hard Work, Hidden Lives*, em http://www.vulnerable-workers.org.uk/files/CoVE_full_report.pdf, que defende "Vulnerable work is insecure and low paid placing workers at high risk of employment rights abuse. It offers very little chance of progression and few opportunities of collective action to improve conditions. Those already facing the greatest disadvantage are more likely to be in such jobs and less likely to be able to move out of them. Vulnerable employment also places workers at greater risk of experiencing problems and mistreatment at work, though fear of dismissal by those in low-paid sectors with high levels of temporary work means they are often unable to challenge it".
37. Em Portugal as mulheres dedicam 3 vezes mais do seu tempo ao *trabalho não pago – unpaid care work* – do que os homens. Cf. dados presentes em OIT, *Women at work – trends 2016*, 2016, p. 65.

continuam excessivamente representadas em setores considerados precários, como seja o trabalho doméstico, o trabalho no domicílio ou no setor do vestuário, no setor da restauração[38], e também em determinados modalidades de contrato de trabalho como seja o contrato a tempo parcial involuntário[39], discordando em absoluto do argumento utilizado de que o trabalho precário para as mulheres é melhor do que não ter trabalho.

Na verdade, há uma percentagem muito superior de mulheres relativamente aos homens, muitas vezes com filhos, a trabalhar em regime de contrato de trabalho a tempo parcial involuntário, onde imperam os baixos rendimentos e as baixas qualificações.

E esta tendência pode acentuar-se nas novas formas de prestar trabalho, neste trabalho 4.0, porque a tendência gerada pela digitalização no sentido de uma maior flexibilização das práticas laborais pode conduzir a formas precárias de emprego que afetam em maior número as mulheres.

**2.4.** Outra das questões que se levanta neste Trabalho 4.0 é a do desemprego tecnológico e, por isso, há que ter em atenção que estas mutações são globais e há necessidade de agir globalmente e não apenas a nível nacional. Na verdade, mais do que nunca, o Direito do trabalho ou é internacional ou não sobrevive.

O setor das TIC é provavelmente o mais emblemático do desenvolvimento da sociedade e, por isso tornou-se a imagem do *futuro* e, neste caso específico, do futuro do trabalho, falando-se muitas vezes do fim do trabalho como o conhecemos e de um enorme desemprego. Na verdade, a automatização originou a perda de emprego para muitos, não só os que ocupavam atividades rotineiras e com baixa formação mas também alguns com formação média, ou até elevada, o que faz ressurgir a velha questão do *desemprego tecnológico*, hoje ainda com mais intensidade, já que há sectores que desaparecem totalmente, falando-se, inclusive do

---

38. Veja-se o caso referido em Portugal pela OIT, *Women at work...*, cit., pp. 58-59, do setor de *catering* em Portugal ser maioritariamente feminino, sendo a maior parte dos trabalhadores mulheres migrantes de países de língua oficial portuguesa, com baixos salários e baixa produtividade. Contudo, os parceiros sociais, no âmbito de um projeto financiado pela Comissão Europeia e pela OIT, tentaram fornecer formação profissional adequada para estes trabalhadores como uma tentativa de melhorar as suas condições.
39. Cf. Parlamento Europeu, *Precarious women workers*, 2010.

*fim do trabalho*. Na verdade, se a questão do "desemprego tecnológico" não surgiu com o advento do mundo digital[40], ela adquire *novas roupagens* com o desenvolvimento do que se denomina de *machine learning* através da inteligência artificial, aumentando de forma exponencial as probabilidades de automatização do emprego e os fantasmas do desemprego tecnológico voltaram para nos assombrar ainda que os dados mais recentes apresentados no *Relatório* do Fórum Económico Mundial sejam bem mais otimistas[41].

Na verdade, num quadro de crescente incerteza, em que a velocidade a que os empregos, atividades e funções desaparecem/aparecem, as transições de emprego, função e até local de trabalho a que os trabalhadores estão sujeitos acentuam-se de forma extrema, fazendo-nos recordar as palavras de DARWIN "Não é o mais forte que sobrevive, mas aquele que melhor se consegue adaptar à mudança."

A questão é que se aborda muito o desemprego das atividades dos trabalhadores denominados *blue colar jobs* mas pouco de fala dos *pink colar jobs* relacionados com a administração e serviços onde há uma enorme percentagem de mulheres e que também está a sofrer bastante com esta automatização.

Em Janeiro de 2016, no *Forum Económico Mundial*[42], defendeu-se que cerca de 5 milhões de postos de trabalho serão substituídos com a entrada no mundo do trabalho dos *robots* e da inteligência artificial, sendo que os próximos 5 anos serão fundamentais para a evolução do trabalho, sobretudo humano, no mundo. Esta perda de emprego, sobretudo em determinadas áreas incidirá, diferentemente, nos homens e nas mulheres originando que haja uma diferença de gênero neste desemprego[43].

---

40. Já em 1930, KEYNES manifestou alguma preocupação relativamente ao risco associado à "descoberta de novos mecanismos que economizem trabalho mais rapidamente do que a descoberta de novas utilizações para esse trabalho", e referiu exatamente o termo desemprego tecnológico, ainda que sempre o fazendo numa perspectiva otimista já que referiu ser apenas "uma fase temporária de desajuste", e até em plena década dourada do Direito do Trabalho nos anos 60 do século passado, o Presidente Kennedy, em 1962, abordou o perigo da automatização poder estar a substituir trabalhadores.
41. *Future of Jobs Report 2018*, setembro 2018.
42. WORLD ECONOMIC FORUM, *The Future of Jobs*, 2016.
43. Segundo um estudo de CARL FREY e MICHAEL OSBORNE, "The future of employment: how susceptible are jobs to computerisation", *in* Oxford Martin Programme on the Impacts of Future Technology, University of Oxford, Oxford Martin School, 2013, a probabilidade de automatização e, consequentemente, de destruição do emprego, significaria que nos EUA, num horizonte temporal de 20 anos, 47% dos empregos teriam uma probabilidade forte de serem automatizados, 19% uma probabilidade média e 33% uma probabilidade baixa, de acordo

Cremos, contudo, que não devemos ser tão *pessimistas*, nem generalistas, pois há que ter em conta fatores que bloqueiam a automatização, nomeadamente as resistências culturais, os custos com esta automatização, assim como a criação de novos empregos com esta economia digital. Por outro lado, deve ter-se em linha de conta que, tal como nas revoluções anteriores, várias das possibilidades existentes melhoram a vida das pessoas e permitem a integração no mercado de trabalho de pessoas que tradicionalmente estavam ou poderiam estar excluídas como pessoas portadoras de deficiência, com problemas de mobilidade ou residentes em locais remotos. Também não pode esquecer-se que uma das grandes vantagens do ser humano relativamente às máquinas é a sua capacidade de flexibilidade e de adaptação.

Também tem de ter-se em atenção que não é só a tecnologia que está a mudar a realidade. As próprias preferências da sociedade estão a alterar-se, quer devido ao envelhecimento da população, quer ao surgimento de uma nova geração – os *nativos digitais* –, que dão mais valor à ideia de *work-life balance* e ao significado do trabalho que realizam, a uma formação contínua e a uma flexibilidade do tempo de trabalho. Contudo, também a geração anterior pretende uma melhor conciliação entre vida profissional e vida privada.

Através desta nova visão da sociedade há, ou poderá haver, o surgimento de novas necessidades de mercado, podendo dizer-se que a estrutura da procura de trabalho está a mudar. Existem atualmente, com esta nova visão e numa sociedade digital, várias novas formas de emprego ou possibilidade de novas formas: para dar resposta aos problemas da ecologia, do meio ambiente; para encontrar caminhos alternativos ao desenvolvimento; para procurar responder ao aumento da esperança média de vida e do cuidado dos idosos, das crianças; para procurar soluções à maior possibilidade de circulação no mundo; para procurar melhorar a saúde e a educação, assim como aumentar a utilização e implantação das TIC na sociedade; para novas áreas que surgem com o mundo digital como o trabalho na nuvem, o *Big Data*, a proteção de dados pessoais, com o surgimento de analistas de dados, com a necessidade de comerciais altamente especializados dado o surgimento de novos produtos feitos à medida do consumidor; ou novo tipo de engenharias ou de gestão de recursos humanos; e para

---

com o carácter repetitivo ou rotineiro das tarefas realizadas, manuais, ou cognitivas, e com a distância tecnológica necessária para a automatização da atividade.

conseguir uma melhor conciliação entre a vida profissional e a vida familiar. É possível criarem-se e desenvolverem-se novas formas de emprego em sectores relacionados com serviços da vida diária, como serviços ao domicílio, cuidado infantil, aplicação das TIC, quer a nível individual, quer coletivo e a nível de empresas. É ainda possível a criação de formas de emprego relacionadas com serviços relacionados com a melhoria da qualidade de vida, como, *inter alia*, a segurança, os transportes coletivos, a revalorização dos espaços urbanos, assim como serviços de lazer relacionados com o turismo, o desporto, a cultura e serviços relativos ao meio ambiente.

Mas não pode esquecer-se que mesmo com estas novas oportunidades há uma questão de gênero e de diferenças porque muitas das atividades baseiam-se no uso das TIC e onde atualmente, ainda dominam os homens e, por isso, claramente o Trabalho 4.0 irá afetar diferentemente as mulheres e os homens.

As mulheres em princípio, se nada for feito, irão encontrar-se numa situação pior do que dos homens pois enquanto estes irão enfrentar uma perda de cerca de 4,4 milhões de empregos e um ganho de cerca de 1,4 milhões, o que dá cerca de 1 emprego ganho por cada 3 perdidos, as mulheres irão enfrentar uma perda de cerca de 3 milhões de empregos mas apenas ganhos de 0,55 milhões, o que representa mais de cerca de 5 empregos perdidos por cada um ganho[44].

Se nada se fizer as mulheres irão perder no futuro as melhores oportunidades de carreira e irá agravar-se a diversidade de gênero em determinados setores, já que há uma grande diferença de gênero relativamente à formação na área das TIC, já que dos 5,5% dos trabalhadores da OCDE que exercem esta atividade apenas 1,4% são mulheres e esta situação não é diferente em Portugal[45] onde estas atividades continuam a ser predominantemente realizadas por homens.

Na verdade, se formos ver em termos da UE as mulheres continuam a estar fortemente sub-representadas nos cursos universitários no domínio das TIC, já que apenas cerca de 20% dos licenciados neste domínio são mulheres e só 3% de todas as mulheres licenciadas têm um diploma no domínio das TIC. Acresce a isto que as mulheres enfrentam grandes dificuldades para se integrarem e para permanecerem no

---

44. WORLD ECONOMIC FORUM, última *op.* cit., p. 39.
45. OCDE, *op.* cit., p. 5.

setor das TIC pois é um ambiente de trabalho dominada por homens, já que só 30% da mão-de-obra é do sexo feminino, o que contribui para que muitas mulheres abandonem o setor das TIC poucos anos depois de concluírem o seu curso universitário[46]. E este, sem dúvida, é outro dos problemas porque a percentagem de mulheres nestes setores tende a diminuir com a idade, já que quando têm menos de 30 anos ocupam cerca de 20%, entre os 31 e os 45 já diminui a participação para 15,4% e, com mais de 45 anos só existe uma percentagem de 9%, devido a motivos de conciliação entre a vida profissional e a vida pessoal e familiar, falta de exemplos femininos nestas carreiras e problemas a nível das empresas[47].

E esta diferença ainda é mais exacerbada quando se analisa o tipo de atividades que poderão desaparecer com a robotização e os que serão criados, já que os que desaparecem são nos setores onde predominam as mulheres e os que serão criados são em setores tradicionalmente dominados por homens.

Por outro lado, há que ver que na Europa, só 9% das mulheres são responsáveis pelo desenvolvimento de programas, que apenas 19% dos trabalhadores que ocupam cargos de direção no setor das TIC são do sexo feminino (em comparação com 45% noutros setores dos serviços) e que as mulheres representam só 19% dos empresários (em comparação com 54% noutros setores dos serviços)[48].

Na verdade, existem importantes diferenças entre homens e mulheres no acesso a oportunidades profissionais e educativas no domínio das tecnologias da informação e da comunicação e das competências informáticas o que pode levar à criação de estereótipos negativos das mesmas.

Torna-se, assim essencial ultrapassar estereótipos de gênero e combater a segregação educacional e ocupacional, já que as mulheres enfrentam vários desafios porque por um lado continua a existir uma distribuição desigual nas tarefas ditas *domésticas*, como resultado de estereótipos culturais e sociais pré-existentes, o que só por si já origina que tenham

---

46. Cf. dados do Parlamento Europeu *Igualdade de género e autonomia das mulheres na era digital*, Parlamento Europeu, PT8_TA (2016)0204, de 28 de abril de 2016, Considerando K.
47. EUROPEAN PARLIAMENT'S POLICY DEPARTMENT FOR CITIZENS' RIGHTS AND CONSTITUTIONAL AFFAIRS, *The underlying causes of the digital gender gap and possible solutions for enhanced digital inclusion of women and girls*, 2018, pp. 19-20.
48. Toda esta informação pode ser consultada em *Igualdade ...*, cit., Considerando C.

menos tempo para a formação e a educação. A juntar-se a este fator, há, ainda, a falta de encorajamento para assumirem funções nestas áreas.

Há, assim, claramente uma diferença de gênero nestas atividades no Trabalho 4.0[49].

Por isso, defende-se ser essencial uma aproximação holística a esta situação e incentivar através de verdadeiras políticas de integração o aumento da participação das mulheres no mercado de trabalho. O trabalho 4.0 representa uma oportunidade sem precedentes de colocar a igual participação das mulheres no mercado de trabalho digital no centro dos preparativos para as mudanças que necessariamente irão ocorrer no mundo do trabalho.

Assim, para alterar esta situação defende-se que deve promover-se imediatamente a participação das mulheres nas áreas denominadas de STEM[50] – ciência, tecnologia, engenharia e matemática –, pois o aumento das competências digitais e da literacia informática representa uma oportunidade única para aumentar a inclusão no mercado de trabalho das mulheres. Também o aumento da percentagem de mulheres no setor das TIC – que é um dos setores com salários mais elevados – pode contribuir para a sua autonomia e independência financeira, assim como diminuir as desigualdades salariais existentes entre homens e mulheres. Na UE, por exemplo, apenas 20% das mulheres com mais de 30 anos e que têm um curso superior nestas áreas decidem manter-se a trabalhar neste setor[51].

Por outro lado, deve fomentar-se a formação a este nível para evitar o desemprego sobretudo de mulheres, devendo ainda estimular o acesso e a utilização das TIC para estas pois diminuiria a desigualdade existente já que as mulheres continuam a ter menor acesso e menor utilização destas tecnologias comparativamente com os homens.

Na verdade, estudos[52] indicam que um maior equilíbrio de gênero nestes setores conduz a melhores resultados a todos os níveis, incluindo os financeiros, originando melhores decisões e mais sucessos.

---

49. Dados de um estudo realizado no Reino Unido sobre a *gig economy* demonstram que quem opera nesta economia são maioritariamente os homens, com cerca de 69% de homens e só 31% de mulheres. BALARAM, WARDEN e WALLACE-STEPHENS, "Good Gigs, *in SA*, 2017, p. 16.
50. Iniciais em inglês destes termos.
51. Vejam-se os dados presentes no Relatório do WORLD ECONOMIC FORUM, *The Global Gender Gap Report*, 2017, pp. 31-32.
52. EUROPEAN PARLIAMENT'S POLICY DEPARTMENT FOR CITIZENS' RIGHTS AND CONSTITUTIONAL AFFAIRS, *The underlying causes*...cit., p. 22.

## 2.5. Torna-se essencial tentar antecipar as mudanças tecnológicas através da formação contínua.

A crescente irrelevância de onde e quando o trabalho é realizado e a maior especialização significam que o processo produtivo não para nas portas da fábrica, agora fábrica virtual, o que origina novas necessidades de formação para empregadores e trabalhadores. A criatividade e as *social skills*, as *digital skills*, as *soft skills*, juntamente com a capacidade de trabalhar em grupo tornam-se ferramentas essenciais para o sucesso quer das empresas, quer dos próprios trabalhadores e, por isso, a necessidade de formação contínua.

Na verdade, neste mercado de trabalho os tradicionais "*hard skills*" – competências técnicas- são insuficientes, cabendo um papel acrescido aos denominados "*soft skills*", isto é, às competências comportamentais e sociais, criando-se até as "*hibrid skills*", que misturam competências técnicas com cognitivas, tentando transformar os *perdedores* em *ganhadores*. Citando FERNANDO PESSOA, "não é o trabalho, mas o saber trabalhar, que é o segredo do êxito no trabalho".

Torna-se fundamental investir nesta formação porque muitos aspectos da personalidade humana, desde logo a intuição, que até é um pouco associada mais ao gênero feminino, por agora é dificilmente automatizada. É o chamado paradoxo de Polany em homenagem ao filósofo húngaro MICHAEL POLANY que defendia que "*we know more than we can tell*".

Atualmente crê-se que mais do que nunca, certas capacidades humanas, certas *skills*, como a percepção, a consciência, a resolução de problemas complexos e a tomada de decisões que muitas vezes são classificados como "características femininas"[53] são essenciais. E, por isso, deve apostar-se, e muito na formação.

Essencial é começar desde já esta formação sob pena de não o fazendo, dar-se razão aos pensamentos apocalípticos sobre o fim do emprego. Não é possível esperar pela próxima geração de trabalhadores. Se se quiser evitar que a mudança tecnológica seja acompanhada da destruição de emprego, e de um aumento exponencial do desemprego e da desigualdade, nomeadamente de gênero, é preciso atuar já e esta atuação tem de ser feita por todos.

---

53. Neste sentido MARTA OCHOA, *op.* cit., p. 70.

O aumento da formação a nível nacional e mesmo internacional ajuda a que se possam enfrentar as incertezas e a melhor definir de forma coletiva os modos de produção e a distribuição de riqueza, permitindo-se que cada um possa exprimir-se melhor através da formação contínua.

Torna-se assim imperioso procurar formar trabalhadores qualificados para diminuir a precariedade dos mesmos. À medida que a população vai envelhecendo, é necessário adaptar as condições de trabalho e, sobretudo, melhorar a formação e a aprendizagem ao longo da vida profissional, assim como a promoção da segurança e da saúde no trabalho.

Diria mesmo que esta procura de trabalhadores qualificados não pode ser feita apenas através da contratação de trabalhadores mais jovens, mas sim, também, através da contratação de trabalhadores considerados mais *vulneráveis*, como pessoas mais velhas, mulheres, pessoas portadoras de deficiência, ou pessoas com passado migratório, trabalhadores estes que, por vezes, são bastante qualificados[54].

Acrescenta-se, ainda, que o futuro do Direito do trabalho exige trabalhadores com mais conhecimentos, mais formação e mais educação. É fundamental que os trabalhadores estejam altamente qualificados e com uma formação contínua pois só assim poderão enfrentar os desafios das novas formas de prestar trabalho e da nova economia colaborativa, e terão verdadeiros ganhos de produtividade.

Em muitas indústrias e países as atividades com mais procura atualmente não existiam há 10 anos ou mesmo 5 anos atrás e se pensarmos que segundo dados recentes, 65% das crianças que entram agora no primeiro ciclo irão trabalhar em atividades completamente novas que não existem atualmente, vê-se a necessidade de antecipação das necessidades futuras e de formar para as mesmas[55].

Por outro lado, o anonimato que algum do trabalho realizado nas plataformas digitais, neste Trabalho 4.0, permite poderá auxiliar no combate à discriminação no trabalho. Mas isso só acontece se efetivamente o anonimato for preservado o que muitas vezes não acontece. Na realidade, muitas plataformas digitais requerem que os trabalhadores

---

54. Ver, para maiores desenvolvimentos, TERESA COELHO MOREIRA, "O diálogo social e trabalhadores *vulneráveis* num mercado de trabalho flexível e precário", Coleção *Estudos APODIT, Contratação coletiva: velhos e novos desafios em Portugal e Espanha*, (coord. MARIA DO ROSÁRIO PALMA RAMALHO e TERESA COELHO MOREIRA), AAFDL, Lisboa, 2017, e *Igualdade e Não Discriminação – Estudos de Direito do Trabalho*, Almedina, Coimbra, 2013.
55. WEF, *The future of jobs*, 2016, p. 3.

tenham perfis *online* que incluam o nome, alguma informação pessoal e profissional adicional e, por vezes, mesmo a fotografia. No caso da plataforma *TaskRabbit*, sugere-se muito veemente aos *taskers* que insiram nos seus perfis digitais uma fotografia e um vídeo para conseguirem geri-los mais facilmente.

**2.6.** Uma outra questão relacionada com o gênero e trabalho 4.0 é a eventual discriminação que as mulheres sofrem mesmo com o recurso a algoritmos e à inteligência artificial. Os algoritmos tornaram-se os novos supervisores dos trabalhadores e, por isso, assiste-se, nalguns casos, a um aumento do sexismo e da discriminação realizada por estes, já que nenhum é neutro do ponto de vista do gênero. Bem pelo contrário. Eles refletem muitas vezes os preconceitos que existem no mundo real e que também existem nos programadores e nos clientes. E no caso das avaliações feitas por estes muitas vezes são o reflexo dos preconceitos dos mesmos. Os algoritmos condenam-nos a repetir o passado do qual queríamos fugir, ao replicar os preconceitos que definem muitas vezes as pessoas que os programam mas com uma capacidade muito superior de discriminação.

Conforme preconiza CATHY O'NEIL[56], "os algoritmos prometem eficácia e imparcialidade mas, por vezes, distorcem a educação superior, aumentam a dívida, estimulam o encarceramento em massa, discriminam os pobres em várias situações e podem colocar em causa a própria democracia".

O problema que se levanta logo, para além da clara discriminação, é o de que uma avaliação mais baixa realizada nestas novas formas de prestar trabalho tem consequências diretas na posição que o trabalhador ocupa e na possibilidade de ele obter uma nova tarefa, podendo originar a eventual *desativação* dos mesmos como é o caso da *Uber*.

Mesmo no caso dos algoritmos a questão mantém-se até porque eles baseiam-se no comportamento anterior do utilizador, e assentam muitas vezes as decisões nos dados históricos armazenados, ou seja, nas avaliações realizadas anteriormente pelos clientes[57]. No caso da *Uber*,

---

56. *Weapons of Math Destruction* – How Big Data Increases Inequality and Threatens Democracy, Crown/Archetype, 2017.
57. BAROCAS e SELBST, "Big Data's Disparate Impact", *in California Law Review*, 671, 2016, pp. 682 e ss., assim como SANDRA WACHTER, BRENT MITTELSTADT e LUCIANO FLORIDI, "Why

por exemplo, o algoritmo utilizado permite que o condutor aceite a viagem (tem 15 segundos para decidir) e no final há uma avaliação através da plataforma que usa um algoritmo. E é o sistema automático que decide quais os condutores que poderão ser suspensos ou *desativados* por não terem aceitado um número suficiente de corridas, ou por terem uma pontuação baixa, ou também pode tentar que trabalhem mais horas ou em determinados locais ao aumentar o preço em determinadas alturas. E esta possibilidade reflete-se negativamente sobre as mulheres porque muitas vezes o aumento do preço acontece em alturas de *horas de ponta* que muitas vezes coincidem com momentos em que são exigidas determinadas tarefas na vida pessoal e familiar que são ainda maioritariamente feitas por mulheres, ou em determinadas horas da noite e aos fins-de-semana, em que há uma maior necessidade de assegurar determinadas atividades extraprofissionais. E se as mulheres recusarem estas corridas também podem sofrer consequências que podem chegar à eventual *desativação* da plataforma por não terem cumprido o mínimo de percentagem necessária para se manterem ativas na mesma. Na verdade, o mercado da condução via plataformas digitais reflete o que se passa no mundo *offline* onde a maior parte dos condutores são homens, sendo que o único caso em que há uma percentagem superior de mulheres a conduzir é o de condução de crianças. Mas, mais uma vez, está-se a replicar os modelos existentes na vida *offline*, sendo que muitas vezes são as próprias plataformas a criarem imagens estereotipadas[58][59].

Na verdade, a inteligência artificial e os algoritmos baseiam-se na informação que lhes é fornecida incluindo comportamentos que podem ser discriminatórios e, por isso, não nos podemos esquecer que a tecnologia é em si mesma neutra, o mesmo não se podendo dizer do homem que a utiliza, cujo *leitmotiv* pode ser o controle das pessoas ou a eventual discriminação das mesmas. Através da linguagem que é transmitida ao algoritmo está-se a, consciente ou inconscientemente, possibilitar uma

---

a Right to Explanation of Automated Decision-Making Does Not Exist in the General Data Protection Regulation", *in International Data Privacy Law*, 2017, defendendo a necessidade de criação de um órgão independente que avalie as decisões tomadas pela inteligência artificial e afira da eventual discriminação das mesmas, e onde citam inúmeros casos de discriminação feita por algoritmos.

58. No caso da plataforma *TaskRabbit*, vê-se que para as tarefas de limpeza o anúncio tem uma imagem de uma mulher branca a limpar a cozinha com uma outra mulher (presumivelmente a cliente) a segurar um bebe no fundo. Para a tarefa de mudanças vê-se um homem negra a levantar caixas.

59. NAOMI SCHOENBAUM, *op.* cit., pp. 1055 e ss.

discriminação muitas vezes de grupos de pessoas que já enfrentam problemas de desigualdade como é o caso das mulheres[60].

Contudo, não cremos que devemos ser tão pessimistas porque a tecnologia, sendo neutra, pode ser utilizada para melhorar as condições de trabalho das mulheres e permitir-lhes ser ouvidas e criarem um espaço próprio de discussão sobre estas matérias. Na verdade, se desde o início criar-se a tecnologia através de uma aproximação aos direitos humanos, inserindo esta visão de defesa da igualdade e da proibição da discriminação, de transparência e de sustentabilidade, considera-se que poderá melhorar-se bastante esta situação de discriminação.

Na verdade, este Novo Mundo Digital do Trabalho não necessita de ser assustador. Com as ferramentas adequadas, com a tecnologia amiga da igualdade, como uma espécie de Igualdade desde a Concepção e por Defeito[61-62], e com a necessária educação, é possível adaptar-se e trabalhar-se com as máquinas.

Esta ideia de Igualdade desde a Concepção e por Defeito parece ser essencial para combater-se a discriminação que as mulheres continuam a sofrer mesmo quando trabalham via plataformas digitais, tentando facilitar-se a prova da mesma porque esta, no mundo virtual, pode ser muito difícil. Por isso defende-se que tem de ser revisto e adequado à realidade virtual o conceito de igualdade e a proibição de discriminação, quer direta, quer indireta, assim como as regras sobre repartição do ónus da prova.

Deve mudar-se, então, de atitude deixando de questionar-se quem fez a discriminação mas sim como é que a discriminação está a ser feita e como é que as plataformas proporcionam essa mesma através dos algoritmos que são introduzidos e que reproduzem muitos dos preconceitos, estereótipos e discriminação do mundo real, transferindo-os para o mundo virtual.

Por isso, torna-se fundamental a criação de um novo conceito de igualdade que atue desde o início, desde a concepção, e por defeito, utilizando a tecnologia exatamente para diminuir a discriminação. Na

---

60. Cf. OIT, *Final Report – Meeting of Experts on Violence against Women and Men in the World of Work*, 2016, pp. 40-41.
61. Semelhante ao previsto no Regulamento 2016/679 relativamente à proteção de dados pessoais que estabelece no art. 25.º a proteção de dados desde a concepção e por defeito
62. No mesmo sentido ARIANNE BARZILAY e ANAT BEN-DAVID, *op. cit.*, pp. 394 e ss.

verdade, as plataformas têm inserida uma série de informação sobre os trabalhadores desde quanto é que recebem por hora, a pontuação que lhes é atribuída, o perfil, podendo utilizar esses dados para diminuir a desigualdade, enviando, por exemplo, quanto é que é o custo de cada tarefa, ou o custo das horas de cada trabalhador, independentemente do gênero de cada um, providenciando *guidelines* completamente transparentes para avaliar a atuação dos trabalhadores[63].

Na verdade, as decisões são cada vez mais tomadas com base em algoritmos colocando um novo problema à sociedade que é o desenvolvimento de uma sociedade assente num novo tipo de caixas negras – *a black box society*-, dado o carácter opaco e pouco transparente dos algoritmos. Perante este cenário é essencial lembrar-se que todo o tipo de controle tem de cumprir o princípio da transparência que consiste no conhecimento da vigilância e do controle exercido pelo empregador, sendo essencial para o correto tratamento de dados pessoais das pessoas, em geral, e dos trabalhadores, em especial, devendo estes saber o como, quando, onde e de que forma o controle é feito. Este direito, aliás, está reforçado no Regulamento Geral de Proteção de Dados, Regulamento 2016/679, de 27 de abril, e tem de aplicar-se ao controle realizado pelos algoritmos passando-se assim de uma *black box society* para uma *transparent box society*[64-65].

Não conseguimos vislumbrar, na verdade, uma justificação para uma eventual diferenciação em razão do gênero no caso do trabalho

---

63. Segue-se de perto o defendido por ARIANNE BARZILAY e ANAT BEN-DAVID, *op.* cit., pp. 429-430.

64. Em França a CNIL defendeu em *COMMENT PERMETTRE À L'HOMME DE GARDER LA MAIN ?Les enjeux éthiques des algorithmes et de l'intelligence artificielle*, 2017, este princípio da transparência, na medida em que as pessoas que são afetadas pela atuação de software com algoritmos devem poder compreender o funcionamento dos mesmos para compreenderem de que forma estes podem afetar os seus direitos e evitar uma dependência das decisões adotadas pelos mesmos.

    Também é interessante que na Alemanha, o primeiro código de princípios éticos que foi elaborado para definir os princípios de programação de veículos autónomos, *Automated and Connected Driving*, estabeleça no ponto 9 que "In the event of unavoidable accident situations, any distinction based on personal features (age, gender, physical or mental constitution) is strictly prohibited".

65. Para maiores desenvolvimentos sobre as implicações do Regulamento Geral de Proteção de Dados Pessoais nas relações de trabalho *vide* TERESA COELHO MOREIRA, "Algumas Implicações Laborais do Regulamento Geral de Proteção de Dados Pessoais no Trabalho 4.0", in *Questões Laborais*, n.º 51, e "A proteção de dados pessoais em Portugal", *in 4.ª Revolución Industrial: Impacto de la Automatización y la Inteligencia Artificial en la Sociedad y la Economía Digital*, Thomson Reuters, Aranzadi, Espanha, 2018, pp. 659 e ss.

virtual. Não parece concebível uma situação em que o gênero possa constituir um requisito essencial e determinante para o exercício da atividade que justifique que se aceite apenas trabalhadores do gênero masculino.

Por outro lado, considera-se que têm de ser passíveis de ser auditadas as decisões tomadas automaticamente e aqui o Regulamento Geral de Proteção de Dados proíbe o estabelecimento de decisões totalmente automatizadas e o *profiling* bastando ter em atenção o Considerando 71 da Diretiva que estabelece "O titular dos dados deverá ter o direito de não ficar sujeito a uma decisão, que poderá incluir uma medida, que avalie aspectos pessoais que lhe digam respeito, que se baseie **exclusivamente** no tratamento automatizado e que produza efeitos jurídicos que lhe digam respeito ou o afetem significativamente de modo similar, como a recusa automática de um pedido de crédito por via eletrônica ou **práticas de recrutamento eletrônico sem qualquer intervenção humana**. Esse tratamento inclui a definição de perfis mediante qualquer forma de tratamento automatizado de dados pessoais para **avaliar aspectos pessoais relativos a uma pessoa singular**, em especial a análise e previsão de **aspectos relacionados com o desempenho profissional**[66], a situação econômica, saúde, preferências ou interesses pessoais, fiabilidade ou comportamento, localização ou deslocações do titular dos dados, quando produza efeitos jurídicos que lhe digam respeito ou a afetem significativamente de forma similar", assim como o art. 22.º com a epígrafe *Decisões individuais automatizadas, incluindo definição de perfis*.

É que, na verdade, atualmente parece que a inteligência artificial não consegue lidar muito bem com a diversidade e, por isso, a defesa da construção de um novo tipo de algoritmo que insira o princípio da igualdade desde a concepção e por defeito.

E pode ver-se em Portugal o art. 25.º, n.º 1, do DL 260/2009, de 25 de setembro que estabelece que "O candidato a emprego tem o direito de ser informado, por escrito, sobre: Os métodos e técnicas de recrutamento aos quais se deve submeter e as regras relativas à confidencialidade dos resultados obtidos". Parece-nos que pode ser um caminho, já que um dos grandes problemas desta inteligência artificial é o da existência de inúmeros preconceitos sociais.

---

66. Negrito nosso.

## CONCLUSÕES:

1. O impacto deste Trabalho 4.0 e da digitalização na questão do gênero vai depender das políticas que forem adotadas.

2. É necessário, diria até urgente, perante esta revolução digital antecipar o futuro e começar já hoje a alteração do Direito do trabalho, através de um compromisso social que beneficie trabalhadores e empregadores através, por exemplo, de acordos com os parceiros sociais para identificar maneiras de melhor conciliar a vida profissional com a vida familiar, de uma melhor flexibilização dos tempos de trabalho que satisfaça também as necessidades dos empregadores, ou através da intensificação e da melhoria da formação ao longo da vida que é, sem dúvida, a melhor resposta para um mundo do trabalho que está constantemente em mutação, assim como a criação de algoritmos efetivamente neutros do ponto de vista do gênero com a criação de um princípio de igualdade novo relacionado com a tecnologia de uma Igualdade desde a concepção e por defeito.

3. Os algoritmos podem auxiliar a esta alteração positiva mas segundo critérios adequados, controlados e transparentes, com uma visão diferente do princípio da igualdade e da proibição da discriminação.

4. Há que defender, parece-nos, que estas novas formas de desumanização do trabalho não são uma fatalidade nem uma parte inevitável do progresso tecnológico. Bem pelo contrário. As TIC podem constituir um instrumento formidável de libertação do Homem porque permitem que este se concentre na parte mais criativa do seu trabalho. A revolução digital e o trabalho 4.0 não podem tornar-se numa corrida entre o homem ou a mulher e a máquina, mas sim, serem vistos como uma oportunidade de o trabalho tornar-se, verdadeiramente, uma forma de realização pessoal.

# Punitivismo y Derechos Humanos

*Eugenio Raúl Zaffaroni*[1]
*Matías Bailone*[2]

---

1. Doutor em Ciências Jurídicas e Sociais pela Universidad Nacional del Litoral (1964). Foi Professor Titular de Direito Penal na Faculdade de Direito e Ciências Sociais da Universidade de Buenos Aires, Diretor do Departamento de Direito Penal e Criminologia na Faculdade de Direito da Universidade de Buenos Aires (1994-2011), Professor Titular Consultor da Faculdade de Psicologia da Universidade de Buenos Aires (2007) e Professor Emérito da Universidade de Buenos Aires, por indicação do Conselho Superior de julho de 2007. Advogado. Escrivão. Foi Juiz de Direito da Corte de Apelações da Segunda Circunscrição em Villa Mercedes, Estado de San Luis (1969-1973). Procurador-Geral de Justiça do Estado de San Luís (1973-1975). Juiz Nacional do Criminal e Correcional da Capital Federal (1975-1976). Juiz Nacional do Criminal e de Julgamento da Capital Federal (1976-1984). Juiz da Câmara Nacional de Apelações no Criminal e Correcional da Capital Federal (1984-1990). Ministro da Corte Suprema de Justiça da Nação (2003-2014). Terceiro Vice-Presidente da Comissão de Redação da Assembleia Nacional Constituinte, Santa Fe (1994). Presidente da Comissão de Redação da Convenção Constituinte, Buenos Aires (1996). Deputado pela cidade de Buenos Aires (1997-2000). Diretor e coordenador do Programa de Sistemas Penais e Direitos Humanos, do Instituto Interamericano de Direitos Humanos (1983-1986). Diretor Geral do Instituto Latino-Americano das Nações Unidas para a Prevenção do Crime e o Tratamento do Delinquente, San José (1991-1992). Consultor Internacional para o Projeto Educação e Informação para Seguridade Cidadã na América Central, ILANUD, San José, Costa Rica. Controlador do Instituto Nacional contra a discriminação, a xenofobia e o racismo, Buenos Aires (2000-2001). Diretor da Revista de Direito Penal e Criminologia da Lei – Thomson Reuters (2011-atualmente). Vice-Presidente da Associação Internacional de Direito Penal (2014-2019). Vice-Presidente da Sociedade Internacional de Defesa Social (2006-atuamente). Secretário Geral e Fundador da Associação Latino-Americana de Direito Penal e Criminologia, ALPEC (2011-atualmente). Membro do "Eminent Jurist Panei on Terrorism, Counter-Terrorism and Human Rights" da Comissão Internacional de Juristas, Genebra (2005). Autor de numerosos projetos de reforma de códigos penais: argentino (1991), equatoriano (1969 e 1992, 2010) e da Costa Rica (1991). Presidente da Comissão de Especialistas Internacionais indicada pelo Poder Executivo da Bolívia para a elaboração do projeto para um novo Código Penal Nacional (2008). Presidente da Comissão indicada pelo Poder Executivo Nacional para a elaboração do projeto de reforma, atualização e integração do Código Penal da Nação Argentina (2012). Doutor honoris causa por mais de trinta universidades europeias e americanas. Prêmio Estocolmo em Criminologia (compartilhado com John Hagan), (2009). Prêmio Hans Heinrich Jescheck, Intemational Association of Penal Law e Max Planck Institut für ausländiscxhes und Intemationales Strafretch (2014). Prêmio em Criminologia da American Sociological Association, Nova Iorque (1986). Prêmio Intemazionale Sílvia Sandano 201 O, Associazione Sílvia Sandano, Camopidoglio, Roma (2010). Autor de importantes obras e artigos jurídicos.

2. Investigador posdoctoral del Instituto de Derecho Penal Europeo e Internacional de la Universidad de Castilla – La Mancha (España). Doctor en Derecho en Ciencias Penales por la Universidad de San Carlos de Guatemala, Summa Cum Laude. Abogado Especialista en Derechos Humanos y Procesos de Democratización (Universidad de Chile e International Center for Transitional Justice). Abogado Especialista en Sharíah y Derecho Penal Internacional (Universidad de Palermo, Italia, e Istituto Superiore Internazionale di Scienze Criminali, Siracusa,

SUMARIO: I. Precisiones conceptuales – II. Legislación penal de riesgo y proliferación típica – III. El ejercicio real del poder punitivo habilitado por la expansión tipificadora – IV. Funcionalidad actual del poder punitivo – V. Violaciones al derecho positivo internacional

## I. PRECISIONES CONCEPTUALES.

**1. La punitividad en expansión.** Se denomina *expansión del derecho penal* a la proliferación de tipos penales –o *criminalización primaria*-, que se viene produciendo desde hace décadas[3], con *motivo o pretexto* del surgimiento de nuevos *riesgos*[4] y con la *función manifiesta* de su neutralización, fenómeno que generó alertas doctrinarias ante la perspectiva de una *panpenalización* y la consiguiente búsqueda de criterios limitativos metalegales a la legislación penal[5].

**2. Expansión y extensión: punitivismo.** Cabe aclarar que la *expansión horizontal* de la tipificación, suele ir acompañada de una *extensión vertical* de la punición, mediante agravamientos de penas y proliferación de tipos calificados. La conjunción de *la expansión y la extensión* da lugar al fenómeno llamado *punitivismo*[6].

**3. Equivocidad semántica.** La expresión *derecho penal* es semánticamente equívoca, pues se la suele emplear para denotar la *legislación* (obra de políticos), el *poder punitivo* (ejercido por las agencias ejecutivas

---

Italia). Profesor titular de Derecho Penal Internacional de la Universidad Nacional de La Matanza (Argentina). Profesor Honorario de la Universidad Nacional del Altiplano, Perú, y de la Universidad Señor de Sipán, Chiclayo, Perú. Miembro honorífico de la Academia Boliviana de Ciencias Jurídico Penales. Director de la Diplomatura en Derecho Penal y Criminología de la Universidad Gastón Dachary (Misiones). Secretario General y Representante de Argentina ante el Comité Permanente de América Latina para la Prevención del Crimen de Naciones Unidas (COPLAD).

3. Cfr. Silva Sánchez, Jesús María, *La expansión del Derecho Penal. Aspectos de la política criminal en las sociedades postindustriales*, Bs. As., 2006.
4. Es de rigor citar a Ulrich Beck, *La sociedad del riesgo. Hacia una nueva modernidad*, Barcelona, 2010.
5. En todos los tiempos se ha pretendido hallar estos límites (así, por ejemplo, Anton Bauer, *Die Warnungstheorie nebst einer Darstellung und Beurtheilung aller Strafrechtstheorien*, 1830; entre los contemporáneos, Douglas Husak, *Sobrecriminalización. Los límites del derecho penal*, Madrid, 2013.
6. *Punitivismo* (y también *neopunitivismo*) son expresiones que, en general, designan a la tendencia, mediáticamente impulsada, a procurar resolver todos los conflictos sociales mediante la pena. Puede considerarse un signo de la creciente incapacidad de los Estados actuales de proveer sistemas eficaces de solución de conflictos, dado el debilitamiento de la interacción social (de la sociedad).

o policías), la *doctrina o ciencia jurídico-penal* (trabajo de los juristas)[7] e incluso hasta la *jurisprudencia* (producto de los tribunales).

**4. ¿Realismo o idealismo?** Estas connotaciones se confunden cuando, desde la *doctrina,* se da por cierto que lo normativo (*deber ser, ley*) pasa automáticamente a la realidad (*ser*), por efecto de una teoría del conocimiento *normativista* (idealista), que pretende ignorar todos o algunos de los datos sociales (sobre todo del *ser* del *poder punitivo*[8]).

En el presente análisis se adopta una perspectiva *realista*[9], que nos impone distinguir las *funciones manifiestas* (lo que el Estado o el sector hegemónico o sus voceros *dicen querer* al legislar) y las *reales* (sus efectos en la sociedad y su funcionalidad para el poder social).

**5. Orden expositivo**. Conforme a la perspectiva realista, desde el *derecho penal como doctrina jurídica*, ensayamos una aproximación al fenómeno de *expansión de la criminalización o tipificación*, distinguiendo los problemas que plantea en el *plano normativo* (legislativo) de sus *reales efectos sociales* (descripción del impacto del poder punitivo tal como realmente se ejerce) y de su explicación en el marco de poder (de su *funcionalidad de poder*). Tangencialmente nos referiremos a también a la *extensión* y al *punitivismo,* dada la frecuente *coetaneidad* de ambos procesos.

Transitaremos este camino, para referenciar –con la brevedad del caso- el fenómeno en el *derecho internacional de los derechos humanos*, verificando su impacto sobre los límites que éste (como ley positiva de máxima jerarquía) impone a los Estados, sin necesidad de apelar a criterios *metalegales*[10].

---

7. Cuando en el lenguaje corriente –y aún técnico- se dice *el derecho penal no* prohíbe, se hace referencia a la ley penal; cuando se dice *el derecho penal no resuelve,* se habla del poder punitivo; si se dice *el derecho penal no ha estudiado,* se habla de los juristas.

8. En el fondo, no niega todos los datos de la realidad, porque obviamente no puede pasar por alto datos elementales del mundo, como las leyes físicas; lo que en realidad hace todo el idealismo penal, es seleccionar datos, dejando de lado los que le resultan molestos, como son los que hacen a la operatividad real del poder punitivo. De allí que esa selección idealista –que pretende ser *técnica* y *aséptica,* siempre responda a una ideología y, peor aún, que pretendiendo ser *liberal* en realidad sea autoritaria.

9. V. más ampliamente, nuestro *Derecho penal humano,* Buenos Aires, 2017.

10. En nuestra época, muchísimas cuestiones que los penalistas clásicos debían resolver recurriendo al *derecho natural,* se resuelven en el derecho positivo, en razón de la positivización de los Derechos Humanos y en las propias Constituciones políticas de los Estados.

## II. LEGISLACIÓN PENAL DE RIESGO Y PROLIFERACIÓN TÍPICA.

**1. El mundo ficcional normativo.** La expansión de la tipificación o proliferación de tipos penales, da lugar al llamado *derecho penal* (en rigor *legislación) de riesgo* que, invocando la necesidad en función de –supuestos o reales- *nuevos riesgos*[11], suele desconocer los tradicionales límites (garantías) del derecho constitucional e internacional.

El discurso legitimante de esta legislación inventa un mundo *inexistente* mediante presunciones y *ficciones* (*mundo ficcional normativo*). Éstas provienen del derecho de forma, donde se emplean por razones de economía procesal, dando como cierto algo que no es o no se sabe si es, pero ahora se importan libremente al derecho penal. Así, se da por *verdadera, en el plano de lo real,* la función preventiva de cualquier pena[12], con lo cual se tiene también como *real* que la norma penal siempre *previene* la afectación de ciertos bienes jurídicos[13] y, por ende, se concluye en que la norma penal *tutela* esos bienes.

**2. ¿Responsabilidad objetiva?** Esta proliferación típica tiende a confundir crecientemente los injustos administrativos[14] que, en esencia, se basan en la *culpa in eligendo* o *in vigilando*, con el injusto penal, que requiere *dolo o negligencia penales*, lo que lleva a lo que llamamos *responsabilidad objetiva,* considerada por los historiadores del derecho como una etapa primitiva y superada de la ley penal[15].

**3. La perversión de la *ofensividad*.** Esta cadena de efectos sociales imaginarios[16] coincide con el constructo artificial de un ser humano que

---

11. La *extensión* no invoca riesgos *nuevos,* sino que apela a una supuesta *mayor gravedad.* El recurso es tan antiguo que lo usaron los teóricos de la inquisición para restar valor al llamado *Canon Episcopi,* que subestimaba el poder de las brujas (cfr. nuestro estudio preliminar a la *Cautio Criminalis* de Friedrich Spee, Buenos Aires, 2017).
12. Se opta por las llamadas teorías *relativas* y, entre ellas, la de la *prevención,* repitiendo la vieja clasificación de Bauer o, al menos, dándola por tácitamente aceptada.
13. En nuestra opinión, se ha confundido la naturaleza de los bienes jurídicos al considerarlos como objetos (vida, propiedad, etc.), cuando en realidad son las relaciones de uso o disposición (disponibilidad) de esos objetos. En buena medida nos inspiramos en la tesis de Michael Marx, *Zur Definition des Begriffs "Rechtsgut". Prolegomena einer materialen Verbrechenslehre,* Köln, 1972 y, en un plano más general, en la idea de *coexistencia* de *Sein und Zeit.*
14. Cfr. Hassemer, Winfred, *Crítica al derecho penal de hoy,* Bs. As., 1997.
15. Los penalistas llamamos *responsabilidad objetiva* a toda pretensión de imputar una acción sin dolo ni culpa, pero en el derecho en general, en definitiva, nunca existe una completa *responsabilidad objetiva,* porque en cualquier rama del derecho, cuando se imputa algo siempre hay una conducta humana.
16. Hace muchos años que Alessandro Baratta puso de relieve la falsedad de estos efectos –dados como indiscutibles por los penalistas- a la luz de la sociología más tradicional (*Criminología e*

actúa siempre respondiendo a leyes del mercado, que es precisamente lo que muestra la coincidencia de este mundo ficcional penal con el *reduccionismo economicista de mercado* del capitalismo financiero, que aspira a devenir paradigma de todas las ciencias sociales[17].

Esta antropología economicista se proyecta en el derecho penal, para dar base al *mundo ficcional normativo* en que se *pervierte el principio de ofensividad* o *lesividad (harm principle)*[18], pues se salta sin escalas de la originaria garantía limitadora liberal de exigencia de un bien jurídico *afectado*[19] a un *presunto bien jurídico tutelado*[20].

Esto importa contradicciones insalvables: (a) Al prescindir de todo dato empírico acerca del efecto *tutelar*, se impide la verificación de la *mínima racionalidad republicana* de la norma penal (adecuación del

---

*dogmatica penale. Passato e futuro del modello integrato di scienza penalistica*, en *La cuestione criminale*, Bologna, 1979, pp. 147-183).

17. Así, conforme al discurso legitimante del totalitarismo financiero (llamado *neoliberal*), Jakob Mincer y Gary Becker inventaron un ser humano inexistente, cuya conducta responde siempre a costo y beneficio, incluso el delito, o sea, que los hombres y las mujeres se comportarían en toda situación conforme a una supuesta racionalidad de mercado, con lo que la economía explicaría todas las conductas humanas y perderían sentido todas las demás ciencias de la conducta (Cfr. Becker Gary, *Human Capital*, 2nd edition. Columbia University Press, New York, 1964; *The Economic Approach to human behavior*, Chicago, 1976).

18. En el mundo anglosajón este límite legislativo se conoce como el *harm principle* y su formulación se remonta a John Stuart Mill (en *On liberty*, 1859). El *harm principle* es atacado por los juristas antiliberales anglosajones, conocidos como *paternalistas* y que, en realidad, son preiluministas, pues intentan poner en cuestión una de las conquistas más importantes de la modernidad, respecto de la que se señala a Christian Thomasius como pionero (cfr. Hans Welzel, *Naturrecht und materiale Gerechtigkeit*, Göttingen, 1962, p. 164), profundizada luego por Kant y por los primeros trabajos de juventud de Feuerbach (Anselm v. Feuerbach, *Anti-Hobbes. O sobre los límites del poder supremo y el derecho de coacción del ciudadano contra el soberano*, Buenos Aires, 2010).

19. Esta era la idea originaria y limitadora de Feuerbach, reelaborada por Birnbaum en 1834, que prefirió inventar la expresión *bienes jurídicos* en lugar de *derechos*. Sobre esto, Guzmán Dalbora y Vormbaum en la reedición de los trabajos de Birnbaum, *Zwei Aufsätze, Über das Erforderniss einer Rechtsverletzung zum Begriffe des Verbrechens (1834); Bemerkungen über den Begriff des natürliches Verbrechens (1836)*, 2011.

20. Esta pirueta lógica permitió que se lo manipulase hasta privarlo de toda función limitadora (como hicieron entre otros Schwinge, Zimmerl, Mezger en tiempos del nazismo) y, además, esa confusión lo convirtió en una concepto oscuro y vulnerable, abriendo el camino para su negación (Dahm y Schaffstein). Los detalles de los sucesivos y complejos conceptos que se generaron a partir de este salto lógico, se sintetizan en muchísimas obras muy bien documentadas, como por ejemplo la de Miguel Polaino Navarrete, *El bien jurídico en el Derecho Penal*, Universidad de Sevilla, 1974, o la más reciente de Gonzalo D. Fernández, *Bien jurídico y sistema del delito*, Montevideo-Buenos Aires, 2004; la discusión actual en Alemania: Roland Hefendehl, *La teoría del bien jurídico, ¿Fundamento de legitimación del Derecho penal o juego a abalorios?*, Madrid-Barcelona, 2007.

medio al fin). (b) El bien jurídico del sujeto pasivo nunca puede ser *tutelado* por la norma penal, pues cuando se aplica ésta es porque aquél fue afectado[21]. (c) Como el bien jurídico supuestamente tutelado no es el del sujeto pasivo del delito, pasa a ser una abstracción que oculta un interés del Estado (*razón de Estado*)[22]. (d) Pasa por alto que el bien jurídico -por definición- lo recibe el derecho penal *ya tutelado* por el derecho, con total independencia de la norma penal[23]. (e) Sólo se tipifican algunas afectaciones típicas al bien jurídico, no toda lesión o peligro (nunca puede haber *tipificación penal total*)[24].

La pirueta lógica e imaginaria que salta del *requisito liberal del bien jurídico afectado* al *tutelado* (interés o *razón de Estado*), lo convierte en una *abstracción* que permite *clonaciones de bienes jurídicos*, que sólo existen en el mundo ficcional normativo[25].

**4. La probabilidad estadística**. En el imaginario *mundo presuncional o ficcional*, todo *riesgo* (probabilidad *estadística* de resultado ofensivo) se convierte en un *peligro absoluto* que desprecia la inevitable porción *estadística* de *inofensividad,* o sea que, por las dudas, criminaliza todas las conductas (sean dañosas o no dañosas, ofensivas o inofensivas). En esencia, se trata de una *objetivación de la vieja peligrosidad positivista* transferida el injusto[26], mediante una *ficción de peligro* respecto de la porción estadísticamente inofensiva (respecto de la cual tiene por

---

21. De esto se había percatado Bauer hace casi dos siglos, por lo cual distinguió entre *conminación* y *ejecución de la pena,* dando por *tutelado* el bien jurídico con la mera *avertencia* (*Warnung*) de la conminación (op. cit.).
22. Esto permitió la *estatización* de los bienes jurídicos, que puede considerarse como parte del derecho penal del fascismo. La reacción liberal italiana a la estatización de los bienes jurídicos fue obra principalmente de Giuseppe Bettiol, que en la posguerra propuso directamente la vuelta al *Codice Zanardelli.* La doctrina italiana actual deduce el principio de ofensividad del principio del estado constitucional de derecho de la Constitución de la Republica de 1947 (por ejemplo, Fiandacca-Musco).
23. Es una consecuencia de la función *sancionatoria* y *no constitutiva* del derecho penal, que puede verse con claridad desde Binding. El derecho penal *recibe* los bienes jurídicos que, por definición, deben ser *tutelados,* porque de lo contrario no serían tales.
24. No es concebible un tipo penal que conmine cualquier conducta que *ofenda* un bien jurídico. Todos seleccionan sólo algunas de las conductas ofensivas.
25. Algunos títulos de los códigos penales, que responden a meras necesidades de ordenación, suelen confundirse con bienes jurídicos, como por ejemplo, *fe pública, seguridad pública,* etc. En el plano real cada conducta típica es pluriofensiva (el hurto del automóvil del taxista afecta su salario y puede incidir sobre la educación de sus hijos). En el plano jurídico se selecciona una o algunas de las afectaciones.
26. El conectivo entre el injusto y la pena, que el positivismo lo hacía por la *peligrosidad*, en función de un cálculo estadístico (en el mejor de los casos) en miras a un posible futuro, se

real un peligro inexistente) que se bautiza con el eufemismo de *peligro abstracto*.

De este modo, los *tipos de peligro abstracto*, con el pretexto de *tutelar al máximo* un bien jurídico que estadísticamente se sabe que una buena parte de esas acciones no lo afecta, conminan también esas acciones inofensivas, violando tanto el *principio de ofensividad penal* como el de *inocencia procesal*.

**5. La presunción *juris tantum*.** En una *versión menos ficcional de los tipos de peligro abstracto*, sería posible interpretarlos como presunciones *juris tantum*, en lugar de presunciones *juris et de jure*. Esta variable también contraviene tradicionales principios procesales, pues impone tanto la *inversión de la carga de la prueba* como la exigencia de *prueba negativa* (probar la ausencia de peligro)[27].

**6. Prohibición de actos preparatorios y derecho penal de voluntad.** La *expansión*, que pretende *prevenir* con múltiples tipos de peligro abstracto, incrimina *actos preparatorios y equívocos*, lo que viola el principio de lesividad tanto por el *alejamiento temporal de la consumación* como por la *presunción o ficción de peligro*, a lo que suele agregarse el mencionado fenómeno de la *clonación de bienes*.

El adelantamiento de la criminalización a los actos preparatorios supone también una suerte de *objetivación del derecho penal de voluntad (Willensstrafrecht)*[28], pues el tipo de peligro abstracto ni siquiera procura detectar una *voluntad* disidente de lesionar el bien jurídico en los actos preparatorios que incrimina, ni en verdad la presupone, sino que directamente se desinteresa y, por tanto, impone pena aunque no haya existido, bastándole con que el agente haya querido la acción[29]. El resultado paradojal es *que el Willenstrafrecht era más limitador en cuanto a la*

---

reemplaza restituyendo en su lugar a la culpabilidad, pero el cálculo estadístico se traslada al tipo y se objetiva mirando hacia un posible pasado, en la forma de presunción de peligro.

27. Otra legitimación del *peligro abstracto* suele buscarse considerándolo *un peligro de peligro para el bien jurídico*. Confiesa de esta forma la lejanía del acto respecto de la lesión, que se pone de manifiesto de modo intolerable cuando se admite la tentativa para estos tipos: un supuesto *peligro de peligro de peligro*.

28. V. Roland Freisler, *Willensstrafrecht:Versuch und Vollendung*, en Franz Gürtner (ed.), *Da kommende Strafrecht, Allg. Teil*, Berlin, 1935.

29. El caso histórico más elocuente de *peligro abstracto* se remonta a la ley imperial romana, que penaba la fabricación de telas púrpura, pues era el color imperial y, por lo tanto, generaba una presunción de peligro de golpe de Estado, en tiempos en que los generales romanos se derrocaban entre ellos y se vestían de emperadores.

*incriminación de actos preparatorios*, que los actuales tipos del llamado peligro abstracto.

**7. Extensión: calificaciones y aumento de penas.** La *extensión* vertical que suele acompañar a la *expansión* horizontal de la tipificación, concretada en agravaciones de penas y tipos calificados, comparte con esta última la supuesta eficacia preventiva de las puniciones más graves[30].

Las alteraciones de las escalas penales desarticulan el equilibrio entre éstas, fundado en la jerarquía y grado de lesión al bien jurídico[31] y en el reproche individualizado de culpabilidad, rompiendo la armonía impuesta por el mínimo de *racionalidad* inherente al principio republicano[32] traducido en la regla de *proporcionalidad* de la pena[33].

**8. Punición de usuarios y consumidores.** Cuando en la creación de tipos penales se pretende prevenir la producción de algo nocivo y está en juego una cuestión de oferta y demanda[34], se racionaliza una táctica político-criminal preventiva que consiste en tipificar la acción de demandar, argumentando que con eso se disminuye le producción de la oferta.

Esta táctica ofrece los siguientes reparos: (a) Es una vía indirecta para violar el principio de autonomía moral de las personas[35]. (b) En modo alguno resulta eficaz desde el punto de vista de una efectiva prevención[36]. (c) De extenderse a toda actividad ilícita en que se ofrezcan

---

30. En parte también se legitima el punitivismo en base a la vieja tesis de que cuando más difícil es penarlo, mayor debe ser la pena amenazada, para que ejerza más poder de contención.
31. De este modo se desarticula la arquitectura de cualquier código penal, pues las supuestas necesidades de prevención o intimidación pública no responden a la jerarquización de las lesiones a bienes jurídicos, sino a pretendidas necesidades policiales de los Estados.
32. Sobran en la legislación penal comparada los ejemplos de delitos más penados contra la propiedad que contra la vida, por ejemplo.
33. En cuanto a jerarquización de bienes jurídicos, hay cierto orden que se deriva de las Constituciones y del derecho internacional de los Derechos Humanos, aunque también de la naturaleza de las cosas: con la vida nace y se extingue todo derecho.
34. En general, se emplea en algunos casos en que se suele emplear el confuso concepto de *organized crime* (drogas, pornografía infantil), aunque no en todos ellos.
35. Por vía del peligro que implica que algún tenedor para su consumo se convierta en un expendedor o en que bajo los efectos del tóxico cometa algún delito, se está prohibiendo el consumo mismo de algunos tóxicos (aunque no del más criminógeno, que es el alcohol), lo que es claramente una cuestión de incumbencia de la moral individual.
36. Es empíricamente verificable, con el resultado paradojal del punitivismo en materia de tóxicos prohibidos. Desde la prohibición alcohólica norteamericana de hace un siglo hasta hoy, no ha hecho más que expandir su uso y generar más delincuencia organizada altísimamente lesiva de la vida de miles de personas.

productos o servicios, provocaría una extensión intolerable de la criminalización primaria[37].

**9. Descodificación penal.** A la urgencia con que por regla general se producen estos tipos penales suele corresponder una descuidada técnica legislativa. Además, lo más común es que se inserten en leyes penales *especiales,* o bien, en textos de leyes no penales (la llamada legislación penal *extravagante*), es decir, que se *descodifica* la ley penal.

*Descodificación* implica una regresión a la *codificación preiluminista*[38], o sea, una renuncia a la *exposición sistemática en una sola ley orgánica de todas las disposiciones de una materia jurídica,* heredada del enciclopedismo, con el objeto de facilitar su aplicación, la previsibilidad de las decisiones y la claridad de la materia prohibida a los habitantes (*seguridad jurídica*).

Con frecuencia la descodificación lleva incluso a *dobles o múltiples tipificaciones y recalificaciones*[39], con las consiguientes dificultades interpretativas. El *principio de código,* consagrado recientemente en la legislación, italiana procura poner remedio a semejante caos legislativo[40].

**10. Racionalizaciones legitimantes.** Desde la doctrina penal se han ensayado varios caminos para racionalizar la expansión de la tipificación o legislación penal de riesgo –y también su extensión-, aunque evitando los argumentos demasiado cercanos al derecho penal

---

37. Piénsese en una eventual punición de cualquier comprador de productos falsificados o reproducidos ilegalmente (registros musicales, libros que se sustraen al pago de derechos autorales, prendas de marca y cualquier producto producido en violación de las leyes de patente).

38. Entendida como recopilación, ordenación o colección en el sentido justinianeo, por lo que se hizo necesario acudir a la recopilación en casos en que la legislación alcanzó un estado extremadamente caótico. Como ejemplo histórico cabe recordar el caso de Brasil a comienzos de los años treinta, que se vio obligado a sancionar la *Consolidação das leis penais, Aprovada e adotada pelo Decreto n' 22.213 de 14 de Dezembro de 1932* (en José Henrique Pierangelli, *Códigos Penais do Brasil, Evolução histórica,* Bauru, 1980, 319 y ss.).

39. No es raro hallar casos de doble tipificación de la misma conducta. En otros, no se sabe con certeza cuál es el texto vigente, dado que no hay ediciones oficiales actualizadas, por lo que incluso los jueces se manejan con ediciones comerciales de los códigos y leyes penales.

40. Decreto Legislativo 1° marzo 2018, n. 21, che ha inserito nel codice penale il "principio della riserva di codice" ("«*Art. 3-bis c.p. – Nuove disposizioni che prevedono reati possono essere introdotte nell'ordinamento solo se modificano il codice penale ovvero sono inserite in leggi che disciplinano in modo organico la materia*"). La Constitución argentina (art. 75, inc. 12) impone al Congreso Nacional dictar un código penal, por lo que el principio de reserva de código está establecido en ella desde siempre, aunque también desde siempre se lo ha desconocido y se crean desordenadamente tipos penales en leyes especiales y extravagantes.

de entreguerras, dada su justificada estigmatización, pero no puede desconocerse que –en conjunto- tienden a debilitar los principios que se remontan al Iluminismo. No faltan tampoco resignados intentos que –pese a reconocer los peligros que implica– tratan de contener su avance, procurando negociar su limitación a una parte excepcional del derecho penal.

Se destacan como A) *legitimaciones* (a) el derecho penal simbólico, (b) la función meramente reafirmadora de la vigencia de la norma (c) y –en cuanto a algunas tipificaciones- la lesión por acumulación. Como B) *resignadas y negociadas legitimaciones excepcionales*, se propuso el derecho penal (a) del enemigo y (e) a dos velocidades.

**11. El llamado *derecho penal simbólico*.** Una de las vías de racionalización de la expansión de la tipificación penal es el llamado *derecho penal simbólico*[41], que maneja de manera bastante arbitraria la teoría de la comunicación[42]. Desde esta perspectiva, la principal y dominante función de la ley penal consistiría en una suerte de *servicio de mensajería social* que advierte[43] la repulsa estatal a la acción prohibida.

Las penas concretamente impuestas serían *advertencias*[44] que recordarían a los miembros de la sociedad el desvalor de la conducta penada, con lo cual las personas que la sufren serían *mediatizadas* al servicio de la mensajería de reprobación[45]. El supuesto *bien jurídico* afectado por la conducta típica, en caso de admitirse alguno, sería en definitiva, *el poder o potencia desvaloradora del Estado*[46], es decir, un palmario caso de *bien jurídico único*.

**12. La ratificación de la vigencia de la norma.** Desde la perspectiva del *normativismo idealista* y, por ende, desentendida de los datos reales acerca del poder punitivo, se legitima la expansión asignando a

---

41. V. en sentido crítico, José Luis Díez Ripollés, *El derecho penal simbólico y los efectos de la pena*, en "Boletín Mexicano de Derecho Comparado", UNAM, nº 103; del mismo *La política criminal en la encrucijada*, Buenos Aires, 2007.
42. No puede considerarse a Habermas como garante de esta teoría.
43. No es la vieja teoría de *la advertencia*, pues ésta estaba condicionada por la adecuación al fin y al derecho, que la limitaban y no toleraban la mediatización del ser humano.
44. La teoría clásica de la advertencia asignaba esta función sólo a la conminación, para eludir la objeción de mediatización de la persona.
45. No queda muy clara la diferencia con la teoría de la coacción psicológica de Feuerbah.
46. No debe confundirse con un eventual e imaginario poder de la *sociedad*, expresión que confunde *sociedad y Estado* parta legitimar la mera voluntad estatal o incluso de los poderes fácticos que manejan los medios de comunicación.

la pena la pura función de *ratificación de la vigencia de la norma*[47], sin referencia a ningún bien jurídico. De este modo, con el nombre de *prevención general positiva*, en realidad, la pena tutelaría *un único un bien jurídico*, pues el objeto de la lesión (y supuesta tutela) sería el prestigio estatal[48]. Las personas seleccionadas serían *medios* para generar *consenso* y prestigiar la confianza en el *sistema* (o sea, en el poder del Estado).

**13. La lesión por acumulación.** Algunos tipos penales sancionan acciones que individualmente no lesionan ni ponen en peligro ningún bien jurídico, pero que de generalizarse (acumulándose) lo harían[49]. De este modo se abre la posibilidad de criminalizar cualquier acción humana –por inofensiva que fuese–, pues casi no existe ninguna conducta que, de alucinarse de generalización, no resulte lesiva de uno o más bienes jurídicos y, en ocasiones hasta catastrófica para todos los bienes jurídicos[50].

**14. Derecho penal del enemigo.** Hace unos años, con el objeto de detener el avance arrollador del *panpenalismo*, se propuso reconocer excepcionalmente un *derecho penal del enemigo*[51], limitado a algunos tipos penales, cuyos sujetos activos serían considerados *no personas* y, por ende, serían objeto de una suerte de medidas de pura contención[52]. De este modo, el resto del derecho penal podría seguir el curso tradicional más o menos liberal[53], lo que desató una larga polémica doctrinaria.

---

47. Tesis de Günther Jakobs, sostenida con algunas variantes desde hace más de tres décadas (cfr. su *Derecho Penal, Parte general*, Madrid, 1997).
48. No es difícil percibir en esta elaboración una vuelta al hegelianismo, aunque la terminología remite al funcionalismo sociológico de Niklas Luhmann. No parece compatible con ninguna teoría sociológica su subestimación de cualquier verificación empírica en el plano de la realidad social.
49. Esta supuesta lesión por eventual generalización suele argumentarse en cuestiones tan diferentes como el consumo de tóxicos (si todos fumasen marihuana) o en posibles afectaciones al medio ambiente (si todos orinasen en el rio).
50. Recuérdese –como nota curiosa– que cuando Feuerbach se encontró en la necesidad política de legitimar la punición de la sodomía (porque las condiciones políticas no le permitían derogarla, como había hecho el código de Napoleón), inventó como argumento que de generalizarse acabaría con la especie humana (*Lehrbuch des gemeinen in Deutschland gültigen peinlichen Rechts*, Giessen, 1847, p. 738). Imagínese alucinadamente que toda la población se decida sólo a cuidar su cuerpo y se dedicase únicamente a hacer gimnasia y masajearse diez horas por día.
51. Günther Jakobs – Manuel Cancio Meliá, *Derecho penal del enemigo*, Madrid, 2003.
52. Se trataría de privaciones de libertad de mera contención, algo así como las que se destinarían a los inimputables conforme a los principios de los penalistas hegelianos del siglo XIX.
53. En este sentido difiere del concepto de enemigo de Carl Schmitt (*El concepto de lo político*, México, 1985), aunque la mención del *enemigo* fue quizá lo que causó escándalo. Se ha dicho que, de no haberse empleado esa expresión, quizá hubiese pasado casi desapercibido, lo que no carece de cierto sentido.

Se trata de una legitimación parcial y *excepcional* de la *expansión*, bastante ingenua, porque ignora la experiencia de la dinámica histórica de todo derecho penal autoritario que –justamente- siempre se introdujo como *excepción* que a poco se generalizó, en forma de legislación penal *de ataque contra enemigos peligrosos* que, por cierto, nunca neutralizó[54].

**15. Derecho penal a dos velocidades**. Otra resignación parcial del derecho penal liberal en favor de la *expansión* es la propuesta del llamado *derecho penal a dos velocidades*, que postula la creación de un orden menor de infracciones, sin penas privativas de la libertad, donde se flexibilicen los principios tradicionales del derecho penal liberal, dejando el nivel de garantías más alto para el derecho penal de tipos tradicionales y de alto contenido ilícito[55].

La distinción cuantitativa de infracciones –según la intensidad del contenido ilícito– tiene vieja raigambre[56], pero esta versión actual pasa por alto que las infracciones de menor contenido ilícito son las más frecuentes y, por eso, cobran mayor importancia que las graves en la configuración y control de la interacción social, siendo más peligrosas para una sociedad plural, como la que corresponde a una democracia[57]. Mientras las penas para los delitos graves están muy lejos de la experiencia cotidiana del ciudadano, las más leves son las que éste vivencia con mayor frecuencia y proximidad y, por ende, la arbitrariedad en éstas y la vigilancia social que habilitan, influyen mucho más en la vida del común de las personas.

---

54. Sobre esto, extensamente, nuestro *El enemigo en el derecho penal,* Madrid, 2007; también, *Friedrich Spee: el padre de la criminología crítica*, estudio preliminar cit.
55. V. Jesús Maria Silva Sánchez, op. cit.
56. Por todos, la división de crímenes, delitos y contravenciones del art. 1º del Código de Napoleón (*Code Pénal, Édition originale et seule officielle,* París, de l'Imprimerie Impériale, 1810), corresponde a la alemana *Verbrechen, Vergehen und Übertretungen.*
57. No en vano en muchos de los países latinoamericanos las policías se reservan el derecho de imponer penas contravencionales, como de disponer *detenciones* para supuestos fines de *identificación*. Son formas menores de punición manifiestas o encubiertas, como expresión de un poder punitivo de alta significación en la sociedad, que habilitan un enorme control y vigilancia sobre las *clases peligrosas* del viejo Fregier (cfr. Frégier, *Des clases dangereuses da la population dans les grandes villes,* Bruselas, 1840; también nuestro *Las clases peligrosas: el fracaso de un discurso policial prepositivista,* en "El penalista liberal, Homenaje a Manuel de Rivacoba y Rivacoba", Buenos Aires, 2004).

## III. EL EJERCICIO REAL DEL PODER PUNITIVO HABILITADO POR LA EXPANSIÓN TIPIFICADORA

**1. Mayor poder selectivo.** Es sabido que la desproporción *estructural* entre lo programado por la criminalización primaria (tipificación) y la selección de personas a quienes criminalizar (criminalización secundaria) siempre es estructuralmente enorme. Por ende, cada nuevo tipo penal aumenta el ámbito de *selección* de personas sobre las que recae el poder punitivo real (criminalización secundaria), o sea que, *a mayor tipificación corresponde mayor poder de arbitrio selectivo* (o relativa *arbitrariedad*) *para las agencias ejecutivas,* que lo reparten conforme a *situaciones de vulnerabilidad*. En resumen: *la expansión amplía el poder de arbitrio selectivo de las agencias ejecutivas* (policías).

**2. Menor contención jurisdiccional.** Los jueces –pese a la constante afirmación en contrario– no ejercen el poder punitivo. Su función -correctamente ejercida- consiste en filtrar el que ejercen las agencias ejecutivas, concretando en penas el menos irracional e impidiendo el paso del más irracional. De este modo se mantiene la relativa vigencia de todo Estado de derecho mínimamente republicano[58].

Esta función de *filtraje y contención* del poder punitivo es una *tarea de vital importancia, pues evita el desborde* que, de producirse, puede traducirse desde simples abusos hasta genocidios. Con ese objeto, las agencias judiciales (jueces) proceden según normas procesales frente a los candidatos a la criminalización secundaria, seleccionados por las agencias ejecutivas[59].

**3. Derecho penal del enemigo por vía procesal.** Pero el poder punitivo que filtran los jueces se concreta mucho más en *prisiones preventivas* –regladas en ley procesal– que en condenas con penas de la ley penal. Los nuevos tipos de la *expansión* y las penas más graves de la *extensión* (el *punitivismo* resultante de ambos), se proyectan procesalmente en una fuerte ampliación de la prisión preventiva y de la consiguiente

---

58. El Estado de derecho, entendido como el igual sometimiento de todos a la ley, es un modelo ideal, contra el que siempre pulsiona el Estado de policía, como modelo en que todos están sometidos por igual al poder del que manda. Dentro de todo Estado de derecho real queda encerrado un Estado de policía que pulsiona por salir, cuya contención corresponde fundamentalmente a los jueces.

59. La tarea de selección criminalizante secundaria no es judicial sino policial. Los jueces tienen el poder de decidir si el proceso de criminalización secundaria puesto en funcionamiento por la policía se interrumpe, avanza o se detiene temporalmente.

*prisionización*[60], que no aumenta tanto por penas de la ley *penal*, sino por prisiones preventivas formalmente *procesales* (*presos sin condena*)[61].

Como estas prisiones preventivas (*penas anticipadas*)[62] son idénticas a las medidas de pura contención que propugnó hace unos años el referido *derecho penal del enemigo*, la ley procesal resulta consagrándolo materialmente bajo otro nombre[63].

**4. *Estado* y *situación* de vulnerabilidad**. La selectividad criminalizante secundaria se reparte, por un lado, conforme al *estado de vulnerabilidad* de la persona y, por otro, según el esfuerzo personal de ésta para alcanzar la *situación concreta de vulnerabilidad*.

El mayor *estado de vulnerabilidad* lo determinan el *status social* y los *prejuicios que imperan a su respecto* (de clase, rasgos étnicos, idioma, nacionalidad, orientación sexual, etc.), lo que determina una *asociación diferencial*[64] condicionante de un respectivo *entrenamiento diferencial*, todo lo cual – en conjunto – da lugar a los *estereotipos negativos*[65] de vital trascendencia en la selección criminalizante secundaria.

Por ende, el *estado de vulnerabilidad guarda relación directa con la distancia del poder social y económico*. A quien lo sufre en alto grado, le basta un pequeño esfuerzo para alcanzar la *situación concreta de vulnerabilidad* y viceversa[66].

**5. No sólo las *clases subalternas***. Sin embargo, hay quienes alcanzan una *situación de alta vulnerabilidad* sin necesidad de un gran

---

60. Más de la mitad de los presos de Latinoamérica no están condenados, lo que importa una *inversión del proceso penal*, que proviene de larga data (cfr. Elías Carranza, Luis Paulino Mora, Mario Houed, E. Raúl Zaffaroni, *El preso sin condena en América Latina y el Caribe*, ILANUD, San José, Costa Rica, 1983; 2ª edición, San José, 1991).

61. La pretensión de asimilar la prisión preventiva a las medidas cautelares del proceso civil pasa por alto que ésta es siempre patrimonial y que puede exigirse una *contracautela* para el caso en que resulte indebida, en tanto que la privación de tiempo de vida (existencia) nunca puede repararse en la misma especie ni acompañarse de ninguna *contracautela*.

62. La prisión preventiva nunca pudo ser satisfactoriamente legitimada por los procesalistas. Se impone como necesidad, pero no puede negarse su carácter de pena sin condena, que lo reconocieron y legitimaron las ideologías totalitarias de entreguerras, pero que se niegan a reconocerlo los procesalistas liberales, con lo cual indirectamente la habilitan, porque el desconocimiento de su naturaleza de pena conspira contra su necesaria excepcionalidad y permite que se la convierta en regla.

63. V. nuestro *El enemigo en el derecho penal*, cit.

64. Cfr. Edwin H. Sutherland – Donald R. Cressey, *Criminology*, New York, 1978, p. 81.

65. Cfr. Denis Chapman, *Lo stereotipo del criminale*, Torino, 1971.

66. Cfr. Zaffaroni – Alagia – Slokar, *Derecho Penal, Parte General*, Bs. As., 2000, pp. 661 y ss.

esfuerzo personal, como (a) los disidentes y opositores, que confrontan con el poder[67]; y (b) los que participan de las luchas dentro del poder y son derrotados y sometidos a un retiro de cobertura[68].

Se observa, en consecuencia, que por efecto del *punitivismo* (*expansión* horizontal y *extensión* vertical) aumenta el ejercicio del poder punitivo, tanto para las *clases subalternas de toda sociedad* (los de alto *estado de vulnerabilidad*) como para los que *confrontan con el poder* (políticos, periodistas, dirigentes sindicales, contestatarios, denunciantes, etc.) y para los *perdedores* en luchas hegemónicas (distintos competidores, financistas fracasados, banqueros desplazados, etc.).

**6. Los crímenes de daño del poder.** Paralelamente, la proximidad al poder financiero provoca la invulnerabilidad de los autores de grandes *delitos económicos*, como *macroestafas*[69] y *administraciones fraudulentas*[70], *explotación de trabajo esclavo*[71], *cohechos siderales*[72] y, sobre todo, el servicio ilícito de *reciclaje* de dinero[73],

---

67. En varios países de América Latina se está produciendo un fenómeno de criminalización de opositores mediante connivencia y manipulación judicial.

68. Se trata de un fenómeno común a todos los sistemas autoritarios y totalitarios (cfr. nuestro, *Doctrina penal nazi*, Valencia, 2017, p. 33).

69. Fueron más de cuatro millones los damnificados en Estados Unidos en la mega-estafa de 2008, que derivó en crisis mundial. Sobre esto y el carácter criminal de la especulación, Juan S. Pegoraro, *Los lazos sociales del delito económico y el orden social*, Bs. As., 2015, p. 390.

70. Se producen en especial mediante la contratación de deudas siderales a altísimos intereses. Si el administrador de los bienes de un incapaz contratase créditos leoninos, además de anularse el contrato por usurario, sería condenado por administración fraudulenta, o sea, el tipo penal de la *Untreue* o *infidelidad* de los alemanes.

71. El obrero de un país subdesarrollado puede ganar unos 13 dólares por día, mientras en los Estados Unidos se pagan 25 dólares por hora (Cfr. Mariano Aguirre, *Salto al vacío*, Barcelona, 2017, p. 50). Se explota a distancia mano de obra esclava, incluso de niños (y sobre todo niñas), lo que denuncian las ONGs (al respecto, el *Centre for Research on Multinational Corporations* y el *Committee of the Netherlands*, ONG holandesa que lleva adelante la campaña *Clean Clothes*).

72. La *Organisation for Economic Cooperation and Development (OECD)* en su informe de diciembre de 2014, señala que entre 1999 y 2014 se registraron más de 400 casos en todo el mundo que implican a empresas o individuos de los 41 países signatarios de la Convención de la OCDE contra el Cohecho (*Convención para Combatir el Cohecho de Servidores Públicos Extranjeros en Transacciones Comerciales Internacionales*). La mayoría de los casos se concentraron en el sector extractivo (19%), de la construcción (15%); de transporte y almacenamiento (15%) y de información y comunicaciones (10%). Sobre los sobornos en el caso "Siemens", Pegoraro, Juan S., op. cit., p.115.

73. El GAFI, organismo internacional que, aunque carece legamente de competencia, encubre este servicio ilícito e impone a los Estados subdesarrollados la sanción de tipos penales bajo amenaza de tasar sus transferencias bancarias (cfr. Bailone, Matías, *El antiterrorismo y su impacto sobre los Derechos Humanos a propósito de la ley 26.268*, en Infojus, SAI, Ministerio de

lo que ha llevado a pensar en una eventual tipificación del *delito económico-político*[74].

Estos delitos del poder no son de peligro, sino de daño enorme y masivo al patrimonio de poblaciones enteras, incluso de los países sede de las corporaciones cuyos administradores (*chief executive officers*) los cometen. Más absoluta aún es la impunidad de la complicidad necesaria de los *empresarios de medios de comunicación* que los encubren[75].

**7. Macrodelitos de daño impunes.** Estos daños, *ante los cuales el poder punitivo permanece impasible*, se traducen en falencias de pequeñas y medianas empresas, desempleo, crisis de la previsión social, deterioro de la enseñanza, de la salud, de la sanidad, de la investigación, de la infraestructura productiva, del medio ambiente[76], lo que, a su vez, incentiva los desplazamientos de población, las migraciones clandestinas, la explotación laboral y sexual, etc.

La *pauperización* producida por los *macrocrímenes* del poder incentivan la frecuencia de delitos comunes[77], lo que resulta funcional al sos-

---

Justicia, Bs. As., 2007); sobre el impacto de la defraudación fiscal reciclada, Gabriel Zucman, *La riqueza escondida de las naciones*, Barcelona, 2015.

74. Cfr. Wolfgang Naucke, *El concepto de delito económico-político, Una aproximación*, traducción y estudio preliminar de Eugenio Sarrabayrouse, Madrid, 2015. La discusión acerca de la crisis de 2008 y las distintas opiniones en cuanto a la criminalización, en B. Schünemann (comp.), *Die sogennante Finanzkrise – Systemversagen oder global organisierte Kriminalität?*, 2010; Kempf / Lüderssen / Volk (comps.), *Die Handlungsfreiheit des Unternehmers*, 2009.

75. Desde hace años se observa que los monopolios mediáticos generan indiferencia frente a estos y otros daños colosales (así, Simon Pemberton, *A theory of moral indifference: Understanding the production of harm by capitalist society*, en "Beyond Criminolgy. Taking harm seriously", editado por Paddy Hillyard, Christina Pantazis, Steve Tombs and Dave Gordon, Londres, 2004, p. 67; Stanley Cohen, *Human Rights and crimes of the State: the culture of denial*, en "Australian and New Zealand Journal of Criminology", 1993, p. 97; reproducido en "Criminological Perspectives. Essential Readings", editado por MacLaughlin, Muncie, Hughes, Londres, 2005, p. 542; del mismo, *States of Denial.Knowing about Atrocities and Suffering*, Polity Press, Oxford, 2001 (hay traducción castellana: *Estados de negación. Ensayo sobre atrocidades y sufrimientos*, Buenos Aires, 2001).

76. El *Clean Power Plan* instalado por Obama para controlar emisiones provenientes del carbón fue prácticamente derogado por Trump, recortó un tercio del presupuesto a la Agencia del Medio Ambiente (*Environmental Protection Agency*; EPA), lo que Bush no pudo hacer por impedírselo la Suprema Corte. Además, la puso a cargo de un escéptico en la materia. También canceló las medidas de Obama que limitaban la explotación de petróleo en el Ártico. El Tea Party (organización de derecha radical, formada principalmente por periodistas no universitarios) sostiene que la cuestión del medio ambiente es poco menos que un complot de la ONU para derrocar al gobierno de USA (cfr. Jesús Velasco, *La derecha radical en el partido republicano*, Sgo. de Chile, 2016) y permitir que Obama impusiera una dictadura islámica.

77. La incidencia del subdesarrollo económico en la producción del delito se destacó en todos los tiempos, aún por los criminólogos más tradicionales (por ej., Manuel López-Rey, *Criminología*,

tenimiento del sistema social que habilita la *macrocorrupción*, pues la victimización *grosera y evidente*, causada por quienes carecen de *entrenamiento* para hechos más elaborados, permite *legitimar el descontrol de las agencias ejecutivas*[78] y, por ende, la *vigilancia* sobre toda la población[79], necesaria para prevenir la disidencia masiva contra la *macrovictimización*[80]. De este modo, la delincuencia *descamisada* (equivalente a *sans-culottes*) no sólo es funcional. sino incluso reproducida, como necesaria al sostenimiento del poder de la delincuencia de *cuello blanco*.

**8. Deterioro del Estado de derecho**. La *medida en que, en cada país o región, el Estado se aleje del modelo de derecho y se aproxime más al del Estado de policía*[81], dependerá del grado de *impunidad de los delitos del poder económico financiero,* de la intensidad del poder punitivo sobre disidentes y confrontadores y del debilitamiento del poder judicial de contención.

En síntesis, por efecto de la *expansión* y de la *extensión (punitivismo) se amplía el ejercicio del poder punitivo selectivo* sobre *clases subalternas, disidentes y perdedores,* en tanto que éste *renuncia a cualquier ejercicio respecto de los delitos económico-políticos de máxima gravedad y masividad*, lo que determina –según circunstancias variables en cada país o región– un deterioro más o menos agudo del Estado de derecho.

**9. Las actuales *clases subalternas*.** Debe precisarse que las *actuales clases subalternas* no son el *proletariado* del marxismo de siglos anteriores ni los criminalizados son el *Lumpenproletariat,* sino que se configuran

---

Madrid, 1975, T. I, p. 143).

78. Algunos países latinoamericanos tienen el mayor índice de homicidios del mundo, lo que coincide con los mayores coeficientes de Gini (indicadores de la disparidad en la distribución de la riqueza). Puede considerarse que se está produciendo un *genocidio por goteo*.

79. Es sabido, en particular desde las investigaciones de Foucault, que el control social no se ejerce tanto por la represión y prisionización, sino por la vigilancia, aunque la prisionización multiplica la delincuencia común que es necesaria para que se produzca el reclamo de mayor vigilancia.

80. Como consecuencia de este descontrol se cometen verdaderos crímenes contra la humanidad, como la desaparición forzosa de los 43 estudiantes en Ayotzinapa en 2015. En los últimos años se observa que el control de las policías es uno de los problemas fundamentales en nuestra región (cfr. Julita Lembruger – Leonarda Musumeci – Ignacio Cano, *Quem vigia os vigias? Um estudo sobre controle da polícia no Brasil*, Rio de Janeiro, 2003; Norberto R. Tavosnaska, *Seguridad y política criminal*, Buenos Aires, 2006; Peter Waldmann, *El Estado anómico. Derecho, seguridad pública y vida cotidiana en América Latina*, Caracas, 2003, págs. 111 y sgts.).

81. V. supra, III, 2.

*como clase* conforme a estereotipos de *subhumanos o no personas*, de las cuales seleccionar luego a los criminalizados secundariamente.

Las clases *subalternas* (o *parias*) se configuran ahora por el poder mediático monopolizado, pero en cada país o región de diferente manera. Así, en Europa se *importan las no personas*[82], en tanto que en los Estados Unidos es manifiesta la *selectividad racista* del poder punitivo[83]. En América Latina, los países que arrastran la cicatriz del esclavismo presentan analogías con los Estados Unidos[84], en tanto que en los otros se apela más al disfraz de una perversión del *culturalismo*[85].

**10. ¿La expansión reduce los peligros?** Una observación general se impone: al parecer, casi nadie se pregunta acerca de la pretendida eficacia neutralizadora de riesgos de los tipos penales de peligro abstracto (*expansión*) ni tampoco respecto de la *extensión punitivista.* Al igual que en múltiples ocasiones en el curso del último milenio, se pretende habilitar un ejercicio arbitrario del poder punitivo en respuesta a una necesidad de conjurar peligros y lesiones.

La inevitable selectividad *estructural* del poder punitivo hace que éste recaiga sobre los infractores más vulnerables (con menos poder), en tanto nunca alcance a los más poderosos. En la criminalidad organizada de mercado cumple la función de eliminar a los competidores más débiles y empoderar más a los menos vulnerables.

Sin bien se obtienen muy pocos resultados positivos, pues los peligros y lesiones continúan y aumentan, es imposible ignorar que, siguiendo la milenaria tradición del punitivismo totalitario, el ejercicio del poder punitivo se desvía hacia otros objetivos que, por lo general, responden a los intereses de infractores mucho más poderosos.

De este modo las finalidades *manifiestas* (declaradas) terminan siendo diametralmente opuestas a las *latentes*[86], aunque este escándalo se

---

82. Cfr. Luigi Ferrajoli, *Manifesto per l'uguaglianza*, Laterza, 2018.
83. Cfr. Michelle Alexander, *A nova segregação, racismo e encarceramento em massa*, São Paulo, 2017.
84. Jessé Souza, *A elite do atrasso da escravidão à lava jato*, Rio de Janeiro, 2017; del mismo y otros, *A ralé brasileira, Quem é e como vive*, São Paulo, 2018.
85. Se trata de jerarquizar culturas al estilo de la filosofía de la historia de Hegel, pero cabe advertir que no guarda ninguna relación con el culturalismo antropológico de Franz Boas.
86. Sobre la clásica distinción entre *funciones manifiestas y latentes*, Robert K. Merton, *Teoría y estructura sociales*, México, 1970.

*normalice* mediante el *consenso funcionalista* producido por la continua *creación de realidad* mediática y la reproducción de racionalizaciones.

## IV. FUNCIONALIDAD ACTUAL DEL PODER PUNITIVO.

**1. Descripción y explicación**. La síntesis anterior es *descriptiva* y, por ende, no explica las razones del ejercicio del poder punitivo, que sólo las puede proporcionar su funcionalidad para el poder, tanto *globalizado* como *poder planetario*, como en sus manifestaciones locales y regionales, geopolíticamente condicionadas.

**2. La transformación del poder**. La explicación deriva del cambio en el poder mundial registrado desde la últimas tres décadas del siglo pasado, en que el capital financiero se hipertrofió por sobre el capital productivo y avanza reemplazando a los políticos por los administradores de las *corporaciones transnacionales*, en la forma de un *totalitarismo financiero* que, legitimado por el discurso autodenominado *neoliberal*, pretende instalarse como *paradigma*. En los países sede de sus corporaciones (algunos de Europa y Estados Unidos) tomó a sus gobernantes como rehenes, en tanto que en la periferia latinoamericana desmonta los Estados, reduce su soberanía, los somete a endeudamiento, le hace perder control territorial[87], al tiempo que refuerza sus caóticos aparatos represivos autonomizados[88], o sea que, en esa región, ejercen el *colonialismo* en una etapa superior o avanzada[89].

**3. Antipolítica y Estado**. Las corporaciones transnacionales combaten a la política (*antipolítica*) porque buscan reemplazarla y, por ende, debilitan a los Estados, porque es *el lugar de la política*. El poder de esas corporaciones –que supera al de muchos Estados– es lo que explica la impunidad de la *macrocriminalidad masiva*, que no es más que el modo de su ejercicio de poder.

**4. Sociedad excluyente**. Al menos en la periferia colonizada, el *totalitarismo financiero* tiende a configurar sociedades que incorporen al sistema un 30/40 % de la población y excluyan al 60/70% de ésta[90], por medio de una regresión del Estado a mera función de control para

---

87. En algún país latinoamericano la criminalidad organizada violenta se combina con policías corruptas extremamente autonomizadas y el Estado pierde localmente su poder de control.
88. La violencia real o creada mediáticamente (depende de casa Estado) legitima el control represivo.
89. Cfr. nuestro *El derecho latinoamericano en la fase superior del colonialismo*, Buenos Aires, 2015.
90. Cfr. Hans-Peter Martin–Harald Schumann, *Die Globalisierungsfalle*, Hamburg, 1996.

subordinación de los *súbditos*[91], lo que requiere un *control social* que se ejerce básicamente por los siguientes medios: (a) *creación mediática de realidad*, que en los países periféricos se impone con monopolios mediáticos[92]; (b) censura indirecta[93]; (c) represión y vigilancia policial[94]; (d) debilitamiento o complacencia de segmentos judiciales[95] y (e) prisionización o persecución penal de opositores y disidentes.

Esto explica el creciente deterioro del Estado de derecho en los países periféricos, como también la escasa capacidad de cambios estructurales de los políticos de los países sede de las transnacionales, lo que contribuye a aumentar su desprestigio, también funcional al totalitarismo financiero.

**5. Casta de parias y meritocracia.** El debilitamiento de los vínculos solidarios, mediante el fomento del individualismo *meritocrático*[96] y la antes mencionada creación de clases *subalternas* como *casta de parias*, debilita la resistencia de la sociedad ante el avance de la exclusión, conforme al modelo *excluyente* que pretende imponer el *totalitarismo corporativo transnacional*.

La función de *casta de parias* para la cual se crean las actuales *clases subalternas*, facilita la penetración del discurso dominante entre las *supuestas clases medias empobrecidas*[97], a las que impulsa a considerarse *superiores* e introyectar esa pretendida *meritocracia* que, finalmente,

---

91. Mediante un *ajuste* que importa una reducción del gasto público en todo lo que no sea *seguridad*, flexibilización laboral (derogación de leyes laborales), reducción de jubilaciones y pensiones, reducción de recursos en educación, salud, planes sociales, investigación etc.
92. Con el pretexto del derecho a la libertad de expresión, paradojalmente, se la cancela mediante la monopolización u oligopolización de medios de comunicación masiva, es decir, imponiendo una única creación de realidad y un único discurso.
93. Los empresarios de los medios monopólicos seleccionan a los periodistas según su disposición a someterse a las directivas del discurso político editorial del monopolio.
94. A lo antes anotado debe agregarse el fortalecimiento y la autonomización de los servicios secretos o de información o inteligencia estatal que, incluso tercerizan ilícitamente sus servicios y se someten a sus similares de países sede de las transnacionales.
95. Es alarmante el modo en que algunos sectores de jueces se prestan a la persecución y encarcelamiento de opositores o molestos a los poderes reales.
96. A través de la *ilusión de superioridad* y de la *alucinación* de que todo lo obtenido (muchas veces demasiado escaso) obedece a mérito y esfuerzo propio, como si el resto de la sociedad no existiese, se destruye toda posible actitud solidaria y fraterna.
97. Se las estimula a reforzar una alucinada superioridad de clase, como reafirmación de identidad propia, a medida que se hunden económicamente, en una suerte de condicionamiento esquizofrenizante.

desemboca en una ambivalente imitación admirativa de las clases altas[98], lo que las aleja de toda opción política mínimamente igualitaria y fraterna.

**6. Los monopolios mediáticos.** Las actuales agendas político-criminales son decididas por los monopolios mediáticos, que son corporaciones que forman parte del propio capital financiero, con capacidad para amedrentar con *linchamientos* a políticos y jueces.

La creación mediática de realidad[99] transmite la falsa idea de que todos los conflictos se resuelven punitivamente. Esto es funcional para debilitar los vínculos horizontales (solidaridad) y fortalecer los verticales (autoridad). Con este objetivo crea alarma social en los países de baja violencia y disimula o normaliza las violencias reales donde son altas.

**7. Principio de sinceridad**. En el marco de un *neorrealismo penal* -tan imaginario como imposible- se podría pensar en un nuevo principio, quizá denominado *principio de sinceridad*, según el cual los *legisladores* manifestarían en el Parlamento que sus leyes se las imponen mediáticamente ciertos grupos de poder ante el temor de perder votos; los *jueces* fundarían muchas sentencias en su miedo al *linchamiento* mediático; algunos *doctrinarios* explicarían en sus escritos ante la amenaza de marginación política y académica; buena parte de los *periodistas* dirían que adecuan su discurso a la línea editorial de las empresas (linchando, difamando y estigmatizando a políticos, jueces y opositores, y estimulando la venganza), porque de otro modo serían despedidos; algunos *ministros de economía* explicarían que benefician a transnacionales que cometen delitos que los benefician también a ellos, porque de otro modo perderían su cargo; los *ejecutivos de las transnacionales* dirían que violan leyes para no ser reemplazados por otros más dispuestos a violarlas; etc.

---

98. Esta diferencia, al menos en los países que no registran la *cicatriz esclavócrata*, se construye con imitaciones de refinamiento y sensibilidad que son fácil materia de ridiculización.

99. El poder manipulador se maneja desde el siglo pasado con las técnicas de publicidad (ver: Eric Clark, *La publicidad y su poder, Las técnicas de provocación del consumo*, México, 1989), que cobran particular importancia a partir de la conversión de la política en un espectáculo (ver el libro pionero de Roger-Gérard Schwartzenberg, *O Estado espetáculo*, Sao Paulo, 1978). La proyección de la violencia en los medios no es inofensiva, reconoce un aspecto reproductor al menos por banalización y su dimensión es brutal (ver: C. Fernández Villanueva – J.C. Revilla (coord.), *Violencia en los medios de comunicación*, ed. castellana de "Politiques Sociales", febrero de 2007. El poder de los medios como instrumento de dominación es algo que se estudia desde hace décadas (por todoa: Javier Esteinou Madrid, *Los medios de comunicación y la construcción de la hegemonía*, México, 1983).

En definitiva, este *alucinado escenario imposible* sería mucho más claro que la telaraña de las múltiples racionalizaciones corrientes, que son funcionales a la confusión general de un desconcertante caos argumentativo.

La funcionalidad de la *expansión* y de la *extensión* (*punitivismo*) en tiempos que podemos caracterizar como de avance pulsional del *totalitarismo financiero*, es la clave que permite explicar el fondo del fenómeno que nos ocupa que, por cierto, poco o nada tiene que ver con el *discurso preventivista* que lo legitima y que, con frecuencia, asume la forma de una *metáfora bélica*, con supuestas *guerras* incluso *imposibles*[100].

## V. VIOLACIONES AL DERECHO POSITIVO INTERNACIONAL

**1. El jushumanismo y el actual momento histórico.** Desde el punto de vista de los Derechos humanos todo lo anterior importa una gravísima regresión, muchas veces racionalizada conforme a discursos sostenidos en tiempos de totalitarismo[101] y que se consideraban superadas, pero que se filtran en varias racionalizaciones, incluso con las mejores intenciones de sus autores[102].

Toda norma jurídica es un *deber ser que aún no es*, pues nunca se normativiza *lo que es,* sino algo que *no es* pero que *debe ser.* En el plano del *ser* se observará luego en qué medida *va siendo* lo que *debe ser*, es decir, que hay una dinámica social *real* que señala avances y retrocesos en cuanto a la adecuación de la realidad a la norma. Quizá nunca la realidad se adecua del todo a la norma (nunca el *ser* deviene totalmente como *debe ser*), pero no puede confundirse cierto grado normal de *disparidad* con el *disparate*, en que el *ser* se dinamiza en sentido polarmente inverso.

La normativa internacional de los Derechos Humanos se positiviza desde la última posguerra (*Declaración* de 1948 y la posterior evolución

---

100. La más difundida de las *guerras imposibles* es la *guerra al terrorismo* que, por definición, no es un enemigo, sino una táctica cobarde y de extrema crueldad, pero ningún blanco por sí mismo.
101. Cfr. al respecto nuestro *Doctrina penal nazi, La dogmática penal alemana entre 1933 y 1945,* Valencia, 2017.
102. Contribuye a esto la subestimación de los estudios históricos del derecho penal y de la criminología. Si bien en los últimos años se les asigna importancia, se los considera materia de historiadores y se los trata de aislar del análisis del derecho penal mismo. La dogmática penal idealista tiende a *encapsularse* y, por ende, a subestimar no sólo la historia sino –lo que es más grave- también la filosofía penal.

en tratados universales y regionales) y, en el plano del *ser* sufrió diversas alternativas, con momentos de avance, detención y relativos retrocesos, es decir, con diferentes momentos de *disparidad*.

No obstante, nuestro *momento histórico* –en este aspecto- parece mostrar signos alarmantes, dado que, por primera vez desde la posguerra, se tiene la impresión de que *un enorme aparato de poder transnacional opera en sentido exactamente contrario a su realización y la hace retroceder a pasos acelerados*.

**2. Una rápida verificación**. Este peligroso fenómeno de poder planetario es más evidente en algunas regiones. Para verificarlo nos limitamos aquí a sobrevolar sus manifestaciones, en especial en Latinoamérica, tomando sólo como patrón normativo los tratados que rigen los sistemas regionales de América (*Convención Americana sobre Derechos Humanos* o *Pacto de San José de Costa Rica* de 1969) y de Europa (*Convenio Europeo para la Protección de los Derechos Humanos y de las Libertades Fundamentales o Convención Europea de Derechos Humanos* de Roma, 1950).

De toda forma, no consideraremos esos instrumentos en su totalidad, porque es obvio que, de tomar en cuenta los *Derechos económicos, sociales y culturales* (y ahora *ambientales*), la violación normativa es flagrante, innegable y masiva, pero para evitar un terreno que aún puede resultar polémico[103], nos limitamos a una rápida consideración de las violaciones a los Derechos Humanos acerca de cuya exigibilidad no cabe duda doctrinaria ni jurisprudencial alguna, lo que, por otra parte, es más que suficiente para verificar el proceso de regresión mundial y regional del *jushumanismo* en el actual marco de poder.

**3. Derecho a la vida**. Comenzando por el *derecho a la vida*[104] y limitándonos a la producción de muertes violentas, no es posible ocultar por más tiempo la *letalidad policial* en varios países de Latinoamérica, incluso con marcado componente racista. Tanto los medios monopólicos como los discursos políticos, presentan las crecientes ejecuciones sin proceso como casos de enfrentamientos armados o resistencia propios de una *guerra*. De este modo se *inventa una guerra civil* contra el crimen,

---

103. V. la discusión doctrinaria y jurisprudencial en torno del artículo 26º de la Convención Americana (Christian Steiner/Patricia Uribe (Editores), *Convención Americana sobre Derechos Humanos, Comentario*, Konrad Adenauer Stiftung, 2014, pp. 665 y ss.) y la reciente jurisprudencia de la Corte Interamericana de Derechos Humanos.

104. Art. 4º de la Convención Americana; art. 2º de la Europea.

que encubre los homicidios estatales de jóvenes y adolescentes de barrios precarios de la periferia de grandes urbes.

Además, los desplazamientos de población generados por guerras, violencia y hambre, fuerzan a la emigración ilegal hacia países con mejores niveles de vida, dando lugar a un tráfico de personas que en el camino no raramente son asesinadas o libradas a su suerte. Son numerosos los cadáveres que han quedado en el desierto de Arizona y en el Mediterráneo.

Por otra parte, la violencia generada por la delincuencia organizada provoca *brotes de homicidios* que, en varios países de la región, incluye zonas donde el estado perdió prácticamente el control territorial. No obstante, toda la renta de esa criminalidad organizada se recicla en refugios fiscales dedicados a prestar ese servicio ilícito, ante la total indiferencia del poder punitivo, en razón de que, junto a la renta de la criminalidad organizada letal, también se recicla en ellos la producida por los *macrodelitos económico-políticos* del poder y por la evasión fiscal.

**4. Prohibición de tratos crueles y racismo.** Obviando la discusión en torno del concepto limitado o amplio de *tortura*, lo cierto es que resulta ilusorio pensar que la prohibición de los tratos crueles, inhumanos o degradantes[105] tenga vigencia en todo el mundo y, en particular en Latinoamérica.

La Convención Americana establece que *las penas privativas de la libertad tendrán como finalidad esencial la reforma y la readaptación social de los condenados*[106]. Ante la realidad penitenciaria latinoamericana, esta disposición puede considerarse prácticamente una burla, pues buena parte de las prisiones de nuestra región se van deteriorando por efecto de sobrepoblaciones exorbitantes, escasez de personal y de recursos.

El deterioro instituciones carcelario hace que algunas prisiones se acerquen al modelo de *guetos*, en tanto que otras lo hacen hasta llegar a identificarse con el de campos de concentración (*Konzentrationsläger*). En ambos casos, se trata de instituciones que *fijan roles desviados* y cuyo efecto no puede ser otro que la reproducción de delitos.

Cabe agregar que ni siquiera formalmente sería posible dar cumplimiento a la función manifiesta proclamada en la Convención, dado que

---

105. Arts. 5º de la Convención Americana; 5º de la Europea.
106. Art. 5º nº 6 de la Americana.

– como se dijo –, la mayoría de los presos no son condenados, sino que se encuentran en prisión preventiva de carácter procesal.

En varios de los países con prisiones deterioradas, es notoria la sobrerrepresentación de personas con determinadas características étnicas en la población penal, lo cual, sumado al parejo fenómeno anotado en la letalidad policial, indica una violación racista a la prohibición de discriminación[107].

**5. Garantías procesales**. A medida que se resiente la relativa imparcialidad de los jueces –conforme al deterioro que va sufriendo el Estado de derecho-, disminuyen las garantías procesales, poniéndose de manifiesto que muchos habitantes de nuestra región –incluyendo a líderes y dirigentes políticos y comunitarios- ven violado su derecho humano a un proceso equitativo[108]. Llama la atención la reiterada aparición de jueces *mediáticos* y de otros, que responden a directivas del poder político de turno, como la reaparición del fenómeno de los *presos políticos*, en función de prisiones preventivas arbitrarias.

Por otra parte, y en forma mucho más amplia, las prisiones preventivas prolongadas y muchas veces arbitrarias, que recaen sobre más de la mitad de la población penal latinoamericana, constituyen también claras violaciones al derecho humano a un proceso penal equitativo, porque es inadmisible que, por esta vía, se ejecute la pena antes de la condena. Sin perjuicio de lo anterior, prisiones preventivas de esa naturaleza afectan también el derecho humano a la libertad personal[109]. Se trata de una triple violación de Derechos Humanos en concurso ideal, porque esas prisiones preventivas, al ser materialmente penas sin condena, están violando el derecho humano a la presunción de inocencia[110].

**6. Trabajo esclavo**. La violación a la prohibición de trabajo esclavo o, por lo menos, de trabajo forzado[111], se produce en el mundo actual de diferente manera. Una de ellas es la producción en países subdesarrollados, tercerizándola y, por ende, pagando salarios miserables o de pura subsistencia precaria. Se trata de una forma de explotación de la necesidad a distancia, practicada por transnacionales y, por ende, impune. En

---

107. Arts. 24º Americana; 14º Europea.
108. Art. 8º Americana; 6º Europea.
109. Art. 7º de la Convención Americana; 5º de la Europea.
110. Art. 8º, nº 2 Americana; 6º nº 2 Europea.
111. Art. 6º Americana; 4º Europea.

buena medida afecta a niños y niñas o adolescentes, lo que viola también otras normas internacionales.

Otra de las formas es la explotación de la situación de necesidad e ilegalidad de los inmigrantes desplazados de sus países de origen, que procuran sobrevivir en el país en que residen sin autorización para trabajar. Mucho peor y con claro compromiso de otros Derechos Humanos, es la combinación del *tráfico de personas* con la *trata de personas* para su explotación sexual.

**7. Legalidad penal.** La legalidad es quizá el más elemental de los principios del derecho penal de todo sistema republicano[112] y, aunque formalmente no está derogada en ningún orden jurídico de la región, es más que dudoso que se la acate en la realidad.

La reproducción de tipos penales, dada la urgencia y desprolijidad con que se la emprende, suele incorporar tipos penales mal construidos, donde la acción típica no queda claramente delimitada en los términos de una *legalidad estricta*.

Pero además de este defecto imputable a la legislación, la legalidad se violenta cuando por la profusión de tipos penales, se hace imposible *presumir el conocimiento de la ilicitud de la acción* por parte de los habitantes, siendo contrario a las garantías procesales la exigencia de una *prueba negativa* para verificar el desconocimiento respecto de tipos de creación política cuya comprensión requiere en la práctica el manejo de conocimientos especializados.

A los anterior se agrega que las decisiones de los jueces, especialmente al calificar hechos al disponer prisiones preventivas, suelen abusar de interpretaciones extensivas que, en ocasiones, caen directamente en la integración analógica de la ley penal. Poco importa que en otras instancias sea enmendada la calificación, pues la primaria surte efectos punitivos inmediatos.

**8. Vida privada.** El desarrollo velocísimo de la tecnología de comunicación permite injerencias abusivas en la vida privada de las personas[113], a lo que se suma la peligrosa autonomización de los servicios secretos o de inteligencia que disponen de esos medios, lo que se manifiesta en la publicidad de registros de conversaciones privadas, registro

---

112. Art. 9º Americana; 7º Europea.
113. Art. 11º Convención Americana.

clandestino a distancia, imágenes captadas sin consentimiento de la persona y sin ninguna trascendencia jurídica importante.

Estas violaciones al derecho humano a la vida privada son impunes y, prácticamente, están acabando con la privacidad, más aún ante la perspectiva de futuros recursos tecnológicos, anunciados para las nuevas generaciones de productos de nanotecnología.

**9. Monopolios mediáticos.** La concentración de medios de comunicación en monopolios u oligopolios enormes genera múltiples violaciones a los Derechos Humanos. En principio, se conoce la técnica de destrucción de la reputación de personas y hasta se escriben manuales destinados a explicar el método, al mejor estilo de los conocidos once principios de Göbbels. Virtualmente se logra una estigmatización muy difícil de neutralizar, siendo por completo insuficientes las reglas incluidas en la Convención Americana, sea porque no se las respeta o porque su cumplimiento resulta tardío y parcial. De este modo, esa monopolización lesiona frontalmente el derecho a la honra y dignidad de la persona[114].

Independientemente de lo anterior, esa concentración mediática –impropia de cualquier democracia-, con su creación única de realidad, lesiona materialmente el derecho a la libertad de expresión[115], puesto de nada vale el derecho a expresarse si, al mismo tiempo, se carece de los medios para hacerse oír; pretender lo contrario es como darle a un mudo únicamente la libertad de expresar verbalmente su pensamiento o de exponer sus razones.

Si bien no se sancionan leyes de *censura*, se viola su prohibición[116] cuando los medios están monopolizados u oligopolizados y las empresas que los concentran disponen a su arbitrio despidos o cese de contratos a los periodistas, quedando únicamente los que responden a las directivas editoriales de los ejecutivos empresariales.

**10. Derecho a la propiedad.** El derecho *de propiedad* y *a la propiedad*[117] se lesiona tanto cuando arbitrariamente se priva a alguien de bienes como cuando se le impide su adquisición. Si *toda persona tiene derecho al uso y goce de sus bienes*, y si *ninguna persona puede ser*

---

114. Art. 11º Americana; 8º Europea.
115. Art. 13º Americana; 10º Europea.
116. Art. 13º Americana.
117. Art. 21º Americana.

*privada de sus bienes*, con mayor razón se viola este derecho humano cuando *toda una población* es privada de estos derechos, en razón de medidas económicas claramente dirigidas a perjudicar la economía de un país, por efecto de *macrodelitos* económico-políticos por completo impunes y practicados desde el poder del Estado o con su complacencia.

La inmovilización de depósitos bancarios, su virtual pérdida bajo la apariencia jurídica que quiera dársele (por ej., una súbita y brutal devaluación de la moneda) o la confiscación y despilfarro de fondos de previsión social, son casos meridianamente claros de lesión masiva a este derecho humano. La circunstancia de que, con posterioridad al hecho *macrocriminal*, las medidas se legitimen en función de la necesidad de remontar sus efectos económicos, esta ulterior legitimación -fundada en la necesidad creada por la victimización- no puede restarle el carácter de violación de Derechos Humanos –ni de criminal- al previo hecho delictivo generador de la necesidad.

**11. Conclusión.** Este rápido sobrevuelo sobre las más groseras e innegables violaciones a los Derechos Humanos permite concluir ratificando el aserto de que, en el actual momento del poder planetario, los *poderes reales* se van desplazando al polo opuesto al señalado por los *deberes* que impone toda la normativa jushumanista.

No se trata ahora de *dificultades en el avance realizador* de ésta ni de retrocesos eventuales y puntuales, sino que se ejerce un poder planetario *precisamente inverso* al indicado por el *deber ser del derecho internacional de los Derechos Humanos.* Nos hallamos ante una pulsión que no es de *resistencia* sino de *regresión contraria al deber ser jushumanista* y que, además, incluso en cuanto a la habitabilidad humana del planeta, genera un *marco de poder insostenible en el mediano plazo*[118].

---

118. *Hay regiones que ya están especialmente en riesgo y, más allá de cualquier predicción catastrófica, lo cierto es que el actual sistema mundial es insostenible desde diversos puntos de vista, porque hemos dejado de pensar en los fines de la acción humana: "Si la mirada recorre las regiones de nuestro planeta, enseguida nos damos cuenta de que la humanidad ha defraudado las expectativas divinas"* (Carta Encíclica Laudato si', nº 61).

# Corrupción, Derecho Penal y prevención desde la realidad española

*María Acale Sánchez*
*Catedrática de Derecho penal de la Universidad de Cádiz*[1]

**SUMARIO:** 1. Cuestiones introductorias – 2. Acercamiento criminológico a la génesis de la corrupción pública: 2.1 Sus implicaciones con la delincuencia económica; 2.2 El escenario supra nacional de la corrupción; 2.3 Las repercusiones en la corrupción pública de las actividades "corruptas" de los partidos políticos – 3. La fusión de la criminalidad del funcionario y de la delincuencia económica desde el punto de vista de los fines de la pena – 4. Filtro anti-spam de la corrupción.

## 1. CUESTIONES INTRODUCTORIAS

La corrupción es un fenómeno ampliamente conocido en los países de nuestro entorno cultural, hasta el punto de haberse convertido en uno de los problemas más graves que acechan hoy a la Democracia. En particular, los casos que se han conocido durante los últimos años en España han determinado, como afirma *Transparency International*, que sea el país donde más aumenta la sensación de corrupción, que es valorada como la segunda preocupación -después del paro[2]- de una ciudadanía que está ahíta de engaños y de ajustes económicos simultáneos por parte de la clase política a la que con sus votos legitimó previamente para que "velara" por sus intereses. El orden de preferencias de ambos factores es importante porque nos pone de manifiesto que esa preocupación por la corrupción se produce en un momento de crisis económica en el que las Administraciones públicas, por otra parte, sumidas en la misma crisis que la ciudadanía, no han sido capaces de estar a la altura de las necesidades de ésta, cubriéndolas. Eso genera frustración

---

1. Miembro del Proyecto de Investigación "La proyección de la corrupción en el ámbito penal: análisis de una realidad transversal", IP: Luz María Puente Aba, DER 2015-65411-R, MINECO/FEDER.
2. *Vid.* http://transparencia.org.es/ipc-2016/ (fecha de la consulta: 9/5/2017).

y desconfianza hacia la propia Democracia, que tiene que reinventarse a sí misma, o soportar el descrédito del sistema y el empuje de partidos políticos cuyo andamiaje teórico hace peligrar el respeto de los derechos humanos y el propio concepto de ciudadanía.

El descubrimiento de supuestos de corrupción genera en la opinión pública un rechazo por desgaste y por desprecio de todo lo que tiene que ver con lo público, dando lugar a que maduren nuevas políticas en las que cada vez haya menos intervención estatal – porque "en definitiva, generan corrupción" -. De ahí que cuantos más casos de corrupción salten a la luz, mayor es el número de voces que reclama que el Estado deje la iniciativa a la actividad económica empresarial privada que, por su parte, también sufre sus propios y genuinos brotes de corrupción. Todo ello ha contribuido a transmitir la imagen de la política como un negocio, no como un servicio público[3].

En España, tras años de escándalos, puede decirse que ahora es cuando se dan los presupuestos para que se pueda luchar contra ella: rechazo social y conciencia del daño público que sus autores causan; casos como los incluidos en el seno de la "Operación Malaya", en la que se ha investigado una trama en la que participaron un elevadísimo número de sujetos, y que se dedicaron a enriquecerse personalmente, al ritmo que iban desvalijando las arcas municipales del Ayuntamiento de Marbella[4], que se encontraban ya en pésimo estado, tras el saqueo sufrido previamente, a manos de otro grupo de funcionarios públicos y autoridades que años antes habían convertido las cuentas municipales y las cuentas de un famoso club de fútbol en una sola (hechos que dieron lugar a la condena a sus autores por delitos de prevaricación y de tráfico

---

3. Este puede ser el motivo que justifique la llegada al Gobierno de países como Italia o Estados Unidos de grandes hombres de los negocios, que han aprendido política al relacionarse con los políticos de cuyas decisiones dependían sus actividades económicas.

4. SAP de Málaga 179/2013, de 16 de abril de 2013 [ARP/2013/1.683], en la que se sentaba en el banquillo una famosa tonadillera y cuya condena por blanqueo de capitales fue confirmada por el Tribunal Supremo en su Sentencia 487/2014, de 9 de junio [RJ/2014/4.233]; el cuerpo principal del caso Malaya se examina en la SAP de Málaga 586/2014, de 7 de noviembre [ARP/2014/1.388]. Sobre la corrupción en Marbella, vid. diez ripollés, j.l., y otros, *Prácticas ilícitas en la actividad urbanística. Un estudio en la Costa del Sol*, Tirant lo Blanch, Valencia 2004; acale sánchez, m., "Tratamiento de la corrupción urbanística en el Proyecto de Ley Orgánica de reforma del Código penal de 15 de enero de 2007", *La Ley Penal*, 2007, nº. 38, pp. 10 y ss; duarte martínez, r., "Normalización del urbanismo en Marbella", *Cuadernos José María Lidón*, 2008, nº 5, pp. 61 y ss; prieto del pino, a.m., "Aspectos criminológicos y político-criminales de la corrupción urbanística. Un estudio de la Costa del Sol", *Cuadernos José María Lidón*, 2008, nº 5, pp. 91 y ss.

de influencias[5]); o el caso "Nóos", en el que se ha condenado al cuñado del rey de España[6] por delito continuado de prevaricación en concurso medial con un delito de falsedades en documento público y con un delito de malversación, y se ha absuelto de responsabilidad a su hermana, toda una Infanta de España[7], que ha pasado sin embargo por la casi inevitable pena de banquillo... Casos como estos están contribuyendo a que se amplíe el rechazo social que estas conductas merecen, si se pone el foco de atención en los daños a los intereses públicos que lesionan.

El hecho, por otra parte, de que se trate de supuestos que han puesto en relación a personas que forman parte del mundo de la fama (de la casa real, del deporte, de la música o del espectáculo), con otras que provienen de la política -de todos los partidos políticos para ser más exactos-, ha llamado la atención de la prensa rosa, que ha contribuido a destapar estos asuntos haciendo periodismo de investigación *amateur*, pero muy efectivo. Todo esto ha contribuido a que la sociedad en su conjunto haya prestado todavía una mayor atención y que aunque sea de forma interesada (acaparar lectores y sacar beneficio económico) esas revistas "del corazón" han contribuido a hacer educación social o, en términos jurídico penales, prevención general integradora.

Puede decirse pues que las sociedades y los Estados han declarado la guerra a la corrupción con la finalidad de poner coto a un fenómeno que se tapa con una apariencia de normalidad democrática aplastante y que se ha expandido como una mancha de aceite que, eso sí, cada vez deja más huellas, porque mancha más, visibilizando sus contornos y sacando a la luz datos que hasta hace poco engrosaban la cifra oculta de criminalidad.

Luchar contra ella no es tarea fácil, y se ensayan fórmulas que consigan el efecto milagroso de encapsular la que hay, y evitar que surjan nuevos casos. En cualquier caso, se puede partir como premisa del siguiente dato: confiar solo en el Derecho penal la tarea de acabar con ella, puede tener el efecto boomerang de generar más corrupción porque se trata de una rama del ordenamiento jurídico que entra a funcionar tarde, en una fase de la operación que normalmente se encuentra muy avanzada, pues muchas veces son detectadas a la hora de proceder a blanquear o intentar blanquear el dinero negro que renta la corrupción, momento en

---

5. STS 537/2002, de 5 de abril [RJ/2002/4.267].
6. SAP de Islas Baleares 13/2017, de 17 de febrero de 2017 [ARP/2017/99].
7. *Vid.* la lista de casos que elenca de la mata barranco, n. ("La lucha contra la corrupción política", *Revista Electrónica de Ciencia Penal y Criminología*, RECPC 18-01, 2016, p. 2).

el que el daño a lo público ya se ha materializado y no siempre es posible la reposición de las cosas al estado anterior a la comisión del delito.

## 2. ACERCAMIENTO CRIMINOLÓGICO A LA GÉNESIS DE LA CORRUPCIÓN PÚBLICA

### 2.1 Sus implicaciones con la delincuencia económica

El Diccionario de la Lengua de la Real Academia española define la palabra "*corrupción*" en su cuarta acepción como una "*práctica consistente en la utilización de las funciones y medios de una serie de organizaciones*" -especialmente en las públicas- "*en provecho, económico o de otra índole, de sus gestores*". Por su parte, centrándose ya en la corrupción "pública", *Transparency international* la define de forma más amplia como "*el abuso del poder delegado para beneficio propio*"[8]. La similitud existente entre ambas definiciones es amplia, aunque en el primer caso se incide objetivamente en el comportamiento corrupto, mientras en el segundo, se pone el acento subjetivamente en el abuso de poder, aspectos que lejos de contraponerse, vienen a complementar los desvalores de acción y de resultado propios del fenómeno en abstracto.

Gramaticalmente por tanto se resalta que la corrupción se produce "de forma especial" en el seno de organismos públicos (Administraciones públicas, empresas públicas), pero no impide su existencia en el seno de organizaciones de carácter privado que afectan a intereses sociales propios, alejados de los de titularidad pública. Desde este punto de partida se bifurca la corrupción en dos modalidades, en atención a los intereses públicos o privados afectados[9]. Y ello con independencia de que criminológicamente sea factible establecer conexiones entre una y otra forma de corrupción, en aquellos supuestos en los que a la Administración pública se acerque un sujeto que ha conseguido hacerse visible en su mercado después de eliminar a sus eventuales competidores a través de medios ilícitos, muchas veces constitutivos de delito. Por otra parte, no deben olvidarse los círculos de confluencia existentes entre ambas formas de corrupción. En este sentido, si bien es fácil considerar que el enriquecimiento ilegal de un funcionario público en el ejercicio de

---

[8]. Transparency International España, Glosario sobre Transparencia y corrupción, p. 3 (disponible en http://transparencia.org.es/glosario-ti-sobre-transparencia-y-corrupcion/. Fecha de la última consulta: 16 de mayo de 2017).

[9]. A favor de la creación del delito de corrupción privada alega nieto martín, a., ("La privatización", cit., p. 71) la creciente "*privatización de las funciones públicas*".

su cargo es corrupción pública y que el enriquecimiento ilegal de un empresario en su empresa es un acto de corrupción privada, nada impide que se encuentren ambos fenómenos corruptos desde el momento en el que el político quiere el dinero del empresario y el empresario quiere el poder del político, poniendo con ello de manifiesto la *vis atractiva* cruzada que tiene el poder para quienes cuentan con el dinero y el dinero para quienes cuentan con el poder, sin percatarse que con el pacto corrupto están poniendo en peligro su propio *status*. Es más, el uno sin el otro no puede sobrevivir porque puede decirse que se proporcionan mutuamente el aire que necesitan para respirar. Se trata pues de fenómenos criminales que a la vez que se requieren mutuamente, generan sus efectos con independencia del otro. Su alianza les recubre de una fuerza tal, que con su actuación son capaces de poner en peligro en muchas democracias jóvenes -no sólidamente consolidadas- su propia subsistencia, provocando escándalos sociales y daños a los administrados[10].

En este sentido, cuando se analiza la corrupción pública, se comprueba que para su existencia se precisa la intervención de dos sujetos: quien tiene capacidad para adoptar una decisión en cuyo sentido se quiere incidir en el seno de una Administración pública; y otra persona –física, que a su vez actúa muchas veces en el marco de una persona jurídica- que incide en aquél mediante la entrega de una cantidad de dinero o la promesa de hacerlo, o bajo la influencia de otro tipo de relaciones personales, comerciales o políticas. Por otra parte, nada impide que esa persona sea a su vez funcionario público; ni tampoco que sea una sola persona la que interactúe consigo misma con una especie de *roll play* de "doble personalidad": por un lado, representando a una Administración pública y por el otro, como particular interesado en el propio acto corrupto.

Por otro lado, los costes inherentes a la corrupción terminan repercutiendo negativamente en el propio mercado, porque acaban con la libre competencia[11] y con la libre concurrencia (pues en muchos casos,

---

10. Sobre las relaciones entre la delincuencia de cuello blanco y la proveniente de los funcionarios públicos, *vid.* zagaris, b., *International White collar crime*, Cambridge University Press, New York 2010, pp. 95 y ss; torres fernández, m.e., "Marco normativo internacional contra la corrupción", en morillas cuevas, l., (Dir.) y suárez lópez, j.m., (Coord.), *Urbanismo y corrupción política (una visión penal, civil y administrativa)*, Dykinson, Madrid 2013, p. 165; de la cuesta arzamendi, j.l., "Iniciativas", cit., p. 6; jiménez villarejo, c., "Corrupción", cit., p. 3; nieto martín, a., "La privatización", cit., pp. 59 y ss.

11. Como afirma nieto martín, a., ("La privatización", cit., p. 64) la corrupción "*frustra la función social de la competencia*".

terminan con los competidores), y además sus efectos afectan negativamente a los bolsillos de los particulares que, como consumidores pagan un precio superior por los productos ofrecidos por la empresa que ha debido destinar parte de su patrimonio para comprar el favor del funcionario público, y como "ciudadanos", reciben unos servicios públicos mediatizados por la corrupción del funcionario que se ha vendido a esas empresas de manera tan interesada[12]. De forma que las empresas que ponen en marcha estas prácticas, liberadas ya de los costes que generan sus actividades corruptas, se entregan al disfrute sin límites del *status* social en el que se han colocado: al lado del poder, mientras que los funcionarios que han puesto en sus manos los servicios públicos, se sientan a su vez cómodamente al lado del dinero.

Y si se constata que en época de crisis, los países que más duramente la soportan son los que soportan también índices más elevados de corrupción, podrá concluirse que la corrupción espanta a la inversión privada honesta y empobrece al conjunto de la sociedad, enriqueciendo solo a los agentes directamente implicados.

En cualquier caso, hay que prestar especial atención a la regulación de las incompatibilidades de quienes ejercen funciones públicas, fundamentalmente de quienes acceden a la política por elección, en la medida en que al desempeñar el cargo con carácter temporal, en muchos casos se muestran reticentes a romper con su vida profesional anterior, a la que creen que no volverán, una vez que se instalan en el "confort" de la política[13]. Previamente, y por lo que se refiere a la corrupción política, cuando antes se consiga separar al funcionario corrupto del cargo, mejor. Y llegado el caso, si con su actuación han puesto en posición de jaque mate a la propia Administración pública que representan, la disolución de la misma será la *última* grave *ratio* a la que recurrir. Todo sea por "cortar" el "fuego" de la corrupción.

---

12. de la cuesta arzamendi, j.l. ("Iniciativas", cit., p. 10) se refiere al "*coste general de la intervención pública*".

13. Entiende de la mata barranco, n., ("La lucha", cit., p. 9) que es consustancial al propio concepto de corrupción política que en ella "*intervengan personas que acceden al ejercicio de la Administración pública por vía de elecciones o de designación personal de la mano de un partido político*". Siendo esta premisa de partida válida, nada impide –ni ha impedido en la práctica- que esos funcionarios "accidentales" consigan el apoyo de los funcionarios de carrera. El ejemplo más claro sería el secretario de un Ayuntamiento que certifica acuerdos irreales previa petición del alcalde o de los concejales.

## 2.2   El escenario supra nacional de la corrupción

La multiplicación de los supuestos de corrupción, así como la envergadura de cada uno de ellos, se ha visto espoleada por las relaciones comerciales internacionales y por la interconexión generada entre los agentes públicos que deben adoptar decisiones y los particulares que se benefician de ellas, se encuentren en el país en el que se encuentren. Por eso mismo se trata de un problema que afecta a todos los países de nuestro entorno cultural, y que acapara la atención no solo de los Estados[14], sino de los organismos internacionales en los que aquellos se integran, a sabiendas de que las estructuras políticas están condenadas a desintegrarse si la corrupción campa a sus anchas en ellas[15]. Esto es lo que ha determinado que el impulso necesario que requería la lucha contra la corrupción haya tenido lugar en el ámbito de organismos políticos supra estatales como Naciones Unidas[16], la OCDE[17], la Unión Europea[18] o el Consejo de Europa[19], entre otros han aprobado distintos instrumentos normativos que han venido a concienciar a la comunidad internacional de la gravedad de estas conductas que postergan los intereses públicos a favor de los privados, aunque, eso sí, lo hagan persiguiendo cada una de esas instituciones sus propias finalidades[20]. Se ha pasado pues de una etapa de casos de abusos del ejercicio de la función pública en atención de los intereses personales, a otra en la que se ha producido la "globalización del control", o mejor dicho, la globalización de la necesidad de controlar la corrupción, imponiendo obligaciones a los Estados que en opinión de valeije álvarez han visto afectadas su propia soberanía[21].

---

14.   *Vid.* el estudio de derecho comparado que se lleva a cabo sobre corrupción pública y privada en la *Revista penal*, 2013, nº 32, pp. 283 y ss.

15.   De ahí la pluralidad de organismos internacionales que han tomado cartas en este asunto. *Vid.* acale sánchez, m., "La lucha", cit., pp. 11 y ss.

16.   Convención contra la corrupción, abierta a los Estados en Mérida, México, del 9 al 11 de diciembre de 2003.

17.   Convenio de lucha contra la corrupción de agentes públicos extranjeros en las transacciones comerciales internacionales de 19 de diciembre de 1997.

18.   Decisión Marco del Consejo 2003/568/568/JAI, del Consejo, relativa a la lucha contra la corrupción, en el sector privado; Convenio relativo a la lucha contra los actos de corrupción en los que estén implicados funcionarios de las Comunidades Europeas o de los Estados miembros de la Unión Europea de 25 de junio de 1997. Vid. art. 83.1 párrafo 2º del Tratado de Funcionamiento de la Unión Europea, que considera dentro de los *"ámbitos de especial gravedad"* la corrupción.

19.   Convenio penal sobre corrupción de 10 de mayo de 2005.

20.   valeije álvarez, i., "Visión general sobre las resoluciones e iniciativas internacionales en materia de corrupción", *Anuario da Facultade de Dereito da Universidade da Coruña*, 2003, n. 7, pp. 778 y ss.

21.   valeije álvarez, i., "Visión", p. 158.

Por otra parte, no pueden dejar de subrayarse los esfuerzos llevados a cabo en el ámbito supra-nacional a fin de que se pongan en marcha mecanismos preventivos de la corrupción, como Oficinas, fiscalías, policías, tribunales especializados, sobre todo cuando se constata la imposibilidad de estos organismos de "castigar" penalmente una conducta, si no es incidiendo en las legislaciones de los Estados firmantes de los mismos; de ahí que hayan volcado sus esfuerzos en la vía de la precaución, a través de la cual se ha expandido una cultura anti-corrupción que alienta a la denuncia de estas conductas, así como a la puesta en marcha de políticas que fagocitan la transparencia y el control democrático del gasto.

### 2.3 Las repercusiones en la corrupción pública de las actividades "corruptas" de los partidos políticos

En España, la modalidad de corrupción que cosecha mayor rechazo social es la que se genera en el seno de los partidos políticos, cuya financiación irregular se pretende controlar a través de la LO 8/2007, de 4 de julio: la falsa creencia en que cuanto más presencia se tenga en los medios de comunicación, más votos se conseguirán en los procesos electorales y por tanto, la necesidad de obtener medios económicos para poder participar en esas campañas electorales en mejores condiciones que el resto, convierte a los partidos políticos en sujetos potenciales y generadores de la corrupción y simultáneamente, condiciona la información que la ciudadanía recibe sobre los asuntos de interés de manos de unos medios de comunicación subjetivamente implicados con las noticias.

La dinámica es por todos conocida: reciben aportaciones de particulares empresarios que esperan conseguir trato de favor en el momento en el que ese partido político llegue al poder, o persiguen seguir disfrutando de los mismos durante el tiempo que permanezcan ahí; lo cierto es que una vez que reciben esas cantidades, se ven en la necesidad de proceder a "blanquearlas" a través de operaciones nada sencillas de ejecutar. La realidad española nos hace plantearnos si no existen "partidos políticos" que pueden llegar a ser verdaderas organizaciones criminales, tapaderas de negocios que persiguen no ya un fin político, sino que ocultan tras ese fin sus verdaderas intenciones: el enriquecimiento personal de sus miembros a toda costa.

Y es que, en efecto, los escándalos que al día de hoy se están aclarando en sede jurisdiccional en nuestro país, están poniendo de manifiesto que los partidos políticos han demostrado tener una amplia capacidad de acción corruptora por su propio atractivo jurídico personal. En este sentido es necesario distinguir, por una parte, la corrupción privada que toleran (lo que nos lleva a analizarlos como objetos de corrupción), y por otra, la que generan en sus actividades públicas (permitiéndonos así acercarnos a ellos como sujetos activos de la corrupción).

Para hacer frente a la primera de estas modalidades de corrupción, la LO 1/2015 incluyó dentro del Código el nuevo Título XIII bis que lleva por rúbrica "*de los delitos de financiación ilegal de los Partidos Políticos*". El camino para hacerles responder de los delitos cometidos en su seno no obstante lo abrió la LO 7/2012, de 27 de diciembre, por la que se modificó el Código penal en materia de transparencia y lucha contra el fraude fiscal y en la Seguridad Social: concretamente, la reforma llevada a cabo en lo que aquí interesa afectó al art. 31 bis, a partir de la cual responden penalmente de los delitos que expresamente se señale, también los partidos políticos y los sindicatos que por decisión discutida del legislador, quedaron al abrigo de la responsabilidad penal de las personas jurídicas en 2010.

La ubicación sistemática del nuevo delito de financiación ilegal de partidos políticos, justo después de los delitos contra el patrimonio y el orden socioeconómico (Título XIII), y antes de los delitos contra la Hacienda Pública y la Seguridad Social (Título XIV), puede llevar a confundirnos en cuanto al bien jurídico protegido, que no tiene naturaleza económica, sino que más bien está relacionado con la confianza en el propio funcionamiento del sistema democrático[22].

Pero no puede olvidarse que esos mismos partidos políticos son los que tras los correspondientes procesos electorales (más o menos limpios, o más o menos corruptos), acceden a los distintos órganos de gobierno municipal, provincial, autonómico o nacional, lo que determina que "los políticos" adquieran desde entonces la condición de funcionarios públicos a efectos penales, colocándose en la posición privilegiada, esto es, desde dentro de la Administración pública, para atentar contra sus propios intereses en beneficio propio o de su partido.

Debe señalarse la singularidad que representa que el art. 304 bis.5 castigue al propio partido político, y sin embargo el art. 31 *quinques*

---

22. Critica de la mata barranco, n., ("La lucha", cit., p. 21) la ubicación del delito de financiación ilegal de partidos políticos entre los socioeconómicos y los delitos contra la hacienda pública, porque con esa ubicación "*no recoge el verdadero sentido de esta financiación, que no es sólo el de favorecer el triunfo un una determinada formación en unas elecciones, sino el de establecer, estructuralmente, un vínculo con quienes, ganadas las elecciones, ostentarán un poder público o incluso, financiando partidos ya en el poder, el de evitar, entregando la dádiva al partido y no al gobierno (si se prefiere, a los representantes de uno y otro), la aplicación de los preceptos que realmente tendrían que entrar en vigor cuando se menoscaba el ejercicio de la función pública*".

declare que no es aplicable la responsabilidad penal de las personas jurídicas a las Administraciones públicas gobernadas por aquellos[23]. Hay que tener en cuenta que tras las reformas operadas por la LO 1/2015, el art. 31 *quinques* en su número 2 afirma que "*en el caso de las Sociedades mercantiles públicas que ejecuten políticas públicas o presten servicios de interés económico general, solamente les podrán ser impuestas las penas previstas en las letras a) y g) del apartado 7 del art. 33*", reforma con la cual se han abierto las puertas del Código penal para esas sociedades mercantiles públicas[24].

Las relaciones por tanto entre la corrupción privada de los partidos políticos y la corrupción pública de los mismos son amplias y permiten que las actuaciones corruptas llevadas a cabo en su seno pongan en peligro a las Administraciones públicas a través de un juego de vasos comunicantes. Así, si un empresario dona una cantidad de dinero contraviniendo lo establecido en la LO 8/2007, de 4 de julio, sobre financiación de los partidos políticos[25], con la finalidad de que el partido político adopte decisiones en sus puestos administrativos de control que les beneficie, la donación ilegal afecta al juego de la democracia y además a la Administración pública, a una la lesiona y a la otra la pone en peligro. Se trata, en definitiva, de un claro ejemplo en el que la separación teórica de la corrupción en pública y privada, en atención a los intereses afectados es más necesaria que nunca, pero con la finalidad de una vez separadas convenientemente, de poner el acento en el hecho de que criminológicamente cabalgan de forma conjunta: ambas formas de corrupción buscan desde el punto de vista del desvalor de acción sacar un provecho económico directo o indirecto o de otro tipo con la actividad, pero desde el punto de vista del desvalor de resultado afectan negativamente al orden democrático o a la Administración pública. Fuera de este binomio quedan ya los actos de corrupción que se producen entre particulares, con la adopción de decisiones remuneradas en el ámbito privado, que afectarán al orden socioeconómico.

Desde el punto de vista de los asuntos a los que van referidos esos actos de corrupción pública, son aquellos que generan grandes cantidades

---

23. Por error, el art. 304 bis. 5 castiga a los partidos políticos además de con pena de multa, con pena de prisión. Se impone pues la reforma de esta pena *de lege ferenda*.
24. Véase gómez rivero, c., "El castigo penal de la corrupción en el ámbito del llamado sector público instrumental", *Revista Electrónica de Ciencia Penal y Criminología*, RECPC 18-06 (2016), p. 4.
25. En esencia, en esto consiste la conducta típica castigada en el art. 304 bis.1, que es una ley penal en blanco que realiza una remisión *in totum* a la LO 8/2007.

dinerarias: se da la paradoja de que han sido castigados expresamente por parte del legislador *ratione materiae*. Así, la práctica municipal española ha hecho que brille con luz propia la corrupción urbanística porque las actuaciones torcidas en el ejercicio de la función pública se producen a la hora de ordenar urbanísticamente el suelo, por la facilidad de manipular el orden de las necesidades confluyentes y posteriormente de blanquear en las mismas operaciones urbanísticas, las cantidades de capitales ilegalmente conseguidas. A ellas hace mención expresa el art. 320.2 del Código penal, que castiga al funcionario que vota o resuelve a favor de la concesión de una licencia urbanística ilegal[26], después de haber castigado en el art. 319 al promotor, técnico director o constructor que llevara a cabo una serie de obras de contenido urbanístico sin autorización o con la autorización nula obtenida por engaño o por soborno del funcionario al que se refiere el art. 320.2.

Por otra parte, también la corrupción que generan las entidades deportivas es digna de individualización[27]. A ellas se refiere expresamente el legislador dentro del delito de corrupción en los negocios en el número 4 del art. 286 bis, cuando señala que se trata de conductas delictivas que serán de aplicación a los *"directivos, administradores, empleados o colaboradores de una entidad deportiva"*. Como ejemplo de esta modalidad de corrupción puede verse la STS 795/2016, de 25 de octubre [RJ/2016/6439], en la que se castiga por cohecho y por prevaricación a unos funcionarios públicos que pactan el patrocinio de equipos deportivos de la localidad a cambio de facilidades para una construcción que debía iniciarse en el marco de un convenio urbanístico, tales como exención de avales o anulación de la penalización por retraso.

## 3. LA FUSIÓN DE LA CRIMINALIDAD DEL FUNCIONARIO Y DE LA DELINCUENCIA ECONÓMICA DESDE EL PUNTO DE VISTA DE LOS FINES DE LA PENA

Al identificar las conductas corruptas más lesivas para los bienes jurídicos protegidos, hemos ido señalando las características de su autor

---

26. Así mismo castiga al que omite sus deberes de vigilancia o, realizando las inspecciones debidas, omite la denuncia de las infracciones detectadas.
27. Al margen ya de lo previsto en el art. 286 bis.4, que castiga dentro del delito de corrupción en los negocios, la corrupción en entidades deportivas respecto de aquellas conductas que persigan predeterminar o alterar deliberada y fraudulentamente el resultado de una prueba que parece que se aleja criminológicamente de los actos de corrupción a los que aquí se hace referencia en este momento.

que en los casos de corrupción la mayoría de las ocasiones serán dos: un funcionario público que debe adoptar una decisión y un particular que tiene el dinero para remunerar aquella decisión ilegal. Y desde las características de ambos, hay que elegir cual es la pena más idónea para su sanción que coinciden plenamente desde el punto de vista de las necesidades preventivo generales y especiales.

Por lo que se refiere a la persona física, en este sentido, la pena de multa ha de imponerse en todo caso a través del sistema de la multa proporcional, porque por el sistema de día multa se genera en todo caso beneficio económico para el autor.

Por su parte las penas de inhabilitación profesional y para el ejercicio del cargo público son las más idóneas desde el punto de vista preventivo especial para castigar esta clase de delitos, pues con ellas se consigue la separación del autor del ámbito de su dominio político o laboral. Por otra parte, la conocida reticencia de la jurisprudencia a imponer a través del juego de las penas accesorias de las inhabilitaciones, debe poner en alerta al legislador y plantearse la necesidad de establecerlas como penas principales. En esta línea, ha de valorarse muy positivamente el hecho de que todos los delitos que se incluyen dentro del Título XIX cometidos por funcionarios públicos están castigados con penas de inhabilitación o de suspensión de empleo o cargo público[28]. Muy positiva ha de considerarse también la imposición de la pena de privación del derecho de sufragio pasivo por tiempo de nueve a quince años en el delito de prevaricación administrativa del art. 404; esa misma pena se ha impuesto al funcionario público o autoridad que hace uso de un secreto del que tiene conocimiento en razón de su oficio o cargo en el art. 442Y en el mismo sentido positivo ha de valorarse la reforma que ha operado en este sentido la LO 1/2015 de los delitos cometidos por particulares que se incluyen dentro del mismo Título, por afectar al mismo bien jurídico "función pública": en este sentido, los delitos de infidelidad en la custodia de documentos del arts. 418, el cohecho activo del art. 424.3, el tráfico de influencias del art. 429, así como los fraudes y exacciones ilegales del art. 436 imponen al particular la pea de inhabilitación para obtener subvenciones y ayudas públicas, para contratar con entes, organismos y entidades que formen

---

28. Con la excepción de la figura castigada en el párrafo segundo del art. 409, que impone a la autoridad o funcionario público que meramente tomaren parte en el abandono colectivo o manifiestamente ilegal de un servicio público esencial y con grave perjuicio para éste o de la comunidad, la pena de multa de ocho a doce meses.

parte del sector público y para gozar de beneficios o incentivos fiscales y de la Seguridad Social, pena que ha de entenderse como una inhabilitación especial.

Más amplia es sin embargo la discusión en torno a la imposición de penas privativas de libertad tanto para la criminalidad económica como para la funcionarial. Por una parte interesada se alega que la imposición de la pena de prisión a esta clase de delincuencia no tiene sentido, porque se trata de personas que están insertadas en la sociedad. Sin embargo, quienes se lucran personalmente con el dinero público ponen de manifiesto un desprecio absoluto hacia lo público, al apropiarse de bienes que pertenecen a la sociedad. Se trata de sujetos sin escrúpulos que han puesto además de manifiesto que son capaces de eso, son capaces aún de más, aunque lleven trajes de chaqueta y cuellos blancos. O tacones de aguja y bolsos de Luis Buiton, con permiso de Shuterland. La cuestión es si se comparte o no la premisa de que estos delincuentes están insertados en la sociedad: ¿en qué sociedad: en la misma a la que roban, estafan y dañan? ¿la reinserción social es compatible con esos comportamientos? Afirmar que el delincuente de cuello blanco está insertado en la sociedad es defender una sociedad corrupta. Sólo en ese paradigma está insertado el delincuente de cuello blanco, que sin embargo, desprecia las condiciones de vida en la que vive la mayor parte de la ciudadanía, que sufre muchos problemas, mientras ellos se lucran con los medios económicos públicos que deberían servir para hacer frente a sus propias circunstancias.

La prisión puede desempeñar pues una función reinsertadora muy importante con el delincuente de cuello blanco, al abrirse ante sí la miseria, las condiciones de vida de la prisión, que son en muchos casos mejores que las que soportan personas que no han cometido ningún delito. El/la delincuente de cuello blanco en prisión no tendrá que aprender a leer, a escribir, ni asumir una rutina, ni a cuidar la higiene personal: pero sin duda tiene que aprender a vivir con los pies en la tierra, compartiendo los problemas como el desempleo, soledad, falta de vivienda, o la enfermedad con la que la mayor parte de la sociedad convive. A veces no hay mayor pena que la pena de pobreza la ponga quien la ponga. En definitiva, el proceso de reinserción social debe tener en cuenta que muchos de esos delincuentes no han estado nunca insertados en la sociedad; sin embargo, la delincuencia de cuello blanco también necesita que se les reinserte en la sociedad de la que artificialmente se creían que eran su bandera.

Por otra parte, el ingreso de estas personas en prisión repercute positivamente en los procesos de reinserción social del resto de la población penitenciaria que comprueba como su estancia en prisión es objetivamente producida por la realización de unos hechos. Bienvenida sea la cooperación desinteresada de estos en la reinserción social del resto[29].

Finalmente, tras la admisión en el ordenamiento jurídico penal español de la responsabilidad penal de la persona jurídica ha de tomarse partido en torno a la pena a imponerle a ésta. En este sentido, como se decía anteriormente, la exención de responsabilidad criminal de las Administraciones públicas evita que sea la ciudadanía en general la que finalmente tuviera que soportar la sanción impuesta a la Administración a manos de unos políticos corruptos (art. 31 *quinques*). Sin embargo, cuando se trata de sancionar a la criminalidad empresarial y a los Partidos Políticos, han de tomarse decisiones acertadas en torno a la sanción a imponerle, de acuerdo con el catálogo contenido en el art. 33.7, a no ser que haya llevado a cabo una política de prevención de la criminalidad empresarial, en atención a los mecanismos de *compliance* regulados en el art. 31 bis.2[30].

## 4. FILTRO ANTI-SPAM DE LA CORRUPCIÓN

La lucha contra la corrupción es un proceso largo, que comienza con la sensibilización por parte de la sociedad en la gravedad de los propios problemas que le afectan, como el paro, el bajo nivel de formación o la mejorable calidad de los servicios públicos, para desde ahí saber reprochar con la intensidad que se merecen aquellos comportamientos que persiguen exclusivamente el beneficio personal de quienes gestionan transitoriamente lo público, empobreciendo correlativa y exponencialmente a la ciudadanía.

---

29. El Auto de la Audiencia Provincial de Málaga de 3 de noviembre de 2014, [JUR/2017/80826] deja claro es que una cosa es una pena "ejemplarizante" y otra una pena "ejemplar", es decir, que sirva de ejemplo para el resto de la sociedad de lo que ocurre cuando se cometen X delitos. Carácter ejemplar porque *"suponen un patrón de conducta que todos debemos seguir"*…, *"huyendo en definitiva de pronunciamientos meramente formales, equivalentes en la práctica a una cuasi impunidad material –de banqueros, políticos, personas poderosas o de relevancia pública"*. La Audiencia saca a relucir una función de la pena que solo puede ser entendida desde el punto de vista de la prevención general negativa o deterrente y la función de la intimidación. En este sentido, si se sigue por la línea de la sentencia, se acaba llegando a un lugar en el que la propia "cárcel" se utiliza como castigo.
30. Por todos: nieto martín., a., maroto calatayud, m., *Public Compliance. Prevención de la corrupción en administraciones públicas y partidos políticos*, Cuenca 2014, pp. 17 y ss.

Y el problema más preocupante que suscita la corrupción es la dificultad que existe para que esas operaciones sean descubiertas, porque la democracia tiene que actuar *ex post* y en ese momento, es muy difícil poner en blanco lo que ha sido negro, porque la corrupción permea la vida pública de tal forma que a pesar de que podamos tener delante de los ojos sus efectos, no se ven, porque se presentan bajo una normalidad aparente con una seguridad tan aplastante, que hace que a los ojos de la ciudadanía quede oculta. Confiar en que por los motivos que sean, el particular que haya accedido ocasionalmente a la solicitud de dádiva u otra retribución realizada por autoridad o funcionario, denuncie el hecho a la autoridad que tenga el deber de proceder a la correspondiente averiguación, antes de la apertura del procedimiento y siempre que no hayan transcurrido más de dos meses desde la fecha de los hechos, no parece que sea la medida más óptima, pues encierra una perversa recompensa para el delincuente de cuello blanco que accedió a la petición, y posteriormente decidió denunciar al funcionario pues cuando cerraron el pacto, tan corrupto era uno como el otro (art. 426, tras la reforma operada por la LO 5/2010, de 22 de junio.

Pero a pesar de ser una tarea tan difícil, es rentable porque las políticas anticorrupción atraen la inversión económica, salvando economías que están en peligro y a poblaciones enteras que nadie ha pensado en rescatar, implementando planes de acción contra la corrupción, que actúen como una batalla de medidas.

En este sentido, las sociedades modernas están en condiciones de poner en marcha una especie de filtro anti-spam de la corrupción de forma que esas prácticas pasen a ser parte de la pre-historia de la política, saneando así las relaciones en el seno de los sistemas democráticos entre los gobernantes y sus votantes a través de unos vasos comunicantes limpios y transparentes donde la corrupción no pueda volver a pasar desapercibida. Se espera, en definitiva, alcanzar pistas que permitan romper con el binomio políticos corruptos y delincuencia económica.

Los ítems fundamentales de ese filtro anti-spam podrían ser los siguientes:

1. Vista la globalización económica, han de aumentarse los esfuerzos a nivel internacional para luchar de forma coordinada contra la corrupción, no solo en el marco de los organismos internacionales que hasta el día de hoy han manifestado ya su preocupación por este fenómeno, sino también en el ámbito de las relaciones bilaterales entre Estados.

2. La nueva cultura de la prevención, nacida en España de la mano de la *Ley 19/2013, de 9 de diciembre, de transparencia, acceso a la información pública y buen gobierno* ha de ser valorada muy positivamente como un instrumento de lucha contra la corrupción[31]. También contribuye a prevenirla medidas como las de obligar a los representantes locales, y a los miembros no electos de la Junta de Gobierno Local a formular declaración sobre causas de posible incompatibilidad y sobre cualquier actividad que les proporcione o pueda proporcionar ingresos económicos; hacer públicas las declaraciones de bienes patrimoniales, participación en sociedades y las liquidaciones de los impuestos sobre la Renta, el Patrimonio y Sociedades, antes, durante y después de desempeñar el cargo público; la obligación de tener que pasar en barbecho una temporada antes de reincorporarse a la vida laboral, controlando el juego de las puertas giratorias, son medidas eficaces, que puede evitar daños mayores a la ciudadanía, evitando que quien ha ocupado un cargo público, pueda posteriormente incidir como profesional en las parcelas en las que se ha detentado previamente poder.

En esta línea, la posibilidad de disolución de los Ayuntamientos corruptos, o el restarle competencias en los asuntos con mayor implicación de la corrupción, puede ser también medidas muy apropiadas como para que los funcionarios competentes en razón de la materia no hagan dejación de sus funciones[32].

3. El Derecho procesal tiene mucho que decir en esta lucha, afinando la puesta en marcha de Fiscalías especiales que impulsen ordenadamente las investigaciones y la persecución de estas conductas. En este sentido, han de ser valoradas positivamente la creación de la Fiscalía especial en materia de corrupción[33].

4. Las personas que actúan en nombre de la Administración pública deben ser elegidas a través de procedimientos transparentes en los que se atienda exclusivamente a los conceptos de "mérito" y "capacidad" y al resultado de los procesos democráticos electorales en el caso de los funcionarios "políticos". Sobre éstos últimos debe ampliarse la vigilancia, pues se trata de personas que se dedican a la gestión de la política de forma transitoria.

---

31. *Vid.* el estudio de derecho comparado que se lleva a cabo sobre corrupción pública y privada en la *Revista penal*, 2013, nº 32, pp. 283 y ss.
32. *Vid.* supra la referencia a lo dispuesto en el art. 31.4 de la Ley 7/2002, de 17 de diciembre, de Ordenación Urbanística de Andalucía.
33. Resalta de la mata barranco, n., ("La lucha", cit., p. 21) la necesidad de profundizar en los aforamientos, en las piezas separadas en las macrocausas y en los procesos de contratación administrativa.

5. Dada la importancia de los bienes jurídicos en juego, el Derecho penal debe intervenir para sancionar de forma separada la corrupción pública, la corrupción privada y de forma especial, la corrupción de los partidos políticos (financiación ilegal), poniendo el acento más en los diferentes resultados que causan estas conductas (afección negativa los intereses privados de una empresa y afección negativa a intereses públicos), que en el desvalor de acción.

6. Pero no basta pues con llevar a los Códigos penales figuras delictivas sancionadas con penas de prisión; incidir en la prevención de la corrupción es mucho más beneficioso que posteriormente intentar descubrir los hilos que tejen estas redes criminales. Aunque también es más caro[34].

7. Cuando la ciudadanía se siente partícipe de la democracia, concede más importancia a la lucha contra la corrupción: de ahí que sea importante implicarla (judicialmente a través de los juicios con jurado, establecer una especie de prestación social obligatoria o servicios sociales). Ha de tenerse en consideración que en muchas ocasiones estas prácticas corruptas no son denunciadas porque las personas que tienen conocimiento de su existencia o se están beneficiando de ellas, o es que no saben que se trata de prácticas ilícitas, por lo que no pueden denunciar lo que desconocen que es denunciable. En esto consiste la prevención general que no sólo las leyes penales persiguen.

¿Reflexionará alguna vez la clase política sobre la necesidad de proteger a la sociedad de la delincuencia de cuello blanco? Esperar a que caigan sobre sus cabezas las piedras que ella misma tira sobre su propio tejado no parece una solución para ningún problema. Menos aún para hacer frente al fenómeno de la corrupción, que a modo de tsunami, arrastra lo que a su paso encuentra.

Pero cuando la propia democracia no es capaz de eliminar la corrupción, le toca a la ciudadanía ponerle freno, organizándose a sí misma políticamente y convirtiendo el sistema en una democracia participativa, en la que la clase política dé explicaciones a sus votantes a diario, no cada cuatro años en las urnas: se trata de una forma de democracia más limpia y por ende, más democrática.

En cualquier caso, recuperar la confianza en la democracia, es el mejor camino para salir así todos juntos de la crisis: gobiernos y ciudadanía.

---

34. Zagaris, B., *International*, cit., p. 96; Acale Sánchez, M., "Tratamiento", cit., p. 30; Malet Vázquez, M., *La corrupción*, cit., pp. 13 y ss.

# Cumplir la Ley:
# Análisis de exigencias jurídicas convencionales en Catalunya

*Edileny Tomé da Mata*[1]

**SUMARIO:** Introducción – Las normas como productos culturales – Conclusionista – Bibliografía – Artículos digitales citados

## INTRODUCCIÓN

La función del Estado 'nación' es puesta en cuestión en la actual sociedad contemporánea, entre otras, mediante la irrupción de agentes transnacionales y supranacionales que según consideramos se han hecho con las prerrogativas de éste último. En este sentido, Polanyi (2007) ya analizó en su trabajo sobre el significado de la función del Estado y del capital resaltando, así, desde el concepto de arraigo, que el Estado es cómplice en el desarrollo del sistema capitalista neoliberal y, por ende, se trata de una concesión intencionada. Balilar (2003) abordó en sus reflexiones la ausencia de superación de concepto tradicionalista de Estado-nación incluso por las nuevas formas de Estado y, de sus características supranacionales. Amin (1997) nos hizo ver cuánto la falacia del secuestro del Estado por el capitalismo neoliberal conlleva a la recuperación y defensa férrea de la forma más rancia del Estado nación y sus características territoriales e identitarias. Strange (2001) resaltó, en su agudizado análisis, sobre la pluralidad de agentes que intervienen en el proceso de la extensión de los límites políticos del Estado que transcienden el ámbito territorial convencional. Con ello y, tantos otros análisis ya realizados sobre la materia, pretendemos demostrar que el

---

[1] Doctor CUM LAUDE con mención europea en Derechos Humanos y Desarrollo. Universidad Pablo de Olavide.

debate sobre neoliberalismo, democracia, Estado...no es una cuestión contemporánea.

En el presente trabajo nuestra intención es tratar de reflexionar sobre lo que significó la crisis catalana en España a la supuesta neutralidad en la interpretación jurídica, así como al proceso y sistema democrático. Tampoco pretendemos ser precursores de este debate, pues, Serra, Ubasart y Martí (2018) ya trataron de demostrar la triple crisis existente en el conflicto catalán, siendo la económica, la política y la territorial, y, López (2016) trató de plantear la posibilidad de una revisión constitucional y, de un proceso constituyente tras los revuelos y debates fruto de la crisis catalana.

Sin interrogantes ni titubeo, sólo el cumplimiento estricto de la ley, de las cláusulas establecidas por la norma, nos sitúa ante el positivismo jurídico, con sus luces y sombras. Por ello, la interpretación y el cumplimiento de la norma es un tema de amplio debate desde hace siglos. De hecho, la Filosofía del Derecho aborda el sentido de lo justo desde diferentes y, a la vez, complementarios enfoques como, la universalidad a priori, el iusnaturalismo, el positivismo jurídico, la filosofía de la liberación (Mora, 2004),la sociología jurídica (Fariñas, 2006; Salamanca, 2011), el pluralismo jurídico (Wolkmer, 2003) y/o la concepción y percepción de las normas en tanto que productos culturales (Herrera, 2005), y todavía sigue coleando. ¿Será debido a los criterios de enseñanza en las Facultades de derecho o, que la sociedad en general deja en manos de unos supuestos especialistas el debate en torno al tema?

En el marco constitucional español, en este momento histórico y en el sentido antes señalado, dos son los principios jurídicos más repetidos en relación a la intervención policial en Catalunya el pasado día 01 de octubre de 2017: PROPORCIONALIDAD y RAZONABILIDAD. Ambos hacen referencia al cumplimento de las leyes en el marco del Estado de Derecho por parte de los agentes de fuerzas y cuerpos de seguridad, dicen sus defensores y defensoras. En este sentido, desde el *authonomy y subjectivity of migration* (Mezzadra y Neilson, 2013; Casas-Cortes, M et at., 2015) recuerdo una reunión en el antiguo y extinguido Ministerio de Igualdad en la que debatíamos y discutíamos sobre la discriminación racial, étnica, por género, por edad, religiosa, entre otras. Dicho debate y discusión lo hacíamos en el marco del proyecto actualmente casi desprovisto de presupuesto, Red Antena. Uno de los argumentos en torno a los dos principios jurídicos antes mencionados hacía referencia a las identificaciones policiales a los y las migrantes, es decir, las redadas policiales por perfiles étnicos-raciales amparadas por la Ley Orgánica 1/1992, de 21 de febrero, sobre Protección de la Seguridad Ciudadana, derogada por la Ley Orgánica de Seguridad Ciudadana 4/2015, de 30 de marzo. Preguntados por el carácter desigual y discriminatorio de la normativa en cuestión, tanto los responsables políticos allí presentes, como representantes de cuerpos y fuerzas de seguridad argumentaban la actuación en torno a la razonabilidad y proporcionalidad, es decir, que los fines justificaban los medios. En otras palabras, antes que el aspecto desigual y discriminatorio de la ley lo que prevalecía era la lucha contra la inmigración ilegal, compromiso adquirido y asumido por el Estado español desde su entrada en la Unión Europea (UE) en el año 1986.

¿Si los fines justifican los medios, qué justifican los fines?, se preguntaría el maestro Herrera Flores. Es decir, si la proporcionalidad y la razonabilidad en la actuación policial tanto en Catalunya como en las redadas policiales por perfiles étnicos-raciales son medios legítimos debido a que es necesario contener el incumplimiento de las normas por parte de las autoridades y ciudadanos/as catalanas y, por exigencia de luchar contra la supuesta inmigración ilegal, ¿qué justifica, a su vez, estos fines? Dado la extensión en el tiempo de este debate, consideramos que, al menos, desde el iusnaturalismo, el universalismo a priori, y el positivismo jurídico no se ha logrado o no se quiere responder a este interrogante porque no procede. Por ello, trataremos brevemente de abordar este tema desde la percepción de la norma en tanto productos culturales (Herrera, 2005) sin entrar en el tema de la crítica de Maquiavelo a los resortes del poder ni en la exigencia ética que suele apuntar Mora (2004) en relación a que los medios deben justificarse por sí mismos a la hora de alcanzar un bien común propuesto.

Nuestro objetivo en este trabajo es reflexionar brevemente en torno a la contaminación socioeconómica, sociopolítica, sociocultural, moral y ética de las normas teniendo como enfoque el discurso y las narrativas del anterior gobierno del partido popular. Ello no significa, en momento alguno, nuestra defensa o apoyo a la independencia y, tampoco miopía frente a los mismos hechos y discursos jurídicos contaminados en el lado catalán.

En este pequeño y modesto trabajo plantearemos en un primer momento el carácter de las normas en tanto que productos culturales contrapuesto a los puntos de vista y discursos que la defienden como entes metafísicos alejados de la realidad; y en un segundo lugar, señalaremos algunos apuntes contextuales a tener en cuenta antes de invocar el cumplimiento de la Ley *tout-court*, tales como la UNIDAD, el consenso y el 'hacer humano' de los máximos intérpretes de la Constitución.

## LAS NORMAS COMO PRODUCTOS CULTURALES

Tal como dijimos antes, trataremos de reflexionar en torno a la percepción de las normas en tanto que productos culturales y, no como entes metafísicos de razón o de ficción. Por productos culturales entendemos los derechos en tanto pertenecientes a un contexto en el cual surgen y el para cual funcionan como categorías legitimadoras o antagonistas de la idea hegemónica de vida digna que prima en una determinada y concreta formación social (Herrera, 2005: 20). Los productos culturales, pues, no son un mero reflejo directo y puro de la realidad, sino una forma de ver dicha realidad en función de los contextos y los sistemas de intereses en que estamos situados. De hecho, los humanos reaccionamos culturalmente simbolizando la realidad. En otras palabras, lo cultural sería lo que antes era un mero producto natural o una forma de relación no percibida como tal, que se representa simbólicamente y así se convierte en producto cultural (Herrera, 2005: 125-126). A título de ejemplo, la Constitución Española (como todas las normas constitucionales) es un producto cultural, pues surge en un contexto temporal y espacial determinado, funciona como legitimadora de determinados comportamientos y acciones y no es un mero reflejo directo y puro de la realidad, sino dependiendo de los sistemas de valores y las relaciones de poder que marcaron su creación y concepción, así como su interpretación. En tanto representación simbólica de la realidad cultural española, podría servir para el acceso igualitario a la realidad y a los derechos así como en las relaciones entre nosotros mismos, con los demás y con la naturaleza, sin embargo consideramos que la desigualdad entre las fuerzas de la derecha y de la izquierda en la transición española torpedeó que ello fuera posible (Navarro, 2002; De la Cuadra, 2015). Más adelante profundizaremos sobre esta cuestión a fin de no distraernos el análisis de las normas en tanto que producto cultural.

En el sentido mencionado en el párrafo anterior, Facio defiende que se requiere una visión integral del derecho, es decir, sus tres componentes, siendo: formal-normativo; institucional-estructural; y político-cultural (Facio y Fries, 1999). Infelizmente en estos días vemos y escuchamos discursos en torno al cumplimiento o no de la ley que denota una autosuficiencia, carácter místico y ficticio de la norma. Como decía Herrera:

> *"La utopía de la validez formal presupone, pues, la ficción de un legislador y un intérprete omnisciente que es capaz de conocer los límites y fundamentos del derecho sin tener que recurrir a alguna entidad externa a él; y, asimismo, se basa en la creencia – o, asimismo en la ficción – de que el ordenamiento jurídico es una máquina autosuficiente que camina por sí sola al otorgarle a sí misma los criterios que la convierten en válida para todos los que van a regularse por ella"* (Herrera, op. cit.: 205).

Consideramos entonces que la ausencia de la percepción del derecho en tanto que productos culturales nos llevaría a acabar construyendo un discurso político o una ideología acerca de cómo deber ser concebido el Derecho, esto es, una concepción apriorística del mismo… un sistema jurídico-estatal unificado, jerarquizado, pleno y coherente de normas jurídicas y autoridades normativas, dotado de validez objetiva y obligatoriedad intrínseca (Fariñas, 1997), del cual han sido amputados los hechos y las mismas relaciones de poder (Herrera, op. cit.: 206).

En esta línea de la percepción de la norma en tanto productos que culturales, Herrera complementó en una obra posterior (Herrera, 2008) la doble trampa de lo jurídico. La "doble trampa" hace referencia, por un lado, a la concepción de lo jurídico como el único sistema de efectividad de los derechos y, por otro, percibir la norma como neutral y aséptica.

La concepción de la norma como el único instrumento de garantía y efectividad de los derechos acarrea la tautología lógica de graves consecuencias sociales, económicas, cultuales y políticas (Herrera Flores, 2008). Ello significa que, en situaciones de crisis cuando los ámbitos sociocultural, sociopolítico y socioeconómico entran en relación o están relacionados con el ámbito jurídico no se suele atribuir la anomalía al ámbito normativo y, por ende, este marco jurídico no sufre apenas cambios. En otras ocasiones se dan circunstancias en las cuales las normas se convierten en meros postulados metafísicos o meras declaraciones de intenciones (Desiderátum), siendo, pues, la principal preocupación la lejanía entre los sistemas de garantías y lo que debe ser garantizado y, por consiguiente, la incapacidad del legislador, o del que interpreta la norma, en aplicarla en un contexto social concreto y determinado con principios reales de justicia y de lo justo.

En torno a la segunda falacia, el hecho de creer que las normas son asépticas o neutrales significaría no tener en cuenta que, a pesar de que sean leyes, pueden ser desiguales, discriminatorias o desproporcionadas, dependiendo de los sistemas de valores dominantes o de los procesos del hacer humano (Herrera Flores, 2008). En este sentido, el disfrute o acceso a los derechos no dependerá simplemente de la aplicación de la normativa, sino igualmente de las ideologías y expectativas que controlan su funcionamiento a niveles nacional, internacional y/o global y, en definitiva, de los sistemas de valores y la relación de poder imperantes.

De las dos reformas constitucionales realizadas en España (en 1992 y en el 2011), los cambios se han dado como forma de encuadrarse en el contexto europeo. Por un lado, para permitir el voto de los migrantes europeos en las elecciones municipales incluyendo el inciso "y pasivo" (art. 13.2 CE) y, por otro, por cumplir con el llamado Pacto de Estabilidad y Crecimiento de la zona euro (art. 135 CE). En ningún otrocontexto de crisis sociocultural, sociopolítica y socioeconómica se han dado circunstancias de reforma constitucional y, por tanto, la percepción de lo normativo como un elemento más en el engranaje de los sistemas de garantía y, no el supremo.

Asimismo, las leyes no son asépticas ni neutras, y pueden ser desiguales y discriminatorias, entre otras, como vimos en párrafos anteriores en el análisis de las identificaciones policiales por perfiles étnico-raciales.

Por todo lo antedicho, desde un punto de vista más actual, es ineludible contemplar – al menos – la tridimensionalidad del Derecho así como las relaciones entre cultura y economía, ética y política, y política y Derecho.

**Apuntes contextuales en torno al cumplimiento de las Sentencias y resoluciones del Tribunal Constitucional (TC)**

Tal como hemos expuesto en párrafos anteriores, no se puede invocar el cumplimiento de la Ley como lo vienen haciendo miembros del anterior gobierno del Partido Popular y sus aliados de Ciudadanos y del Partido Socialista, así como tertulianos conservadores, como si se tratara de un ente metafísico sin arraigo sociocultural. Por ello, en las próximas líneas trataremos de señalar algunas cuestiones que creemos contaminan lo jurídico y las decisiones del TC.

Chapman (2017) señaló algo de gran interés y relevancia en su reciente artículo sobre el conflicto catalán, pues, tanto Gran Bretaña como España son Estados que, habiendo sido grandes potencias con colonias ultramarinas, perciben sus nacionalismos como superiores a otras prácticas nacionalistas y, por consiguiente, son hostiles a toda reivindicación diferencial relativa al idioma u otras prácticas culturales que no encajan o no son conformes a la unidad prestablecida[2]. Además, en los análisis en torno a los nacionalismos, a menudo se obvian dichas prácticas nacionalistas preestablecidas, debido sobre todo a su status hegemónico. Nosotros consideramos que la supremacía de la unidad que forma parte del discurso español desde hace siglos es lo que predomina en estos días en el ámbito del conflicto catalán. Enric Juliana, periodista de La Vanguardia, se preguntaba en una entrevista en la SER el pasado domingo 01 de octubre de 2017 si lo que reivindica el gobierno central es el cumplimiento de la norma o la salvaguarda de la Unidad Nacional (nosotros añadimos, o una es sucedánea de otra). Probablemente, como dice De Sousa (2017) en su análisis sobre el conflicto catalán, en el análisis de las normas con el contexto político lo que debe prevalecer no es el cumplimiento de la misma a secas (mecánica), sino dialéctica.

En definitiva, lo que se identifica a priori como elemento clave a tener en cuenta en el análisis de las normas antes señaladas, es que existe un principio (LA UNIDAD) que no siempre es compartido de la misma manera por toda la ciudadanía. Ello hace pues que la relación de poder desigual en el manejo, manipulación e interpretación del mismo resulte difícil plantearlo como un elemento consensuado desde la transición del 78 y que, por lo tanto, sea inmutable e indisoluble.

En segundo lugar y, en relación con el tema planteado antes, consideramos que lo que se considera consenso entre los demócratas desde la Transición, no es del todo una realidad. Es decir, no sólo hubo un desequilibrio entre las fuerzas de la derecha y las de la izquierda en el proceso de negociación del supuesto consenso, que conllevó a una desigualdad de medidas adoptadas (Navarro, 2002), sino que se legitima la Constitución por su aprobación en el referéndum celebrado el 06 de diciembre de 1978, obviando que su proceso se hizo a espaldas de la sociedad civil (De la Cuadra, 2015). Cuatro son los hechos que testifican lo aquí expuesto: en primer lugar la reunión en el Parador Nacional de Gredos (Ávila) en febrero de 1978 celebrada entre los siete ponentes del proyecto constitucional, siendo tres de Unión de Centro Democrático (UCD), uno del PSOE, otro de AP (hoy Partido Popular), otro del PCE y otro de la Minoría Catalana; en segundo lugar, el primer encuentro liderado por los números dos del gobierno, Fernando Abril, y del PSOE, Alfonso Guerra en una cena en el madrileño restaurante José Luis el 22 de mayo de 1978; en tercer lugar

---

2. Sobre todo si pretenden formar parte de lo nacional. Es decir, si dicha práctica es periférica e incluida en el marco de la multiculturalidad se suele tolerar.

la reunión en el despacho de Peces-Barba en la madrileña calle Conde de Xiquena la noche del 09 de junio de 1978; y por último, la reunión confidencial de la Comisión Mixta Congreso-Senado. En la primera reunión en Gredos se recluyeron los siete ponentes para sistematizar las enmiendas, alejados de la prensa, denuncia De la Cuadra (2015) en su trabajo. En el segundo, se desatascaron nada menos que 25 artículos que ya llevaron negociados en la Comisión del Congreso. En el despacho de uno de los padres de la Constitución, Peces-Barba, se recluyeron tratando de ocultar la participación vasca en el proceso de negociación. Y, por último, en la reunión confidencial de la Comisión Mixta Congreso-Senado ha sido conciliado los textos diferentes de las dos Cámaras a espaldas de la 'propiedad pública' (De la Cuadra, 2015: 24-26).

Además, creemos que es necesario contextualizar el 91,81% de los SI al referéndum constitucional del 78. Se venía de un régimen represor al que nadie pretendía regresar ni tampoco volver a vivir.

Una tercera cuestión de especial relevancia frente a la unidireccionalidad y el monolingüismo en torno al concepto unidad, así como la desmitificación del consenso, es el de los intérpretes de la Constitución Española (en adelante CE). El Tribunal Constitucional (TC) democrático, inevitablemente heredó prácticas, miembros e ideologías propias del régimen franquista, como fue el caso de las 'astillas' erradicaba en el año 1985 (De la Cuadra, 2015). La creación del gobierno de los jueces (Consejo General del Poder Judicial – CGPJ) tampoco supuso la ausencia de relación intrínseca entre éstos últimos y el poder ejecutivo como solía darse en la época franquista. Prueba de la ausencia de neutralidad del propio TC es la reforma realizada en el año 2015 por el Partido Popular. Dicha reforma surgió fruto del Proyecto No de Ley presentada por Xavier García Albiol frente al proyecto secesionista de ArturMas. La reforma en cuestión publicada en el Boletín Oficial del Estado (BOE) el sábado 17 de octubre de 2015 como Ley Orgánica 15/2015, de 16 de octubre, de reforma de la Ley Orgánica 2/1979, de 3 de octubre, del Tribunal Constitucional, para la ejecución de las resoluciones del Tribunal Constitucional como garantía del Estado de Derecho, incumple preceptos constitucionales y, por ende, fue denunciada por gran parte de constitucionalistas del país. El elemento clave de la Ley en cuestión es la efectividad de las decisiones del TC, pero con efectividad no nos referimos a tener en cuenta otros sistemas de garantías existentes y que están en permanente relación con lo jurídico (socioeconómico, sociocultural, sociopolítico, entre otros), sino al puro cumplimiento estricto de las resoluciones del TC.

Concretamente se modifica el art. 87.1 que queda redactado en los siguientes términos:

> "1. Todos los poderes públicos están obligados al cumplimiento de lo que el Tribunal Constitucional resuelva.
>
> En particular, el Tribunal Constitucional podrá acordar la notificación personal de sus resoluciones a cualquier autoridad o empleado público que se considere necesario".

Igualmente se modifica el art. 92 en los siguientes términos:

> "1. El Tribunal Constitucional velará por el cumplimiento efectivo de sus resoluciones. Podrá disponer en la sentencia, o en la resolución, o en actos posteriores, quién ha de ejecutarla, las medidas de ejecución necesarias y, en su caso, resolver las incidencias de la ejecución.
>
> Podrá también declarar la nulidad de cualesquiera resoluciones que contravengan las dictadas en el ejercicio de su jurisdicción, con ocasión de la ejecución de éstas, previa audiencia del Ministerio Fiscal y del órgano que las dictó".

En el punto 4 de la cláusula en cuestión se advierte sobre las medidas en caso de incumplimiento de la resolución del TC (hemos seleccionado tan solo dos de las medidas):

> "4. En caso de advertirse que una resolución dictada en el ejercicio de su jurisdicción pudiera estar siendo incumplida, el Tribunal, de oficio o a instancia de alguna de las partes del proceso en que hubiera recaído, requerirá a las instituciones, autoridades, empleados públicos o particulares a quienes corresponda llevar a cabo su cumplimiento para que en el plazo que se les fije informen al respecto.
>
> Recibido el informe o transcurrido el plazo fijado, si el Tribunal apreciase el incumplimiento total o parcial de su resolución, podrá adoptar cualesquiera de las medidas siguientes:
>
> a) Imponer multa coercitiva de tres mil a treinta mil euros a las autoridades, empleados públicos o particulares que incumplieren las resoluciones del Tribunal, pudiendo reiterar la multa hasta el cumplimiento íntegro de lo mandado.
>
> b) Acordar la suspensión en sus funciones de las autoridades o empleados públicos de la Administración responsable del incumplimiento, durante el tiempo preciso para asegurar la observancia de los pronunciamientos del Tribunal".

En base a ello, creemos que, de partida, no existe ni igualdad en la interpretación de los hechos en Catalunya ni neutralidad por parte de personas que emiten resoluciones que deberían ser cumplidas. En definitiva, el proceso del hacer humano en este caso depende, en gran medida, de los sistemas de valores ideológicos-políticos-partidistas que impulsaron la LeyOrgánica 15/2015 antes mencionada.

## CONCLUSIONES

Este breve trabajo pretende ser una pequeña contribución al arduo debate sobre uno de los aspectos en el ámbito del conflicto catalán. No hemos pretendido en ningún momento realizar análisis y exposiciones de ideas e ideologías sobre los diferentes enfoques filosóficos y jurídicos en torno al cumplimiento de la Ley.

Así, aunque hayan pasado siglos y siglos desde la famosa frase crítica de Macchiavello, sigue resonando en nuestros días con fuerza, que para el poder con tal de cumplir determinados fines todos los medios le son legítimos. La narrativa moderna y jurídica se apodera así de la realidad y revitaliza lo que ya predijo Goya en el siglo XVIII cuando se suele recurrir a la razonabilidad como punto de partida y de llegada en la legitimidad de los hechos.

En este sentido, la falacia de lo jurídico y/o círculo vicioso en torno a lo jurídico que se suele enseñar en gran parte de Escuelas y Facultades de Derecho no nos permite ver más allá de este sistema de garantía hasta el punto de dotarlo de un carácter casi natural, metafísico y autosuficiente. Las palabras de los dirigentes políticos-partidistas, entre otros, defendiendo el cumplimiento de la ley a secas denota la creencia en un ente supremo que resulta ser inmutable, contemplando así sólo uno de los componentes en la visión integral del Derecho, el formal-normativo. Dicha creencia conlleva a considerar a la norma como el único instrumento de garantía existente en la sociedad, obviando pues todos los sistemas sociopolíticos, socioeconómicos y socioculturales que influyen e interactúan con el mismo. Igualmente a la creencia de que la norma es justa por el simple hecho de que sea ley, desconsiderando los valores predominantes en el tiempo y espacio de su creación y fomento, se suman las subjetividades de quiénes la interpretan a la hora de aplicar el marco constitucional establecido.

Nosotros consideramos, pues, que la Unidad de España pregonada desde hace siglos forma parte de los sistemas de garantía a tener en cuenta en estos días en torno al ámbito jurídico relacionado con el conflicto catalán. En este caso, por unidad no nos referimos a los aspectos comunes de clase, género, raza, laboral, entre otros, que han unificado a muchos españoles y españolas, así como los otros residentes en España, sino a aquella relativa a la unión homogénea a partir de la cual se castiga toda aquella práctica nacional (en torno a las nacionalidades de la Constitución) que pretenda ser interlocutora en igualdad de condiciones con el nacionalismo español legítimo.

El segundo elemento señalado en este trabajo a tener en cuenta en esa defensa acérrima de la norma es el consenso que tanto se pregona como común y aceptable entre todas las fuerzas sociales y políticas y la propia ciudadanía favorable a la Transición del 78. Tal como hemos expuesto brevemente en párrafos anteriores, no se puede considerar que la constituyente en la Transición haya sido suficientemente participativa y pública. Por ello, lo que se logró en su momento quedó abierto a mejoras posteriores, desde la cohesión social, económica y territorial más solidarias y, a la vez, autónomas.

El tercer y último elemento que consideramos debe formar parte de esta concepción holística de lo jurídico es la desigualdad en los agentes encargados de interpretar la norma suprema en el ámbito del conflicto catalán. Consideramos que no se puede pretender dialogar en igualdad de condiciones cuando la manipulación, el manejo y la interpretación de las reglas de juego del diálogo están contaminadas y son favorables a una de las partes, tal como vimos en el análisis de Ley 15/2015. A no ser que no contemplemos que existan dos partes en este conflicto, lo que supondría eludir el conflicto real, la diversidad de convicciones, la capacidad de negociación y acuerdos para lograr un mayor Bien Común, y la necesaria flexibilidad normativa que dé respuesta al contexto de la realidad histórica presente.

Siendo nuestras reflexiones una pequeña contribución al debate, no pretendemos señalar soluciones y respuestas ante este desafío, pero sí invitar a ampliar el espectro de las exigencias en el cumplimiento de la Ley con el fin de afrontar mejor el presente y el futuro.

## BIBLIOGRAFÍA

CASAS-CORTES, M et at. (2015) "New Keywords: Migration and Borders". Cultural Studies, 29: 1, 55-87.

DE LA CUADRA, B. (2015) *Democracia de papel. Crítica al poder, desde la transición hasta la corrupción*, Madrid. Catarata.

FACIO, A y Fries, L. (ed.) (1999) *Género y derecho*, La Morada, LOM edic.

FARIÑAS DULCE, M. J. (1997) *Los derechos humanos: desde una perspectiva sociológico--jurídica a la actitud postmoderna*. Madrid. Dykinson.

HERRERA, J. (2005) *Los derechos humanos como productos culturales. Crítica al humanismo abstracto*, Madrid, ed. Catarata.

_____. (2008) *La Reinvención de los Derechos Humanos*, Sevilla, ed. Atrapasueños. Colección Ensayando.

López Aguilar, Juan F. (2016) Cuestión catalana y la crisis constitucional. UNED. Teoría y Realidad Constitucional, núm. 37: 273 – 308.

MEZZADRA, S. y Neilson, B. (2013) *Border as method, or, the multiplication of labor*, Duke University Press.

MORA GALIANA, J. (2004) *Ignacio Ellacuría, filósofo de la Liberación*, Nueva Utopía.

SALAMANCA SERRANO, A. (2011) *Teoría socialista del derecho. (Iusmaterialismo). Tomo I*. Quito, Editorial Jurídica del Ecuador.

SERRA, M.; UBASART G., G.; MARTÍ I P., S. (2018). Cataluña y la triple crisis española. Nueva Sociedad, nº 273: 22-32.

WOLKMER, A. C. (2003) *Pluralismo jurídico: nuevo marco emancipatorio en América Latina*. CENEJUS.

## ARTÍCULOS DIGITALES CITADOS:

CHAPMAN, M. (2017) "Free spirits. Why regions such a Catalonia should be allowed their independence", en: [http://www.ips-journal.eu/regions/europe/article/show/free-spirits-2331/]. Acceso en: 06/10/2017.

DE SOUSA SANTOS, B. (2017) "La izquierda y Catalunya" (traducción de Antoni Aguiló) en: [http://blogs.publico.es/espejos-extranos/2017/09/28/la-izquierda-y-catalunya/]. Acceso en: 06/10/2017.

# Nota sobre la sentencia mayoritaria dictada, en fecha 13-03-2019 (recurso 3970/2016), por la Sala de lo Social del Tribunal Supremo español constituida en Pleno de todos sus magistrados/as, así como al voto particular suscrito por dos magistrados/as

*Fernando Salinas Molina[1]*
*Rosa María Virolés Piñol[2]*

La interpretación que de la normativa de la Unión Europea se efectúa por el Tribunal de Justicia de la Unión Europea (TJUE) vincula a los tribunales españoles, al disponer el art. 4.bis 1 de la Ley Orgánica del Poder Judicial (LOPJ) que *"Los Jueces y Tribunales aplicarán el Derecho de la Unión Europea de conformidad con la jurisprudencia del Tribunal de Justicia de la Unión Europea"* y, en lo que ahora nos afecta, la interpretación relativa al denominado Acuerdo Marco sobre el trabajo de duración determinada, celebrado el 18 de marzo de 1999 (en lo sucesivo, «*Acuerdo Marco*»), que figura en el anexo de la Directiva 1999/70/CE del Consejo, de 28 de junio de 1999, relativa al Acuerdo Marco de la CES, la UNICE y el CEEP sobre el trabajo de duración determinada.

En el párrafo segundo del preámbulo de dicho *"Acuerdo Marco"* se proclama con claridad la preeminencia que debe tener la contratación indefinida, afirmando que «*Las partes de este Acuerdo reconocen que los contratos de duración indefinida son, y seguirán siendo, la forma más*

---

1. *Magistrado de la Sala Cuarta del Tribunal Supremo de España.*
2. *Magistrada de la Sala Cuarta del Tribunal Supremo de España.*

*común de relación laboral entre empresarios y trabajadores. También reconocen que los contratos de trabajo de duración determinada responden, en ciertas circunstancias, a las necesidades de los empresarios y de los trabajadores»*, por lo que el derecho a la estabilidad en el empleo se concibe como un componente primordial de la protección de los trabajadores, mientras que los contratos de trabajo de duración determinada sólo pueden responder simultáneamente a las necesidades de los empleadores y de los trabajadores en ciertas circunstancias.

A pesar de ese básico principio general y esas causales excepciones, existen la legislación españolas modalidades contractuales temporales que formalmente permiten unas prolongadas duraciones (superiores a tres o cuatro años), poniendo de evidencia la doctrina científica que, por su larga duración, incluso podría llegar un trabajador temporal a tener carencia para acceder a la jubilación con base exclusiva a las cotizaciones efectuadas durante sus legales y formalmente válidos contratos de interinidad.

Los jueces españoles, para intentar una interpretación más protectora de los trabajadores temporales tendente a eliminar abusos y la existencia de prolongadas situaciones de interinidad y/o restantes causas de temporalidad, han planteado múltiples cuestiones prejudiciales ante el TJUE con la intención de lograr una interpretación más flexible de la normativa de la Unión Europea sobre esta materia que la adoptada por el Tribunal Supremo español; habiendo tenido dichos planteamientos la virtualidad de evidenciar ante la colectividad jurídica y social de la Unión Europea y ante la opinión pública española, los graves abusos que se están cometiendo, singularmente por la Administración pública empleadora, con las formas de contratación y/o nombramiento temporal de su personal, sino también por el uso reiterado durante largos años de contrataciones o nombramientos de interinidad o eventualidad para cubrir necesidades estructurales o a la espera de convocatoria de concursos u oposiciones de acceso que no llegaban a convocarse oportunamente. Por otra parte, la complacencia jurisprudencial que, como regla, no ha sabido poner coto a los abusos de las contrataciones irregulares de las Administraciones públicas no estableciendo medidas efectivas para evitarlos, ha sido también una circunstancia generadora de la situación actual.

Precariedad laboral y abuso en la contratación temporal que exigiría importantes reformas legislativas, especialmente al ser la Administración pública empleadora (no solo en el ámbito laboral sino también en el funcionarial o estatutario) la que utiliza reiteradamente tales modalidades de contratación o de nombramientos temporales.

Ciertamente a golpe de sentencias judiciales aisladas, caso a caso, es difícil dar una justa respuesta y remedio a la mayor parte de los supuestos de abuso en la contratación temporal. Pero ello no debe implicar que los jueces den por buena la situación actual y legalicen supuestos de abuso bajo el pretexto de que con el mero establecimiento y/o incremento de indemnizaciones por la extinción de determinados contratos temporales la situación no se soluciona.

La sentencia mayoritaria dictada, en fecha 13-03-2019 (recurso 3970/2016), por la Sala de lo Social del Tribunal Supremo constituida en Pleno de todos sus magistrados/as, concluyó que <<*en nuestro ordenamiento jurídico la sanción ante el abuso de la contratación temporal se satisface de modo completo mediante las reglas de los apartados 2 y 3 del art. 15 ET (que se completa en el apartado 5 para las otras modalidades contractuales de duración temporal)*>>.

En dicho precepto se establece que:

> "*2. Adquirirán la condición de trabajadores fijos, cualquiera que haya sido la modalidad de su contratación, los que no hubieran sido dados de alta en la Seguridad Social, una vez transcurrido un plazo igual al que legalmente se hubiera podido fijar para el periodo de prueba, salvo que de la propia naturaleza de las actividades o de los servicios contratados se deduzca claramente la duración temporal de los mismos, todo ello sin perjuicio de las demás responsabilidades a que hubiere lugar en derecho.*
>
> *3. Se presumirán por tiempo indefinido los contratos temporales celebrados en fraude de ley.*
>
> *... 5. Sin perjuicio de lo dispuesto en los apartados 1.a), 2 y 3, los trabajadores que en un periodo de treinta meses hubieran estado contratados durante un plazo superior a veinticuatro meses, con o sin solución de continuidad, para el mismo o diferente puesto de trabajo con la misma empresa o grupo de empresas, mediante dos o más contratos temporales, sea directamente o a través de su puesta a disposición por empresas de trabajo temporal, con las mismas o diferentes modalidades contractuales de duración determinada, adquirirán la condición de trabajadores fijos.*
>
> *... Lo dispuesto en este apartado no será de aplicación a la utilización de los contratos formativos, de relevo e interinidad, a los contratos temporales celebrados en el marco de programas públicos de empleo-formación, así como a los contratos temporales que sean utilizados por empresas de inserción debidamente registradas y el objeto de dichos contratos sea considerado como parte esencial de un itinerario de inserción personalizado*".

La anterior conclusión se rechaza plenamente en el voto particular emitido a dicha sentencia del Pleno y suscrito por dos magistrados/as, partiendo de que a realidad ha venido demostrado todo lo contrario, evidenciando que las reglas citadas del art. 15 ET son del todo insuficientes a efectos de prevenir los abusos como consecuencia de la utilización sucesiva de contratos o relaciones laborales de duración determinada.

En el caso enjuiciado en dicha sentencia, se trataba de una trabajadora que había suscrito con el Ministerio de Defensa un contrato de interinidad por sustitución, formalmente valido y con extinción al reingreso de la persona sustituida (cargo sindical), el que alcanzó una duración de 7 años, 1 mes y 13 días.

La sentencia mayoritaria, con esencial invocado fundamento en la STJUE 21-11-2018 (C-619/17), entiende válidamente extinguido el contrato de interinidad por sustitución al reingreso de la persona sustituida, sin dar lugar a indemnización alguna en favor de la trabajadora sustituta cuyo contrato se ha visto extinguido.

Por el contrario, en el voto particular se defienden dos posibles soluciones.

Una primera, con carácter principal, partiendo de la existencia de un contrato temporal de sustitución que, por su duración inusualmente larga y habida cuenta de la imprevisibilidad de su duración, debería haberse recalificado como contrato fijo, lo que debería conllevar que su extinción diera lugar a una indemnización de 20 días por año de servicio como acontece en los despidos objetivos de los trabajadores fijos (art. 53.1.b ET); lo que se argumenta con apoyo, entre otras, en la STJUE 05-06-2018 (C 677/16 -Lucía Montero Mateos), en la se declara que la trabajadora interina <<*no podía conocer, en el momento en que se celebró su contrato de interinidad, la fecha exacta en que se proveería con carácter definitivo el puesto que ocupaba en virtud de dicho contrato, ni saber que dicho contrato tendría una duración inusualmente larga. No es menos cierto que dicho contrato finalizó debido a la desaparición de la causa que había justificado su celebración. Dicho esto, incumbe al juzgado remitente examinar si, habida cuenta de la imprevisibilidad de la finalización del contrato y de su duración, inusualmente larga, ha lugar a recalificarlo como contrato fijo*>>.

La segunda solución, con carácter subsidiario, que se propone en el voto particular consiste en, como mínimo, dar a este supuesto de interinidad el mismo trato que en la legislación española se otorga a otro tipo de contratos temporales (obra o servicio determinado y circunstancias de la producción) que a su valida extinción se le anuda una indemnización de 12 días por año (art. 49.1.c ET), y aunque ello no comporte por si sola una medida eficaz para luchar contra los posibles abusos en la contratación temporal, sí cabe entender que puede incidir, aunque sea mínimamente, en fomentar la contratación indefinida, como forma normal para garantizar la estabilidad en el empleo, conforme al referido *"Acuerdo Marco"* y al no existir circunstancias objetivas que justifiquen esa diversidad de trato.

# Todo poder às palavras

*Ricardo Carvalho Fraga*[1]

1. No dia 10 de maio, ao início da noite, realizou-se a reinstalação do Forum Institucional da Justiça do Trabalho, no Rio Grande do Sul, (<https://www.trt4.jus.br/portais/trt4/modulos/noticias/171647>).

Aqui, nestas linhas, o desenvolvimento das ideias que ali apresentei, na fala de encerramento do mencionado evento.

A compreensão do momento atual era visível nas manifestações dos diversos representantes associativos e autoridades presentes. Na sociedade, igualmente, muitos são os professores e estudiosos que bem compreendem necessidades e possibilidades dos dias atuais.

A nós todos, resta descortinar os caminhos que garantam a coesão social, seja preservando a que existe ou mesmo elevando-a, para novos patamares de civilidade.

Após a denominada reforma trabalhista, Lei 13.467, dos tribunais do trabalho muito mais será exigido. São expectativas que outras esferas do Estado, do Poder Executivo e do Legislativo, não poderão atender, por diversos motivos, que extrapolam ao exame jurídico.

2. No Tribunal Regional do Trabalho, do Rio Grande do Sul, TRT RS, algumas iniciativas estão sendo tomadas e merecem aperfeiçoamento.

Desde muito, Mauro Cappelletti indicou o acesso à Justiça como o significativo avanço da humanidade, no após Grandes Guerras Mundiais. A estrutura do Poder Judiciário pouco preparou-se para tanto. As alterações do direito processual têm sido inúmeras, todavia, ainda insuficientes, diante do novo contexto.

A agenda diária da Presidente do TRT RS, Desembargadora Vania Maria da Cunha Mattos, tem sido dedicada, em grande parte, ao tema que se denominou "grandes litigantes".

O direito processual já utilizava a expressão similar "litigantes habituais". Adroaldo Furtado Fabricio, com base em outros autores,

---

1. Vice-presidente do TRT RS. E-mail: 57fraga@gmail.com

apresentou esta anotação em julgamento de agravo, no Tribunal de Justiça, RS, na penúltima década do Século passado. O Ministro, ex-Presidente do Tribunal Superior do Trabalho e do TRT RS, Ronaldo José Lopes Leal, utilizava a expressão "macro lesões" e buscava soluções processuais, na crítica, entre outros ao Enunciado 310 do TST, que teve aceitação jurisprudencial por dez anos.

Hoje, é conhecida a regulamentação do Conselho Nacional de Justiça sobre os planos de pagamentos, em situações especiais de empresas com número significativo de processos. Igualmente, já existe a Certidão Nacional de Devedores da Justiça do Trabalho, CNDT, Lei 12.440, de 7 de julho de 2011, <http://www.planalto.gov.br/ccivil_03/_ato2011-2014/2011/lei/l12440.htm>.

Muito maior aperfeiçoamento neste tema haverá ser alcançado. Tanto as leis processuais, como a estrutura do Poder Judiciário necessitam adequação.

3. O uso da tecnologia da informação é cada vez mais intenso, também no Judiciário.

No TRT RS, existem relevantes inovações, nem todas inéditas no País. Alguma listagem é interessante:

a) sessões com transmissão on-line, de fácil acesso, no momento e após, <https://www.trt4.jus.br/portais/trt4/sessoesOnLine>

b) audiências com possibilidade de participação por vídeo conferência, principalmente, nas atividades de conciliação em dissídios individuais e nas mediações de questões coletivas, judiciais ou administrativas;

c) sustentação oral, por vídeo conferência, nas sessões de julgamento, em segundo grau, atendendo requerimento da Ordem dos Advogados do Brasil, RS;

d) realização de teste de inteligência artificial, propriamente dita, nos despachos de recurso de revista em tarefas de busca de documentos e na comparação de textos, <https://www.trt4.jus.br/portais/trt4/modulos/noticias/167451>

e) sessões virtuais, em determinados Órgãos fracionários, evitando-se a demora, tal como, em determinada sessão quando o sistema de informática ainda não tinha previsão de inclusão em pauta de número maior de três dígitos de processos, ocasionando julgamento limitado a 999 casos, naquela sessão, <https://www.trt4.jus.br/portais/trt4/modulos/noticias/172885>

f) presença, como convidado ouvinte, em seminário de empresas associadas da Associação Brasileira de Lawtechs e Legaltechs, <https://www.sympla.com.br/legalhackersportoalegre>

Enfim, são experiências inadiáveis para uma maior celeridade. Em breve, muitas outras serão descortinadas. Desde logo, imagina-se ferramenta que permita agrupar todos os documentos e textos de um processo, para facilitar o exame inicial de cada item.

Nossos olhos atentos e coração batendo forte nos permitirão futuros aprimoramentos. Saberemos evitar os prejuízos do uso de excesso de dados, por exemplo, http://computerworld.com.br/cinco-coisas-que-voce-precisa-saber-sobre-excesso-de-dados

Saberemos, por outro lado, a grande vantagem de decidirmos com o maior conhecimento possível ou mesmo domínio completo da realidade, no dizer do neurolinguista da Espanha, Diego Gracia (Diego Gracia Guillén, DE LA BIOÉTICA CLÍNICA A LA BIOÉTICA GLOBAL: TREINTA AÑOS DE EVOLUCIÓN, *Acta Bioética* 2002; año VIII, n. 1, p. 30, disponível em <http://www.scielo.cl/pdf/abioeth/v8n1/art04.pdf> acessado em 19 de agosto de 2014, antes já lembrado em <http://www.espacovital.com.br/publicacao-30954-classificacao-internacional-de-funcionalidades>).

4.Questões coletivas

No TRT RS, desde muito, existe a prática de intensas negociações em dissídios coletivos e, além disto, em outras questões coletivas, pontuais ou mesmo que terminam levando à elaboração de verdadeiras convenções coletivas, <https://www.trt4.jus.br/portais/trt4/modulos/noticias/169785>

Mesmo após a reforma trabalhista, Lei 13.467, tal prática tem prosseguido, ainda que tendo dificuldades novas. Em data recente, até mesmo, despedidas massivas tem sido objeto de exame e negociação, com elaboração de regras mínimas, em conjunto com as partes envolvidas, <https://www.trt4.jus.br/portais/trt4/modulos/noticias/173845>

Neste tema, assim como nos demais, ou, até mesmo, mais do que nos demais, é evidente que o melhor caminho é o de emprestar "todo poder às palavras", com dedicação às melhores e mais duradouras negociações possíveis.

5. Experiências como este Forum Institucional, agora reinstalado, haverá de ser prestigiado. Recorde-se que já tivemos experiência similar, a partir da Associação de Magistrados do Trabalho, Amatra RS, na última década do Século passado.

A Constituição de 1988 aponta para uma sociedade que incentiva a participação e, em outro conceito, o convívio. E este nosso convívio futuro, sem dúvida, terá regras. Talvez não sejam as atuais. Impossível a total ausência de regulamentações, ainda que nem todas sejam visíveis.

No específico da administração de pessoal no Judiciário, tem-se a elaboração de normas específicas, lembrada a nós, por Leonardo Vieira Wandelli, no Conamat, Congresso Nacional da Magistratura, realizado em Belo Horizonte, neste ano de 2018.

A menor ou maior participação de profissionais do Direito na elaboração das regras sociais é a questão que se impõe a nós, como questionamento. A proximidade com outras áreas afins, humanas, muito nos fortalece, nesta tarefa.

Os estudos da psicologia jurídica, em exemplo vivo, têm contribuições, não apenas ao direito de família, como também ao convívio e compreensão do que ocorre em salas de audiência. Ter conhecido os esforços de Jorge Trindade, nesta nova área do conhecimento, certamente, é que levou ao título destas linhas.

O uso das palavras não pode deixar de ser relevante: "Todo Poder às Palavras".

# PARTE II

# O IMPACTO DA CONSTITUIÇÃO FEDERAL DE 1988 NAS RELAÇÕES DE TRABALHO

# PREÂMBULO

# Capitalismo, globalização e desenvolvimento: Caminho para o desastre

## CAPITALISM, GLOBALIZATION AND DEVELOPMENT: A WAY TO THE DISASTER

Marcelo José Ferlin D'Ambroso [1]

> "El problema es que el poder está supeditado a las entidades financieras y a los grandes organismos internacionales, que no son democráticos, porque no elegimos a los responsables del Fondo Monetario Internacional."
>
> José Saramago – Repensar la esperanza (entrevista) – Voces contra la Globalización [2]

**SUMÁRIO:** 1. Introdução: neocolonialismo e desenvolvimento – 2. Capitalismo e globalização: o desenvolvimento hegemônico destruindo o planeta – 3. A construção de uma alternativa desde a periferia. – 4. Conclusão: evitando o desastre, um caminho para a solidariedade – 5. Referências bibliográficas.

---

1. Desembargador do Trabalho (TRT da 4ª Região – RS/Brasil), ex-Procurador do Trabalho, ex-Presidente Fundador e atual Diretor Legislativo do IPEATRA, Vice-Presidente de Finanças da UIJ – União Ibero-americana de Juízes, Membro da AJD – Associação Juízes para a Democracia, Doutorando em Estudos Avançados em Direitos Humanos (*Universidad Carlos III de Madrid*, Espanha) e Ciências Jurídicas (*Universidad Social del Museo Social Argentino*), Mestre em Direito Penal Econômico (*Universidad Internacional de La Rioja*, Espanha) e em Direitos Humanos (*Universidad Pablo de Olavide*, Espanha); Especialista em Direitos Humanos (*Universidad Pablo de Olavide*), Jurisdição Social (*Consejo General del Poder Judicial de España – Aula Iberoamericana*), e Relações Laborais pela OIT (*Università di Bologna, Universidad Castilla-La Mancha*), Coordenador do Grupo de Estudos de Filosofia do Direito da Escola Judicial do TRT4, Presidente do Conselho Consultivo da FEMARGS, Conselheiro da Escola Judicial do TRT4, Professor convidado da Pós-Graduação de Direito Coletivo do Trabalho e Sindicalismo da UNISC – Universidade de Santa Cruz do Sul, e de Direito do Trabalho e Processo do Trabalho da UCS – Universidade de Caxias do Sul, UNISINOS – Universidade do Vale dos Sinos, FEEVALE e FEMARGS.

2. *In:* Estévez; Taibo (2008, p. 316).

## 1. INTRODUÇÃO: NEOCOLONIALISMO E DESENVOLVIMENTO

O preâmbulo da Constituição brasileira estabelece sua promulgação para "instituir um Estado Democrático, destinado a assegurar o exercício dos direitos sociais e individuais, a liberdade, a segurança, o bem-estar, o desenvolvimento, a igualdade e a justiça como valores supremos de uma sociedade fraterna, pluralista e sem preconceitos, fundada na harmonia social e comprometida, na ordem interna e internacional, com a solução pacífica das controvérsias"[3], o que é reafirmado e ampliado como objetivos fundamentais da República no art. 3º e princípios regentes das relações internacionais no art. 4º. No mesmo sentido, a Constituição espanhola, também em seu preâmbulo, declara que a nação espanhola, desejando estabelecer a justiça, a liberdade e a segurança e promover o bem de quantos a integram, proclama sua vontade de garantir a convivência democrática dentro da Constituição e das leis conforme a uma ordem econômica e social justa para consolidar um Estado de Direito que assegure o império da lei como expressão da vontade popular; proteger a todos os espanhóis e povos da Espanha no exercício dos direitos humanos, suas culturas e tradições, línguas e instituições; promover o progresso da cultura e da economia para assegurar a todos uma digna qualidade de vida; estabelecer uma sociedade democrática avan**ça**da, e colaborar no fortalecimento de rela**ções** pacíficas e de eficaz coopera**ção entre todos os povos da Terra**"[4].

Mais incisiva sobre o tema em evidência neste estudo, a Constituição portuguesa declara, no preâmbulo, que derrubou o regime fascista e que a liberação do país da ditadura, da opressão e do colonialismo representou uma transformação revolucionária e o início de uma mudança histórica da sociedade. Em seguida, o art. 1º estabelece a que República portuguesa tem por base a dignidade humana e a construção de uma sociedade livre, justa e solidária, e o art. 2º estabelece as bases do Estado democrático de Direito, similares a Brasil e Espanha[5].

Também a Constituição argentina menciona o objetivo preambular de constituir a união nacional, afiançar a justiça, consolidar a paz

---

3. Preâmbulos da Constituição brasileira de 1988 (Fonte: <http://www.planalto.gov.br/ccivil_03/Constituicao/Constituicao.htm>. Acesso em mar. 2019).
4. Preâmbulo da Constituição espanhola de 1978 (Fonte: https://www.boe.es/buscar/doc.php?id=BOE-A-1978-31229. Acesso em mar. 2019).
5. Preâmbulo da Constituição de Portugal de 1976 (Fonte: <https://www.parlamento.pt/Legislacao/paginas/constituicaorepublicaportuguesa.aspx>. Acesso em mar. 2019).

interior, prover a defesa comum, promover o bem-estar geral, e assegurar os bene**fícios da liberdade**[6].

Não obstante, embora haja esse desejo geral das nações, voltado ao bem comum, à construção de sociedades democráticas, pluralistas, respeitadoras da dignidade humana, livres, justas e solidárias, externado na maior parte das Constituições contemporâneas, das quais Brasil, Espanha, Argentina e Portugal são exemplos, a verdade é que na prática se tratam de aspirações que têm se revelado historicamente difíceis de se consolidar.

De fato, o mundo do pós-guerra emergiu com um forte neocolonialismo, fruto da hegemonia de países industrializados (grandes potências), na disputa por recursos naturais e mercados para seus produtos, através de suas multinacionais – o chamado capitalismo corporativo. Desde um ponto de vista de política externa, estes países historicamente **têm** influenciado as decisões da ONU, propondo uma espécie de interferência seletiva nas nações mais fracas, a pretexto, *v.g.*, de "ajuda humanitária"[7] e/ou sob a justificativa de "violações de Direitos Humanos", legalizando, desta forma, a exploração nos países periféricos perante a comunidade internacional. De outra parte, de uma perspectiva de política interna nos países periféricos, também opera o neocolonialismo, sob as influências das grandes potências, como bem descreve Vargas Hernández[8] o funcionamento do sistema neocolonial contemporâneo:

> Para servir a las elites capitalistas transnacionales, las elites capitalistas locales requieren de Estados recolonizados fuertes para salvaguardar los objetivos imperialistas, y con capacidad para imponer y garantizar la ejecución de las reformas estructurales y de estabilización económica, a pesar de las movilizaciones populares oponentes.
>
> Los Estados-Imperiales apoyan directamente a las instituciones financieras internacionales, porque les sirven como instrumentos de pene-

---

6. Preâmbulo da Constituição argentina de 1853, com as reformas de 1860, 1866, 1898, 1957 e 1994 (Fonte: <https://www.casarosada.gob.ar/images/stories/constitucion-nacional-argentina.pdf>. Acesso em mar. 2019)

7. Como no caso recente da Venezuela, que amarga as consequências econômicas catastróficas de pesados embargos dos EUA, que, com interesse no petróleo, enviam "ajuda humanitária" para o país, mantendo tropas de sobreaviso para uma eventual invasão. Na notícia intitulada "Sanções dos EUA contra a Venezuela causaram perda de 3 milhões de empregos em 5 anos", publicada no jornal *Brasil de Fato*, no dia 18.02.2019, é possível conferir inúmeras consequências desses embargos que impactam os Direitos Humanos do povo venezuelano (Fonte: <https://www.brasildefato.com.br/2019/02/18/sancoes-dos-eua-contra-a-venezuela-causaram-perda-de-3-milhoes-de-empregos-em-5-anos/>. Acesso em mar. 2019).

8. Vargas Hernández (2005, p. 156).

tración y control en los Estados-Neocoloniales, los que a su vez se ordenan conforme a los lineamientos requeridos para convertirse en los garantes de la defensa de los intereses de los capitales transnacionales. Las instituciones financieras internacionales son parte de las extensiones de las redes formadas por los Estados-Imperiales para mantener la supremacía política y económica sobre los Estados-Neocoloniales, los cuales se subordinan a sus dictados, siguen el modelo de corte neoliberal y se convierten en los actores más dinámicos a favor del proyecto hegemónico.

La nueva estructura neocolonial del Estado se organiza para la transferencia de valores y recursos a las metrópolis donde se ubican las grandes corporaciones transnacionales, las cuales buscan lograr mayor eficiencia en sus economías de escala y de alcance mediante un nuevo sistema de organización laboral, que ha entrado en una etapa de especialización colonial como base de la creación de ventajas competitivas.

**Não** se trata de um processo que se desenvolve sem oposição, todavia: em 1955 se organizou a Conferência de Bandung, na Indonésia, com a participação de vários países asiáticos e africanos, com o objetivo de favorecer a cooperação econômica e cultural afro-asiática em uma organização independente do capitalismo e do socialismo, constituindo um início para o futuro Movimento dos Países Não Alinhados[9].

Neste cenário, de luta dos países periféricos por melhores condições de vida para seus povos, e da construção de uma alternativa, surge o chamado direito ao desenvolvimento, que teve sua primeira definição e caracterização pelo jurista senegalês KEBA M'BAYE, em 1972[10].

A partir de então, vários documentos internacionais trataram do direito ao desenvolvimento, sendo a Declaração sobre o Direito ao Desenvolvimento da ONU (Resolução 41/128 da Assembleia Geral[11]) o principal, editado em dezembro de 1986. Seus três primeiros artigos mencionam o direito ao desenvolvimento como um Direito Humano inalienável que faculta a todos os seres humanos e a todos os povos o direito de participar, de contribuir e de gozar do desenvolvimento econômico, social, cultural e político, no qual todos os Direitos Humanos e liberdades fundamentais se possam realizar plenamente. Na Declaração

---

9. Fonte: <https://www.ecured.cu/Conferencia_de_Bandung>. Acesso em mar. 2019.
10. Na conferência inaugural do Curso de Direitos Humanos do Instituto Internacional de Direitos do Homem de Estrasburgo – França, ETIENE KEBA M'BAYE, falou sobre o direito ao desenvolvimento pela primeira vez em 1972.
11. Disponível em: http://www.un.org/documents/ga/res/41/a41r128.htm. Acesso em nov. 2018.

consta, também, que o Direito Humano ao desenvolvimento implica a realização plena do direito dos povos à autodeterminação, incluindo o exercício do direito inalienável à plena soberania sobre todas as suas riquezas e recursos naturais, tendo a pessoa humana como sujeito central do desenvolvimento.

Desta forma, o direito humano ao desenvolvimento constitui uma forma de oposição ao neocolonialismo.

A ECO 92, realizada no Rio de Janeiro, em 1992, culminou na Declaração do Rio, por ocasião da Conferência das Nações Unidas sobre Meio Ambiente e Desenvolvimento, aproximando o direito ao desenvolvimento do direito ao meio ambiente[12]. No ano seguinte, a Conferência Mundial de Viena[13] reafirmou o direito ao desenvolvimento como universal e inalienável e como parte integrante dos direitos humanos fundamentais, sempre com a pessoa humana como sujeito central de desenvolvimento.

Não obstante, desde o término da 2ª Guerra Mundial, quando surge a Era do Desenvolvimento, as potências imperialistas industrializadas sedimentaram uma noção hegemônica baseada em seu modelo e que, obviamente, não se adapta à condição dos países periféricos de industrialização tardia, por diferentes as sociedades, as tecnologias etc. Isto termina por perpetuar as desigualdades entre povos dos países centrais e povos dos países periféricos e naturalizar o processo de extração de recursos naturais e exploração de mão-de-obra barata em seus territórios por parte das corporações multinacionais das grandes potências (sob o pretexto mesmo de "desenvolvimento").

AMARTYA SEN, indiano premiado com o Nobel da economia, no ano de 1999 publicou o Livro "O desenvolvimento como liberdade", no qual propõe uma nova abordagem do conceito de desenvolvimento: partindo do conceito de liberdade por cinco perspectivas (liberdades políticas, disponibilidades econômicas, oportunidades sociais, garantias de transparência, proteção da segurança), fala na importância central da remoção de privações[14]. Cita o exemplo dos afro-americanos estadunidenses

---

12. "Principio 3. O direito ao desenvolvimento deve ser exercido de modo a permitir que sejam atendidas equitativamente as necessidades de desenvolvimento e de meio ambiente das gerações presentes e futuras." (Disponível em: <www.onu.org.br/rio20/img/2012/01/rio92.pdf>. Acesso em fev. 2018.)
13. Disponível em: <https://www.ohchr.org/EN/ProfessionalInterest/Pages/Vienna.aspx>. Acesso em fev. 2018.
14. SEN (2010).

que, relativamente pobres nos EUA, embora sejam mais ricos do que os povos do terceiro mundo, têm menos chances de chegar a idades avançadas como na China, no Sri Lanka ou em partes da Índia.

Em contrapartida, principiando pela pergunta "que desenvolvimento?", o professor JESÚS ABELLÁN[15], no texto *"¿Qué Desarrollo? Introducción"*, estrutura uma visão crítica do tema dizendo que, antes de chegar à noção de Desenvolvimento Local e Cooperação Multilateral, cabe retirar as vicissitudes substantivas com as perguntas: a que nos referimos na atualidade quando falamos de desenvolvimento? De onde surge o conceito? Quais são seus antecedentes? Quais foram suas principais conquistas e faltas? Realmente se superaram as faltas para poder falar de uma etapa mais além do desenvolvimento? Cita o exemplo da Argentina, da exploração de lítio em terras indígenas dos povos Kolla e Atacama, iniciados em 2010, sem consulta, sob o argumento de desenvolvimento como fonte de produção e geração de energia, com o deslocamento das populações afetadas. E, assim, coloca mais questões: Podemos considerar qualquer forma de desenvolvimento como válida? É legítima a possibilidade de pensar em outras formas e práticas de desenvolvimento que se distanciem da hegemônica? Que é desenvolvimento?

A partir destas inquietudes propomos uma reflexão crítica sobre o estágio atual do capitalismo para a compreensão da necessidade de mudanças na dinâmica social, que nos leva, no atual caminho, para um futuro incerto em vários aspectos, seja no plano democrático, ambiental ou humano.

## 2. CAPITALISMO E GLOBALIZAÇÃO: O DESENVOLVIMENTO HEGEMÔNICO DESTRUINDO O PLANETA

A correria da vida contemporânea, saturada de novas tecnologias e informação (e desinformação), controle do tempo livre (somos todos escravos de celulares, internet, redes sociais etc.), impede o momento de parada necessário do ser humano para pensar nas questões maiores da vida.

Se pensarmos no avanço progressivo da população mundial, em números, na quantidade de bens materiais anunciados na mídia 24 horas por dia, na eterna guerra de mercados entre as grandes potências na disputa de territórios para alocação de seus produtos, cada vez mais

---

15. ABELLÁN (2002).

barateados com grave custo social[16], restará a indagação de até quando o planeta tem condições de suportar a extração massiva e predatória de recursos naturais pelas grandes corporações (multinacionais) e o consequente lixo gerado pelo descarte exponencialmente progressivo de material. Para agravar, a predominância da lógica de **obsolescência programada**, denunciada no famoso documentário *"The light bulb conspiracy"*[17], revela um ciclo de estímulo permanente ao consumo acelerado pela fórmula apontada por SERGE LATOUCHE[18] relativa à publicidade, crédito e **obsolescência**. Ou seja, sempre as pessoas estão sendo incentivadas a se endividar e consumir mais e mais, produtos de pouca durabilidade, embora os recursos do planeta sejam limitados. O sistema é triplamente perverso, porque além de comprometer o meio ambiente, empobrece as pessoas, estimulando dívidas para consumir bens inúteis ou supérfluos.

Aliado a isso, neste sistema de globalização consumista, conforme alerta SUSAN GEORGE na entrevista denominada *"Es necesaria outra globalización"*[19], os pobres são cada vez menos necessários porque não aportam nada em termos de produção nem de consumo, constituindo um exército de reserva de mão-de-obra, a que se referia Marx, que já alcançou proporções globais, porque neste quadro de pobreza, sempre haverá alguma pessoa disposta a trabalhar por menos e, por isso, o capital se fez livre para utilizar esta reserva aonde quer que esteja.

Sustenta o professor ABELLÁN[20], no texto já citado, que existem dois caminhos para responder aos questionamentos relativos ao desenvolvimento: estudar as implicações do conceito (efeitos que determinada concepção de desenvolvimento tem sobre os indivíduos, o grupo, as sociedades, nações e regiões), ou o trabalho sobre as bases ideológicas que

---

16. No mundo globalizado, a volatilidade desafia a lógica de soberania e fronteira dos Estados, pois não há regras para o capital, que transfere parques industriais inteiros de uma ponta do mundo a outra conforme ditarem os custos da mão-de-obra e dos insumos necessários ao processo industrial. Já o capital especulativo também não conhece fronteiras para a exploração, entrando em empreendimentos lucrativos, sugando-lhes o que pode, e desaparecendo tão rápido desapareça ou deixe de ser interessante a fonte de lucratividade, ainda que isso cause quebra da empresa ou quebra geral no local da empresa.
17. Produção de DANNORIZER (2010).
18. Economista e filósofo francês que preconiza a teoria do decrescimento para a construção de uma civilização de sobriedade voluntária e autolimitação, como alternativa à sociedade do crescimento.
19. In: ESTÉVEZ; TAIBO (2008, p. 40).
20. ABELLÁN (2002).

subjazem ao mesmo, determinando as causas da adoção de um determinado tipo de desenvolvimento e não outro. A opção pelo segundo é clara e feita sob a ótica da Teoria Crítica dos Direitos Humanos, por uma perspectiva terrenal (entendendo os Direitos Humanos como produtos culturais nascidos no Ocidente, depois da Segunda Guerra Mundial e do período colonial e promovida por interesses concretos), afastando de plano seu universalismo em favor da ideia das lutas sociais onde nascem. E por uma perspectiva integral, ou impura, pela qual se foge de abstrações, purezas e idealizações, com uma visão materialista da realidade, compreendendo-os como a resposta normativa a um conjunto de necessidades e expectativas que se pretendem satisfazer e que a todo momento se entende possam mudar ao longo do tempo. A conjunção das noções terrenal e impura trata de desenvolver uma visão dos Direitos Humanos no espaço e na ação, na pluralidade e no tempo concreto no qual surgem, por metodologia holística e relacional que consiga abarcar estes conceitos em suas mútuas relações consigo mesmos e com os processos sociais nos quais insertos.

Citando GILBERT RIST, o Professor ABELLÁN prossegue asseverando que são quatro os pontos básicos que se encontram sob a concepção que temos da ideia de desenvolvimento: 1) o desenvolvimento como processo natural, com sentido e objetivos únicos e estabelecidos de antemão – o crescimento contínuo, por uma analogia biológica (todos crescem); 2) um processo caracterizado pela continuidade e homogeneidade, a manutenção de um mesmo sistema de crescimento; 3) caráter temporal e acumulativo, com o tempo, os menos favorecidos vão superando etapas naturais de crescimento – países desenvolvidos e subdesenvolvidos (ou em vias de desenvolvimento); 4) o processo é irreversível – uma vez metidos no processo, nada nem ninguém impedirá que com o tempo todos cresçam, sobretudo economicamente, e gozem do bem-estar próprio dos países desenvolvidos.

Com efeito, o professor suíço RIST[21], em seu livro "*El desarrollo: historia de uma creencia ocidental*", como sugere o título, sustenta que o conceito de desenvolvimento se transformou numa crença ocidental legitimante do passado e das ações futuras. Mostra que os "Objetivos de Desenvolvimento do Milênio"[22], da ONU, estão impregnados dessa

---

21. RIST (2002).
22. De acordo com a informação oficial: "Em setembro de 2000, refletindo e baseando-se na década das grandes conferências e encontros das Nações Unidas, os líderes mundiais se reuniram

ideologia, porquanto abordam a integração das questões ambientais, o desenvolvimento sustentável e a ilusão do desenvolvimento integral. Ademais, que a crença dos países do Sul (periféricos) de que, seguindo o caminho dos países do Norte, irão se desenvolver, é uma ideologia que deve ser desmascarada para uma alternativa real, pois o conceito de desenvolvimento não é neutro ou asséptico, tendo por objetivo reproduzir as condições de desenvolvimento dos países desenvolvidos.

Neste norte, o exemplo histórico do nascimento do capitalismo mercantil entre o continente americano e os interesses das metrópoles, na época, Espanha e Portugal, **é utilizado por** ABELLÁN[23] para evidenciar o processo de construção das periferias, pelo qual estas serão induzidas a um tipo de produção estruturado na exportação de matérias-primas e a uma determinada posição subordinada no sistema de comércio mundial, enquanto dependentes dos centros no tocante a recursos tecnológicos e de produção. Tal se pode observar no Tratado de Methuen, pelo qual a Inglaterra obrigava politicamente Portugal a explorar os recursos auríferos da colônia brasileira, que seria mera exportadora de produtos agrícolas à metrópole; a comprar os produtos manufaturados ingleses, capitalizando a revolução industrial iniciada na metrópole; e distribuí-los em regime de monopólio inglês pelo território ibérico e ultramar. O autor afirma que, na teoria, esse sistema traduz relação direta entre o incremento da qualidade de vida de uma nação – defendida por economistas e pensadores liberais, surgindo dos aportes que DAVI RICARDO[24] realizava para a construção da economia moderna através da "teoria das vantagens comparativas"[25]. Assim, não haveria alternativa à forma de crescimento proposta, tendo todos os países que seguir a fórmula, ainda que necessitem destruir a natureza ou situar-se numa posição de dependência, comprar tecnologia, admitir compra de seus serviços essenciais como água, ou admitir uma posição subordinada nos organismos internacionais, impedidos de serem ouvidos. Afirma que, no modelo

---

na sede das Nações Unidas, em Nova York, para adotar a Declaração do Milênio da ONU. Com a Declaração, as Nações se comprometeram a uma nova parceria global para reduzir a pobreza extrema, em uma série de oito objetivos – com um prazo para o seu alcance em 2015 – que se tornaram conhecidos como os Objetivos de Desenvolvimento do Milênio (ODM)" (Fonte: <https://nacoesunidas.org/tema/odm/>. Acesso em mar. 2019).

23. ABELLÁN (2002).
24. Economista britânico (1772-1823).
25. Os países deveriam se especializar nos setores que possuam vantagem comparativa, assim, explicando rapidamente e a grosso modo, países industrializados seguiriam exportando seus produtos enquanto países periféricos seguiriam exportando recursos naturais.

neoclássico de economia, o ponto de partida do desenvolvimento é assegurar que qualquer pessoa que tenha capital suficiente possa apropriar-se privadamente de todos os recursos, inclusiva água e moradia; que, ao deixar de ser bens públicos acessíveis a todas e todos, tornam-se bens escassos que devem ser comprados para satisfazer as necessidades; a mão invisível do mercado se encarregará de alocar os recursos às pessoas segundo seus méritos e a quantidade de dinheiro que se tenha; feita a apropriação de bens e tornados escassos, os que os possuem podem usá-los como melhor lhes aprouver, inclusive vendendo e acumulando capital. Ou, nas palavras de VARGAS HERNÁNDEZ[26]:

> El otorgamiento de créditos a los países pobres lleva como condición el sometimiento a un programa de ajuste estructural, que implica medidas como la liberación de controles a las inversiones extranjeras y a los flujos financieros, la desregulación de los mercados, la privatización de empresas propiedad del Estado, la reducción de las políticas sociales y el control salarial, entre otras. Los procesos caóticos de privatización se justifican con el diseño de un "Estado pequeño y eficiente", sin que necesariamente implique funcionar de forma diferente, ya que ignora el fundamento de a quién sirve.

ABELLÁN[27] destaca, ainda, que este processo de construção centro-periferia[28] e sua crença se desfaz na medida em que os informes do PNUD (Programa das Nações Unidas para o Desenvolvimento Humano)[29] mostram um contínuo empobrecimento dos países mais pobres, como também o fluxo internacional de capitais indica que, conforme o

---

26. VARGAS HERNÁNDEZ (2005, p.169).
27. ABELLÁN (2002).
28. GEORGE SOROS também denuncia esse processo:

    *El sistema capitalista global es de carácter puramente funcional, y la función que cumple es (como es lógico) económica: la producción, el consumo y el intercambio de bienes y servicios. Es importante señalar que el intercambio supone no sólo bienes y servicios sino los factores de producción. Marx y Engels señalaron ya hace 150 años que el sistema capitalista transforma la tierra, el trabajo y el capital en mercancías. A medida que el sistema se expande, la función económica llega a dominar las vidas de las personas y las sociedades. Penetra en áreas que antes no se consideraban económicas, como la cultura, la política y las profesiones.*

    *A pesar de su naturaleza no territorial, el sistema tiene un centro y una periferia. El centro es el suministrador de capital; la periferia es la usuaria del capital. Las reglas del juego están sesgadas a favor del centro. Podría afirmarse que el centro está en Nueva York y Londres, porque ahí es donde están situados los mercados financieros internacionales, o en Washington, Frankfurt y Tokio, porque es allí donde se determina la oferta monetaria del mundo; asimismo, podría afirmarse que el centro está en un paraíso fiscal, porque es allí donde está domiciliada la parte más activa y móvil del capital financiero mundial.* (SOROS: 1999, p. 136-7).

29. Conforme informação oficial: "O Programa das Nações Unidas para o Desenvolvimento (PNUD) é a agência líder da rede global de desenvolvimento da ONU e trabalha principalmente pelo

tempo passa, menos ajuda do Norte para o Sul e mais fluxo de capitais do Sul para o Norte se observa.

De outra parte, a lógica do modelo hegemônico neoliberal privatizador, que persegue a eliminação do público, coloca em risco a lógica da existência da vida, pois, como denuncia François Houtart, na entrevista intitulada "*Otra moral es posible*", ao cúmulo do absurdo, "já há companhias que estão capturando o oxigênio nos bosques do Equador para colocá-lo em bombas e **levá**-lo. Descobriram que os velhos bosques não davam tanto oxigênio como os novos e estão suprimindo os bosques tradicionais, toda a biodiversidade, para plantar bosques novos que produzam mais rapidamente oxigênio"[30].

Portanto, neste processo de contínuo "desenvolvimento", vem sendo travada uma luta pela construção de uma realidade desenvolvimentista alternativa para os países periféricos, em oposição à acepção hegemônica que induz perpetuação de desigualdade entre as nações e, ademais, exploração predatória de recursos naturais com alto custo social (precarização da mão-de-obra e pobreza nos países da periferia provocada pelas multinacionais das grandes potências). A quem interessa manter esse sistema produtor de miséria social e consumidor da natureza?

### 3. A CONSTRUÇÃO DE UMA ALTERNATIVA DESDE A PERIFERIA

No texto denominado "*El desarrollo moderno. la consagración de una idea*", Abellán[31] elenca as respostas vindas do Sul, como a Escola da Dependência, desenvolvida no CEPAL – Comissão Econômica para a América Latina, que cria uma antítese à concepção hegemônica, pregando que deveriam ser consideradas as variáveis sociais e políticas além da econômica para atingir o desenvolvimento, identificando três tipos de dependência entre nações: colonial, financeira-industrial e tecnológica-industrial, cujo mérito é fornecer uma perspectiva além da econômica. Na Conferência de Bandung, de 1955, houve reação dos chamados países do Terceiro Mundo, marcando o começo de uma reivindicação coletiva no âmbito político e no desenvolvimento, originando a corrente denominada de "não alinhamento".

---

combate à pobreza e pelo Desenvolvimento Humano" (Fonte: <https://nacoesunidas.org/agencia/pnud/>. Acesso em mar. 2019).

30. *In:* ESTÉVEZ; TAIBO (2008, p. 31-2). Obs.: a tradução é minha.
31. Abellán (2002).

Por outro lado, MICHAEL BARRATT BROWN[32], citado por ABELLÁN[33], sustenta a construção de um modelo significativo de desenvolvimento que possa romper o circuito da ideologia hegemônica, com quatro argumentos: 1) existe a possibilidade de estabelecer uma ampla variedade de tipos e formas de propriedade dos meios de produção e de distribuição; 2) oposição à produção da escassez, restringindo ao mínimo as possibilidades de apropriação individual e irrestrita dos bens; 3) divulgação na maior medida do possível das informações acerca de formas diferentes e alternativas de alocação de recursos que não dependam da mão invisível do mercado; 4) recuperar a noção dos *commons*, os bens comuns que não devem estar sujeitos ao processo contínuo de acumulação do capital.

ASIER MARTÍNEZ BRINGAS[34] propõe repensar a globalização desde o ponto de vista dos povos indígenas, sustentando que a construção de processos multiculturais na globalização, isto é, o multiculturalismo, exige um pensamento global centrado na vida humana como valor central para articulação de propostas éticas, políticas e normativas que possa dar respostas a demandas urgentes como as reivindicações indígenas. Para tanto, propõe matizações que contornem o padrão ocidental de cultura, asseverando que conflito e violência são elementos presentes na construção da identidade indígena. Logo, em primeiro lugar, tendo em consideração que o cultural é uma direção para guiar e pautar a ação social, pondera que cada cultura tem uma concepção própria de como entender a dignidade humana. Em segundo lugar, o cultural surge do encontro de processos culturais, e o contrato social que se estabelece na América Latina é o resultado da expropriação violenta e da negação sistemática e repressão da autonomia cultural indígena, de modo que um processo cultural na região está ainda por ser feito. Cabe reconhecer, pois, para construir um processo multicultural sustentável, a violência cultural, direta e estrutural produzida nos povos indígenas. Em terceiro plano, pondera necessário erradicar a compreensão do cultural como algo aproblemático e completo, evitando-se a preponderância dos valores ocidentais concernentes à dimensão do território no conceito Estado-nação, do conceito privado e patrimonialista da terra, frente à autodeterminação como autonomia ou autogoverno dos recursos e patrimônios indígenas.

---

32. BROWN (1995).
33. ABELLÁN (2002).
34. *In:* MARTÍNEZ *et alli* (2008, p. 269-99).

BRINGAS propõe a importância dos processos culturais com três argumentos, primeiro, a consideração dos processos culturais indígenas como como direito fundante e que dão condição ao exercício de outros direitos (participação política, autonomia, consentimento prévio e informado, terra, território, recursos naturais, patrimônio, cultural e genético, direitos sociais sob a perspectiva indígena etc.). Depois, a necessidade de, com base no princípio da diferença, admitir um direito da pluriculturalidade, fulcrado na dimensão plurinacional dos povos indígenas, que lhes permite a construção de ordenamentos e sistemas jurídicos próprios. Por fim, entender os povos indígenas como sujeitos de direitos humanos provoca mudança no Direito Constitucional, desgarrando-se dos conceitos ocidentais de Estado-nação-cidadania, para admitir outras concepções culturais distintas da lógica capitalista.

Também desde a perspectiva indígena, no interessante artigo sobre o "bom viver", JOSÉ MATEO AGUADO, KR'SNA BELLOTT e CARLOS MONTES[35] sustentam a inviabilidade do modelo hegemônico capitalista seguir orientando o desenvolvimento, pois não produz igualdade – ao contrário, gera desigualdades ecológico-distributivas ao redor do planeta e agressão degenerativa dos limites biofísicos da Terra. Desenvolvendo o estudo, os autores afirmam que o modelo capitalista de desenvolvimento humano, que busca o crescimento incessante de renda e consumo, esgotará os recursos naturais, não sendo sustentável, além do que, apesar de todo o progresso tecnológico atual, não responde à eliminação da desigualdade social, nem melhora a qualidade de vida e nem a felicidade das pessoas. A partir de um determinado limite denominado *suficiente*, o ingresso de recursos materiais e o consumo não mudam a situação de quem já os possui, embora possa fazer diferença para quem não os tem, assim para o desenvolvimento efetivo da humanidade se deve buscar mais igualdade. Como o modelo hegemônico capitalista é insustentável, ou seja, consome os recursos naturais do planeta sem produzir igualdade, acentuando isolamento social, concorrência entre as pessoas, alienação psíquica, sedentarismo e perda de hábitos saudáveis, se deve buscar alternativas de modelo de vida capazes de promover o equilíbrio na esfera do meio ambiente e social e a felicidade geral.

De acordo com os autores, reconhecer, pois, o fracasso do modelo ocidental como referente de desenvolvimento, e a globalização neoliberal, é pressuposto para construir uma alternativa universalizável, já que

---
35. AGUADO; BELLOTT; MONTES (2014, p. 153-163).

a atual prestigia apenas nações do norte em detrimento das do sul. Uma possibilidade é o modo de relação entre ser humano e natureza concebido pelos povos tradicionais da América do Sul, cuja experiência já começa na Bolívia e Equador, através da incorporação, nos textos constitucionais, da expressão "bom viver" e "viver bem", como uma forma de vida em plenitude, harmonia e equilíbrio com o planeta, com o cosmos a vida e a história e em permanente respeito de toda forma de existência, além de partilhar ao invés de competir e conviver bem em direção a uma vida simples, equilibrada e espiritual, em comunidade, irmanada com os outros seres vivos e alijada do sobreconsumo.

Na mesma linha segue MIKEL BERRAONDO LÓPEZ[36], no texto "*Tierras y territorios como elementos substantivos del derecho humano al medio ambiente*", referindo o meio ambiente desde a perspectiva indígena, entendida sem o referente ocidental de valores, que pudesse estruturar o direito indígena ao meio ambiente concebido como elemento central em torno do qual gira toda a cultura, a vida política social e econômica, materializado através do direito à terra, aos recursos naturais e ao território. O direito indígena à terra equivale ao direito humano ao meio ambiente e o direito indígena ao território equivale ao sistema de recursos, espaço jurisdicional no qual se exercem direitos coletivos de que é titular o povo tradicional. O direito ao território trata-se de um direito condição, no sentido de que todos os direitos dependem dele, como também um direito síntese, pois vincula o direito ao desenvolvimento, enfeixando todos os elementos materiais e imateriais que o conformam.

Portanto, realmente é necessário o nascimento de um novo modelo de Estado, não só na sua gênese, mas na conformação cultural desocidentalizada das pessoas que permita entender e assimilar pontos de vista diferentes da visão capitalista hegemônica. Acima se elencou apenas algumas das muitas propostas que existem para a construção de uma alternativa, todavia, em todas elas se percebem elementos comuns: desocidentalização de acepções, em especial, do desenvolvimento; abandono do utilitarismo econômico; rejeição ao neoliberalismo; respeito às condições de vida do planeta; estatização e ou publicização dos recursos naturais; limitação às possibilidades de apropriação privada de bens etc.

---

36. BERRAONDO LÓPEZ (2006, p. 469-488).

## 4. CONCLUSÃO: EVITANDO O DESASTRE, UM CAMINHO PARA A SOLIDARIEDADE

A visão neoliberal hegemônica aplicada na cooperação internacional estimula a permanência do *stablishment* planetário com as discrepâncias sociais extremas, entre riqueza e miséria. O capital privado, por si só, é incapaz de gerar melhor distribuição de renda entre todos, comprovando a falência do sistema "desenvolvimentista" atual, não solidário e incapaz de reduzir a fome e a pobreza mundiais ou de promover crescimento com equilíbrio ecológico.

É necessário, pois, fugir do capitalismo como referente para estabelecer critérios de desenvolvimento – somente a desconexão do regime capitalista possibilitará evoluir para buscar outros indicadores de aferição do grau de desenvolvimento, com a abertura para as diversidades culturais que determinam modos de vida diferentes. Por esta ótica, certamente, o grau de solidariedade entre as pessoas pode ser um indicador **hábil para** aferir a conexão entre as pessoas pelo convívio harmônico, respeitoso, tolerante às diferenças, e de ajuda mútua, apto ao respeito ambiental para a vida do ser humano afinado com a natureza.

No entanto, **é importante saber que** os indicadores PNUD que, por ora, prevalecem universalmente, idealizados por Mahbud ul Haq e Amartya Sen[37], trabalham o desenvolvimento sob a perspectiva de renda, saúde e educação, mas não medem, por exemplo, sustentabilidade. Amartya Sen, como economista, partiu sua proposta da ótica econômica, logo, os indicadores utilizados também não são neutros. Ora, o viés econômico é apenas um aspecto de desenvolvimento e, ainda assim, se pensado sob a perspectiva da predominância do regime capitalista no mundo, leva à prevalência, também na aferição do desenvolvimento, de critérios pautados no grau de acumulação de capital revelados

---

37. Conforme o sítio PNUD Brasil:
"O objetivo da criação do Índice de Desenvolvimento Humano foi o de oferecer um contraponto a outro indicador muito utilizado, o Produto Interno Bruto (PIB) per capita, que considera apenas a dimensão econômica do desenvolvimento. Criado por Mahbub ul Haq com a colaboração do economista indiano Amartya Sen, ganhador do Prêmio Nobel de Economia de 1998, o IDH pretende ser uma medida geral, sintética, do desenvolvimento humano. Apesar de ampliar a perspectiva sobre o desenvolvimento humano, o IDH não abrange todos os aspectos de desenvolvimento e não é uma representação da "felicidade" das pessoas, nem indica "o melhor lugar no mundo para se viver". Democracia, participação, equidade, sustentabilidade são outros dos muitos aspectos do desenvolvimento humano que não são contemplados no IDH". (Fonte: <http://www.br.undp.org/content/brazil/pt/home/idh0/conceitos/o-que-e-o-idh.html>. Acesso em mar. 2019)

no PNUD[38]. Contudo, como bem aponta o professor ABELLÁN[39], 2+2 em ciências humanas pode não ser 4, *v.g.* pode haver um país com renda alta do povo, bom acesso à educação mas cultura baixa, afinal, qual a cultura que importa? A do consumismo? Do contínuo crescimento econômico? Até esgotar os recursos do planeta?

Indicadores são importantes para análise, mas devem ser restritos à sua gênese: mera indicação. Devem ser maleáveis para adaptação à diversidade entre os povos e devem contemplar múltiplos aspectos da vida, como, por exemplo, reafirma-se, o grau de solidariedade entre as pessoas.

De qualquer sorte, na Declaração de Estabelecimento de uma Nova Ordem Econômica Mundial (ONU, 1974), consta que os países "em desenvolvimento" representavam 70% da população do mundo mas recebiam apenas 30% dos ingressos mundiais. Assim, mesmo observando-se os indicadores de natureza econômica atualmente utilizados nos informes do PNUD da ONU, **não** há demonstração de evolução no passar dos anos, constatando-se que a "crença" no desenvolvimento é, definitivamente, uma falácia.

Portanto, a crença de que a realidade vá mudar no sistema atual se dissipa na medida em que não existem perspectivas concretas de mudança na tendência dos países ricos de somente aumentarem suas riquezas e a desigualdade em relação aos demais, sem nem mesmo aumentar sua colaboração aos menos favorecidos – e mesmo porque, se houvesse tal incremento, não existem garantias de que não acabaria por retornar aos cofres originários dos países centrais, seja por acordos econômicos lesivos aos países e regiões periféricos, seja pela atual prática de "ajuda condicionada", mediante a qual países ricos prestam ajuda impondo a compra exclusiva de produtos aos "ajudados", e de forma inversamente proporcional à quantidade doada. Ou seja, a crença se desfaz na medida da inexistência de solidariedade no modelo hegemônico atual.

É certo, também, que o recente processo de formação dos direitos humanos, ainda permeado pela influência de países ricos, especialmente na ONU, impede a implementação de um modelo global de desenvolvimento sustentável, capaz de reduzir os níveis excessivos de consumo, evitar o neocolonialismo e reduzir as desigualdades sociais.

---

38. A título de exemplo, o indicador de renda das pessoas representa mais renda, logo mais poder de paridade de compra e mais "desenvolvimento".
39. ABELLÁN (2002).

As políticas de ajuda externa e a cooperação internacional, no sistema atual, não fazem mais do que acentuar os abismos sociais existentes entre países ricos e países pobres, como se pode extrair dos dados apresentados historicamente no PNUD. Ou, como bem assevera José Antonio Sanahuja Perales[40] (*Cooperación al desarrollo y globalización: entre la beneficencia pública y el estado del bienestar mundial*), o atual sistema internacional de ajuda e cooperação ao desenvolvimento é um fiel reflexo de uma sociedade de Estados escassamente integrada e regulada, e mais que um "sistema global de bem-estar social" ou uma "política global de coesão", é um imperfeito esquema de beneficência pública no qual os recursos se assinam de forma voluntária e não há obrigações relativas à sua quantia nem critérios objetivos quanto aos beneficiários. E, ao abordar as perspectivas sobre a ajuda no desenvolvimento e a futura ordem mundial, o autor identifica duas visões:

– por primeiro, um modelo liberal-conservador de ajuda oficial ao desenvolvimento, funcional à integração das economias nacionais em um mercado mundial desregulado (lógica da mão invisível de mercado);

– e em segundo, um modelo de ajuda oficial ao desenvolvimento baseado no conceito de cidadania mundial, que encontra seu fundamento em uma visão social e democrática da globalização, baseada na plena vigência dos direitos humanos e, em particular, do direito ao desenvolvimento.

Assim, para escapar da concepção hegemônica-crescentista, cabe desenvolver o segundo modelo, mas com a perspectiva crítica dos Direitos Humanos, entendidos como atavicamente ligados ao processo de lutas sociais, e pensando, também, em alteridade – olhar o outro, o diferente, construindo pontes entre povos e pensamentos distintos, dado o pluriculturalismo mundial –, para observar como outros povos se desenvolvem, muitas vezes de forma totalmente alheia ao modelo ocidental, ou seja, não há uma resposta exata e universal para todas as realidades sociais.

Destarte, a construção de um mundo diferente do que vivemos deve partir do abandono da ideia da sociedade de consumo como ideal, do crescimento econômico como modelo, pois esta forma de pensar rapidamente esgotará os recursos do planeta sem distribuir igualdade entre

---

40. Perales (2002).

os povos. De modo que, para escapar do modelo hegemônico, devemos construir um novo modelo de desenvolvimento que não esteja baseado em critérios econômicos[41] mas sim em elementos que indiquem o grau de solidariedade entre as pessoas, como forma de evolução respeitadora das diferenças e construtora de igualdade.

Neste sentido, é interessante a proposta de BROWN[42], sobre a ideia de oposição à produção da escassez, restringindo ao mínimo as possibilidades de apropriação individual e irrestrita dos bens, e de recuperar a noção dos *commons*, os bens comuns que não devem estar sujeitos ao processo contínuo de acumulação do capital[43]. Aliás, caberia trabalhar nos distintos tipos e formas de propriedade dos meios de produção e de distribuição a que se refere o autor para abandonar o capitalismo. Talvez aliar essa ideia à de solidariedade humana e alteridade possa ser um caminho para a construção de uma alternativa diferente para o desenvolvimento.

Sobretudo, pensar em projetos de renda mínima, capazes de garantir condições de vida dignas para todas e todos, como também em limites de renda máxima, já que o processo de acumulação contínua de capital é produtor de máxima desigualdade social e miséria, além de sacramentar a exploração inescrupulosa das pessoas e do planeta. A renda máxima, por esta perspectiva, significaria dizer que, atingido um determinado nível de acumulação de capital, o excedente se reincorporaria ao Estado para prestação de serviços públicos à sociedade. O trabalho, desta forma, sempre seria necessário por parte de todas e todos, pois o limite de acúmulo de capital deve considerar, também, a necessidade de manter cada indivíduo trabalhando, de modo a evitar o ócio que caracteriza o topo da elite capitalista, absolutamente injustificável na medida em que pressupõe o trabalho dos outros para multiplicação inconcebível de rendimentos (números por números, no sistema de remuneração por juros mediante contínuo endividamento de quem não tem capital e necessita

---

41. Segundo SOROS (1999, p. 235):

    *Los valores sociales pueden ser más nebulosos que los valores del mercado, pero la sociedad no puede existir sin ellos. Los valores del mercado han sido promovidos a la posición de los valores sociales pero no pueden cumplir esa función. Están concebidos para la toma de decisiones individuales en un marco competitivo y no son aptos para la toma de decisiones colectivas en una situación que requiere cooperación ademãs de competencia.*

42. BROWN (1995).

43. Como água, energia elétrica, recursos naturais em geral, e, também, saúde, educação, transporte público etc.

"vender" sua força de trabalho para sobreviver). Num sistema verdadeiramente justo, não pode existir castas privilegiadas pelo ócio, enquanto outras são obrigadas a trabalhar para receber migalhas.

E, finalmente, para definir o desenvolvimento sem cair na armadilha da "crença" é necessário compreender tal conceito sob a ótica distributiva e sustentável – vida digna para todos os povos e todas e cada pessoa, e em equilíbrio ecológico global. Somente com uma nova visão se poderá dar efetividade ao desejo das nações de construção de sociedades democráticas, pluralistas, justas, livres, solidárias e respeitadoras da dignidade humana e do meio ambiente.

## 5. REFERÊNCIAS BIBLIOGRÁFICAS

ABELLÁN, Jesús C. *El desarrollo moderno. la consagración de una idea.* Sevilla: Universidad Pablo de Olavide, 2002.

ABELLÁN, Jesús C. *El modelo hegemónico de desarrollo, definición y orígenes.* Sevilla: Universidad Pablo de Olavide. 2002.

ABELLÁN, Jesús C. *Orígenes del proceso moderno de desarrollo.* Sevilla: Universidad Pablo de Olavide. 2002.

ABELLÁN, Jesús C. ¿**Qué Desarrollo? Introducción.** Sevilla: Universidad Pablo de Olavide. 2002.

ALDAS, Eloísa Nos (ed.). *Medios periodísticos, cooperación y acción humanitaria.* Barcelona: Icaria – Sociedad y Opinión, 2002.

ANJOS FILHO, Robério Nunes. **Direito ao desenvolvimento de comunidades indígenas no Brasil.** Tese de doutorado. São Paulo: USP, 2009. Disponível em: <http://www.teses.usp.br/teses/disponiveis/2/2133/tde-05012012-075449/publico/VERSAO_RESUMIDA_Direito_ao_desenvolvimento_de_comunidades.pdf>. Acesso em abr. 2018.

BERRAONDO LÓPEZ, Mikel (Coord.). *Pueblos indígenas y Derechos Humanos.* Bilbao: Universidad de Deusto / Instituto de Derechos Humanos, 2006.

BERRAONDO LÓPEZ, Mikel. *Tierras y territorios como elementos substantivos del derecho humano al medio ambiente.* In: BERRAONDO LÓPEZ, Mikel (Coord.). *Pueblos indígenas y Derechos Humanos.* Bilbao: Universidad de Deusto / Instituto de Derechos Humanos, 2006, p. 469-488.

BRINGAS, Asier Martínez. *Los pueblos indígenas ante la construcción de los procesos multiculturales. Inserciones en los bosques de la biodiversidad.* In: MARTÍNEZ, Alejandro Rosillo *et alli.* **Teoria Crítica dos Direitos Humanos no Século XXI.** Porto Alegre: EDIPUCRS, 2008, p. 269-99.

BROWN, Michael Barratt. *Models in political economy: a guide to the arguments.* 2ª.ed. rev. e amp., Nova Iorque: Penguin Books, 1995.

D'AMBROSO, Marcelo José Ferlin. A Convenção n. 169 da OIT e o trabalho indígena no Brasil. *In:* ALVARENGA, Rúbia Zanotelli de; COLNAGO, Lorena de Mello Rezende (Coord.), **Direito internacional do trabalho e convenções internacionais da OIT comentadas.** São Paulo: LTr, 2014, p. 333-40.

ELIAS, Norbert. **O processo civilizador (vol. 1 – uma história dos costumes).** Rio de Janeiro: Zahar, 1993.

ELIAS, Norbert. **O processo civilizador (vol. 2 – formação do Estado e civilização).** Rio de Janeiro: Zahar, 1993.

ESTÉVEZ, Carlos; TAIBO, Carlos (eds.). *Voces contra la globalización.* Barcelona: Crítica, 2008.

GEORGE, Susan. *Es necesaria otra globalización (entrevista). In:* ESTÉVEZ, Carlos; TAIBO, Carlos (eds.). *Voces contra la globalización.* Barcelona: Crítica, 2008, p. 37-52.

HOUTART, François. *Otra moral es posible (entrevista). In:* ESTÉVEZ, Carlos; TAIBO, Carlos (eds.). *Voces contra la globalización.* Barcelona: Crítica, 2008, p. 21-36.

JUNGES, Márcia. *O poder das finanças e as estratégias para romper a crise sistêmica. Entrevista com Yann Moulier Boutang.* **Revista IHU On-Line**, n. 492, de 05-09-2016. Disponível em: <http://www.ihu.unisinos.br/78-noticias/560028-uma-outra-financa-e-possivel-yann-moulier-boutang-e-a-economia-da-polinizacao>. Acesso em abr. 2018.

MARTÍNEZ, Alejandro Rosillo *et alli*. **Teoria Crítica dos Direitos Humanos no Século XXI.** Porto Alegre: EDIPUCRS, 2008.

MATEO AGUADO, José A.; GONZÁLEZ, Kr'sna Bellott; MONTES, Carlos. *Por un buen vivir dentro de los límites de la naturaleza. Cuando el modelo de desarrollo occidental no es el camino.* **Revista Papeles de relaciones ecosociales y cambio global**, n. 125, 2014, p. 153-163.

MESZAROS, István. **Para além do capital: rumo a uma teoria da transição.** Trad. Paulo Cezar Castanheira e Sérgio Lessa. São Paulo: Boitempo, 2011.

MUÑOZ, Francisco A. *La paz imperfecta.* Granada: Instituto de la Paz y los Conflictos de la Universidad de Granada (España). Disponible en: <www.ugr.es/~fmunoz/documentos/pimunozespañol.pdf>. Acesso em fev. 2018.

MUÑOZ, Francisco A (Coord.); RUEDA, Beatriz Molina (Coord.). **Manual de Paz y Conflictos.** Granada: Universidad de Granada, 2004. ISBN: 84-338-3087-2

PERALES, José Antonio Sana Huja. *Cooperación al desarrollo y globalización: entre la beneficencia pública internacional y el estado del bienestar mundial. In:* ALDAS, Eloísa Nos (ed.). **Medios periodísticos, cooperación y acción humanitaria.** Barcelona: Icaria – Sociedad y Opinión, 2002, pp. 39-64.

RIST, Gilbert. *El desarrollo: historia de una creencia occidental.* Trad. Adolfo Fernández Marugán. Madrid: Los Libros de la Catarata, 2002.

SANTOS, Boaventura de Sousa. **A difícil democracia: reinventar as esquerdas.** São Paulo: Boitempo, 2016.

SARAMAGO, José. *Repensar la esperanza (entrevista). In:* ESTÉVEZ, Carlos; TAIBO, Carlos (eds.). *Voces contra la globalización.* Barcelona: Crítica, 2008, p. 315-24.

SEN, Amartya. **Desenvolvimento como liberdade.** 2a. Reimp. São Paulo: Companhia das Letras, 2010.

SOROS, George. *La crisis del capitalismo global: la sociedad abierta en peligro.* 5ª.ed., Buenos Aires: Editorial Sudamericana, 1999.

THE LIGHT BULB CONSPIRACY. Direção de Cosima Dannoritzer. Espanha: Televisión de Galicia (TVG) / Televisión de Galicia (TVG) / Arte France / Article Z / Media 3.14, 2010. 1 DVD (52 min.), son., color.

TRINDADE, Antônio Augusto Cançado. *As Nações Unidas e a Nova Ordem Econômica Internacional (com atenção especial aos Estados latino-americanos).* **R. Inf. legisl.**, Brasília, a. 21 (n. 81), 1984, pp. 213-32.

TRUJILLO, Noemí López. *Yayo Herrero: "El clasismo ambiental afecta a los más pobres" (Entrevista).* **La Marea 54,** 11 nov. 2017. Disponível em: <https://www.lamarea.com/2017/11/11/yayo-herrero-el-clasismo-ambiental-afecta-a-los-mas-pobres/>. Acesso em abr. 2018.

VARGAS HERNÁNDEZ, José G. *Neocolonialismo, resistencia, crisis y transformación del estado.* **Revista Internacional de Ciencias Sociales y Humanidades,** SOCIOTAM [em linha] 2005, XV (julho-dezembro). Disponível em: <http://www.redalyc.org/articulo.oa?id=65415210>. ISSN 1405-3543.

ZIZEK, Slavoj. **Em defesa das causas perdidas.** Trad. Maria Beatriz de Medina. **3ª. reimp., São Paulo: Boitempo, 201**5.

# ARTIGO 5º, INCISO V

# A Introdução da Tarifação do Dano Moral na CLT: incompatibilidades com a Ordem Constitucional Brasileira

*Brígida Joaquina Charão Barcelos[1]*
*Otávio Barcelos Pavinato[2]*

**SUMÁRIO:** 1. Introdução – 2. O dano extrapatrimonial na Constituição de 1988 e na legislação internacional – 3. Direitos Humanos e dimensões da honra – 4. A Responsabilidade Civil sob a jurisdição trabalhista – 5. Interpretações Jurisprudenciais. – 6. Conclusão. – 7. Bibliografia.

## 1. INTRODUÇÃO

Tratando-se de direito material, não há dúvidas de que é previsão típica de responsabilidade civil a indenização a título de danos morais, conforme dispõem os artigos 186 e 927 do Código Civil[3], os quais são amparados pelo artigo 5º, V, da Constituição da República Federativa do Brasil[4]. No entanto, o abalo extrapatrimonial compreende um conflito

---

1. Desembargadora do Tribunal Regional do Trabalho da 4ª Região.
2. Advogado Trabalhista.
3. BRASIL. Código Civil. Planalto. Art. 186. Aquele que, por ação ou omissão voluntária, negligência ou imprudência, violar direito e causar dano a outrem, ainda que exclusivamente moral, comete ato ilícito. Art. 927. Aquele que, por ato ilícito (arts. 186 e 187), causar dano a outrem, fica obrigado a repará-lo. Parágrafo único. Haverá obrigação de reparar o dano, independentemente de culpa, nos casos especificados em lei, ou quando a atividade normalmente desenvolvida pelo autor do dano implicar, por sua natureza, risco para os direitos de outrem. Disponível em: <http://www.planalto.gov.br/ccivil_03/LEIS/2002/L10406.htm#art186>. Acesso em: 28. Mar. 2019.
4. BRASIL. Constituição Federal de 1988. Planalto. V – é assegurado o direito de resposta, proporcional ao agravo, além da indenização por dano material, moral ou à imagem. Disponível

que pode atingir diversas esferas jurídicas, uma vez que possui íntima ligação com os Direitos Humanos – ainda que configurável até mesmo a pessoas jurídicas –, matéria que apresenta caráter universal.

Nesse contexto, demonstra-se facilmente cogitável a análise da referida temática no âmbito das relações de trabalho, pelas quais se desenvolvem casos complexos e duradouros de relações interpessoais. Por décadas, os conflitos sobre dano moral entre empregados e empregadores levados ao Judiciário eram encaminhados à Justiça Estadual, em razão de envolverem matéria cível. Somente com o advento da Emenda Constitucional nº 45, de 2004, a competência da Justiça do Trabalho foi ampliada, permitindo que a jurisdição dessa esfera especializada tutelasse também os conflitos de caráter civil oriundos de uma relação de trabalho, nos termos do artigo 114, VI, da Constituição da República Federativa do Brasil[5].

Tal mudança de competência é de grande importância para a prestação de uma tutela jurisdicional mais efetiva, visto que permite uma análise mais apurada de situações que ocorrem cotidianamente no desenvolvimento de relações laborais. A Justiça do Trabalho, portanto, apresenta-se com muito mais capacidade técnica para julgar as controvérsias de dano moral nesses casos, ainda que se trate de matéria civilista. Isso porque seu âmbito de atuação compreende situações em que as partes não estão em pé de igualdade, já que a manifestação de vontade do empregado se encontra completamente amainada, levando-se em consideração que ele se está diante de um contrato de adesão, sendo dirigido sob forte subordinação jurídica[6].

Desde a entrada em vigor da Emenda Constitucional nº 45, pode-se afirmar que a Justiça do Trabalho passou a julgar os casos de abalo extrapatrimonial a ela direcionados de maneira bastante satisfatória. Sob a ótica de um julgador especializado para verificar as peculiaridades de uma relação trabalhista, as decisões judiciais apresentaram-se com forte

---

    em: <http://www.planalto.gov.br/ccivil_03/Constituicao/Constituicao.htm>. Acesso em: 28. Mar. 2019.

5.   BRASIL. Constituição Federal de 1988. Planalto. Art. 114. Compete à Justiça do Trabalho processar e julgar: VI as ações de indenização por dano moral ou patrimonial, decorrentes da relação de trabalho. Disponível em: <http://www.planalto.gov.br/ccivil_03/Constituicao/Constituicao.htm>. Acesso em: 28. Mar. 2019.

6.   DALLEGRAVE NETO, José Affonso. Responsabilidade civil no direito do trabalho. 6ª ed. São Paulo: Editora LTr, 2017. Pg. 723.

legitimidade no tocante à constatação ou não de ocorrência de dano moral, bem como no que se refere a seus parâmetros de indenização.

Não é de se estranhar que a maior efetividade da tutela jurisdicional, nesses casos, apontou para uma enormidade de abusos cometidos por empresas e empregadores contra seus empregados, muitos dos quais são obrigados a laborarem em jornadas exaustivas, ou sofrem graves coerções psicológicas para cumprirem metas, entre outras formas de abalo à honra, no intuito da redução dos custos de produção e consequente aumento dos lucros. Dessa forma, teorias foram aprimoradas, configurando-se a existência de dano existencial e de dano moral coletivo, bem como da prática de *dumping* social, o que inclusive aumentou a força de ações promovidas pelo Ministério Público do Trabalho. Esse contexto demonstra a grande importância da existência de um Judiciário especializado para tutelar as relações laborais, proporcionando uma real diminuição das violações aos direitos humanos, à legislação trabalhista, constitucional, e até mesmo civil.

Toda essa adequação social no mercado de trabalho gerou, inevitavelmente, uma reação do empresariado e dos donos dos meios de produção, que se viram compelidos ao pagamento de pesadas indenizações em inúmeros processos judiciais trabalhistas. Aproveitando-se de uma intensa onda conservadora no Brasil, a reação da referida classe culminou na aprovação da Lei 13.467/17 – Reforma Trabalhista –, que realizou mudanças substanciais na Consolidação das Leis do Trabalho, bem como introduziu diversos dispositivos que atacam a classe trabalhadora, dentre eles o artigo 223-G, §1º, que vincula a indenização por dano moral ao salário contratual do ofendido[7].

Salta aos olhos a incompatibilidade do referido artigo com a ordem constitucional brasileira, uma vez que traz uma pesada diferenciação de parâmetros indenizatórios de título personalíssimo entre as diferentes faixas salariais dos trabalhadores. Trata-se de uma grotesca afronta a princípios constitucionais básicos, como os da razoabilidade, da

---

7. BRASIL. Consolidação das Leis do Trabalho. Planalto. § 1º Se julgar procedente o pedido, o juízo fixará a indenização a ser paga, a cada um dos ofendidos, em um dos seguintes parâmetros, vedada a acumulação: I – ofensa de natureza leve, até três vezes o último salário contratual do ofendido; II – ofensa de natureza média, até cinco vezes o último salário contratual do ofendido; III – ofensa de natureza grave, até vinte vezes o último salário contratual do ofendido; IV – ofensa de natureza gravíssima, até cinquenta vezes o último salário contratual do ofendido. Disponível em: <http://www.planalto.gov.br/ccivil_03/decreto-lei/Del5452.htm>. Acesso em: 28. Mar. 2019.

proporcionalidade e da dignidade da pessoa humana[8], bem como a objetivos fundamentais da República Federativa do Brasil, também previstos na Constituição, como os de construir uma sociedade justa, de reduzir as desigualdades sociais e de promover o bem de todos, sem qualquer forma de discriminação[9], o que também viola o princípio da isonomia.

Além disso, outras formas de tarifação do dano moral já foram tentadas pela jurisprudência brasileira, tendo sido superadas. Sendo assim, diante da total inadequação do art. 223-G da CLT ao direito pátrio vigente no Brasil, sua declaração de inconstitucionalidade é questão de tempo.

## 2. O DANO EXTRAPATRIMONIAL NA CONSTITUIÇÃO DE 1988 E NA LEGISLAÇÃO INTERNACIONAL

Na Constituição da República Federativa do Brasil de 1988 há previsão expressa quanto à possibilidade de indenização por danos morais, proporcional ao agravo, nos termos do artigo 5º, V, da Carta Magna, conforme já apontado. Nesse sentido, o legislador constituinte decidiu por bem considerar que tal reparação civil se trata de garantia fundamental com caráter constitucional, de forma que o instituto se encontra no topo da hierarquia legal, não podendo ser mitigado ou restringido. Além disso, restou consolidado que a matéria se coaduna com todas as previsões contidas no mesmo diploma, o que significa que a subsunção do caso concreto a essa norma legal deve se perfectibilizar em conformidade com os princípios constitucionais.

O abalo extrapatrimonial recebe tal importância legal em razão de estar ligado ao direito à integridade física e psíquica. No plano internacional, os direitos de personalidade coincidem com o próprio surgimento e com a evolução da proteção dos direitos humanos. Constituições estrangeiras, como as da Alemanha, de Portugal, da Espanha, da Colômbia e do Chile também trazem essas garantias. O referido reconhecimento, por sua vez, convive com uma positivação na esfera infraconstitucional, onde por vezes são assegurados direitos que não constam da

---

8. BRASIL. Constituição Federal de 1988. Planalto. Art. 1º A República Federativa do Brasil, formada pela união indissolúvel dos Estados e Municípios e do Distrito Federal, constitui-se em Estado Democrático de Direito e tem como fundamentos: III – a dignidade da pessoa humana. Disponível em: <http://www.planalto.gov.br/ccivil_03/decreto-lei/Del5452.htm>. Acesso em: 28. Mar. 2019.
9. Ibidem. Art. 3º Constituem objetivos fundamentais da República Federativa do Brasil: I – construir uma sociedade livre, justa e solidária; III – erradicar a pobreza e a marginalização e reduzir as desigualdades sociais e regionais.

Constituição e vice-versa, como ocorre no Brasil. Apesar da diversidade de dispositivos, o importante é que se tenha presente que tais direitos apresentam como aspecto comum o fato de estarem todos vinculados com a proteção da esfera nuclear da personalidade, dignidade e liberdade humanas[10].

A Declaração Universal dos Direitos Humanos, por sua vez, também rechaça qualquer tipo de tratamento degradante, conforme o seu artigo 5º [11]. Esse diploma, ainda que não possua força de lei, trata-se da mais importante orientação publicada pela ONU, representando o ideal básico para que todos os países possam concretizar os ideais básicos de liberdade, igualdade e fraternidade. No âmbito da Organização Internacional do Trabalho, diversas Convenções sobre proteção à dignidade humana foram ratificadas pelo Brasil, como as de nº 12 (Indenização por Acidente do Trabalho na Agricultura), nº 14 (Repouso Semanal na Indústria), nº 19 (Igualdade de Tratamento – Indenização por Acidente de Trabalho), nº 45 (Indenização por Enfermidade Profissional)[12], entre outras, as quais possuem caráter supralegal no ordenamento jurídico, estando hierarquicamente acima da legislação infraconstitucional.

Esse o quadro, denota-se que a matéria que envolve o dano moral recebe um amplo arcabouço legal, o qual protege de forma consistente os direitos de personalidade contra as respectivas tentativas de violação, garantindo a devida reparação do dano quando são concretizados. Ainda, a doutrina e a jurisprudência reforçam veementemente tal contexto de proteção, de modo que há uma enorme dificuldade para que eventual alteração legislativa consiga a devida força para mitigar ou acabar com essas garantias fundamentais.

## 3. DIREITOS HUMANOS E DIMENSÕES DA HONRA

Conforme já referido, o abalo extrapatrimonial está intrinsecamente ligado às noções de honra, dignidade da pessoa humana e demais

---

10. SARLET, Ingo Wolfgang. MARINONI, Luiz Guilherme, MITIDIERO, Daniel. Curso de direito constitucional. 3ª ed. São Paulo: Editora Revista dos Tribunais, 2014, p. 386-388.
11. Declaração Universal dos Direitos Humanos. Organização das Nações Unidas. Artigo 5º: Ninguém será submetido a tortura nem a penas ou tratamentos cruéis, desumanos ou degradantes. Disponível em: <https://www.ohchr.org/EN/UDHR/Pages/Language.aspx?LangID=por>. Acesso em 28. Mar. 2019.
12. Organização Internacional do Trabalho. Convenções Ratificadas pelo Brasil. Disponível em: <https://www.ilo.org/brasilia/convencoes/lang--pt/index.htm>. Acesso em 28. Mar. 2019.

direitos de proteção à personalidade, o que demonstra sua absoluta intimidade com os direitos humanos. Estes, numa perspectiva civilizatória, podem ser considerados de caráter universal, dentro de uma evolução cultural extremamente rica e diversificada[13].

Apesar da gama ampla de fontes legais para defender o direito de reparação da honra, convém destacar que muitos conceitos aplicados a essa temática são de complexa definição. É o caso da ideia de dignidade da pessoa humana, termo utilizado em vasta jurisprudência, mas muitas vezes sem a devida adequação. Isso porque se trata de uma denominação aberta, que permite interpretações subjetivas e diversificadas, podendo apresentar divergências caso a caso.

Ainda assim, conforme aponta a doutrina de Ingo Wolfgang Sarlet, não restam dúvidas de que a dignidade é algo real, vivenciada por cada ser humano, de forma que é facilmente perceptível quando há alguma agressão a ela, mesmo que não seja possível realizar uma pauta taxativa dessas violações. A problemática maior surge no momento de atestar as dimensões desses abalos, de maneira que se pode organizá-las em diversos tópicos que atingem análises e discussões de filosofia do direito, tais como: (i) a dimensão ontológica, mas não necessariamente biológica, da dignidade, o que demonstra a ligação intrínseca com a pessoa humana; (ii) a dimensão relacional, como o reconhecimento em relação aos outros, atentando ao fato do convívio em comunidade; (iii) a dimensão histórico-cultural da dignidade, tendo em vista o desenvolvimento permanente do conceito; dentre outras[14]

No contexto das relações laborais, ponderações específicas devem ser feitas para dimensionar o conceito de dignidade da pessoa humana, tais como as condições mínimas de trabalho, com ambiente adequado e ergonômico, por exemplo.

Na Encíclica *Rerum Novarum*, Leão XIII insinuou definições ao apontar que a dignidade da pessoa humana estaria malferida sempre que o limite razoável da fadiga, abstratamente considerado, fosse excedido para o homem ou para a mulher que estivessem a prestar trabalho. No entanto, tal significado não poderia ser adotado pela teoria positivista por

---

13. CARRION, Eduardo Kroeff Machado. A universalidade dos direitos humanos: realidade ou projeto? Porto Alegre: Editora Núria Fabris, 2014, p. 18-19.
14. SARLET, Ingo Wolfgang. Dimensões da Dignidade: ensaios de filosofia do direito e direito constitucional. 2ª ed. Ver. E ampl. – Porto Alegre: Editora Livraria do Advogado, 2009, p. 15-30.

diversas dificuldades, como a inspiração religiosa. Nesse aspecto, o legado positivista de Kant, seguindo os ensinamentos de Rousseau, também contribuiu para esse conceito, dizendo que "a dignidade seria o atributo de um ser racional que não obedece a nenhuma outra lei senão a que ele mesmo dá", num contexto indissociável da pessoa humana[15].

Veja-se que a tarefa de definir o dano extrapatrimonial é de alta complexidade, perpassando por noções de direitos de personalidade, de honra, de dignidade da pessoa humana, de direito civil, de direito do trabalho, atingindo a esfera constitucional e internacional, bem como a filosofia do direito e a sociologia do direito.

Dessa forma, resta clara a completa inadequação das novas previsões da legislação trabalhista que tratam a respeito do dano moral e da responsabilidade civil, uma vez que não apresentam qualquer correspondência plausível com a evolução da teoria do direito que envolve o tema e com a ordem constitucional vigente. O já referido artigo 223-C da CLT demonstra que o legislador pareceu desconhecer a cláusula geral de tutela da personalidade, que impede que os danos extrapatrimoniais possam ser enumerados[16], o que aponta para um grave desconhecimento jurídico das forças que patrocinaram a aprovação às pressas de uma lei inconstitucional que atende diretamente aos anseios da classe social dominante.

## 4. A RESPONSABILIDADE CIVIL SOB A JURISDIÇÃO TRABALHISTA

A indenização a título de abalo extrapatrimonial é matéria eminentemente civilista, de forma que parece mais justo e adequado partir desta esfera para que se permita uma melhor análise sobre o tema.

A configuração do direito à reparação do dano moral é chancelada pelo artigo 5º, V, da Constituição da República Federativa do Brasil, mas é a partir da análise dos artigos 186 e 927 do Código Civil que se constitui a base para a aferição da responsabilidade civil nesses casos. Esta, por sua vez, opera a partir do ato ilícito cometido, com o nascimento da obrigação de indenizar, que tem por finalidade tornar incólume o lesado, colocando a vítima na situação em que estaria sem a ocorrência do fato danoso. Além disso, a obrigação de indenizar é caracterizada pela

---

15. CARVALHO, Augusto César Leite de. Princípios de direito do trabalho sob a perspectiva dos direitos humanos. – São Paulo: Editora LTr, 2018, p. 15 – 18.
16. Ibidem.

sucessividade, pois sempre decorre da violação de obrigação anterior, estabelecida na lei, no contrato ou na própria ordem jurídica[17].

A temática da responsabilidade civil por dano moral é tratada de forma bastante exaustiva pela doutrina, podendo-se encontrar análises e reproduções por todos os principais autores do Direito Civil. De acordo com os ensinamentos de Pontes de Miranda, o dano moral, não sendo suscetível de reparação pecuniária equivalencial, deve ser reparado equitativamente, apreciando-se adequadamente as proporções. Ainda assim, ele é indenizável, sem qualquer secundariedade. Sua doutrina aponta no sentido de que a reparação natural é quase sempre impossível, por isso a necessidade de se encontrar o valor patrimonial, por equidade[18].

A doutrina contemporânea mantém os preceitos de definição do valor da indenização de acordo com as proporções do caso concreto, afastando qualquer parâmetro taxativo. Ante a dificuldade de reparação natural do dano, que seria o método mais eficaz, no direito brasileiro permite-se que haja uma compatibilização com o modo de reparação pecuniária. Tal coexistência de métodos foi inspirada pelos ordenamentos jurídicos italiano, alemão e português, os quais priorizam a reparação *in natura*, para os casos em que não se verifica exagero para o devedor, deixando a indenização em pecúnia com caráter subsidiário. Nesse contexto, o correto adimplemento da obrigação decorre do princípio da boa-fé objetiva, um dos grandes fundamentos do sistema de direito privado, que impõe a todo cidadão um padrão ético de atuação com honestidade lealdade e probidade. Estabelecida a reparação em pecúnia, é natural que surjam dificuldades, pois deverá ser feita uma quantificação da indenização em dinheiro que corresponda à extensão dos prejuízos sofridos pelo lesado, tendo o juiz, nessa tarefa, como grande vetor o princípio da reparação integral do dano[19].

Feitas essas considerações a partir da doutrina civilista, que demonstram a grande profundidade da matéria, cabe partir para a interpretação

---

17. CAVALIERI FILHO, Sergio. Programa de responsabilidade civil. 12ª ed. – São Paulo: Editora Atlas, 2015, p. 18-19.
18. MIRANDA, Pontes de. Tratado de direito privado. Parte Especial. Tomo LIV. Direito das obrigações: responsabilidade das empresas de transporte, exercício ilícito na justiça, danos à pessoa.../ atualizado por Rui Stocco. – São Paulo: Editora Revista dos Tribunais, 2012, p. 149-151.
19. SANSEVERINO, Paulo de Tarso Vieira. Princípio da reparação integral – indenização no Código Civil. 1ª ed. – São Paulo: Editora Saraiva, 2010, p. 43-48.

da indenização por dano moral na esfera do Judiciário Trabalhista, o que se permitiu com o advento da Emenda Constitucional nº 45, de 2004.

A doutrina e a jurisprudência trabalhista também passaram a tomar os devidos cuidados com este tópico, muitas vezes utilizando-se das próprias fontes do Direito Civil, que se aplicam de forma subsidiária ao Direito do Trabalho[20]. Convém ressaltar que a Lei 13.467/17 suprimiu o trecho do §1º do artigo 8º da CLT, que dispunha que o direito comum só se aplicava "naquilo em que não for incompatível com os princípios fundamentais deste".

Em sua grande maioria, as decisões trabalhistas seguiram adequadamente os ensinamentos e os parâmetros civilistas no que se refere à constatação e à respectiva quantificação da indenização por dano moral, observando os critérios de proporcionalidade e de razoabilidade inerentes a cada caso concreto, em homenagem ao referido método da equidade. Todavia, naturalmente ocorreu uma análise mais apurada dessas situações, tratando-se estritamente das questões inerentes às relações laborais, tendo em vista o caráter especializado da Justiça do Trabalho. Conclui-se de maneira lógica que um abalo extrapatrimonial é melhor constatado dentro de uma esfera especializada do Judiciário, que detém capacidade técnica mais direcionada a determinados tipos de controvérsias jurídicas.

A partir de tal análise mais aprofundada, aspectos diretamente relacionados às relações de trabalho passaram a configurar modalidades diferenciadas, oriundas do dano moral, como é o caso do dano existencial – aquele que aliena a vida pessoal de um empregado por conta do trabalho – e do dano moral coletivo – quando se verifica um ato ilícito cometido de maneira reiterada por uma empresa em relação a seus empregados, como a não concessão de repouso semanal remunerado, permitindo que se constate a presunção de abalo extrapatrimonial sofrido pelos trabalhadores. Essas "descobertas" somente foram possíveis por conta do caráter especializado da autoridade julgadora.

---

20. BRASIL. Consolidação das Leis do Trabalho. Planalto. Art. 8º – As autoridades administrativas e a Justiça do Trabalho, na falta de disposições legais ou contratuais, decidirão, conforme o caso, pela jurisprudência, por analogia, por eqüidade e outros princípios e normas gerais de direito, principalmente do direito do trabalho, e, ainda, de acordo com os usos e costumes, o direito comparado, mas sempre de maneira que nenhum interesse de classe ou particular prevaleça sobre o interesse público. § 1º. O direito comum será fonte subsidiária do direito do trabalho. Disponível em: <http://www.planalto.gov.br/ccivil_03/decreto-lei/Del5452.htm>. Acesso em: 28. Mar. 2019.

Há ainda outros aspectos de extrema relevância na seara trabalhista que somente podem ser aferidos dentro da jurisdição especializada, caso dos assédios moral e sexual dentro do ambiente de trabalho, das revistas íntimas durante o expediente e também de diversos tipos de acidente de trabalho, o que compreende uma análise complexa das situações *sub judice*.

Ressalte-se que o julgador deve ter uma análise técnica desses fatos. A título de exemplo, exige-se o conhecimento de que tanto o assédio moral quanto o sexual são admitidos apenas na forma dolosa, visto que o assediante molesta a vítima com o claro objetivo de destruí-la emocionalmente ou de se satisfazer sexualmente, observando-se as devidas peculiaridades nas relações de trabalho. Sendo assim, não se pode negar a existência de um poder de comando do empregador sobre a atividade do empregado[21], numa evidente relação de vulnerabilidade entre as partes.

Não seria leviano afirmar que, no intuito de frear as crescentes constatações de atos ilícitos de alta gravidade cometidos pela classe empregadora, não só no que se refere à configuração de responsabilidade civil por dano moral praticado, gerando altas indenizações arbitradas pela Justiça do Trabalho, mas também por outros dispositivos de proteção ao trabalhador, a Lei 13.467 foi redigida e promulgada com o patrocínio da classe empresarial, com o objetivo de reduzir ao máximo os custos oriundos das formalidades legais da compra da força de trabalho alheia.

A previsão de tarifação do dano moral no direito do trabalho, nos termos do artigo 223-G da CLT, conforme as considerações supramencionadas, demonstra um desconhecimento jurídico alarmante. Tal previsão pode ser facilmente declarada como inconstitucional, mas também pode ser afastada por diversos outros dispositivos legais, caso do próprio Código Civil. A discriminação pretendida pelo referido dispositivo, com a intenção de atrelar o valor da indenização ao salário contratual do empregado, fica ainda mais evidente quando a lesão for de natureza coletiva[22], quando um mesmo dano teria conduziria a reparações arbitradas de forma desigual.

Para que se esclareça a aberração que consiste o art. 223-G, §1º, da CLT, imagine-se a seguinte hipótese: em determinada empresa, o chefe

---

21. DALLEGRAVE NETO, José Affonso. Responsabilidade civil no direito do trabalho. 6ª ed. – São Paulo: Editora LTr, 2017. Pg. 723.
22. SEVERO, Valdete Souto. SOUTO MAIOR, Jorge Luiz. Manual da reforma trabalhista: pontos e contrapontos. 1ª ed. – São Paulo: Editora Sensus, 2017, p. 90-91.

de um setor era conhecido por assediar as mulheres a ele subordinadas. Duas delas, que sofriam o assédio há anos, ajuízam ação trabalhista por conta dos fatos. Em ambos os casos restou configurada ofensa de natureza "gravíssima", nos termos do inciso IV, do § 1º, do art. 223-G da CLT, determinando a condenação do empregador ao pagamento de indenização no valor equivalente a 50 vezes o último salário contratual de cada uma delas, indenizações pagas separadamente em cada processo. A primeira era servente de limpeza e recebia R$ 1.000,00, de modo que sua indenização configurou o total de R$ 50.000,00. A segunda era responsável pelo setor financeiro da empresa e recebia R$ 15.000,00, de forma que sua indenização totalizou o montante de R$ 750.000,00.

Veja-se que, na situação relatada, há graves violações aos princípios constitucionais da proporcionalidade, da razoabilidade, da isonomia e da dignidade da pessoa humana, bem como a toda construção doutrinária da responsabilidade civil, ao desenvolvimento da jurisprudência especializada, além da afronta às diversas previsões das convenções internacionais ratificadas pelo Brasil e das orientações da Organização Internacional do Trabalho e da Organização das Nações Unidas, tudo por conta de um artigo de lei ordinária, promulgada às pressas e sem a devida legitimidade, uma vez que não houve qualquer discussão com as partes gravemente afetadas e com respeitadas autoridades do meio, por intermédio de congressistas comprometidos com o grande capital, auxiliados por uma propaganda desleal realizada pela mídia tradicional, igualmente compromissada, o que fere frontalmente a democracia.

Em suma, por mais que ainda seja legítima a competência da Justiça do Trabalho para processar e julgar os casos de abalo extrapatrimonial, matéria de direito civil, quando relacionados à relação laboral, resta evidente que houve uma sórdida manobra para que essa justiça especializada se encontre injustamente limitada para quantificar os valores das respectivas indenizações, por conta da introdução da Lei 13.467/17. A referida modificação permite constatar que, de acordo os termos da nova lei, seria mais efetivo que essas situações fossem analisadas fora da justiça especializada, como ocorria anteriormente, o que configura um grave retrocesso. No entanto, tal situação há de ser devidamente corrigida pelo controle de constitucionalidade brasileiro.

## 5. INTERPRETAÇÕES JURISPRUDENCIAIS

Por diversas vezes o Judiciário brasileiro já foi provocado para se manifestar quanto a hipóteses de tarifação do dano moral, analisando a existência de parâmetros taxativos para a configuração da indenização referente ao abalo extrapatrimonial, alguns dos quais estabelecidos propriamente pelos órgãos julgadores, tendo sido devidamente afastados.

Na oportunidade em que o Supremo Tribunal Federal analisou o artigo 52 da Lei 5.250/67 – Lei de Imprensa –, que previa a reparação por dano moral cometido por jornalista ou veículo de imprensa com vinculação ao salário mínimo vigente, restou configurado o referido entendimento:

> "A Constituição de 1988 emprestou à reparação decorrente do dano moral tratamento especial – C.F., art. 5º, V e X – desejando que a indenização decorrente desse dano fosse a mais ampla. Posta a questão nesses termos, não seria possível sujeita-la aos limites estreitos da lei de imprensa. Se o fizéssemos, estaríamos interpretando a Constituição no rumo da lei ordinária, quando é de sabença comum que as leis devem ser interpretadas no rumo da Constituição."[23]

Diante de tal fundamentação, atesta-se que a Corte Suprema rechaça qualquer tipo de mitigação por lei ordinária dos dispositivos constitucionais que preveem o tratamento da indenização por abalo extrapatrimonial.

Uma vez superado o critério da tarifação do dano moral, diante da afronta direta à Constituição da República Federativa do Brasil, conforme demonstrado, resta analisar os métodos mais adequados para o arbitramento da indenização, em obediência ao princípio da equidade e às especificidades de cada caso concreto.

Um critério já bastante consolidado pela jurisprudência civilista tem sido aquele desenvolvido principalmente pelo Ministro Paulo de Tarso Sanseverino, do Superior Tribunal de Justiça, chamado de "método bifásico para a fixação de indenizações por dano moral". Nesse modelo, um valor básico para a reparação é atribuído de acordo com precedentes referentes ao mesmo interesse jurídico. Após, analisa-se as peculiaridades do caso concreto, podendo-se adequar o patamar básico estabelecido[24].

A Corte Superior Trabalhista, por sua vez, também tem interpretado essa controvérsia de maneira adequada e em conformidade com a Constituição de 1988, conforme se percebe a partir da referida fundamentação:

---

23. STF, 2ª Turma, RE 396.386-4/SP, Rel. Min. Carlos Velloso, DJ 13.08.2004.
24. STJ. 3ª Turma. REsp 1.152.541/RS, Rel. Min. Paulo de Tarso Sanseverino. DJ 21.09.2011.

> *"Assinalo que, para a fixação do valor da reparação por danos morais e materiais, deve ser observado o princípio da proporcionalidade entre a gravidade da culpa e a extensão do dano, tal como dispõem os arts. 5º, V e X, da Constituição Federal e 944 do CC, de modo que as condenações impostas não impliquem mero enriquecimento ou empobrecimento sem causa das partes. Cabe ao julgador, portanto, atento às relevantes circunstâncias da causa, fixar o quantum indenizatório com prudência, bom senso e razoabilidade."[25]*

Nesse contexto, não há alternativa à jurisprudência brasileira senão a interpretação das controvérsias à luz da ordem constitucional vigente, o que gera o total afastamento dos parâmetros apresentados pelo artigo 223-G, §1º, da CLT.

## 6. CONCLUSÃO

Diante de todo o panorama apresentado, a inconstitucionalidade do artigo 223-G, §1º, da CLT demonstra-se latente, uma vez que o dispositivo afronta abruptamente não somente a Constituição da República Federativa do Brasil, mas também todo o ordenamento jurídico vigente, bem como a jurisprudência e a doutrina. Não há espaço para uma singela previsão de lei ordinária ter força suficiente para derrubar toda uma construção legal e teórica desenvolvida por décadas no país, de modo que pretender uma limitação para a quantificação da indenização a título de danos morais, com nítida discriminação pela faixa salarial do indivíduo, apresenta-se como uma proposta perversa e desprovida do mais básico conhecimento das ciências jurídicas e sociais.

O afastamento da referida norma pelo Judiciário brasileiro se sustenta por um vasto amparo legal, de que são exemplo: (i) os princípios constitucionais da dignidade da pessoa humana, da proporcionalidade, da razoabilidade, da não discriminação e da isonomia, bem como o próprio direito fundamental à reparação proporcional ao agravo sofrido pelo lesado – e não ao seu salário –; (ii) as previsões das convenções internacionais da OIT ratificadas pelo Brasil que proíbem a discriminação no ambiente de trabalho; (iii) os conceitos a respeito de responsabilidade civil e abalo extrapatrimonial trazidos pelo Código Civil e demais leis da esfera cível e processual; (iv) os parâmetros adotados pela jurisprudência das cortes superiores e da corte suprema no tocante ao arbitramento da indenização por dano moral, que afastam

---

25. TST. 2ª Turma. AIRR 4754720145020401, Rel. Min. Maria Helena Mallmann. DJ 29.09.2017.

qualquer ideia de tarifação; (v) toda a construção doutrinária apresentada, que aponta para a complexidade do tema e para a impossibilidade de tarifação da honra.

Ressalte-se, contudo, que não há motivos para afastar a competência da Justiça do Trabalho para processar e julgar os casos que envolvem indenização por dano moral decorrente da atividade laboral. Isso porque, desde a Emenda Constitucional nº 45, de 2004, essa esfera especializada do Judiciário apresentou importantes avanços nesse aspecto. Tendo em vista que seu corpo julgador detém capacidade técnica mais apurada para resolver as controvérsias oriundas de uma relação de trabalho, suas respectivas decisões judiciais no que tange à proteção da dignidade e da honra dos trabalhadores se desenvolveram a ponto de formular novas teorias mais capazes de produzir a reparação integral dos danos.

Por fim, resta a reflexão de que o advento do artigo 223-G, §1º, da CLT, em conjunto com as diversas outras disposições da Lei 13.467/17, demonstram uma reação da força das classes dominantes e dos donos dos meios de produção no Brasil, os quais, após séculos de exploração generalizada, passaram a sofrer as devidas cominações legais e pesadas indenizações no intuito de se adequarem a um mínimo padrão de civilidade. A referida reação somente foi possível por conta de um período de absoluta instabilidade política, econômica e moral no país, de modo que a revisão das alterações legais perfectibilizadas há de ser devidamente realizada pelo Poder Judiciário, com o devido controle de constitucionalidade, em obediência aos preceitos chancelados pelo povo brasileiro em 1988.

Vincular a dimensão da honra de um indivíduo ao valor de seu salário contratual é o exemplo de uma pisada em falso do sistema capitalista, visto que abala e contesta significativamente o condão que sustenta sua existência junto à sociedade, que é o arcabouço legal. Tal manobra só se faz possível numa era de dominação do neoliberalismo, o qual, em sua euforia, não prevê a geração de graves crises da democracia e o consequente potencial de ameaça do sistema vigente.

## 7. BIBLIOGRAFIA

CARRION, Eduardo Kroeff Machado. A universalidade dos direitos humanos: realidade ou projeto? Porto Alegre: Editora Núria Fabris, 2014.

CARVALHO, Augusto César Leite de. Princípios de direito do trabalho sob a perspectiva dos direitos humanos. – São Paulo: Editora LTr, 2018

CAVALIERI FILHO, Sergio. Programa de responsabilidade civil. 12ª ed. – São Paulo: Editora Atlas, 2015.

DALLEGRAVE NETO, José Affonso. Responsabilidade civil no direito do trabalho. 6ª ed. São Paulo: Editora LTr, 2017.

MIRANDA, Pontes de. Tratado de direito privado. Parte Especial. Tomo LIV. Direito das obrigações: responsabilidade das empresas de transporte, exercício ilícito na justiça, danos à pessoa.../ atualizado por Rui Stocco. – São Paulo: Editora Revista dos Tribunais, 2012.

SANSEVERINO, Paulo de Tarso Vieira. Princípio da reparação integral – indenização no Código Civil. 1ª ed. – São Paulo: Editora Saraiva, 2010.

SARLET, Ingo Wolfgang. Dimensões da Dignidade: ensaios de filosofia do direito e direito constitucional. 2ª ed. Ver. E ampl. – Porto Alegre: Editora Livraria do Advogado, 2009, p. 15-30.

SARLET, Ingo Wolfgang. MARINONI, Luiz Guilherme, MITIDIERO, Daniel. Curso de direito constitucional. 3ª ed. São Paulo: Editora Revista dos Tribunais, 2014.

SEVERO, Valdete Souto. SOUTO MAIOR, Jorge Luiz. Manual da reforma trabalhista: pontos e contrapontos. 1ª ed. – São Paulo: Editora Sensus, 2017.

# ARTIGO 5º, INCISOS V E X

# A importância da reparação do dano extrapatrimonial coletivo na concretização efetiva dos direitos sociais do trabalho

*Viviann Brito Mattos[1]*

**SUMÁRIO:** I. Introdução – II. Fundamentos constitucionais para reparação do dano extrapatrimonial coletivo – III. Da função social da reparação do dano extrapatrimonial coletivo e sua valoração – IV. A destinação da reparação do dano extrapatrimonial coletivo e a concretização dos direitos sociais – Referências bibliográficas.

## I. INTRODUÇÃO

A Constituição Federal de 1988 ao prever expressamente a possibilidade de dano extrapatrimonial (artigo 5º, incisos V e X) rompeu com um tabu que vigorou por décadas de negativa da reparação pecuniária do sofrimento moral.

A negação ao cabimento de dano moral era influenciada pelo pensamento patrimonialista, que via o homem apenas como produtor de riquezas, priorizando-se o "ter" ao "ser", não concebendo a reparação de prejuízo não auferível economicamente.

Sob esse forte viés materialista não era concebível a proteção da pessoa humana e seu mais íntimo valor, atribuído por ela própria, mas apenas em seu valor econômico, por se considerar que o dano moral era

---

1. Procuradora do Trabalho (Procuradoria Regional do Trabalho da 1ª. Região), Especialista em Direitos Difusos e Coletivos pela Escola Superior do Ministério público do Estado de São Paulo, Mestre em Direito do Estado pela PUC/SP.

inestimável, pois decorria de uma dor que era causada ao ser humano de modo que qualquer indenização por essa dor seria imoral.

Nesse sentido, as lições de Silvio Rodrigues:

> "Muitas são as objeções levantadas contra a reparação do dano moral, a partir daquela que reputa imoral, se não escandaloso, discutir-se em juízo os sentimentos mais íntimos, bem como a dor experimentada por uma pessoa e derivada de ato ilícito praticado por outra. Dentre essas objeções é mister destacar as mais importantes, a saber: a) a falta do efeito durável do dano meramente moral; b) a dificuldade em descobrir-se a existência do dano; c) a indeterminação do número de pessoas lesadas; d) a impossibilidade de uma rigorosa avaliação em dinheiro da extensão do dano moral; e) o ilimitado poder que se tem de conceder ao juiz para avaliar o montante compensador do dano meramente moral". (RODRIGUES, 1989, p. 206-207).

Acrescenta o jurista, ainda, o posicionamento dominante do Supremo Tribunal Federal, nas décadas passadas, que proclamava ser irressarcível o dano moral: *"Não é admissível que os sofrimentos morais dêem lugar à reparação pecuniária, se deles não decorre nenhum dano material"* (RODRIGUES, 1989, p. 209).

Com o reconhecimento da importância dos direitos humanos percebeu-se que, mais relevante do que os aspectos e bens mensuráveis economicamente, é o ser humano em todo seu valor, como centro da sociedade e elemento principal do ordenamento jurídico, sempre protegido pelo princípio fundamental da dignidade da pessoa humana.

A partir dessa premissa base, conforme ensina Maria Celina Bodin de Moraes (2003, p. 147):

> O que antes era tido como inconcebível passou a ser aceitável, e, de aceitável, passou a evidente. Se era difícil dimensionar o dano, em questão de poucos anos tornou-se impossível ignorá-lo. Se era imoral receber alguma remuneração pela dor sofrida, não era a dor que estava sendo paga, mas sim a vítima, lesada em sua esfera extrapatrimonial, quem merecia ser (re)compensada pecuniariamente, para assim desfrutar de alegrias e outros estados de bem-estar psicofísico, contrabalançando (rectius, abrandando) os efeitos que o dano causara em seu espírito.

Ainda como observa Moraes (2003, p. 147), a guinada no campo da reparação dos danos extrapatrimoniais decorreu muita mais em razão de uma mudança do conceito filosófico-político da vida em sociedade do que por motivos técnico-jurídicos. De acordo com a autora, *"não ficou mais fácil solucionar os empecilhos indicados, nem mais simples aceitar que um sentimento de dor possa gerar dinheiro"*, mas o que se alterou foi a percepção de injustiça em deixar a vítima desamparada ao sofrer uma violação na sua esfera extrapatrimonial.

Paralelamente ao reconhecimento da reparação do dano extrapatrimonial, a Constituição Federal promoveu a afirmação da tutela dos direitos difusos e coletivos, o que acarretou profundas mudanças nos conceitos de dano extrapatrimonial, como reflexo das transformações sociais e legislativas que conduziram o Direito ao primado do coletivo sobre o individual (BITTAR, 2005), dando origem à novel figura do dano extrapatrimonial (moral) coletivo.

Tal como ocorreu na evolução do dano extrapatrimonial individual, demorou um tempo até se admitir a reparabilidade do dano extrapatrimonial coletivo, ao fundamento de que a ofensa moral seria dirigida somente à pessoa física, individual. Como o dano extrapatrimonial estaria vinculado à noção de dor, de sofrimento psíquico, seria incompatível com a noção de direitos supraindividuais.

A doutrina começou, porém, a rever a subjetividade na ideia de dano moral, pois admitir-se o sentimento de dor como inerente ao dano moral seria forçoso concluir que pessoas incapazes de compreender não seriam suscetíveis de sofrer certos danos morais, como a violação à sua honra e imagem, por exemplo. O que, por sua vez, é o mesmo que afastar da proteção a tais direitos um certo grupo de pessoas, mais vulneráveis, diga-se de passagem, uma vez que a sua violação restaria irressarcida.

Por isso, com razão, para Moraes, uma definição de dano extrapatrimonial associada a dor, humilhação, vergonha, ofensa física ou aflição espiritual confundiria o dano em si com a sua eventual consequência, de modo que, segundo a autora, o ordenamento jurídico deve ater-se na concretização da cláusula geral de proteção da personalidade, sancionando violações que atentem contra a dignidade do indivíduo, independentemente de sua reação emocional (MORAES, 2003. p. 130-132).

Nessa linha, passou a ser aceito pelos tribunais do dano moral de pessoa jurídica, considerada portadora de bens e valores como a imagem e reputação, questão atualmente pacificada pela edição da Súmula 227 do STJ: "*A pessoa jurídica pode sofrer dano moral*". (STJ, DJ 20.10.1999)

A aceitação do dano moral em relação a pessoas jurídicas foi o passo inicial para a aceitação da reparação do dano extrapatrimonial por ofensa a direito de uma coletividade, na medida em que se desvinculou o conceito deste dano das noções de dor psíquica que seriam exclusividade de pessoas físicas (ANDRADE, 2006, p. 171).

Na seara trabalhista, que é o que nos interessa neste breve estudo, por ser um campo bastante propicio a ocorrência de lesões extrapatrimoniais, em razão das condutas atentatórias à dignidade humana e à honra na relação empregatícia, e não raras vezes as empresas subestimarem direitos trabalhistas e interesses sociais da mais alta relevância, mesmo após a Constituição Federal, a jurisprudência insistia em negar a compensação pecuniária do dano moral, exceto nos casos em que viesse a ocorrer repercussão patrimonial.

Se o dano extrapatrimonial individual encontrava grande resistência na área trabalhista, apesar da índole coletiva do direito do trabalho, com maior razão foi o dano extrapatrimonial coletivo, que além dele mesmo ainda encontrava resistência na legitimidade para seu pleito.

Com o advento da Emenda Constitucional n. 45/2004 pacificou-se o entendimento de cabimento do dano extrapatrimonial (moral) nas relações de trabalho, que culminou com a edição da Súmula n. 392 do E. TST:

> 392. DANO MORAL. COMPETÊNCIA DA JUSTIÇA DO TRABALHO. (Conversão da Orientação Jurisprudencial 327 da SDI -1) Nos termos do artigo 114 da Constituição Federal de 1988, a Justiça do trabalho é competente para dirimir controvérsias referentes à indenização por dano moral, quando decorrente da relação de trabalho.

A partir de então, na vanguarda da garantia da dignidade do trabalhador, a posição predominante nas Cortes Trabalhistas passou a se apresentar pela tese da reparabilidade, de natureza objetiva, *"não se exigindo nenhuma vinculação com elementos de foro subjetivo referidos ao conjunto de pessoas atingidas"* (TRT 03ª R. – RO 297/2009-021-03-00.4 – Rel. Des. Anemar Pereira Amaral – DJe 14.06.2010 – p. 183).

A discussão deixou então de ser em relação a incidência ou a instrumentalização do dano extrapatrimonial, passando, então, a se fixar num antigo problema: o "quantum" indenizatório e a sua função.

A jurisprudência pátria, repudiando toda e qualquer tentativa de aviltamento da dignidade humana, afastou a possibilidade de tarifação do dano extrapatrimonial, por incompatível com os fundamentos democráticos e republicanos da Constituição de 1988, a exemplo da lei 5.250/67 – Lei de Imprensa, em seus artigos 51 e 52, que fixou teto para a responsabilidade civil de jornalistas e das empresas do ramo, considerada pelo Supremo Tribunal Federal, na ADPF 130, em sua íntegra, "não recepcionada" pela Constituição de 1988.

Defendia-se que, na fixação do dano moral, caberia ao juiz, atendo-se ao nexo de causalidade, levar em conta critérios de proporcionalidade e razoabilidade na apuração do "quantum", atendidas as condições do ofensor, do ofendido e do bem jurídico lesado (IX Encontro dos Tribunais de Alçada do Brasil – conclusão n. 11).

No mesmo sentido de que os princípios da razoabilidade e da proporcionalidade, considerados os critérios da necessidade, adequação e proporcionalidade em sentido estrito, devem ser levados em consideração na fixação da indenização devida a título de dano extrapatrimonial coletivo, se posicionou o TST em acórdão paradigma:

> RECURSO DE REVISTA – DANO MORAL COLETIVO – REDUÇÃO DE TRABALHADOR A CONDIÇÃO ANÁLOGA À DE ESCRAVO – REINCIDÊNCIA DAS EMPRESAS – VALOR DA REPARAÇÃO. O Tribunal local, com base nos fatos e nas provas da causa, concluiu que as empresas reclamadas mantinham em suas dependências trabalhadores em condições análogas à de escravo e já haviam sido condenadas pelo mesmo motivo em ação coletiva anterior. Com efeito, a reprovável conduta perpetrada pelos recorrentes culmina por atingir e afrontar diretamente a dignidade da pessoa humana e a honra objetiva e subjetiva dos empregados sujeitos a tais condições degradantes de trabalho, bem como, reflexamente, afeta todo o sistema protetivo trabalhista e os valores sociais e morais do trabalho, protegidos pelo art. 1º da Constituição Federal. O valor da reparação moral coletiva deve ser fixado em compatibilidade com a violência moral sofrida pelos empregados, as condições pessoais e econômicas dos envolvidos e a gravidade da lesão aos direitos fundamentais da pessoa humana, da honra e da integridade psicológica e íntima, sempre observando os princípios da razoabilidade e proporcionalidade. Na hipótese, ante as peculiaridades do caso, a capacidade econômica e a reincidência dos recorrentes, deve ser mantido o quantum indenizatório fixado pela instância ordinária. Intactas as normas legais apontadas. Recurso de revista não conhecido. (g.n – RR – 178000-13.2003.5.08.0117, Relator Ministro: Luiz Philippe Vieira de Mello Filho, Data de Julgamento: 18/08/2010, 1ª Turma, Data de Publicação: 27/08/2010)

Na contramão de todos os avanços em relação à indenização do dano extrapatrimonial no campo trabalhista, a Lei n. 13.467/2017 estabeleceu, no artigo 223-A e seguintes da reforma da CLT, limites para quantificação em Juízo dos danos imateriais, criando faixas de reparação segundo a natureza e gradação da lesão – leve, média, grave e gravíssima – e, em cada estreito, um limite máximo, inicialmente atrelado ao próprio salário do empregado ofendido (CLT, art. 223-G e §§).

A nova regra trabalhista (re)instituiu o dano extrapatrimonial tarifado, tabelando a dor íntima do trabalhador vítima de um ato ilícito, demarcando, de forma objetiva, o sofrimento pessoal interno do trabalhador ofendido, a partir de seus status financeiro, evidenciando o valor da dignidade do rico como sendo maior do que a dignidade do pobre.

Essa disposição fez reacender debates que pareciam muito superados, como a impossibilidade de tarifação do dano extrapatrimonial. Além disso, ao limitar a legitimidade para pleitear a reparação do dano extrapatrimonial, a nova disposição trouxe à tona a discussão acerca do cabimento do dano extrapatrimonial coletivo nas relações de trabalho e a natureza da reparação, colocando em xeque a importância que vinha se atribuindo a este instituto na concretização dos direitos trabalhistas no âmbito coletivo.

Reside aí o objeto do nosso modesto estudo em análise dos últimos 30 anos da Constituição Federal.

O tema foi escolhido pela importância da reparação dos danos extrapatrimoniais coletivos para a concretização dos direitos sociais do trabalho e sua função eminentemente sancionatória, bem como pedagógica, visando contribuir na garantia (e efetiva reparação) dos paradigmas mínimos de civilidade e respeito que devem presidir as relações de trabalho.

Devido à delimitação do tema, não serão abordadas, em que pese relevantes, questões referentes aos contornos doutrinários do instituto em si, limitando-se, sem pretensão de exaurir o assunto, o cabimento do dano extrapatrimonial coletivo oriundo das relações de trabalho e sua importante função social.

## II. FUNDAMENTOS CONSTITUCIONAIS PARA REPARAÇÃO DO DANO EXTRAPATRIMONIAL COLETIVO.

A Constituição da República de 1988 elencou como um dos fundamentos da República Federativa do Brasil o princípio da dignidade humana (CRFB, art. 1º, III) e, com isto, colocou a serviço da dignidade humana todos os poderes constituídos, toda organização estatal, com seus órgãos e pessoas, a divisão e distribuição de funções e garantias contra as violações de direitos.

A pessoa humana e sua dignidade estão afirmadas ainda em outros pontos da Carta de 1988, como na regulação da ordem econômica e financeira e na regulação da ordem social, estando, assim, em todas as dimensões constitucionais, a centralidade da pessoa humana e sua dignidade explícita ou implicitamente asseguradas (DELGADO, 2012).

Ao colocar a pessoa humana no vértice do ordenamento jurídico da nação, fazendo dela a primeira e decisiva realidade e transformando os seus direitos no fio condutor de todos os ramos jurídicos, a Constituição Federal consolidou o direito ao pleno ressarcimento do dano extrapatrimonial como direito fundamental (PARIZATTO, 2012, p.5).

A índole constitucional do direito à reparação, orientado e conformado pelo princípio da dignidade humana, deu ao dano extrapatrimonial uma nova feição e maior dimensão, já que englobado, no direito à dignidade, todo o conjunto de direitos da personalidade – direito à honra, à imagem, ao nome, à intimidade, à privacidade, à inviolabilidade da vida privada ou qualquer outro mais que figuram nos artigos 5º e 6º da Carta Magna, desde que constituam faculdades sem as quais a pessoa humana seria inconcebível (REALE, 2004).

A projeção coletiva do princípio da dignidade humana, por sua vez, abriga em seu conceito uma densificação valorativa que leva em conta o seu amplo sentido normativo-constitucional (SILVA, 2008, p. 38), inclusive em seu viés coletivo, pela admissão da existência de interesses coletivos em sentido lato, possibilitando a reparação do dano extrapatrimonial coletivo.

Segundo MEDEIROS NETO (2012, p. 291),

> É o que se observa em face da adoção do princípio fundamental da reparação integral (art. 5º, V e X) – reafirmando a primazia da tutela jurídica em toda a extensão e alcance dos danos –, e também diante do direcionamento do amparo jurídico à esfera dos interesses transindividuais, valorizando-se, pois, destacadamente, a um só tempo, os direitos de natureza coletiva (arts. 6º, 7º, 194, 196, 205, 215, 220, 225 e 227) e os instrumentos próprios à sua tutela (arts. 5º, LXX e LXXIII, e 129, III).

O dano extrapatrimonial coletivo, portanto, está vinculado aos chamados direitos humanos de 3ª dimensão previstos constitucionalmente, albergado pelas leis que constituem o núcleo do microssistema de tutela coletiva, ou seja, as Leis n. 7347/85 e 8078/90, apresentando-se como um pleito nas ações moleculares, ou seja, ações civis públicas ou ações civis coletivas, a serviço da proteção de interesses maiores da coletividade, da maior dignidade possível às futuras e presentes gerações.

Nas relações de trabalho, dada a natureza dos direitos envolvidos, por se tratar de direitos sociais, a lesão a algum destes direitos ocasionará um dano capaz de afetar toda a classe de trabalhadores ou até mesmo toda a sociedade, dependendo da gravidade do fato e sua repercussão.

Não é difícil, por exemplo, vislumbrarmos o dano extrapatrimonial que tais atos causam à coletividade, além, obviamente, dos danos causados, individualmente, aos que sofreram tais lesões, quando se está diante de um trabalho análogo a de escravo, de uma situação de assédio, da exploração do trabalho infantil, dos atos ostensivamente lesivos ao meio ambiente de trabalho, da discriminação dolosa de grupo de pessoas que mantenham identidades de origem, raça, sexo, idade e estado de saúde, dentre outros.

A sociedade tem valores morais essenciais que sustentam sua existência. As condutas que violam esses valores e interesses fundamentais tutelados pela ordem constitucional, atingindo a moral e a dignidade, inclusive com conotação coletiva, acarretam sensação de descrédito para com o sistema jurídico, que precisa ser defendido também de maneira coletiva.

Assim, a lesão de interesses extrapatrimoniais coletivos implica em danos à sociedade como um todo, sendo necessária e importante sua reparação para que se mantenha o equilíbrio e a paz sociais, valores almejados pelo direito constitucional do trabalho. A falta de reparação do dano extrapatrimonial coletivo gera insegurança, indignação e descrédito da coletividade em relação ao sistema jurídico, refletindo negativamente no próprio valor da cidadania.

### III. DA FUNÇÃO SOCIAL DA REPARAÇÃO DO DANO EXTRAPATRIMONIAL COLETIVO E SUA VALORAÇÃO

Ante a ausência de regulamentação específica, em uma primeira fase, para a valoração da reparação do dano extrapatrimonial adotou-se o Código Brasileiro de Telecomunicações (Lei nº 4.117/1962), primeiro diploma legal a estabelecer parâmetros para quantificação do dano moral, fixando indenizações entre cinco e cem salários mínimos, de acordo com as circunstâncias do caso concreto e grau de culpa do ofensor.

Tais dispositivos foram revogados, entrando em cena a Lei de Imprensa (Lei nº 5.520/1967) que utilizou similar sistema de quantificação, apenas elevando o teto para duzentos salários mínimos.

Como a Constituição Federal de 1988 não previu o uso de tabelamento a ser observado pelo juiz na hora do julgamento, a jurisprudência posicionou no sentido de que "a indenização por dano moral não está sujeita à tarifação prevista na Lei de Imprensa" (Súmula 281, STJ), corroborada pela decisão do E.STF, no ADPF 130.

Como acentuou em seu douto voto o E. Ministro Ricardo Lewandowski, "*esta Suprema Corte, no tocante à indenização por dano moral, de longa data, cristalizou jurisprudência no sentido de que o art. 52 e 56 da Lei de Imprensa não foram recepcionados pela Constituição, com o que afastou a possibilidade do estabelecimento de qualquer tarifação*", confirmando, nesse aspecto, a súmula 281 do Superior Tribunal de Justiça.

Acerca da ausência de um parâmetro objetivo para valoração da reparação do dano extrapatrimonial, o eminente Magistrado afirmou que

> "*a indenização por dano moral – depois de uma certa perplexidade inicial por parte dos magistrados – vem sendo normalmente fixada pelos juízes e tribunais, sem quaisquer exageros, aliás, com muita parcimônia, tendo em vista os princípios da equidade e da razoabilidade, além de outros critérios como o da gravidade e a extensão do dano; a reincidência do ofensor; a posição profissional e social do ofendido; e a condição financeira do ofendido e do ofensor. Tais decisões, de resto, podem ser sempre submetidas ao crivo do sistema recursal*".

Esse entendimento foi reafirmado em um outro caso em que se discutia a indenização tarifada por dano moral prevista na Convenção de Varsóvia, tendo, mais uma vez, em acórdão da lavra do eminente Ministro Marco Aurélio, a Suprema Corte não apenas aplicado diretamente a norma Constitucional na tutela dos direitos da personalidade, como ainda afastado a indenização tarifada para o dano moral (Rec. Ex. n° 172.720-RJ, RTJ, 162/1093).

Anteriormente ao julgamento da ADPF 130/DF, o Supremo Tribunal Federal já vinha se posicionando pela impossibilidade de tarifação do dano extrapatrimonial, conforme se verifica do RE 447.584, Segunda Turma, Rel. Min. Cezar Peluso, votação unânime, julgado em 28/11/2006, DJ 16/03/2007:

> *INDENIZAÇÃO. Responsabilidade civil. Lei de Imprensa. Dano moral. Publicação de notícia inverídica, ofensiva à honra e à boa fama da vítima. Ato ilícito absoluto. Responsabilidade civil da empresa jornalística. Limitação da verba devida, nos termos do art. 52 da Lei 5.250/67. Inadmissibilidade. Norma não recebida pelo ordenamento jurídico vigente. Interpretação do art. 5º, IV, V, IX, X, XIII e XIV, e art. 220, caput e § 1º, da CF de 1988. Recurso extraordinário improvido. Toda limitação, prévia e abstrata, ao valor de indenização por dano moral, objeto de juízo de equidade, é incompatível com o alcance da indenizabilidade irrestrita assegurada pela atual Constituição da República. Por isso, já não vige o disposto no art. 52 da Lei de Imprensa, o qual não foi recebido pelo ordenamento jurídico vigente.*

Em seu voto, aduziu o Min. Cezar Peluso:

> "Na fisionomia normativa da proteção do direito à integridade moral, ao qual serve o preceito de reparabilidade pecuniária da ofensa, a vigente Constituição da República não contém de modo expresso, como o exigiria a natureza da matéria, nem implícito, como se concede para argumentar, nenhuma disposição restritiva que, limitando o valor da indenização e o grau consequente da responsabilidade civil do ofensor, caracterizasse redução do alcance teórico da tutela. A norma garantidora, que nasce da conjugação dos textos constitucionais (art. 5º, V e X), é, antes, nesse aspecto, de cunho irrestrito.
>
> A pergunta subseqüente, de certo modo implicada na primeira, é se a Constituição, posto não restringindo o valor indenizatório, autorizaria, com o mesmo resultado prático, de maneira expressa ou não, o preestabelecimento de limites por mediação de lei subalterna, que, para acomodar sua força restritiva a outros postulados sistemáticos, deveria atender aos requisitos constitucionais da restringibilidade legítima, sobretudo aos postulados da proibição de excessos e do resguardo ao conteúdo essencial do direito fundamental tutelado.
>
> Noutras palavras, abrigaria a Constituição, ainda quando por modo indireto, cláusula da chamada reserva de lei restritiva, à qual autorizasse, por esse artifício, reduzir o âmbito teórico da tutela?
>
> E, aqui, também é não menos negativa a resposta, porque o princípio por observar é que, se lho não autoriza a Constituição expressis verbis, não pode lei alguma restringir direitos, liberdades e garantias constitucionais. Tal como no Direito português e pelas mesmíssimas e irrespondíveis razões, a Constituição brasileira 'individualizou expressamente os direitos sujeitos a reserva de lei restritiva'".

De olhos postos na natureza de direito fundamental da reparação do dano extrapatrimonial orientado e conformado pelo princípio da dignidade humana, MORAES salienta que, em decorrência da tutela geral estabelecida em nível constitucional, a reparação do dano extrapatrimonial não poderá ser limitada, mediante a imposição de tetos, por legislação infraconstitucional (2003, p. 333).

A tarifação prévia de indenização por dano extrapatrimonial, em abstrato, desvinculado do caso concreto, viola ao princípio constitucional da isonomia (CF/1988, art. 5º, X) cominado com o princípio da dignidade da pessoa humana (art. 1º, III), articulação da qual resulta que todos são iguais em dignidade e igualmente merecedores de proteção jurídica; e, ofensa aos direitos assegurados no artigo 5º, incisos V e X, da Constituição, que garantem resposta proporcional ao agravo e indenização integral dos danos materiais ou morais sofridos, por inviabilizar a individualização das situações e impedir a reparação integral do dano.

No que diz respeito ao dano extrapatrimonial coletivo impõe-se a compreensão do modelo teórico do sistema de tutela jurídica dos direitos transindividuais, que se afasta, em muitos pontos substanciais, do regime inerente ao dano extrapatrimonial individual, inclusive no que diz respeito a sua função ou finalidade no sistema de reparação.

Com efeito, como adverte SANTOS (2017), *"sob uma análise semântica, institutos do direito coletivo não podem ser visualizados como um sequenciamento, somatório, extensão ou desdobramento dos direitos individuais"*, pois, como os direitos metaindividuais (coletivos e difusos), por terem como titular uma coletividade (determinada ou não), de forma indivisível, não são passíveis de apropriação individual, mas apenas pela coletividade, tomada como um todo e não pela soma das individualidades pertencentes ao grupo.

Assim, embora o dano moral como um todo tenha assento constitucional (art. 5º., V e X), o dano extrapatrimonial coletivo é tutelado, no âmbito infraconstitucional, pelas leis que constituem o núcleo do microssistema de tutela coletiva, ou seja, as Leis n. 7347/85 e n. 8078/94.

A compreensão do dano extrapatrimonial coletivo não se conjuga diretamente com a ideia de demonstração de elementos como perturbação, aflição ou transtorno coletivo, firmando-se objetivamente, dizendo respeito ao fato que reflete uma violação intolerável de direitos coletivos em sentido amplo, cuja essência é tipicamente extrapatrimonial (MEDEIROS NETO, 2012, p. 160-161).

O dano extrapatrimonial coletivo encontra justificativa pela relevância social e interesse público inexoravelmente associados à proteção e tutela dos direitos metaindividuais. Como ensina BESSA (2006, p. 105):

> *"Trata-se de mais um instrumento para conferir eficácia à tutela de tais interesses, considerando justamente o caráter não patrimonial desses interesses metaindividuais. Qual seria, afinal, o valor do dano material representado por loteamento clandestino desfigurador da ordem urbanística de determinado município? Qual o valor do dano material decorrente de veiculação de publicidade enganosa ou abusiva? Qual o valor do dano material da poluição de um rio ou lago?".*

Nessa toada, ante a ocorrência de evidentes violações na esfera jurídica de uma coletividade, faz-se necessária sua reparação, não só pela transgressão ao ordenamento jurídico, com a qual a sociedade não se compadece, mas também pelo caráter pedagógico da sanção indenizatória, além de permitir, ao menos de forma indireta, o restabelecimento da legalidade pela certeza de punição do ato ilícito, sobressaindo, assim, as funções preventivo-pedagógica e socioeducativa, no sentido de se evitar reincidências.

A primeira função que é possível visualizar na indenização por danos extrapatrimoniais coletivos que salta aos olhos é a reparadora ou compensatória pois, embora pela natureza e definição extrapatrimonial ou imaterial do dano não seja possível mensurá-lo, não há qualquer impedimento que a haja a compensação pecuniária (ou mesmo de outro modo à sua escolha, obviamente com respeito aos princípios da razoabilidade e da dignidade humana). Sob tal prisma, é precisa a observação de Maria Celina Bodin de Moraes:

> "Aquele que sofre um dano moral deve ter direito a uma satisfação de cunho compensatório. Diz-se compensação, pois o dano moral não é propriamente indenizável; "indenizar" é palavra que provém do latim, "in dene", que significa devolver (o patrimônio) ao estado anterior, ou seja, eliminar o prejuízo e suas consequências – o que, evidentemente, não é possível no caso de uma lesão de ordem extrapatrimonial" (MORAES, 2003. p. 263)

A segunda, que é até mesmo intuitiva, é a sua característica socioeducativa, uma vez que a reação humana natural diante da transgressão de valores ético-sociais é a de punir o infrator.

MEDEIROS NETO registra com muita clareza o caráter punitivo da indenização, caracterizando-a como uma resposta necessária ao ofensor, para logo a seguir acrescentar que " *a ausência ou mesmo a não admissão de uma forma própria de reparação representaria fator de incentivo à prática de condutas gravosas e inconcebíveis juridicamente, no qual o ofensor aufere absurda e injusta vantagem pessoal ou econômica diante da ilicitude perpetrada*" (2012. p. 295).

Conquanto não negue o caráter repressivo da indenização, uma terceira faceta da responsabilidade pelo dano extrapatrimonial coletivo deve ser levada em consideração, qual seja a exemplar-inibitória da punição, de modo ser esta imponente o bastante para desestimular economicamente a repetição ou imitação do ato iníquo, mas sem aniquilar o ofensor.

Essa, aliás, é a concepção que deverá ser considerada no momento da valoração do dano moral extrapatrimonial, admitindo-se a função punitiva da reparação, mas como medida salutar de reprimenda social que objetive o desestímulo (tanto do autor da ofensa, quanto de terceiros) a práticas socialmente condenadas. É com tal viés que se justifica, até mesmo socialmente, a fixação de indenizações mais vultosas, na medida em que, como ensina isto Tiago de Medeiros Neto

> "É imperioso, pois, que o lesante apreenda, pela imposição da parcela pecuniária *fixada judicialmente, a força da reprovação social e dos efei-*

> *tos deletérios decorrentes da sua conduta. Somente assim é que se poderá atender ao anseio de justiça que deflui do seio da coletividade; somente assim é que se possibilitará recompor o equilíbrio social rompido; somente assim a conduta violadora de direitos essenciais da coletividade não será compensadora para o ofensor; e somente assim haverá desestímulo, no universo social, quanto à repetição de condutas de tal jaez, para o bem de toda a coletividade"* (MEDEIROS NETO, 2012. p. 297)

Tendo em mente essas funções do dano extrapatrimonial coletivo a fixação do quantum condenatório deve se dar por livre arbitramento, atribuindo ao juiz a mais ampla liberdade para determinar o valor da indenização, pautado na reparação integral, de acordo com a natureza, a gravidade e a repercussão da ofensa (a extensão do dano) e subordinado aos princípios constitucionais do contraditório e da ampla defesa (art. 5º, LV), da motivação das decisões judiciais (art. 93, IX), e da razoabilidade (proporcionalidade ou proibição de excessos).

Por mais que seja tentador, em nome dos princípios da segurança jurídica, bem como a previsibilidade das decisões judiciais, considerar-se válido o estabelecimento de critérios, de modo a parametrizar os valores das reparações por dano extrapatrimonial, como bem leciona SCHREUIBER (2002), qualquer tentativa de tarifação do dano extrapatrimonial não é apenas o oposto da tendência de proteção integral à dignidade humana, seja no individual, seja na sua projeção coletiva, que recomenda que cada dano e cada vítima sejam tratados em sua particularidade; como é também inconstitucional, visto que a Constituição de 1988 assegura a compensação dos danos morais, sem estabelecer limitações de qualquer espécie.

A tarifação ou tabelamento prévia do dano extrapatrimonial coletivo retira do instituto uma de suas principais características, que é tratar cada pessoa e causa como únicas, analisando peculiaridades do caso concreto, de forma que qualquer tentativa prévia de delimitar valores pode acarretar, por conseguinte, em proteção insuficiente e afronta aos princípios da razoabilidade e da proporcionalidade.

## IV. A DESTINAÇÃO DA REPARAÇÃO DO DANO EXTRAPATRIMONIAL COLETIVO E A CONCRETIZAÇÃO DOS DIREITOS SOCIAIS

Ante a ausência de regulamentação específica quanto ao dano extrapatrimonial coletivo oriundo da grave ofensa aos direitos sociais do trabalho, os valores auferidos nas condenações por dano extrapatrimonial coletivo tem sido destinados ao Fundo de Amparo do Trabalhador

(FAT), criado pela Lei n. 7.998/90, o qual tem por finalidade o custeio do Programa de Seguro-Desemprego, pagamento do Abono Salarial (PIS), e o financiamento de programas de desenvolvimento socioeconômico voltado para o interesse dos trabalhadores.

Como o FAT não tem por escopo destinação de recursos a recomposição de interesses de ordem coletiva, sempre foi a grande a discussão doutrinária acerca de sua procedência, tendo sido, nos últimos tempos, repensada a destinação a este fundo, visto que, materialmente, os recursos decorrentes das reparações pelo dano extrapatrimonial não tem satisfeito a causa danosa primária.

Diante disso, vem surgindo uma tendência, que a cada dia toma mais corpo, de ampliar o escopo das destinações orientadas pelo propósito legal de reconstituir o bem lesado no mundo do trabalho, com novas formas de reparação, mais criativas e eficientes, de modo a tutelar, de modo mais eficaz, os interesses trabalhistas de natureza transindividual por meio do fomento de políticas públicas, prestações de serviços à comunidade e de benfeitorias sociais, tais como a construção de escolas, postos de saúde e áreas de lazer, aparelhamento dos órgãos de fiscalização ou de prevenção e cuidado à saúde do trabalhador etc, geridas pelo próprio judiciário, com o fim de garantir o mínimo existencial para a localidade afetada pelo vilipêndio.

A possibilidade da reversão em pecúnia oriunda da condenação por dano extrapatrimonial coletivo diretamente à comunidade afetada por gestão do Judiciário atende perfeitamente o que dispõe o art. 13 da Lei n. 7.347/1985, assim como ao significado dado aos direitos sociais enquanto Direitos Fundamentais, conciliando a função pedagógico-punitiva do instituto com a finalidade reparatória dos bens lesados, para que haja a recomposição dos direitos ofendidos, dando, com isso, concretude aos direitos sociais.

Atualmente, um dos maiores problemas que envolvem os direitos fundamentais refere-se justamente à sua concretização, exigindo-se do Estado não apenas a previsão constitucional ou o respeito em não descumpri-los mas sim que eles sejam realizados, que haja a garantia de sua efetivação.

Neste contexto, a destinação da reparação dos danos extrapatrimoniais coletivos a um objetivo com superior alcance e utilidade, em um tempo e espaço coletivo mais adequado e efetivo, assume especial importância em face da maior eficácia social assegurada à tutela jurisdicional a bens e interesses transindividuais, por permitir uma maior concretização dos direitos sociais constitucionalmente garantidos.

## REFERÊNCIAS BIBLIOGRÁFICAS:

ANDRADE, André Gustavo Corrêa. *Dano moral e indenização punitiva*. Rio de Janeiro: Forense, 2006.

BESSA, Leonardo Roscoe. Dano moral coletivo. *Revista de Direito do Consumidor.* São Paulo RT, v. 59, jul./set. 2006.

BITTAR FILHO, Carlos Alberto. Do dano moral coletivo no atual contexto jurídico brasileiro. *Jus Navigandi*, Teresina, ano 9, n. 559, 17 jan. 2005. Disponível em: <http://jus.com.br/artigos/6183>. Acesso em: 29 mai. 2018.

CAVALIERI FILHO, Sérgio. Visão constitucional do dano moral. *BuscaLegis.ccj.ufsc.br.* Disponível em: <http://www.buscalegis.ufsc.br/revistas/files/anexos/15943-15944-1-PB.pdf.>. Acesso em: 29 mai. 2018.

COSTA, Marcelo Freire Sampaio. *Dano Moral (Extrapatrimonial) Coletivo*. São Paulo: LTr, 2009.

DELGADO, Mauricio Godinho. Constituição, Estado Democrático de Direito e Direito do Trabalho. *Revista de Direito do Trabalho*, a. 38, v. 147, jul./set. 2012.

GOSDAL, Thereza Cristina. A ação civil pública trabalhista e a tutela do dano moral coletivo. In: *Temas da ação civil pública trabalhista.* Coordenadores: Aldacy Rachid Coutinho e Thereza Cristina Gosdal. Curitiba: Gênesis, 2003. p. 236.

LEITE, Celso Barroso. *A proteção Social no Brasil.* São Paulo: LTR, 1972.

MEDEIROS NETO, Xisto Tiago de. *Dano moral coletivo.* 4 ed. ampl. atual. e rev. São Paulo: LTr, 2014. p. 147.

_____. O dano moral coletivo e o valor da sua reparação. Rev. TST, Brasília, vol. 78, nº 4, out/dez 2012.

MONTEIRO, António Pinto. A indemnização por danos não patrimoniais em debate: também na responsabilidade contratual? Também a favor das pessoas jurídicas. *Revista Brasileira de Direito Civil* – RBDCivil | ISSN 2358-6974 | Volume 5 – Jul./Set. 2015, páginas 102-120.

MORAES, Maria Celina Bodin de. *Danos à pessoa humana*: uma leitura civil-constitucional dos danos morais. Rio de Janeiro: Renovar, 2003a.

NETO, Eurico Bitencourt. *O Direito ao mínimo para uma existência digna.* Porto Alegre: Livraria do Advogado, 2010.

PARIZATTO, João Roberto. *Dano moral na atualidade*. São Paulo: Edipa, 2012.

REALE, Miguel. *Os direitos da personalidade.* Publicado em: 17 jan. 2004. Disponível: <http://www.miguelreale.com.br/artigos/dirpers.htm>. Acesso em 24 mai. 2018.

RODRIGUES, Silvio. *Direito Civil. Responsabilidade Civil.* 12 ed. São Paulo: Saraiva, 1989.

SANTOS, Enoque Ribeiro dos. *A natureza objetiva do Dano Moral Coletivo no Direito do Trabalho.* Publicado em 05. out. 2017. Disponível em: <http://genjuridico.com.br/2017/10/05/dano-moral-coletivo-no-direito-trabalho/>. Acesso em 24 mai. 2018.

SARLET, Ingo Wolfgang. *Dignidade da pessoa humana e direitos fundamentais na Constituição Federal de 1988.* 5ª ed. rev. e atual. Porto Alegre: Livraria do Advogado, 2007.

SCHIAVI, Mauro. *Ações de reparação por danos morais decorrentes da relação de trabalho*. 4. ed. São Paulo: LTr, 2011.

SCHREUIBER, Anderson. "Arbitramento do Dano Moral no Novo Código Civil", In *RTDC Revista Trimestral de Direito Civil*, vol. 12, Rio de Janeiro: Editora Padma, 2002.

SILVA, José Afonso da. *Comentário Contextual à Constituição*. São Paulo: Malheiros, 2008.

TEIXEIRA NETO, Felipe. *Dano moral coletivo*: a configuração e a reparação do dano extrapatrimonial por lesão a interesses difusos. Curitiba: Juruá, 2014. p. 152.

# ARTIGO 5º, INCISO LXXIV

# Acesso à justiça do trabalho e os obstáculos inconstitucionais e inconvencionais da reforma trabalhista de 2017

*Raimundo Simão de Melo[1]*
*Patricia Braga Medeiros[2]*
*Marcelo José Ferlin D'Ambroso[3]*

**SUMÁRIO:** 1 Introdução – 2 Aspectos da reforma trabalhista e o norte para a interpretar os seus dispositivos – 3. Obstáculos para o acesso das pessoas trabalhadoras necessitadas à Justiça do Trabalho – 4 Conclusões – 5 Referências bibliográficas.

---

1. Consultor Jurídico e Advogado. Procurador Regional do Trabalho aposentado. Diretor Jurídico do IPEATRA. Doutor em Direito das Relações Sociais pela PUC/SP. Professor de Direito e de Processo do Trabalho, Professor Titular do Centro Universitário UDF/Mestrado em Direito e Relações Sociais e Trabalhistas. Membro da Academia Brasileira de Direito do Trabalho. Autor de livros jurídicos, entre outros, "Direito ambiental do trabalho e a saúde do trabalhador" e "Ações acidentárias na Justiça do Trabalho".

2. Juíza do Trabalho na 4ª Vara do Trabalho de Florianópolis (TRT da 12ª Região). Conselheira do IPEATRA (Magistratura). Mestranda em Prevenção e Gestão de Riscos Laborais e Ergonomia pelo Instituto Internacional de Estudos Globais para o Desenvolvimento Humano (Espanha).

3. Desembargador do Trabalho (TRT da 4ª Região – RS), ex-Procurador do Trabalho, ex-Presidente Fundador e atual Diretor Legislativo do IPEATRA, Vice-Presidente de Finanças da União Iberoamericana de Juízes, Especialista em Relações Laborais pela OIT (*Università di Bologna, Universidad Castilla-La Mancha*), Membro da AJD – Associação Juízes para a Democracia, Doutorando em Estudos Avançados em Direitos Humanos (*Universidad Carlos III de Madrid*, Espanha) e Ciências Jurídicas (*Universidad Social del Museo Social Argentino*), Mestre em Direito Penal Econômico (*Universidad Internacional de La Rioja*, Espanha) e em Direitos Humanos (*Universidad Pablo de Olavide*, Espanha); Especialista em Direitos Humanos (Universidad Pablo de Olavide e Colégio de América), Especialista em Jurisdição Social (*Consejo General del Poder Judicial de España – Aula Iberoamericana*), Coordenador do Grupo de Estudos de Filosofia do Direito da Escola Judicial do TRT4, Professor convidado da Pós-Graduação de Direito Coletivo do Trabalho e Sindicalismo da UNISC – Universidade de Santa Cruz do Sul, e de Direito do Trabalho e Processo do Trabalho da UCS – Universidade de Caxias do Sul e UNISINOS – Universidade do Vale dos Sinos.

## 1. INTRODUÇÃO

Objetiva-se, com este breve trabalho, fazer algumas reflexões sobre o direito da pessoa trabalhadora necessitada à assistência jurídica integral e gratuita como forma de livre e substancial acesso à Justiça, diante dos empecilhos criados pela reforma trabalhista de 2017, com a cobrança de taxas processuais e de honorários advocatícios, impeditivos do gozo desse direito fundamental.

Desde que o Estado passou a intervir nas relações entre os particulares, limitando a autotutela, a Justiça tem sido o meio através do qual o indivíduo pode reivindicar seu direito. É o último recurso daquele que busca o bem da vida.

Por este motivo, tão importante se torna garantir amplo acesso ao Judiciário, sem que haja distinção de qualquer espécie, pobres, ricos, homens ou mulheres, considerando que todas e todos são titulares de direitos fundamentais e devem ter garantido o exercício da cidadania.

Assim, as pessoas que não detêm recursos e foram lesadas de alguma forma ou sofrem ameaça de lesão, podem se socorrer do Poder Judiciário e postular sua pretensão buscando o amparo estatal ao bem da vida vindicado.

Não arcar com os custos do processo e com a contratação de assistência profissional são direitos previstos na Constituição brasileira, a todos que deles necessitem, passando a ser, a partir de 1988, inclusive, política pública do Estado, além de direito fundamental da pessoa (aliás, qualidade esta prevista desde a Revolução Francesa, na Declaração dos Direitos do Homem e do Cidadão de 1789[4]).

Com efeito, dispõe o art. 5º, da Constituição de 1988, nos seus incisos XXXV e LXXIV, que a lei não excluirá da apreciação do Poder Judiciário lesão ou ameaça a direito (princípio da inafastabilidade da jurisdição) e que o Estado prestará assistência jurídica integral e gratuita aos que comprovarem insuficiência de recursos, como forma de concretizar o amplo acesso à justiça à camada humilde da população.

Diante dessas premissas, passa-se a tecer algumas considerações sobre o tema proposto com o objetivo de oferecer subsídios a intérpretes e aplicadoras e aplicadores do Direito Do Trabalho, em especial integrantes da Magistratura, que vão dar a palavra final.

---

4. Conforme art. 16, com a concepção tripartite de Poderes:

    Art. 16. A sociedade em que não esteja assegurada a garantia dos direitos nem estabelecida a separação dos poderes não tem Constituição.

## 2. ASPECTOS DA REFORMA TRABALHISTA E O NORTE PARA A INTERPRETAR OS SEUS DISPOSITIVOS

A reforma trabalhista de 2017, como se sabe, nasceu pequena, de uma proposta do Poder Executivo Federal, no apagar das luzes de 2016, e logo que chegou ao Congresso nacional, na Câmara dos Deputados, tornou-se um grande monstro contra o Direito do Trabalho e, para o que nos interessa nestas reflexões, para o acesso de trabalhadores à Justiça do Trabalho.

Tratou-se de um processo legislativo superacelerado, certamente o mais apressado de todos na história legislativa brasileira, sem que houvesse efetiva e real discussão com a sociedade e com os próprios destinatários, trabalhadoras e trabalhadores. A maioria de "representantes" do povo não quis e não permitiu essa discussão porque sabia que ela esbarraria em primeiro lugar em obstáculos constitucionais. Por isso mesmo, as alterações legais foram aprovadas sem serem submetidas ao crivo da Constituição da República, como exige qualquer processo legislativo – triagem que se faz desde a Comissão de Constituição e Justiça, em sistema bicameral, o que, só por isso demonstra que a tramitação legislativa já nasceu maculada de vícios e a lei, quando passar a ser interpretada no varejo, verá perecer muitos de seus dispositivos que não resistirão a um confronto com a Carta Republicana, como é o caso dos empecilhos criados de forma proposital para barrar a ida dos trabalhadores à Justiça do Trabalho buscar seus direitos violados ou ameaçados de lesão.

E são muitas as alterações que atingiram os direitos sociais e fundamentais de trabalhadoras e trabalhadores na reforma trabalhista aludida, pelo que, para aplicá-las, cabe antes fazer a interpretação adequada de cada dispositivo alterado, à luz do texto constitucional, para se buscar o seu sentido e alcance, quando e se subsistir.

Pois bem. Como se aprende nos primeiros anos na Faculdade de Direito, o primeiro cuidado do intérprete de uma lei é verificar se ela se conforma com a Constituição no seu conteúdo inovador. No caso brasileiro, e como farol para essa importante tarefa, assegura o art. 1º da Lei Maior que a República Federativa do Brasil tem como fundamentos a dignidade da pessoa humana, os valores sociais do trabalho e da livre iniciativa. O art. 3º, por sua vez, consagra que constituem objetivos fundamentais da República erradicar a pobreza e a marginalização e reduzir as desigualdades sociais e regionais. Já o art. 170, que trata da ordem econômica no Brasil, preconiza com ênfase que esta se funda, em primeiro lugar, na valorização do trabalho humano e na livre iniciativa, e tem por fim assegurar a todas e todos existência digna, conforme os ditames da justiça social, observados, entre outros, os princípios da busca do pleno emprego e da defesa do meio ambiente.

No ponto central do papel do Direito do Trabalho, o art. 7º estabelece que são direitos de trabalhadores urbanos e rurais, além de outros que visem à melhoria de sua condição social, toda a gama de direitos sociais inseridos nos seus incisos. São os chamados direitos mínimos, estando incluídos neles o piso vital mínimo ou "patamar civilizatório, como denomina Maurício Godinho Delgado (2005, p. 117).

Assim, na busca de um norte para interpretar as novas regras trabalhistas, não se pode esquecer do segundo diploma legal mais importante no nosso país, a Lei de Introdução às Normas do Direito Brasileiro, que no seu art. 5º consagra uma das mais importantes regras para o intérprete, dizendo que:

"Na aplicação da lei, o juiz atenderá aos fins sociais a que ela se dirige e às exigências do bem comum".

Portanto, como dito, antes de se aplicar uma lei, cabe interpretá-la e buscar o seu sentido e alcance. A interpretação da lei é sempre sociológica e teleológica e pode resultar na ampliação da norma (arts. 5º e 6º da CF 1988 – no caso de direitos fundamentais), na sua restrição ou na declaração de validade ou não do seu conteúdo por meio do controle difuso ou, ainda, conformação com ou sem redução de texto à Constituição.

Portanto e como se vê, o Poder Judiciário trabalhista, em relação à reforma trabalhista de 2017, terá importante tarefa de determinar os fins sociais das leis trabalhistas e o bem comum que elas visam a proteger, como algo que agrada e interessa a todos, ao povo, à comunidade e não apenas a uma pequena parcela, especialmente aquela que detém o poder econômico e foi a maior patrocinadora da reforma trabalhista.

## 3. OBSTÁCULOS PARA O ACESSO DAS PESSOAS TRABALHADORAS NECESSITADAS À JUSTIÇA DO TRABALHO

Como se infere das novas alterações legais trazidas pela Lei n. 13.467/2017 a seguir descritas em relação ao acesso dos trabalhadores à Justiça do Trabalho, o objetivo do legislador não foi evitar conflitos trabalhistas, mas, simplesmente, abafá-los, escondê-los, impedindo a sua discussão perante a Justiça do Trabalho. Para o legislador da reforma era preciso diminuir o número de ações trabalhistas na Justiça do Trabalho e o caminho delineado foi criar empecilhos, com custos financeiros para os trabalhadores, mesmo que na qualidade de pessoas destinatárias da justiça gratuita.

No particular, se a fase anterior da Justiça do Trabalho restou marcada por diversas tentativas do poder econômico para torná-la uma justiça retórica, de pacificação aparente de conflitos, limitando a jurisdição, precificando o Direito (todas as causas e consequências previstas na CLT, antes que o dano moral chegasse ao reconhecimento trabalhista, na década de 90), as novas investidas da reforma de 2017 consagram o mais agressivo ataque neoliberal à Justiça do Trabalho, seja pelo bloqueio do seu acesso, seja pela própria tentativa de extinção ensaiada desde o corte brusco e drástico no seu orçamento em 2016 que quase fechou tribunais no país.

Neste aspecto não tem como não se reconhecer o lado perverso da reforma trabalhista de 2017, quando dizem seus autores que foram mantidos os direitos dos trabalhadores, mas de forma "inteligente" criaram uma série de estratagemas para impedir que eles possam realmente buscar a efetividade desses direitos, que é garantida pela Justiça do Trabalho.

Assim é que, no tocante à busca de reparações pelos direitos violados – mesmo os danos decorrentes de acidentes do trabalho, que constituem o conteúdo extracontratual de caráter civil derivado do ato ilícito –, a reforma trabalhista trouxe significativas e restritivas alterações para todos eles, *verbis:*

> ***Art. 790-B.*** *A responsabilidade pelo pagamento dos honorários periciais é da parte sucumbente na pretensão objeto da perícia, ainda que beneficiária da justiça gratuita.*
>
> ...
>
> *§ 4º Somente no caso em que o beneficiário da justiça gratuita não tenha obtido em juízo créditos capazes de suportar a despesa referida no* **caput***, ainda que em outro processo, a União responderá pelo encargo.*
>
> ***Art. 791-A.*** *Ao advogado, ainda que atue em causa própria, serão devidos honorários de sucumbência, fixados entre o mínimo de 5% (cinco por cento) e o máximo de 15% (quinze por cento) sobre o valor que resultar da liquidação da sentença, do proveito econômico obtido ou, não sendo possível mensurá-lo, sobre o valor atualizado da causa.*
>
> ...
>
> *§ 4º. Vencido o beneficiário da justiça gratuita, desde que não tenha obtido em juízo, ainda que em outro processo, créditos capazes de suportar a despesa, as obrigações decorrentes de sua sucumbência ficarão sob condição suspensiva de exigibilidade e somente poderão ser executadas se, nos dois anos subsequentes ao trânsito em julgado da decisão que as certificou, o credor demonstrar que deixou de existir a situação de insuficiência de recursos que justificou a concessão de gratuidade, extinguindo-se, passado esse prazo, tais obrigações do beneficiário.*

> **Art. 844.** *O não-comparecimento do reclamante à audiência importa o arquivamento da reclamação, e o não-comparecimento do reclamado importa revelia, além de confissão quanto à matéria de fato.*
>
> ...
>
> *§ 2º. Na hipótese de ausência do reclamante, este será condenado ao pagamento das custas calculadas na forma do art. 789 desta Consolidação, ainda que beneficiário da justiça gratuita, salvo se comprovar, no prazo de quinze dias, que a ausência ocorreu por motivo legalmente justificável.*

Há várias considerações a fazer sobre esses dispositivos: por primeiro, a absoluta impropriedade técnica e contraditória de referir obrigação de pagamento de honorários periciais (art. 790-B) para detentor de direito de gratuidade da jurisdição – ora, se a justiça é gratuita, não há custas nem honorários, que constituem as denominadas despesas processuais, não cabendo ao legislador "inovar" a própria língua portuguesa cujo significado reporta a algo que é "dado" ou "recebido de graça", adjetivo originado do latim *gratuitus*[5]. Tal impropriedade técnica e contraditória se repete no art. 844, §2º, como "pena" para o autor que não comparecer à audiência inicial, e não justificar o seu não comparecimento, a imposição do pagamento de custas processuais. Tudo isso chama a atenção, quer dizer, foi feito pelo legislador para chamar a atenção da sociedade para o fato de que "entrar na Justiça do Trabalho é algo muito sério", é quase um crime, tem de ter muita cautela para não sofrer penalidade.

Aliás, a mesma observação vale para os chamados "honorários sucumbenciais", uma vez que a gratuidade de jurisdição visa a isentar as pessoas necessitadas dos efeitos da sucumbência, isto é, da eventual derrota da pretensão vindicada, senão, em absoluto, não faria sentido a existência do instituto da gratuidade de justiça.

Neste sentido, a Lei n. 1060/50 estabelece normas para a concessão de assistência judiciária às pessoas necessitadas e assim considera toda aquela cuja situação econômica não lhe permita pagar as custas do processo e os honorários de advogado, sem prejuízo do sustento próprio e da família (art. 2º, parágrafo único).

Já a Lei n. 5584/70 determina que a assistência judiciária seja prestada pelo sindicato da categoria profissional do trabalhador, desde que

---

5. In Dicionário Priberam da Língua Portuguesa [em linha], 2008-2013, <https://www.priberam.pt/dlpo/gratuita> [consultado em 25-05-2018].

este perceba salário igual ou inferior ao dobro do mínimo legal e para aqueles que recebam salário superior, sempre que houver prejuízo ao sustento próprio e familiar.

A jurisprudência inclinou-se, inicialmente, no sentido de que o fato de o trabalhador estar desempregado, por si só, não o torna beneficiário da assistência judiciária gratuita, quando deveria ser observado o salário percebido quando da rescisão contratual. Entretanto, nada razoável o entendimento (já superado), considerando que a pessoa desempregada, obviamente, não tem renda e não terá como arcar com os custos do processo e honorários de advogado.

Pela Lei n. 5584/70 somente o trabalhador goza do direito à assistência judiciária gratuita, mas a Lei n. 7510/86, que alterou a Lei n. 1060/50, trouxe a possibilidade do empregador, pessoa física, também ser beneficiário, se provada a insuficiência de recursos.

Para a concessão do benefício sempre foi desnecessária a comprovação da situação econômica do trabalhador, bastando, na Justiça do Trabalho, uma mera declaração de pobreza juntada com a inicial da ação.

Entretanto, a Lei n. 13.467/2017 alterou o art. 790 da CLT nos seguintes termos:

> Art. 790. ...
>
> § 3º. É facultado aos juízes, órgãos julgadores e presidentes dos tribunais do trabalho de qualquer instância conceder, a requerimento ou de ofício, o benefício da justiça gratuita, inclusive quanto a traslados e instrumentos, àqueles que perceberem salário igual ou inferior a 40% (quarenta por cento) do limite máximo dos benefícios do Regime Geral de Previdência Social.
>
> § 4º. O benefício da justiça gratuita será concedido à parte que comprovar insuficiência de recursos para o pagamento das custas do processo.

O CPC de 2015, por sua vez, trouxe a seguinte previsão no art. 99, § 3º:

"Presume-se verdadeira a alegação de insuficiência deduzida exclusivamente por pessoa natural".

Desta forma, se verifica que a reforma trabalhista de 2017, nitidamente, criou regra mais severa para o trabalhador do que a própria legislação civil em relação ao cidadão comum, posto que exige comprovação de pobreza pela pessoa trabalhadora, para a concessão da gratuidade, enquanto a lei civil presume verdadeira a alegação de hipossuficiência da parte.

Tal situação contraria, ainda, o disposto na Constituição da República, quanto à garantia fundamental de apreciação pelo Judiciário de qualquer ameaça ou lesão a direito e o dever do Estado em garantir a assistência integral e gratuita aos necessitados.

Caso aplicadas *ipsis litteris* as disposições da reforma de 2017, passaremos ao absurdo de ter de executar pessoas trabalhadoras, ainda que pobres, desempregadas e beneficiárias da Justiça Gratuita, pelo simples fato de não terem conseguido comprovar, através de testemunhas, algum dos diversos direitos sonegados, ante a presunção de veracidade da documentação formal apresentada pelo empregador. Neste caso, ainda que dispensadas das custas, terão de arcar com honorários do advogado da parte adversa (no limite do pedido indeferido). E, caso não justifiquem o motivo da ausência à audiência inicial, acarretando o arquivamento da ação, estarão impedidas de pleitear em juízo, salvo se recolhidas às custas da primeira demanda (arquivada).

Desse modo, tais dispositivos legais não resistem a uma interpretação com base na Constituição, porque afrontam preceitos constitucionais, como o inc. XXXV do art. 5º, que assegura que "a lei não excluirá da apreciação do Poder Judiciário lesão ou ameaça a direito", o que significa que a Lei Maior garante a todas as pessoas o direito a uma prestação jurisdicional efetiva.

Ainda, o art. 5º, *caput*, e LXXIV, da Carta Magna, estão assim dispostos:

"Todos são iguais perante a lei, sem distinção de qualquer natureza, garantindo-se aos brasileiros e aos estrangeiros residentes no País a inviolabilidade do direito à vida, à liberdade, à igualdade, à segurança e à propriedade, nos termos seguintes: (...) o Estado prestará **assistência jurídica integral e gratuita** aos que comprovarem insuficiência de recursos" (grifado).

Não por outro motivo, em Ação Declaratória de Inconstitucionalidade (ADI n. 5766) dos arts. 790-B, *caput* e § 4°, 791-A, § 4º e 844, § 2º da CLT, o Exmo. Sr. Procurador Geral da República, Dr. Rodrigo Janot Monteiro de Barros, fundamentou que:

> "Os dispositivos apontados apresentam inconstitucionalidade material, por impor restrições inconstitucionais à garantia de gratuidade judiciária aos que comprovem insuficiência de recursos, na Justiça do Trabalho, em violação aos arts. 1º, incisos III e IV;1 3º, incs. I e III; 2 5º, *caput*, incs. XXXV e LXXIV e §§ 2º; 3º e 7º a 9º da Constituição da República".

Como se vê, a Constituição da República inclui entre os direitos e garantias fundamentais individuais das pessoas a assistência jurídica integral e gratuita, o que vai além da mera assistência judiciária.

Esse benefício assegurado às pessoas necessitadas como instrumento de acesso substancial ao Poder Judiciário inclui a gratuidade de todas as despesas, judiciais ou não, relativas aos atos necessários ao desenvolvimento do processo e à defesa dos direitos do seu beneficiário em juízo. A benesse constitucional abrange, portanto, não somente as custas relativas aos atos processuais a serem praticados, como também todas as despesas decorrentes da efetiva participação da cidadã, do cidadão na relação processual.

Assim, conclui-se que o beneficiário da justiça gratuita também tem garantida a possibilidade de realizar a prova pericial necessária à comprovação do seu direito. Embora aleguem os autores da reforma que a cobrança dos honorários periciais do sucumbente no objeto da perícia, ainda que concedida a Justiça Gratuita, visa a restringir abusos comumente verificados, referida tese não se sustenta. Ora, caso o magistrado verifique haver abuso no pedido, cabe o indeferimento de pronto da prova, sendo a parte beneficiária ou não da justiça gratuita. Sendo ao menos plausível a causa de pedir, caso a perícia seja desfavorável ao trabalhador, é incabível a cobrança de honorários periciais do hipossuficiente que teve deferida a benesse da Justiça Gratuita.

Trata-se de um direito fundamental dos mais importantes para as pessoas necessitadas, sem o qual não seria possível usufruírem de outro direito igualmente fundamental, qual seja, o acesso efetivo e substancial ao Poder Judiciário.

A relevância desse direito é tal que se consagra como direito humano de primeira geração, previsto em diversos documentos e tratados internacionais, como na Carta Internacional dos Direitos Humanos, composta pela Declaração Universal dos Direitos Humanos de 1948, pelo PIDCP – Pacto Internacional dos Direitos Civis e Políticos de 1966, e pelo PIDESC – Pacto Internacional dos Direitos Econômicos, Sociais e Culturais, também de 1966. A garantia de acesso à justiça vem estampada logo na Declaração Universal dos Direitos Humanos de 1948 da seguinte forma:

> *Artigo 8*
> 
> *Todo ser humano tem direito a receber dos tribunais nacionais competentes remédio efetivo para os atos que violem os direitos fundamentais que lhe sejam reconhecidos pela constituição ou pela lei.*

Também no PIDCP – Pacto Internacional dos Direitos Civis e Políticos, de 1966, promulgado pelo Decreto 592/92[6], reforça-se o acesso à justiça mediante a garantia de um recurso efetivo contra violações dos direitos ali previstos, notadamente, no que concerne à área trabalhista, o direito à liberdade sindical, à não discriminação, à não submissão à escravidão, servidão ou trabalhos forçados. Mas, especialmente no PIDESC (promulgado pelo Decreto 591/92), que versa sobre direitos sociais que contemplam salário justo e equitativo, liberdade sindical, greve, descanso, lazer, jornada, férias, igualdade de oportunidades, liberdade de trabalho, segurança e higiene no trabalho, melhoria de condições de vida etc., se encontra o compromisso, dos Estados-parte, de adotar medidas, até o máximo de seus recursos disponíveis, que visem a assegurar, progressivamente, por todos os meios apropriados, o pleno exercício dos direitos reconhecidos no presente Pacto, incluindo, em particular, a adoção de medidas legislativas (art. 2º.1), e que, no exercício dos direitos ali assegurados, o Estado poderá submeter tais direitos unicamente às limitações estabelecidas em lei, somente na medida compatível com a natureza desses direitos e exclusivamente com o objetivo de favorecer o bem-estar geral em uma sociedade democrática. Portanto, neste aspecto a Lei n. 13.467/2017, nos artigos em comento, viola flagrantemente esse compromisso do Estado brasileiro perante a comunidade internacional e o direito humano da pessoa trabalhadora de receber a devida proteção contra a violação desses direitos, porque não é possível reconhecer legitimidade ao retrocesso limitador do acesso à jurisdição social mediante a oposição dos sérios obstáculos trazidos pela reforma. Neste norte, o art. 5º do PIDESC dispõe que nenhuma das disposições do Pacto poderá ser interpretada no sentido de reconhecer a um Estado, grupo ou indivíduo qualquer direito de dedicar-se a quaisquer atividades ou de praticar quaisquer atos que tenham por objetivo destruir os direitos

---

6. Segundo o art. 2.3:

   Os Estados Partes do presente Pacto comprometem-se a:

   a) Garantir que toda pessoa, cujos direitos e liberdades reconhecidos no presente Pacto tenham sido violados, possa dispor de um recurso efetivo, mesmo que a violência tenha sido perpetrada por pessoas que agiam no exercício de funções oficiais;

   b) Garantir que toda pessoa que interpuser tal recurso terá seu direito determinado pela competente autoridade judicial, administrativa ou legislativa ou por qualquer outra autoridade competente prevista no ordenamento jurídico do Estado em questão; e a desenvolver as possibilidades de recurso judicial;

   c) Garantir o cumprimento, pelas autoridades competentes, de qualquer decisão que julgar procedente tal recurso.

ou liberdades reconhecidos no presente Pacto ou impor-lhe limitações mais amplas do que aquelas nele previstas.

Logo, a incompatibilidade da reforma trabalhista, nas dificuldades impostas ao acesso à Justiça do Trabalho, é cristalina frente aos diplomas internacionais e sujeita o Brasil a prestar contas perante o Comitê da ONU previsto no PIDCP.

Inclusive, em 2017 o Brasil figurou na lista da OIT – chamada de "long list", relativa aos 40 casos que o Comitê de Peritos da OIT considera graves e pertinentes para solicitar, dos Estados-membros envolvidos, uma resposta oficial, antes da elaboração do relatório sobre o cumprimento ou não das normas internacionais. A inclusão decorreu da mera tramitação da Reforma Trabalhista. Já em 2018, após a aprovação da Lei n. 13.467/2017, o Comitê de Aplicação de Normas Internacionais, que é órgão independente e composto por peritos jurídicos de diversos países, decidiu incluir o Brasil na "short list", ou seja, na lista oficial dos 24 piores casos selecionados para discussão na Conferência da OIT.

Como se sabe, os representantes do povo brasileiro não levaram em conta os aspectos constitucionais e internacionais e aprovaram a dita reforma a "toque de caixa", sem submetê-la ao crivo da Constituição e dos tratados internacionais de direitos humanos ratificados pelo Brasil. O objetivo destas alterações legais, como facilmente se presume, foi inibir o uso das ações judiciais e levar à sua diminuição. Mas esse objetivo é falso, porque ao invés de se buscar diminuir os acidentes de trabalho e melhorar os ambientes de trabalho (e nesse ponto nada fizeram), partiram os "representantes" do povo para a simples solução de criar dificuldades, embaraços para o ajuizamento das ações judiciais e, com isso, diminuir as indenizações acidentárias, por exemplo.

Como já asseverado, os litígios não desaparecerão, muito menos as violações a direitos básicos. Com toda a propaganda quanto aos riscos do trabalhador de ingressar com demanda e perder, muitas pessoas lesadas estão deixando de procurar a Justiça. Bom ressaltar, também, que, apesar do grande número de demandas laborais atualmente em trâmite, poucos são os trabalhadores que efetivamente procuram a Justiça do Trabalho. E na violação de direitos, o empregador conta com esta triste estatística, que torna vantajoso financeiramente o descumprimento da lei.

O Reino Unido já passou por similar alteração legislativa, cobrando taxa para ajuizamento de ações. Em 2013 o governo britânico fixou taxas para o ajuizamento de demandas laborais (que variavam de 390 a 1200 libras esterlinas[7]), com objetivo de transferir parte dos custos ao trabalhador, desincentivar demandas improcedentes e estimular acordos prévios. Entretanto, em julho de 2017 a Suprema Corte julgou ilegal a cobrança de taxas a trabalhadores, para ingressar no Judiciário, em recurso do Sindicato dos Servidores Públicos do Reino Unido. O ingresso de demanda judicial naquele país tem ainda como condição a submissão à espécie de comissão de conciliação prévia, como se tentou fazer no Brasil, sem sucesso.

A decisão da Corte Britânica apontou justamente para a inafastabilidade da jurisdição, mesmo constatando que houve drástica queda do número de ações. Ressaltou a decisão que o direito de acesso à justiça não é restrito a demandas procedentes.

O direito à tutela jurisdicional efetiva, como característica de direito de iguais oportunidades de acesso à justiça deve ser visto como um direito fundamental à efetiva proteção do direito material, do qual são devedores o Estado-legislador e o Estado-juiz, os quais têm o dever de se comportarem de acordo com o direito fundamental à efetividade da tutela jurisdicional, mandamento esse desprezado na elaboração dos dispositivos legais acima descritos pelo legislador reformista de 2017.

Certamente o Estado-Juiz, a quem cabe dizer o sentido da lei, afastará tais obstáculos legais e assegurará aos trabalhadores necessitados, inclusive às vítimas de acidentes e doenças ocupacionais e seus sucessores, o livre e substancial acesso ao Poder Judiciário Trabalhista na busca dos seus direitos violados.

Dos ramos do Poder Judiciário Brasileiro a Justiça do Trabalho é, sem sombra de dúvidas, a mais acessível ao cidadão, por nela ser desnecessário o recolhimento de custas prévias e a contratação de advogado. E mesmo após a Constituição de 1988 continuaram os Tribunais a admitir o *jus postulandi*, possibilitando ao trabalhador buscar pessoalmente o direito violado por seu empregador e ou tomador de serviço como forma de manter essa ampliação de acessibilidade.

Além destes fatores, a cidadã e o cidadão sempre compareçam perante um juiz em procedimento que prima pela simplicidade, oralidade e conciliação, aproximando a justiça de quem dela necessita.

---

7. In Suprema Corte Britânica julga ilegais normas semelhantes às da reforma trabalhista brasileira, 18-09-2017 [em linha], disponível em: http://espacovital.com.br/publicacao-35379-suprema-corte-britanica-julga-ilegais-normas-semelhantes-as-da-reforma-trabalhista-brasileira [consultado em 30-05-2018].

Num país em que trabalhadoras e trabalhadores braçais comumente precisam procurar o Estado-Juiz para ver adimplido o direito básico ao recebimento de salários e verbas rescisórias (verbas rescisórias representam 15% das novas ações ajuizadas, segundo o relatório "Justiça em Números" de 2017, do Conselho Nacional de Justiça[8]), maior relevância adquire a necessidade social de que estas pessoas tenham efetivo acesso à justiça.

Em países com maior grau de desenvolvimento humano, a população tem maior noção de seus direitos e obrigações. A cultura vigente por aqui, todavia, de deixar o pagamento de salários para depois, é impensável nesses países. É que a falta de punição efetiva, os juros e multas irrisórias cobradas do empregador inadimplente, além do baixo percentual de pessoas lesadas que procuram o Judiciário, apenas estimulam o desrespeito às mais básicas normas trabalhistas, abarrotando o Poder Judiciário Brasileiro com demandas que nem sequer deveriam existir.

A verdade é que não se pode presumir a má-fé do trabalhador que declara a insuficiência de recursos. A má-fé sim deve ser comprovada, e não a carência, a hipossuficiência alegada pelo autor, como pretende o legislador da reforma, seja pessoa desempregada ou não, já que a mesma é presumida ante a mera declaração. Trata-se de presunção relativa, ou seja, que admite prova em contrário, a qual incumbe a quem interessar, não sendo devida a inversão *ex ante* tentada pela reforma ou *ex officio* pelo juiz. Assim, deve ser aceita a declaração de insuficiência de recursos para a concessão dos benefícios da justiça gratuita, em especial a todas e todos que declarem situação de desemprego.

O próprio TST, em decisão recente, entendeu cabível o benefício da justiça gratuita inclusive para o trabalhador que litiga de má-fé (Rel. Ministro Cláudio Brandão, RR-1870-75.2013.5.03.0015, publicado em 20.04.18). Pode-se prever, assim, que o TST tende a conceder o benefício integral para o trabalhador que tem seu pedido julgado improcedente, independente de boa ou má-fé, esperando-se que baste, para tanto, a mera declaração de miserabilidade.

Resta, pois, aguardar a decisão da nossa Suprema Corte (STF), que já iniciou o julgamento da questão (ADI n. 5766), atualmente suspenso com pedido de vistas (maio de 2018). Certamente a decisão a ser

---

8. In Relatório Justiça em Números, 2017, [em linha], https://cnj.jus.br/files/conteudo/arquivo/2017/12/b60a659e5d5cb79337945c1dd137496c.pdf [consultado em 25-05-2018].

tomada, que esperamos tenha natureza jurídica e não política, norteará muitos julgamentos pelo país.

## 4. CONCLUSÕES

Conclui-se que a alteração legislativa da reforma absolutamente não pode restringir o direito previsto no art. 5º, LXXIV, da CF, sendo que, quem declarar miserabilidade nada precisa comprovar, bastando a mera declaração na inicial para a concessão dos benefícios da justiça gratuita, tal qual preconiza o CPC, não podendo a norma especial, desejando ser "mais real que o próprio rei", penalizar a pessoa necessitada que a garantia da sua sobrevivência na Justiça do Trabalho, pois não se pode esquecer que se está tratando, na imensa maioria das ações trabalhistas, de créditos de natureza alimentar.

Destarte, há de se dar aos dispositivos aqui citados interpretação conforme a Constituição da República e os tratados de direitos humanos ratificados pelo Brasil que garantem o amplo acesso à justiça.

No XIX CONAMAT – Congresso Nacional dos Magistrados do Trabalho, realizado em Belo Horizonte – MG, em 05.05.2018[9], foi aprovada tese no seguinte sentido:

> **EMENTA: JUSTIÇA GRATUITA. AUTOR DESEMPREGADO. PRESUNÇÃO DE INSUFICIÊNCIA DE RECURSOS. DESNECESSIDADE DE COMPROVAÇÃO POR OUTROS MEIOS.** Estando desempregado o autor da demanda trabalhista, presume-se a insuficiência econômica, independente do último salário percebido ou de qualquer outra prova documental, bastando a mera declaração do interessado para a concessão da benesse (art. 99, §3º, CPC/15). Direito constitucional que deve ser assegurado a todos que se encontrem em situação de desemprego.

Mas não é só, cabe lembrar algumas conclusões básicas sobre a temática, perfeitamente aplicáveis na interpretação da reforma trabalhista, às quais chegou o Supremo Tribunal Federal nos seguintes precedentes:

> O dever de assistência judiciária pelo Estado não se exaure com o previsto no art. 5º, LXXIV, da Constituição, razão por que o reconhecimento, no caso, da responsabilidade dele pelo pagamento à recorrida, pelo exercício da curadoria especial, a que alude o art. 9º, II, do CPC, não viola o disposto no referido dispositivo constitucional, por não se estar exigindo do Estado mais do que a Carta Magna lhe impõe.
>
> [**RE 223.043**, rel. min. Moreira Alves, j. 21-3-2000, 1ª T, *DJ* de 9-2-2001.]

---

9. Tese formulada por Patricia Braga Medeiros.

A garantia do art. 5º, LXXIV – **assistência jurídica integral e gratuita** aos que comprovarem insuficiência de recursos –, não revogou a de **assistência judiciária gratuita** da Lei 1.060, de 1950, aos necessitados, certo que, para obtenção desta, basta a declaração, feita pelo próprio interessado, de que a sua situação econômica não permite vir a juízo sem prejuízo da sua manutenção ou de sua família. Essa norma infraconstitucional põe-se, ademais, dentro do espírito da Constituição, que deseja que seja facilitado o acesso de todos à Justiça (CF, art. 5º, XXXV).

[RE205.746, rel. min. Carlos Velloso, j. 26-11-1996, 2ª T, DJ de 28-2-1997.]

Nada justifica a discriminação a uma categoria de pessoas, quando mais essas pessoas se constituem de trabalhadoras e trabalhadores, gente humilde, que necessita vender a sua força de trabalho para sobreviver e, por isso mesmo, merecem atenção diferenciada do Estado, obviamente para proteger, e não para penalizar.

Não obstante isso, a reforma trabalhista proclama verdadeira discriminação contra a pessoa trabalhadora, revelando muito mais do que mero conteúdo ilegítimo de suas normas concernentes aos obstáculos de acesso à justiça, mas um conteúdo injusto, discriminatório e violador da dignidade da pessoa humana, que intenta afastar a jurisdição de quem tem menos, recriando castas sociais ditadas pelo poder econômico – quanto mais poder, mais acesso, sem poder, inexistente o acesso.

Por tais razões, de forma veemente se afirma a inconstitucionalidade (art. 5º, *caput*, XXXV e LXXIV, CR), a inconvencionalidade e a própria contrariedade sistêmica (arts. 790, 791-A, 790-B e 844 da CLT *versus* CPC, Lei 1060/50, Lei 5584/70 e Lei 7510/86) da Lei n. 13.467/2017 (reforma trabalhista) nos embaraços e obstáculos que opõe ao acesso dos trabalhadores necessitados à Justiça do Trabalho.

Espera-se, pois, bom senso das juízas e juízes que interpretarão e aplicarão a Lei n. 13.467/2017, para que prevaleça sempre o direito humano de acesso à justiça, bem jurídico maior protegido como cláusula pétrea na Constituição cidadã de 1988.

## 5. REFERÊNCIAS BIBLIOGRÁFICAS

DELGADO, Maurício Godinho. **Curso de Direito do Trabalho**. São Paulo: LTr, 2005.

GONÇALVES, Cláudia Maria da Costa. **Assistência Jurídica Pública**. Curitiba: Juruá, 2010.

LOPES, Gláucia Gomes Vergara; MALTA, Christovão Piragibe Tostes. **Cadernos de Direito Processual do Trabalho: audiência, conciliação, assistência judiciária gratuita**. 5ª ed., São Paulo: LTr, 2001.

SILVA, Homero Batista Mateus da. **Comentários à Reforma Trabalhista.** São Paulo: Revista dos Tribunais, 2017.

ZANON, Artemiro. **Da Assistência Jurídica Integral e Gratuita.** São Paulo: Saraiva, 1990

# ARTIGO 7º, INCISOS I E XXIV

# Dispensa Coletiva e o Regime da Lei n. 13.467/2017 – um longo caminho a percorrer

*Thereza Christina Nahas*[1]

**SUMÁRIO:** 1. Considerações iniciais – 2. Dispensa coletiva – considerações sobre matéria no âmbito da OIT: 2.1. Recomendação 119, de 1963; 2.2. Convenção 158, de 1982 – 3. Caracterização da dispensa coletiva – 4. Algumas considerações sobre o direito interno – Bibliografia.

## 1. CONSIDERAÇÕES INICIAIS

Um dos temas mais polêmicos trazidos pela reforma da lei trabalhista em 2017 foi, sem sombra de dúvidas, a questão das dispensas coletivas. O tema já havia sido enfrentado em alguns casos e, sem dúvida, o relativo às dispensas praticadas pela empresa Embraer em 2009[2] acabou por firmar um importante precedente do tema no Judiciário Trabalhista.

Tratou o Tribunal Superior da dispensa coletiva ocorrida sem que houvesse a empresa observado a negociação coletiva. A Embraer alegava dificuldades financeiras em razão da crise global de 2008. O Tribunal Regional da 15ª Região havia concedido a medida liminar para suspender as dispensas imotivadas. Como bem ponderou o Ministro Relator, além das questões processuais suscitadas pelas partes, o que importava era o núcleo

---

1. Professora, Juíza do Trabalho (TRT/SP); mestre em direito processual civil e doutora em direito do trabalho pela PUC/SP; doutora em direito internacional pela Universidad Castilla la Mancha (Espanha) e investigador pela mesma universidade. Autora de diversas obras jurídicas. Currículo completo em: <http://lattes.cnpq.br/2361402097260893>. E-mail: tnahas70@gmail.com

2. TST – RODC 30900122009515000030900-12.2009.5.15.0000, Relator Ministro Mauricio Godinho.

da discussão que se travou: *a matéria central aqui enfocada é eminentemente jurídica, envolvendo a interpretação quanto a aspecto fundamental da ordem jurídica: se as dispensas massivas são, ou não, regidas do mesmo modo normativo do que as dispensas meramente individuais e, não o sendo, quais as consequências jurídicas de sua regência normativa específica. Nesta medida, o presente dissídio é fundamental e preponderantemente jurídico, embora se reconheça sua natureza algo mista, quer dizer, é dissídio coletivo preponderantemente jurídico, mas também com dimensões econômicas. Por outro lado, observa-se que não há regramento específico na ordem jurídica prevendo de que maneira o conflito aqui discutido deverá ser decidido. Trata-se de figura incomum, diferindo das demais hipóteses já previstas no ordenamento e devidamente regulamentadas por lei, pela doutrina e pela jurisprudência. Nesse sentido, torna-se inviável a aplicação, ao evento dos autos, de requisitos formais previstos para situações diversas, com o objetivo de impossibilitar o julgamento da causa. No entanto, na ausência de normas específicas, não pode o julgador se furtar da obrigação de dirimir a ação, não importando a nomenclatura a ela conferida, devendo encontrar soluções adequadas que possibilitem a devida prestação jurisdicional.*

Some-se a isso que a discussão quanto a esta matéria se deu em um importante momento mundial, qual seja, a crise econômica de 2008. Referido colapso foi um divisor de águas no direito do trabalho e um dos fatores primordiais que motivou as diversas reformas nas legislações trabalhistas nos países ocidentais, revelando um cenário econômico importante e perigoso: a reestruturação das organizações empresariais, a difusão de contratos de trabalhos atípicos e o aumento da precarização das relações de trabalho.

Era o início de uma era em que se deveria reconhecer, de uma vez por todas, que não tínhamos suporte para as mudanças que se operariam a partir de então, e que resultaram na reforma trabalhista ocorrida em 2017, com profundas alterações nos direitos individual, coletivo e processual do trabalho. No entanto, não se pode reconhecer que a reforma tenha sido eficiente, seja do ponto de vista do trabalho ou empresarial. Importantes relações de trabalho não foram inseridas no sistema jurídico e o trabalhador informal segue sem qualquer tutela, inclusive trazendo altos custos para a arrecadação do Estado.

O trabalhador formal e absolutamente subordinado degusta algumas alterações nas regras contratuais que serviram mais para conter os ativismos judiciais do que para efetivamente tutelá-los em suas relações e sua efetiva inserção em um mercado de trabalho mais digno. Isso se nota claramente da nova redação do art. 8º da CLT em que o legislador afirma, em um apertado resumo, que o Judiciário deve limitar-se a aplicar a lei.

A reforma de 2017 se mostrou, em muitos pontos, como uma contrariedade a toda a estrutura jurisprudencial que havia se formado. O fundamento do legislador foi, segundo esclarece o Deputado Rogério Marinho, relator da reforma, modernizar o direito do trabalho: "a modernização das leis do trabalho teve dois objetivos principais: primeiro, ajudar o Brasil a superar a maior crise de nossa história, herdada por erros cometidos de governos passados, gerando empregos e formalizando o trabalho. Segundo, reformar uma lei que se mostrou anacrônica, desatualizada, e que foi feita para um passado distante; um Brasil que não existe mais"[3].

No que concerne às dispensas coletivas, todavia, parece que houve um retrocesso e uma contradição com o próprio objetivo da Lei n. 13.467/2017, a qual pretendeu valorizar a negociação coletiva e fazê-la fiel à Convenção 98 da OIT, o que transparece principalmente dos artigos 611-A e 620, ambos da CLT, pois, o fundamento utilizado no precedente do TST e na legislação alienígena, como se verá, é que a matéria deve ser tratada no âmbito do direito coletivo do trabalho e a opção legislativa foi justamente o contrário. Há uma suposta imprudência em tratar a matéria sob o prisma do direito individual, pois os impactos em questões sociais e econômicas, decorrentes de encerramentos abruptos de uma empresa, atividade ou estabelecimento, poderão causar sérios prejuízos a muitos municípios brasileiros, que já suportam altos números de prejuízos e dificuldades nos últimos tempos.

## 2. DISPENSA COLETIVA – CONSIDERAÇÕES SOBRE MATÉRIA NO ÂMBITO DA OIT

O objetivo de se regulamentar a matéria da dispensa coletiva a nível internacional é impedir as arbitrariedades nas rupturas contratuais no contexto da organização empresarial e permitir um equilíbrio social.

Nelson Manrich em importante estudo sobre o tema reúne em ordem cronológica os instrumentos que cuidaram do tema: 1) Recomendação 119, de 1963, com inspiração na legislação alemã de 1951; 2) Convenção 158 de 1982 com a Recomendação 166 também deste ano. Como observa o Professor, houve um "longo caminho percorrido em matéria de dispensa: de uma faculdade discricionária, de caráter quase absoluto, segundo a qual o empregador extinguia a relação contratual, chegou-se a implantar um sistema de proteção do emprego, limitando

---

3. MARINHO, Rogério, *Modernização das Leis Trabalhistas – o Brasil pronto para o Futuro*, De Petrus et Alii Editora Ltda. Rio de Janeiro, 2018, p. 44.

aquele poder patronal. As normas internacionais em matéria de terminação da relação de trabalho, inclusive no âmbito coletivo, tem duplo objetivo: proteger o trabalhador contra toda terminação injustificada e, ao mesmo tempo, preservar o direito dos empregadores de dispensar o empregado na ocorrência de causas reconhecidas como justificadas"[4].

Importa deter-nos sobre alguns pontos para contextualizar o tema.

## 2.1. Recomendação 119, de 1963

Intenciona a Recomendação 119 que as relações de trabalho somente sejam rompidas em razão de uma conduta faltosa do trabalhador ou fundada em necessidade de funcionamento da empresa, estabelecimento ou serviço, prevendo que, nestas situações o trabalhador seja pré-avisado com tempo suficiente para se estruturar e mediante uma indenização justa. Tudo nos termos previstos na legislação interna de cada País.

A parte III traz disposições complementares sobre a redução de pessoal, aconselhando que se deve adotar métodos eficazes para prevenir ou limitar o quanto possível reduções de pessoal desde que isso não afete o funcionamento da empresa, estabelecimento ou serviço. Determina a necessidade de (a) consulta prévia ao representante dos trabalhadores; (b) as questões que podem ser objeto de consulta estão relacionadas, por exemplo, ao modo de prevenção da redução de quadros, redução de horas extras, formação e readaptação dos trabalhadores, transferências de serviços, escalonamento das medidas de redução por determinado período, atenuação das consequência mínimas que a medida de redução de trabalhadores trará para eles e a seleção com critérios razoáveis dos trabalhadores que sofreram com tais medidas, que possam levar em conta os interesses dos trabalhadores e das empresas envolvidas; (c) as partes devem ter ciência de que poderão contar com apoio do poder público para reduzir os efeitos negativos das medidas que deverão ser tomadas.

Quanto ao critério de seleção dos trabalhadores sugere (item 15):

*(a) la necesidad de que funcione eficazmente la empresa, el establecimiento o el servicio;*

*(b) la capacidad, la experiencia, las aptitudes y las calificaciones profesionales de cada trabajador;*

*(c) su antigüedad;*

---

4. MANNRICH, Nelson, *Dispensa Coletiva – da Liberdade Contratual À Responsabilidade Social*, ed. LTR, Sao Paulo, 2000, pp. 207-208.

*(d) su edad;*

*(e) su situación familiar; y*

*(f) cualquier otro criterio que pareciese indicado, teniendo en cuenta la situación de cada país. El orden y la importancia relativa de los criterios citados dependerán de la costumbre y de la práctica nacionales.*

Como se vê, não há um tratamento direto e expresso a uma forma de despedimento, isto é, se individual ou coletivo, mas a intenção de amenizar os efeitos danosos que certamente advém ao trabalhador em razão da perda de sua colocação, sem que isso cause um prejuízo a atividade empresarial. Não se intenciona atribuir a empresa um fardo maior do que possa suportar, pois é ela a fonte de criação de postos de trabalho. O que se pretende é harmonizar os direitos daquele que exerce sua liberdade empresarial com responsabilidade, e aquele que exerce a sua liberdade de profissão e cede a sua força de trabalho, inclusive para o progresso da vida empresarial.

Daí a solução encontrada de se consultar a entidade de trabalhadores e de se estabelecer critérios para que a empresa possa se reestruturar amenizando os prejuízos que sofrerá a organização empresarial e o trabalhador, inclusive com a possibilidade de contarem eles com o respaldo da ação do Estado para que reste possibilitada a reinserção do trabalhador no mercado de trabalho ou, melhor ainda, que sequer seja dele afastado.

## 2.2. Convenção 158, de 1982

Este é o principal instrumento internacional sobre a proteção contra a dispensa imotivada e arbitrária. Compõe-se de quatro partes: *i*) a primeira destinada ao método de aplicação, âmbito e definição, incluindo na sua imperatividade todas as atividades de ordem econômica e todos os trabalhadores assalariados; *ii*) a parte dois está dividida em cinco seções, destinada exigir um motivo justificado para a ruptura contratual e as situações que poderiam se equiparar a dispensas por justo motivo ou não. Prevê que a ruptura contratual, à semelhança do que já propunha na Recomendação 119, somente deve ocorrer por uma causa justa inerente a pessoa do empregado ou um motivo de necessidade relacionado a organização ou reestruturação empresarial. Sugere formas de reclamação e de indenizações ao trabalhadores despedidos sem justa causa, a necessidade do pré-aviso e da indenização justa, ou seja, tem direito o trabalhador aquilo que a Convenção nomeia de medidas de proteção ao despedimento, incluindo-se aqui as prestações do seguro desemprego; *iii*) a terceira parte trata da consulta a representação dos trabalhadores e a notificação da autoridade competente, justamente porque as dimensões que pode ter uma dispensa poderá causar, não somente desequilíbrios sociais, mas também econômicos, com reflexos que muitas vezes atingirão as próprias contas governamentais; *iv*) por fim, a quarta parte tem regras de conteúdo geral e destina-se a regulamentar a aplicação e efeitos da própria Convenção, dispondo o art. 16 que somente estão obrigados os Estados Membros que ratificarem o documento e obtiverem o registro do Diretor-Geral. É que, em regra, todos os Estados membros estarão sujeitos às orientações e diretrizes da OIT, pois a respectiva adesão a um organismo internacional implica a busca pela convivência pacifica e relações transacionais mais equilibradas.

Em outras palavras, quando o Brasil aderiu a OIT, anuiu subordinar uma parcela de sua soberania ao conjunto de diretrizes e normativas por ela proposto e a finalidade da "normas internacionales del trabajo se desarrollaron con el fin de constituir un sistema global de instrumentos relativos al trabajo y a la política social, sostenido a su vez por un sistema de control que permite abordar todos los tipos de problemas que plantea su aplicación a escala nacional" [5]. Isso não se confunde com a aplicação direta dos convênios e recomendações internacionais que para sus transposições devem acomodar-se ao ordenamento jurídico interno. Não é intenção da OIT adotar orientações e diretrizes para conflitar com a lei, costumes e cultura internas de um pais. Por isso o aparato normativo é sempre de caráter geral e abstrato, para permitir que se adeque ao sistema interno de cada Estado membro.

Assim, as normas ratificadas pelo país não serão transpostas *ipsis litteris*. Deverão respeitar os limites do ordenamento jurídico interno e a Constituição, pois em nenhum momento há intenção de os organismos internacionais se chocarem com o direito interno. Ele serve para somar e melhorar e não para conflitar.

A leitura destas duas normas da OIT leva à conclusão de que não se pretende impedir o rompimento do vínculo de emprego, mas prever que este não deverá ser de forma arbitrária, e, para os casos que isso se dê, o trabalhador será indenizado de forma justa e coerente. Os despedimentos por motivos da empresa devem sempre ser fundados em uma real necessidade sua, o que poderá se verificar em situações de natureza econômica, tecnológica, estrutural ou similar (art. 13º); ou por uma ação ou omissão faltosa do empregado. A conclusão que se pode extrair é que, tendo a

---

5. Disponível em <http://www.ilo.org/global/standards/lang--es/index.htm>, acesso em maio de 2018.

empresa uma função social e sendo merecedora da sanção positiva, concedida pelo Estado para que exerça uma atividade, isto deve se dar com fim de trazer benefícios a toda a sociedade. Se houver desvirtuamento desta finalidade, a ação deve ser reprimida por meios que os Estados devem dispor e que sejam eficientes e eficazes a conter esta liberdade.

Além disso, a Convenção não trata de forma expressa da dispensa coletiva, mas sugere que ela poderá ocorrer, o que se depreende da leitura do art. 13º especialmente o número 2:

1 — **O empregador que tencione proceder a despedimentos por motivos de natureza económica, tecnológica, estrutural ou similar deverá:**
    *a)* Fornecer no devido tempo aos representantes dos trabalhadores interessados as informações pertinentes, incluindo os motivos dos despedimentos previstos, o número e as categorias de trabalhadores que aqueles são susceptíveis de afectar e o período durante o qual se tenciona proceder a eles;
    *b)* Dar, de acordo com a legislação e a prática nacionais, com a maior antecedência possível, ocasião aos representantes dos trabalhadores interessados de serem consultados sobre as medidas a tomar para prevenir ou limitar os despedimentos e as medidas que visam atenuar os efeitos desfavoráveis de qualquer despedimento para os trabalhadores interessados, designadamente as possibilidades de reclassificação noutro emprego.

2 — A aplicação do parágrafo 1 do presente artigo poderá ser limitada, pelos métodos de aplicação mencionados no artigo 1.º da presente Convenção, aos casos em que o número de trabalhadores cujo despedimento está previsto atinja pelo menos determinado número ou determinada percentagem do pessoal.

3 — Para os efeitos do presente artigo, a expressão «representantes dos trabalhadores interessados» significa os representantes dos trabalhadores reconhecidos como tais pela legislação ou pela prática nacionais, de acordo com a Convenção sobre os Representantes dos Trabalhadores, 1971.

E o art. 14º:

1 — Quando o empregador tencionar proceder a despedimentos por motivos de natureza económica, tecnológica, estrutural ou similar, deverá, de acordo com a legislação e a prática nacionais, notificá-los à autoridade competente com a maior antecedência possível, dando-lhe as informações pertinentes, incluindo uma exposição por escrito dos motivos desses despedimentos, do número e das categorias de trabalhadores que aqueles são susceptíveis de afectar e do período durante o qual se tenciona proceder a eles.

2 — A legislação nacional poderá limitar a aplicação do parágrafo 1 do presente artigo aos casos em que o número dos trabalhadores cujo despedimento está previsto atinja pelo menos determinado número ou determinada percentagem do pessoal.

Daí se nota a preocupação não somente com a questão estritamente trabalhista, mas principalmente os efeitos que isso poderá gerar na sociedade como um todo, preocupação esta que, como veremos, não esteve presente no legislador brasileiro de 2017.

## 3. CARACTERIZAÇÃO DA DISPENSA COLETIVA

A OIT, como se viu, não traz um regramento especifico para os despedimentos coletivos, apenas dá sinais de que esta figura poderá ocorrer e quais seriam as medidas que poderão ser adotadas para reduzir os impactos que elas trariam, seja na ordem econômica ou na social, tentando amenizar os efeitos negativos para os trabalhadores.

A crise econômica de dimensão internacional em 2008 acentuou ainda mais o tema, pois várias empresas se lançaram a dispensar coletivamente os trabalhadores, fundadas na crise e na necessidade de se reestruturarem e poderem continuar competindo no comercio interno e internacional. Outras, simplesmente fecharam suas portas e promoveram dispensas em massa, decretando quebra e impossibilidade de continuar o negócio.

Não causou surpresa que muitas decisões proferidas pelo TJUE acabaram por conferir maior prioridade à liberdade econômica frente aos direitos sociais, situação esta muito criticada nos julgados "Vinking", "Laval",

"Ruffert" e "Luxemburgo"[6]. Aqui o Tribunal entendeu, em linhas apertadas, que frente às dificuldades econômicas não se pode limitar a liberdade econômica por legislações nacionais protecionistas. A crise econômica permitiu que se desse um maior destaque aos contratos flexíveis, lembrando Emma Rodriguez Rodriguez que a Comissão Europeia defendeu que são necessários para "facilitar la entrada en el mercado de trabajo y fomentar las transiciones profesionales, permitiendo al mismo tempo a los empleadors responder a los câmbios de la demanda". Destaca que "el concepto de la "flexiseguridad" no es nuevo, pero (...) es hora de volver a definir la mejor manera de aplicarlo en la práctica" pues ha de tenderse a un mercado labora en el que "merezca la pena trabaja". Incide, otra vez, sobre la necesidad de establecer "condiciones laborales justas" y un equilíbrio entre la "flexibilidad y seguridad" para facilitar "la creación de puestos de trabajo, la aceptación de estos y la adaptabilidad de las empresas y promover el diálogo social" "[7].

A UE regulamenta as dispensas coletivas na Diretiva nº 98/59/CE, de 20/07/1998, transposta para os diversos Estados Membros de acordo com suas legislações internas e suas Constituições. Tal Diretiva visou aproximar as legislações internas no que respeita ao tema e, entre vários *considerandos*, ressalta-se três: o relativo aos impactos que as diferentes legislações poderão ter no mercado interno de cada país a prevalecer regras muito díspares para cada um deles; dois, tenta atenuar as consequências sobre os direitos dos trabalhadores; e, por fim, quer cumprir a Carta Social Comunitária quanto aos direitos sociais fundamentais adotados em 1989.

A 1ª seção traz, de imediato uma definição:

> Artigo 1º
> 1. Para efeitos da aplicação da presente directiva:
> a) Entende-se por «despedimentos colectivos» os despedimentos efectuados por um empregador, por um ou vários motivos não inerentes à pessoa dos trabalhadores, quando o número de despedimentos abranger, segundo a escolha efectuada pelos Estados-membros:
> i) ou, num período de 30 dias:
> - no mínimo 10 trabalhadores, nos estabelecimentos que empreguem habitualmente mais de 20 e menos de 100,
> - no mínimo 10% do número dos trabalhadores, nos estabelecimentos que empreguem habitualmente no mínimo 100 e menos de 300 trabalhadores,

---

6. Sobre estes casos, ver NAHAS, Thereza C, Reflexões sobre o Capital Globalizado nas Relações de Trabalho – Especial Referência a UR e Mercosul, LTR Editora, São Paulo, 2016, pp. 90 e ss.
7. RODRIGUEZ RODRIGUEZ, Emma, *El despedio Colectivo Frente a la Flexibilidad Interna*, Editorial Bomarzo, Revista de Derecho Social, nº 79, 2017, p. 40.

- no mínimo 30 trabalhadores, nos estabelecimentos que empreguem habitualmente no mínimo 300;

ii) ou, num período de 90 dias, no mínimo 20 trabalhadores, qualquer que seja o número de trabalhadores habitualmente empregados nos estabelecimentos em questão;

b) Entende-se por «representantes dos trabalhadores» os representantes dos trabalhadores previstos pela legislação ou pela prática dos Estados-membros.

Para o cálculo do número de despedimentos previsto no primeiro parágrafo, alínea a), são equiparadas a despedimentos as cessações do contrato de trabalho por iniciativa do empregador por um ou vários motivos não inerentes à pessoa dos trabalhadores, desde que o número de despedimentos seja, pelo menos, de cinco.

2. A presente directiva não é aplicável:

a) Aos despedimentos colectivos efectuados no âmbito de contratos de trabalho a prazo ou à tarefa, salvo se estes despedimentos forem efectuados antes do termo ou do cumprimento destes contratos;

b) Aos trabalhadores das administrações públicas ou dos estabelecimentos de direito público (ou das entidades equivalentes nos Estados-membros que não conheçam esta noção);

c) As tripulações dos navios de mar.

Como se vê, nem a norma Europeia de aproximação foi capaz de trazer um conceito objetivo de como se caracterizaria o despedimento coletivo, deixando aos Estados Membros a tarefa de buscar uma delimitação adequada aos seus interesses internos, definindo como isso se caracterizaria.

Pode-se, no entanto, fixar um parâmetro inicial para uma delimitação do tema, isto é, o despedimento coletivo será admitido em situações que a empresa necessite reduzir seus postos de trabalho ou remanejá-los por razões de ordem tecnológica, estrutural, econômica ou similar. Ou, ainda, como prevê a Diretiva, os motivos que caracterizam a dispensa coletiva são aqueles que não digam respeito à pessoa do trabalhador, como por exemplo, um justo motivo; ou que não digam respeito a términos e contratos a prazo certo.

Sendo assim, somente se poderá falar em dispensa coletiva em situações que os trabalhadores são contratos diretamente pelo empregador e, por uma razão das que já apontei, ele decida pela ruptura dos contratos firmados e que *estejam em vigor sem determinação* de prazo para terminar.

Portanto, se uma empresa rompe um contrato de cessão de mão de obra, por exemplo, terceirizado, não estaria praticando dispensa em massa, o que não quer dizer que este rompimento não venha afetar a vida da empresa fornecedora da mão de obra que, por sua vez, poderá ter um motivo para romper os contratos com seus trabalhadores. Chamaria de *efeito cascata*, reflexo, da ação da empresa tomadora da mão de obra ou contratante, sobre os efeitos do negócio jurídico comercial rompido sobre a vida dos trabalhadores. Como se vê, a dispensa coletiva pode se verificar por um viés indireto e, por isso, a percepção da sua ocorrência pode não provocar o mesmo efeito que provocaria se a tomadora da mão de obra dispensasse os trabalhadores que lhe prestam serviços diretos e sem intermediação da mão de obra.

Portanto, o fundamento da crise econômica que afeta a vida empresarial justificaria a dispensa em massa. Mas uma das questões a se plantear, utilizando por parâmetro a própria diretiva, é se o número de empregados despedidos para que se possa caracterizar um despedimento coletivo deve ser relativo à empresa como um todo ou ao centro de trabalho.

Esta matéria foi posta em alguns processos que estiveram sob julgamento no TJUE. Trago como referência ao C-182-13[8] (com os anexos). Neste caso, a empresa Bluebird UK, proprietária da empresa Bonmarché contava, em 2012, com 394 lojas de vestuário no Reino Unido e da Ilha de Man, empregando, nas duas, 4000 trabalhadores. Irlanda do Norte e Ilha Man eram consideradas uma unidade administrativa única, enquanto Bonmarché operava com 20 lojas e 180 trabalhadores. O ex-proprietário da Bonmarché foi considerado insolvente e entrou em recuperação judicial, sendo o negócio transferido para Bluebird em janeiro de 2012, o que fez com que esta última levasse a cabo um programa de dispensa coletiva em todo o Reino Unido e na Ilha de Man. O resultado foi que Bonmarché contava com 265 lojas, cerca de 2900 trabalhadores no Reino Unido, mantendo oito lojas e 75 trabalhadores na Irlanda do Norte. O processo de reestruturação somente teve início após janeiro de 2012 e não incluiu processo de consulta nos termos da Diretiva 98/59. Os demandantes trabalharam nas respectivas lojas com menos de 20 trabalhadores, em diversos locais da Irlanda.

O juiz do caso, com dúvida sobre o alcance da Diretiva, propôs ao TJUE, entre outras questões prejudiciais, qual o significado do termo estabelecimento e se o número de trabalhadores indicados na Diretiva se refere a um único estabelecimento ou ao total do estabelecimento.

O segundo caso em anexo àquele, processo C-392/13[9], relata o caso da empresa Nexea a qual faz parte de um grupo de sociedades de um

---

8. TJUE, Assunto C-182/13, Bluebird UK Bidco 2 Limited, 13.05.2015.
9. TJUE, Assunto C-392/13, Andrés Rabal Cañas e Nexea Gestión Documental, S.A., 13.05.2015

organismo público tutelado pelo Ministério das Finanças e da Administração Pública em Espanha. Em julho de 2012 a empresa tinha dois estabelecimentos; um em Madrid (administração e centro de produção) com 164 trabalhadores e outro em Barcelona (centro de operações) com 20 trabalhadores. Em julho de 2012 a Nexea procedeu à dispensa de 14 trabalhadores no estabelecimento em Madrid alegando razões de redução de volume de negócio durante os três primeiros meses consecutivos e no quarto mês com previsão de prejuízos que já vinham desde 2011. Em agosto de 2012 começaram as cessações contratuais em Barcelona, até que em dezembro de 2012, R Cañas e outros 12 trabalhadores foram informados de sus dispensas por razões de ordem econômica, produção e organização, similares àquelas 14 ocorridas em Madrid. R Cañas intentou ação no Julgado Social de Barcelona e impugnou a interpretação da Diretiva 98/59, decidindo o órgão jurisdicional levar as dúvidas ao TJUE questionando se poderia haver restrição pela lei interna quando da transposição da Diretiva nas causas determinantes elencadas nesta, ou seja, econômica, técnicas, de organização ou de produção; se se poderia computar nos números de limites de trabalhadores estabelecidos pela Diretiva, aqueles detentores de contratos a termo; se a causa do despedimento coletivo deve decorrer de um mesmo quadro de contratação coletiva por prazo determinado ou para a realização de uma obra; por fim, se o conceito de estabelecimento deveria abranger para o limiar numérico de trabalhadores unicamente a empresa ou estabelecimento como unidade de referência.

O terceiro caso em apenso refere-se ao Processo C-80/14[10], relativo ao caso de WW Realisation 1 Limited e Ethel Austin Limited, que faziam parte de uma cadeia de estabelecimentos retalhistas de âmbito nacional no UK. Operavam sobre as marcas *Woolworths* e *Ethel Austin* e foram declaradas insolventes provocando a dispensa de milhares e trabalhadores em todo o Reino Unido. Através da representação do sindicato USDAW atuaram em nome de vários trabalhadores, filiados ao sindicato, que haviam sido despedidos sob o fundamento de extinção dos postos de trabalho. O sindicato formulou pedido de indenização através de ações intentadas no Employment Tribunal de Liverpool e Londres Central Employment fundado no fato de que as dispensas não haviam sido comunicadas e nem consultado o sindicato sobre as mesmas. As empresas sofreram várias condenações e o Tribunal de Apelação, quando da apreciação dos recursos, autorizou a

---

10. TJUE, C- 80/14 Union of Shop, Distributive and Allied Workers (USDAW),B. **Wilson** e WW Realisation 1 Ltd, en liquidación, Ethel Austin Ltd,Secretary of State for Business, Innovation and Skills, 20.04.2015

intervenção do Secretary of Stet que suscitou questões prejudiciais quanto à interpretação da Diretiva 98/59, fundadas no conceito de estabelecimento para o fim do número mínimo de trabalhadores despedidos, isto é, se estabelecimento individual deveria considerar-se como a empresa retalhista como unidade econômica como um todo, ou cada loja individualmente.

Como bem explica o Advogado Geral quanto à Diretiva 98/59, "a definição de «despedimentos coletivos» é dividida em duas partes. A primeira parte abrange os tipos de despedimentos individuais que, quando têm lugar em número suficiente, dão origem a despedimentos coletivos (a seguir «despedimentos relevantes para efeitos da diretiva»). A segunda parte abrange os limites numéricos que, quando excedidos num determinado período de tempo, desencadeiam a obrigação de o empregador informar e consultar os trabalhadores nos termos do artigo 2.º da Diretiva 98/59 e a aplicação do procedimento previsto nos artigos 3° e 4° da mesma diretiva («procedimento de proteção»). É para efeitos desses limites que o conceito em causa é utilizado. A este propósito, a Diretiva 98/59 permite que os Estados-Membros escolham entre *dois métodos diferentes*, definidos, respetivamente, nos pontos i) e ii) do artigo 1.º, nº 1, alínea a"[11].

Não obstante as questões foram levantadas na vigência da Diretiva 98/59, o TJUE já havia se pronunciado sobre o conceito de centro de trabalho no Processo C-449/93 entre as partes *Rockfon A/S e o Specialarbejderforbundet i Danmark*[12] (sindicato dinamarquês dos trabalhadores especializados – "SID") em que a empresa havia promovido a dispensa de vários trabalhadores assalariados sem processo de consulta. Este caso foi suscitado na vigência da Diretiva 75/129/CEE que precedeu aquela outra e foi por ela revista.

O caso retrata a situação em que, entre os dias 10 e 28 de novembro de 1989, a Rockfon despediu 24 ou 25 de seus 162 trabalhadores. Esta empresa e três outras sociedades de produção do grupo (*ockment A/S, a Conrock A/S e a Rockwool A/S*), todas estabelecidas em Hedehusene, (Dinamarca) possuem um serviço de pessoal comum que tem atribuição para contratações e despedimentos, e, por decisão das empresas do grupo, qualquer decisão de despedimentos deve ser tomada de forma concentrada por este serviço de pessoal. Este serviço, outrossim, que decide através de informações dos respectivos chefes de unidades quais

---

11. Conclusões do Advogado Geral Nils Wahl, apresentadas em 05/02/2015 nos processos C-182/13, C-392/13 e C-80/14.
12. TJCE, C- 449/1993 Rockfon A/S e Specialarbejderforbundet i Danmark, 07.12.1995.

trabalhadores assalariados são suscetíveis de serem despedidos ou transferidos a outros serviços. Se houver falta de trabalho, o chefe de cada unidade comunica a central que cuidará de verificar se as quotas comunitárias não estão sendo ultrapassadas. Em seguida aos despedimentos, o SID entrou com a ação em nome de 14 dos trabalhadores despedidos que eram seus filiados questionando a dispensa e pedindo indenização respectiva. A defesa da empresa foi de que, apesar de ser autônoma, não era um estabelecimento para o fim da Diretiva, pois estes recrutamentos e rupturas contratuais eram confiados àquela outra empresa do grupo. A sentença reconheceu que o papel da empresa de RH era meramente consultivo, mas que, para o efeito da Diretiva, era sim considerada um estabelecimento. Interpôs a Rockfon o recurso e sobre este conceito se fundou a questão prejudicial suscitada pelo Tribunal Dinamarquês ao TJUE, além de questionar se a Diretiva obstaria que duas ou mais empresas, partes do mesmo grupo, estariam impedidas de criar um serviço comum de recrutamento e despedidas.

Quanto à questão da possibilidade de formação de grupo e organização empresarial, o TJUE respondeu que:

> "No que diz respeito à primeira parte da questão prejudicial, basta constatar que a directiva tem exclusivamente como objectivo a harmonização parcial dos processos de despedimento colectivo e não tem como finalidade restringir a liberdade das empresas de organizarem as suas actividades e de estruturarem o seu serviço de pessoal do modo que lhes parecer melhor corresponder às suas necessidades. O artigo 1., n. 1, alínea a), define, designadamente, o conceito de despedimento colectivo, determinando dessa forma o âmbito de aplicação da directiva, mas não estabelece nenhuma regra relativa à organização interna das empresas ou à gestão do pessoal. Em consequência, deve responder-se ao órgão jurisdicional de reenvio, quanto a esta questão, que o artigo 1., n. 1, alínea a), da directiva deve ser interpretado no sentido de que não obsta a que duas ou mais empresas que fazem parte de um grupo de empresas e que têm laços recíprocos, mas das quais nenhuma tem uma influência preponderante sobre as outras, criem um serviço comum de recrutamento e de despedimentos, de modo que, nomeadamente, os despedimentos numa das empresas só possam ter lugar com a aprovação desse serviço"[13]

No que concerne ao conceito de estabelecimento, o TJUE estabeleceu que não houve intenção da Diretiva em definir o que seria estabelecimento e que na forma como está nela posta é um conceito comunitário sem intenção de interferir nos conceitos que cada Estado membro

---

13. nº 21 e 22 da sentença *Rockfon* (Processo C-449/93)

possui sobre o instituto, não havendo qualquer intenção de interferir nas legislações internas que utilizam o mesmo significado em suas várias acepções linguísticas: centro de trabalho, unidade local, local de trabalho, empresa e estabelecimento.

> "a directiva foi adoptada com base nos artigos 100. e 117. do Tratado CEE, referindo-se este último artigo à necessidade para os Estados-Membros de promoverem a melhoria das condições de vida e de trabalho dos trabalhadores, de modo a permitir a sua igualização no progresso. Resulta do primeiro considerando da directiva que esta visa precisamente reforçar a protecção dos trabalhadores em caso de despedimentos colectivos. A este respeito, podem fazer-se duas observações. Em primeiro lugar, uma interpretação deste conceito no sentido preconizado pela Rockfon permitiria a sociedades pertencentes ao mesmo grupo tentar dificultar a sua sujeição à directiva, confiando a decisão de despedir a um órgão de decisão distinto. Por essa via, ser-lhes-ia assim possível escapar à obrigação de observar um certo número de procedimentos protectores dos trabalhadores e grupos significativos de trabalhadores poderiam ver ser-lhes denegado o direito a serem informados e ouvidos, de que normalmente beneficiam por força da directiva. Esta interpretação parece, pois, incompatível com a finalidade da directiva. Deve lembrar-se, a seguir, que o Tribunal decidiu que a relação de trabalho se caracteriza essencialmente pelo laço que existe entre o trabalhador e a parte da empresa à qual está afecto no exercício da sua função (acórdão de 7 de Fevereiro de 1985, Botzen e o., 186/83, Recueil, p. 519, n. 15). Deve, por conseguinte, interpretar-se o conceito de "estabelecimento" constante do artigo 1., n. 1, alínea a), da directiva como designando, em função das circunstâncias, a unidade a que os trabalhadores visados pela medida de despedimento estão afectos no exercício das suas funções. O facto de a unidade em causa dispor de uma direcção capaz de efectuar, de modo independente, despedimentos colectivos não é essencial à definição do conceito de «estabelecimento». Esta interpretação é confirmada pelo facto de a proposta inicial de directiva apresentada pela Comissão ter utilizado o termo "empresa", que era definido no artigo 1., n. 1, último parágrafo, da proposta como sendo a "unidade local de emprego". O Conselho decidiu, porém, substituir o termo "empresa" pelo de "estabelecimento", o que teve como consequência a supressão da definição inicialmente contida na proposta, julgada supérflua. Deve, portanto, responder-se à segunda parte da questão prejudicial que, pelo termo "estabelecimento", constante do artigo 1., n. 1, alínea a), da directiva deve entender-se, em função das circunstâncias, a unidade a que os trabalhadores em causa estão afectos no exercício das suas funções. O facto de a unidade em causa dispor de uma direcção capaz de efectuar, de modo independente, despedimentos colectivos não é essencial à definição do conceito de «estabelecimento»".[14]

---

14. Nº 31 a 34 da sentença *Rockfon* (Processo C-449/93)

Este entendimento foi confirmado no julgamento dos outros três processos mais recentes, reforçando o entendimento de que os conceitos de empresa e estabelecimento são distintos e que este constitui uma parte daquela, podendo coincidir os dois conceito numa só unidade quando a empresa não tenha várias unidades distintas e possam coincidir numa só unidade[15]. Assevera o Acórdão no caso Cañas x Nexea, "consequentemente, quando uma «empresa» inclui diversas entidades que preenchem os critérios especificados nos números 44, 45 e 47 do presente acórdão, é a entidade a que os trabalhadores visados pelo despedimento estão afetos no exercício das suas funções que constitui o «estabelecimento», na acepção do artigo 1.°, n. 1, primeiro parágrafo, alínea a), da Diretiva 98/59, e, por conseguinte, há que ter em consideração o número de despedimentos efetuados separadamente dos realizados noutros estabelecimentos da mesma empresa (v., neste sentido, acórdãos Lyttle e o., C182/13, EU:C:2015:0000, n. 33, e USDAW e Wilson, C80/14, EU:C:2015:291, n. 52)"[16].

O entendimento firmado pelo Tribunal, em apertada síntese é de que, para que se considere despedimento coletivo a Diretiva teve a intenção de estabelecer que o número de trabalhadores deveria ser considerado no centro de trabalho em que prestam seus serviços, isto é, o local a que estão vinculados com seu empregador. Todavia, tal conceito pode ser alterado se verificado que a lei interna utiliza outra expressão justamente para impedir o objetivo da Diretiva, que é de amenizar os efeitos da dispensa coletiva não só no que concerne aos direitos sociais, mas, também, ao equilíbrio do próprio Estado. Por outras palavras, o que se quer é afastar o abuso da liberdade empresarial.

## 4. ALGUMAS CONSIDERAÇÕES SOBRE O DIREITO INTERNO

Não obstante no cenário nacional já nos deparemos muito com casos de dispensas em massa, até a vigência da Lei n. 13.467/2017 não havia qualquer regulamentação ou previsão para tal tipo de ruptura contratual.

Como já disse, o caso mais paradigmático, e, pode-se dizer, o marco jurisprudencial da matéria, se firmou com a decisão do caso da empresa Embraer.

A discussão gira em torno da Convenção 158 da OIT e do art. 7º, I da CF.

---

15. N.º 28 do acórdão Athinaïki Chartopoiïa (C270/05, EU:C:2007:101)
16. Nº 49, do acórdão Andrés Rabal Cañas (C-392/13)

Ao contrário do que se passou no direito Europeu, a norma nacional sempre foi mais flexível. Até 1967, isto é, antes da opção pelo regime do FGTS, o alcance de dez anos de serviços prestados ao mesmo empregador dava ao trabalhador a garantia de emprego, isto é, a possibilidade de ver rompido seu contrato de trabalho apenas por uma causa justa ou um motivo justificado da empresa, modelo este da Convenção 158 da OIT.

Com o regime de opção do FGTS em 1967, o contrato de trabalho foi flexibilizado e aquilo que passara a ser uma opção virou a regra, até que a CF de 1988, quando elevou a *status* de direito Constitucional vários direitos sociais, cuidou de prever no art., 7º, I que são *direitos dos trabalhadores urbanos e rurais, além de outros que visem à melhoria de sua condição social: I – relação de emprego protegida contra despedida arbitrária ou sem justa causa, nos termos de lei complementar, que preverá indenização compensatória, dentre outros direitos.* E, no Art. 10, do Ato das Disposições Constitucionais Transitórias que dispõe: Até que seja promulgada a lei complementar a que se refere o art. 7º, I, da Constituição: I – fica limitada a proteção nele referida ao aumento, para quatro vezes, da porcentagem prevista no art. 6º, "caput" e § 1º, da Lei nº 5.107, de 13 de setembro de 1966; II – fica vedada a dispensa arbitrária ou sem justa causa: a) do empregado eleito para cargo de direção de comissões internas de prevenção de acidentes, desde o registro de sua candidatura até um ano após o final de seu mandato; b) da empregada gestante, desde a confirmação da gravidez até cinco meses após o parto.

Assim, as dispensas arbitrárias, isto é, aquelas que não são fundadas numa causa justa atribuída ao empregado ou a empregador, ficaram limitadas aos casos enumerados pelo legislador Constitucional e outros previstos em leis especiais, como é o caso do Cipeiro. Ao trabalhador dispensado arbitrariamente, a lei prevê um sistema de indenização pré-fixada através de contribuições ao FGTS, que seria a reparação do dano sofrido pela dispensa imotivada nos contratos sem prazo certo. Este foi o critério eleito pelo legislador e que não encontrou resistências significativas que pudessem colocá-lo em xeque.

Como não tratou a lei brasileira, até o advento da Lei n. 13.467/2017, das dispensas coletivas é que o TST entendeu que deveria dar um contorno à situação quando a questão lhe foi posta, decidindo sobre os vários pontos que se levantaram sobre o tema. Primeiro distinguiu a dispensa coletiva da dispensa plúrima. Citando Orlando Gomes:

*"Dispensa coletiva é a rescisão simultânea, por motivo único, de uma pluralidade de contratos de trabalho numa empresa, sem substituição dos*

*empregados dispensados. Dois traços caracterizam a dispensa coletiva, permitindo distingui-la da dispensa plúrima. São: a) a peculiaridade da causa; b) a redução definitiva do quadro do pessoal. Na dispensa coletiva é única e exclusiva a cláusula determinante. O empregador compelido a dispensar certo número de empregados, não se propõe a despedir determinados trabalhadores, senão aqueles que não podem continuar no emprego. Tomando a medida de dispensar uma pluralidade de empregados não visa o empregador a pessoas concretas, mas a um grupo de trabalhadores identificáveis apenas por traços não pessoais, como a lotação em certa seção ou departamento, a qualificação profissional, ou o tempo de serviço. A causa da dispensa é comum a todos, não se prendendo ao comportamento de nenhum deles, mas a uma necessidade da empresa"*[17]

É certo, como ponderado no Acórdão, que a dispensa individual e coletiva é absolutamente diferente e que, embora a lei à época não guardasse previsão alguma de forma explícita e tipificada, corresponde a um fato social, econômico e jurídico diverso. No caso, a Embraer tinha uma causa econômica que fundamentou a dispensa de 4000 trabalhadores, e, à falta de um regulamento próprio, aplicou à dispensa coletiva o mesmo tratamento dado as individuais.

O Acórdão entendeu que não havia outro campo para tratar do tema que não dentro do direito coletivo, ainda que não houvesse norma expressa a respeito, pois é uma conduta de fato massiva e teria que seguir as regras e princípios jurídicos que regulam o direito coletivo do trabalho, para somente assim poder cumprir sua função sociopolítica e econômica. Sustenta que a ordem Constitucional brasileira e as convenções que foram ratificadas pelo Brasil não autorizam o manejo unilateral e protestativo de dispensas em massa. Entende que o art. 7º, I apenas delegou ao legislador infraconstitucional a eleição de sanções decorrentes da dispensa arbitrária, impedindo a aplicação e atuação do intérprete em sentido contrário.

Entende que a inércia do legislador infraconstitucional não pode impedir que se apliquem sanções para o caso do descumprimento do direito fundamental. Seguindo esta premissa e o raciocínio lógico desenvolvido no Acórdão, decide que a negociação coletiva é requisito indispensável para dispensa de massa de trabalhadores, e, em sua ausência, se deve buscar a sentença normativa, únicos meios que poderiam fixar as condutas para enfrentar as crises suportadas pela empresa, servindo ainda a atenuar os efeitos que a dispensa poderia provocar. Adverte que por este meio se pode fixar a preferência social das despedidas (os mais novos antes dos mais velhos e os trabalhadores com garantias de emprego, por exemplo).

---

17. Processo Nº TSTRODC309/ 20090001500.4, Relator Ministro Mauricio Godinho Delgado

Afastando a abusividade da dispensa coletiva que havia sido declarada pelo Regional e que teve como consequência a nulidade das dispensas entabuladas, o TST entendeu que, pelos elementos que fundaram as dispensas, o ato foi abusivo por não respeitar as regras do direito coletivo. Daí determinou a alteração dos critérios de indenizações para o fim de amenizar ou reduzir os efeitos das dispensas. Alertou, ainda, para o fato de que não somente direitos dos trabalhadores foram estremecidos, mas também haveria um reflexo profundo na cidade em que a empresa estava localizada e onde grande parte da mão de obra dependia do trabalho na companhia.

O julgado é um marco no sentido de se entender que a matéria deveria ser discutida e resolvida com a participação do sindicato e no âmbito do direito coletivo, não obstante tenham sido criadas regras para a dispensa coletiva por ato estatal, é certo que, no sistema nacional em que o Poder Normativo prevalece, situa-se o tema, como fez o Acórdão, dentro deste ramo, é certo que o ativismo praticado nas decisões proferidas em dissídios coletivo são autorizadas pela própria CF que permite esta interferência do Judiciário nas negociações coletivas. Não seria a primeira vez que o Judiciário fixaria regras no seio do direito coletivo. Isso ocorreu, por exemplo, com o vale refeição e outros tantos direitos que foram fixados em sentenças normativas.

Todavia, com a vigência da Lei n. 13.467/2017, pode-se dizer que se guarda um marco distinto. O legislador fixou a regra que entendeu adequada para as dispensas coletivas e o que fez foi equiparar seus efeitos às dispensas individuais, justamente a linha oposta daquela definida no Acórdão comentado e que fez jurisprudência anteriormente.

Vozes têm se levantado contra a disposição legal e várias ações sido propostas com o intuito de cancelar dispensas coletivas que foram praticadas após a vigência da lei. Ressoam nas várias ações dois fundamentos: um, a necessidade de se aplicar o direito Europeu, fixando-se o parâmetro normativo da Diretiva 98/59/CE.

O TRT/4 (Rio Grande do Sul) na decisão do caso em ação de mandado de segurança em que é impetrante o Sindicato dos Engenheiros do Estado do RS entendeu que é vedada a dispensa em massa dos trabalhadores sem interferência do sindicato. As dispensas ocorreram em maio de 2017, antes da aprovação da Lei n. 13.467/2017 e de sua vigência, mas a decisão foi proferida na vigência da lei. A decisão se reporta mais à questão da concessão da liminar, até mesmo pela natureza da ação, isto é, mandado de segurança contra a decisão que mandou reintegrar liminarmente parte dos trabalhadores, do que à questão da dispensa coletiva. Todavia, assevera que caracterizou-se a dispensa coletiva pelo modo como procedeu a empresa quando promoveu a dispensa de forma fracionada de vários trabalhadores em épocas próximas, porém distintas. Assinala que o poder de o empregador promover a dispensa do trabalhador está limitado constitucionalmente pelos princípios da dignidade da pessoa humana, valor social da propriedade e a busca pelo pleno emprego, conforme jurisprudência reiterada daquele Regional[18].

Em conflito com este posicionamento e já fundado na Lei n. 13.467/2017, é a decisão proferida pelo Ministro Ives Gandra da Silva Martins Filho no julgamento da Correição Parcial interposta junto ao TST por Sociedade de Educação Ritter dos Reis, que discutiu a decisão proferida pelo TRT/4 (RS) que indeferiu a liminar em mando de segurança que aquela empresa impetrou justamente para discutir a decisão do juiz de 1º grau que concedeu liminar afastando a aplicação do art. 477-A, CLT (dispensa coletiva). No caso, a empresa havia dispensado coletivamente seus trabalhadores exatamente nos termos disposto no artigo citado já com nova redação, isto é, aquela que equipara as dispensas individuais com a coletiva. Entendeu o TST que, por ser a decisão absolutamente contrária a letra do art. 477-A – redação esta que superou aquele entendimento que já havia sido fixado pelo TST – que exigia a negociação coletiva para casos que tais. Daí entendeu que esta frontal violação ao artigo de lei autoriza o uso da correição pela prática do ativismo judicial e, por isso, entende que deve a Corregedoria atuar nestes casos para que se estabeleça o império da lei vigente. Sendo assim, suspendeu a liminar concedida pelo TRT para reformar a decisão que ordenou a reintegração liminar dos trabalhadores[19].

Como se vê, a questão, mesmo após o advento da Lei n. 13.467/2017, não é pacifica. Mas há que refletir, principalmente no atual ambiente que vivemos e que é conturbado, que não parece que se possa transpor a Diretiva da UE ou a Convenção 158 da OIT ao direito interno, quer pelos argumentos já citados relativos às decisões do TJUE aqui comentadas; quer pelo sistema sindical absolutamente diverso dos países Europeus. Some-se a isso, o fato de que os vários países da União Europeia ratificaram a convenção 158 da OIT e, no Brasil, este instrumento internacional é objeto de ADI em tramite no STF, onde se discute a constitucionalidade (ou não) do decreto que revogou a convenção do âmbito nacional. Portanto, ainda neste momento, não tem vigência no direito interno

---

18. TRT-4- PROCESSO nº 0021242-86.2017.5.04.0000 (MS)
19. CorPar 1000393-87.2017.5.00.0000, TST, 28,12,2017.

Ainda que se possa sustentar que a Diretiva da UE ou a Convenção 158 podem ser aplicadas como fonte de interpretação, segundo já se decidiu, deve existir um respeito às disposições Constitucionais e internas de cada país.

O sistema Constitucional vigente é aquele já comentado em que se estipulou uma prefixação pelo sistema do FGTS. Ainda que se falasse na aplicação da Convenção 158, esta regra internacional prevê as dispensas arbitrárias e, quando ocorridas, terá o trabalhador o direito a uma indenização pelo dano sofrido. Como se vê no sistema Constitucional nacional, esta indenização foi prevista e é aplicada. A distinção é que o costume da dispensa arbitraria está tão arraigado na sociedade que ninguém questiona qual o motivo porque o trabalhador é despedido ou se havia um motivo empresarial para isso, salvo quando o número de trabalhadores dispensados ou alguma condição especial em que se encontre o obreiro possa se chocar com o interesse de outrem, a ponto de verificar-se um desequilíbrio social, político e econômico para o próprio Estado.

O regime do FGTS constitui uma poupança forçada estabelecida justamente para que o trabalhador seja indenizado pela ruptura contratual desmotivada, isto é, arbitrária. Não se poderá dizer que o sistema de indenização prefixado representa prejuízo ao trabalhador, pois ao final do contrato, além de soerguer os valores que ao longo do vínculo foram depositados, recebe o adicional de 40% sobre os valores atualizados dos depósitos. Talvez em uma comparação com alguns países europeus que tenham ratificado a Convenção 158 e aos quais se aplica a Diretiva 98/59/CE, o sistema brasileiro, ao final, poderá resultar num saldo maior ou igual de indenização, pois a maioria das indenizações é fixada sobre o valor salarial do trabalhador.

O que se está questionando é a Constitucionalidade do critério utilizado pela Lei n. 13.467/2017 que, até o momento, não foi declarada inconstitucional.

A decisão do caso Embraer bem pontuou a inexistência de regra legal e, daí, o entendimento do TST de que o vazio deveria ser suprido por decisão do Judiciário. Todavia, não me parece que se poderá usar o Acórdão como paradigma, pois, no contexto da reforma, há uma regra jurídica estabelecendo que

> Art. 477-A. *As dispensas imotivadas individuais, plúrimas ou coletivas equiparam-se para todos os fins, não havendo necessidade de autorização prévia de entidade sindical ou de celebração de <u>convenção coletiva</u> ou <u>acordo coletivo</u> de trabalho para sua efetivação.*

Portanto, o dispositivo afasta a possibilidade de se neutralizar ou reduzir, pela negociação coletiva, o arbítrio nas dispensas coletivas e plúrimas, equiparando-as àquilo que já ocorre nas individuais e que nunca se questionou sobre sua legalidade ou regularidade, salvo no âmbito da discussão quanto a manutenção da Convenção 158 da OIT no sistema jurídico nacional.

A opção do legislador não parece ter sido a mais adequada, senão no âmbito social, no do próprio Estado. Dispensas coletivas operadas em algumas empresas podem colocar em risco a economia de várias cidades em que grandes empresas estão estabelecidas e a própria cidade sobrevive dos resultados que a atividade empresarial lhe traz, quer diretamente por meio de impostos, quer pela movimentação da economia gerada com os recursos dos trabalhadores que lhe prestam serviços.

Não parece que a desregulamentação absoluta seja a melhor opção. Tampouco estou convencida de que a opção legislativa seja inconstitucional. Mas é certo que vai na contramão das propostas sociais e da necessidade de se harmonizar a liberdade de trabalho com a liberdade empresarial e o equilíbrio das contas estatais.

A liberdade empresarial está assegurada pelo art. 26[20] da Convenção Interamericana de Direitos Humanos e também pelo art. 10 da Declaração Social Laboral do Mercosul[21], sendo o Brasil signatário de ambos os pactos. É certo que a norma trazida não impede que os sindicatos venham a negociar regras que possam nortear as dispensas coletivas e assim devem fazer. E, dentro do critério trazido pela Lei n. 13.467/2017, a disposição em norma coletiva neste sentido, deverá prevalecer sobre a letra da lei.

O legislador perdeu a oportunidade de traçar um bom regramento para as dispensas coletivas, prevendo, por exemplo, os seus contornos e sua caracterização, definindo o âmbito do centro de trabalho e tratando de situações relativas, por exemplo, a grupos empresariais.

---

20. Os Estados Partes comprometem-se a adotar providências, tanto no âmbito interno como mediante cooperação internacional, especialmente econômica e técnica, a fim de conseguir progressivamente a plena efetividade dos direitos que decorrem das normas econômicas, sociais e sobre educação, ciência e cultura, constantes da Carta da Organização dos Estados Americanos, reformada pelo Protocolo de Buenos Aires, na medida dos recursos disponíveis, por via legislativa ou por outros meios apropriados.

21. Os empregadores, em conformidade com a legislação nacional vigente em cada Estado Parte, têm o direito de criar, organizar e dirigir econômica e tecnicamente a empresa.

A concluir que são os próprios sindicatos, na maior parte das vezes, os autores das ações judiciais que questionam as dispensas coletivas, parece mais adequado que, dentro do sistema do *negociado sobre o legislado*[22] possa se esforçar por inserir as regras nas convenções coletivas. Isso certamente resolveria a questão e traria maior segurança jurídica, não só às empresas, mas também aos trabalhadores, prevenindo o litígio.

Uma última questão que me parece oportuno trazer à reflexão é de considerar que o empregador tem o poder de organização que corresponde ao seu direito de dirigir o negócio, cujos riscos são seus. Esse poder encontra limites no "exercício dos poderes do empregador, sob controle judicial, encontra limites nos direitos fundamentais do empregado e bem assim nas fontes formais do direito do trabalho, além de reconhecer pacificamente, na doutrina e na jurisprudência, em favor do empregado o *ius resistentiae*"[23].

No contexto Constitucional nacional a dispensa arbitrária, como já se disse, está regulamentada pelo regime do FGTS, isto é, a consequência da dispensa arbitrária tem seus contornos ali. Sendo assim, pode-se dizer que o legislador teria a opção por um sistema de controle das dispensas coletivas similar ao que ocorrer no direito alienígena aqui tratado, ou outro diverso e conforme os contornos Constitucionais. Pode-se entender que a eleição não foi a mais adequada, todavia, não parece que está à margem do sistema jurídico nacional e tampouco extravasa a linha se separação dos direitos fundamentais.

Há ações de inconstitucionalidade propostas que questionam este artigo de lei que, ao final, se acolhidas pelo STF, terão por efeito de retornar ao estado anterior, isto é, ao vazio legislativo e às decisões fundadas em sentenças normativas, tema este que já devia ter sido revisto pela reforma Constitucional, pois, inquestionavelmente causa um grande prejuízo à liberdade sindical.

Como se vê, há muito ainda que percorrer. O pano de fundo, ao que parece ser, é o adequado enquadramento dos sindicatos para que possam responder e atuar frente às novas organizações empresariais e ao novo modelo econômico surgido neste século da quarta revolução

---

22. Não tenho simpatia por esta expressão que tem cunho mais jornalístico do que científico. O interprete do direito sabe que o correto não é a prevalência de um instituto sobre o outro, mas sim a perfeita harmonia entre eles e uma interpretação adequada.
23. SAYAO ROMITA, Arion, *Poderes do Empregador e Ideologia*, Revista TRT 8º Regiao, Belém, v. 48, jan-jun/2015 p. 129.

industrial. A dispensa coletiva e seu regramento é só mais um ponto em meio a vários outros que mereceriam uma revisão conforme o princípio da liberdade sindical em sua dimensão mais profunda. É a constatação de que é urgente a reforma do direito coletivo nacional de uma maneira coerente, e adequada às regulamentações internacionais.

## BIBLIOGRAFIA

BAYLOS GRAU, Antonio & PÉREZ REY, Joaquín, *El despido o la violencia del poder privado*, Editorial Trotta, Madrid, 2009

MANNRICH, Nelson, *Dispensa Coletiva – da Liberdade Contratual À Responsabilidade Social,* ed. LTR, São Paulo, 2000

MARINHO, Rogério, *Modernização das Leis Trabalhistas – o Brasil pronto para o Futuro*, De Petrus et Alii Editora Ltda. Rio de Janeiro, 2018

MARTINEZ, Luciano, *Curso de Direito do Trabalho, 8º ed.*, Saraiva, São Paulo, 2017

MASCARO NASCIMENTO, Amauri, *Compendio de Direito Sindical.* LTR, São Paulo, 2015

NAHAS, Thereza C, Reflexões sobre o Capital Globalizado nas Relações de Trabalho – Especial Referência a UE e Mercosul, LTR Editora, Sao Paulo, 2016

_____ *O Novo Direito do Trabalho – Institutos Fundamentais,* Editora RT, São Paulo, 2017

NAHAS, Thereza, PEREIRA Leone & MIZIARA, Raphael, *CLT Comparada Urgente,* 2. ed., RT, 2018

PUGLIESE, Raphael, *Reforma Trabalhista Comentada,* ed. Juruá, São Paulo, 2018

RODRIGUEZ RODRIGUEZ, Emma, *El Despido Colectivo Frente a la Flexibidad Interna,* Editorial Bomarzo, Revista de Derecho Social, nº 79, 2017

SAYAO ROMITA, Arion, *Poderes do Empregador e Ideologia*, Revista TRT 8º Região, Belém, v. 48, jan.-jun./2015.

SIMÃO DE MELO, Raymundo, *Dispensa Coletiva – antes e depois da reforma trabalhista*, disponível em https://www.conjur.com.br/2017-dez-01/reflexoes-trabalhistas-dispensa-coletiva-antes-depois-reforma-trabalhista

### Páginas da web:

www.ilo.org
https://curia.europa.eu/jcms/jcms/index.html
http://www.bancomundial.org/
https://www.cepal.org/es
http://www.tst.jus.br/
http://www.tst.jus.br/web/pje/trt04-rio-grande-do-sul
http://www.trtsp.jus.br/
http://portal.stf.jus.br/
http://www.eduardorojotorrecilla.es/2017/10/inexistencia-de-despido-colectivo.html

# ARTIGO 7º, INCISO XX

# Proteção do mercado de trabalho da mulher: Jurimetria e o art. 7º, XX, da Constituição Federal e recentes decisões

*Bárbara Fagundes[1]*
*Luciane Cardoso Barzotto[2]*

*Sumário:* Introdução; 1. Discriminação e Conceitos; 2. Discriminação e Fontes do direito; 3. Sentidos para o art. 7º, XX, da Constituição Federal; 4. Conclusão.

## INTRODUÇÃO

O art. 7º, XX, da Constituição Federal de 1988 estabelece o direito fundamental de *proteção do mercado de trabalho da mulher, mediante incentivos específicos, nos termos da lei.* Passados quase 30 anos da vigência do mencionado texto constitucional, perquire-se acerca da aplicação do dispositivo em comento, isto é, qual seria abrangência dada à

---

1. Mestranda em Direito pela Universidade Federal do Rio Grande do Sul (UFRGS). Especialista em Direito e Processo do Trabalho pela Pontifícia Universidade Católica de Minas Gerais (PU-CMG). Bacharel em Ciências Jurídicas e Sociais pela Universidade Federal do Rio Grande do Sul (UFRGS). Juíza do Trabalho Substituta do Tribunal Regional do Trabalho da 4ª Região.

2. Pós-doutorado pela Universidade de Edimburgo (Escócia – 2011). Doutorado em Direito pela Universidade Federal do Paraná (UFPR) (2003). Mestre em Direito pela Universidade do Vale dos Sinos (UNISINOS) (2000). Bacharel em Ciências Jurídicas e Sociais pela Universidade Federal do Rio Grande do Sul (UFRGS) (1988). Juíza do Trabalho Titular do Tribunal Regional do Trabalho da 4ª Região. Professora adjunta da Universidade Federal do Rio Grande do Sul (UFRGS), atuando na graduação e mestrado – PPGD. É Professora Permanente do Programa de Pós-Graduação em Direito da UFRGS – orientadora de Mestrado. Atua como líder do grupo de pesquisa Direito e Fraternidade da UFRGS (Capes/CNPQ).

norma jurídica citada pela jurisprudência, em especial, pelo Tribunal Superior do Trabalho. Da mesma forma, indaga-se se a expressão proteção do mercado de trabalho da mulher é interpretada de forma gramatical, literal e restritiva, ou seja, somente quanto ao ingresso e à manutenção dos indivíduos do gênero feminino no mercado de trabalho ou se há um sentido mais amplo conferido ao artigo constitucional.

A fim de responder as citadas questões, o presente estudo baseia-se em pesquisa empírica realizada pela análise de julgados do Tribunal Superior do Trabalho, disponíveis para consulta pública no sítio eletrônico do referido órgão jurisdicional: analise estatística, jurimetria. A pesquisa foi realizada com relação a decisões proferidas nos últimos cinco anos, mais precisamente, entre 29/04/2013 a 29/04/2018.

Inicialmente, foi pesquisado o termo "proteção do mercado de trabalho da mulher", tendo sido encontradas 818 ocorrências. Durante a pesquisa empírica, percebeu-se que a expressão mencionada aparece conjuntamente com o termo "artigo 384 da CLT". Juntos os termos "proteção do mercado de trabalho da mulher" e "artigo 384 da CLT" aparecem 733 vezes, ou seja, em 89,60% das ocorrências. Em suma, em apenas 85 casos, isto é, em 10,39% das ocorrências, a expressão "proteção do mercado de trabalho da mulher" é utilizada de forma dissociada do termo "artigo 384 da CLT".

Considerando-se estes primeiros dados, nota-se que a expressão "proteção do mercado de trabalho da mulher" é usada a fim de abordar dispositivo legal infraconstitucional que prevê intervalo de descanso para as empregadas entre o horário contratual e/ou legal e a realização de horas extraordinárias. Impende referir que o art. 384 da CLT foi revogado expressamente pelo art. 5º, I, *i*, da Lei n. 13.467/2017, o que demonstra que o resultado da presente pesquisa tende a mudar, caso feitas as mesmas buscas com iguais termos, mas com corte temporal distinto e futuro.

Constava como redação do revogado art. 384 da CLT que *em caso de prorrogação do horário normal, será obrigatório um descanso de 15 (quinze) minutos no mínimo, antes do início do período extraordinário do trabalho.* Disso se extrai, inicialmente, que a principal abordagem do Tribunal Superior do Trabalho sobre *proteção do mercado de trabalho da mulher* não é feita com relação à inserção e à continuidade da mulher em emprego formal, mas sim quanto às condições especiais de trabalho da mulher, como duração do trabalho, segurança e saúde, categorias em que o art. 384 da CLT poderia ser alocado.

Este primeiro dado encontrado induz a novos questionamentos. Por exemplo, de que forma o Tribunal Superior do Trabalho associa o art. 7º, XX, da Constituição Federal com o art. 384 da CLT? Quando o art. 384 da CLT não é objeto da decisão do referido tribunal, quais são os sentidos conferidos à expressão *proteção do mercado de trabalho da mulher*?

Saber o sentido conferido pela jurisprudência ao inciso referido tem importância, uma vez que há outras normas no mesmo artigo cujo alcance é semelhante[3]. No entanto, não se pode interpretar, em princípio, que incisos de um mesmo dispositivo constitucional tenham idêntico significado. Além disso, apesar de ser norma antidiscriminatória, a citação do inciso em comento como fundamento para decidir ainda é baixa em comparação com outros similares[4], razão pela qual o estudo sobre o tema é necessário. Deve-se, então, investigar o uso do art. 7º, XX, da Constituição Federal para dimensionar sua relevância como norma constitucional inserida em dispositivo central para o Direito do Trabalho brasileiro.

## 1. DISCRIMINAÇÃO E CONCEITOS

O art. 7º, XX, da Constituição Federal insere-se dentre os dispositivos do direito interno brasileiro que têm como escopo o combate à discriminação, mais precisamente aquela que atenta contra a mulher no mercado de trabalho. Discriminar é diferenciar, ou seja, distinguir sujeitos, objetos e casos[5]. Estabelece-se uma relação entre sujeitos, por

---

[3] Olga Maria Bosch Aguiar de Oliveira estabelece a relação entre os incisos do art. 7º da Constituição Federal ao tratar da forma como a Constituição atual cuidou da questão da discriminação da mulher no trabalho. Cumpre citar a autora: *Cabe ressaltar que, em relação aos direitos sociais, o artigo 7º em três incisos e, o Artigo 10º dos Atos das Disposições Constitucionais Transitórias (ADCT), deu atenção especial as mulheres trabalhadoras, pois além de garantir os direitos acima referidos e outros para todos os trabalhadores masculinos e femininos, estabeleceram de maneira diferenciada os seguintes direitos: 1) a licença maternidade, sem prejuízo do emprego e do salário, com duração de 120 dias (inciso XVIII) que foi assegurada também as empregadoras domésticas, avulsas e rurais; 2) a proteção do mercado de trabalho da mulher (inciso XX); 3) a proibição de diferenças de salários, de exercícios de funções e de critério de admissão por motivo de sexo, idade, cor ou estado civil; 4) a estabilidade à gestante (artigo 10, II, letra "b" ADCT).* OLIVEIRA, Olga Maria Bosch Aguiar de. Mulheres e trabalho: desigualdades e discriminação em razão de gênero: o resgate do princípio da fraternidade como expressão da dignidade humana. Rio de Janeiro: Lumen Juris, 2016. 420 p., p. 259.

[4] No sítio eletrônico do Supremo Tribunal Federal, no link a Constituição e o Supremo Tribunal Federal, o art. 7º, XX, da Constituição Federal, não há qualquer julgado que com ele se relacione, ao passo que, no que tange a outros incisos do mesmo dispositivo concernentes à matéria de discriminação, como XVIII e XXX, há decisões associadas.

[5] SOUTO MAIOR, Jorge Luiz. O direito do trabalho e as diversas formas de discriminação. Revista do Tribunal Superior do Trabalho, Porto Alegre, RS, v. 68, n. 2, p. 97-102, abr./jun. 2002.

exemplo, e verifica-se se ambos são merecedores de mesmo tratamento ou não. Caso a resposta seja negativa, deve-se definir o fator de discrímen, isto é, o que os torna distintos e, portanto, destinatários de direitos diferenciados.

Se o critério de distinção dos sujeitos é justificável, há fator de discrímen justo. Caso contrário, o que os diferencia é irrelevante para distinguir direitos. Assim, o fator de discrímen é injusto, e a discriminação não se justifica, devendo, pois, ser eliminada. Disso, conclui-se que diferenciar não é necessariamente negativo, mas natural e inerente ao convívio humano e, portanto, ao Direito.

A discriminação pode ser negativa, isto é, quando se tenta extirpar distinções infundadas que apenas exprimem preconceitos e situações odiosas. Como exemplo de dispositivo que trata de discriminação negativa, cita-se o art. 7º, XXX, da Constituição Federal, que estabelece a *proibição de diferença de salários, de exercício de funções e de critério de admissão por motivo de sexo, idade, cor ou estado civil*. A discriminação negativa, em suma, espelha o que tradicionalmente se entende por discriminação[6].

No entanto, para o atingimento da igualdade material ou substancial, ou seja, aquela que necessita não apenas da declaração em documentos jurídicos formais de que todos são iguais, mas sim da efetivação do tratamento igualitário, são precisos incentivos e ações a fim de igualar aqueles que são artificialmente desiguais[7]. A discriminação positiva visa a promover a igualdade[8]. Enquanto normas de discriminação negativa tem por objetivo determinar a observância de uma

---

Disponível em: <https://hdl.handle.net/20.500.12178/51479>. Acesso em 06/05/2018. p. 97. Também cita-se um dos trabalhos pioneiros e importantes na memória constitucional pós 88, que é o da Ministra Carmen Lucia. ROCHA, Carmen Lucia Antunes. O princípio constitucional da igualdade. Belo Horizonte: Editora LE, 1990.

6. ROTHENBURG, Walter Claudius. Igualdade material e discriminação positiva: o princípio da isonomia. Em: NEJ – Vol. 13 – n. 2, jul-dez 2008. Itajaí: Univali, p. 77-92, p. 81.

7. Sobre discriminação positiva, pode-se citar a seguinte definição: *Por sua vez, o princípio da igualdade não impede que a lei estabeleça distinções, vedando o arbítrio. É necessário, todavia, que essas diferenças incorporem um fundamento dotado de razoabilidade e, como tal, seja legítimo. Tanto é assim que as constituições democráticas consagram um princípio de igualdade material, compreendido em um mesmo tratamento aqueles que são iguais, e diferente quando os dados alusivos à igualdade não existem.* ARAÚJO, Eneida Melo Correia de. O trabalho da mulher e o princípio da igualdade. Em: Rev. TST, vol. 79, n. 3. Brasília, jul./set. 2013, p. 48.

8. ROTHENBURG, Walter Claudius. Igualdade material e discriminação positiva: o princípio da isonomia. Em: NEJ – Vol. 13 – n. 2, jul.-dez. 2008. Itajaí: Univali, p. 77-92, p. 81.

obrigação de não fazer a fim de evitar a desigualdade, normas referentes à discriminação positiva determinam obrigações de fazer para eliminar distinções injustas.

Feita essa distinção, impende reconhecer que a segunda parte do art. 7º, XX, da Constituição Federal indica que o inciso citado determina uma postura ativa para a proteção do mercado de trabalho da mulher em razão da expressão *mediante incentivos específicos*. Assim, ao menos doutrinariamente, pode-se inserir o citado inciso como exemplo de norma relativa à discriminação positiva. Ademais, pode-se defender que a palavra proteção, por si só, já demanda ação[9].

O conceito de discriminação ainda importa em outras subdivisões, quais sejam: direta e indireta[10]. A primeira trata da diferenciação que tem como objetivo específico distinguir sem fazer uso de fatores neutros, mas sim diretos e explícitos. A segunda tem relação com a teoria do impacto desproporcional que está configurada quando se verifica a existência de requisitos e critérios aparentemente neutros que implicam impactos desproporcionais entre indivíduos com características diferentes, prejudicando determinados grupos ainda que não exista a intenção de fazê-lo. No âmbito do trabalho, é importante citar a seguinte definição doutrinária sobre o tema: *"será discriminatória a atitude patronal que impacta de forma desproporcional e negativa no exercício da profissional ou ingresso admissional ou chances de ascensão funcional de determinado grupo, pertencente à certa raça ou credo, por exemplo"*[11].

O art. 7º, XX, da Constituição Federal, ao contrário da relação entre as definições de discriminação negativa e positiva, não está explicitamente

---

9. A diferença de escopo entre os incisos XX e XXX do art. 7º da Constituição Federal é identificada por Estevão Mallet: *Compreende-se, em tal contexto, faça a Constituição referência à proteção do mercado de trabalho da mulher, considerando não apenas a proibição passiva de discriminações (art. 7º, inciso XXX), como, ainda, a adoção de "incentivos específicos" (art. 7º, inciso XX)*. MALLET, Estevão. Igualdade, discriminação e Direito do Trabalho. Revista do Tribunal Superior do Trabalho. São Paulo, SP, v. 76, n. 3, p. 17-51, jul./set. 2010. Disponível em: <https://hdl.handle.net/20.500.12178/18077>, p. 43. Acesso em 06/05/2018.

10. *A discriminação indireta revela uma situação em que uma regra, atitude ou prática no espaço de trabalho, que se parece neutra e decorrente da livre iniciativa patronal, tem, na realidade, um impacto particularmente prejudicial numa pessoa ou num grupo de pessoas com características específicas.* BARZOTTO, Luciane Cardoso. Igualdade e discriminação no ambiente de trabalho, Em: BARZOTTO, Luciane Cardoso (Coord.). Trabalho e Igualdade: tipos de discriminação no ambiente de trabalho. Porto Alegre: Livraria do Advogado, 2012, p. 35 -55, p. 44.

11. BARZOTTO, Luciane Cardoso. Igualdade e discriminação no ambiente de trabalho, Em: BARZOTTO, Luciane Cardoso (Coord.). Trabalho e Igualdade: tipos de discriminação no ambiente de trabalho. Porto Alegre: Livraria do Advogado, 2012, p. 35 -55, p. 44.

vinculado à discriminação direta ou indireta, podendo ser utilizado para ambos os casos de distinção injusta. Não há na redação da citada norma qualquer indício de que tenha sido elaborada no intuito de combater formas de discriminação direta ou indireta. Igual afirmação pode ser feita no que tange ao art. 7º, XXX, da Constituição Federal. Assim, tanto normas destinadas a evitar discriminação negativa ou positiva podem combater discriminação direta ou indireta.

De todos estes conceitos, conclui-se, em síntese, que a discriminação que se visa a evitar é aquela que implica uma *segregação negativa*[12], uma injusta diferenciação, *uma falta de reconhecimento* e, por consequência, *uma ausência de fraternidade*[13]. Quem discrimina não tem a disposição de reconhecer o outro como pessoa livre e igual[14]. O art. 7º, XX e XXX, da Constituição Federal, são exemplos de normas jurídicas que visam a eliminar a discriminação contra a mulher seja positiva, seja negativa, respectivamente. No entanto, não são estas as únicas normas relativas à discriminação. No próximo item, serão analisadas normas concernentes ao trabalho da mulher e a discriminação a fim de se estabelecer a interação entre estas e o art. 7º, XX, da Constituição Federal.

## 2. DISCRIMINAÇÃO E FONTES DO DIREITO

A República Federativa do Brasil está inserida em uma comunidade internacional cujas relações são regidas mormente pela ratificação de tratados. A Convenção de Viena sobre Tratados de 1969, ratificada pelo Brasil pelo Decreto n. 7.030/2009, estabelece em seu art. 26 que *todo tratado em vigor obriga as partes e deve ser cumprido por elas de boa-fé*. Logo após, o art. 27 do mesmo tratado dispõe que *uma parte não pode*

---

12. *Chega-se então a um conceito suficiente de discriminação: ela é uma segregação negativa que visa a causar lesão aos direitos daquele que resta "rebaixado" injustamente por ser como é – ou por estar como está.* SANTOS, Dartagnan Ferrer dos. Igualdade, diferença e identidade: três pilares da alteridade nas relações de trabalho de um mundo pluralista. Em: BARZOTTO, Luciane Cardoso (Coord.). Trabalho e Igualdade: tipos de discriminação no ambiente de trabalho. Porto Alegre: Livraria do Advogado, 2012, p. 93-105, p. 98.

13. O princípio jurídico da fraternidade vai aparecer como um princípio de eficácia da liberdade e da igualdade. Para maior compreensão deste princípio, inviável pelas limitações deste estudo, indicam-se as seguintes obras, entre outras: BARZOTTO, Luis Fernando; BARZOTTO, Luciane Cardoso; COLPO, Luciana Dessanti; MULLER, Felipe de Matos. (org.) Direito e fraternidade: outras questões. Porto Alegre, 2018. MACHADO, Clara. O princípio jurídico da fraternidade. Rio de Janeiro: Lumen Juris, 2017. BAGGIO, Antonio Maria. O princípio esquecido. Vol. 1. São Paulo: Cidade Nova, 2008.

14. Idem, p. 38.

*invocar as disposições de seu direito interno para justificar o inadimplemento de um tratado.* Ambos os dispositivos demonstram que, apesar de a ratificação de um tratado estar calcada no voluntarismo dos Estados, uma vez realizada, implica em obrigações que devem ser observadas, sob pena de responsabilização internacional.

Rememora-se, outrossim, que, embora a Convenção de Viena sobre Tratados de 1969 somente seja aplicada aos tratados ratificados pelo Estado após a adesão ao mencionado pacto internacional, na forma do art. 4º, esta fonte do direito foi criada a partir de costumes internacionais. Assim, mesmo Estados que não a ratificaram seguem seus preceitos por se tratar da positivação do direito consuetudinário internacional[15].

Tudo isso é dito para demonstrar a prevalência das normas internacionais sobre as internas, mormente quando são mais benéficas aos seres humanos. Os artigos 1º, III, e 4º, II, da Constituição Federal, revelam a citada preferência das normas de direito internacional, em especial, as de direitos humanos. Afora isso, na legislação infraconstitucional, há norma que explicitamente refere que os tratados internacionais revogam as leis internas que lhe são contrárias, mas não passíveis de revogação por lei interna (art. 98 do CTN)[16]. Assim, os comentários sobre o arcabouço normativo antidiscriminação iniciam-se pelas normas internacionais.

A Declaração da OIT sobre os princípios e direitos fundamentais no trabalho, em seu item 2, alínea "d", estabelece que *todos os Membros, ainda que não tenha ratificado as convenções aludidas têm um compromisso derivado do fato de pertencer à Organização de respeitar, promover e tornar realidade, de boa fé e de conformidade com a Constituição, os princípios relativos aos direitos fundamentais que são objeto dessas convenções*, dentre elas está a *eliminação da discriminação em matéria de emprego e ocupação*. O citado item da declaração possivelmente expressa uma tentativa de superação do voluntarismo característico do Direito das Gentes ao exigir que mesmo os Membros que não ratificaram as convenções referidas devem zelar por sua observância. Trata-se de um forte indício de que a OIT pretende definir que há *jus cogens*[17] em matéria de Direito Internacional

---

15. MAZZUOLI, Valerio de Oliveira. Direito dos Tratados. 2ª Ed. São Paulo: Forense, 2014, p. 37-9.
16. MAZZUOLI, Valerio de Oliveira. O controle jurisdicional da convencionalidade das leis. 4ª Ed. São Paulo: Editora Revista dos Tribunais, 2016, p. 126.
17. *Jus cogens* normas imperativas de direito internacional e, portanto, obrigatórias, mas também inderrogáveis. Sobre o assunto: MAZZUOLI, Valerio de Oliveira. Direito dos Tratados. 2ª Ed.

do Trabalho[18] e que o combate à discriminação está dentre as normas obrigatórias a qualquer Membro, independentemente da ratificação.

As Convenções 100 e 111 da OIT tratam da matéria mencionada no item 2, alínea "d", da referida Declaração. A Convenção 100 da OIT dispõe sobre a *igualdade de remuneração para a mão de obra masculina e a mão de obra feminina por trabalho de igual valor*. O mesmo diploma internacional refere que serão tomadas *medidas para desenvolver a avaliação objetiva dos empregados sobre a base dos trabalhos que eles comportam*. Em síntese, pretende-se evitar que se fixem critérios de remuneração subjetivos que, por serem de difícil verificação, escondam atos com intuito discriminatório.

A Convenção 111 da OIT trata da Discriminação em matéria de Emprego e Ocupação. Para o citado tratado internacional de direitos humanos, em seu art. 1º.1, "a", o termo "discriminação" compreende *toda distinção, exclusão ou preferência fundada na raça, cor, sexo, religião, opinião política, ascendência nacional ou origem social, que tenha por efeito destruir ou alterar a igualdade de oportunidade ou de tratamento em matéria de emprego ou profissão*[19]. A discriminação a que visa a combater a convenção em comento é a negativa, pois ressalva em seu texto a proteção especial conferida por convenções e recomendações da OIT (art. 5º. 1). Assim, a convenção referida condena a discriminação negativa, mas não nega a necessidade de discriminação positiva para o alcance da igualdade material.

No plano interno, as diretrizes das Convenções 100 e 111 da OIT são observadas pelo texto constitucional (por exemplo, arts. 5º, *caput*, I, VI, XIII, XLI, XLII; 7º, XX, XXX, XXXI e XXXII), bem como por normas infraconstitucionais (por exemplo, CLT, Lei n. 9.029/1995, Lei n. 9.799/1999). Assim como a Convenção 111 da OIT utiliza rol meramente exemplificativo de hipóteses de discriminação, ainda que não o revele de forma

---

São Paulo: Forense, 2014, p. 315.

18. Sobre o tema: BARZOTTO, Luciane Cardoso. Igualdade e discriminação no ambiente de trabalho, Em: BARZOTTO, Luciane Cardoso (Coord.). Trabalho e Igualdade: tipos de discriminação no ambiente de trabalho. Porto Alegre: Livraria do Advogado, 2012, p. 35-55.

19. Apesar de a Convenção 111 da OIT mencionar tipos específicos de discriminação, entende-se que se trata apenas de meros exemplos de segregação negativa em matéria do trabalho, podendo, pois, o mencionado tratado ser aplicado em casos de discriminação diversos. Sobre o tema, cita-se: BARZOTTO, Luciane Cardoso. Igualdade e discriminação no ambiente de trabalho, Em: BARZOTTO, Luciane Cardoso (Coord.). Trabalho e Igualdade: tipos de discriminação no ambiente de trabalho. Porto Alegre: Livraria do Advogado, 2012, p. 43.

expressa, mas de modo tácito por haver outras convenções sobre outras formas de discriminação[20], a Lei n. 9.029/1995 também apresenta meros exemplos de segregação negativa. Mesmo assim, a lei mencionada em seu artigo 2º apresenta proteção ao mercado de trabalho da mulher, pois o dispositivo está voltado à tutela gestação e da maternidade da mulher trabalhadora. A citada legislação permite também, em qualquer caso de rompimento contratual por discriminação, além do direito à reparação pelo dano moral, a reintegração com ressarcimento integral de todo o período de afastamento (redação alterada pela Lei n. 13.146/2015[21]) ou a percepção, em dobro, da remuneração do período de afastamento, nos termos do art. 4º, I e II. A Lei n. 9.799/1999 inseriu novos dispositivos na CLT referentes à proteção do mercado de trabalho da mulher, concretizando, pois, a primeira parte do disposto no artigo 7º, XX, da Constituição Federal. A lei referida, no entanto, criou poucos incentivos específicos para a proteção do mercado de trabalho da mulher por meio da redação dada ao art. 392, §4º da CLT, atuando, assim, basicamente com relação ao combate da discriminação negativa.

Em síntese, há fontes do direito suficientes na Ciência Jurídica brasileira para que os profissionais juslaborais utilizem como resistência a condutas discriminatórias. Existem recursos a normas internacionais, além de domésticas tanto na esfera constitucional e infraconstitucional. Isso demonstra que o art. 7º, XX, da Constituição Federal está inserido num cenário normativo que favorece o seu desenvolvimento constante. No próximo tópico, será analisada a atual interpretação dada ao dispositivo em comento pelo Tribunal Superior do Trabalho dentro desse horizonte adequado ao seu florescimento.

## 3. SENTIDOS PARA O ART. 7º, XX, DA CONSTITUIÇÃO FEDERAL

Para a realização da pesquisa, foi utilizado sistema de busca de jurisprudência do sítio eletrônico do Tribunal Superior do Trabalho. Após

---

20. Idem, p. 43.
21. O texto anterior tratava de readmissão e não de reintegração, o que, para parte da doutrina juslaboral, implica diferenças. Para Vólia Bomfim Cassar, *reintegração acarreta a nulidade absoluta da dispensa praticada, o retorno do empregado ao emprego e função anteriormente ocupada, salvo se de confiança, e o pagamento dos salários e demais vantagens do período do afastamento*. Para a citada autora, *na readmissão a despedida é válida e a lei, o contrato ou a vontade das partes permitem o retorno do empregado ao emprego, através de um novo contrato de trabalho, sem efeitos ex tunc, nem pagamentos retroativos.* CASSAR, Vólia Bomfim. Direito do Trabalho. – 6. ed. Niterói: Impetus, 2012, p. 1181-2.

se constatar que com a pesquisa da expressão "proteção do mercado de trabalho da mulher" surgiam muitos julgados referentes ao artigo 384 da CLT (maioria de 89,60%, conforme referido no início do artigo), houve a necessidade de buscar a mesma expressão sem a referência ao artigo 384 da CLT. Para tanto, foi inserida novamente a expressão "proteção do mercado de trabalho da mulher" na ferramenta de busca citada anteriormente e, após, foi introduzida a expressão não seguida de "artigo 384 da CLT".

Consoante instruções do sítio eletrônico, o operador "não" recupera documentos que contenham a primeira, mas não a segunda palavra na expressão de busca. Com isso, tentou-se buscar o sentido dado ao artigo 7º, XX, da Constituição Federal, dispositivo que contém a integralidade da expressão "proteção do mercado de trabalho da mulher", quando não citado concomitantemente com o artigo 384 da CLT. Da busca citada, resultaram 85 julgados, ou seja, 10,39% do total de 818 ocorrências da expressão "proteção do mercado de trabalho da mulher".

No entanto, analisando-se os 85 julgados em que supostamente estariam excluídas decisões referentes ao artigo 384 da CLT, ainda se encontraram 39 casos em que o citado dispositivo era mencionado. Isso demonstra que, na verdade, a associação entre o artigo 7º, XX, da Constituição Federal e o artigo 384 da CLT é ainda mais frequente do que sugere a pesquisa feita no banco de jurisprudência da Corte trabalhista. Assim, dos 818 casos em que a expressão "proteção do mercado de trabalho da mulher" é citada, apenas 46 não estão vinculados à aplicação do artigo 384 da CLT, isto é, somente 5,62%.

Dentre estes, pode-se também fazer a seguinte divisão, observado ao lado o número de casos constatados na pesquisa, bem como o respectivo percentual em relação ao todo: garantia de emprego da gestante (7 – 0,85%), licença-maternidade (12 – 1,46%), salário-maternidade (2 – 0,24%), teste de gravidez (2 – 0,24%), artigo 386 da CLT (3 – 0,36%), discriminação (5 – 0,61%), auxílio-creche (3 – 0,36%), igualdade material[22] (9 – 1,1%), regime de servidor público[23] (3 – 0,36%). Nota-se,

---

22. Nos casos classificados como igualdade material na presente pesquisa, o artigo 7º, XX, da Constituição Federal foi utilizado somente como exemplo de dispositivo constitucional de discriminação positiva mesmo em casos em que não havia questões de gênero a serem dirimidas.
23. Nos casos classificados como regime de servidor público na presente pesquisa, o artigo 7º, XX, da Constituição Federal é citado como dentre aqueles também aplicável ao servidor público por força do artigo 39, §3º da Constituição Federal.

assim, que dentre os assuntos mais frequentes que induzem a aplicação do artigo 7º, XX, da Constituição Federal, após o grande número de menções conjuntas com o artigo 384 da CLT, estão aqueles relacionados com reprodução humana e gestação (garantia de emprego da gestante, licença-maternidade, salário-maternidade, teste de gravidez, auxílio-creche), o que, num novo corte de dados, resulta 26 casos, isto é, 3,17% do total de menções do artigo 7º, XX, da Constituição Federal.

Como referido, o artigo 7º, XX, da Constituição Federal, visa a autorizar a discriminação positiva de gênero a fim de que as mulheres, historicamente alijadas da representação social, possam desenvolver suas capacidades no mercado de trabalho, integrando-o e mantendo-se nele apesar das diferenças biológicas havidas com relação aos homens. Uma das principais distinções entre homens e mulheres é o papel de cada um na reprodução humana. No entanto, o que se observou na pesquisa é que a gestação e a maternidade implicaram apenas 3,17% dos casos em que o citado artigo constitucional é citado.

A maioria das menções é quanto a outras diferenças em relação aos gêneros, em especial, ao descanso necessário para a recomposição física. Num novo corte da pesquisa, as citações do artigo 384 e 386 da CLT poderiam ser agrupados na categoria de repouso diferenciado para o restabelecimento corporal, o que resultaria em 775 casos, ou seja, 94,74% do total. Assim, ao que parece, a polêmica acerca das diferenças entre os gêneros existe principalmente quanto a tempos de descanso diferenciados. A discussão reside mormente quanto aos incentivos específicos justificáveis para a proteção do mercado de trabalho da mulher. Em regra, dentre os casos, não se questiona o fato de haver diferenças biológicas entre os gêneros, mas sim até que ponto estas distinções são relevantes e devem ser consideradas para fins de estabelecimento de regras laborais distintas.

Na aplicação do artigo 384 da CLT, as decisões do Tribunal Superior do Trabalho mencionam o artigo 7º, XX, da Constituição Federal para justificar a existência de intervalo de 15 minutos entre o horário ordinário e as horas excedentes apenas para as mulheres. Como existe precedente da Corte que, à época, reconheceu a constitucionalidade do dispositivo celetista com base na discriminação positiva[24], o artigo 7º,

---

24. MULHER – INTERVALO DE 15 MINUTOS ANTES DE LABOR EM SOBREJORNADA – CONSTITUCIONALIDADE DO ART. 384 DA CLT EM FACE DO ART. 5º, I, DA CF. 1. O art. 384 da CLT impõe intervalo de 15 minutos antes de se começar a prestação de horas extras pela trabalhadora

XX, da Constituição Federal é citado para fundamentar a regra laboral de descanso mais benéfica para as mulheres.

Por outro lado, nos casos em que citado o artigo 386 da CLT[25], que estabelece escala quinzenal de revezamento de repouso aos domingos para as mulheres, o que é mais benéfico do que a regra geral do artigo 67 da CLT cujo revezamento é mensal, a norma laboral específica de gênero é afastada com base no artigo 7º, XX, da Constituição Federal. Nesses casos, o dispositivo constitucional de discriminação positiva é utilizado para evitar que regras infraconstitucionais distintas para mulheres e homens causem discriminação negativa no mercado de trabalho, prejudicando especialmente o gênero feminino.

Isso demonstra a polivalência do artigo 7º, XX, da Constituição Federal na jurisprudência do Tribunal Superior do Trabalho, pois o dispositivo é usado tanto para fundamentar a aplicação de uma regra de

---

mulher. Pretende-se sua não-recepção pela Constituição Federal, dada a plena igualdade de direitos e obrigações entre homens e mulheres decantada pela Carta Política de 1988 (art. 5º, I), como conquista feminina no campo jurídico. 2. A igualdade jurídica e intelectual entre homens e mulheres não afasta a natural diferenciação fisiológica e psicológica dos sexos, não escapando ao senso comum a patente diferença de compleição física entre homens e mulheres. Analisando o art. 384 da CLT em seu contexto, verifica-se que se trata de norma legal inserida no capítulo que cuida da proteção do trabalho da mulher e que, versando sobre intervalo intrajornada, possui natureza de norma afeta à medicina e segurança do trabalho, infensa à negociação coletiva, dada a sua indisponibilidade (cfr. Orientação Jurisprudencial 342 da SBDI-1 do TST). 3. O maior desgaste natural da mulher trabalhadora não foi desconsiderado pelo Constituinte de 1988, que garantiu diferentes condições para a obtenção da aposentadoria, com menos idade e tempo de contribuição previdenciária para as mulheres (CF, art. 201, § 7º, I e II). A própria diferenciação temporal da licença-maternidade e paternidade (CF, art. 7º, XVIII e XIX; ADCT, art. 10, § 1º) deixa claro que o desgaste físico efetivo é da maternidade. A praxe generalizada, ademais, é a de se postergar o gozo da licença-maternidade para depois do parto, o que leva a mulher, nos meses finais da gestação, a um desgaste físico cada vez maior, o que justifica o tratamento diferenciado em termos de jornada de trabalho e período de descanso. 4. Não é demais lembrar que as mulheres que trabalham fora do lar estão sujeitas a dupla jornada de trabalho, pois ainda realizam as atividades domésticas quando retornam à casa. Por mais que se dividam as tarefas domésticas entre o casal, o peso maior da administração da casa e da educação dos filhos acaba recaindo sobre a mulher. 5. Nesse diapasão, levando-se em consideração a máxima albergada pelo princípio da isonomia, de tratar desigualmente os desiguais na medida das suas desigualdades, ao ônus da dupla missão, familiar e profissional, que desempenha a mulher trabalhadora corresponde o bônus da jubilação antecipada e da concessão de vantagens específicas, em função de suas circunstâncias próprias, como é o caso do intervalo de 15 minutos antes de iniciar uma jornada extraordinária, sendo de se rejeitar a pretensa inconstitucionalidade do art. 384 da CLT. Incidente de inconstitucionalidade em recurso de revista rejeitado. – (IIN-RR-1.540/2005-046-12-00.5, Relator Ministro Ives Gandra Martins Filho, Tribunal Pleno, DJ 13/02/2009).

25. Art. 386 da CLT – Havendo trabalho aos domingos, será organizada uma escala de revezamento quinzenal, que favoreça o repouso dominical.

tratamento diferenciado entre os gêneros quanto para afastar normas com este conteúdo que supostamente poderiam dar ensejo à segregação negativa das mulheres em matéria laboral. Prevalece, no entanto, a primeira forma de utilização em virtude do precedente mencionado da Corte Trabalhista.

Entretanto, o que se percebe é que, em termos de discriminação positiva, há polêmica em relação aos tempos de repousos diferenciados entre os gêneros. Mesmos nos casos em que o artigo 384 da CLT é aplicado, nota-se a divergência sobre sua adequação ao texto constitucional, quando os ministros observam o dispositivo referido apesar de terem opinião jurídica diversa do precedente. Ainda que exista distinção biológica entre os gêneros, a extensão e a importância dessa diferença para a legitimação de normas laborais diferenciadas, domina a aplicação do artigo 7º, XX, da Constituição Federal, principalmente, quanto a períodos de desconexão do trabalho.

Aqui caberia uma constatação interessante observável no primeiro grau de jurisdição e que poderia ilustrar um processo de discriminação inversa. Quando os juízes passaram a condenar as empresas ao pagamento de indenização de 15 minutos não gozados de intervalo para o trabalho feminino, rapidamente os trabalhadores homens, em petições iniciais, começaram a clamar por igualdade, pleiteando a mesma indenização (anos 2016/2017).

Alguns juízes concederam a indenização do intervalo descumprido invocando razões isonômicas.

Aqui emerge uma crítica à ideia de proteção. Se este intervalo fosse exigível (15 minutos de intervalo, por exemplo, para que a mulher trabalhasse mais 30 minutos de jornada extra), na prática haveria a transformação da jornada da trabalhadora. Ou seja, ao invés de reduzir a jornada esta restava ampliada, em restrição ao descanso global e à possiblidade de dedicar-se com liberdade a outros afazeres. Sairá esta trabalhadora do trabalho, no exemplo dado, 45 minutos mais tarde.

Rapidamente, a partir da condenação dos empregadores em indenização de intervalo não concedido antes das horas extas, algumas empresas, por circulares internas, orientações e outras resoluções de poder patronal, começaram a impor que mais intervalos fossem gozados, ou seja, que fossem realizados intervalos antes da realização horas extras, e para ambos os sexos, a fim de evitarem a condenação indenizatória com base no art. 384 da CLT. Com certeza o efeito foi pior para ambos os sexos, que além das horas extras que deveriam fazer, teriam que realizar outro intervalo a alongar a jornada, isso se pensarmos antes de novembro de 2017, quando se retirou de vigência o art. 384 da CLT.

Além disso, por meio de outra pesquisa com a expressão "artigo 386 da CLT" entre o período de 29/04/2013 a 29/04/2018, nota-se que o dispositivo referido aparece em apenas 15 casos, sendo afastado na maioria deles por outras normas que preveem igual revezamento de repouso aos domingos para mulheres e homens. No mesmo período, realizando-se pesquisa apenas com a expressão "artigo 384 da CLT", sem associação com o artigo 7º, XX, da Constituição Federal, há 10.609 casos. Isso revela a baixa aplicação do artigo 386 da CLT, e a tendência de se evitar normas que prevejam tratamentos diferenciados quanto à duração do trabalho entre mulheres e homens.

No que tange à ergonomia, percebe-se a aceitação das diferenças físicas entre gêneros, pois, em pesquisa concernente ao mesmo interregno temporal com a expressão "artigo 390 da CLT"[26], que trata de limites de carregamento de peso diferenciado para mulheres, resultaram 62 casos que usam o citado dispositivo como exemplo de discriminação positiva aceitável para justificar a aplicação do artigo 384 da CLT ou para a fundamentação de decisões sobre acidente de trabalho. Não há, contudo, rejeição à aplicação do artigo 390 da CLT.

Quanto à questão reprodutiva, o artigo constitucional em comento é citado para fundamentar as regras diferenciadas com relação às mulheres em virtude do impacto da gestação e da maternidade em suas vidas profissionais. Em nenhum dos casos pesquisados, o dispositivo constitucional foi usado como argumento para afastar alguma regra de discriminação positiva, mas sim apenas para legitimá-las.

Por exemplo, os casos de licença-maternidade resumiam-se à extensão de 120 para 180 dias de afastamento às empregadas públicas, quando o ente público a que eram vinculadas às servidoras públicas celetistas houvesse aumentado o tempo de licença das servidoras públicas estatutárias. Na maioria dos casos estudados, as decisões estendiam a licença-maternidade de 180 dias às servidoras públicas celetistas com

---

26. Art. 390 – Ao empregador é vedado empregar a mulher em serviço que demande o emprego de força muscular superior a 20 (vinte) quilos para o trabalho continuo, ou 25 (vinte e cinco) quilos para o trabalho ocasional. Parágrafo único – Não está compreendida na determinação deste artigo a remoção de material feita por impulsão ou tração de vagonetes sobre trilhos, de carros de mão ou quaisquer aparelhos mecânicos.

base nos artigos 7º, XX e XXX, da Constituição Federal, ainda que existisse lei específica apenas para as estatutárias.

Nos casos de auxílio-creche, por sua vez, as decisões reconheceram em todos os casos a validade de cláusulas de normas coletivas que concediam apenas às mulheres e, excepcionalmente, aos homens solteiros, viúvos e divorciados com a guarda da criança, o direito a receber o benefício. Disso se conclui que o papel da mulher na reprodução humana e na criação dos filhos é interpretado como um fator de discrímen justo para a concepção e a aplicação de regras mais benéficas. No aspecto reprodutivo, a discriminação positiva é menos polêmica, embora discutível diante das teses ampliativas de responsabilidade familiar, embora pareça ter maior êxito em comparação aos casos de tempo de intervalo e repouso diferenciado.

Isso é um avanço, pois, ao se analisar a topologia do dispositivo que assegura a garantia de emprego da gestante na esfera constitucional, isto é, artigo 10, II, "b" do ADCT, nota-se que a proteção do emprego da mulher grávida não foi priorizada pelo constituinte. O referido artigo está presente apenas no Ato das Disposições Constitucionais Transitórias e somente vigora até a promulgação da lei complementar de que trata o artigo 7º, I, da Constituição Federal.

Apesar da proteção do mercado de trabalho da mulher conferida de forma genérica pelo artigo 7º, XX, da Constituição Federal, a localização e a transitoriedade do dispositivo que trata da garantia de emprego da gestante demonstram que a questão reprodutiva nem sempre foi tratada de forma prioritária como um elemento de discriminação positiva entre os gêneros. Os julgados objetos da presente pesquisa demonstram que houve progressão no tratamento da gestação como fator natural e biológico que prejudica, em razão de preconceito social, o ingresso e a manutenção da mulher no mercado de trabalho e que, portanto, merece maior tutela.

Recentemente, no julgamento da ADI 5938/DF, que tratava do exame da inconstitucionalidade de dispositivos inseridos pela Lei da Reforma Trabalhista (Lei n. 13.467/2017) na Consolidação das Leis do Trabalho (CLT), o Supremo Tribunal Federal (STF), por maioria, julgou inconstitucional o artigo 394-A, II e III da CLT por afronta à proteção constitucional à maternidade e à criança. Em seu voto, o ministro relator Alexandre de Morais cita o artigo 7º, XX, da Constituição Federal, isto é, a *proteção ao mercado de trabalho da mulher, mediante incentivos específicos, nos termos da lei*, como um dos fundamentos para julgar procedente a ação e declarar a inconstitucionalidade dos dispositivos que impunham a grávidas expostas a agentes insalubres em grau mínimo e médio e a lactantes expostas a agentes insalubres, em qualquer grau, o ônus de apresentar atestado de saúde que recomende o afastamento.

Para o ministro, a exigência implicaria maior embaraço para a mulher no exercício de seus direitos. Além disso, não haveria maior oneração do empregador, pois, no período de afastamento das atividades insalubres, não haveria obrigação de pagamento de adicional de insalubridade. Sendo inviável a realocação da mulher para ambiente salubre, a gravidez seria considerada de risco, conforme artigo 394, §3º da CLT, o que enseja a percepção do salário-maternidade durante o afastamento. Os demais ministros também votaram pela procedência da ação, com exceção do ministro Marco Aurélio que votou pela improcedência, porque a proteção alargada ao gênero feminino acaba por prejudicá-lo. Além disso, para o citado ministro, seria razoável exigir o pronunciamento técnico sobre o afastamento.

O citado julgado é um exemplo da evolução da proteção do trabalho da mulher em razão de questões reprodutivas. A jurisprudência do Supremo Tribunal Federal, citada pelo ministro relator em seu voto (RE 629.053/2019 e RE 1.058.333/2018) demonstra que a Corte zela pelos direitos da empregada gestante, não exigindo que a mulher tenha de informar seu empregador sobre o estado gravídico para fazer jus à garantia do art. 10, inciso II, do ADCT, além de autorizar a remarcação de teste de aptidão física da candidata grávida à época de sua realização. Note-se, no entanto, que no julgado da ADI 5938/DF ainda está presente a questão do que é razoável para estabelecer regras diferentes entre os gêneros. Como ressaltado, o papel feminino na reprodução é um fator de discrímen geralmente considerado justo para formação de regras de proteção do trabalho feminino.

A Lei n. 7.855/1989 revogou os arts. 374, 375, 378, 379, 380 e 387 da CLT. A partir da mencionada revogação não mais se limitou o trabalho extraordinário da mulher nem se exigiu autorização médica para a prorrogação do trabalho feminino, igualando-o ao masculino. No entanto, estas proteções anteriormente conferidas pela lei supostamente aumentavam a discriminação contra a mulher. Para Alexandre Gonçalves Ribeiro, os dispositivos não tinham o intuito de proteger a mulher contra excessos, mas sim demonstrar que a fragilidade e a incapacidade feminina de desempenhar certos papeis[27].

---

27. RIBEIRO, Alexandre Gonçalves. **A evolução do trabalho da mulher e as inovações jurisprudenciais na proteção deste direito fundamental**. In: SOARES, Saulo Cerqueira de Aguiar (Org.). Temas contemporâneos de direito público e privado. Belo Horizonte: D'Plácido, 2017. p. 91-105.

O art. 394-A, II e III, da CLT, a seu turno, passou a exigir que as empregadas grávidas expostas a agentes insalubres em grau mínimo e médio e que as lactantes expostas a agentes insalubres em qualquer grau apresentassem atestado médico que recomendasse o afastamento para não trabalharem em ambiente insalubre. Antes o atestado de saúde era exigido para autorizar o trabalho, após, para permitir o afastamento. Em ambos os casos criavam embaraços para o trabalho da mulher e para sua proteção.

Há quem entenda, contudo, que a revogação de artigos destinados à proteção do trabalho da mulher, iniciada em 1989, deu ensejo à descontinuação do "romance em cadeia" da proteção do trabalho da mulher, com a justificativa de que a tutela implicava alegado entrave ao ingresso da mulher no mercado de trabalho[28]. A permanência do artigo 384 da CLT supostamente significava a manutenção da coerência narrativa. No entanto, a revogação decorrente da Lei n. 13.467/2017 teria quebrado o "romance em cadeia" e provocado a ruptura da adoção dos mesmos princípios utilizados por legisladores e julgadores quanto ao trabalho da mulher[29].

Outra interpretação que se pode extrair dos dados analisados é de que *a proteção ao mercado de trabalho da mulher, mediante incentivos específicos* é conferida em sentido amplo, ou seja, não somente quanto ao ingresso da mulher ao mercado de trabalho, mas também quanto à sua manutenção com regras laborais especiais que visam a reduzir diferenças sociais. O dispositivo constitucional é visto como norma autorizadora da discriminação positiva entre gêneros, permitindo a criação de leis infraconstitucionais diferenciadas para mulheres e homens naquilo que os distingue física e socialmente. A interpretação que a jurisprudência confere ao artigo 7º, XX, da Constituição Federal não é meramente literal e gramatical, mas sim ampla, abarcando a duração do trabalho, a gestação, a maternidade, a ergonomia, dentre outros aspectos laborais.

## 4. CONCLUSÃO

O direito fundamental de *proteção do mercado de trabalho da mulher, mediante incentivos específicos, nos termos da lei* é norma interna e doméstica que se insere dentre aquelas que visam a tutelar o labor

---

28. QUARESMA, Nájila de Jesus de Oliveira. Suzy Elizabeth Cavalcante Koury. Análise da revogação do art. 384 da CLT à luz de Ronald Dworkin: rompeu-se o romance em cadeia na proteção ao trabalho da mulher?. Revista Forum da Justiça do Trabalho, n. 414, Belo Horizonte, jun. 2018, p. 11-33.

29. Idem, p. 29.

dos indivíduos do gênero feminino. O artigo 7º, XX, da Constituição Federal, apesar de sua redação sugerir o contrário, não tem como escopo apenas permitir o ingresso e a continuidade da mulher no mundo do trabalho, mas também a adaptar o mercado de trabalho às necessidades femininas. A maternidade e a menor força física das mulheres são reconhecidas pela jurisprudência, conforme pesquisa empírica realizada, como fatores biológicos que autorizam a aplicação de regras jurídicas diferenciadas para mulheres e homens na esfera laboral.

Ainda que, quando de sua vigência, o artigo 384 da CLT fosse considerado constitucional pela jurisprudência do Tribunal Superior do Trabalho, as diferenças sociais e físicas entre mulheres e homens não são interpretadas de forma pacífica como fatores de discrímen que justifiquem regras diferenciadas para mulheres e homens quanto à duração do trabalho, em especial, no que concerne aos tempos de desconexão ao trabalho. Mesmo com a existência de precedente (IIN-RR-1.540/2005-046-12-00.5, de 17/11/2008), a jurisprudência demonstrava divergência quanto à recepção do artigo 384 da CLT pela Constituição Federal. Isso se percebe tanto pelos julgados que ressalvavam posicionamento contrário ao precedente, ainda que o aplicassem, quanto pela resistência à aplicação ao artigo 386 da CLT, dispositivo semelhante pouco rememorado pelos operadores do direito.

Mesmo com a revogação do artigo 384 da CLT pela Lei n. 13.467/2017, é importante a pesquisa nesse aspecto para demonstrar a tendência de se evitar a criação de regras diferenciadas de duração do trabalho para mulheres e homens. Para alguns dos julgados pesquisados que citaram o artigo 7º, XX, da Constituição Federal em seu corpo, regras distintas de intervalo e descanso para mulheres e homens poderiam dar ensejo à discriminação negativa do gênero feminino no mercado de trabalho.

Para evitar a ausência de igualdade com relação às mulheres no mercado de trabalho, segundo interpretações extraídas de algumas decisões pesquisadas, seria melhor rejeitar qualquer distinção entre gêneros quanto à duração do trabalho. Contudo, cumpre relembrar que a aplicação do artigo 7º, XX, da Constituição Federal certamente apresentará modificações nos próximos anos, tendo em vista a revogação do artigo infraconstitucional com o qual era constantemente associado.

O artigo 7º, XX, da Constituição Federal também se diferencia do que trata o inciso XXX do mesmo dispositivo, pois o primeiro visa a promover a discriminação positiva entre os sexos, autorizando a criação de regras diferenciadas de trabalho para a promoção da igualdade material, ao passo que o segundo inciso é referente ao combate da discriminação negativa e não somente àquela concernente a questões de gênero. Ambos revelam a preocupação do constituinte quanto à discriminação, mas apresentam abrangência diversa.

Em suma, para entender o alcance de dispositivo constitucional cuja redação é genérica e que apresenta conceitos jurídicos indeterminados, como *incentivos específicos*, a pesquisa empírica de jurisprudência mostra-se eficaz. Da interação entre as normas constitucionais e infraconstitucionais e da interpretação conferida pela jurisprudência do Tribunal Superior do Trabalho, é possível extrair o sentido do artigo em comento, numa análise de jurimetria. Nem todo incentivo específico ou norma protetiva para a mulher é interpretada como justo ou antidiscriminatório. Apenas algumas diferenciações essenciais são aceitas como justificáveis e passíveis de não gerar ainda mais segregação. O que se percebe é que a discriminação positiva do mercado de trabalho da mulher está em evolução constante e, por consequência, também assim está a interpretação do artigo 7º, XX, da Constituição Federal.

## REFERÊNCIAS BIBLIOGRÁFICAS

ARAÚJO, Eneida Melo Correia de. O trabalho da mulher e o princípio da igualdade. Revista do Tribunal Superior do Trabalho, São Paulo, v. 79, n. 3, p. 46-62, jul./set. 2013. Disponível em: <https://hdl.handle.net/20.500.12178/50034>. Acesso em 05/05/2018.

BAGGIO, Antonio Maria. O princípio esquecido. Vol. 1. São Paulo: Cidade Nova, 2008.

BARZOTTO, Luciane Cardoso. Igualdade e discriminação no ambiente de trabalho, Em: BARZOTTO, Luciane Cardoso (Coord.). Trabalho e Igualdade: tipos de discriminação no ambiente de trabalho. Porto Alegre: Livraria do Advogado, 2012, p. 35-53.

BARZOTTO, Luis Fernando; BARZOTTO, Luciane Cardoso; COLPO, Luciana Dessanti; MULLER, Felipe de Matos. (org.) Direito e fraternidade: outras questões. Porto Alegre, 2018.

BRASIL. Supremo Tribunal Federal, ADI 5938/DF, 2019. Disponível em: <http://www.stf.jus.br/arquivo/cms/noticiaNoticiaStf/anexo/ADI5938EmentaeVOTO.pdf>. Acesso em 14/06/2019.

BRASIL. Supremo Tribunal Federal. Notícia: STF invalida norma da Reforma Trabalhista que permitia trabalho de grávidas e lactantes em atividades insalubres, <http://portal.stf.jus.br/noticias/verNoticiaDetalhe.asp?idConteudo=412571>. Acesso em 14/06/2019.

CASSAR, Vólia Bomfim. Direito do Trabalho. – 6. ed. Niterói: Impetus, 2012, p.1413.

MACHADO, Clara. O princípio jurídico da fraternidade. Rio de Janeiro: Lumen Juris, 2017.

MALLET, Estêvão. Igualdade, discriminação e Direito do Trabalho. Revista do Tribunal Superior do Trabalho. São Paulo, SP, v. 76, n. 3, p. 17-51, jul./set. 2010. Disponível em: <https://hdl.handle.net/20.500.12178/18077>, p. 43. Acesso em 06/05/2018.

MAZZUOLI, Valerio de Oliveira. Direito dos Tratados. 2ª Ed. São Paulo: Forense, 2014, 638 p.

MAZZUOLI, Valerio de Oliveira. O controle jurisdicional da convencionalidade das leis. 4ª Ed. São Paulo: Editora Revista dos Tribunais, 2016, 236 p.

NOCCHI, Andréa Saint Pastous. Discriminação da mulher: o olhar do Judiciário trabalhista. Em: BARZOTTO, Luciane Cardoso (Coord.). Trabalho e Igualdade: tipos de discriminação no ambiente de trabalho. Porto Alegre: Livraria do Advogado, 2012, p. 127-147.

OLIVEIRA, Olga Maria Bosch Aguiar de. Mulheres e trabalho: desigualdades e discriminação em razão de gênero: o resgate do princípio da fraternidade como expressão da dignidade humana. Rio de Janeiro: Lumen Juris, 2016. 420 p.

PAZZIM, Tainara Lilian. (Des)igualdade de remuneração entre gêneros. Em: BARZOTTO, Luciane Cardoso (Coord.). Trabalho e Igualdade: tipos de discriminação no ambiente de trabalho. Porto Alegre: Livraria do Advogado, 2012, p. 149-157.

QUARESMA, Nájila de Jesus de Oliveira. Suzy Elizabeth Cavalcante Koury. Análise da revogação do art. 384 da CLT à luz de Ronald Dworkin: rompeu-se o romance em cadeia na proteção ao trabalho da mulher?. Revista Forum da Justiça do Trabalho, n. 414, Belo Horizonte, jun. 2018, p. 11-33.

RIBEIRO, Alexandre Gonçalves. A evolução do trabalho da mulher e as inovações jurisprudenciais na proteção deste direito fundamental. In: SOARES, Saulo Cerqueira de Aguiar (Org.). Temas contemporâneos de direito público e privado. Belo Horizonte: D'Plácido, 2017. p. 91-105.

ROCHA, Carmen Lucia Antunes. O princípio constitucional da igualdade. Belo Horizonte: Editora LE., 1990.

ROTHENBURG, Walter Claudius. Igualdade material e discriminação positiva: o princípio da isonomia. Em: NEJ – Vol. 13 – n. 2, jul-dez 2008. Itajaí: Univali, p. 77-92. Disponível em: <https://siaiap32.univali.br/seer/index.php/nej/article/view/1441/1144> Acesso em 05/05/2018.

SANTOS, Dartagnan Ferrer dos. Igualdade, diferença e identidade: três pilares da alteridade nas relações de trabalho de um mundo pluralista. Em: BARZOTTO, Luciane Cardoso (Coord.). Trabalho e Igualdade: tipos de discriminação no ambiente de trabalho. Porto Alegre: Livraria do Advogado, 2012, p. 93-105.

SCHEUERMANN, Hugo Carlos. A tutela antidiscriminatória e a Súmula nº 443 do TST. Revista do Tribunal Superior do Trabalho, São Paulo, SP, v. 79, n. 2, p. 220-231, abr./jun. 2013. Disponível em: <https://hdl.handle.net/20.500.12178/39826>. Acesso em 06/05/2018.

SOUTO MAIOR, Jorge Luiz. O direito do trabalho e as diversas formas de discriminação. Revista do Tribunal Superior do Trabalho, Porto Alegre, RS, v. 68, n. 2, p. 97-102, abr./jun. 2002. Disponível em: <https://hdl.handle.net/20.500.12178/51479>. Acesso em 06/05/2018.

# ARTIGO 7º, INCISOS XXII E XXVIII

# A responsabilidade do empregador pelos danos ao meio ambiente do trabalho e à saúde do trabalhador na Constituição Federal de 1988

*Raimundo Simão de Melo*[1]

**SUMÁRIO:** 1. Introdução – 2. Trabalho e dignidade humana na lei brasileira – 3. Direito a um ambiente de trabalho sadio e seguro – 4. O dever patronal de proteção da saúde do trabalhador – 5. Responsabilidade do empregador pela prevenção e pelos danos ao meio ambiente do trabalho – 6. Responsabilidade do empregador nos acidentes de trabalho: 6.1. Nas atividades de risco; 6.2. Nos acidentes em transporte fornecido pelo empregador; 6.3. Nas doenças ocupacionais; 6.4. Nos acidentes de trabalho no serviço público – 7. Responsabilidade pelo meio ambiente de trabalho e pela saúde dos trabalhadores terceirizados e temporários – 8. Conclusões – Bibliografia.

## 1. INTRODUÇÃO

O objetivo deste trabalho é fazer breve análise da responsabilidade do empregador e tomador de serviços pelos danos ao meio ambiente do trabalho e à saúde dos trabalhadores na Constituição Federal de 1988, considerando-se a necessidade de adoção de medidas preventivas em relação aos ambientes de trabalho. Por oportuno cabe verificar sobre os aspectos da responsabilidade pelos danos decorrentes da omissão patronal tanto no aspecto coletivo como no individual, inclusive sobre se houve alguma evolução nestes quase trinta anos de aplicação da Lei Maior brasileira.

---

1. Consultor Jurídico e Advogado. Procurador Regional do Trabalho aposentado. Doutor em Direito das Relações Sociais pela PUC/SP. Professor Titular do Centro Universitário UDF/ Mestrado em Direito e Relações Sociais e Trabalhistas e na Faculdade de Direito de são Bernardo do Campo no Curso de Especialização em Direito e Relações do Trabalho. Membro da Academia Brasileira de Direito do Trabalho. Autor de livros jurídicos, entre outros, "Direito ambiental do trabalho e a saúde do trabalhador".

Tratar dos efeitos nocivos do trabalho para a saúde dos trabalhadores não é tarefa fácil, tendo em vista o grande aparato econômico e político que visa resguardar as atividades econômicas mundiais e no Brasil, nem sempre colocando como primordial a saúde dos trabalhadores. Fácil não é tarefa quando o enfoque se volta para a defesa da saúde dos trabalhadores, pois neste caso há de se enfrentar os grandes interesses econômicos, os quais têm como principal objetivo obter lucros e mais lucros a qualquer custo, mesmo que para tanto se tenha que exigir dos trabalhadores esforços acima das suas capacidades laborais, como muito se vê no dia a dia com as cobranças insuperáveis de metas em todos os níveis de funções e a submissão daqueles a condições inseguras e inadequadas de trabalho.

Embora existam no Brasil fundamentos de sobra para se impor a implementação de medidas preventivas e imputar ao empregador a responsabilidade pelos danos à saúde dos obreiros, uma vez que a legislação brasileira a partir da Constituição Federal de 1988 é avançada e protetiva neste sentido, ainda existe epidemia de doenças ocupacionais em alguns setores da economia, sejam doenças osteomusculares, sejam doenças mentais, entre outras e altos índices de acidentes típicos noutros. Por isso, a oportunidade e pertinência de se trazer à tona a discussão de tão importante tema neste livro a coordenado pelo IPEATRA em comemoração aos 30 anos da Constituição Federal do Brasil de 1988 como forma de resgatar o paradigma democrático e plural na busca de um patamar mínimo civilizatório de equilíbrio nas relações de trabalho.

A nossa reflexão destina-se, ainda e por isso, a oferecer subsídios aos advogados, juízes, membros do Ministério Público e demais operadores do direito como forma de fomentar os doutrinadores a refletirem mais sobre os danos causados à saúde dos trabalhadores no Brasil em razão dos ambientes de trabalho inadequados e as graves consequências humanas, financeiras e sociais decorrentes para eles e seus familiares, para a economia do País e para a sociedade.

## 2. TRABALHO E DIGNIDADE HUMANA NA LEI BRASILEIRA

A palavra "trabalho", etimologicamente tem origem nos termos latinos *tripaliare* e *tripalium*, instrumento com três estacas utilizado para martirizar e torturar pessoas. Ou seja, o trabalho era considerado nos tempos primitivos como castigo. Com o passar dos tempos o trabalho ganhou o significado de algo dignificante para o homem, para que ele possa viver do ganho com a venda das suas forças a um empregador ou tomador de serviços. O trabalho é, portanto, nos dias atuais, um meio de vida, para que honestamente se ganhe dinheiro para uma vida digna e também como satisfação do homem para ser útil numa sociedade organizada. É como consta das leis da maioria dos países do mundo. É como consta da lei brasileira, especialmente a Constituição Federal de 1988, que no art. 1° estabelece como fundamentos da República Federativa do Brasil, entre outros, a dignidade da pessoa humana e os valores sociais do trabalho. O ar. 170 desta mesma norma constitucional, que trata da ordem econômica capitalista, diz que essa está fundada na valorização do trabalho humano e na livre iniciativa, tendo por fim assegurar a todos existência digna, conforme os ditames da justiça social, observados, entre outros, os princípios da defesa do meio ambiente e da busca do pleno emprego, o que é complementado pelo art. 196, que assegura que a saúde é direito de todos e dever do Estado, garantido mediante políticas sociais e econômicas que visem à redução do risco de doença e de outros agravos e ao acesso universal e igualitário às ações e serviços para sua promoção, proteção e recuperação.

O reconhecimento da dignidade da pessoa humana está na satisfação do bem-estar físico, intelectual, moral e psicológico do trabalhador, assegurando-lhe um ambiente saudável para cumprir as suas obrigações e, consequentemente, obter recursos financeiros para satisfazer suas necessidades, com a finalidade de melhor qualidade de vida[2]. A dignidade humana, pois, é o maior fundamento para a proteção contra o trabalho penoso.

No aspecto específico do trabalho o art. 7° e inc. XXII da Constituição Federal asseguram como direitos dos trabalhadores urbanos e rurais, além de outros que visem à melhoria de sua condição social, a redução dos riscos inerentes ao trabalho, por meio de normas de saúde, higiene e segurança. O termo saúde utilizado na lei é genérico e quer dizer corpo, alma e mente, pois o objetivo maior é revelar que seu âmbito de aplicação e proteção atinge não somente a higidez física, mas também pode alcançar a capacidade intelectual e psíquica da pessoa humana, o que pode variar de pessoa para pessoa[3].

Quer dizer, o trabalho não é e não pode ser considerado no nosso sistema jurídico como um castigo, nem como uma forma de desgastar e danificar o ser humano trabalhador, mas, como meio digno de vida.

---

2. MARQUES, Christiani, A proteção do trabalho penoso, p. 40, Ed. LTr, São Paulo, 2007.

3. Ibidem, p. 23.

Como bem assevera Christiani Marques[4], "É inquestionável, portanto, que o trabalho é elemento essencial à vida. Logo, se a vida é o bem jurídico mais importante do ser humano e o trabalho é vital à pessoa humana, deve-se respeitar a integridade do trabalhador em seu cotidiano, pois atos adversos vão, por consequência, atingir a dignidade da pessoa humana".

Ao tomador de serviços cabe, ao contratar um trabalhador, seja empregado ou autônomo, assegurar-lhe trabalho em condições dignas, em que a sua saúde e integridade física e psicológica sejam preservadas. Assim, cabe àquele adotar todas as medidas coletivas e individuais possíveis para evitar danos e desgastes ao trabalhador, pois o tratamento desumano e degradante é proibido pela Constituição do Brasil (art. 5º, inc. III: ninguém será submetido a tortura nem a tratamento desumano ou degradante).

## 3. DIREITO A UM AMBIENTE DE TRABALHO SADIO E SEGURO

O Brasil conta com uma das mais avançadas legislações de proteção ao meio ambiente, nele incluído o do trabalho (CF, art. 220, inc. VIII), tendo como principal objeto a defesa da vida.

Assim é que a Lei n. 6.938/81 definiu o meio ambiente como o conjunto de condições, leis, influências e interações de ordem física, química e biológica, que permite, abriga e rege a vida em todas as suas formas (art. 3º, inc. I).

Essa definição da Lei de Política Nacional do Meio Ambiente é ampla, devendo-se observar que o legislador optou por trazer um conceito jurídico aberto, a fim de criar espaço positivo de incidência da norma legal, o qual está em plena harmonia com a Constituição Federal de 1988 que, no *caput* do art. 225, buscou tutelar todos os aspectos do meio ambiente (natural, artificial, cultural e do trabalho), afirmando que "todos têm direito ao meio ambiente ecologicamente equilibrado, bem de uso comum do povo e essencial à sadia qualidade de vida".

Pode-se dizer que são dois os objetos de tutela ambiental constantes da definição legal, acolhidos pela Carta Maior: um, *imediato* – a qualidade do meio ambiente em todos os seus aspectos – e outro, *mediato* – a saúde, segurança e bem-estar do cidadão, expresso nos conceitos *vida*

---

4. Op. cit., p. 21.

*em todas as suas formas* (Lei n. 6.938/81, art. 3º, inc. I) e *qualidade de vida* (CF, art. 225, *caput*)[5].

No aspecto específico do meio ambiente do trabalho a Carta constitucional brasileira estabeleceu como direito social fundamental dos trabalhadores um meio ambiente de trabalho saído e seguro, como se infere do art. 7º e inc. XXII, *in verbis*:

> "São direitos dos trabalhadores urbanos e rurais, além de outros que visem à melhoria de sua condição social: ... XXII – redução dos
> riscos inerentes ao trabalho, por meio de normas de saúde, higiene e segurança".

Este é, sem dúvida, o mais importante direito do trabalhador, o qual visa à proteção da sua saúde e integridade física e psíquica em razão e por conta do trabalho executado em prol de um tomador de serviços.

Também de grande importância é o art. 196 da Carta constitucional brasileira, a qual afirma que:

> "A saúde é direito de todos e dever do Estado, garantido mediante políticas sociais e econômicas que visem à redução do risco de doença e de outros agravos e ao acesso universal e igualitário às ações e serviços para sua promoção, proteção e recuperação".

Portanto, se todos têm direito a um meio ambiente ecologicamente equilibrado e à saúde plena, diferentemente não pode ser em relação ao trabalhador, que move a economia do País e ajuda a criar a riqueza nacional.

## 4. O DEVER PATRONAL DE PROTEÇÃO DA SAÚDE DO TRABALHADOR

Se é direito do trabalhador a redução dos riscos inerentes ao trabalho por meio de normas de saúde, higiene e segurança do trabalho, por outro lado é do empregador a obrigação de implementar essas normas, porquanto, na forma do art. 2º da CLT – Consolidação das Leis do Trabalho:

> "Considera-se empregador a empresa, individual ou coletiva, que, assumindo os riscos da atividade econômica, admite, assalaria e dirige a prestação pessoal de serviço".

O empregador é dono do negócio e, como tal, assume os riscos inerentes à atividade desenvolvida, como diz a lei, porque é ele e não o trabalhador que aufere os lucros do empreendimento.

---

5. MELO, Raimundo Simão de, *Direito ambiental do trabalho e a saúde do trabalhador – responsabilidades*, p. 29. 5ª Ed. São Paulo: LTr, 2013.

Na CLT consta de forma cristalina a obrigação patronal de preservação da saúde do trabalhador mediante o cumprimento das normas de saúde, higiene e segurança do trabalho da seguinte forma:

> Art. 157 – "Cabe às empresas:
>
> I – cumprir e fazer cumprir as normas de segurança e medicina do trabalho;
>
> II – instruir os empregados, através de ordens de serviço, quanto às precauções a tomar no sentido de evitar acidentes do trabalho ou doenças ocupacionais;
>
> III – adotar as medidas que lhes sejam determinadas pelo órgão regional competente;
>
> IV – facilitar o exercício da fiscalização pela autoridade competente".

A Lei n. 8.213/91, que cuida do plano de benefícios previdenciários, estabelece nos §§ 1º, 2º e 3º do art. 19 que:

> § 1º – "A empresa é responsável pela adoção e uso das **medidas coletivas** e **individuais** de proteção e segurança da saúde do trabalhador" (grifados).
>
> § 2º – "Constitui contravenção penal, punível com multa, deixar a empresa de cumprir as normas de segurança e higiene do trabalho.
>
> § 3º – "É dever da empresa prestar informações pormenorizadas sobre os riscos da operação a executar e do produto a manipular".

De forma resumida, a NR 17, item 1.7 da Portaria 3.214/77 diz que:

> "Cabe ao empregador:
>
> a) cumprir e fazer cumprir as disposições legais e regulamentares sobre segurança e medicina do trabalho;
>
> b) elaborar ordens de serviço sobre segurança e saúde no trabalho, dando ciência aos empregados por comunicados, cartazes ou meios eletrônicos;
>
> c) informar aos trabalhadores:
>
> I – os riscos profissionais que possam originar-se nos locais de trabalho;
>
> II – os meios para prevenir e limitar tais riscos e as medidas adotadas pela empresa;
>
> III – os resultados dos exames médicos e de exames complementares de diagnóstico aos quais os próprios trabalhadores forem submetidos;
>
> IV – os resultados das avaliações ambientais realizadas nos locais de trabalho.
>
> d) permitir que representantes dos trabalhadores acompanhem a fiscalização dos preceitos legais e regulamentares sobre segurança e medicina do trabalho.

e) determinar os procedimentos que devem ser adotados em caso de acidente ou doença relacionada ao trabalho".

Das disposições legais citadas e de outras esparsas no ordenamento jurídico brasileiro, resta patente a obrigação do empregador ou tomador de serviços de adotar todas as medidas coletivas e individuais de prevenção de riscos nos ambientes de trabalho, com o objetivo de evitar acidentes e doenças do trabalho, prevalecendo as coletivas, de maior eficácia na eliminação dos riscos para a saúde dos trabalhadores.

Desse modo, demonstrada a existência de dano para a saúde do trabalhador por conta dos riscos ambientais do trabalho, cabe ao empregador provar que cumpriu suas obrigações na forma da lei. Caso não o faça, deverá arcar com as consequências reparatórias.

É certo que o trabalhador também tem obrigações na preservação da sua integridade física e mental, como se vê do art. 158 da CLT, que estabelece:

> "Cabe aos empregados:
>
> I – observar as normas de segurança e medicina do trabalho, inclusive as instruções de que trata o item II do artigo anterior;
>
> II – colaborar com a empresa na aplicação dos dispositivos deste Capítulo. Parágrafo único – Constitui ato faltoso do empregado a recusa injustificada: a) à observância das instruções expedidas pelo empregador na forma do item II do artigo anterior; b) ao uso dos equipamentos de proteção individual fornecidos pela empresa".

## 5. RESPONSABILIDADE DO EMPREGADOR PELA PREVENÇÃO E PELOS DANOS AO MEIO AMBIENTE DO TRABALHO

A Lei n. 6.938/81 (Lei da Política Nacional do Meio Ambiente) estabelece no art. 14, § 1º, que:

> "Sem obstar a aplicação das penalidades previstas neste artigo, é o poluidor obrigado, independentemente da existência de culpa, a indenizar ou reparar os danos causados ao meio ambiente e a terceiros, afetados por sua atividade" (grifados).

Essa lei foi pioneira sobre o tema, como se vê, criando a responsabilidade civil objetiva não somente para a prevenção, como para os danos concretos e efetivos ao meio ambiente e também para os terceiros afetados por esses danos.

É coerente e lógico o texto legal acima citado, pois se para o dano ao meio ambiente a responsabilidade é objetiva, não teria sentido falar em culpa em relação às consequências advindas daquele para as pessoas prejudicadas. É que, em primeiro lugar está a proteção da pessoa e da dignidade humana (CF, arts. 1º e 170).

A Constituição Federal de 1988 não somente recepcionou o § 1º do art. 14 acima citado, como também avançou sobre o tema da responsabilidade civil ambiental, dizendo no art. 225 que:

> "Todos têm direito ao meio ambiente ecologicamente equilibrado, bem de uso comum do povo e essencial à sadia qualidade de vida, impondo-se ao Poder Público e à coletividade o dever de defendê-lo e preservá-lo para as presentes e futuras gerações" (grifados).

O constituinte de 1988 preocupou-se não só com os danos concretos e efetivos, mas também com os danos abstratos e futuros, que são uma característica dos tempos modernos na sociedade de risco pós-industrial. Essa preocupação tem sentido e interesse prático, uma vez que os danos ao meio ambiente, regra geral, são irreversíveis e irreparáveis pelas consequências para a saúde e vida dos trabalhadores prejudicados. Assim, a prevenção[6] e a precaução[7] são remédios importantes e adequados para se evitar a ocorrência de danos futuros ou as consequências futuras de um dano efetivo.

Quanto ao sistema de responsabilidade civil ambiental o § 3º do art. 225 marcou a sua objetividade, estabelecendo que:

> "As condutas e atividades consideradas lesivas ao meio ambiente sujeitarão os infratores, pessoas físicas ou jurídicas, a sanções penais e administrativas, independentemente da obrigação de reparar os danos causados".

Portanto, em relação aos danos ambientais temos em nosso sistema jurídico a responsabilidade civil objetiva. Essa responsabilidade baseia-se na teoria do risco integral, pela qual o agente responde pelos danos decorrentes da sua atividade, independentemente de ser ela lícita ou ilícita, autorizada ou não pelos Poderes Públicos.

Não se está aqui a falar de atividade de risco, mas, do risco da atividade empreendida, que são coisas diferentes. Atividade de risco é aquela

---

6. A prevenção tem lugar em relação aos riscos já conhecidos.
7. A precaução tem lugar em relação aos riscos invisíveis e desconhecidos. Assim, mesmo na dúvida sobre se um determinado ato possa causar dano presente ou futuro, havendo indícios sobre sua prejudicialidade, devem ser adotadas medidas de prevenção, porque se o dano vier a ocorrer as consequências nefastas poderão atingir as pessoas, muitas vezes de forma irreversível e irreparável.

que, pela sua natureza, provoca mais danos às pessoas do que as atividades normais, enquanto que o risco da atividade envolve qualquer atividade e não somente a atividade de risco. Ou seja, quem causar dano ao meio ambiente, responde, sempre, objetivamente, porque o bem protegido é a vida ou a sadia qualidade de vida (CF, art. 225 e Lei 6.938/81, art. 3º).

E se a responsabilidade é objetiva em relação aos danos causados, sem dúvida que ela existe até com mais ênfase no tocante à prevenção dos danos ao meio ambiente, nele incluído o do trabalho, como asseguram o art. 200 e inc. VIII da Constituição Federal do Brasil.

Ultrapassada a questão da prova da culpa do causador do dano, pela aplicação da responsabilidade objetiva, existe outro problema, que é o nexo causal (relação de causa e efeito entre a conduta do agente e o resultado do ato), que deve ficar provado para se responsabilizar alguém pelo dano.

É, talvez, o que tem causado maiores dificuldades em matéria ambiental no tocante à prova, porque as lesões ao meio ambiente e às vítimas muitas vezes são de efeito diferido no tempo, aparecendo somente depois de alguns anos[8], ficando difícil e às vezes impossível a constatação de relação de causalidade, que depende quase sempre de prova técnica pericial. A solução para buscar a reparação dos danos passa, em determinados casos, conforme o entendimento da doutrina e da jurisprudência, pela aplicação da teoria das probabilidades, com inversão do ônus da prova para o suposto causador do dano. A ele cabe provar que não havia qualquer probabilidade de a sua atividade ter provocado danos ao meio ambiente e às pessoas.

Há casos em que as provas colhidas não são conclusivas sobre o nexo de causalidade ou o perito, embora oferecendo importantes subsídios no seu trabalho, não emite parecer afirmativo, cabendo ao juiz, diante dos elementos dos autos e da sua experiência como julgador reconhecer ou não o dever de reparar o dano, considerando que as provas não devem ser avaliadas com rigor e a frieza de um instrumento de precisão, mas com racionalidade, conjugando fatos, indícios, presunções e a observação do que ordinariamente acontece no mundo real.

---

8. É exemplo o caso de contaminação de uma fábrica por agrotóxico, com consequências para o meio ambiente, para as pessoas ao seu redor e para os trabalhadores. Os males podem aparecer logo ou demorar algum tempo, dificultando a comprovação do nexo causal, que, no entanto, pode ser reconhecido diante dos elementos, indícios e outros fatores observados nos autos.

É que nem sempre há uma certeza absoluta sobre o nexo causal, mas, de outro lado, pode existir um elevado grau de probabilidade sobre a sua configuração, como reconhece o julgado seguinte:

> **EMENTA:** "Acidente do trabalho – Benefício – Conversão – Aposentadoria previdenciária em acidentária – Doença – Mal da coluna – Nexo causal – Prova. A presença do nexo causal se mede por razoável probabilidade, não por matemática certeza, mesmo porque a ciência médica não é exata. Se o fosse, as calculadoras seriam feitas para os médicos e esses estariam livres de todas as acusações e indenizações pelos erros que vivem cometendo. Vale dizer, é o possível lógico, não o absolutamente certo, que embasa a conclusão pela presença do nexo causal e concausal ...." (STACIVSP, 12ª Câmara, Apelação n. 690.457/5, Relator Juiz Palma Bisson, 28.8.2003).

Também pode ser usado analogicamente o art. 21-A da Lei n. 8.213/91, que criou o chamado Nexo Técnico Epidemiológico, com a seguinte redação:

> "A perícia médica do INSS considerará caracterizada a natureza acidentária da incapacidade quando constatar ocorrência de nexo técnico epidemiológico entre o trabalho e o agravo, decorrente da relação entre a atividade da empresa e a entidade mórbida motivadora da incapacidade elencada na Classificação Internacional de Doenças — CID, em conformidade com o que dispuser o regulamento".
>
> § 1º. "A perícia médica do INSS deixará de aplicar o disposto neste artigo quando demonstrada a inexistência do nexo de que trata o caput deste artigo".
>
> § 2º. "A empresa poderá requerer a não aplicação do nexo técnico epidemiológico, de cuja decisão caberá recurso com efeito suspensivo, da empresa ou do segurado, ao Conselho de Recursos da Previdência Social".

De acordo com essa nova alteração legal as doenças provocadas por meio do vínculo direto entre a atividade econômica de cada um dos ramos em que estão inseridas as empresas e uma lista de possíveis doenças que podem acontecer naquele ambiente de trabalho específico, levam ao reconhecimento automático do nexo entre a doença e a atividade da vítima, invertendo-se o ônus da prova para a empresa, a quem cabe provar que o alegado dano não decorreu do trabalho.

## 6. RESPONSABILIDADE DO EMPREGADOR NOS ACIDENTES DE TRABALHO

Se para os danos causados ao meio ambiente, nele incluído o do trabalho (CF, art. 200, inc. VII), a responsabilidade civil é objetiva, diferentemente ocorre em relação aos danos à saúde dos trabalhadores decorrentes dos acidentes de trabalho, imperando a responsabilidade subjetiva, baseada na culpa do agente, o que vem desde as suas origens no nosso direito.

Foi o Decreto 7.036/1944 (art. 31) que inaugurou a responsabilidade civil do empregador nos acidentes de trabalho, mas somente para o caso de dolo. A jurisprudência, com apoio na doutrina, marchando adiante dos códigos legais, levou à edição, pelo STF, em 1963, da Súmula 229, com o seguinte teor:

> "A indenização acidentária não exclui a do direito comum, em caso de dolo ou culpa grave do empregador".

Houve um abrandamento com a inclusão da culpa grave, uma vez que não era fácil provar o dolo do empregador.

Mas mesmo assim, também era tarefa difícil provar a culpa grave do empregador, razão pela qual a Constituição Federal de 1988, evoluindo sobre o tema, reconheceu no art. 7º que:

> "São direitos dos trabalhadores urbanos e rurais, além de outros que visem à melhoria de sua condição social: ... XXVIII – seguro contra acidentes de trabalho, a cargo do empregador, sem excluir a indenização a que este está obrigado, quando incorrer em dolo ou culpa" (grifados).

Pelo inc. XXVIII do art. 7º a responsabilidade do empregador nos acidentes de trabalho existe em qualquer situação de culpa, mesmo a mais leve (negligência, imperícia e imprudência), embora continue, em regra, subjetiva, como reconhece parte da jurisprudência (Proc. TRT2 01748-2007-482-02-00-7, AC. 20081048844; 4ª Turma).

Todavia, a regra da responsabilidade civil subjetiva do empregador vem sendo abrandada com o reconhecimento de importantes exceções de responsabilidade objetiva pela doutrina e pela jurisprudência, especialmente a do C. TST. A base dessa flexibilização está nos fundamentos modernos da responsabilidade civil, entre os quais a proteção da vítima (e não mais do causador do dano, como nos tempos passados), a proteção da dignidade humana (CF, art. 1º), a valorização do trabalho (CF, art. 170) e a sua finalidade exemplar, pedagógica, punitiva e preventiva.

Nessa nova ótica, visando à melhoria da condição social do trabalhador, à responsabilidade civil decorrente de acidente do trabalho, quanto ao fundamento, aplicam-se, além do inc. XXVIII do art. 7º da Constituição Federal outras disposições legais, reconhecendo-se, pois, casos de responsabilidade objetiva.

Duas correntes procuram interpretar o inc. XXVIII do art. 7º da Constituição sobre a responsabilidade civil nos acidentes de trabalho.

A primeira faz uma interpretação meramente gramatical do referido dispositivo constitucional e conclui que a responsabilidade civil do empregador é somente subjetiva.

A segunda, ao contrário, faz uma interpretação sistemática e teleológica do inc. XXVIII e acolhe hipóteses de responsabilidade objetiva do empregador.

De acordo com essa segunda corrente, são casos de responsabilidade civil objetiva nos acidentes de trabalho, entre outros, aqueles nas atividades de risco (Código Civil, art. 927, § único), nas doenças ocupacionais decorrentes dos danos ao meio ambiente (§ 3º, do 225, da CF e art. 14, § 1º da Lei 6938/81), no transporte fornecido pelo empregador, no serviço público e nos acidentes decorrentes de ato de terceiro (terceirizações).

## 6.1. Nas atividades de risco

De acordo com o atual Código Civil brasileiro há duas espécies de responsabilidade civil: a subjetiva e a objetiva. A primeira tem como principal pressuposto a culpa, considerada pelo art. 186 do Código Civil no sentido *lato sensu* (imprudência, imperícia e negligência) e dolo. A segunda, a objetiva, é aquela em que não se exige o pressuposto da culpa e está prevista no § único do art. 927 do Código Civil, que assim estabelece:

> "Haverá obrigação de reparar o dano, independentemente de culpa, nos casos especificados em lei, ou quando a atividade normalmente desenvolvida pelo autor do dano implicar, por sua natureza, risco para os direitos de outrem".

Duas questões decorrem do novo enunciado do § único do art. 927 do Código Civil em relação aos acidentes de trabalho em atividades de risco: se esse novo mandamento se aplica na Justiça do Trabalho, nas ações acidentárias de responsabilidade civil, e o que são atividades de risco.

Na I Jornada de Direito e Processo do Trabalho, promovida pelo TST e pela ANAMATRA em 2007, foi a provado o ENUNCIADO n. 37, que assim dispõe sobre o tema:

> "RESPONSABILIDADE CIVIL OBJETIVA NO ACIDENTE DE TRABALHO. ATIVIDADE DE RISCO. Aplica-se o art. 927, parágrafo único, do Código Civil nos acidentes do trabalho. O art. 7º, XXVIII, da Constituição da República, não constitui óbice à aplicação desse dispositivo legal, visto que seu caput garante a inclusão de outros direitos que visem à melhoria da condição social dos trabalhadores".

Esse entendimento decorre de uma interpretação sistemática e teleológica do *caput* do art. 7º com os dispositivos supra, os quais reconhecem a responsabilidade sem culpa. É que o art. 7º diz que "São direitos dos trabalhadores urbanos e rurais, além de outros que visem à melhoria de sua condição social: ... XXVIII – seguro contra acidentes de trabalho, a cargo do empregador, sem excluir a indenização a que este está obrigado, quando incorrer em dolo ou culpa".

Quer dizer que o inc. XXVIII do art. 7º criou um direito mínimo, o qual pode ser alterado ou complementado por outra norma legal, desde que de maneira mais favorável aos trabalhadores, no caso, as vítimas de acidentes de trabalho.

A responsabilidade objetiva, na espécie, fundamenta-se, sobretudo, no primado da proteção da incolumidade da pessoa humana, como nesse sentido vaticinou Pontes de Miranda[9], com as seguintes palavras:

> "Quando se observa o mundo, em que se acham as esferas jurídicas das pessoas, e se pretende o ideal de justiça baseado na incolumidade de cada uma delas, objetivamente, entende-se que todo o dano deve ser reparado, toda lesão indenizada, ainda que nenhuma culpa tenha o agente".

Trata-se o § único do art. 927 do Código Civil de importante novidade, adotando expressamente a teoria do risco como fundamento da responsabilidade objetiva, paralelamente à teoria subjetivista.

Essa nova disposição legal, no nosso entendimento, deve ser aplicada nas ações acidentárias, como vem reconhecendo parte majoritária da jurisprudência trabalhista, especialmente do C. TST, como se vê do acórdão a seguir ementado:

> **EMENTA:** "DANO MORAL. RESPONSABILIDADE CIVIL DO EMPREGADOR. ACIDENTE DO TRABALHO. 1. O novo Código Civil Brasileiro manteve, como regra, a teoria da responsabilidade civil subjetiva, calcada na culpa. Inovando, porém, em relação ao Código Civil de 1916, ampliou as hipóteses de responsabilidade civil objetiva, acrescendo aquela fundada no risco da atividade empresarial, consoante previsão inserta no parágrafo único do artigo 927. Tal acréscimo apenas veio a coroar o entendimento de que os danos sofridos pelo trabalhador, decorrentes de acidente do trabalho, conduzem à responsabilidade objetiva do empregador. 2. A atividade desenvolvida pelo reclamante – teste de pneus – por sua natureza, gera risco para o trabalhador, podendo a qualquer momento o obreiro vir a lesionar-se, o que autoriza a aplicação da teoria

---

9. MIRANDA, Pontes de. *Tratado de Direito Privado*, p. 385, vol. 2, 3ª ed., Rio de Janeiro: Borsol, 1970.

> objetiva, assim como o fato de o dano sofrido pelo reclamante decorrer de acidente de trabalho. Inquestionável, em situações tais, a responsabilidade objetiva do Empregador" (Processo TST – RR – 422/2004-011-05-00; Primeira Turma; DJ – 20/03/2009; Rel. Min. Lélio Bentes Corrêa).

Reconhecida a aplicação do § único do art. 927 nas ações acidentárias, resta a tarefa de enquadrar cada caso concreto como atividade de risco, que é da jurisprudência, com auxílio da doutrina.

A atividade de risco pressupõe maiores probabilidades de danos para as pessoas, o que normalmente já é reconhecido por estatísticas. Os danos são esperados e podem causar prejuízo a alguém, sendo que a natureza da atividade é a peculiaridade que vai caracterizar o risco capaz de ocasionar os acidentes de trabalho.

A atividade de risco é aquela que tem, pela sua característica e natureza uma peculiaridade que desde já pressupõe a ocorrência de danos para as pessoas. É a atividade que tem, intrinsecamente ao seu conteúdo, um perigo potencialmente causador de dano. O exercício de atividade que possa oferecer algum perigo representa um risco, que o agente assume, de ser obrigado a ressarcir os danos que venham a resultar a terceiros.

Aqui não se trata de qualquer risco, mas, do risco acentuado, que decorre da própria atividade ou da forma como o trabalho é desenvolvido, cujo exemplo é a atividade perigosa descrita no art. 193 da CLT, que diz:

> "São consideradas atividades ou operações perigosas, na forma da regulamentação aprovada pelo Ministério do Trabalho e Emprego, aquelas que, por sua natureza ou métodos de trabalho, impliquem **risco acentuado** em virtude de exposição permanente do trabalhador a: I – inflamáveis, explosivos ou energia elétrica; II – roubos ou outras espécies de violência física nas atividades profissionais de segurança pessoal ou patrimonial" (grifados).

A atividade de risco, como afirma Cláudio Brandão[10], enquadra-se no risco específico, que se agrava em razão da natureza do trabalho. Assim, o que configura a responsabilidade objetiva pelo risco da atividade nos termos do § único do art. 927 do Código Civil brasileiro não é um risco qualquer, normal e inerente a qualquer atividade produtiva, mas a atividade cujo risco específico, acentuado e agravado em razão da natureza do trabalho, a ela inerente, é excepcional e incomum, embora previsível.

---

10. BRANDÃO, Cláudio. *Acidente do trabalho e responsabilidade civil do empregador*, p. 284 e 357, 3ª ed. São Paulo: LTr, 2009.

A natureza potencialmente perigosa da atividade de risco é a peculiaridade que a diferencia das outras atividades para caracterizar o risco capaz de ocasionar acidentes e provocar prejuízos indenizáveis, com base na responsabilidade objetiva aludida no art. 927 do Código Civil.

Trata-se, portanto, do risco-probabilidade e não do risco-possibilidade. É o caso, por exemplo, do trabalho no setor de transporte de passageiros e de cargas, porque estatisticamente está demonstrado que essa atividade, pela pontencialidade dos riscos a ela inerentes, provoca altos índices de acidentes de trabalho, inclusive com gravidade para as vítimas (trabalhadores e demais pessoas envolvidas). As probabilidades de o trabalhador no transporte sofrer acidentes de trabalho, como é público e notório, é muito maior do que de um outro trabalhador que não se expõe aos mesmos riscos. Então, se se trata de uma atividade de risco, a responsabilidade do empregador independe de culpa, o qual, para se exonerar da obrigação de indenizar, deverá provar que o acidente ou doença adquirida pelo trabalhador teve outra causa que não o risco da atividade desenvolvida.

A conclusão é que em qualquer situação o empregador tem a obrigação de adotar medidas e cuidados para eliminar os riscos para a saúde e segurança dos trabalhadores, enquanto que nas atividades de risco essa obrigação é maior ainda, diante do risco acentuado e agravado. A única forma de se exonerar da responsabilidade é comprovar que tudo fez e que o acidente ou a doença ocorreu não pelo risco em si da atividade, mas, por culpa exclusiva da vítima, por exemplo.

São nesse sentido as decisões seguintes do C. TST:

> **EMENTA**: "Indenização por danos morais. Motorista carreteiro. Assalto com sequelas físicas e incapacidade para o trabalho. Ação de terceiros. Embora hoje haja verdadeira controvérsia na doutrina e na jurisprudência com o fim de afastar a responsabilidade do empregador, por fato de terceiro, ainda que em atividade de risco, a matéria merece uma reflexão mais cuidadosa, na medida em que tal afastamento decorre da possibilidade de o autor vir a ajuizar ação de regresso ao terceiro, causador do dano. Tal entendimento, todavia, no direito do trabalho, não pode ser recepcionado, quando é certo que a responsabilidade pela atividade econômica é do empregador, e não do empregado. A leitura a ser feita da norma inscrita no art. 2º da CLT c/c art. 927, parágrafo único, do CC, em conjunção com os princípios que regem a relação jurídica trabalhista, é no sentido de que a indenização é devida ao empregado e que, eventual ação de regresso, a ser intentada, deverá ser feita pelo empregador, contra aquele cuja conduta ensejou a sua responsabilidade na reparação do dano (TST-RR-143100-77.2008.5.15.0070; Rel. Min. Aloysio Corrêa da Veiga)".

**EMENTA**: RECURSO DE REVISTA. ACIDENTE DE TRABALHO. DANO MORAL. INDENIZAÇÃO E PENSÃO. A CARACTERIZAÇÃO DE RESPONSABILIDADE OBJETIVA DEPENDE DO ENQUADRAMENTO TÉCNICO DA ATIVIDADE EMPREENDIDA COMO SENDO PERIGOSA. ARTIGO 927, PARÁGRAFO ÚNICO, DO CÓDIGO CIVIL. MOTORISTA DE VIAGEM. 1.1. Condenação ao pagamento de indenização por dano moral e de pensão mensal, baseada na aplicação da responsabilidade objetiva, pressupõe o enquadramento técnico da atividade empreendida como sendo perigosa. 1.2. Os motoristas profissionais, aplicados ao transporte rodoviário enfrentam, cotidianamente, grandes riscos com a falta de estrutura da malha rodoviária brasileira. O perigo de acidentes é constante, na medida em que o trabalhador se submete, sempre, a fatores de risco superiores àqueles a que estão sujeitos o homem médio. Nesse contexto, revela-se inafastável o enquadramento da atividade de motorista de viagem como de risco, o que autoriza o deferimento dos títulos postulados com arrimo na aplicação da responsabilidade objetiva prevista no Código Civil (TST-RR-148100-16.2009.5.12.0035, 16/02/2011, Alberto Luiz Bresciani de Fontana Pereira, Ministro Relator).

No entender do ministro Bresciani Pereira, relator da decisão supra, "a prática de direção de veículo automotivo é exercida rotineiramente pela população em geral e, por sua natureza, não representa inerente risco de vida, ainda que exercida em estradas interestaduais". Contudo, ressaltou a grande probabilidade de ocorrer esse tipo de acidente no caso do motorista profissional, por sua exposição constante ao perigo. Segundo o ministro, os motoristas profissionais "enfrentam, cotidianamente, grandes riscos com a falta de estrutura da malha rodoviária brasileira", elencando fatores de risco como "a existência de curvas perigosas, buracos na pista, pisos irregulares, sinalização inexistente ou insuficiente, falta de acostamento, animais soltos nas estradas e imprudência de outros motoristas". Nesse contexto, entendeu ser devido o enquadramento da atividade de motorista de viagem como de risco.

Na decisão seguinte a SDI-I do TST sinalizou como importante precedente da Corte para o futuro a aplicação da responsabilidade objetiva nas atividades de risco, abrindo caminho a ser adotado pela jurisprudência trabalhista nas demais instâncias, que têm a tarefa de enquadrar cada caso no disposto no § único do art. 927 do Código Civil, sendo exemplos o trabalho em minas, na construção civil, com energia elétrica, em alturas, no transporte (pelo risco da própria atividade e pelo risco que a ela se agrega, como os assaltos no transporte de cigarros, pela procura da mercadoria, e de passageiros, pela busca do dinheiro em poder do cobrador e de carro forte, pelo transporte de altas quantias).

> **EMENTA:** RECURSO DE REVISTA. ACIDENTE DE TRABALHO. DANO MORAL E MATERIAL. RESPONSABILIDADE DA EMPRESA. LER/DORT. CULPA PRESUMIDA. É da teoria do risco da atividade econômica, por força do art. 2º da CLT, que se extrai a responsabilidade do empregador, pois é do trabalho e do risco a ele inerente que o empregado se coloca na situação de sofrer danos, quando apenas cumpre sua obrigação contratual. É incontroverso nos autos que o acidente de trabalho ocorre em razão de atividade de risco, trabalho em máquina em que o autor teve o dedo cortado e, posteriormente, reimplantado. Logo, a culpa empresarial se presume. Existindo nexo de causalidade entre ação e dano, o ônus de demonstrar ausência absoluta de culpa e a culpa exclusiva da vítima, compete à empresa. Recurso de revista conhecido e provido (PROC. TST-RR-154785-83.2007.5.15.0016 – SDI-1 – Rel. Min. ALOYSIO CORRÊA DA VEIGA).

## 6.2. Nos acidentes em transporte fornecido pelo empregador

Quanto aos acidentes no transporte fornecido pelo empregador o c. TST reconheceu a responsabilidade objetiva do empregador, aplicando por analogia os arts. 934 e seguintes do Código Civil, que regem a responsabilidade civil do transportador, aqui, não em si na atividade de empregador, mas, como transportador, pois, como afirmada na decisão, se no transporte até as bagagens são protegidas pela responsabilidade objetiva, diferentemente não poderia se dar em relação ao trabalhador, o qual é levado para o serviço em transporte fornecido pelo empregador para prestar serviços em benefício deste.

> **EMENTA:** ACIDENTE DE TRAJETO. TRANSPORTE FORNECIDO PELO EMPREGADOR. RESPONSABILIDADE OBJETIVA. O empregador que assume o transporte do empregado ao local de trabalho, à luz dos arts. 734, 735 e 736 do CC, aplicáveis ao Direito do Trabalho por força do art. 8º da CLT, é responsável objetivamente por eventual acidente ocorrido no trajeto, ainda que por culpa de terceiro. Apesar de aparentemente gratuito, o transporte dos empregados pelo empregador atende a interesse do negócio, ao viabilizar a presença da mão-de-obra no local de serviço, com pontualidade e regularidade, não ensejando qualquer razão para modificar a responsabilidade do transportador. Gustavo Tepedino, Heloisa Helena Barboza e Maria Celina de Moraes lecionam que somente deve ser considerado transporte gratuito (ou benévolo) aquele totalmente desinteressado, não ensejando qualquer retribuição pecuniária, fundado na amizade ou cortesia, sem que haja qualquer prestação correspondente (Código Civil Interpretado, vol. II, Ed. Renovar, 2006, pg. 535). Enfocando o art. 734 do Código Civil tem-se que até bagagens são protegidas pela responsabilidade objetiva do transportador, quiçá um trabalhador que é transportado para o local onde prestará sua mão-de-obra, em benefício do empregador, que pelo art. 2º da CLT, assume os riscos do empreendimento (TST – RR – 9/2006-102-18-00; 15/05/2009; Rel. Min. Rosa Maria Weber Candiota da Rosa).

## 6.3. Nas doenças ocupacionais

Como visto antes, pelos danos causados ao meio ambiente, incluído o do trabalho, a responsabilidade é sempre objetiva. Assim, não parece lógico que para os danos causados a terceiros, como no caso dos trabalhadores, essa responsabilidade não seja também objetiva, como assegura o art. 14°, § 1° da Lei 6.938/81.

Acolhendo esse entendimento, foi aprovado o Enunciado n. 38 da I Jornada de Direito e Processo do Trabalho, promovida pela AMATRA e pelo TST, com o seguinte teor:

> "RESPONSABILIDADE CIVIL. DOENÇAS OCUPACIONAIS DECORRENTES DOS DANOS AO MEIO AMBIENTE DO TRABALHO. Nas doenças ocupacionais decorrentes dos danos ao meio ambiente do trabalho, a responsabilidade do empregador é objetiva. Interpretação sistemática dos artigos 7º, XXVIII, 200, VIII, 225, § 3º, da Constituição Federal e do art. 14, § 1º, da Lei 6.938/81.

Esse entendimento decorreu do mandamento do *caput* do art. 7º da Constituição Federal, que assegura como direito mínimo dos trabalhadores a responsabilidade subjetiva nos acidentes de trabalho, além de outros direitos que visem à sua melhoria, como, na espécie, a responsabilidade objetiva prevista em lei.

## 6.4. Nos acidentes de trabalho no serviço público

Estabelece a Constituição Federal no art. 39, § 3º, que "aplica-se aos servidores ocupantes de cargo público o disposto no art. 7º, IV, VII, VIII, IX, XII, XIII, XV, XVI, XVII, XVIII, XIX, XX, XXII e XXX, podendo a lei estabelecer requisitos diferenciados de admissão quando a natureza do cargo o exigir".

Nos direitos mencionados acima não se inclui o inc. o XXVIII do art. 7º da Constituição, que preconiza a responsabilidade civil subjetiva nos acidentes de trabalho para os demais trabalhadores.

Assim, a regra a ser aplicada aos servidores públicos quanto à responsabilidade civil nos acidentes de trabalho é a do art. 37, § 6º, que assegura a responsabilidade objetiva dos entes públicos, ao dizer que "as pessoas jurídicas de direito público e as de direito privado prestadoras de serviços públicos responderão pelos danos que seus agentes, nessa qualidade, causarem a terceiros, assegurado o direito de regresso contra o responsável nos casos de dolo ou culpa".

Essa forma de responsabilização civil nos acidentes de trabalho para os servidores públicos já vinha sendo acolhida pela Justiça Comum, como ilustra a decisão seguinte:

**EMENTA**: "Acidente do trabalho. Indenização pelo direito comum. Teoria do risco administrativo. Art. 37, 6º, da CF. 2. Em face do disposto no art. 37, 6º, da CF, que adotou a teoria do risco administrativo, a obrigação da municipalidade indenizar o dano causado a seu funcionário independe da prova de culpa daquela. Somente a culpa exclusiva da vítima ou força maior eximiriam a administração pública da aludida obrigação, o que não ocorreu na espécie, onde, ademais, restou amplamente demonstrada a sua culpa" (TA do Paraná; Ap. Cível n. 124.761.200; 2ª Câm. Cível; Ac. n. 10.634; Rel. Juiz Pilde Pugliese, DJ-PR de 27.11.98).

Esse também foi o entendimento aprovado na I Jornada de Direito do Trabalho promovida pela AMATRA E TST em 2007:

ENUNCIADO N. 40 – RESPONSABILIDADE CIVIL. ACIDENTE DO TRABALHO. EMPREGADO PÚBLICO. A responsabilidade civil nos acidentes do trabalho envolvendo empregados de pessoas jurídicas de Direito Público interno é objetiva. Inteligência do artigo 37, § 6º da Constituição Federal e do artigo 43 do Código Civil.

A conclusão, portanto, é de que nos acidentes de trabalho envolvendo servidores públicos a responsabilidade civil das pessoas jurídicas de direito público e das de direito privado prestadoras de serviços públicos é objetiva (STF – RE 591874; Rel. Min. Ricardo Lewandowski; DJ de 18/12/2009).

## 7. RESPONSABILIDADE PELO MEIO AMBIENTE DE TRABALHO E PELA SAÚDE DOS TRABALHADORES TERCEIRIZADOS E TEMPORÁRIOS

A terceirização de serviços é uma realidade no cenário jurídico internacional e também no Brasil, onde, por muito tempo não havia lei que a regulamentasse o tema, suprindo essa lacuna a Súmula n. 331/TST, que reconheceu a responsabilidade subsidiária do tomador de serviços nas terceirizações, no caso de culpa *in eligendo* e *in vigilando*.

Todavia, a terceirização e o trabalho temporário receberam nova regulamentação por meio das Leis n. 13.429/2017 e 13.467/2017, que alteraram a Lei n. 6.019/74.

Em termos constitucionais, em relação à prevenção e reparação dos danos ao meio ambiente do trabalho, além da responsabilidade objetiva na forma do § 3º do art. 225 da Constituição Federal e § 1º do art. 14 da Lei n. 6.938/1981, aplica-se a responsabilidade solidária de todos aqueles que, pela sua atividade, causem danos ao meio ambiente ou potencializem a criação de risco para o mesmo.

Assim, responde solidariamente quem se omitir de um dever de tutela e prevenção ambientais, pois o meio ambiente sadio, pleno e global é um direito de todos e dever do Estado e da sociedade, como preconiza o art. 225 da Constituição Federal, que assim estabelece:

> "Todos têm direito ao meio ambiente ecologicamente equilibrado, bem de uso comum do povo e essencial à sadia qualidade de vida, impondo-se ao Poder Público e à coletividade o dever de defendê-lo e preservá-lo para as presentes e futuras gerações".

A Lei n. 6.019/74, que sofreu recentes alterações no tocante ao trabalho temporário e à prestação de serviços a terceiros (terceirização) estabeleceu no art. 5º-A, § 3º, que "**É responsabilidade da contratante garantir as condições de segurança, higiene e salubridade dos trabalhadores**, quando o trabalho for realizado em suas dependências ou local previamente convencionado em contrato (grifados)" e no § 5º, que "A empresa contratante é subsidiariamente responsável pelas obrigações trabalhistas referentes ao período em que ocorrer a prestação de serviços, e o recolhimento das contribuições previdenciárias observará o disposto no art. 31 da Lei nº 8.212, de 24 de julho de 1991".

No art. 9º, § 1º, que regula o trabalho temporário, constou que "**É responsabilidade da empresa contratante garantir as condições de segurança, higiene e salubridade dos trabalhadores**, quando o trabalho for realizado em suas dependências ou em local por ela designado" (grifados) e no art. 10, § 7º, que "A contratante é subsidiariamente responsável pelas obrigações trabalhistas referentes ao período em que ocorrer o trabalho temporário, e o recolhimento das contribuições previdenciárias observará o disposto no art. 31 da Lei nº 8.212, de 24 de julho de 1991".

Nas duas situações acima de trabalhos terceirizado e temporário restou assegurada a responsabilidade direta da empresa tomadora pelas condições de segurança, higiene e salubridade dos trabalhadores, e a responsabilidade subsidiária pelas obrigações trabalhistas em relação aos trabalhadores contratados.

Como se vê, nem de responsabilidade solidária se trata, mas, de responsabilidade principal, direta do tomador de serviços pela garantia das condições de saúde, segurança, higiene e salubridade dos trabalhadores terceirizados e temporários. É dizer, o tomador de serviços responde diretamente pelo meio ambiente do trabalho seguro e adequado para todos os trabalhadores em atividade, sejam seus empregados direitos, terceirizados ou temporários ou de outra espécie. Essa responsabilidade é preventiva e abrange igualmente os danos ao meio ambiente do trabalho.

A par dessa nova alteração legal que responsabilizou os tomadores de serviços pela manutenção dos ambientes de trabalho adequados, surge importante indagação: e no caso de acidente do trabalho envolvendo terceirizados e trabalhadores temporários a responsabilidade do tomador de serviços é subsidiária ou solidária?

Quanto às verbas trabalhistas nada mudou na lei nova em relação à orientação da Súmula n. 331 do C. TST, que já assegurava a responsabilidade subsidiária do tomador de serviços, o que foi legalizado pela Lei n. 6.019/74, agora alterada.

Diferentemente ocorre, como me parece, em relação à responsabilidade de natureza civil, a qual é regida no sistema jurídico brasileiro pelo Código Civil nos arts. 932, 933 e 942, os quais estabelecem:

> **Art. 932.** "São também responsáveis pela reparação civil: ... III – o *empregador* ou comitente, por seus *empregados*, serviçais e *prepostos*, no exercício do trabalho que lhes competir, ou em razão dele" (grifados).
>
> **Art. 933.** "As pessoas indicadas nos incisos I a V do artigo antecedente, *ainda que não haja culpa de sua parte*, responderão pelos atos praticados pelos terceiros ali referidos" (grifados).
>
> **Art. 942.** "Os bens do responsável pela ofensa ou violação do direito de outrem ficam sujeitos à reparação do dano causado; e, se a ofensa tiver mais de um autor, todos responderão solidariamente pela reparação. Parágrafo único. São solidariamente responsáveis com os autores os co-autores e as pessoas designadas no art. 932" (grifados).

Nessa linha a jurisprudência do C. TST vem evoluindo quanto à aplicação da responsabilidade solidária nas reparações decorrentes de acidentes de trabalho, considerando que nestas não se postulam simplesmente parcelas contratuais de natureza trabalhista não adimplidas, mas sim, indenizações por danos moral e material decorrentes dos infortúnios, cuja natureza é civil.

Conclui-se, assim, que a Súmula n. 331 do C. TST, que trata da responsabilidade subsidiária, tem aplicação para as verbas trabalhistas e não para as de natureza civil, como constou da Lei n. 6.019/74, com as alterações recentemente introduzidas pela n. 13.467/2017. A decisão seguinte ilustra esse entendimento:

> **EMENTA**: RESPONSABILIDADE CIVIL. DONO DA OBRA. ACIDENTE DE TRABALHO. FALECIMENTO DE EMPREGADO CONTRATADO POR SUBEMPREITEIRA. ORIENTAÇÃO JURISPRUDENCIAL Nº 191 DA SBDI-1 DO TST. INAPLICABILIDADE. **1.** Nas ações acidentárias não se postulam simplesmente parcelas contratuais não adimplidas, e sim indenização por dano moral e/ou material decorrente de infortúnio que, nos ca-

sos de contrato de empreitada, em regra, ocorre nas dependências da dona da obra, igualmente responsável em relação à prevenção de acidentes e doenças ocupacionais. **2.** Se o dono da obra concorreu para o infortúnio, no que não impediu a prestação de labor sem a observância das normas de higiene e segurança do trabalho, a cargo do empregador, **incide, em tese, a responsabilidade solidária inserta no art. 942, *caput*, do Código Civil de 2002.** Precedentes da SBDI-1 do TST. **3.** Responsabilidade subsidiária do dono da obra que se mantém, em respeito aos limites da postulação deduzida em embargos. **4.** Embargos dos Reclamantes de que se conhece, por divergência jurisprudencial, e a que se dá provimento para restabelecer o acórdão (Proc. n. TST-E-
-RR-240-03.2012.5.04.0011; JOÃO ORESTE DALAZEN, Ministro Relator, 19 de novembro de 2015 – grifamos).

Nessa mesma linha decidiu a 1ª Turma do TRT/MT, afirmando que prestadora e tomadora de serviços devem arcar com o pagamento da indenização acidentária decorrente da responsabilidade civil.

Na responsabilidade subsidiária a tomadora do serviço só será cobrada se a execução contra o empregador direto for frustrada. Já na responsabilidade solidária as duas (ou mais) reclamadas respondem pela dívida.

Para dar suporte ao seu posicionamento favorável ao pedido de responsabilidade solidária, a relatora partiu da premissa de que o meio ambiente de trabalho é de responsabilidade do tomador do serviço, citando a questão do valor social do trabalho e a dignidade da pessoa humana estabelecidos na Constituição Federal e que as normas de segurança do trabalho da CLT, de previdência social, a Convenção n. 155 do OIT e a Declaração Internacional dos Direitos Humanos da ONU colocam a empresa, para quem o serviço é realizado, na obrigação de responder solidariamente pelos danos causados aos empregados (Processo n. 0000963-37.2011.5.23.0008).

Parece-me que com a alteração legal da Lei n. 6.019/74, que reconheceu a responsabilidade direta e principal do tomador de serviços terceirizados e temporários pela aplicação e cumprimento das normas de saúde, segurança e higiene do trabalho, não tem mais sentido, na ocorrência de acidentes de trabalho envolvendo os trabalhadores terceirizados e temporários, quando o trabalho for realizado em suas dependências ou local previamente convencionado em contrato, aplicar a responsabilidade subsidiária. Seria uma incoerência inaceitável em termos de interpretação jurídica.

Portanto, com base na interpretação da Lei n. 6.019/74, alterada pela Lei n. 13.429/2017, no tocante ao trabalho terceirizado e temporário a responsabilidade do tomador de serviços é direta e principal pelas condições de segurança, higiene e salubridade dos trabalhadores e, solidária, em relação às reparações decorrentes de acidentes e doenças ocupacionais, na forma dos arts. 5º-A, §§ 3º e 5º, 9°, § 1º e 10, § 7º.

## 8. CONCLUSÕES

Na forma da Constituição Federal do Brasil de 1988 o trabalho humano não é uma mercadoria e, por isso, recebeu proteção legal na busca do pleno emprego, em que se respeite a dignidade humana do trabalhador, a sua integridade física e psíquica e os valores sociais a ele inerentes.

No Brasil os índices de acidentes de trabalhos ainda são altos e preocupantes, porque, além das atividades perigosas, com riscos acentuados, muitos empregadores não estão adotando ainda as medidas de prevenção dos riscos, como exigem a lei e o bom senso, acarretando incalculáveis prejuízos e consequências de todas as ordens para as vítimas, a sociedade e para as próprias empresas.

Talvez por isso vem-se alargando o entendimento de que à responsabilidade pelos danos causados à saúde e integridade física e psíquica dos trabalhadores, quanto ao fundamento, aplicam-se não só o inc. XXVIII do art. 7º da Constituição, que estabelece a responsabilidade civil subjetiva, mas também outros dispositivos legais e constitucionais, com o reconhecimento de importantes casos de responsabilidade civil objetiva, como demonstrado neste trabalho doutrinário, inclusive com a jurisprudência recente do C. TST.

Esse alargamento e acolhimento de novos caso de responsabilidade objetiva nos acidentes de trabalho são coerentes com texto do art. 225 e § 3º da Constituição Federal, que, para o dano ao meio ambiente assegura a responsabilidade objetiva, pelo que, não teria sentido falar em culpa em relação às consequências advindas daquele para as pessoas prejudicadas, cuja preocupação, em primeiro lugar, deve ser a proteção da pessoa e da dignidade humana (CF, arts. 1º e 170).

O constituinte de 1988 preocupou-se não só com os danos concretos e efetivos, mas também com os danos abstratos e futuros, que são uma característica dos tempos modernos na sociedade de risco pós-industrial. Essa preocupação tem sentido e interesse prático, uma vez que os danos ao meio ambiente, regra geral, são irreversíveis e irreparáveis pelas consequências para a saúde e vida dos trabalhadores prejudicados. Assim, a prevenção e a precaução são remédios importantes e adequados para evitar a ocorrência de danos futuros ou as consequências futuras de um dano efetivo.

Portanto, podemos afirmar a Constituição Federal de 1988, que teve primados, entre outros, a dignidade da pessoa humana, o valor social do trabalho, a livre iniciativa e a proteção do meio ambiente, de fato vem provocando nesses quase trinta anos de existência importante evolução sobre o tema da proteção das vítimas de acidentes de trabalho, especialmente depois da emenda Constitucional n. 45/2004, quando se reconheceu induvidosamente a competência da Justiça do Trabalho não somente em relação à prevenção e reparação dos danos ambientais trabalhistas, mas também no tocante às ações acidentárias, que passaram a ser julgadas pelos Juízes do Trabalho, os quais vivem mais de perto o dia a dia dos ambientes de trabalho ruins e das suas consequências nefastas para os trabalhadores, para a sociedade e para as próprias empresas.

Por fim, com base nas recentes alterações introduzidas na Lei n. 6.019/74 no tocante ao trabalho terceirizado e temporário a responsabilidade dos tomadores de serviços passou a ser direta e principal pelas condições de segurança, higiene e salubridade dos trabalhadores e, solidária, como nos parece, em relação às reparações decorrentes de acidentes e doenças ocupacionais (Lei n. 6.019/74, arts. 5º-A, §§ 3º e 5º, 9º, § 1º e 10, § 7º e Código Civil, arts. Civil nos arts. 932, 933 e 942).

## BIBLIOGRAFIA

BARRETO, Margarida. *Violência, saúde, trabalho: uma jornada de humilhações*. São Paulo: EDUC – FAPESP, 2003.

BRANDÃO, Cláudio. *Acidente do trabalho e responsabilidade civil do empregador*. 3ª ed. São Paulo: LTr, 2009.

CAMARGO, Duílio Antero Magalhães; CAETANO, Dorgival & GUIMARÃES, Liliana Andolpho Magalhães (Organizadores). *Psiquiatria ocupacional*. São Paulo: Atheneu, 2010.

CATALDI, Maria José Giannella. *O stress no meio ambiente de trabalho*. 3ª Ed. São Paulo: LTr, 2015.

CAVALIERI FILHO, Sérgio. *Programa de responsabilidade civil*. São Paulo: Malheiros, 2003.

FELICIANO, G. G. (Org.); URIAS, J. (Org.); MARANHÃO, Ney (Org.); SEVERO, V. S. (Org.). Direito Ambiental do Trabalho – Apontamentos para uma Teoria Geral – Volume 3. 1. Ed. São Paulo: LTr, 2016, v. 3 (NO PRELO).

FIGUEIREDO, Guilherme José Purvin de. *Direito ambiental e a saúde dos trabalhadores*. 2ª ed. São Paulo: LTr, 2007.

FIORILLO, Celso Antonio Pacheco. *Curso de direito ambiental brasileiro*. 16ª ed. São Paulo: Saraiva, 2015.

GARCIA, Gustavo Felipe Barbosa. *Acidentes do trabalho, doenças ocupacionais e nexo técnico epidemiológico*. 5ª ed. São Paulo: Método, 2013.

GLINA, Débora Miriam Raab & ROCHA, Lys Esther (Organizadores). *Saúde mental no trabalho – da teoria à prática*. São Paulo: Gen – ROCA, 2014.

GUEDES, Márcia Novaes. Terror Psicológico no Trabalho. 3ª Edição. São Paulo: LTr, 2008.

GONÇALVES, Carlos Roberto. *Responsabilidade civil*. 15ª ed. São Paulo: Saraiva, 2015.

LEITE, José Rubens Morato. *Dano ambiental: do individual ao coletivo extrapatrimonial*. 7ª Ed. São Paulo: RT, 2015.

MACHADO, Paulo Afonso Leme. *Direito ambiental brasileiro*. 24ª ed. São Paulo: Malheiros, 2016.

MARANHÃO, Ney. *Responsabilidade Civil Objetiva Pelo Risco da Atividade: Uma Perspectiva Civil-Constitucional*. São Paulo: Editora Método, 2010, v. 1. 316p.

MARANHÃO, Ney; Francisco Milton Araujo Junior. Responsabilidade civil e violência urbana. Considerações sobre a responsabilização objetiva e solidária do Estado por danos decorrentes de acidentes laborais diretamente vinculados à insegurança urbana. *Jus Navigandi*, v. 16, p., 2010.

MARQUES, Christiani. *A proteção ao trabalho penoso*. São Paulo: LTr, 2007.

MEDEIROS NETO, Xisto Tiago de. *Dano moral coletivo*. 4ª ed. São Paulo: LTr, 2014.

MELO, Raimundo Simão de £ MELO, Guilherme. Aparecido Bassi. Responsabilidade civil por acidentes do trabalho nas terceirizações e no trabalho temporário. *In*: GUSTAVO FILIPE BARBOSA GARCIA e RÚBIA ZANOTELLI DE ALVARENGA. (Org.). Terceirização de Serviços e Direitos Sociais Trabalhistas. São Paulo/SP: LTR Editora Ltda., 2017, v. 1, p. 79-87.

MELO, Raimundo Simão de. Meio ambiente do trabalho e atividades de risco: prevenção e responsabilidades. *In*: GUNTHER, Luiz Eduardo; ALVARENGA, Rúbia Zanotelli; BUSNARDO, Juliana Cristina; BACELLAR, Regina Maria Bueno (Orgs.). Direitos humanos e meio ambiente do trabalho. São Paulo/SP: LTR, 2016, v., p. 145-152.

--------. A Tutela do Meio Ambiente do Trabalho e da Saúde do Trabalhador na Constituição Federal. *In* Rúbia Zanotelli de Alvarenga. (Org.). Direito Constitucional do Trabalho. São Paulo/SP: LTr, 2015, v., p. 185-200.

--------. *Ações acidentárias na justiça do Trabalho*. 2ª ed. São Paulo: LTr, 2012.

--------. *Direito ambiental do trabalho e a saúde do trabalhador – responsabilidades*. 5ª. Ed. São Paulo: LTr, 2013.

MICHEL, Oswaldo. *Acidentes do trabalho e doenças ocupacionais*. 3ª ed. São Paulo: LTr, 2008.

MIRANDA, Pontes de. *Tratado de Direito Privado*, vol. 2, 3ª ed. Rio de Janeiro: Borsol, 1970.

OLIVEIRA, Sebastião Geraldo de. *Proteção jurídica à saúde do trabalhador*. 6ª ed. LTr. São Paulo, 2011.

--------. *Indenizações por acidente do trabalho ou doença ocupacional*. 8ª ed. LTr. São Paulo, 2014.

PARREIRA, Ana. *Assédio moral. Um manual de sobrevivência*. 2ª Ed. Campinas/SP: Russel, 2010.

# ARTIGO 7º, INCISO XXVII

# A proteção em face da automação e o limite ao poder de direção empresarial

*Adriane Reis de Araujo*[1]

**SUMÁRIO:** I – Introdução – II – O conteúdo essencial do direito fundamental à proteção em face da automação na jurisprudência nacional – III – A proteção em face da automação e o poder de direção do empresário: III.1 – Poder de direção: conceito e classificação; III.2 – Poder de direção e controle: princípio da proporcionalidade – IV – A negociação coletiva sobre a contra a automação – V – Conclusão – Bibliografia.

## I – INTRODUÇÃO

A história do Direito do Trabalho revela que este ramo jurídico tem o desenvolvimento tecnológico e a automação em seu código genético, pois seu florescimento está estreitamente vinculado ao advento da Revolução Industrial[2].

---

1. Procuradora Regional do Trabalho lotada em São Paulo. Coordenadora de Ensino da Escola Superior do Ministério Público da União de 2000-2004. Coordenadora da Comissão de Direitos Humanos em Sentido Estrito do Grupo Nacional de Direitos Humanos do Conselho Nacional de Procuradores-Gerais, Doutora em Direito pela Universidade Complutense de Madri. Presidente do Grupo de Trabalho de Gênero da Coordenadoria Nacional de Promoção da Igualdade de Oportunidades e Eliminação da Discriminação no Trabalho do Ministério Público do Trabalho. Presidente do IPEATRA.

2. *Entende-se, ainda, que se a actual incorporação das novas tecnologias constitui, sem dúvida, um desafio de primeira ordem para o Direito do trabalho do futuro, não devemos deixar de considerar que este fenómeno se transformou já num seu "velho companheiro de jornada", convindo lembrar que este ramo do Direito nasceu como consequência de Revoluções – a primeira revolução industrial e as revoluções burguesas – associadas, à data, às novas tecnologias que surgiram* (MOREIRA, T. C. Novas tecnologias: um admirável mundo novo do trabalho, Coimbra: Grupo Almedina, 2016, p. 223.).

O momento em que vivemos, porém, apresenta-se particularmente desafiador em virtude da indiscutível transformação social que vivenciamos com o desenvolvimento da tecnologia móvel (SoLoMo) e a internet das coisas. Elas permitem, de maneira positiva, a ampla comunicação em tempo real e a livre circulação de dados pessoais e informação, mas, de modo negativo, baseiam-se em através da extensa coleta e tratamento de dados pessoais sem o conhecimento dos desdobramentos e das consequências por seus titulares.

Os discursos em favor da ampla liberdade de circulação de dados e informação na rede mundial de computadores, ancorados na afirmação de que deve ser reforçada liberdade dos usuários na decisão sobre a coleta, tratamento e compartilhamento dos dados pessoais nos serviços ali ofertados, têm cedido diante de fatos inequívocos de manipulação em pleitos eleitorais e consultas populares. Se as situações revelam a sobreposição do interesse ecônomico dos desenvolvedores dos sistemas informáticos construidos unilateralmente , com acentuada assimetria de poder entre duas partes contratantes, como fica o equilibrio de faculdades e liberdades fundamentais quando a tecnolocia é utilizada dentro de um do contrato de trabalho subordinado?

Com o intuito de iluminar alguns pontos críticos dessa questão, este artigo pretende defender a aplicação do artigo 7º, inciso XXVII, da Constituição Federal como barreira de contenção para o avanço indiscriminado e ilimitado das novas tecnologias dentro do ambiente de trabalho. Esse dique é necessário diante dos imensos espaços vazios deixados pelo legislador brasileiro entre a liberdade em ditar a obrigação contratual a ser prestada pelo trabalhador e o limite ao avanço do poder do empregador.

O ponto de partida da reflexão é o conteúdo essencial do direito fundamental de proteção do trabalhador em face da automação delineado pela jurisprudência nacional e pelo Supremo Tribunal Federal. Emm seguida, avança rumo ao conceito de poder de direção e de controle, bem como de seus princípios, para então identificar as fronteiras impostas à implantação de sistemas informáticos. Os critérios aqui destacados podem servir de base para a intepretação legal de situações abusivas, de acordo com a Lei n. 13.709/2018, bem como para negociação coletiva das condições de trabalho, como preconiza a Lei n. 13.467/2017 .

## II - O CONTEÚDO ESSENCIAL DO DIREITO FUNDAMENTAL À PROTEÇÃO EM FACE DA AUTOMAÇÃO NA JURISPRUDÊNCIA NACIONAL

O modelo social desenhado pelo legislador constituinte considerou o ensino, a capacitação, inovação, pesquisa e desenvolvimento tecnológicos como atividades a serem promovidas e incentivadas pelo Estado (arts. 214, V, 218). No texto constitucional, a tecnologia ocupa, junto a outras atividades, o rol de patrimônio nacional cultural do Brasil (art. 216, III e V, e 219). Porém, em vista da centralidade que a dignidade humana ocupa em nosso texto constitucional, é certo que o desenvolvimento tecnológico e seus interesses econômicos não podem se sobrepor aos direitos humanos, direitos da personalidade e direitos sociais. A tecnologia, portanto, deve ser compatibilizada com o direito à intimidade, vida privada, honra e imagem (art. 5º, X), com a redução dos riscos inerentes ao trabalho, por meio de normas de saúde, higiene e segurança (art. 7º, XXII – princípio da precaução), com a proibição da discriminação (art. 7ª, XXX, XXXI, XXXII), com a liberdade sindical (art. 8º, caput) e com a dignidade humana (art. 1º, III).

Para não deixar margem a dúvidas, o legislador constituinte estabeleceu expressamente a garantia de proteção do trabalhador em face da automação no art. 7º, XXVII. O conteúdo essencial desse direito ainda não foi objeto de análise minuciosa pelos Ministros do Excelso Supremo Tribunal Federal. Nas duas ocasiões em que este dispositivo fundamentou ações naquela corte, a decisão não alcançou o mérito da questão. Vejamos.

No primeiro caso, a Ministra Carmem Lúcia Antunes Rocha se manifestou, em decisão monocrática, no sentido de afastar o conhecimento do mandado de injunção que pretendia provocar a ação do legislador para regulamentar essa norma (MI 618-MG[3]), por concluir que esse dispositivo permite imediata aplicação. Nessa decisão, sem repercussão geral, a ilustre Relatora distinguiu o direito de proteção contra a automação de eventual proteção a inovações tecnológicas, como se verifica abaixo:

> O art. 7º, inc. XXVII, da Constituição não estipula como direito do trabalhador à proteção contra "inovações tecnológicas", mas sim "em face da automação", conceitos diferentes. Na automação substitui-se o trabalho

---

3. O MI 618-MG foi apresentado perante o Supremo Tribunal Federal por um bancário que alegou ter sido dispensado em dezembro de 1998 em razão das inovações tecnológicas do setor e à automação da agência bancária onde ele trabalhava.

humano pelo de máquinas. A inovação tecnológica está relacionada a mudanças na tecnologia, não havendo necessariamente a substituição do homem por máquina.

A diferenciação estabelecida entre automação e inovação tecnológica no MI 618-MG, com o devido respeito, é artificial. A inovação tecnológica tende sempre a transformar a prática anterior, pela velocidade ou desempenho de tarefas, etc. A ausência de impacto nas ofertas de postos de trabalho somente é plausível quando a adoção da inovação tecnológica se restringe, exemplificativamente, ao material ou estrutura do equipamento.

O questionamento sobre o impacto da tecnologia – seja porque os novos dispositivos realizam o serviço em sua completude, seja porque otimizam ou aceleram a tarefa, potencializando a atividade do trabalhador – sempre transitou entre a mera substituição da mão de obra humana até a intensificação do trabalho, controle da mão de obra e apropriação do conhecimento operário. O impacto da tecnologia geralmente tem como resultado imediato a redução de postos de trabalho. Automação, portanto, nada mais é do que uma modalidade de inovação tecnológica que, ao incorporar práticas de trabalho a técnicas computadorizadas ou mecânicas, diminui o uso de mão de obra em qualquer processo podendo reduzir ou não o número de postos de trabalho.

A automação diminui (ou pretende diminuir) os custos e aumenta a velocidade da atividade, razão pela qual indiscutivelmente reverbera de modo indelével sobre as condições de trabalho. O efeito de sua incidência é positivo quando repousa na possibilidade de esse conjunto de técnicas tornar o processo de trabalho mais eficiente com a maximização da produção, redução do consumo de energia e de emissão de resíduos e melhores condições de segurança, tanto humana como material e de informações[4]. Entretanto, seu lado nefasto se revela nas previsões e constatação de que a otimização desses procedimentos – através da informática e inteligência artificial – enxuga o mercado de trabalho e extingue diversas ocupações ao se apropriar do saber operário. Basta tomar como exemplo o setor bancário. Negativa também é a prática em se adotar o sistema ou equipamento automatizado sem a devida preparação, capacitação e escuta daqueles que trabalharão diretamente com a inovação. Em 2019, foi longa a discussão sobre a responsabilidade da

---

4. O que é automação? Disponível em <http://www.conceitotecnologia.com.br/automacao-o-que.asp>. Acesso em 1.06.2018.

empresa Boing em inovar o sistema de segurança de seus aviões Boing 737 Max 8 sem a devida capacitação dos pilotos em face da queda de duas areonaves comerciais com vítimas fatais. [5].

No segundo caso, o Supremo Tribunal Federal foi instado a se manifestar – na ADI 3113 – sobre eventual inconstitucionalidade da Lei Estadual n. 9.796/1997, do Estado de São Paulo, que proibiu a instalação de bombas de autosserviço em postos de abastecimento de combustíveis. Essa ação, que analisaria o conteúdo essencial da norma, todavia, foi prejudicada em face da promulgação da Lei Federal n. 9.956/2000 que, por ser mais abrangente, revogou a norma estadual. Logo, o conteúdo essencial ainda não foi delineado naquela corte.

A jurisprudência nacional, por sua vez, reconhece no direito fundamental à proteção em face da automação um direito multidimensional, que pretende a proteção do mercado de trabalho em razão do crescente uso de tecnologias, como também do amparo à saúde e segurança do trabalhador.

Pouco lembrado, mas não menos importante, é o fato de esse direito tutelar as obrigações contratuais e calibrar o regular exercício do poder de direção e controle pelo empregador, pois, como visto acima, o direito à proteção em face da automação adere a um dos elementos do contrato de trabalho (subordinação), ou seja, está na base do fundamento da própria autonomia do Direito do Trabalho. Trata-se de mecanismo necessário para coibir abusos – que podem ser identificados com o assédio moral organizacional – e regular o avanço das novas tecnologias dentro da empresa.

## III – A PROTEÇÃO EM FACE DA AUTOMAÇÃO E O PODER DE DIREÇÃO DO EMPRESÁRIO

A automação abarca o conjunto de técnicas necessárias à organização da produção e da mão de obra com vistas à obtenção do resultado produzido. Esse conjunto de técnicas geralmente se fundamenta na coleta e armazenamento dos dados dos trabalhadores, ou seja, na criação de

---

5. Em estudo da Universidade de Oxford, concluiu-se pela extinção das funções com baixa remuneração e com baixa qualificação pelo uso da tecnologia (FREY, C. B. OSBORNE, M. A. The future of employment: how susceptible are Jobs to computerisation?, Setembro, 2107, Disponível em https://www.oxfordmartin.ox.ac.uk/downloads/academic/The_Future_of_Employment.pdf. Acesso em 30 de maio de 2018.) Porém, o desenvolvimento da inteligência artificial, atualmente faz esse cenário distópico avançar também para as funções que exigem habilidades sociais.

bancos de dados para cuidar da vigilância e controle da mão de obra de maneira individualizada, ininterrupta e minuciosa no curso da execução contratual, bem como da qualidade e quantidade do resultado obtido. O conceito de "resultado produzido" pressupõe não apenas a mensuração da produção, mas também do percurso até se chegar a esse resultado.

Além do mais, o sistema informático, ao tempo em que condiciona e padroniza a prestação de serviços em conformidade com um modelo ideal, permite a produção de relatórios em tempo real à disposição da direção da empresa muitas vezes *on line*. Ele permite, por exemplo, o registro dos dados relativos à eficiência (correção e ritmo de trabalho) e à assiduidade do trabalhador. De modo que a adoção das novas tecnologias tem a dupla função de ser a plataforma de trabalho e de controle da atividade do trabalhador.

A transmutação do modelo ideal de prestação de serviços para algoritmos, impostos unilateralmente, geralmente não é permeável a ajustes. A execução e a obediência do trabalhador, condicionados no sistema computadorizado em conformidade com os interesses dos empresários, afasta qualquer negociação entre as partes contratantes em relação aos seus efeitos e dados – uma vez que "a lista do computador encerra qualquer diálogo" –, ou questionamento.

Por fim, o sistema informático se impõe associado à crença da superioridade da máquina em detrimento do homem. O registro da atividade no sistema carrega em si a ilusão de impessoalidade e justiça diante do distanciamento e opacidade daquele que previamente inseriu a ordem expressa em algoritmos. A reunião em um único sistema de dados relacionados à quantidade e qualidade da atividade, longe de criar um mecanismo confiável de justiça social, maximiza a subordinação do trabalhador, aumenta a pressão sobre ele ao mesmo tempo em que reduz qualquer possibilidade de resistência ou influência sobre a forma de execução da prestação de serviços.

Os efeitos da informatização da direção e controle da produção se manifestam em dois sentidos: vertical ou hierárquico (da direção para o trabalhador) e horizontal ou não-colaborativo (entre trabalhadores do mesmo grupo ou setor).

No sentido vertical, os comandos ou controles tecnológicos não aproximam o trabalhador da direção, como se quer fazer crer, ou seja não contribui para democratizar o espaço de trabalho. Muito pelo contrário, esses comandos ou controles intensificam a pressão, ao suprimir instancias intermediárias e reduzir as possibilidades de iniciativa do trabalhador relacionadas à prestação dos serviços. As atividades requeridas são previamente condicionadas em sequencias densas e estritas. Para superar eventual incongruência do sistema e alcançar o seu objetivo de prestação de serviços, o trabalhador corriqueiramente é induzido a "burlar o sistema", uma vez que a padronização da atividade muitas vezes sequer prevê, de modo antecipado, mecanismos de ajustes ou canais internos de comunicação para as hipóteses excepcionais. Por exemplo, é comum se deparar com dificuldades do trabalhador de setores de serviços de apoio ao consumidor em resolver o problema apresentado ou dificuldades em face de solicitações excessivas ou indevidas do sistema (ao se exigir o número de identidade, CPF ou previdência local quando o serviço é também oferecido a estrangeiros). Para piorar, é possível pensar em sistemas informáticos com algoritmos flexíveis, em que os critérios para a avaliação da atividade variam com frequência, afetando o ritmo de trabalho dentro de um determinado espaço de tempo antes fixado (mês, ano), por força de fatores externos e incontroláveis pelo trabalhador.Isso ocorre, por exemplo, quando os critérios variam diariamente ou conforme a demanda.

No sentido horizontal, por sua vez, o registro minuto a minuto da produção impede os tempos mortos, restringindo as pausas e a possiblidade de socialização do trabalhador. As licenças comportamentias (pausas) são imprescindíveis para transferir conhecimento e aproximar os trabalhadores envolvidos em determinada atividade. Outro situação negativa é aquela em que se toma o maior índice de produção como referência para a estipulação de metas, ignorando o contexto ou eventual esforço excepcional do trabalhador. Como consequência imediata, há a ruptura da solidariedade no grupo, criando um ambiente propício ao adoecimento ou esgotamento do trabalhador, aumento da vigilância e competição entre os pares e a ruptura dos laços de solidariedade interna, ou seja, este modelo fomenta a hostilidade no grupo entre os mais e menos produtivos, configurando o assédio moral organizacional e propagando o adoecimento mental.

A possibilidade de elaborar relatórios detalhados da atividade transforma o controle informatizado do resultado em controle social ou comportamental do trabalhador. A potencialidade do cruzamento de dados pessoais em invadir espaços da personalidade do trabalhador e permitir traçar um perfil comportamental, ou seja, o registro das ações e omissões do trabalhador a cada instante implica uma transparência quase completa do sujeito. Em palavras de Gaeta, as novas tecnologias comportam "*um controle minuto a minuto, que parece contribuir a que a vida laboral – e também o tempo existencial restante – se desenvolvam de forma transparente, quase como em um aquário de peixes dourados*" (GAETA, 1992, p. 68).

Se a extensão da vigilância na empresa se intensifica pelo uso dos sistemas informáticos – dispensando o pessoal responsável pela supervisão intermediária –, quando a essa vigilância se torna inexorável, a subjetividade do trabalhador é sequestrada, para além da jornada de trabalho e do local de trabalho, pois a percepção da possibilidade de vigilância estimula a identificação do trabalhador com os valores e objetivos da empresa, produzindo uma sujeição completa à disciplina empresarial. Trata-se de um mecanismo de fusão total da pessoa do trabalhador com os ideais corporativos.

Esse modelo reaviva com força total o Panótico de Bentham (BENTHAM, 2005) e o papel da vigilância como instrumento de poder. Aqui o indivíduo segue a conduta esperada pela administração não porque suspeita de que está sendo observado pelo Inspetor, senão porque tem certeza de que não há espaços (tempo e lugar) que fujam à observação do Inspetor, assim como não há justificativas para qualquer desvio. A vigilância e o controle dos trabalhadores pelos sistemas informáticos aprofunda o modelo de sociedade disciplinar (FOUCAULT, 2004) na empresa: hierarquização, segmentação, especialização e sedentarização do trabalhador. Tudo isso em uma arquitetura virtual, livre das amarras de espaço e tempo.

A substituição da intermediação do supervisor humano pelo supervisor informático, portanto, além de reduzir postos de trabalho, oculta os comandos do empregador dentro do próprio sistema, estreita a via de execução da prestação de serviços, impede qualquer discussão sobre a correção dos dados coletados ou sobre a forma com que se organiza a prestação de serviços e permite coletar dados comportamentais ou da intimidade do trabalhador. Desse modo, mais do que tutelar o emprego, segurança ou medicina do trabalho, a proteção contra a automação poderá ser decisiva para equilibrar os poderes do empregador e reduzir a assimetria na relação de trabalho. A proteção em face da automação, portanto, resgata o papel primordial do Direito do Trabalho em assegurar condições dignas de trabalho.

## III.1 – Poder de direção: conceito e classificação

O poder de direção empresarial está vinculado ao poder de decidir sobre a criação da empresa, organização e extinção. Este poder garante o regular funcionamento da organização e se manifesta em face da mão de obra contratada através de três modalidades: poder de direção (ou seja, de comandar direta ou indiretamente os trabalhadores), poder de controle (ou seja, de verificar o regular cumprimento das obrigações e de zelar pel respeito nas relações interpessoais entre os trabalhadores) e o poder disciplinar (ou seja, de aplicar sanções previstas em lei, diante do descumprimento das obrigações contratuais e legais pelo subordinado). O poder de controle é aqui tratado de forma destacada do poder de direção para iluminar melhor as facetas deste poder.

O poder de direção se constitui na "capacidade atribuída ao empregador de dar conteúdo concreto à atividade do trabalhador, visando à realização das finalidades da empresa" "(BARROS, 2006, p. 553). No Direito brasileiro, o exercício do poder de direção é amplo, estando condicionado pela observância das hipóteses legais de tutela dos direitos fundamentais ou da personalidade, das normas de segurança e medicina do trabalho, das cláusulas contratuais e das normas de negociação coletiva. O empregador é livre para decidir como e em que momento da jornada será desempenhada a atividade do trabalhador, ou seja, ele é livre para dar concretude à prestação de serviços contratada, sem estar condicionado à prévia consulta ou aprovação por qualquer espécie de representação dos trabalhadores. Portanto, o poder de direção configura uma relação de autoridade que persegue o trabalhador durante toda a execução de suas obrigações contratuais, pautado em um sistema eficaz de controle e sanção. Este poder se ancora no dever de obediência do trabalhador.

O poder de controle, por sua vez, embora visto como instrumental, é um poder autônomo que tem por objetivo "fiscalizar as atividades profissionais de seus empregados"(BARROS, 2006, p. 558), incluindo-se aqui, segundo a doutrina e jurisprudência, o poder de revistar o trabalhador ou seus pertences. Desde logo se observa que o poder de controle se expande para além das obrigações estabelecidas no contrato de trabalho subordinado e abrange toda a organização produtiva, ou seja, abrange também o controle da disciplina na empresa. O controle centra sua atenção em uma tríade de pressupostos relacionados à prestação de serviços: a) funcional, que reúne as obrigações contratuais ou legais; b) temporal, que incide sobre os atos realizados no curso do contrato; c) material, econômico ou não, cuja aplicação tem em vista o interesse do empregador, o quanto ele pode ser prejudicado material ou moralmente pela conduta do empregado.

O poder disciplinar se ocupa do poder do empregador de aplicar sanções ao trabalhador pelo descumprimento de uma obrigação contratual ou legal. Segundo ALDACY RACHID COUTINHO, o poder disciplinar é um mecanismo destinado a coibir a inobservância de deveres principais e acessórios, relacionados a ordens gerais e particulares ou individuais, emanadas do poder de direção e que não se restringe ao contrato de trabalho, pois abrange os deveres de obediência, lealdade, diligência ou fidelidade; o poder disciplinar leva o trabajador a moldar sua conduta ao interesse da atividade econômica (COUTINHO, 1999).

Tendo em vista o poder disciplinar constituir um verdadeiro "poder de polícia privada" aplicada pelo próprio empregador, o modelo brasileiro optou pela prescrição legal taxativa das faltas graves (art. 482/CLT) e sanções (advertência, suspensão e resolução contratual – arts. 474 e 482/CLT, Lei n. 605/1949). Até a promulgação da Lei n. 13.467/2017 era vedada a sanção pecuniária[6], sendo permitido o desconto salarial somente em caso de adiantamento, previsão legal ou previsão em norma coletiva (art. 462/CLT). O exercício regular do poder disciplinar, de toda maneira, deve atender aos seguintes princípios: proporcionalidade, *non bis in idem* e atualidade.

Entre todas as manifestações dos poderes empresariais, a lei brasileira somente regula de modo mais detalhado o poder disciplinar. O silêncio do legislador sobre o exercício do poder de direção e do poder de controle, em que sequer há previsão legal de consulta aos representantes dos trabalhadores para a implementação de determinadas medidas na empresa ou mesmo de informação prévia, manifesta a clara opção ideológica em favor da empresa. A opacidade do empregador na lei tem sido superada nas cortes trabalhistas pela aplicação de princípios constitucionais e convencionais, que têm colocado em xeque decisões corporativas. Cita-se como exemplo de decisões judiciais nesse sentido,

---

6. No Direito brasileiro, com a edição da Lei n. 13.467/2017, foi admitida a aplicação da sanção pecuniária, no art. 452-A, § 4º, ao trabalhador intermitente que aceitar a oferta para o comparecimento ao trabalho e descumprir, sem justo motivo, correspondente à multa de 50% (cinquenta por cento) da remuneração que seria devida, no prazo de trinta dias, permitida a compensação em igual prazo. Esta norma, com todo respeito, padece de inconstitucionalidade em face do caráter alimentar da remuneração do trabalhador intermitente e da garantia de salário mínimo prevista no art. 7º, IV, da Constituição da República.

a anulação de dispensas discriminatórias (Súmula n. 443/TST)[7]. Porém, há ainda vazios importantes que merecem atenção da jurisprudência e dos sindicatos, como é o caso da implantação dos sistemas informáticos aqui analisados.

O conteúdo do direito à proteção em face da automação deve estar baseado no respeito à dignidade humana do trabalhador, fundamento do Estado brasileiro juntamente com a valorização social do trabalho (art. 1º, III e IV), deve ser aplicado para colmatar essa anomia. Toda e qualquer decisão empresarial que atente contra a dignidade humana deve ser refutada. Nesse ponto, é importante trazer como paradigma o Direito espanhol, pois o art. 20.3 do Estatuto dos Trabalhadores daquele país estabelece como limite ao poder de controle o respeito à dignidade humana do trabalhador e à real capacidade dos trabalhadores com deficiência, *in verbis*:

> Art. 20.3 ET – *El empresario podrá adoptar las medidas que estime más oportunas de vigilancia y control para verificar el cumplimiento por el trabajador de sus obligaciones y deberes laborales, guardando en su adopción y aplicación la consideración debida a su dignidad humana y teniendo en cuenta la capacidad real de los trabajadores disminuidos, en su caso.*

O desdobramento legal relativo aos trabalhadores com deficiência por certo nada mais faz que explicitar a necessidade de gradação para verificação da necessidade de maior ou menor intervenção estatal em respeito a sua dignidade humana. No Brasil, o desempenho do profissional com deficiência também deve ser ajustado, em conformidade com o art. 1º da Lei n. 9.029/1995[8] alterado pela Lei Brasileira de Inclusão (Lei n. 13.146/2015), sob pena de ser considerado um fator discriminatório para a manutenção da relação de emprego.

Dito isso, trago à baila o ensinamento de GOÑI SEIN que afasta a aprovação indiscriminada de qualquer equipamento tecnológico para o controle da atividade dos trabalhadores:

---

7. A exigência de negociação coletiva para a dispensa coletiva de trabalhadores foi afastada pela Lei n. 13.467/2017, art. 477-A. Este dispositivo tem sido acusado de atecnia, uma vez que equipara situações jurídicas distintas (dispensa individual, plúrima e coletiva) e é objeto de disputas jurisprudenciais relacionadas à sua constitucionalidade em face da dispensa da intervenção sindical.

8. Art. 1º – *É proibida a adoção de qualquer prática discriminatória e limitativa para efeito de acesso à relação de trabalho, ou de sua manutenção, por motivo de sexo, origem, raça, cor, estado civil, situação familiar, deficiência, reabilitação profissional, idade, entre outros, ressalvadas, nesse caso, as hipóteses de proteção à criança e ao adolescente previstas no inciso XXXIII do art. 7º da Constituição Federal.*

"Deve ser observado se no fundo da decisão, ultrapassando a alegação dos distintos fins da organização produtiva ou de segurança, não concorrem interesses distorcidos tendentes a coletar dados e relatórios sobre o comportamento dos trabalhadores ou a exercer uma pressão maior sobre a conduta laboral dos trabalhadores mediante um controle intensivo e impessoal."(GOÑI SEIN, 1998, p. 143).

Este ensinamento se coaduna com as cinco condições básicas para se manter a dignidade humana trabalhada por PODLECH, são elas: "a) a liberdade em relação a ansiedades existenciais básicas; b) a manutenção da igualdade; c) a segurança da identidade e da integridade, incluindo a liberdade de dar significado à própria vida; d) limitações jurídicas sobre o estado e o uso proporcional da força por este; e e) respeito pelas contingência físicas dos seres humanos, incluindo a proibição da tortura e da punição corporal, bem como o direito a uma morte digna" (PODLECH *apud* DENNINGER, 2003, P. 43).

O alerta de GOÑI SEIN é valido também para os sistemas informatizados, pois o seu excesso pode comprometer a dignidade humana na medida em que afeta tanto a igualdade jurídica entre as partes, como também a identidade e integridade do indivíduo.

### III.2 – Poder de direção e controle: princípio da proporcionalidade

O exercício do poder de direção e controle pelo empregador em conformidade com o respeito à dignidade humana deve necessariamente observar o princípio da proporcionalidade, de aplicação corrente pelo Supremo Tribunal Federal. O respeito ao princípio da proporcionalidade se faz pela observância de três subprincípios, quais sejam: adequação, necessidade e proporcionalidade em sentido estrito.

O subprincípio da **adequação** verifica se o fim almejado é licito e se pode ser alcançado por aquele determinado meio. A **necessidade** reclama uma análise comparativa entre as diversas medidas oferecidas para responder ao objetivo empresarial, ou seja, requer a verificação se a medida pode ser substituída de forma suficiente por outra medida mais moderada para a consecução de seus objetivos, se foi efetivamente feita a opção pelo meio restritivo menos gravoso para o direito objeto de restrição. Por fim, o subprincípio da **proporcionalidade em sentido estrito** pretende, através de uma análise comparativa buscar o equilíbrio entre os meios utilizados e os fins colimados para encontrar a justa medida, ou seja, se o fim justifica a adoção da medida restritiva de direitos eleita.

Para que seja aferido o cumprimento do princípio da proporcionalidade é indispensável que o empregador informe aos seus trabalhadores – previamente à adoção dos sistemas informatizados – quais são os processos de produção (regras) e os meios de controle da prestação de serviços, de forma veraz e completa. Isso é importante para que não haja surpresas no curso da execução contratual; surpresas estas que podem interferir de forma prejudicial ao trabalhador no modo como é calculada a remuneração, na distribuição dos lucros e resultados, prêmios ou mesmo em promoções.

O direito à informação é peça chave para se verificar a legitimidade do exercício do poder de direção e controle. Ele não pode se limitar ao conhecimento quanto à natureza ou extensão da medida de controle. Ele deve também explicar o fluxo de informações dentro da empresa para propiciar o controle dos dados do trabalhador: coleta, armazenamento, tratamento e distribuição (ARAUJO, 2019, p. 290). O direito ao controle dos dados individuais do trabalhador na empresa deverá atender às garantias que norteiam a proteção de dados pessoais contidos em banco de dados, ou seja, o direito ao acesso, direito à retificação, direito ao cancelamento ou bloqueio, direito de oposição e, até mesmo, o direito ao uso limitado dos dados, quando for o caso.

Ademais, o conhecimento de todo o fluxo permite a cada um dos envolvidos, de forma individual ou coletiva, formar uma opinião fundamentada sobre os fatos que envolvem o processo de produção e sua repercussão na organização do trabalho, remuneração e jornada de trabalho. A informação é necessária para que cada trabalhador possa decidir sobre a forma como organizará sua atividade, executará o contrato de trabalho ou para aferir eventual equiparação salarial.

Dentro do ambiente corporativo atual, em que a competitividade é elevada à máxima potência como motor de gestão da mão de obra, subsiste o jogo da concorrência para o domínio do mercado interno, ou seja, para manutenção da empregabilidade. Se a função principal do Direito do Trabalho é limitar a concorrência entre os trabalhadores no mercado de trabalho (AMADO, 2015, p.52), essa função se estende também ao mercado interno em que se disputa a manutenção do contrato de trabalho em vigor, evitando a degradação das condições de trabalho (*race to the bottom*) no ambiente corporativo.

Assim, os trabalhadores devem, previamente: a) ser informados sobre o objetivo da prestação de serviços ou de seu registro no sistema informático; b) ser informados sobre os critérios de avaliação que serão levados em consideração para cada um dos atos empresariais: promoção, remuneração, jornada, etc; c) devem ser capacitados para utilização do sistema e quanto aos procedimentos padrões adotados; d) não poderão ser punidos por desvios ou ajustes realizados na hipótese de não haver alternativa no sistema A empresa deverá: a) coletar apenas as informações e os dados pertinentes à realização da tarefa na justa medida da comprovação de seu cumprimento, excluindo-se toda e qualquer informação excessiva (art. 7º, inciso V, e 11º, inciso I, d, Lei n. 13.709/2019); b) oferecer um procedimento ou alternativa para tratar as situações excepcionais ou as situações não previstas no sistema; c) entregar ao trabalhador um relatório claro, completo e veraz sobre o desempenho individual em comparação aos critérios de avaliação informados; d) oferecer um canal, *on line* ou não, dentro do departamento de RH ou departamento de tecnologia da informação para consulta e retificação dos registros individuais do trabalhador (art. 19, caput e § 3º, Lei n. 13.709/2019).

Os dados disponibilizados constituem patrimônio do trabalhador, podendo se pensar na portabilidade dos registros, quando o trabalhador transite entre empresas do mesmo grupo econômico, como também em um relatório final para os trabalhadores dispensados. Esses dados podem (e devem) ser levados em consideração em pedidos judiciais de equiparação salarial ou questionamentos sobre o pagamento de prêmios e participação nos lucros ou, ainda, para aferir eventual discriminação em detrimento da ascensão ou manutenção do emprego.

As informações relacionadas ao sistema informático também devem ser disponibilizadas aos sindicatos para verificar o respeito ao princípio da proporcionalidade e, principalmente, em caso de negociação coletiva sobre o tema, assegurar o desenvolvimento de uma negociação coletiva justa e equilibrada, ou seja, o *fair play*[9] entre as partes, como se verá a seguir.

---

9. A figura da "prática desleal" surgiu nos Estados Unidos da América, por meio da Lei Nacional de Relações de Trabalho (National Labor Relations Act) (16), de 1935, conhecida como Lei Wagner. A seção 8ª da referida lei proibia condutas patronais que implicassem atos de ingerência nas organizações dos trabalhadores, obstrução do exercício dos direitos sindicais, atos de discriminação antissindicais e recusa em negociar coletivamente. A Lei Wagner foi conhecida nos Estados Unidos por muitos anos como a Magna Carta Trabalhista da América (Magna Carta of America labor) e foi resultado de uma onda de greves entre os anos de 1933 e 1934, com violenta repressão policial e de seguranças privados defensores de interesses de empresas contra os sindicatos. Alguns historiadores americanos reconhecem nessa norma uma tentativa do Congresso americano de interromper um possível movimento revolucionário. Essa norma basicamente garante o exercício da liberdade sindical (Informação obtida na página <http://home.earthlink.net/~local1613/nlra().html>. Acesso em 22.3.2004).

## IV - A NEGOCIAÇÃO COLETIVA SOBRE A CONTRA A AUTOMAÇÃO

A Lei n. 13.467/2017 pretendeu assegurar a prevalência do negociado sobre o legislado para as hipóteses enumeradas de forma exemplificativa no art. 611-A da CLT, restringindo-se apenas os temas contidos no art. 611-B da CLT. Entre os temas autorizados estão: banco de horas, regulamento empresarial, remuneração por produtividade, modalidade de registro de jornada, troca do dia de feriado, prêmios de incentivo em bens ou serviços. Geralmente esses aspectos da relação de trabalho são coletados e tratados por meio de sistemas informáticos. Logo, aqui cabe a negociação coletiva que estabeleça critérios claros para a implementação dos procedimentos de produção e controle da mão de obra, bem como de registro dos dados individualizados dos empregados. Essas normas poderão prevalecer sobre o legislado, desde que respeitem a dignidade humana e as normas de segurança e medicina do trabalho, não sejam discriminatórias,nem reduzam as garantias indicadas no art. 611-B da CLT.

Para isso é indispensável garantir o equilíbrio entre as partes negociadoras, observando-se os princípios da negociação coletiva, em particular o princípio da equivalência dos contratantes, e o princípio da informação. Até a vigência do governo federal eleito em 2014, a garantia do equilibrio entre as partes negociadoras (principio da equivalencia dos contratantes) contava com a mediação do Ministério do Trabalho (art. 11, § 2º, da Lei 10.192/2001), Contudo, um dos primeiros atos do Governo Bolsonaro foi a extinção do Ministério do Trabalho (Medida Provisoria 870, em 1º de janeiro de 2019), com a pulverização de suas atribuições entre os Ministérios da Economia e da Justiça. A Medida Provisória citada não faz referência à mediação de conflitos coletivos de trabalho, o que parece indicar a pouca importância que se dá a eles. De todo modo, o organograma das competências dos ministérios do governo federal revela clara descuido com o equilíbrio entre as partes negociadoras na relação de trabajo, pois a divisão de competências revela ou a intenção de subordinar diretamente os conflitos trabalhistas ao interesse econômico (Ministério da Economia) ou facilitar sua submissão o sindicato profissional ao Estado, ao tratar a questão com ênfase nas formalidades legais relacionados à legitimidade da entidade sindical (Ministério da Justiça – art. 37). Quaisquer das duas opções se evidencia inadequada e insuficiente, deixando severas dúvidas quanto à capacidade de promover a solução dos conflitos entre Capital e Trabalho.

De todo modo, partindo-se do pressuposto de que as partes sentaram na mesa de negociação, ao Sindicato deverá ser dado a conhecer não apenas a capacidade econômica da empresa para fixar sua pauta de negociação, mas também as informações que tenham pertinência com a pauta de negociação e condições de trabalho. A observância e o respeito ao direito deinformação do Sindicato profissional se impõe em vista de afetar diretamente os princípios da boa fé, da razoabilidade e da lealdade na negociação coletiva.

Qualquer discussão sobre o uso de tecnologias na empresa exige a capacitação dos dirigentes sindicais ou a possibilidade de contratação de um profissional com conhecimento técnico suficiente para propiciar o diálogo entre as partes negociantes. Aqui, mais uma vez, deve ser denunciado o sentido adotado pela Reforma Trabalhista, promovida pela Lei n. 13.467/2017, que optou por caminhos diametralmente opostos ao manter a unicidade sindical concomitantemente em que precariza a relação de emprego, permite a terceirização ilimitada da mão de obra, e retira a contribuição sindical obrigatória, reduzindo consideravelmente a capacidade econômica da entidade sindical profissional. Nesse cenário dificilmente o sindicato poderá cumprir o seu papel constitucional perante seus representados. A negociação coletiva ficará debilitada e poderá desquilibrar a concorrência entre empresas, uma vez, que a liberação da negociação coletiva com sindicatos enfraquecidos beneficiará as empresas mais fortes, dentro do mesmo setor econômico.

Considerando a criação da Autoridade Nacional de Proteção de Dados – ANPD[10], órgão da administração pública federal, integrante da Presidência da República, pela Medida Provisória 869/2019, com competência para difundir na sociedade o conhecimento sobre as normas e as políticas públicas de proteção de dados pessoais e sobre as medidas de segurança e estimular a adoção de padrões para serviços e produtos que facilitem o exercício de controle e proteção dos titulares sobre seus dados pessoais (art. 11, incisos IX e X), a negociação coletiva também poderá se pautar pelas normas, pareceres e documentos por ela produzidos.

---

10. Pela Medida Provisória 869/2019: "At. 55-B. É assegurada autonomia técnica à ANPD." (NR) "Art. 55-C. ANPD é composta por: I – Conselho Diretor, órgão máximo de direção; II – Conselho Nacional de Proteção de Dados Pessoais e da Privacidade; III – Corregedoria; IV – Ouvidoria; V – órgão de assessoramento jurídico próprio; e VI – unidades administrativas e unidades especializadas necessárias à aplicação do disposto nesta Lei." (NR) "Art. 55-D. O Conselho Diretor da ANPD será composto por cinco diretores, incluído o Diretor-Presidente. § 1º Os membros do Conselho Diretor da ANPD serão nomeados pelo Presidente da República e ocuparão cargo em comissão do Grupo-Direção e Assessoramento Superior – DAS de nível 5."

O cenário quando se tratar de decisão em dissídio coletivo. Nessa hipótese, o julgador, ou o representante do Ministério Público do Trabalho, poderá se valer de conhecimento técnico para analisar a licitude do meio e procedimento informático eleito pelo empregador, compensando eventual debilidade do sindicato. Indiscutível , porém, é a necessidade de capacitação da Justiça do Trabalho e do Ministério Público em temas relacionados às novas tecnologias.

## V – CONCLUSÃO

O direito constitucional de proteção do trabalhador em face da automação remonta às raízes do Direito do Trabalho e ultrapassa a mera garantia de emprego ou respeito às normas de segurança e medicina do trabalho para abranger igualmente a análise das condições de trabalho prestadas por meios e sistemas informáticos.

Na medida em que os sistemas informáticos de direção e controle da mão de obra afetam as condições de trabalho, aumentando o ritmo da produção , afetando a qualidade de vida dos trabalhadores ou sendo critério de avaliação para atos de promoção, remuneração ou dispensa de trabalhadores, a sua implantação deve sempre observar o princípio da proporcionalidade (idoneidade, necessidade, proporcionalidade em sentido estrito do meio adotado) e ser negociada com a entidade sindical. Em caso de negociação coletiva, deve ser assegurado o direito de informação aos trabalhadores e representantes profissionais a fim de comprovar o uso legítimo da automação.

O regular exercício de coleta de dados do empregador deve atender aos ditames da Lei Lei n. 13.709/2018,

Finalmente, é sempre bom recordar que para assegurar o equilíbrio entre as partes no contrato de trabalho deve ser reduzida a transparência do trabalhador e a opacidade do empregador. O direito de proteção em face da automação, é dever de todos os atores sociais envolvidos na regulamentação das condições de trabalho, e requer a harmonização do objetivo econômico da produção com a dignidade humana do trabalhador.

## BIBLIOGRAFIA

AMADO, J. L. *Contrato de trabalho: noções básicas*. Coimbra: Coimbra Editora, 2015.

ARAUJO, A. R. *El poder de control empresarial en la Web 2.0 y la dignidad del trabajador*: el uso laboral de los dispositivos móviles y entornos colaborativos. Albacete: Editorial Bomarzo, 2019.

BARROS, A. M. *Curso de Direito do Trabalho*, 2ª edição, São Paulo: LTr, 2006.

BENTHAM, Jeremy. *Obras selectas de Jeremías Bentham*. Tomo IV. Principios de legislación; Panóptico. Buenos Aires, Rodamillans, Librería "El Foro", 2005.

COUTINHO, A.R. *Poder punitivo trabalhista*. São Paulo: LTr, 1999.

DENNINGER, E. "Segurança, diversidade e solidariedade" ao invés de "liberdade, igualdade e fraternidade". *In Revista brasileira de estudos políticos*, Belo Horizonte: UFMG, dez, 2003, P. 21-45.

FOUCAULT, M. *Vigiar e punir*: a história da violência nas prisões, 29ª edição. Petrópolis: Editora Vozes, 2004.

FREY, C. B. OSBORNE, M. A. The future of employmen: how susceptible are Jobs to computerisation?, Setembro, 2107, Disponível em https://www.oxfordmartin.ox.ac.uk/downloads/academic/The_Future_of_Employment.pdf. Acesso em 30 de maio de 2018.

GAETA, Lorenzo. La dignidad del trabajador y las "perturbaciones" de la innovación. En: *Autoridad y democracia en la empresa*. APARICIO, Joaquín. BAYLOS, Antonio (coord.). Madrid, Trotta, 1992.

GOÑI SEIN, J. L. *El respeto a la esfera privada del trabajador: un estudio sobre los límites del poder de control empresarial*. Madri: Civitas, 1998.

MOREIRA, T. C. Novas tecnologias: um admirável mundo novo do trabalho, Coimbra: Grupo Almedina, 2016, p. 223.

ART. 7º, INCISO XXXI

# A natureza material constitucional da convenção sobre os direitos das pessoas com deficiência[1]

*Maria Aparecida Gugel*[2]

**SUMÁRIO:** 1. Introdução – 2. Convenção sobre os Direitos das Pessoas com Deficiência (CDPD) – 3. Acessibilidade e adaptação razoável – 4. Princípios e eixos da CDPD – 5. Adoção de medidas legislativas e administrativas. Consulta e participação social – 6. Implementação e Monitoramento – 7. Trabalho e Emprego – 7.1. Proibir a discriminação baseada na deficiência – 7.2. Proteger e assegurar direitos – 7.3. Promover Oportunidades – Referências.

## 1. INTRODUÇÃO

A previsão constitucional de proibição de discriminação no tocante a salário e critérios de admissão do trabalhador com deficiência do artigo 7º, inciso XXXI junto aos comandos i) de percentual de cargos e empregos públicos na administração pública direta e indireta para candidatos com deficiência (artigo 37, inciso VIII), ii) da habilitação e reabilitação das pessoas com deficiência com a necessária promoção de sua integração à vida comunitária e integração ao mercado de trabalho, independentemente de contribuição à seguridade social (artigo 203, inciso IV), iii) do salário mínimo de benefício mensal àqueles que

---

1. Resumo de capítulo do livro Pessoas com Deficiência e o Direito ao Concurso Público – Reserva de Cargos e Empregos Públicos – Administração Direita e Indireta (2016).
2. Subprocuradora-geral do Trabalho; Doutora pela Università degli Studi di Roma Tor Vergata, Facoltà di Giurisprudenza, Autonomia Individuale e Collettiva, Roma, Italia; Membro Colaborador do Núcleo de Atuação Especial em Acessibilidade do Conselho Nacional do Ministério Público (Neace/CNMP) e do GT7/CDDF/CNMP; Vice-Presidente da Associação Nacional de Membros do Ministério Público de defesa da pessoa com deficiência e idoso (AMPID).

comprovem não possuir meios de prover à própria manutenção ou de tê-la provida por sua família (artigo 203, V), iv) do atendimento educacional especializado às crianças e aos adolescentes, preferencialmente na rede regular de ensino (artigo 208, inciso III), v) da proteção à criança e ao adolescente com deficiência, com a criação de programas de prevenção e atendimento especializado para as pessoas com deficiência física, sensorial intelectual ou mental, bem como de integração social do adolescente com deficiência, mediante o treinamento para o trabalho e a convivência, e a facilitação do acesso aos bens e serviços coletivos, com a eliminação de preconceitos e obstáculos arquitetônicos (artigo 227, parágrafo 1º, inciso II), vi) da adaptação dos logradouros, dos edifícios de uso público e dos veículos de transporte coletivo de maneira a garantir o acesso adequado dos adolescentes e pessoas com deficiência (artigos 227, parágrafo 2º e 244), vii) as atribuições e competências da União, dos Estados e Municípios (artigos 23, inciso II; 24, inciso XIV e parágrafos 1º e 3º; artigo 30, inciso II), são previsões constitucionais emblemáticas e demonstram a preocupação da sociedade brasileira com a proteção dos direitos e da pessoa com deficiência.

É com o reconhecimento mundial da importância da autonomia e independência individuais da pessoa com deficiência e a liberdade de fazer as suas próprias escolhas, que se percebe a evolução do direito, com a perspectiva da inclusão, a partir das concepções da Convenção sobre os Direitos das Pessoas com Deficiência de 2006.

## 2. CONVENÇÃO SOBRE OS DIREITOS DAS PESSOAS COM DEFICIÊNCIA (CDPD)

A Convenção sobre os Direitos das Pessoas com Deficiência, juntamente com o Protocolo Facultativo, da Organização das Nações Unidas (ONU), assinada pelo Brasil em Nova York em 30 de março de 2007, aprovada pelo Congresso Nacional em 10 de julho de 2008 por meio do Decreto Legislativo nº 186 e, finalmente promulgada em 25 de agosto de 2009 no Decreto nº 6.949, consolida vertiginosa mudança de paradigma nas concepções, atitudes e abordagens em relação às pessoas com deficiência.

É o primeiro tratado internacional de direitos humanos a obedecer ao rito do artigo 5º, parágrafo 3º da Constituição da República para a sua aprovação. Segundo esse rito os tratados e as convenções internacionais sobre direitos humanos que forem aprovados pelo Senado Federal e pela Câmara dos Deputados, em dois turnos, por três quintos dos votos dos respectivos membros, serão equivalentes às emendas constitucionais. Significa que o próprio rito de aprovação da CDPD determina a sua natureza material constitucional, equivalendo-se a uma emenda constitucional e, portanto, emparelhada à Constituição da República, e cuja eficácia constitucional já foi manifestada pelo Supremo Tribunal Federal quando do julgamento da Tutela Antecipada no Recurso Ordinário em Mandado de Segurança 32.732/DF, relator Ministro Celso de Mello, de 13/maio/2014, publicado no Diário Justiça de 3/junho/2014.

A partir do reconhecimento de que há diversidade de deficiências entre as pessoas e de que é preciso promover e proteger os direitos humanos de todas as pessoas com deficiência, inclusive daquelas que requerem maior apoio (Preâmbulo, alíneas *i* e *j*), a CDPD cria um novo modelo que reconhece a deficiência como o resultado da interação da pessoa com deficiência com as barreiras de atitudes e ambientais que impedem a sua plena e efetiva participação na sociedade, em igualdade de oportunidades com as demais pessoas (Preâmbulo, alínea *e*).

O elemento mais importante da relação entre a pessoa com deficiência e o lugar onde vive e desempenha suas atividades é a barreira (arquitetônica, atitude, institucional) que, não inutilmente, delineia o próprio conceito de deficiência. Daí porque afirmar-se, desde logo, que a acessibilidade é o elemento que se contrapõe às barreiras existentes, convertendo-se em direito essencial e fundamental da pessoa com deficiência.

A pessoa com deficiência é o centro da norma internacional e se revela como titular de uma situação jurídica que reconhece a sua autonomia e independência para fazer suas próprias escolhas (Preâmbulo, alínea *n*) e, sobretudo o poder-dever de participação ativa nas decisões relativas a programas e políticas, que lhes dizem respeito diretamente (Preâmbulo, alínea *o*). Portanto, indica ao legislador que opte por garantir a igualdade de oportunidades quando da elaboração de normas gerais e de ação afirmativa, e impõe ao gestor público a obrigação de criação e implementação de políticas públicas consistentes para atender ao princípio de igualdade de oportunidades.

O Artigo 1 da CDPD edifica um novo paradigma em relação às pessoas com deficiência cuidando, ao mesmo tempo, do propósito do tratado e da definição. O propósito tem como objetivo promover, proteger e assegurar o exercício pleno e equitativo de todos os direitos humanos e liberdades fundamentais por todas as pessoas com deficiência e, promover o respeito pela sua dignidade inerente.

No que diz respeito à definição, tendo reconhecido no Preâmbulo, reconhecido que a deficiência é um conceito em evolução (alínea *e*), que há diversidade entre as deficiências (alínea *j*) e que todas as questões relativas à deficiência devem ser trazidas à tona, ao centro das preocupações da sociedade, integrando-as às políticas e estratégias para o desenvolvimento sustentável (alínea *g*), o Artigo 1 esclarece que pessoas com deficiência são aquelas que têm impedimentos de longo prazo de natureza física, mental, intelectual ou sensorial, os quais, em interação com diversas barreiras, podem obstruir sua participação plena e efetiva na sociedade em igualdades de condições com as demais pessoas.

O conceito contém elementos importantes que caracterizam e particularizam a pessoa com deficiência em situação de desvantagem social e como destinatária da norma, quais sejam: i) ter impedimentos de longo prazo; ii) ser a deficiência de natureza física, mental, intelectual e sensorial (auditivo, visual), indicando a existência de diversidade na área da deficiência; iii) o enfoque às questões ambientais, incluídas as de atitudes individuais, coletivas e institucionais, como barreiras impeditivas para o livre exercício de direitos, pois é o ambiente desfavorável com a existência de barreiras que obstrui a participação plena e efetiva da pessoa com deficiência na sociedade.

A natureza da deficiência das pessoas (chamada de caracterização ou designação no modelo médico anterior) deixa de ter primazia. Em seu lugar se coloca o ambiente, com seus efeitos sociais, econômicos e culturais, que pode restringir ou impedir o pleno exercício e gozo de direitos.

Rosangela Berman Bieler (*in* Caderno da I Conferência, 2006, p. 145) ao tratar sobre desenvolvimento inclusivo, ou a concepção e implementação de ações e políticas para o desenvolvimento socioeconômico e humano, já avaliava o conceito de deficiência com base na Convenção Interamericana para a Eliminação de Todas as Formas de Discriminação Contra as Pessoas Portadoras de Deficiência, de 28 de maio de 1999, como sendo

> o resultado da interação de deficiências físicas, sensoriais ou mentais com o ambiente físico e cultural e com as instituições sociais. Quando uma pessoa tem uma condição que limita alguns aspectos do seu funcionamento, esta se torna uma situação de "deficiência" somente se ela tiver que enfrentar barreiras de acesso ao ambiente físico ou social que tem à sua volta.
>
> Em termos econômicos, a deficiência é uma variável endógena à organização social. Isso quer dizer que a definição de quem tem ou não uma

deficiência não depende tanto das características pessoais dos indivíduos, mas também, e principalmente, do modo como a sociedade onde vivem, organiza seu entorno para atender à população em geral.

A referida autora, ao analisar a funcionalidade da pessoa em relação ao ambiente, lança mão de uma fórmula matemática elaborada por Marcelo Medeiros, no artigo Pobreza, Desenvolvimento e Deficiência, apresentado na Oficina de Alianças para ao Desenvolvimento Inclusivo, na Nicarágua, em 2005, ocasião em que demonstrou a relação e o impacto do ambiente e da limitação funcional, quantificando negativa ou positivamente a deficiência da pessoa.

A fórmula de Medeiros constitui-se em *Deficiência = Limitação Funcional X Ambiente*. Assim, se for atribuído valor[3] zero ao *Ambiente* porque é acessível e não oferece nenhuma barreira, o resultado da equação será sempre zero, independentemente do valor atribuído à funcionalidade da pessoa. Porém, se o *Ambiente* tiver valores progressivamente maiores em relação à funcionalidade da pessoa elevará o resultado, que é a *Deficiência*.

Nesse ponto, percebe-se a valia dos princípios gerais inscritos no Artigo 3 da CDPD, sobretudo o da não discriminação (alínea *b*) e da acessibilidade (alínea *f*), por meio dos quais se concebeu e se estruturou toda a Convenção sobre os Direitos das Pessoas com Deficiência.

Cada palavra e cada pressuposto contidos na CDPD devem ser considerados para bem compreender o sentido fundamental e a imprescindibilidade dos elementos de acessibilidade e de adaptação razoável para os atos da vida diária e para o acesso a todos os direitos, bens e serviços destinados às pessoas com deficiência. A partir das afirmações das alíneas *i* e *j* do Preâmbulo, de reconhecimento da diversidade das pessoas com deficiência que levam à necessidade de promover e proteger os direitos humanos de todas as pessoas com deficiência, inclusive daquelas que requerem maior apoio, fica evidente o grau de importância de se conceberem ambientes plenamente acessíveis. Daí, mais uma vez, o argumento de que a acessibilidade é direito essencial e fundamental da pessoa com deficiência.

---

3. Os valores para as variáveis são de 1 a 5, conforme a Classificação Internacional de Funcionalidade, Incapacidade e Saúde (CIF), da Organização Mundial da Saúde e na qual o Brasil deve se basear para a criação do instrumento de avaliação biopsicossocial da deficiência previsto no artigo 2º parágrafo 2º da Lei Brasileira de Inclusão da Pessoa com Deficiência.

## 3. ACESSIBILIDADE E ADAPTAÇÃO RAZOÁVEL

A CDPD reconhece que para a pessoa com deficiência poder gozar plenamente de todos os direitos humanos e liberdades fundamentais é vital a existência de acessibilidade aos meios físico, social, econômico, cultural, à saúde, à educação, ao trabalho, à informação e comunicação. Para tanto, esgrima no Artigo 2 definições sobre a comunicação (nela incluída a língua), a discriminação por motivo de deficiência, a adaptação razoável e o desenho universal.

O termo "comunicação" abrange as línguas, incluídas as línguas faladas e de sinais e outras formas de comunicação não falada; a visualização de textos; o Braile; a comunicação tátil; os caracteres ampliados; os dispositivos de multimídia acessível, assim como a linguagem simples, escrita e oral; os sistemas auditivos e os meios de voz digitalizada e os modos, meios e formatos aumentativos e alternativos de comunicação, inclusive a tecnologia da informação e comunicação acessíveis.

A definição de "discriminação por motivo de deficiência" significa qualquer diferenciação, exclusão ou restrição baseada em deficiência, com o propósito ou efeito de impedir ou impossibilitar o reconhecimento, o desfrute ou o exercício, em igualdade de oportunidades com as demais pessoas, de todos os direitos humanos e liberdades fundamentais nos âmbitos político, econômico, social, cultural, civil ou qualquer outro. Abrange todas as formas de discriminação inclusive a recusa de adaptação razoável.

O traçado na definição de discriminação por motivo de deficiência evidencia que discriminar configura violação direta à dignidade e valores inerentes da pessoa. Ao mesmo tempo, permite a identificação de práticas de discriminação (diferenciar, excluir, restringir) por ação ou omissão e, a busca de sua reparação judicial se for o caso.

A previsão de discriminação por motivo de deficiência da CDPD se assemelha a de outros tratados internacionais de direitos humanos relativos à mulher (Eliminação de Todas as Formas de Discriminação Contra a Mulher, de 1979) e racial (Convenção Internacional sobre a Eliminação de todas as Formas de Discriminação Racial, de 1965), e a Convenção n° 111, de 1958, da Organização Internacional do Trabalho (OIT), concernente à discriminação em matéria de emprego e profissão, ratificada pelo Brasil em 1965, todas ratificadas pelo Brasil. Essa última frise-se, foi a primeira a ser formulada no âmbito da OIT que revela a conceituação de discriminação e os métodos para eliminá-la por meio de medidas de uma política nacional de emprego ou de uma ação afirmativa para alcançar a igualdade de oportunidades e de tratamento em matéria de emprego e profissão.

A principal novidade da concepção da CDPD é de que a recusa em fazer a adaptação razoável também se caracteriza como discriminação por motivo de deficiência. E não poderia ser diferente porquanto a adaptação razoável para quem dela necessitar, em vista de sua particular funcionalidade, é instrumento para a pessoa com deficiência alcançar a autonomia e independência para a prática de atos diários, como estudar, trabalhar e outros.

Outras duas definições relacionadas à mobilidade e à acessibilidade da pessoa com deficiência, e que contém o cerne para a independência e autonomia, são a "adaptação razoável" e o "desenho universal". A primeira tem caráter intrínseco e pessoal, a segunda tem natureza coletiva. Ambas estão atreladas ao direito fundamental à acessibilidade.

"Adaptação razoável" significa as modificações e os ajustes necessários e adequados que não acarretem ônus desproporcional ou indevido, quando requeridos em cada caso, a fim de assegurar que as pessoas com deficiência possam gozar ou exercer, em igualdade de oportunidades com as demais pessoas, todos os direitos humanos e liberdades fundamentais.

A definição de adaptação razoável integra-se às leis e concepções de acessibilidade porque é com elas compatível e está repetida ordinariamente nos artigos 3º, inciso VI e 4º, parágrafo 1º da Lei n° 13.146/2015.

A falta [ou recusa] em proceder à adaptação razoável implica em ato de discriminação por motivo de deficiência, podendo ocorrer, por exemplo, durante o período de estágio probatório do servidor ou do empregado público. Nesse caso, o administrador público poderá incorrer em crime punível com reclusão de dois a cinco anos (artigo 8, inciso II e parágrafo 2º, da Lei n° 7.853/89, com as alterações da Lei n° 13.146/2015).

A relação de razoabilidade e proporcionalidade, presente no conceito de adaptação razoável, diz respeito aos ajustes necessários e adequados para cada caso que não acarretem ônus desproporcional. A adaptação razoável deve ocorrer sempre tendo em vista a necessidade funcional individual da pessoa, e atende a necessidade de uma deficiência em particular, um caso específico, após terem sido procedidas todas as demais regras de acessibilidade, garantidas nas leis e normas técnicas, válidas para todos. Significa afirmar que a adaptação razoável não dispensa a acessibilidade e vice-versa (Gugel, *in* Novos Comentários, 2014, p. 180).

Ressalte-se que, dado o status de direito constitucional à acessibilidade, não é permitido a qualquer pessoa (física ou jurídica) recusar-se a fazer as modificações e os ajustes necessários que não acarretem ônus desproporcional ou indevido. Isso porque, i) os dois elementos que consolidam o conceito (modificações e ajustes; ônus desproporcional ou indevido) são simetricamente razoáveis e estão relacionados à necessidade extraordinária de cada pessoa; ii) o conceito de "adaptação razoável" não limita ou exclui o direito da pessoa com deficiência aos elementos comuns de acessibilidade ao meio físico, de comunicação, de sistemas, de serviços e outros; iii) relaciona-se diretamente à proibição da "discriminação por motivo da deficiência" que não permite a diferenciação, exclusão ou restrição baseada na deficiência.

A definição de "desenho universal" congrega a concepção de produtos, ambientes, programas e serviços a serem usados, na maior medida possível, por todas as pessoas, sem necessidade de adaptação ou projeto específico, é o ideal a ser desfrutado por toda sociedade, composta de pessoas diferentes umas das outras e que formam a diversidade humana.

O desenho universal deverá ser tomado como regra geral, devendo ser incorporado às políticas públicas desde a sua concepção, segundo o artigo 55, parágrafos 1º e 5º da Lei Brasileira de Inclusão da Pessoa com Deficiência.

O desenho universal quando existente no ambiente não inibe o direito da pessoa com deficiência às ajudas técnicas e à adaptação razoável específicas, tendo em vista que a acessibilidade e todas as medidas necessárias a serem tomadas para que as pessoas com deficiência possam viver de forma autônoma e independente e participar de todos os aspectos da vida (Artigo 9, CDPD), bem como a mobilidade pessoal que comporta elementos de tecnologia assistiva e ajudas técnicas (Artigo 20, CDPD), são direitos inalienáveis das pessoas com deficiência.

O que se espera para construir uma sociedade mais igualitária é que a acessibilidade, aliada ao desenho universal, deve ser ampliada e perseguida de forma a se tornarem situação comum, ordinária, corriqueira para todos, segundo propõe a arquiteta Maria Elisabete Lopes (*in* Deficiência no Brasil, 2007, p. 314).

Felizmente a Lei Brasileira de Inclusão da Pessoa com Deficiência (Estatuto da Pessoa com Deficiência), Lei nº 13.146/2015, ou simplesmente LBI, fundamentada na CDPD, ao longo de seus comandos tem na acessibilidade o mecanismo primordial para a fixação do direito que garante à pessoa com deficiência a viver de forma independente e exercer seus direitos de cidadania e participação social (artigo 53): ao fixar conceitos (artigo 3º), no sistema educacional (artigo 28, inciso XVI), no direito ao trabalho (artigos 34 e 37), no direito ao transporte (artigo 48), no acesso à informação e comunicação (artigo 63), no acesso à justiça (artigo 80), no acesso ao direito de votar (artigo 96) e outros.

## 4. PRINCÍPIOS E EIXOS DA CDPD

Com o objetivo de garantir um ambiente propício para a realização plena dos direitos das pessoas com deficiência a Convenção se fundamenta em oito princípios inscritos no Artigo 3: o respeito pela dignidade inerente, a autonomia individual, inclusive a liberdade de fazer as próprias escolhas, e a independência das pessoas; a não discriminação; a plena e efetiva participação e inclusão na sociedade; o respeito pela diferença e pela aceitação das pessoas com deficiência como parte da diversidade humana e da humanidade; a igualdade de oportunidades; a acessibilidade; a igualdade entre o homem e a mulher e o respeito pelo desenvolvimento das capacidades das crianças com deficiência e pelo direito das crianças com deficiência de preservar sua identidade.

Uma vez reconhecida a importância da autonomia e independência individuais das pessoas com deficiência, especialmente a liberdade para fazer as próprias escolhas, os princípios fundantes do Artigo 3 da CDPD estão presentes em todos os eixos relacionados à vida da pessoa com deficiência. Assim, além daqueles concernentes à saúde, educação, trabalho, habilitação e reabilitação, acessibilidade, assistência e outros direitos de ordem social como cultura, lazer e esporte, a CDPD se posiciona expressamente sobre:

a) a fragilidade das mulheres e crianças com deficiência a merecer ação imediata e firme dos Estados visando ao seu empoderamento e, proteção integral, respectivamente (Artigo 6);

b) a criança com deficiência receberá consideração primordial (Artigo 7);

c) a conscientização da sociedade e famílias sobre os direitos das pessoas com deficiência, indicando ao Estado a necessidade de reconhecer a capacidade legal das pessoas com deficiência e, adotar salvaguardas apropriadas para o seu efetivo exercício, sendo que qualquer medida restritiva deve ser proporcional e apropriada às necessidades da pessoa e da situação, bem como seja aplicada pelo período mais curto possível e com revisões periódicas (Artigo 12);

d) a acessibilidade, a um custo mínimo, ao meio físico, ao transporte, à informação e comunicação, inclusive aos sistemas de tecnologias da informação e comunicação e outros serviços ao público, sem esquecer do apoio pessoal (guias, leitores, intérpretes) ou assistência de animais, de sistemas (Braile, Libras, Tadoma, Sistema Pictográfico), formatos e sinalizações (Artigo 9);

e) ao acesso efetivo à justiça, mediante adaptações processuais e capacitação de serventuários; a prevenção contra a tortura e tratamento desumano ou penas cruéis, exploração, violência e abuso (Artigo 13);

f) a liberdade de movimentação, vida independente e liberdade de expressão e opinião (Artigos 18, 19, 20 e 21);

g) ao direito de estabelecer família, casamento, concepção e responsabilidade na criação dos filhos (Artigo 23);

h) a geração de estatísticas e coleta de dados tornando as pessoas com deficiência visíveis e, assim, possibilitar a elaboração de políticas públicas (Artigo 31).

## 5. ADOÇÃO DE MEDIDAS LEGISLATIVAS E ADMINISTRATIVAS. CONSULTA E PARTICIPAÇÃO SOCIAL

Ao mesmo tempo em que reconhece a importância da acessibilidade aos meios físico, social, econômico e cultural, à saúde, à educação e à informação e comunicação como forma de gozo e exercício pleno dos direitos humanos e liberdades fundamentais (Preâmbulo, alínea v), a CDPD impõe ao Estado a obrigação de adotar medidas legislativas, administrativas e de qualquer outra natureza, necessárias para a realização dos direitos reconhecidos na Convenção (Artigo 4).

As novas concepções e práticas constantes da CDPD dizem respeito às obrigações dos poderes públicos (executivo, legislativo e judiciário) em todos os níveis que devem assegurar a realização dos direitos humanos e liberdades fundamentais das pessoas com deficiência em todos os programas e políticas (Artigo 4, item 1, alínea *c* da CDPD). Na elaboração de qualquer política ou programa obrigam-se a fazer a consulta às organizações representativas de pessoas com deficiência. Trata-se do princípio democrático de participação direta das pessoas com deficiência nos processos de tomada de decisões. Lembre-se que desde 2002, por ocasião da Declaração de Madri ocasião em que se propôs o Ano Europeu das Pessoas com Deficiência sob o *slogan* "Nada sobre pessoas com deficiência sem as pessoas com deficiência", busca-se pela efetiva participação direta das pessoas com deficiência nas tomadas de decisões que lhes concernem.

A participação das pessoas com deficiência nos processos de tomada de decisões sobre seus direitos que lhes afetem direta e indiretamente, por meio de leis, regulamentos, políticas públicas, programas, entre outros, consolida o caráter democrático e participativo da tomada de decisões postos na CDPD. Assim, qualquer medida, desde a elaboração até a implementação, deve passar por consulta prévia e de forma direta às organizações representativas de pessoas com deficiência, inclusive as crianças com deficiência.

Cabe às organizações, por sua vez, estabelecer mecanismos que propiciem a participação ativa de seus representados/associados às consultas propostas pelo Estado (Artigo 4, item 3 da CDPD).

O Estado, em consequência, tem a obrigação de criar e intensificar os mecanismos de consulta por meio de consultas públicas e, ao mesmo tempo, fortalecer e expandir os já existentes conselhos de direitos, decorrentes do comando constitucional de controle social, com a participação da sociedade, previsto nos artigos 204, inciso II (assistência social), 194, inciso VII (seguridade social), 206, inciso VI (educação), 198, inciso III (saúde), todos da Constituição da República.

## 6. IMPLEMENTAÇÃO E MONITORAMENTO

A Convenção sobre os Direitos das Pessoas com Deficiência é o primeiro tratado internacional que contém requisitos específicos para o monitoramento de sua implementação em nível nacional (Artigo 33 da CDPD). Exige que o Estado tenha um mecanismo de coordenação na sua estrutura institucional que a coloque em prática, o que pode ocorrer por responsabilizar um ou mais órgãos com recursos financeiro e de pessoal. A CDPD trata referido mecanismo de coordenação por "ponto focal".

A coordenação constituída terá como atribuições apoiar, orientar e aconselhar sobre questões relacionadas à implementação da CDPD, sobretudo em relação às políticas e programas governamentais. Lei específica deve indicar as atribuições da Secretaria de Direitos Humanos da Presidência da República por meio da Secretaria Nacional de Promoção dos Direitos da Pessoa com Deficiência de coordenar, orientar e acompanhar as medidas de promoção garantia e defesa dos ditames da CDPD, mediante o desenvolvimento e acompanhamento de políticas públicas de inclusão da pessoa com deficiência.

O monitoramento por sua vez deve ocorrer por meio de uma estrutura diversa daquela responsável pela implementação da Convenção. Essa estrutura pode recair sobre uma ou mais entidade nacional que comprove ter mecanismos independentes do Governo, ter composição pluralista, recursos necessários e estar acessível às pessoas com deficiência de maneira a poder exercer o monitoramento de forma eficiente. A própria ONU indica que as instituições nacionais de direitos humanos, estabelecidas com base nos Princípios de Paris, são o núcleo natural da estrutura de monitoramento em nível nacional (ENABLE, 2010)[4]. O *Paris Principles* são os princípios relacionados com o status de instituições nacionais de direitos humanos, na forma da Resolução nº 1992/54, de 3 de março de 1992, da Comissão de Direitos Humanos da ONU.

A proposta convencionada é de que as estruturas organizadas para a implementação e monitoramento sejam um canal aberto de comunicação para a sociedade civil e organizações representativas de pessoas com deficiência. Essas, por sua vez, devem ser envolvidas plenamente no processo de monitoramento (Artigo 33, item 3 da CDPD).

## 7. TRABALHO E EMPREGO

Os princípios que sustentam a Convenção sobre os Direitos das Pessoas com Deficiência, notoriamente presentes nos vários eixos dos aspectos da vida (educação, saúde, trabalho e outros), são a acessibilidade, a não discriminação e a igualdade de oportunidades, admitindo que medidas específicas possam ser adotadas para acelerar ou alcançar a efetiva igualdade das pessoas com deficiência. É o que consta do Artigo 5.

Para alcançar a igualdade material e assegurar o exercício pleno e equitativo dos direitos humanos, a CDPD admite a adoção de medidas de ação afirmativa, definida no Artigo 5, item 4, de forma a acelerar a real igualdade das pessoas com deficiência. Esse posicionamento internacional finca-se na evidência de que as pessoas com deficiência em todo o globo continuam a enfrentar barreiras para a sua participação como

---

4. ENABLE. Disponível em: <http://www.un.org/disabilities>, Acesso em 28/outubro/2010>.

membros efetivos da sociedade e de que também são mantidos excluídos das tomadas de decisões em relação a si próprias.

Relativamente ao trabalho e emprego de pessoas com deficiência, além de alcançar a igualdade por meio da acessibilidade, o mecanismo de ação afirmativa pode ser adotado. A CDPD reforça no Artigo 27, item 1, alíneas *g* e *h*, a necessidade de o setor público empregar pessoas com deficiência e a de promover o emprego no setor privado, podendo para tanto incluir políticas e medidas próprias com destaque para a ação afirmativa, incentivos e outras medidas.

O Brasil adota o modelo da ação afirmativa de reserva de cargos. Portanto, confere-se que o sistema atual de reserva de cargos no âmbito das relações pública e privada de emprego e trabalho (artigo 37, inciso VIII da Constituição da República); Leis nº 8.112/90, artigo 5º, parágrafo 2º e, 8.213/91, artigo 93, respectivamente), é medida acertada porquanto decorre da constatação de falta de acesso da pessoa com deficiência, em igualdade de condições às demais pessoas, aos cargos e empregos públicos e aos postos de trabalho nas empresas privadas.

A CDPD vai além do reconhecimento ao direito ao trabalho em igualdade de oportunidades e especifica que esse direito diz respeito à possibilidade de a pessoa com deficiência se manter com um trabalho da sua livre escolha e aceito no mundo do trabalho, em ambiente inclusivo e acessível (Artigo 27, item 1).

A proposição inserida na segunda parte do item 1, do Artigo 27 do texto internacional, ou seja, de a pessoa com deficiência se manter com um trabalho da sua livre escolha e aceito no mundo do trabalho, decorre dos princípios inerentes à dignidade da pessoa, a autonomia individual, a liberdade de fazer as próprias escolhas e a independência que se almeja alcançar por meio de um trabalho digno (as pessoas com deficiência afirmam que não querem trabalhar só para ocupar seu tempo, mas para produzir, mostrar sua eficiência e ser economicamente independente).

Para a realização efetiva do direito ao trabalho é necessária a adoção de medidas apropriadas e a edição de legislação específica. Essas medidas e regras têm naturezas diversas que vão desde a proibição (não fazer) da discriminação baseada na deficiência, passando pela proteção de direitos e a promoção de oportunidades.

## 7.1. Proibir a discriminação baseada na deficiência

A CDPD proíbe a discriminação baseada na deficiência em todas as questões relacionadas às formas de emprego, inclusive quanto às condições de recrutamento, contratação e admissão, permanência no emprego, ascensão profissional e condições seguras e salubres de trabalho, no Artigo 27, item 1, alínea *a*.

A proibição da discriminação baseada na deficiência da alínea *a*, do item 1, do Artigo 27, abrange as diferentes etapas de uma possível relação de trabalho: os procedimentos de recrutamento; a admissão do trabalhador; as condições previstas no contrato de trabalho e correspondente remuneração; a permanência no emprego e promoção ou ascensão profissional; o ambiente de trabalho com condições seguras e salubres de trabalho.

As práticas discriminatórias baseadas na deficiência também podem ocorrer no âmbito do regime jurídico de servidores públicos e no regime celetista dos empregados públicos com deficiência, cuja forma de ingresso aos cargos e empregos públicos se dá por meio do concurso público para o qual se impõe a acessibilidade no que diz respeito às provas, curso de formação, nomeação, estágio probatório e ascensão na carreira.

Tendo em vista que o princípio norteador da CDPD é a proibição da discriminação baseada na deficiência (Artigo 5, item 2), no caso de existir discriminação baseada na deficiência, configurar-se-á violação direta à dignidade e valores inerentes da pessoa. Esse aspecto está mais claramente evidenciado no eixo dedicado Trabalho e Emprego, sendo que a adoção do princípio permite a possibilidade de identificação de práticas de discriminação por ação ou omissão, direta e indireta, especialmente quando se trata de admissão, contratação, remuneração, permanência no emprego e ascensão profissional do trabalhador.

A forma direta de discriminação contém determinações e disposições gerais que estabelecem distinções fundamentadas em critérios proibidos e já definidos em lei, sendo de fácil caracterização quando, por exemplo, proíbe-se a entrada de uma pessoa em um clube por ser negra. A forma indireta de discriminação, por sua vez, está relacionada com situações, regulamentações ou práticas aparentemente neutras, mas que, na realidade, criam desigualdades em relação a pessoas que têm as mesmas características. Ela poderá ser imperceptível mesmo para quem está sendo discriminado, como nos casos de processos de seleção para empregos baseada não só no histórico profissional e de qualificação do candidato, mas, no seu desempenho em entrevista. É nesse momento que se revela o entrevistador preconceituoso ou que detém ideias pré-concebidas, que tem predisposição a respeito de alguém ou de algum grupo.

O princípio da não discriminação baseada na deficiência adere ao já existente comando constitucional de proibição de qualquer discriminação no tocante a salário e critérios de admissão do trabalhador com deficiência (artigo 7º, inciso XXXI). Ao mesmo tempo, convalida o vanguardismo das regras de proteção contra a discriminação de trabalhadores – aqui incluídos os trabalhadores com deficiência – que foram consolidando as leis relativas ao trabalho e cujos direitos estão revelados no artigo 461 da Consolidação das Leis do Trabalho (CLT) que trata da igual remuneração para trabalho de igual valor; no artigo 373-A da CLT que trata de vedações às práticas de discriminação em relação ao trabalho da mulher, como o acesso a cargos, promoções, remunerações, formação profissional e outros; no artigo 1º, da Lei nº 9.029/95 que veda a discriminação de acesso ao trabalho da mulher, e que foi recentemente alterado pela lei brasileira de inclusão n° 13.146/2015, para incluir expressamente a deficiência como motivo para proibir qualquer pratica discriminatória, além de permitir à pessoa discriminada optar por ser reintegrada no trabalho com o ressarcimento integral de todo o período de afastamento.

A Lei nº 7.853/89, nos incisos II e III, do artigo 8º, traz previsão expressa de conduta de crime ao tipificar e punir com reclusão de dois a cinco anos de prisão quem, obstar inscrição em concurso público ou acesso de alguém a qualquer cargo ou emprego público, e negar ou obstar emprego, trabalho ou promoção à pessoa, em razão de sua deficiência, respectivamente. Sendo que a pena por adoção de critérios subjetivos para o indeferimento de inscrição, de aprovação e de cumprimento do estágio probatório em concurso público não exclui a responsabilidade patrimonial pessoal do administrador público pelos danos causados, previsão essa introduzida pelo artigo 98 da lei brasileira de inclusão.

Note-se que a última das proibições baseadas em deficiência é a condição relacionada no item 1, alínea a, do Artigo 27 da CDPD, correspondente ao meio ambiente de trabalho seguro e salubre. A proposição da norma internacional por condições seguras e salubres de trabalho indica uma única conclusão possível: a acessibilidade deverá estar implementada e somente não se configurará discriminação baseada na deficiência se o empregador cumprir com todas as regras de acessibilidade, acrescidas das costumeiras regras de segurança e medicina do trabalho. A nova concepção internacional, elegendo o ambiente como fator primordial para garantir a autonomia e independência do trabalhador com deficiência, está consentânea ao propósito do Artigo 1 que introduz o ambiente e suas barreiras como fator de limitações para a pessoa.

O trabalho em condições seguras e salubres, que no Brasil compreende o meio ambiente do trabalho, é direito tutelado na Constituição da República e assegurado aos trabalhadores urbanos e rurais, inclusive aos servidores e empregados públicos conforme o artigo 39, parágrafo 3º, por meio de normas de saúde, higiene e segurança. A norma constitucional também prevê a remuneração adicional para as atividades penosas, insalubres ou perigosas e, seguro contra acidentes de trabalho (artigo 7º, incisos XXII, XXIII, XXVIII). Constitui-se igualmente em direito fundamental à saúde, cuja proteção é da atribuição do Sistema Único de Saúde (SUS) na dicção do artigo 200, incisos II e VIII. Como se refere ao meio ambiente do trabalho, as condições regem-se pelas previsões dos artigos 154 a 200 da CLT, com mecanismos específicos de prevenção e deveres de empregadores e empregados.

Ora, a existência de um ambiente de trabalho seguro e salubre para ser completo *necessita ser acessível* do ponto de vista arquitetônico e de eliminação de barreiras físicas e de atitudes. Portanto, impõe a implementação de regras específicas de acessibilidade. Para isso há comandos constitucionais que já tratam da acessibilidade no artigo 227, parágrafo 2º, repetido no artigo 244, conferindo à lei a disposição de normas de construção dos logradouros e dos edifícios de uso público e de fabricação de veículos de transporte coletivo, a fim de garantir o acesso adequado às pessoas com deficiência. Referidas normas são as leis da acessibilidade (Leis nº 10.048/00 e 10.098), seu regulamento o Decreto nº 5.296/04 e as normas técnicas da Associação Brasileira de Normas Técnicas (ABNT), todas aplicáveis às relações de trabalho e seu meio ambiente da mesma forma como todas as medidas acima referidas de proteção ao meio ambiente de trabalho da CLT (artigos 154 a 200 da CLT) e normas regulamentares decorrentes.

A lei brasileira de inclusão da pessoa com deficiência traz importantes ajustes às leis de acessibilidade quanto a conceitos e definições, fazendo-os valer para todos os ambientes de uso coletivo, compreendidos os ambientes de trabalho de qualquer natureza.

Nesse contexto, e para tornar acessível todos os aspectos relacionados ao meio ambiente do trabalho, cabe ao administrador público e ao empregador implementarem medidas de acessibilidade arquitetônica interna e externa do local da empresa e do local de trabalho; de acessibilidade de comunicação a todas as pessoas com deficiência (física, sensorial (auditiva e visual), intelectual e mental) por meio de tecnologias assistivas, ajudas técnicas e apoios adequados a cada necessidade; de acessibilidade nos procedimentos, mecanismos e técnicas utilizadas para a realização das tarefas da função, assim como nos instrumentos e utensílios utilizados no trabalho e, de preparação de todo o corpo de servidores, empregados públicos e trabalhadores para a conscientização sobre a capacidade e contribuições das pessoas com deficiência de forma a eliminar estereótipos e preconceitos (Artigo 8, item 1, alíneas *b* e *c* da CDPD).

Reporta-se ao quanto comentado no item relativo à "adaptação razoável" para afirmar que a definição (de adaptação razoável) se integra às leis e concepções de acessibilidade porque é com elas compatível, em razão de sua razoabilidade, sobretudo na relação modificação/ajuste e ônus decorrente e, por envolver o direito da pessoa com deficiência aos atributos de acessibilidade, o que está expressamente previsto no artigo 3º, inciso VI da Lei nº 13.146/2015.

## 7.2. Proteger e assegurar direitos

Para uma sociedade poder proteger e assegurar os direitos de seus cidadãos de forma eficaz há que estar constituída em estado democrático de direito, com fundamento na cidadania, na dignidade da pessoa humana e nos valores sociais do trabalho, entre outros, tal como prevê o artigo 1º da Constituição da República. Os órgãos de justiça (tribunais e juízes) e as instituições essenciais à justiça (ministério público, defensoria pública e advocacia) precisam estar solidamente organizados e preparados para assegurar o acesso de pessoas com deficiência à justiça.

Nesse particular o Artigo 13 da CDPD, que trata do Acesso à Justiça, mais uma vez ressalta a igualdade de condições de pessoas com deficiência com as demais pessoas de maneira a alcançar o efetivo acesso à justiça e os serviços dela decorrentes. Impõem-se, nesse aspecto, as necessárias adaptações processuais sempre que em processos judiciais as pessoas com deficiência participem direta ou indiretamente, ou ainda como testemunhas, situação em que lhes serão assegurados todos os recursos de tecnologia assistiva (artigo 228, parágrafo 2º do Código Civil com as alterações da Lei nº 13.146/2015).

A concepção de acesso à justiça abrange também os procedimentos de investigação de atribuição do Ministério Público e da Polícia. Igualmente os processos administrativos no âmbito da Administração Pública. As adaptações devem atender de forma adequada cada deficiência, idade, gênero ou condição. O pessoal de atendimento (servidores) dos órgãos e instituições deve passar por capacitação apropriada para assegurar e apoiar o acesso à justiça.

Pois bem, a CDPD aponta a necessidade de se proteger e assegurar os direitos das pessoas com deficiência em relação aos contratos de trabalho e ambientes de trabalho, proporcionando: iguais oportunidades e igual remuneração; condições seguras, salubres e acessíveis; medidas legais de proteção contra assédio no trabalho e reparação de eventuais danos; efetivo exercício de todos os direitos trabalhistas e sindicais e, adaptação razoável nos locais de trabalho. É o que consta do Artigo 27, alíneas *b*, *c* e *i* da CDPD e correspondem às formas de proteger e assegurar direitos.

Reporta-se ao já comentado nos itens anteriores sobre iguais oportunidades e igual remuneração, condições seguras, salubres e acessíveis, o conceito de adaptação razoável nos locais de trabalho e, centra-se nas medidas de proteção contra o assédio. A norma constitucional prevê que são invioláveis a intimidade, a vida privada, a honra e a imagem das pessoas, assegurando o direito à indenização pelo dano material ou moral decorrente de sua violação (artigo 5º, parágrafo 2º da Constituição da República).

No âmbito das relações de trabalho, desde há muito, a Consolidação das Leis do Trabalho contém norma específica, que a jurisprudência trabalhista aplica à conduta de assédio moral (artigo 483 da CLT), com a possibilidade de rescisão do contrato de trabalho e respectiva indenização, se caracterizada a exigência de serviços superiores às forças do trabalhador ou proibidos em lei, contrários aos bons costumes, ou alheios ao contrato; se o trabalhador for tratado pelo empregador ou por seus superiores hierárquicos com rigor excessivo; se o empregador pratica ato lesivo à honra e boa fama, ofensa física ou reduz o trabalho de forma a afetar sensivelmente a remuneração do trabalhador.

Quanto ao assédio sexual ou outros comportamentos baseados em sexo, podendo incluir comportamentos físicos, verbais ou não verbais, não desejados pela vítima que afetam a dignidade da mulher e do homem no trabalho, prevalecendo-se o empregador ou seu preposto da sua condição de superior hierárquico, cargo ou função, está tipificado como crime passível de pena de detenção de um a dois anos (artigo 216-A do Código Penal Brasileiro).

A determinação da CDPD de assegurar o exercício dos direitos sindicais é esperada no contexto de uma convenção internacional que preza a liberdade de associação profissional ou sindical, devendo ser incluído o direito de greve e à negociação coletiva, como o faz o sistema brasileiro (artigos 8º, 9º, 7º, inciso XXVI da Constituição da República). Essas liberdades fundamentais propiciam a participação direta de todos os trabalhadores na determinação das condições de trabalho. Embora criticada porque em desarmonia com a Convenção n° 87/OIT, ainda não ratificada pelo Brasil, que trata da liberdade sindical e proteção ao direito de sindicalização, a legislação nacional dispõe sobre os direitos sindicais dos trabalhadores nos artigos 540-547, da CLT.

Comprometida com os princípios de trabalho digno, a CDPD faz referência expressa no item 2 do Artigo 27, quanto à obrigação dos Estados Partes de assegurarem medidas contra o trabalho forçado e situações degradantes de trabalho da pessoa com deficiência.

Embora se tente negar, o trabalho em situação análoga a de escravo continua presente na sociedade brasileira, com características por vezes similares às do final do século XIX. Não obstante isso, a ordem social no Brasil está definida na liberdade e dignidade da pessoa humana e tem a ordem econômica fundada em utilização de trabalho remunerado. Daí a constante preocupação com a criação de políticas públicas e programas eficazes para erradicação do trabalho escravo que se configura em infração penal (artigos 149, 131, Parágrafo Único, 203 e 207, do Código Penal).

### 7.3. Promover Oportunidades

No que diz respeito à promoção de oportunidades às pessoas com deficiência, destacam-se: o acesso aos programas de orientação técnica e profissional, serviços de colocação no trabalho e treinamento profissional e continuado; apoio para a procura, obtenção, manutenção e retorno ao emprego; o trabalho autônomo, empreendedorismo, as cooperativas e negócio por conta própria, e a aquisição de experiência de trabalho.

Nenhuma medida de promoção a direito ao trabalho pode ser realmente eficaz sem antes o Estado providenciar mecanismos estruturais de educação e preparação profissional para a pessoa com deficiência que possibilitem sua permanência no mundo do trabalho. E não é só isso, conforme a prática está a apontar, os serviços de colocação no trabalho devem avançar e estabelecer critérios para atender a pessoa com deficiência de forma apoiada, se necessário em vista do tipo e comprometimento da deficiência. É o que se constata na Convenção ao indicar no Artigo 27, alíneas *d*, *e*, e *j*.

Destaque particular para a previsão de formas outras de trabalho, além do contrato formal, que levam à emancipação econômica e pessoal da pessoa com deficiência. Tratam-se das oportunidades de trabalho autônomo, empreendedorismo e cooperativas, indicadas na alínea *f*. No Brasil ainda há pouca iniciativa e incentivo ao empreendedorismo por pessoas com deficiência, justificável pelo sintomático longo período de exclusão e participação nas decisões sobre si próprias. No entanto, vicejam aqui e ali, ações para o desenvolvimento de cooperativas. A legislação brasileira, nesse ponto é favorável (Leis nº 5.764/71 e 9.867/99), porém, pouco explorada.

Por fim, a CDPD determina a edição de regras para a promoção do direito daqueles que adquiriram uma deficiência em decorrência do trabalho e, a adoção de medidas claras para a reabilitação profissional permitindo o retorno ao trabalho e a manutenção do emprego, Artigo 27, alínea *k*. A preocupação tem fundamento no fenômeno sempre crescente (evitável, se o ambiente de trabalho é seguro e saudável!) de doenças profissionais e de acidentes de trabalho. No Brasil é garantida a cobertura de eventos de doença ou acidente decorrentes da atividade laborativa (Gugel, 2007, p. 85), conforme a previsão inserida na Constituição da República, artigo 201, I e, na Lei nº 8.213/1991, artigos 89-92, que dispõem sobre a habilitação e reabilitação profissional, atendendo, embora sem o efeito desejado, os serviços de reeducação e readaptação profissional.

## REFERÊNCIAS

BIELER, Rosangela Berman. Deficiência pobreza e exclusão: a estratégia de desenvolvimento inclusivo ressignificando o conceito de acessibilidade, 2006. In Caderno da I Conferência Nacional dos Direitos da Pessoa com Deficiência "Acessibilidade: Você Também Tem Compromisso".

DEFICIÊNCIA. Novos Comentários à Convenção sobre os Direitos das Pessoas com. DIAS, Joelson; COSTA, Laíssa, GUGEL; Maria Aparecida; COSTA FILHO, Waldir Macieira da Secretaria de Direitos Humanos da Presidência da República (SDH/PR)/ Secretaria Nacional de Promoção dos Direitos da Pessoa com Deficiência (SNPD): SNPD – SDH-PR, 2014.

ENABLE. Disponível em: <http://www.un.org/disabilities>, Acesso em 28/outubro/2010.

GUGEL, Maria Aparecida. Pessoas com Deficiência e o Direito ao Concurso Público – Reserva de Cargos e Empregos Públicos – Administração Direita e Indireta, 3ª ed., Goiânia: Editora da UCG, 2016. Disponível em http://www.pessoacomdeficiencia.gov.br/app/sites/default/files/publicacoes/pessoascomdeficienciaeodireitoaoconcursopublico-maria-aparecida-gugel-2016.pdf

_____. COSTA FILHO, Waldir Macieira, RIBEIRO, Lauro Luiz Gomes (orgs). Deficiência no Brasil: uma abordagem integral dos direitos das pessoas com deficiência – Florianópolis: Obra Jurídica, 2007.

_____. Pessoa com Deficiência e o Direito ao Trabalho: Reserva de Cargos em Empresas, Emprego Apoiado. Florianópolis: Editora Obra Jurídica, 2007, 260 p. ISBN 978-85-86145-45-2.

## ART. 7º, INCISO XXXII

# Proibição de distinção entre trabalhos manual, técnico e intelectual ou entre os profissionais respectivos, reforma trabalhista e "teletrabalho": diferenciando iguais para reduzir direitos

*Oscar Krost[1]*

*"Puedes cortar todas las flores, pero no puedes detener la primavera."* Pablo Neruda

**SUMÁRIO:** 1. Introdução – 2. O trabalho nas Constituições brasileiras – 3. Teletrabalho e Reforma Trabalhista. Lições da legislação portuguesa – 4. Considerações finais – 5. Fontes.

## 1. INTRODUÇÃO

As aspirações de uma nação dirigem-se à classe política, responsável por agrupá-las em um documento, via de regra escrito, incorporando

---

1. Juiz do Trabalho (TRT12)
   Mestre em Desenvolvimento Regional (PPGDR/FURB)
   Professor de Direito do Trabalho em nível de Pós-Graduação (AMATRA/FURB, CESUSC e UNIFEBE)
   Membro da Comissão Editorial da Revista do TRT12
   Membro e fundador do Instituto de Pesquisas e Estudos Avançados da Magistratura e do Ministério Público do Trabalho–IPEATRA
   Autor da obra "O lado avesso da reestruturação produtiva: a 'terceirização' de serviços por 'facções", editora Nova Letra, de Blumenau/SC.

intenções, promessas e garantias. Seu caráter estruturante é tamanho, que o texto recebe, no Ocidente, o nome de Constituição. Para além de declarar ou determinar, as Cartas Políticas, como também são conhecidas as Constituições, criam, produzem e, por evidência, constituem sistemas, cuja marca característica repousa na ideia de um "dever-ser", destinado aos cidadãos e ao próprio Estado, de anseios presentes e futuros.

No caso brasileiro, apresenta-se essencial a realização, no atual momento histórico, de um balanço crítico acerca das diretrizes estabelecidas no longínquo 05 de outubro de 1988, data da promulgação da atual Lei Maior, marcando o fim de uma fase ditatorial do país e, ao mesmo tempo, o início de outra, democrática.

Porém, no curso desses 30 anos, não apenas as relações sociais sofreram significativas mudanças, como também a interação entre seres humanos e meios tecnológicos, implicações que atingiram diversos aspectos da vida, especialmente o "mundo do trabalho". Para além da forma pela qual o processo produtivo se desenvolve, vivencia-se uma modificação do modo de interação entre as pessoas. Os meios de comunicação deixam de ser meros instrumentos mediadores, tornando-se verdadeiros atores sociais, a exemplo das "redes" virtuais, capazes de "viralizar" vídeos, imagens e textos em poucas horas, alcançando milhões de visualizações.

Diante de tais perspectivas, propõe-se no presente estudo examinar como as Constituições brasileiras trataram a distinção entre trabalhos manual, técnico e intelectual ou entre os profissionais respectivos, desde a Carta de 1824, passando pelo exame dos conceitos de trabalho, discriminação e vedação ao retrocesso social. Em uma segunda etapa, busca-se problematizar a atuação do Legislador Ordinário após 1988, quanto à regulamentação do trabalho à distância (ou teletrabalho) e suas implicações na CLT, com ênfase à Reforma promovida pela Lei n. 13.467/2017. Para tanto, recupera-se a jurisprudência do TST, a doutrina juslaboral e o exemplo do Código do Trabalho de Portugal, para, finalmente, serem tecidas algumas considerações, não exaurientes sobre o tema, mas subsidiárias do enriquecimento ao debate.

## 2. O TRABALHO NAS CONSTITUIÇÕES BRASILEIRAS

O ato de trabalhar é tão antigo para a espécie humana quanto sua própria existência, fundindo-se em uma única e milenar história. Remonta os primeiros registros de nossos antepassados, na Idade da

Pedra, em pinturas rupestres de cavernas espalhadas por todo o mundo. Etimologicamente, o vocábulo "trabalho" se origina no latim *tripalium* (variação de *trepalium*) e dá nome à ferramenta usada para por cavalos a ferro, reforçando a ideia de atividade de submissão, castigo, dor e até mesmo degredo.[2]

Contudo, as mudanças de paradigma de cada sociedade acarretam mesmo efeito sobre os institutos que lhes servem de alicerces, em uma relação que se retroalimenta, sendo a figura do trabalho uma das mais significativas. A transição de um regime de exploração do trabalho escravo, característico da Antiguidade Clássica, para outro, de vassalagem, da Idade Média, produziu profundas marcas em todo o tecido social que do agir humano dependia, tão revolucionárias quanto a passagem de tal modelo para outro, de atuação assalariada, já na Idade Moderna. O trabalho deixou de ser visto como uma pena àqueles que não honravam as próprias dívidas ou não possuíssem bens suficientes para prover o sustento sem a necessidade de laborar, passando à atividade enriquecedora do espírito individual e coletivo, em prol de um projeto maior, chegando, finalmente, a meio de subsistência e fim de autorrealização dos seres humanos.

No Brasil, várias fontes podem servir de norte à compreensão do *iter* evolutivo do conceito de trabalho. No presente estudo, adotou-se, por opção metodológica, a disciplina de cada uma das Constituições nacionais, considerando-as um reflexo dos valores e desejos das respectivas épocas, ou, pelo menos, das elites políticas correspondentes.

A Carta de 1824, outorgada por Dom Pedro I, reconheceu o país como um Império, deixando para trás o *status* de colônia de Portugal,[3] sendo composto pela associação política de todos os cidadãos brasileiros, formando uma nação livre e independente (art. 1)[4]. O Estado foi dividido "harmonicamente" entre os Poderes Legislativo, Moderador, Executivo e Judicial (art. 10), sendo a palavra decisiva a proferida pelo Imperador, exercente do Poder Moderador.

---

2. CAMINO, Carmen. **Direito Individual do Trabalho**. Porto Alegre: Síntese, 1999, p. 46.
3. De acordo com Marco Antonio Villa, até 1824, nem Portugal, nem Brasil, conheciam o significado de uma Constituição, tendo a primeira delas sido a de 1824, 02 anos depois da proclamação de independência, em 1822. Nascia, assim, uma Carta monárquica, liberal e escravagista (VILLA, Marco Antonio. **A história das Constituições Brasileiras**. São Paulo: Leya, 2011, p. 13).
4. BRASIL. **Constituição Política do Império do Brazil**. 25 de março de 1824. Disponível em <http://www.planalto.gov.br/ccivil_03/Constituicao/Constituicao24.htm>. Acesso em: 14 abr. 2018.

A todos foi assegurada a liberdade de trabalhar, de modo que "nenhum genero de trabalho, de cultura, industria, ou commercio póde ser prohibido, uma vez que não se opponha aos costumes publicos, á segurança, e saude dos Cidadãos" (art. 179, inciso XXIV). O texto propagou o ideário liberal, inspirado nos valores defendidos nas Constituições da França e Estados Unidos, frutos de suas revoluções burguesas, em 1789 e 1776, respectivamente.

Já a Constituição seguinte, de 1891, a primeira depois da abolição da escravatura e da proclamação da República, em 1888 e 1889, também manifestou um caráter liberal, diferenciando-se por uma guinada sutil para o valor da igualdade, pois "não admitte privilegios de nascimento, desconhece fóros de nobreza, e extingue as ordens honoríficas", garantindo "o livre exercicio de qualquer profissão moral, intellectual e industrial" (art. 72, §§2º e 24).[5] Em seus primeiros artigos, expressou que a "Nação brasileira adota como forma de Governo, sob o regime representativo, a República Federativa" (art. 1), sendo "órgãos da soberania nacional o Poder Legislativo, o Executivo e o Judiciário, harmônicos e independentes entre si" (art. 15).

O voto foi assegurado, mas não de modo universal, ficando excluídos do "alistamento" eleitoral os mendigos, analfabetos, militares (exceto alunos de escolas superiores) e religiosos, bem como outros, como as mulheres, nos termos da lei (art. 70).

Um novo século se iniciou e, com ele, o mundo assistiu a seu primeiro conflito bélico global, a contar de 1914. Selando o término da guerra, em 1918, foi celebrado o Tratado de Versalhes, em 1919, que teve como uma de suas maiores contribuições históricas a criação da Organização Internacional do Trabalho-OIT, agência das Nações Unidas de composição tripartite, com representantes de governos, trabalhadores e empregadores. Seu objetivo principal foi promover a justiça social. Na prática, a OIT tem por atividade a elaboração e a aplicação das normas internacionais do trabalho – Convenções e Recomendações – as quais podem ou não ser ratificadas pelos países membros, incorporando-se aos ordenamentos jurídicos de cada país.[6] À mesma época, é deflagrado um processo que marcará

---

5. BRASIL. **Constituição da República dos Estados Unidos do Brasil**. 24 de fevereiro de 1891. Disponível em <http://www.planalto.gov.br/ccivil_03/Constituicao/Constituicao91.htm> Acesso em: 14 abr. 2018.
6. ORGANIZAÇÃO INTERNACIONAL DO TRABALHO. **História da OIT**, disponível em <http://www.ilo.org/brasilia/conheca-a-oit/hist%C3%B3ria/lang—pt/index.htm>. Acesso em: 14 abr. 2018.

todo o século XX, de constitucionalização dos Direitos dos Trabalhadores, a partir das Cartas Políticas do México e da Alemanha, de 1917 e 1919.

Nesse cenário, a Constituição de 1934 acabou sendo um desdobramento das turbulências experimentadas pelo Brasil desde a década de 1920, marcadas por insurgências políticas regionais, com destaque a revoltas no Rio Grande do Sul e em São Paulo, de movimentos de alcance nacional, da envergadura da Coluna Prestes, e até mesmo internacionais, a exemplo da Crise Mundial de 1929. Teve por objetivo "refundar a República", após a Revolução conduzida por Getúlio Vargas, em resposta direta à Revolução Constitucionalista de 1932, esta supostamente uma manifestação de anseio por mais democracia.

Houve restrições no campo dos Direitos Fundamentais, contraditoriamente, na contramão do aumento do número de artigos que compunham o texto constitucional, que passou de 91 a 187.[7] O trabalho foi erigido a direito, como meio do sujeito "prover à própria subsistência e à de sua família", desde que "honesto", conceito vago e indeterminado (art. 113, item 34). Atribuiu-se à lei, ainda, a função de estabelecer as condições do trabalho, tendo em vista a proteção social do trabalhador e os interesses econômicos do País, vedada a "distinção entre o trabalho manual e o trabalho intelectual ou técnico, nem entre os profissionais respectivos" (art. 121, §2º).[8]

A Constituição de 1937, de viés antidemocrático, imposta por Getúlio Vargas em legitimação do Estado Novo (ou Terceira República), representou uma nova revolução dentro da revolução de 1930. Teve por mote enfrentar a ameaça socialista, supostamente abortada em terras brasileiras em 1935, no episódio conhecido como "Intentona Comunista". Em seu longo preâmbulo, inclusive, mencionou o "estado de apreensão criado no País pela infiltração comunista", em verdadeira "declaração de direito às avessas, um grande salto para trás na defesa das liberdades e da democracia", nas palavras de Marco Antonio Vila.[9]

Produziu-se uma verdadeira hipertrofia do Poder Executivo, na figura do Presidente da República, a ponto de ser vedado ao Judiciário

---

7. VILLA, Marco Antonio. **A história das Constituições Brasileiras**. São Paulo: Leya, 2011, p. 43 e seguintes.
8. BRASIL. **Constituição da República dos Estados Unidos do Brasil**. 16 de julho de 1934. Disponível em <http://www.planalto.gov.br/ccivil_03/Constituicao/Constituicao34.htm> Acesso em: 14 abr. 2018.
9. Ob. cit., p. 67.

"conhecer de questões exclusivamente políticas" (art. 94). Houve modificação no tratamento destinado ao trabalho, que de direito passou a dever social, independentemente de ser intelectual, técnico ou manual e, como tal, deveria continuar a ser honesto, a receber proteção do Estado e a representar o meio individual de subsistência (art. 136)[10].

Pela Carta de 1946, acabou retomado o regime democrático, com a instalação de uma Assembleia Nacional Constituinte que, pela primeira na história do país, pode contar com candidatos de orientação comunista, dentre os quais o escritor Jorge Amado.[11] Foi novamente instituída a tripartição de Poderes do Estado, independentes e harmônicos entre si (art. 36).[12]

A ordem econômica e social, por sua vez, passou a se estruturar sobre os Princípios da justiça social, conciliados com a liberdade de iniciativa e a valorização do trabalho, o qual deixa de ser considerado um direito ou dever, passando a "direito-dever" de cunho social (art. 145). Além disso, deixaram de ser admitidas, de modo explícito, diferenciações entre o trabalho manual ou técnico e o trabalho intelectual, no tocante a direitos, garantias e benefícios (art. 157, § 1º).

Com a implantação do regime militar, em 1964, o país se viu diante de mais uma Constituição, a partir de 1967. Nela, foi assegurada a liberdade de *"exercício de qualquer trabalho, ofício ou profissão, observadas as condições de capacidade que a lei estabelecer"* (art. 150, §23).[13]

Constitucionalizaram-se, ainda, diversos direitos já previstos na CLT e na legislação esparsa, tais como o salário mínimo, adicional noturno, férias anuais, repouso semanal e limitação de jornada. Dentre esses

---

10. BRASIL. **Constituição dos Estados Unidos do Brasil**. 10 de **novembro de 1937**. Disponível em <http://www.planalto.gov.br/ccivil_03/Constituicao/Constituicao37.htm> Acesso em: 14 abr. 2018.
11. VILLA, Marco Antonio. Ob. cit. p. 81.
12. BRASIL. **Constituição dos Estados Unidos do Brasil**. 18 de setembro de 1946. Disponível em <http://www.planalto.gov.br/ccivil_03/Constituicao/Constituicao46.htm>. Acesso em: 14 abr. 2018.
13. BRASIL. **Constituição da República Federativa do Brasil**. 24 de janeiro de 1967. Disponível em <http://www.planalto.gov.br/ccivil_03/Constituicao/Constituicao67.htm>. Acesso em: 14 abr. 2018. A Emenda Constitucional, no 01, de 17.10.1969, à qual parte da doutrina atribui *status* de verdadeira Constituição, não alterou em nada as disposições atinentes à liberdade de trabalho, vedação ao retrocesso social e igualdade entre formas de trabalho, como se pode inferir de sua leitura: BRASIL. **Emenda no 01 à Constituição da República Federativa do Brasil**. 17 de outubro de 1969. Disponível em <http://www.planalto.gov.br/ccivil_03/Constituicao/Emendas/Emc_anterior1988/emc01-69.htm>. Acesso em: 14 abr. 2018.

direitos, destaque-se a garantia de "proibição de distinção entre trabalho manual, técnico ou intelectual, ou entre os profissionais respectivos" (art. 158, caput, e inciso XVIII).

A grande novidade, em matéria de Direitos Sociais, recaiu sobre a Constituição não se limitar mais a assegurar aos trabalhadores apenas os direitos arrolados em seu texto, alcançando "outros que visem à melhoria da condição social dos trabalhadores" (art. 158, *caput*). Com essa aparentemente simples mudança de redação, foi consagrado o Princípio do Não-Retrocesso Social (ou da Proibição do Retrocesso Social), pela primeira vez no Brasil em sede constitucional.

Em mais uma tentativa de consolidar o regime democrático, foi instaurada, em fevereiro de 1987, no Congresso Nacional a Assembleia Constituinte, tendo por resultado, em outubro de 1988, a atual Carta Política. A nova norma ápice do ordenamento nacional ficou conhecida popularmente como "Constituição Cidadã", em uma referência feita pelo Deputado Ulysses Guimarães, em seu discurso no ato da promulgação,[14] na condição de Presidente dos trabalhos legislativos.

Segundo o próprio Deputado Ulysses, tal adjetivação tem amparo no entendimento de que:

> A Constituição é caracteristicamente o estatuto do homem. É sua marca de fábrica. O inimigo mortal do homem é a miséria. O estado de direito, consectário da igualdade, não pode conviver com estado de miséria. Mais miserável do que os miseráveis é a sociedade que não acaba com a miséria.
>
> Tipograficamente é hierarquizada a precedência e a preeminência do homem, colocando-o no umbral da Constituição e catalogando-lhe o número não superado, só no art. 5º, de 77 incisos e 104 dispositivos.
>
> Não lhe bastou, porém, defendê-lo contra os abusos originários do Estado e de outras procedências. Introduziu o homem no Estado, fazendo-o credor de direitos e serviços, cobráveis inclusive com o mandado de injunção. Tem substância popular e cristã o título que a consagra: 'a Constituição cidadã.[15]

---

14. GUIMARÃES, Ulysses Silveira. **Discurso proferido em sessão de promulgação da Constituição da República Federativa do Brasil na Assembleia Nacional Constituinte**. 05 de outubro de 1988. Disponível em <http://contee.org.br/contee/index.php/2013/10/muda-brasil-o-marcante-discurso-de-ulysses-guimaraes-na-promulgacao-da-constituicao-de-1988/>. Acesso em: 14 abr. 2018.
15. BRASIL. **Constituição da República Federativa do Brasil**. 05 de outubro de 1988. Disponível em <http://www.planalto.gov.br/ccivil_03/Constituicao/Constituicao.htm>. Acesso em: 14 abr. 2018.

Justamente esse texto, que define como fundamentos da República Brasileira, Estado Democrático de Direito, a dignidade da pessoa humana e os valores sociais do trabalho e da livre iniciativa (art. 1º, incisos III e IV), completou 30 anos em 05 de outubro de 2018, **com nada menos do que 99 Emendas, pelo menos até o mês de abril do ano em curso**.[16]

Se a data dá ensejo a homenagens e comemorações, igualmente impõe reflexões e críticas quanto ao estágio de cumprimento das diversas "promessas" feitas pelo Poder Constituinte Originário ao povo brasileiro. No particular, merecem atenção o direito à vedação do Retrocesso Social, bem como de distinção entre trabalhos manual, técnico e intelectual ou entre os profissionais respectivos (art. 7º, *caput*, e inciso XXXII).

A respeito do Princípio da Vedação do Retrocesso Social, pertinente o esclarecimento feito pelo Ministro Luís Roberto Barroso, de que mais do que estabelecer um marco mínimo civilizatório em nível constitucional, representa um limite à ação do Legislador Ordinário, nos seguintes termos:

> Por este princípio, que não é expresso mas decorre do sistema jurídico-constitucional, entende-se que se uma lei, ao regulamentar um mandamento constitucional, instituir determinado direito, ele se incorpora ao patrimônio jurídico da cidadania e não pode ser arbitrariamente suprimido. Nessa ordem de ideias, uma lei posterior não pode extinguir um direito ou uma garantia, especialmente os de cunho social, sob pena promover um retrocesso, abolindo um direito fundado na Constituição.[17]

Para Narbal Antônio de Mendonça Fileti, o Princípio em questão tem como particularidade a prevalência de seu caráter negativo, no que se refere à finalidade. Entretanto, tal perspectiva não representa mera manutenção do *status quo*, impondo ao Estado e aos particulares a obrigação de buscar por todos os meios possíveis o efetivo avanço no campo social.[18]

De outro lado, a objeção de se diferenciar o trabalho manual, técnico e intelectual, ou entre os profissionais que os prestem, possui jacente a ideia de preservação da dignidade da pessoa humana, centrada na não-discriminação. Em outras palavras: todos são iguais perante a lei,

---

16. BRASIL. **Emendas à Constituição da República Federativa do Brasil**. 15 de dezembro de 2017. Disponíveis em <http://www.planalto.gov.br/ccivil_03/Constituicao/Emendas/Emc/quadro_emc.htm>. Acesso em: 14 abr. 2018.
17. BARROSO, Luís Roberto. **O direito constitucional e a efetividade de suas normas**: limites e possibilidades da Constituição brasileira. Rio de Janeiro: Renovar, 2006, p. 152-3.
18. FILETI, Narbal Antônio de Mendonça. Direitos fundamentais sociais e o princípio da proibição do retrocesso social. In: KÜLZER, José Carlos *et al* (Coordenadores). **Direito do Trabalho Efetivo**: Homenagem aos 30 anos da Amatra12. São Paulo: LTr, 2013, p. 30-70.

o Estado e a sociedade, sem privilégios ou desprestígios em sua existência singular, por executarem atividades que exijam maior ou menor escolaridade, qualificação ou formação. Nessa linha, o respeito deve se estabelecer nos planos horizontal (entre colegas e/ou pares) e vertical (quanto ao Estado e/ou empregador, em sentido ascendente; em face de subordinados, na direção descendente).

A discriminação repudiada pela Lei Maior, bem como pelas demais normas do sistema jurídico, ostenta viés negativo e ilícito, podendo causar prejuízos ou embaraços à pessoa por conta das características ou condições que a qualificam como indivíduo, a exemplo de etnia, gênero, idade ou condição social. Em sentido diverso, numa posição de valorização pelo ordenamento, encontra-se a discriminação de caráter positivo e lícito, cuja finalidade é reduzir ao máximo uma desigualdade, normalmente temporária, a fim de igualar juridicamente sujeitos fática e materialmente desiguais. Trata-se, portanto, de uma ação de inclusão ou de tratamento compensatório.[19]

Abordando com singular propriedade as complexas nuances do tema, Boaventura de Sousa Santos defende, em célebre definição, que "temos o direito a ser iguais sempre que a diferença nos inferioriza; temos o direito de ser diferentes sempre que a igualdade nos descaracteriza".[20] Em suma: isonomia no campo das oportunidades e distinção na esfera das identidades.

Dita interpretação encontra amparo em toda a Constituição de 1988, com destaque ao preâmbulo, no trecho que estabelece como missão do Estado Democrático "assegurar o exercício dos direitos sociais e individuais, a liberdade, a segurança, o bem-estar, o desenvolvimento, a igualdade e a justiça como valores supremos de uma sociedade fraterna, pluralista e sem preconceitos". Outras passagens reforçam esse viés, encontrando-se, inclusive, entre os objetivos fundamentais da República, estabelecidos no art. 3º.[21]

---

19. GOLDSCHMIDT, Rodrigo. **Flexibilização dos Direitos Trabalhistas**: Ações afirmativas da dignidade da pessoa humana como forma de resistência. São Paulo: LTr, 2008, p. 151.

20. SANTOS, Boaventura de Sousa. **Reconhecer para libertar**: os caminhos do cosmopolitanismo multicultural. Introdução: para ampliar o cânone do reconhecimento, da diferença e da igualdade. Rio de Janeiro: Civilização Brasileira, 2003, p. 56.

21. Art. 3º Constituem objetivos fundamentais da República Federativa do Brasil:

    I – construir uma sociedade livre, justa e solidária;

    II – garantir o desenvolvimento nacional;

## 3. TELETRABALHO E REFORMA TRABALHISTA. LIÇÕES DA LEGISLAÇÃO PORTUGUESA

A Consolidação das Leis do Trabalho – CLT (Decreto-Lei nº 5.452/43), em seu art. 6º, com a redação original da década de 1940, previa a possibilidade do trabalho prestado pelo empregado ocorrer fora da sede do empregador, sem que isso configurasse justificativa à diferenciação daquele desenvolvido na sede do empregador, como se infere de sua leitura:

> Art. 6º – Não se distingue entre o trabalho realizado no estabelecimento do empregador e o executado no domicílio do empregado, desde que esteja caracterizada a relação de emprego.

Contudo, o avanço dos meios de comunicação, especialmente nos últimos anos, tonou possível a realização de diversas atividades de forma remota, a quilômetros de distância, sem perdas ou óbices no que se refere a desempenho ou qualidade. Ao contrário, são inúmeros e notórios os ganhos de tempo e custos.

Por conta de tais circunstâncias, o regime de sobreaviso previsto no art. 244, §2º, da CLT,[22] idealizado como uma espécie de plantão dos ferroviários, pelo aguardo de chamados do empregador na respectiva residência, foi um dos primeiros institutos afetados pela telemática. Em sua gênese, a telefonia apresentava caráter fixo, sendo restrita a possibilidade de locomoção do sujeito para muito além dos limites de sua morada, quadro alterado com a comunicação móvel, sendo a questão enfrentada pela Orientação Jurisprudencial nº 49 da SDI I do TST, posteriormente cancelada e convertida na atual Súmula nº 428 do TST,[23] que consagrava:

---

III – erradicar a pobreza e a marginalização e reduzir as desigualdades sociais e regionais;

IV – promover o bem de todos, sem preconceitos de origem, raça, sexo, cor, idade e quaisquer outras formas de discriminação.

22. Art. 244. As estradas de ferro poderão ter empregados extranumerários, de sobre-aviso e de prontidão, para executarem serviços imprevistos ou para substituições de outros empregados que faltem à escala organizada.

(...)

§ 2º Considera-se de "sobre-aviso" o empregado efetivo, que permanecer em sua própria casa, aguardando a qualquer momento o chamado para o serviço. Cada escala de "sobre-aviso" será, no máximo, de vinte e quatro horas, As horas de "sobre-aviso", para todos os efeitos, serão contadas à razão de 1/3 (um terço) do salário normal.

23. Para uma melhor compreensão sobre as nuances do regime de sobreaviso e da posição adotada pela jurisprudência majoritária, anteriormente ao advento da Lei nº 12.511/11, ver KROST, Oscar. A caracterização do regime de sobreaviso diante das inovações tecnológicas dos meios de comunicação. **Revista Jus Navigandi**, ISSN 1518-4862, Teresina, ano 14, n. 2.180, 20 jun. 2009. Disponível em: <https://jus.com.br/artigos/13025>. Acesso em: 14 abr. 2018.

**49. HORAS EXTRAS. USO DO BIP. NÃO CARACTERIZADO O "SOBRE-AVISO"** (cancelada em decorrência da sua conversão na Súmula nº 428) – Res. 175/2011, DEJT divulgado em 27, 30 e 31.05.2011. O uso do aparelho BIP pelo empregado, por si só, não caracteriza o regime de sobreaviso, uma vez que o empregado não permanece em sua residência aguardando, a qualquer momento, convocação para o serviço.[24]

Ocorre que a dinâmica da vida não se rende à rigidez do Direito, mas o contrário, havendo quem defenda, inclusive, a existência de um Direito Curvo.[25] Nesse sentido, foi modificada a redação do referido art. 6º da CLT, por meio da Lei nº 12.511/11, acrescentando-lhe, ainda, o parágrafo único, que passou a contar com o seguinte teor:

> Art. 6º Não se distingue entre o trabalho realizado no estabelecimento do empregador, o executado no domicílio do empregado e o realizado a distância, desde que estejam caracterizados os pressupostos da relação de emprego. (Redação dada pela Lei nº 12.551, de 2011)
>
> Parágrafo único. Os meios telemáticos e informatizados de comando, controle e supervisão se equiparam, para fins de subordinação jurídica, aos meios pessoais e diretos de comando, controle e supervisão do trabalho alheio.

Com isso, a mencionada Orientação Jurisprudencial, convertida em Súmula, também teve seu conteúdo alterado, para constar:

> **428 SOBREAVISO. APLICAÇÃO ANALÓGICA DO ART. 244, § 2º DA CLT** (redação alterada na sessão do Tribunal Pleno realizada em 14.09.2012) – Res. 185/2012 – DEJT divulgado em 25, 26 e 27.09.2012.
>
> I – O uso de instrumentos telemáticos ou informatizados fornecidos pela empresa ao empregado, por si só, não caracteriza o regime de sobreaviso.
>
> II – Considera-se em sobreaviso o empregado que, à distância e submetido a controle patronal por instrumentos telemáticos ou informatizados, permanecer em regime de plantão ou equivalente, aguardando a qualquer momento o chamado para o serviço durante o período de descanso.

---

24. BRASIL. TRIBUNAL SUPERIOR DO TRABALHO. **Súmulas, Orientações Jurisprudenciais e Precedentes Normativos**. Disponível em <http://www.tst.jus.br/documents/10157/63003/Livro-Internet.pdf>. Acesso em: 14 abr. 2018.

25. Nesse sentido, a análise de José Calvo González, para quem "o Direito curvo não abandona a forma em seu estado mais puro, porém se origina no equívoco da purificação jurídica do kelseanismo a partir da hipertrofia ocorrida no formalismo conceitual. (...) Portanto, o Direito curvo não é ápice, é cúpula; não é vértice, é circularidade. Numa palavra: não é frontalidade, mas revolução." (GONZÁLEZ, José Calvo. **Direito Curvo**. Tradução André Karam Trindade, Luis Rosenfield e Dino del Pino. Porto Alegre: Livraria do Advogado Editora, 2013, Coleção Diante da Lei, p. 31-2.

O teletrabalho, também conhecido, em português, como trabalho remoto, em alemão, "telearbaitspläze" ou "fernarbeit", trata-se de modalidade relativamente nova de atuação. Como tal, atraiu olhares do Direito apenas a partir de 1980. Segundo Paulo Emílio Ribeiro de Vilhena, não há grande desafio conceitual para entendê-lo, encontrando origem histórica no trabalho em domicílio ou no labor de vendedores externos e pracistas.[26]

Nesse tipo de labor, inocorre a relativização de qualquer dos elementos característicos da relação de emprego, cujos sujeitos encontram-se definidos nos arts. 2º e 3º da CLT.[27] Francisco Meton Marques de Lima e Francisco Péricles Rodrigues Marques de Lima entendem que antes mesmo do advento da Lei n. 13.467/2017, já existia previsão legal de teletrabalho no Direito brasileiro, por conta da já mencionada Lei nº 12.511/11, que modificou o art. 6º da CLT.[28] Na trilha de mudanças dos últimos anos, a Lei n. 13.467/2017, conhecida por "Lei da Reforma Trabalhista", acrescentou o inciso III ao art. 62 da CLT, agregando a hipótese do teletrabalho.[29]

---

26. VILHENA, Paulo Emílio Ribeiro de. **Relação de emprego:** Estrutura Legal e Supostos. São Paulo: LTr, 2005, p. 585-588.
27. Art. 2º – Considera-se empregador a empresa, individual ou coletiva, que, assumindo os riscos da atividade econômica, admite, assalaria e dirige a prestação pessoal de serviço.

    Art. 3º – Considera-se empregado toda pessoa física que prestar serviços de natureza não eventual a empregador, sob a dependência deste e mediante salário.

    Parágrafo único – Não haverá distinções relativas à espécie de emprego e à condição de trabalhador, nem entre o trabalho intelectual, técnico e manual.
28. LIMA, Francisco Meton Marques de; LIMA, Francisco Péricles Rodrigues Marques de. **Reforma Trabalhista**: entenda ponto por ponto. São Paulo, LTr, 2017, p. 45. Átila da Rold Roesler compartilha do entendimento de que a regulação do teletrabalho no Direito do Trabalho brasileiro era feita pelo art. 6º da CLT, antes do advento da reforma (Teletrabalho, mais uma maldade da "Reforma Trabalhista" ou Karl Marx e o Teletrabalho. In: SEVERO, Valdete Souto. *Et al* (coordenadores). **Comentários à Lei n. 13.467/2017**: contribuições para um enfrentamento crítico. Porto Alegre: HS Editora, 2017, p. 62-65.
29. Art. 62 – Não são abrangidos pelo regime previsto neste capítulo:

    I – os empregados que exercem atividade externa incompatível com a fixação de horário de trabalho, devendo tal condição ser anotada na Carteira de Trabalho e Previdência Social e no registro de empregados;

    II – os gerentes, assim considerados os exercentes de cargos de gestão, aos quais se equiparam, para efeito do disposto neste artigo, os diretores e chefes de departamento ou filial.

    III – os empregados em regime de teletrabalho. (Incluído pela Lei nº 13.467, de 2017)

    Parágrafo único – O regime previsto neste capítulo será aplicável aos empregados mencionados no inciso II deste artigo, quando o salário do cargo de confiança, compreendendo a gratificação de função, se houver, for inferior ao valor do respectivo salário efetivo acrescido de 40% (quarenta por cento).

Ao assim prescrever, pretendeu o Legislador isentar empregadores de controlar a jornada dos trabalhadores e, por consequência, do dever de pagar-lhes horas extras e adicional noturno, ou mesmo de pactuar regime de compensação horária e conceder repouso semanal. Da mesma maneira, frustrou a possibilidade de contratação dessa modalidade de serviço pelo regime de tempo parcial, na medida em que o art. 58-A, que a prevê, se localiza no capítulo II da CLT.

A inserção do teletrabalho no rol de exceção do art. 62 da CLT[30] infringe o Princípio da Proibição do Retrocesso Social e promove a distinção entre trabalho manual, técnico e intelectual ou entre os profissionais respectivos, violando diretamente o conteúdo do art. 7º, *caput*, e inciso XXXII, da Constituição. Desconsidera, ainda, a eficácia negativa dos Direitos Fundamentais, dos quais os Direitos Sociais Trabalhistas são espécie, pela vedação de práticas, mesmo no plano normativo, que os limitem ou cerceiem.[31] Note-se que a inclusão do teletrabalho na regra do art. 62 da CLT colide com o disposto no art. 6º, também da CLT, com a atual redação.

O fato de o empregado não atuar dentro da sede da empresa não tem o condão de tornar a atividade impossível de ser controlada. Segundo o teor do art. 75-B da CLT, igualmente acrescido pela Reforma Trabalhista, para a caracterização do teletrabalho é essencial que os serviços ocorram "fora das dependências do empregador, com a utilização de tecnologias de informação e de comunicação que, por sua natureza, não se constituam como trabalho externo". Verifica-se, pelo teor do texto transcrito, estabelecer-se uma conexão entre patrão e empregado, ainda que não presencial, possibilitando a efetiva aferição, inclusive em tempo real, do ritmo dos trabalhos ou a ciência da localização do sujeito.

---

30. No atual estágio tecnológico, não se mostra plausível a defesa da existência de alguma espécie de atividade cujo controle de horário seja impossível, quer pela detenção de poderes de mando e gestão, ou mesmo pelo local em que realizada. Há no mercado empresas especializadas ofertando serviços de registro de jornada remoto, a partir do uso de "smartphones", telefones fixos ou computadores, por meio de gravação de voz ou de imagem, com possibilidade de checagem, também à distância e a qualquer tempo, por valores mensais acessíveis. Como exemplo, cite-se "Ponto Now", que disponibiliza um período de "teste" grátis aos interessados, de até 14 dias, com planos e custos variados, de acordo com o número de empregados, informações disponíveis em <www.pontonow.com.br>. Acesso em: 14 abr. 2018.
31. Segundo André Araújo Molina, a referida eficácia negativa "preservará uma pauta constitucional mínima, criando moldura à atuação legislativa, mas possibilitará ao legislador futuro adaptações e revisões das modulações dos direitos fundamentais". (MOLINA, André Araújo. **Teoria dos Princípios Trabalhistas**: a aplicação do modelo metodológico pós-positivista ao Direito do Trabalho. São Paulo: Atlas, 2013, p. 128).

Ademais, mostra-se questionável a própria existência de um regime especial que dê ensejo ao enquadramento de um trabalhador como "tele", na medida em que não há diferença entre seus préstimos e aqueles prestados por empregados alocados dentro da empresa-empregadora. A diferença está apenas no local em que os serviços se realizam, pois seu resultado imediato é sempre disponibilizado à contratante, o que se torna possível por conta da contribuição dos meios telemáticos. Ou seja, o trabalhador segue sendo uma pessoa física, porém os frutos de seu agir, em proveito e sob orientação do patrão, podem se deslocar de qualquer lugar até o destinatário.[32]

Sobre o tema, pertinentes as palavras de Rodrigo Carelli, mencionando o tratamento da matéria dispensado no plano internacional:

> Conforme a OIT recomenda, deve-se atentar para os tipos de teletrabalho e eliminar suas consequências danosas, para que somente os efeitos positivos do trabalho à distância permaneçam. O teletrabalho não pode ser somente um meio eficaz de apropriação da vida privada do ser humano que trabalha; ele deve ser olhado sob o viés do futuro promissor de uma vida melhor e com o trabalho mais digno, não pelo olhar de um passado meramente exploratório.[33]

Assim, o direito à limitação de jornada, bem como à remuneração do trabalho noturno em valor superior ao diurno e ao repouso semanal remunerado, além da redução dos riscos inerentes ao trabalho, por meio de normas de saúde, higiene e segurança encontram amparo no art. 7º, inciso IX, XIII, XV e XXII, da Constituição,[34] sem qualquer ressalva,

---

32. Para Antonio Umberto de Souza Júnior, Fabiano Colho de Souza, Ney Maranhão e Platon Teixeira de Azevedo Neto "o teletrabalho se configura quando as tarefas são realizadas a distância, **mas por opção dos contratantes**, sendo que poderiam, perfeitamente, ser realizadas nas dependências do empregador." (SOUZA JÚNIOR, Antonio Umberto et al. **Reforma Trabalhista**: análise comparativa e crítica da Lei n. 13.467/2017 e da Med. Prov. nº 808/2017 – 2ª ed. – São Paulo: Editora Rideel, 2018, p. 106, grifo da transcrição)
33. CARELLI, Rodrigo. O teletrabalho. In: SOUTO MAIOR, Jorge Luiz. SEVERO, Valdete Souto (Coordenadores). **Resistência**: aportes teóricos contra o retrocesso trabalhista. São Paulo: Expressão Popular, 2017, p. 334.
34. Art. 7º São direitos dos trabalhadores urbanos e rurais, além de outros que visem à melhoria de sua condição social:
    (...)
    IX – remuneração do trabalho noturno superior à do diurno;
    (...)
    XIII – duração do trabalho normal não superior a oito horas diárias e quarenta e quatro semanais, facultada a compensação de horários e a redução da jornada, mediante acordo ou convenção coletiva de trabalho;

aplicando-se integralmente à modalidade do teletrabalho. Ao desconsiderar/relativizar esse patamar mínimo, o Legislador reformista incorreu em flagrante inconstitucionalidade.

No Direito Comparado, o Código do Trabalho Português regulamenta a matéria em sentido distinto, de modo mais protetivo ao empregado. A codificação lusitana não apenas impõe a fixação de um horário de trabalho, como franqueia a pactuação dessa espécie de modalidade por regime de tempo parcial, como se infere da leitura dos arts. 166º, 5, "c" e "d", 169º, 1, e 170º, 1 e 2:

> Artigo 166º Regime de contrato para prestação subordinada de teletrabalho
>
> (...)
>
> 5 – O contrato está sujeito a forma escrita e deve conter:
>
> a) Identificação, assinaturas e domicílio ou sede das partes;
>
> b) Indicação da actividade a prestar pelo trabalhador, com menção expressa do regime de teletrabalho, e correspondente retribuição;
>
> c) Indicação do período normal de trabalho;
>
> d) Se o período previsto para a prestação de trabalho em regime de teletrabalho for inferior à duração previsível do contrato de trabalho, a actividade a exercer após o termo daquele período;
>
> e) Propriedade dos instrumentos de trabalho bem como o responsável pela respectiva instalação e manutenção e pelo pagamento das inerentes despesas de consumo e de utilização;
>
> f) Identificação do estabelecimento ou departamento da empresa em cuja dependência fica o trabalhador, bem como quem este deve contactar no âmbito da prestação de trabalho.
>
> Artigo 169º Igualdade de tratamento de trabalhador em regime de teletrabalho
>
> 1 – O trabalhador em regime de teletrabalho tem os mesmos direitos e deveres dos demais trabalhadores, nomeadamente no que se refere a formação e promoção ou carreira profissionais, limites do período normal de trabalho e outras condições de trabalho, segurança e saúde no trabalho e reparação de danos emergentes de acidente de trabalho ou doença profissional. (...)

---

(...)

XV – repouso semanal remunerado, preferencialmente aos domingos;

(...)

XXII – redução dos riscos inerentes ao trabalho, por meio de normas de saúde, higiene e segurança;

> Artigo 170º Privacidade de trabalhador em regime de teletrabalho
>
> 1 – O empregador deve respeitar a privacidade do trabalhador e os tempos de descanso e de repouso da família deste, bem como proporcionar-lhe boas condições de trabalho, tanto do ponto de vista físico como psíquico.
>
> 2 – Sempre que o teletrabalho seja realizado no domicílio do trabalhador, a visita ao local de trabalho só deve ter por objecto o controlo da actividade laboral, bem como dos instrumentos de trabalho e apenas pode ser efectuada entre as 9 e as 19 horas, com a assistência do trabalhador ou de pessoa por ele designada. (...)[35]

**Uma breve análise dos dispositivos introduzidos na CLT pela Lei n. 13.467/2017, atinentes ao trabalho remoto, arts. 75-A a E, torna possível constatar a negação do direito estabelecido no art. 7º, inciso XXXII, da Constituição.**

O art. 75-A determina que a prestação de serviços pelo empregado em regime de teletrabalho observe o disposto no capítulo "II-A Do Teletrabalho". Para aqueles que entendem existir diferenças materiais significativas entre trabalhador e teletrabalhador, especialmente pelo uso de meios tecnológicos de comunicação, torna-se de suma importância aplicar as regras do capítulo II-A da CLT como um ponto de partida na disciplina do tema, não exaustivo e final, incumbindo à jurisprudência adequá-las à Constituição e às inovações do dia a dia.

Já o art. 75-B, ao conceituar o teletrabalho, esclarece ser caracterizado pela prestação de serviços fora das dependências do empregador e pelo uso de tecnologia de informação. No tocante ao local, faculta o estabelecimento de critério misto, tanto fora, quanto dentro da empregadora, desde que prepondere a primeira hipótese.

Quanto ao conteúdo do termo "preponderante", questiona-se, se esse se refere à unidade de tempo, em horas por dia, horas ou dias por semana, horas, dias ou semanas por mês? Pode dizer respeito, ainda, à unidade de obras ou projetos em que atua o empregado, em fases de planejamento, desenvolvimento e execução?

Considerando estar o teletrabalhador, em tese, pela dicção do art. 62, inciso III, da CLT,[36] fora do alcance das disposições do "Capítulo II

---

35. PORTUGAL. **Lei nº 7/2009** (Código do Trabalho de Portugal), disponível em <http://www.unl.pt/sites/default/files/codigo_do_trabalho.pdf>. Acesso em: 14 abr. 2018.
36. Art. 62 – Não são abrangidos pelo regime previsto neste capítulo:
    (...)
    III – os empregados em regime de teletrabalho. (Incluído pela Lei nº 13.467, de 2017)

– Da duração do trabalho", ao menos pela intenção do Legislador, não haveria como controlar sua jornada, pelo que, estaria descartado o emprego do critério temporal. As demais possibilidades concorreriam em igualdade de chances, ficando a cargo dos contratantes e do Judiciário sua definição, atentando aos valores que inspiram o Direito do Trabalho, especialmente o Princípio da Proteção.

Atualmente, poucos são os países que regulamentaram o trabalho à distância, reforçando a ideia de não existir diferença substancial entre esse e o presencial, mas apenas uma variação espacial e acessória, encontrando-se em tramitação projetos de lei nos Parlamentos de Argentina, Uruguai, Paraguai e Chile há muitos anos. Um exemplo de disposição semelhante à trazida pela Reforma Trabalhistas brasileira, porém mais objetiva e específica, encontra-se no art. 165º do Código do Trabalho de Portugal, que assim define o teletrabalho:

> Artigo 165º Noção de teletrabalho
>
> Considera-se teletrabalho a prestação laboral realizada com subordinação jurídica, habitualmente fora da empresa e através do recurso a tecnologias de informação e de comunicação.[37]

No lugar de "preponderantemente", adotou o Legislador lusitano o termo "habitualmente". Com isso, restringiu a margem de dúvidas sobre a natureza de serviço à distância, mesmo quando o empregado frequenta a sede do empregador.

A segunda questão apresentada recai sobre o dimensionamento da expressão "por sua natureza não constitua trabalho externo". A atividade realizada fora da empresa e que exija o uso de tecnologia é bastante simples, o que, contudo, não se dá com a questão de sua própria natureza não se confunda com atividade externa.

Na atualidade, motoristas, "motoboys" e vendedores são alguns exemplos de profissionais que atuam fora da sede do empregador e que se servem de meios de comunicação e telemáticos, como "smartphones", GPS, "notebooks" e "tablets" para desempenhar suas funções. Todos, sem exceção, costumam ir, em algum momento da jornada, à sede da empresa, seja para buscar ou levar informações, bem como retirar e devolver produtos.

Inegável desenvolverem atividades externas, bem como utilizarem tecnologia. Mas seriam teletrabalhadores? Em uma leitura inicial a

---

37. PORTUGAL. **Lei nº 7/2009** (Código do Trabalho de Portugal), disponível em <http://www.unl.pt/sites/default/files/codigo_do_trabalho.pdf>. Acesso em: 14 abr. 2018.

resposta seria negativa, pois a tecnologia não é essencial ao desenvolvimento do serviço, apenas auxiliando-o.

De outro lado, para o teletrabalhador não haveria como realizar seu mister sem o uso da tecnologia. De acordo com Cinara L. Rosenfield e Daniela A. de Alves, teletrabalho seria "toda a atividade remota realizada por meio de tecnologias de informação e comunicação (TICs), permitindo a obtenção de resultados num lugar diferente daquele ocupado pela pessoa que os realiza".[38] Aqui está a distinção entre a atividade externa e o teletrabalho: a condição mediata (remota) do local em que realizado o trabalho, porém imediata (próxima) quanto a seu resultado do serviço, situação viabilizada pelos meios tecnológicos de informação e comunicação.

Pelo parágrafo único do art. 75-B, o comparecimento às dependências do empregador para a realização de atividades específicas que exijam a presença do empregado no estabelecimento não descaracteriza o regime de teletrabalho, desde que atente ao estabelecido no *caput*, no que se refere ao critério de preponderância fora da empresa.

Para Rodrigo Carelli, a Reforma Trabalhista, no tocante ao teletrabalho, foi "descuidada, irrealista e ultrapassada, regulamentando-o como se estivéssemos em meados do Século XX ou no século XIX, talvez".[39] A crítica se pauta, fundamentalmente, na inobservância das preocupações contidas em recente relatório elaborado pela Organização Internacional do Trabalho (OIT), intitulado "Eurofound and International Labour Office", no qual consta que os teletrabalhadores "estão expostos a perigos a sua saúde e bem-estar, relacionando-o com fatores de risco psicossocial relacionados com a intensidade do trabalho e longas horas extraordinárias".[40] É sugerida, no documento em questão, ainda, a observância do direito à desconexão francês, e indicada, como exemplos, a adoção de políticas restritivas de empresas, adotadas na Alemanha, Estados Unidos e na própria França.

---

38. ROSENFIELD, Cinara L; ALVES, Daniela A. de. Teletrabalho. In: CATTANI, Antonio David; HOZMANN, Lorena (orgs.). Dicionário de Trabalho e Tecnologia. Porto Alegre: Zouk, 2011, p. 415, *apud* CARELLI, Rodrigo. O teletrabalho. In: SOUTO MAIOR, Jorge Luiz. SEVERO, Valdete Souto (Coordenadores). **Resistência**: aportes teóricos contra o retrocesso trabalhista. São Paulo: Expressão Popular, 2017, p. 329.
39. CARELLI, Rodrigo. O teletrabalho. In: SOUTO MAIOR, Jorge Luiz. SEVERO, Valdete Souto (Coordenadores). **Resistência**: aportes teóricos contra o retrocesso trabalhista. São Paulo: Expressão Popular, 2017, p. 331.
40. Ob. cit. p. 330.

Mais uma vez, destaque ao Direito Comparado, especificamente ao art. 165º do Código do Trabalho Português, anteriormente transcrito, no qual, houve maior precisão e objetividade no conceito de teletrabalho, ao não se exigir a preponderância na atuação à distância, bastando a presença da habitualidade.

Assim, como negócio especial e formal, ao feitio dos contratos de trabalho pactuados com o Estado ou com particulares, porém a prazo determinado, o regime de teletrabalho, pelo que preceitua o art. 75-C, *caput*, da CLT, exige ajuste escrito, tornando o termo correspondente uma solenidade. A inobservância da imposição normativa provoca o desvirtuamento do pacto especial e, por consequência, afasta, completamente, a incidência das disposições específicas do "Capítulo II-A Do Teletrabalho", naquilo que for menos protetivo ao empregado.

Outra exigência do artigo em questão diz respeito à especificação das atividades do trabalhador, imposição justificada pela pretensa complexidade do conceito de teletrabalho trazido pelo art. 75-B, conjugando elementos referentes ao espaço (*serviço preponderantemente fora da empresa*), ao tipo de ferramentas (*uso de tecnologias de informação e de comunicação*) e à diferenciação de outros serviços aparentemente semelhantes (*que não se constituam trabalho externo*).

**Respeitado entendimento em contrário, pelo teor do art. 7º, inciso XXXII, da atual Constituição, a aplicação ao trabalhador remoto (teletrabalhador) de todas as regras protetivas ao trabalho subordinado deveria ocorrer por mera observância da vedação à diferenciação discriminatória. Eventuais e pontuais particularidades do serviço demandariam especial atenção do Legislador, jamais servindo de álibi a relativizar a tutela da dignidade da pessoa humana, a exemplo do trato dispensado pelo Direito lusitano.**

Nesse sentido, o Código do Trabalho Português primou pela boa técnica, como se constata da leitura do disposto no art. 166º, 5 e 7, com a seguinte redação:

> Artigo 166º Regime de contrato para prestação subordinada de teletrabalho
>
> (...)
>
> 5 – O contrato está sujeito a forma escrita e deve conter:
>
> a) Identificação, assinaturas e domicílio ou sede das partes;
>
> b) Indicação da actividade a prestar pelo trabalhador, com menção expressa do regime de teletrabalho, e correspondente retribuição;
>
> c) Indicação do período normal de trabalho;

d) Se o período previsto para a prestação de trabalho em regime de teletrabalho for inferior à duração previsível do contrato de trabalho, a actividade a exercer após o termo daquele período;

e) Propriedade dos instrumentos de trabalho bem como o responsável pela respectiva instalação e manutenção e pelo pagamento das inerentes despesas de consumo e de utilização;

f) Identificação do estabelecimento ou departamento da empresa em cuja dependência fica o trabalhador, bem como quem este deve contactar no âmbito da prestação de trabalho.

(...)

7 – A forma escrita é exigida apenas para prova da estipulação do regime de teletrabalho. (...)[41]

O §1º do art. 75-C, também acrescentado pela Lei da Reforma Trabalhista, autoriza a alteração de regime de trabalho, de presencial para remoto. Para tanto, exige mútuo acordo entre as partes e o registro da mudança em aditivo contratual. "Mútuo acordo" trata-se de uma redundância, pois acordo significa convergência de interesses. Apresenta-se mais próprio o emprego da expressão "mútuo consentimento", tal qual estabelecido no art. 468 da CLT.[42] A exigência de aditivo, tal qual referido na análise do *caput*, decorre de se tratar de fato excepcional nas relações de trabalho, exigindo prova formal. O único destaque a fazer, nesse particular, é que a modificação, pelo preceituado no art. 468 da CLT, não pode causar prejuízo ao empregado, sob pena de nulidade, pela incidência do disposto nos arts. 9º e 444, ambos da CLT,[43] bem como pelo Princípio da Proteção.

---

41. PORTUGAL. **Lei nº 7/2009** (Código do Trabalho de Portugal), disponível em <http://www.unl.pt/sites/default/files/codigo_do_trabalho.pdf>. Acesso em: 14 abr. 2018.

42. Art. 468 – Nos contratos individuais de trabalho só é lícita a alteração das respectivas condições por mútuo consentimento, e ainda assim desde que não resultem, direta ou indiretamente, prejuízos ao empregado, sob pena de nulidade da cláusula infringente desta garantia.

    § 1º Não se considera alteração unilateral a determinação do empregador para que o respectivo empregado reverta ao cargo efetivo, anteriormente ocupado, deixando o exercício de função de confiança. (Redação dada pela Lei nº 13.467, de 2017)

    § 2º A alteração de que trata o § 1º deste artigo, com ou sem justo motivo, não assegura ao empregado o direito à manutenção do pagamento da gratificação correspondente, que não será incorporada, independentemente do tempo de exercício da respectiva função. (Incluído pela Lei nº 13.467, de 2017)

43. Art. 9º – Serão nulos de pleno direito os atos praticados com o objetivo de desvirtuar, impedir ou fraudar a aplicação dos preceitos contidos na presente Consolidação.

    Art. 444 – As relações contratuais de trabalho podem ser objeto de livre estipulação das partes interessadas em tudo quanto não contravenha às disposições de proteção ao trabalho, aos contratos coletivos que lhes sejam aplicáveis e às decisões das autoridades competentes.

O §2º do art. 75-C, também trazido pela Reforma, versa sobre alteração do sistema de teletrabalho para presencial por determinação do empregador. Prevê um prazo de transição mínimo de 15 dias, também formalizado em aditivo.

Com efeito, não pode o "jus variandi" do empregador,[44] assim entendida a projeção da assunção dos riscos do negócio e de seu poder diretivo, de modo unilateral, impor modificação de tal monta sem a concordância do empregado, por, pelo menos, dois fundamentos. O primeiro, pela quebra da lógica instituída no parágrafo anterior, tornando a modificação do regime presencial e de teletrabalho uma via de mão dupla apenas ao patrão, podendo o empregado se manifestar apenas quando se tornar um trabalhador à distância. O segundo, recai sobre a exclusão da "cláusula de barreira" (ausência de prejuízo ao trabalhador) como requisito essencial, tal qual previsto no art. 468 da CLT.

Tem-se, por conta do Princípio da Proteção, pela projeção da Aplicação da Regra Mais Favorável,[45] e do disposto no art. 468 da CLT, no tocante a modificações em ambos os sentidos na relação envolvendo o teletrabalho, por essencial a exigência, em qualquer caso, do mútuo consentimento e da ausência de prejuízo ao trabalhador na troca de regime.

---

Parágrafo único. A livre estipulação a que se refere o *caput* deste artigo aplica-se às hipóteses previstas no art. 611-A desta Consolidação, com a mesma eficácia legal e preponderância sobre os instrumentos coletivos, no caso de empregado portador de diploma de nível superior e que perceba salário mensal igual ou superior a duas vezes o limite máximo dos benefícios do Regime Geral de Previdência Social. (Incluído pela Lei nº 13.467, de 2017)

44. Segundo Carmen Camino, o "jus variandi" pode ser entendido como uma das projeções do poder de comando do empregador, aplicável quando necessária a adequação da prestação de trabalho às necessidades do negócio, "*traduzida no direito de alterar as condições estabelecidas, expressa ou tacitamente, na relação de emprego, desde que, pela natureza de tais condições, assim se faça possível.*" (CAMINO, Carmen. **Direito Individual do Trabalho**. Porto Alegre: Síntese, 1999, p. 108).

45. O Princípio da Proteção representa "a própria razão de ser do Direito do Trabalho", nas palavras de Carmen Camino, amparando o Operador do Direito na busca de um equilíbrio no plano formal da desigualdade material existente entre empregado e empregador, hipo e hipersuficiente, respectivamente, em uma espécie de compensação. Do Princípio, emanam três projeções, pelas quais, em caso de dúvida entre mais de um sentido possível se atribuir a determinada regra, deve-se optar por aquele mais favorável ao trabalhador (*in dubio pro operario*), quando houver mais de uma regra aplicável a uma situação, independente da hierarquia entre elas, aplica-se a mais favorável ao trabalhador (Aplicação da Regra Mais Favorável) e, finalmente, quando concorrerem duas ou mais possibilidades de garantia ou fruição de um direito, também independente da fonte normativa e da hierarquia, contratual ou legal, por exemplo, prefere-se a que for mais conveniente ao trabalhador (Aplicação da Condição Mais Benéfica). (CAMINO, Carmen. **Direito Individual do Trabalho**. Porto Alegre: Síntese, 1999, p. 54-5).

Análise em contrário, validaria a prática do Legislador reformista de desconsiderar a eficácia negativa dos Direitos Fundamentais.

Analisando os requisitos dos arts. 2º e 3º da CLT, definidores das figuras do empregador e do empregado, respectivamente, tem-se, de um lado, alguém que empreende a atividade econômica e assume todos os riscos do negócio, e de outro, quem presta serviços e exige o recebimento de salários.[46] O salário, por sua natureza alimentar e de subsistência, é parcela intangível pelo empregador, assegurando-se ao trabalhador o direito de não ter seu vencimento limitado pela realização descontos outros que não os ressalvados em lei, nos termos do que dispõe o art. 462 da CLT.[47] Com isso, cabe ao patrão fazer frente às despesas com ferramentas, uniformes e demais itens necessários à prestação de serviços pelo empregado.

Partindo de tal realidade, mostra-se dúbia e contraditória a redação do art. 75-D da CLT, determinando que a responsabilidade pela aquisição, manutenção e fornecimento dos equipamentos, bem como pela infraestrutura essencial à prestação do teletrabalho e eventual reembolso, deverão ter previsão em contrato. Evidentemente que todas essas questões devem fazer parte do pacto, principalmente considerando seu aspecto solene. Contudo, deixou o Legislador de explicitar a quem cabe assumir tais despesas, indispensáveis à atuação do sujeito subordinado na relação sob modalidade à distância.

---

46. A este respeito, mostra-se de grande valia o didático estudo comparativo dos elementos definidores do empregado e do empregador feito por Carmen Camino no capítulo 3.5 de sua obra, na qual arrola outros paralelos, tais como pessoalidade do empregado x despersonalização do empregador, subordinação do empregado x poder de comando do empregador e a prestação de trabalho pelo empregado x dever de pagar salários pelo empregador (CAMINO, Carmen. **Direito Individual do Trabalho.** Porto Alegre: Síntese, 1999, p. 111-112).

47. Art. 462 – Ao empregador é vedado efetuar qualquer desconto nos salários do empregado, salvo quando este resultar de adiantamentos, de dispositivos de lei ou de contrato coletivo.

§ 1º – Em caso de dano causado pelo empregado, o desconto será lícito, desde de que esta possibilidade tenha sido acordada ou na ocorrência de dolo do empregado.

§ 2º – É vedado à emprêsa que mantiver armazém para venda de mercadorias aos empregados ou serviços estimados a proporcionar-lhes prestações " in natura " exercer qualquer coação ou induzimento no sentido de que os empregados se utilizem do armazém ou dos serviços.

§ 3º – Sempre que não fôr possível o acesso dos empregados a armazéns ou serviços não mantidos pela Emprêsa, é lícito à autoridade competente determinar a adoção de medidas adequadas, visando a que as mercadorias sejam vendidas e os serviços prestados a preços razoáveis, sem intuito de lucro e sempre em benefício dos empregados.

§ 4º – Observado o disposto neste Capítulo, é vedado às emprêsas limitar, por qualquer forma, a liberdade dos empregados de dispôr do seu salário.

Já o parágrafo único, também acrescido pela Reforma, dispõe que não integram a remuneração do trabalhador as utilidades fornecidas pelo empregador, previstas no *caput* do artigo. De fato, quando entregues ferramentas para a execução do serviço, a título gratuito, não há dúvidas de se tratar de meios para tanto, reproduzindo o teor do art. 458, §2º, inciso I, da CLT,[48] o qual complementa, quando "utilizados no local de trabalho, para a prestação do serviço".

Tais ponderações são necessárias, pois denotam a natureza relativa da presunção de instrumentalidade das utilidades disponibilizadas, portanto, não retributivas. Por óbvio, a expressão "local do trabalho" deve ser contextualizada, em virtude da prestação de serviços remota de parte do teletrabalhador. Entretanto, a vinculação da coisa às funções contratadas deve ser objetiva e direta.

Verificado o uso para atividades alheias às contratadas ou não sendo pertinentes a ele, devem integrar a remuneração para todos os fins. Não se está dizendo, com isso, que o trabalhador não pode utilizar o equipamento para outros fins, alheios ao trabalho, como lúdico ou educativo, até mesmo porque no trabalho à distância, o pessoal e o profissional acabam se fundindo em diversos aspectos. O alerta diz respeito, apenas, a situações de desvirtuamento, as quais deverão ser examinadas, caso a caso, pelo Poder Judiciário. Para o TST, a intangibilidade salarial é direito assegurado a todos os trabalhadores, a exemplo dos entendimentos consagrados na Súmula nº 342 e no Precedente Normativo nº 118.[49]

---

48. Art. 458 – Além do pagamento em dinheiro, compreende-se no salário, para todos os efeitos legais, a alimentação, habitação, vestuário ou outras prestações "in natura" que a empresa, por fôrça do contrato ou do costume, fornecer habitualmente ao empregado. Em caso algum será permitido o pagamento com bebidas alcoólicas ou drogas nocivas.

    (...)

    § 2º Para os efeitos previstos neste artigo, não serão consideradas como salário as seguintes utilidades concedidas pelo empregador:

    I – vestuários, equipamentos e outros acessórios fornecidos aos empregados e utilizados no local de trabalho, para a prestação do serviço;

49. **342. DESCONTOS SALARIAIS. ART. 462 DA CLT.** Descontos salariais efetuados pelo empregador, com a autorização prévia e por escrito do empregado, para ser integrado em planos de assistência odontológica, médico-hospitalar, de seguro, de previdência privada, ou de entidade cooperativa, cultural ou recreativo-associativa de seus trabalhadores, em seu benefício e de seus dependentes, não afrontam o disposto no art. 462 da CLT, salvo se ficar demonstrada a existência de coação ou de outro defeito que vicie o ato jurídico.

    **118. QUEBRA DE MATERIAL.** Não se permite o desconto salarial por quebra de material, salvo nas hipóteses de dolo ou recusa de apresentação dos objetos danificados, ou ainda, havendo previsão contratual, de culpa comprovada do empregado.

Da mesma forma que os demais artigos do "Capítulo II-A Do Teletrabalho", a disposição do art. 75-E foi acrescida à CLT pela Lei da Reforma Trabalhista, tratando do dever do empregador pela instrução aos teletrabalhadores quanto a medidas preventivas de doenças e acidentes.

Não sendo possível aplicar ou ler o Direito sem atentar a seu caráter sistêmico e integrado, inviável limitar o dever do patrão em matéria de saúde a apenas informar o trabalhador, ainda que de maneira "expressa e ostensiva". Na realidade, cabe ao empregador disponibilizar todos os meios preventivos ao trabalhador, inclusive formação, atualização e aperfeiçoamento, bem como, na medida do possível, fiscalizar a aplicação prática de tais saberes.

Recorde-se, no particular, o art. 7º, inciso XXII, da Lei Maior,[50] que assegura como direito dos trabalhadores a redução dos riscos inerentes ao trabalho, por meio de normas de saúde, higiene e segurança, as quais devem ser examinadas dentro de um contexto mais amplo, segundo as regras atinentes à responsabilidade civil estabelecidas, dentre outros, nos arts. 186, 187, 927 e 942 do Código Civil.[51] Este, aliás, é o entendimento consagrado na Súmula nº 289 do TST, atinente ao mero fornecimento de EPIs, no intuito de eximir o empregador do dever de pagar o adicional de insalubridade, sendo, para tanto, necessária, ainda, a efetiva fiscalização de seu uso eficaz, sob pena de configuração de culpa *in vigilando*.[52]

---

50. Art. 7º São direitos dos trabalhadores urbanos e rurais, além de outros que visem à melhoria de sua condição social:
    (...)
    XXII – redução dos riscos inerentes ao trabalho, por meio de normas de saúde, higiene e segurança;
51. Art. 186. Aquele que, por ação ou omissão voluntária, negligência ou imprudência, violar direito e causar dano a outrem, ainda que exclusivamente moral, comete ato ilícito.
    Art. 187. Também comete ato ilícito o titular de um direito que, ao exercê-lo, excede manifestamente os limites impostos pelo seu fim econômico ou social, pela boa-fé ou pelos bons costumes.
    Art. 927. Aquele que, por ato ilícito (arts. 186 e 187), causar dano a outrem, fica obrigado a repará-lo.
    Parágrafo único. Haverá obrigação de reparar o dano, independentemente de culpa, nos casos especificados em lei, ou quando a atividade normalmente desenvolvida pelo autor do dano implicar, por sua natureza, risco para os direitos de outrem.
    Art. 942. Os bens do responsável pela ofensa ou violação do direito de outrem ficam sujeitos à reparação do dano causado; e, se a ofensa tiver mais de um autor, todos responderão solidariamente pela reparação.
    Parágrafo único. São solidariamente responsáveis com os autores os co-autores e as pessoas designadas no art. 932.
52. **289. INSALUBRIDADE. ADICIONAL. FORNECIMENTO DO APARELHO DE PROTEÇÃO. EFEITO** (mantida) – Res. 121/2003, DJ 19, 20 e 21.11.2003 O simples fornecimento do

A própria CLT, por seu art. 157, incisos I, II e IV,[53] expressamente impõe aos patrões, para além de instruir, cumprir e fazer cumprir as normas de segurança e medicina do trabalho, adotar as medidas que lhes sejam determinadas pelo órgão regional competente e facilitar o exercício da fiscalização pela autoridade competente. Com isso, tem-se o dever de informação apenas como uma das vias possíveis a promover a redução dos riscos de adoecimento e de acidentes.

A esse respeito, Rodrigo Carelli entende que "esses dispositivos não isentam a reparação de danos aos trabalhadores relacionados ao trabalho, pois não há qualquer imunidade trazida pela reforma, meras obrigações recíprocas, inclusive ambas sem qualquer efetividade".[54] Mais uma vez o Código do Trabalho Português serve de exemplo à regulação do tema, devendo inspirar o Legislador nacional, diante do teor do art. 7º, inciso XXXII, da Constituição brasileira, ao reconhecer o direito à igualdade de tratamento do trabalhador presencial ao que labora à distância, inclusive em matéria de segurança e saúde do trabalho, como se consta-ta da leitura do art. 169º, 1:

> Artigo 169.º Igualdade de tratamento de trabalhador em regime de teletrabalho
>
> 1 – O trabalhador em regime de teletrabalho tem os mesmos direitos e deveres dos demais trabalhadores, nomeadamente no que se refere a formação e promoção ou carreira profissionais, limites do período normal de trabalho e outras condições de trabalho, segurança e saúde no trabalho e reparação de danos emergentes de acidente de trabalho ou doença profissional. (...)[55]

A assinatura do empregado em termo de responsabilidade, comprometendo-se a seguir as instruções fornecidas pelo empregador, quanto a

---

aparelho de proteção pelo empregador não o exime do pagamento do adicional de insalubridade. Cabe-lhe tomar as medidas que conduzam à diminuição ou eliminação da nocividade, entre as quais as relativas ao uso efetivo do equipamento pelo empregado.

53. Art. 157 – Cabe às empresas:

   I – cumprir e fazer cumprir as normas de segurança e medicina do trabalho;

   II – instruir os empregados, através de ordens de serviço, quanto às precauções a tomar no sentido de evitar acidentes do trabalho ou doenças ocupacionais;

   (...)

   IV – facilitar o exercício da fiscalização pela autoridade competente.

54. CARELLI, Rodrigo. O teletrabalho. In: SOUTO MAIOR, Jorge Luiz. SEVERO, Valdete Souto (Coordenadores). **Resistência**: aportes teóricos contra o retrocesso trabalhista. São Paulo: Expressão Popular, 2017, p. 332

55. PORTUGAL. **Lei nº 7/2009** (Código do Trabalho de Portugal), disponível em <http://www.unl.pt/sites/default/files/codigo_do_trabalho.pdf>. Acesso em: 14 abr. 2018.

medidas preventivas, na forma do *caput,* é mera formalidade, na medida em que todos os trabalhadores ao firmarem contrato assumem o dever de cumprir todos os comandos empresários. Assim, a inobservância do dever de seguir as orientações de segurança ensejam a penalização, proporcional e gradativa, indo da mera advertência até a dispensa por justa causa, conforme previsto no art. 482, alíneas "b" e "h" da CLT,[56] pela configuração de práticas de mau procedimento ou de insubordinação.

Sob qualquer prisma que se enfrente a questão, verifica-se ter o Legislador Ordinário atendido apenas em parte os anseios do Constituinte Originário, o que se infere pelo teor do art. 6º da CLT, com a redação dada pela Lei n. 12.511/11, não podendo se dizer o mesmo das disposições acrescidas pela Lei n. 13.467/2017, nos arts. 62 e 75-A a E, também da Consolidação.

Diante desse quadro, cabe aos Operadores do Direito, especialmente aos membros do Judiciário Trabalhista, buscar uma interpretação das inovações legislativas em conformidade com a Constituição, a fim de que não se torne mera letra morta. O êxito de tal iniciativa, acarretará, indissociadamente, a tutela da dignidade da pessoa humana, por meio da valorização social do trabalho e da livre iniciativa, bem como da proibição da prática de distinção entre trabalhos manual, técnico e intelectual ou entre os profissionais respectivos.

## 4. CONSIDERAÇÕES FINAIS

Como norte do sistema jurídico, as Constituições não apenas traduzem as preocupações de uma dada sociedade em cada época, como também revelam objetivos almejados pela coletividade para seu futuro. No *iter* evolutivo das Cartas Políticas brasileiras, o trabalho humano sempre ocupou papel central, seja como um direito, dever ou direito-dever, desempenhando, ao lado do valor social da livre-iniciativa, um protagonismo na estruturação do poder.

Independente do *status* alcançado pela atividade humana produtiva, os Constituintes sempre demonstraram contrariedade à distinção

---

56. Art. 482 – Constituem justa causa para rescisão do contrato de trabalho pelo empregador:

    (...)

    b) incontinência de conduta ou mau procedimento;

    (...)

    h) ato de indisciplina ou de insubordinação;

de tratamento entre trabalhos manual, técnico e intelectual, ou entre os profissionais respectivos, evidenciando a opção política majoritária, em orientação tanto aos particulares, quanto ao Estado.

Entretanto, examinando-se a normatividade recente de atividades executadas com o auxílio de meios telemáticos e tecnológicos de comunicação, à distância da sede do empregador, em especial as inovações introduzidas na CLT pela Reforma Trabalhista promovida pela Lei n. 13.467/2017, verifica-se um descompasso com o compromisso assumido pelo Constituinte de 1988. Mais do que a crítica pautada em mera divergência, verifica-se, a partir de precedentes judiciais decidindo questões análogas, quando de controvérsias pela configuração do regime de sobreaviso quando utilizados "smartphones", "pagers", "BIPs" ou "notebooks", bem como pelo tratamento dispensado pelo Código do Trabalho de Portugal, terem sido contrariados diversos pontos relevantes.

Assim, verifica-se haver margem a um aprofundamento do estudo sobre a regulamentação apresentada ao teletrabalhador, inclusive no tocante à existência de distinções que justifiquem a redução de sua proteção enquanto sujeito hipossuficiente da relação de emprego, tendo por norte a jurisprudência, a doutrina e até mesmo o Direito Estrangeiro. A única opção inviável àqueles que se preocupam com os valores constitucionais e republicanos parece ser deixar de atender à necessidade de realizar uma interpretação sistemática das normas que compõem o sistema jurídico, negligenciando Princípios e a própria Constituição, em nome de uma aplicação mecânica das disposições mais recentes, sob a justificativa de terem sido fruto do processo legislativo.

## 5. FONTES

BARROSO, Luís Roberto. **O direito constitucional e a efetividade de suas normas:** limites e possibilidades da Constituição brasileira. Rio de Janeiro: Renovar, 2006.

BRASIL. **Constituição Política do Império do Brazil.** 25 de março de 1824. Disponível em <http://www.planalto.gov.br/ccivil_03/Constituicao/Constituicao24.htm> Acesso em: 14 abr. 2018.

BRASIL. **Constituição da República dos Estados Unidos do Brasil.** 24 de fevereiro de 1891. Disponível em <http://www.planalto.gov.br/ccivil_03/Constituicao/Constituicao91.htm> Acesso em: 14 abr. 2018.

BRASIL. **Constituição da República dos Estados Unidos do Brasil.** 16 de julho de 1934. Disponível em <http://www.planalto.gov.br/ccivil_03/Constituicao/Constituicao34.htm> Acesso em: 14 abr. 2018.

BRASIL. **Constituição dos Estados Unidos do Brasil**. 10 de novembro de 1937. Disponível em <http://www.planalto.gov.br/ccivil_03/Constituicao/Constituicao37.htm> Acesso em: 14 abr. 2018.

BRASIL. **Constituição dos Estados Unidos do Brasil**. 18 de setembro de 1946. Disponível em <http://www.planalto.gov.br/ccivil_03/Constituicao/Constituicao46.htm> Acesso em: 14 abr. 2018.

BRASIL. **Constituição da República Federativa do Brasil**. 24 de janeiro de 1967. Disponível em <http://www.planalto.gov.br/ccivil_03/Constituicao/Constituicao67.htm>. Acesso em: 14 abr. 2018.

BRASIL. **Constituição da República Federativa do Brasil**. 05 de outubro de 1988. Disponível em <http://www.planalto.gov.br/ccivil_03/Constituicao/Constituicao.htm>. Acesso em: 14 abr. 2018.

BRASIL. **Decreto-Lei nº 5.452** (Consolidação das Leis do Trabalho-CLT). 1º de maio de 1943. Disponível em <http://www.planalto.gov.br/ccivil_03/Decreto-Lei/Del5452.htm>. Acesso em: 14 abr. 2018.

BRASIL. **Emenda no 01 Constituição da República Federativa do Brasil**. 17 de outubro de 1969. Disponível em <http://www.planalto.gov.br/ccivil_03/Constituicao/Emendas/Emc_anterior1988/emc01-69.htm>. Acesso em: 14 mar. 2018.

BRASIL. **Emendas à Constituição da República Federativa do Brasil**. 15 de dezembro de 2017. Disponíveis em <http://www.planalto.gov.br/ccivil_03/Constituicao/Emendas/Emc/quadro_emc.htm>. Acesso em: 14 abr. 2018.

BRASIL. TRIBUNAL SUPERIOR DO TRABALHO. **Súmulas, Orientações Jurisprudenciais e Precedentes Normativos**. Disponível em <http://www.tst.jus.br/documents/10157/63003/Livro-Internet.pdf>. Acesso em: 14 mar. 2018.

CAMINO, Carmen. **Direito Individual do Trabalho**. Porto Alegre: Síntese, 1999.

CARELLI, Rodrigo. O teletrabalho. In: SOUTO MAIOR, Jorge Luiz; SEVERO, Valdete Souto (Coordenadores). **Resistência**: aportes teóricos contra o retrocesso trabalhista. São Paulo: Expressão Popular, 2017, p. 327-334.

FILETI, Narbal Antônio de Mendonça. Direitos fundamentais sociais e o princípio da proibição do retrocesso social. In: KÜLZER, José Carlos *et al* (Coordenadores). **Direito do Trabalho Efetivo**: Homenagem aos 30 anos da Amatra12. São Paulo: LTr, 2013, p. 30-70.

GOLDSCHMIDT, Rodrigo. **Flexibilização dos Direitos Trabalhistas**: Ações afirmativas da dignidade da pessoa humana como forma de resistência. São Paulo: LTr, 2008.

GONZÁLEZ, José Calvo. **Direito Curvo**. Tradução André Karam Trindade, Luis Rosenfield e Dino del Pino. Porto Alegre: Livraria do Advogado Editora, 2013. Coleção Diante da Lei.

GUIMARÃES, Ulysses Silveira. **Discurso proferido em sessão de promulgação da Constituição da República Federativa do Brasil na Assembleia Nacional Constituinte**. 05 de outubro de 1988. Disponível em <http://contee.org.br/contee/index.php/2013/10/muda-brasil-o-marcante-discurso-de-ulysses-guimaraes-na--promulgacao-da-constituicao-de-1988/>. Acesso em: 14 abr. 2018.

KROST, Oscar. A caracterização do regime de sobreaviso diante das inovações tecnológicas dos meios de comunicação. **Revista Jus Navigandi**, ISSN 1518-4862, Teresina, ano 14. n. 2.180, 20 jun. 2009. Disponível em: <https://jus.com.br/artigos/13025>. Acesso em: 14 abr. 2018.

LIMA, Francisco Meton Marques de; LIMA, Francisco Péricles Rodrigues Marques de. **Reforma Trabalhista**: entenda ponto por ponto. São Paulo, LTr, 2017.

MOLINA, André Araújo. **Teoria dos Princípios Trabalhistas**: a aplicação do modelo metodológico pós-positivista ao Direito do Trabalho. São Paulo: Atlas, 2013.

ORGANIZAÇÃO INTERNACIONAL DO TRABALHO. **História da OIT**. Disponível em <http://www.ilo.org/brasilia/conheca-a-oit/hist%C3%B3ria/lang—pt/index.htm>. Acesso em: 14 abr. 2018.

PLÁ RODRIGUES, Américo. **Princípios de Direito do Trabalho**. São Paulo: LTr, 1978.

PORTUGAL. **Lei nº 7/2009** (Código do Trabalho de Portugal), disponível em <http://www.unl.pt/sites/default/files/codigo_do_trabalho.pdf>. Acesso em: 14 abr. 2018.

ROESLER, Átila da Rold. Teletrabalho, mais uma maldade da "Reforma Trabalhista" ou Karl Marx e o Teletrabalho. In: SEVERO, Valdete Souto. *Et al* (coordenadores). **Comentários à Lei n. 13.467/2017**: contribuições para um enfrentamento crítico. Porto Alegre: HS Editora, 2017, p. 62-65.

ROSENFIELD, Cinara L.; ALVES, Daniela A. de. Teletrabalho. In: CATTANI, Antonio David. HOZMANN, Lorena (orgs.). Dicionário de Trabalho e Tecnologia. Porto Alegre: Zouk, 2011, p. 415, *apud* CARELLI, Rodrigo. O teletrabalho. In: SOUTO MAIOR, Jorge Luiz. SEVERO, Valdete Souto (Coordenadores). **Resistência**: aportes teóricos contra o retrocesso trabalhista. São Paulo: Expressão Popular, 2017, p. 327-334.

SANTOS, Boaventura de Sousa. **Reconhecer para libertar**: os caminhos do cosmopolitanismo multicultural. Introdução: para ampliar o cânone do reconhecimento, da diferença e da igualdade. Rio de Janeiro: Civilização Brasileira, 2003.

SOUZA JÚNIOR, Antonio Umberto *et al*. **Reforma Trabalhista**: análise comparativa e crítica da Lei n. 13.467/2017 e da Med. Prov. nº 808/2017 – 2ª ed – São Paulo: Editora Rideel, 2018.

VILLA, Marco Antonio. **A história das Constituições Brasileiras**. São Paulo: Leya, 2011.

VILHENA, Paulo Emílio Ribeiro de. **Relação de emprego**: Estrutura Legal e Supostos. São Paulo: LTr, 2005.

# ARTIGO 8º

# A negociação coletiva de direitos humanos do trabalho

*Marcelo José Ferlin D'Ambroso* [1]

**SUMÁRIO:** 1 Introdução – 2 A negociação coletiva de direitos humanos – 3 Despedida coletiva, ultratividade das normas coletivas e poder normativo da Justiça do Trabalho: elementos de resistência – 4 Conclusão – 5 Referências bibliográficas.

## 1  INTRODUÇÃO

Atualmente, o mundo do trabalho convive com inúmeras reformas legislativas de cunho neoliberal, extremamente precarizantes das relações laborais, como recentemente ocorrido na Espanha, Portugal, Brasil e, ainda em trâmite, na Argentina.

---

1. Desembargador do Trabalho (TRT da 4ª Região – RS), ex-Procurador do Trabalho, ex-Presidente Fundador e atual Diretor Legislativo do IPEATRA – Instituto de Estudos e Pesquisas Avançadas da Magistratura e do Ministério Público do Trabalho, Vice-Presidente de Finanças da União Iberoamericana de Juízes, Bacharel em Direito pela Universidade Federal de Santa Catarina, Membro da AJD – Associação Juízes para a Democracia, Doutorando em Ciências Jurídicas (*Universidad Social del Museo Social Argentino*), Doutorando em *Estudios Avanzados en Derechos Humanos* (*Universidad Carlos III de Madrid, Espanha*) Mestre em Direito Penal Econômico pela *Universidad Internacional de La Rioja (Espanha)*, Mestre em Direitos Humanos pela *Universidad Pablo de Olavide (Espanha)*, Pós-graduado pela Escola Superior da Magistratura do Estado de Santa Catarina, Pós-graduado em Trabalho Escravo pela Faculdade de Ciência e Tecnologia da Bahia, Especialista em Relações Laborais pela OIT (*Università di Bologna, Universidad Castilla-La Mancha*), Especialista em Direitos Humanos (Universidad Pablo de Olavide e Colégio de América), Especialista em Jurisdição Social (*Consejo General del Poder Judicial de España – Aula Iberoamericana*), Coordenador do Grupo de Estudos de Filosofia do Direito da Escola Judicial do TRT4, Conselheiro da Escola Judicial do TRT4, Presidente do Conselho Consultivo da FEMARGS, Professor convidado da Pós-Graduação de Direito Coletivo do Trabalho e Sindicalismo da UNISC – Universidade de Santa Cruz do Sul, e de Direito do Trabalho e Processo do Trabalho da UCS – Universidade de Caxias do Sul, UNISINOS – Universidade do Vale dos Sinos, FEEVALE e FEMARGS.

Especialmente no campo da negociação coletiva de trabalho, há maior incidência de expectativas, pois nela os reformistas neoliberais centram a sua atenção.

Como se sabe, a pessoa coletiva da entidade sindical adquire a força do grupamento de trabalhadoras e trabalhadores, tanto na qualidade descaracterizadora da pessoa individual (despersonalizando para evitar represálias) quanto amálgama de união e representatividade da categoria capaz de fazer frente ao poder econômico para obter melhores condições de trabalho.

No particular, o ataque reformista no Brasil foi simples mas certeiro: comprometeu a fonte de custeio das entidades sindicais[2], retirando o suporte econômico necessário para o enfrentamento do capital, ao mesmo tempo em que "ampliou" os poderes de negociação coletiva, no intuito de obter, com a fórmula da "prevalência do negociado sobre o legislado", o rebaixamento das condições de trabalho ante a possibilidade de enfraquecimento da pessoa coletiva do sindicato. Neste sentido, tentativa similar foi feita em Portugal, sobre a qual reverberam atuais e adequadas as palavras de JOÃO LEAL AMADO (2012, p. 12):

> Dir-se-ia, por isso, que diminuir a carga injuntiva da lei e conceder, do mesmo passo, espaços regulativos alargados a interlocutores sindicais débeis poderá revelar-se um caminho contraproducente. Um caminho através do qual, nas certeiras e irónicas palavras de GÉRARD LYON-CAEN, em lugar de realmente se promover a autonomia colectiva, o que se garante é a «autonomia das empresas»...

A estrutura da reforma trabalhista brasileira (Lei n. 13.467/2017) contempla alterações em vários dispositivos legais que repercutem na negociação coletiva de trabalho[3], sendo os principais os arts. 578, 579, 582, 583 e 587 da CLT, e arts. 611-A e 611-B. Nos primeiros, a reforma pretendeu a retirada de obrigatoriedade da contribuição sindical[4],

---

2. Notícia recentemente publicada dá conta dos efeitos nefastos ao sindicalismo brasileiro, com a perda de 90% da arrecadação da contribuição sindical no primeiro ano da reforma, impactando a viabilidade financeira das entidades sindicais. (Fonte: <https://economia.estadao.com.br/noticias/geral,sindicatos-perdem-90-da-contribuicao-sindical-no-1-ano-da-reforma-trabalhista,70002743950>. Acesso em mar. 2019.)
3. Aliás, a reforma de plano violou a Convenção 154 da OIT, pois não observou o tripartismo (art. 7º), além de atuar obstruindo a negociação coletiva (art. 8º), como já sustentamos no artigo "Os limites do negociado sobre o legislado na reforma trabalhista". (ARAÚJO; D'AMBROSO: 2017, p. 83)
4. Utiliza-se o verbo "pretender", porque não se reconhece que tal retirada de obrigatoriedade tenha se operado, como já tivemos oportunidade de sustentar no livro *A contribuição sindical*

enquanto que, nos segundos, a ampliação de possibilidades da negociação coletiva, ao ponto de se sustentar a sobreposição do acordo ou convenção coletiva sobre a norma legal (a famigerada "prevalência do negociado sobre o legislado").

Todavia, existem ainda outros componentes que adicionam alguns gravames complicadores na luta de manutenção e conquista de novos direitos sociais: a questão da despedida coletiva, a ultratividade dos acordos e convenções e a restrição do Poder Normativo da Justiça do Trabalho.

Na forma orquestrada pela reforma, os cinco componentes juntos viabilizam a derrocada do movimento sindical e a precarização das relações de trabalho no Brasil.

E este ataque às instituições de defesa das pessoas trabalhadoras e de proteção ao trabalho se acentuou ainda mais em 2019 com a extinção do Ministério do Trabalho e alocação do registro sindical no Ministério da Justiça, retornando o Brasil à era pré-Vargas, quando o então presidente Washington Luís, da República Velha, dizia que sindicalismo "era caso de polícia".

De forma mais grosseira e brutal, a edição da medida provisória 873/19, de forma inusitada, em véspera de carnaval, a ponto de ser publicada em edição especial do Diário Oficial da União, que tomou o número 43-A (mas poderia bem ser DOU número AI-5[5], já que encerra um arroubo de poder dirigido à aniquilação sindical, digno da ditadura), simplesmente inviabiliza o funcionamento das entidades sindicais,

---

*como direito fundamental* (LIMA; D'AMBROSO: 2018) e, neste sentido, o Exmo. Min. Edson Fachin, na ADI-5.794-MC-DF, de 30.05.2018, assinalou:

"In casu, é forçoso assentar, mormente ante a plena plausibilidade das alegações, que a lesão a ocorrer é grave e repercute, negativamente, na esfera jurídica dos trabalhadores, à luz do regime constitucional vigente sobre a contribuição sindical."

Lamentavelmente, no entanto, o Tribunal Pleno veio a firmar entendimento pela "constitucionalidade" da reforma, quanto à contribuição sindical, restando, por conseguinte, o controle de convencionalidade a ser feito pela Magistratura trabalhista, uma vez que o STF nada disse sobre os Tratados Internacionais citados neste artigo e inequivocamente violados.

5. Em referência ao governo ditatorial militar que operou no Brasil entre 1964 e 1985, e mascarava aparência de legalidade através dos chamados "atos institucionais", sendo o AI-5, de 1968, o mais duro do período, outorgando poderes de exceção e autorizando arbitrariedades, punições e perseguições das pessoas declaradas inimigas do regime. Claro está que, mais de 50 anos depois do regime militar, embora a MP não opere violência fática, opera violência jurídica, por completamente agressiva à ordem jurídico-constitucional pátria e por atacar a própria viabilidade de existência dos sindicatos.

cuja arrecadação de contribuições passaria a depender de pagamentos avulsos de boleto bancário endereçados à residência dos trabalhadores, e não mais desconto em folha de pagamento. Nessa escalada de ilegalidades, ato contínuo sucede o Decreto 9735/19, que proíbe o desconto em folha de pagamento de contribuições sindicais no âmbito do sistema de gestão de pessoas do Poder Executivo federal. Verdadeiros atos de exceção a serem extirpados do mundo jurídico por não condizentes com o Estado Democrático de Direito.

Não obstante, e por outro lado, um horizonte de esperança se desenha a partir da promulgação do Decreto 9571, em 21.11.2018, pelo qual se estabeleceu as Diretrizes Nacionais sobre Empresas e Direitos Humanos, para médias e grandes empresas, incluídas as empresas multinacionais com atividades no País. Ainda que o Decreto tenha sido casuístico, para viabilizar o acordo comercial de 2018 com o Chile e, também, a pretensão de ingresso do Brasil como membro da OCDE – Organização para a Cooperação e Desenvolvimento Econômico, obedecendo às Linhas Diretrizes para Empresas Multinacionais da entidade, muda o cenário hermenêutico relacionado ao controle de convencionalidade da reforma trabalhista e de quaisquer outras normas que venham a contrariar os Direitos Humanos destacados nesse Decreto, inclusive a anacrônica medida provisória 873/19.

Assim, este pequeno opúsculo intenta desnudar a armação da reforma trabalhista e subsequentes ataques aos direitos sociais e apontar diretrizes hermenêuticas que possam manter a essência do Direito Coletivo do Trabalho no tocante à busca de maior simetria nas relações entre capital e trabalho que, ao mesmo tempo, permitam alcançar a prevalência do valor social do trabalho e a humanização das relações de trabalho.

## 2  A NEGOCIAÇÃO COLETIVA DE DIREITOS HUMANOS

O Direito do Trabalho se compõe de direitos sociais, chamados Direitos Humanos de 2ª geração e que hoje são internacionalmente reconhecidos por darem sustentabilidade a todos os demais, pois não há dignidade humana sem direito de renda digna, como também não há sentido falar em exercício de direitos políticos quando a pessoa está em condições de miserabilidade ou passando fome e necessidades.

Entender os direitos humanos sob a ótica da sua integralidade, interdependência e universalidade, significa dizer que o descumprimento de um compromete os demais, e que a sua efetividade, em especial da segunda geração (direitos sociais) – cujos bens tutelados adquirem maior relevo num mundo capitalista e globalizado (direito a um trabalho digno com renda adequada, habitação, transporte, saúde, educação, assistência social etc) –, é indispensável para a eficácia de todos os demais Direitos Humanos.

No processo de evolução dos Direitos Humanos iniciado com a Revolução Francesa, podemos fazer a correspondência proposta por KAREL VASAK no tripé "liberdade, igualdade e fraternidade", encontrando os direitos de primeira geração (civis e políticos), correspondentes à liberdade; os direitos de segunda geração, correspondentes à igualdade (econômicos, sociais e culturais); e, recentemente, a partir da década de 70, os direitos de terceira geração, relacionados à fraternidade (ou solidariedade nos tempos atuais), nos quais se insere o direito ao desenvolvimento como síntese de todos os demais – direito humano inalienável que faculta a todos os seres humanos e a todos os povos o direito de participar, de contribuir e de gozar do desenvolvimento econômico, social, cultural e político, no qual todos os direitos humanos e liberdades fundamentais se possam plenamente realizar, de acordo com a Declaração sobre o Direito ao Desenvolvimento da ONU (Resolução 41/128 da Assembléia Geral), proclamada em dezembro de 1986.

Há, sem dúvida alguma, uma estreita vinculação entre o direito ao desenvolvimento, na acepção proposta pela ONU, com a busca da melhoria da condição social da pessoa trabalhadora, que corresponde ao seu desenvolvimento, e que se viabiliza, de forma mais imediata e concreta, em termos de direitos sociais, através da negociação coletiva de trabalho.

De outra parte, as características gerais dos Direitos Humanos de interdependência, universalidade, irrenunciabilidade, inalienabilidade, e integralidade indicam que a divisão dos DDHH em gerações não tem maior relevância do que a de uma mera classificação, já que o descumprimento de um compromete a eficácia dos demais, quando mais se estiver tratando de direitos sociais que lastreiam a própria condição de sobrevivência digna da pessoa.

Os principais direitos sociais atinentes ao trabalho estão contemplados no PIDESC – Pacto Internacional dos Direitos Econômicos, Sociais e Culturais, de 1966, promulgado no Brasil pelo Decreto 591/92. Neste tratado, se encontram compromissos básicos dos Estados-parte, dentre os quais, o previsto no art. 6º, no sentido de reconhecer o direito ao trabalho, que compreende o direito de toda pessoa de ter a possibilidade de ganhar a vida mediante um trabalho livremente escolhido ou aceito, e de tomar medidas apropriadas para salvaguardar esse direito. Ainda, um princípio de liberdade sindical contemplando, além da garantia do direito de toda pessoa de fundar com outras, sindicatos e de filiar-se ao sindicato de escolha, o de promover e de proteger seus interesses econômicos e sociais (art. 8º)[6].

Portanto, a interpretação e aplicação do Direito do Trabalho está diretamente vinculada aos Direitos Humanos, e a Constituição brasileira de 1988, atentando para esse fato, instituiu, como cláusula pétrea, a vedação de retrocesso social, ao prever o reconhecimento das convenções e acordos coletivos de trabalho, no inciso XXVI, como direito visando à melhoria da condição social da pessoa trabalhadora, em consonância do *caput* do art. 7º. Ou seja, não há possibilidade de negociação coletiva para diminuição de direitos sociais.

Neste norte, é flagrante a incompatibilidade de normas infraconstitucionais como as da Lei n. 13.467/2017 que venham a permitir o rebaixamento de direitos sociais, já que a negociação coletiva de trabalho só faz sentido quando venha a ampliar as conquistas trabalhistas e não flexibilizar, fragmentar ou diminuí-las. Esses são os termos do art. 8º da Convenção 154 da OIT, quando aponta que as medidas previstas com o desiderato de estimular a negociação coletiva não deverão ser concedidas ou aplicadas de modo a obstruir a liberdade de negociação coletiva. E é justamente por todas essas questões que este artigo se intitula a negociação coletiva de Direitos Humanos do Trabalho – os direitos sociais –, porque Direitos Humanos não são negociáveis, de modo que a única negociação admissível, obviamente, é para sua ampliação, jamais para restrição.

---

6. Art. 8º.

1. Os Estados Partes do presente Pacto comprometem-se a garantir:

a) O direito de toda pessoa de fundar com outras, sindicatos e de filiar-se ao sindicato de escolha, sujeitando-se unicamente aos estatutos da organização interessada, com o objetivo de promover e de proteger seus interesses econômicos e sociais. O exercício desse direito só poderá ser objeto das restrições previstas em lei e que sejam necessárias, em uma sociedade democrática, no interesse da segurança nacional ou da ordem pública, ou para proteger os direitos e as liberdades alheias;

b) O direito dos sindicatos de formar federações ou confederações nacionais e o direito destas de formar organizações sindicais internacionais ou de filiar-se às mesmas.

c) O direito dos sindicatos de exercer livremente suas atividades, sem quaisquer limitações além daquelas previstas em lei e que sejam necessárias, em uma sociedade democrática, no interesse da segurança nacional ou da ordem pública, ou para proteger os direitos e as liberdades das demais pessoas:

Com outros fundamentos, concluiu o Comitê de Peritos da OIT, na 107ª Conferência Internacional, no ano 2018[7]:

> O Comité lembra mais uma vez, a este respeito, que o objetivo geral das convenções ns. 98 e 154 e da Convenção relativa às relações de trabalho (serviço público) de 1978 (n. 151) é promover a negociação coletiva com vistas a acordar os termos e condições de emprego que sejam mais favoráveis do que aquelas já estabelecidas por lei (ver o Levantamento Geral de 2013 sobre a negociação coletiva no serviço público, parágrafo 298) e que a definição de negociação coletiva como um processo destinado a melhorar a proteção dos trabalhadores garantido por lei é reconhecido nos trabalhos preparatórios da Convenção Nº 154, um instrumento que tem o objetivo, conforme estabelecido nos seus parágrafos preambulares, de contribuir para a consecução dos objetivos da Convenção n. 98. Em face do exposto, enquanto solicita ao Governo que apresente suas observações sobre as observações dos parceiros sociais em relação às seções 611-A e 611-B da CLT, o Comité requer ao Governo que examine, após consulta dos parceiros sociais, a revisão destas disposições a fim de as tornar conformes com o artigo 4 da Convenção.[8]

De plano, pois, as disposições contidas nas normas supracitadas da Lei n. 13.467/2017 sucumbem diante do controle de sua convencionalidade, à luz das Convenções 98 e 154 da OIT, do PIDESC e, também, da Convenção Americana de Direitos Humanos (Pacto de São José da Costa Rica), de 1969, promulgada pelo Decreto 678/92, cujo art. 26 prevê que os Estados-parte comprometem-se a adotar providências, tanto no âmbito interno como mediante cooperação internacional, especialmente econômica e técnica, a fim de conseguir progressivamente a plena efetividade dos direitos que decorrem das normas sociais, por via legislativa ou por outros meios apropriados.

---

7. ILO: 2018, p. 59.
8. A tradução é nossa. Segue a redação original, em inglês:
   *The Committee once again recalls in this regard that the general objective of Conventions Nos 98 and 154 and the Labour Relations (Public Service) Convention, 1978 (No. 151), is to promote collective bargaining with a view to agreeing on terms and conditions of employment that are more favourable than those already established by law (see the 2013 General Survey on collective bargaining in the public service, paragraph 298) and that the definition of collective bargaining as a process intended to improve the protection of workers provided for by law is recognized in the preparatory work for Convention No. 154, an instrument which has the objective, as set out in its preambular paragraphs, of contributing to the achievement of the objectives of Convention No. 98. In light of the above, while asking the Government to provide its comments on the observations of the social partners in relation to sections 611-A and 611-B of the CLT, the Committee requests the Government to examine, following consultation with the social partners, the revision of these provisions in order to bring them into conformity with Article 4 of the Convention.*

De modo que, por via legislativa, jamais se poderia admitir a aprovação de uma lei em contrariedade aos compromissos do Brasil perante a comunidade internacional, especialmente quando violadora de Direitos Humanos positivados na Constituição da República com o *status* de fundamentais, e inalteráveis, nesta condição, sem uma nova constituinte, ou seja, sem uma nova ordem constitucional.

Por isto mesmo, apenas em caráter excepcional se permite a chamada flexibilização de direitos sociais, pontuada somente em três casos na Constituição da República, a saber: irredutibilidade de salário, salvo convenção ou acordo coletivo (art. 7º, VI); duração do trabalho normal não superior a oito horas diárias e quarenta e quatro semanais, facultada a compensação de horários e a redução da jornada, mediante acordo ou convenção coletiva de trabalho (art. 7º, XIII); e a jornada de seis horas para o trabalho realizado em turnos ininterruptos de revezamento, salvo negociação coletiva (art. 7º, XIV). Obviamente, ainda assim, a flexibilização que venha a ser operada em negociação coletiva nesses tópicos pressupõe um momento de instabilidade financeira empresarial que indique a redução temporária de direitos como forma de evitar o desemprego, devendo ser feita com mecanismos de salvaguarda (*v.g.* estabilidade no emprego no período).

Este é o norte de interpretação da negociação coletiva já consagrado no Direito do Trabalho, não podendo a lei ordinária contrariar os postulados constitucionais e sacramentados pelo Brasil internacionalmente nos tratados de Direitos Humanos já mencionados.

Neste sentido, o Decreto 9571, que veio à lume no apagar das luzes de 2018, estabelece como obrigação do Estado brasileiro a proteção dos Direitos Humanos em atividades empresariais, a partir de quatro eixos definidos como orientadores das Diretrizes Nacionais sobre Empresas e Direitos Humanos, a saber: a própria obrigação do Estado com a proteção dos direitos humanos em atividades empresariais; a responsabilidade das empresas com o respeito aos direitos humanos; o acesso aos mecanismos de reparação e remediação para aqueles que, nesse âmbito, tenham seus direitos afetados; e a implementação, o monitoramento e a avaliação das Diretrizes (art. 2º). Além disso, ao regulamentar concretamente a obrigação do Estado com a proteção dos Direitos Humanos, refere expressamente o estímulo à adoção, por grandes empresas, de procedimentos adequados de dever de vigilância (*due diligence*) em direitos humanos; garantia de condições de trabalho dignas para as pessoas trabalhadoras, por meio de ambiente produtivo, com remuneração adequada e em condições de liberdade, equidade e segurança, com estímulo à observância desse objetivo pelas empresas; combate à discriminação nas relações de trabalho e promoção da valorização da diversidade; promoção e apoio às medidas de inclusão e de não discriminação, com criação de programas de incentivos para contratação de grupos vulneráveis; estímulo à negociação permanente sobre as condições de trabalho e a resolução de conflitos, a fim de evitar litígios; aperfeiçoamento dos programas e das políticas públicas de combate ao trabalho infantil e ao trabalho análogo à escravidão etc. (art. 3º).

O Decreto 9571 também prevê expressamente que as empresas devem respeito aos Tratados Internacionais sobre Direitos Humanos ratificados pelo Brasil, aos direitos e garantias fundamentais previstos na Constituição, com especial referência aos Princípios Orientadores sobre Empresas e Direitos Humanos da ONU, às Linhas Diretrizes para Multinacionais da OCDE e às Convenções da OIT (art. 5º). Inclusive, de forma mais afeta a este estudo, o art. 7º estabelece a obrigação das empresas de garantir condições decentes de trabalho, com remuneração adequada, em condições de liberdade, equidade e segurança, e de observar os direitos de seus trabalhadores de se associar livremente, afiliar-se a sindicatos de trabalhadores, envolver-se em negociações coletivas etc.

Importante destacar que o Decreto 9571/18 possui *status* de norma constitucional[9], em consonância dos §§2º e 3º do art. 5º da CR, por versar sobre Direitos Humanos e Tratados Internacionais sobre Direitos Humanos ratificados pelo Brasil, como as Convenções da OIT, inclusive porque o País é membro da ONU e da OIT e está obrigado a cumprir as Resoluções das Nações Unidas e do organismo laboral, como se evidencia do Relatório do Comitê de Peritos acima citado.

---

9.  Sustentamos a equivalência de norma constitucional por tratar de Direitos Humanos, entrando no âmbito da cláusula de recepção contida no art. 5º, §2º, da CR, com o indicativo do §3º, e, ainda que se entenda não ter *status* constitucional, é, no mínimo, de caráter supralegal. Também vale frisar que não se trata de *soft-law* (norma de cumprimento voluntário ou sem força impositiva), pois, devido à condição do Brasil de membro da ONU e da OIT, está obrigado ao cumprimento dos convênios internacionais sobre Direitos Humanos que ratificou, cumprimento este que se espraia para a sociedade em geral e empresas (eficácia horizontal dos Direitos Humanos). De modo que o Decreto 9571 constitui uma regulamentação das obrigações do Estado e das empresas quanto à aplicação dos Princípios Orientadores sobre Empresas e Direitos Humanos da ONU, das Linhas Diretrizes para Empresas Multinacionais da OCDE e das Convenções da OIT, reafirmando a eficácia desses importantes documentos internacionais no âmbito empresarial, ou, para deixar claro, de observância obrigatória pelas empresas.

Destarte, a única prevalência do negociado sobre o legislado que pode subsistir sem estar eivada de vício é a que aumenta os direitos da pessoa trabalhadora. No mesmo caminho, a paz social enquanto princípio do Direito Coletivo do Trabalho propugnada na negociação coletiva só se alcança com a melhoria da condição social atingida no instrumento celebrado.

Por estas razões, estranha-se, em absoluto, o projeto do governo de instituição de uma suposta carteira de trabalho "verde-amarela"[10], pela qual o trabalhador teria os direitos que negociasse individual e diretamente com seu empregador. Caso venha a se concretizar este projeto nefasto, a regressão do País não será à era pré-Getúlio Vargas, mas ao século XVIII, pois ADAM SMITH, pai do liberalismo, em 1776 já ensinava que o trabalhador, individualmente considerado, não tem forças para negociar[11].

---

10. Conforme notícia publicada no jornal *El País*, do dia 04.01.2019, intitulada "Bolsonaro: 'Brasil tem direitos em excesso. A ideia é aprofundar a reforma trabalhista'", o governo propõe criar uma carteira de trabalho alternativa, denominada "verde e amarela", pela qual seria criado um regime de trabalho flexibilizado, "com menos direitos e mais emprego". (Fonte: https://brasil.elpais.com/brasil/2018/10/22/politica/1540230714_377475.html. Acesso em mar. 2019).

11. Vale lembrar a seguinte transcrição de trecho do livro "A riqueza das nações" (SMITH: 1996, p. 118-9):

"Quais são os salários comuns ou normais do trabalho? Isso depende do contrato normalmente feito entre as duas partes, cujos interesses, aliás, de forma alguma são os mesmos. Os trabalhadores desejam ganhar o máximo possível, os patrões pagar o mínimo possível. Os primeiros procuram associar-se entre si para levantar os salários do trabalho, os patrões fazem o mesmo para baixá-los.

Não é difícil prever qual das duas partes, normalmente, leva vantagem na disputa e no poder de forçar a outra a concordar com as suas próprias cláusulas. Os patrões, por serem menos numerosos, podem associar-se com maior facilidade; além disso, a lei autoriza ou pelo menos não os proíbe, ao passo que para os trabalhadores ela proíbe. Não há leis do Parlamento que proíbam os patrões de combinar uma redução dos salários; muitas são, porém, as leis do Parlamento que proíbem associações para aumentar os salários. Em todas essas disputas, o empresário tem capacidade para agüentar por muito mais tempo. Um proprietário rural, um agricultor ou um comerciante, mesmo sem empregar um trabalhador sequer, conseguiriam geralmente viver um ano ou dois com o patrimônio que já puderam acumular. Ao contrário, muitos trabalhadores não conseguiriam subsistir uma semana, poucos conseguiriam subsistir um mês e dificilmente algum conseguiria subsistir um ano, sem emprego. A longo prazo, o trabalhador pode ser tão necessário ao seu patrão, quanto este o é para o trabalhador; porém esta necessidade não é tão imediata.

Tem-se afirmado que é raro ouvir falar das associações entre patrões, ao passo que com freqüência se ouve falar das associações entre operários. Entretanto, se alguém imaginar que os patrões raramente se associam para combinar medidas comuns, dá provas de que desconhece completamente o assunto. Os patrões estão sempre e em toda parte em conluio tácito, mas constante e uniforme para não elevar os salários do trabalho acima de sua taxa em vigor."

E no tocante à medida provisória 873-19 e Decreto 9735/19, trata-se de aberrações jurídicas com cheiro de ditadura, um AI-5[12] antissindical. É despiciendo dizer que na MP não há relevância e urgência alguma autorizadoras de sua edição, em clara afronta ao processo legislativo previsto na Constituição da República (art. 62, *caput*), ao PIDESC, à Declaração Universal de Direitos Humanos, ao art. 8º da CR, quanto à vedação de intervenção e interferência do Estado nos sindicatos, autonomia sindical etc., etc.[13] A única urgência que se pode ver na medida é a de apressar o fim dos sindicatos e o massacre de direitos sociais, além de revelar completa ignorância do funcionamento das relações de trabalho a que ADAM SMITH reportou em seus escritos, e que se poderia compreender no Século XVIII, mas jamais no Século XXI. São atos teratológicos, anacrônicos e em antinomia total em relação ao Decreto 9571/18. Portanto, são atos flagrantemente inconstitucionais, inconvencionais e ilegais, além de configurarem conduta antissindical do próprio governo, desafiando denúncias junto à OIT, ONU, OEA, OCDE, e, também, ação civil pública para coibir futuras aventuras do gênero e obter o devido ressarcimento do abalo moral produzido na sociedade.

Lembrando, ainda, que, tal qual a caducada prima-irmã, a MP 808-17[14], a conduta relativa à sua flagrante inconstitucional, inconvencional e ilegal edição contempla, em tese, os elementos objetivos do tipo alinhavado no art. 319 do Código Penal (prevaricação): "Retardar ou deixar de praticar, indevidamente, ato de ofício, ou praticá-lo contra disposição expressa de lei, para satisfazer interesse ou sentimento pessoal". Assim como a deturpação do processo legislativo previsto na Constituição se enquadra da mesma forma, e em tese, na Lei n. 8429/92, por violação do dever imposto a todo agente público[15] (especialmente o detentor de

---

12. Reportando novamente a similitude aos atos institucionais como modo de dar ares de legalidade ao governo ditatorial no regime militar brasileiro, sendo o mais infame o Ato Institucional n. 5, que atribuiu poderes de exceção ao governo para punir e perseguir arbitrariamente quem fosse considerado inimigo do regime. A comparação resulta necessária porque a MP 873 e o Decreto 9735 aparelham verniz legal para a perseguição e aniquilação dos sindicatos.
13. Sobre esses vícios da medida provisória, discorremos no artigo "Os sindicatos sob aparelhos: uma análise da MP 873-19 e seu ataque à vida sindical" (JUNQUEIRA; D'AMBROSO: 2019)
14. Como sustentamos no artigo "Poderes corrompidos: a inconstitucionalidade da tragicômica medida provisória 808-17" (JUNQUEIRA; D'AMBROSO: 2017).
15. Conforme a Lei 8429/92:
    Art. 1º. Os atos de improbidade praticados por qualquer agente público, servidor ou não, contra a administração direta, indireta ou fundacional de qualquer dos Poderes da União,

mandato) de velar pelos princípios de legalidade, moralidade, impessoalidade e publicidade no trato dos assuntos que lhes são afetos, na forma do art. 11[16].

## 3 DESPEDIDA COLETIVA, ULTRATIVIDADE DAS NORMAS COLETIVAS E PODER NORMATIVO DA JUSTIÇA DO TRABALHO: ELEMENTOS DE RESISTÊNCIA

Eric Toussaint (2012, p. 55) assevera que o Banco Mundial, desde 2003, publica o *Doing Business*, uma classificação anual dos países que mais reformas realizam para melhorar "o clima de negócios", assim, para indicar as economias mais "desenvolvidas", utiliza um indicador associado à contratação e despedida de trabalhadores – quanto mais facilite a legislação de um país as despedidas de trabalhadores, tanto melhor será sua qualificação.

É sintomática tal classificação do Banco Mundial, pois traduz o que de pior pode existir no mundo capitalista globalizado: o desprezo ao próprio ser humano. Desta forma, a pessoa trabalhadora é coisificada e vista como descartável, usada como item valorativo de clima de negócios na medida da facilitação de seu "descarte", em similitude ao *homo sacer* de Agamben[17], de vida matável e insacrificável, representada pelo trabalhador cuja vida nua ligada ao poder soberano é passível de morte sem que haja punição – *parricidi non damnatur* –, na fórmula do Direito Romano

---

dos Estados, do Distrito Federal, dos Municípios, de Território, de empresa incorporada ao patrimônio público ou de entidade para cuja criação ou custeio o erário haja concorrido ou concorra com mais de cinqüenta por cento do patrimônio ou da receita anual, serão punidos na forma desta lei....

Art. 2º. Reputa-se agente público, para os efeitos desta lei, todo aquele que exerce, ainda que transitoriamente ou sem remuneração, por eleição, nomeação, designação, contratação ou qualquer outra forma de investidura ou vínculo, mandato, cargo, emprego ou função nas entidades mencionadas no artigo anterior....

Art. 4º. Os agentes públicos de qualquer nível ou hierarquia são obrigados a velar pela estrita observância dos princípios de legalidade, impessoalidade, moralidade e publicidade no trato dos assuntos que lhe são afetos.

16. Art. 11. Constitui ato de improbidade administrativa que atenta contra os princípios da administração pública qualquer ação ou omissão que viole os deveres de honestidade, imparcialidade, legalidade, e lealdade às instituições, e notadamente:

I – praticar ato visando fim proibido em lei ou regulamento ou diverso daquele previsto, na regra de competência;

II – retardar ou deixar de praticar, indevidamente, ato de ofício.

17. Agamben (2002, p. 121).

arcaico que relembra, em conceito parecido ao das pessoas redundantes (desempregadas) citadas por BAUMAN[18], se reportando a STIGLITZ[19].

Por óbvio que uma ótica humanista das relações de trabalho, consoante os tratados internacionais de Direitos Humanos, não contempla tal possibilidade que contraria toda a lógica histórica de estruturação e afirmação dos DDHH, especialmente no atual estágio de civilização. Destarte, a leitura da despedida, da finalização de uma relação de trabalho, deverá alcançar o máximo de proteção do Estado, como garante de equilíbrio de uma situação assimétrica, de desiguais, em que uma das partes fica extremamente vulnerável no sistema capitalista, ao perder sua fonte de renda, de sobrevivência. Os bens jurídicos em jogo dizem respeito à própria vida e dignidade da pessoa humana e, por isso, não podem ser relegados ao plano das meras obrigações contratuais mas sim prestigiados como valores máximos expoentes de humanização e de valorização social do trabalho e da pessoa trabalhadora.

Interessante o rápido cotejo Brasil – Espanha – Argentina, na questão da despedida coletiva, para se compreender que a reforma laboral espanhola retirou a necessidade de prévia autorização do Ministério do Trabalho para a empresa proceder à dispensa coletiva, mantendo, no entanto, resguardado o direito de informação do sindicato, ou seja, o dever empresarial de comunicar a entidade sindical e a própria autoridade laboral. A Argentina, cuja reforma encontra-se em andamento, não toca na dispensa coletiva, mantendo o sistema similar ao espanhol anterior à reforma, exigindo prévia autorização do Ministério do Trabalho e comunicação ao sindicato[20]. Estranhamente, pois, o Brasil, ainda que tenha "importado" a reforma laboral espanhola, simplesmente equiparou a dispensa coletiva à dispensa individual, sem nenhuma salvaguarda, em consonância da redação proposta pela Lei n. 13.467/2017 ao art. 477-A da CLT, isto é, por aqui não se exige nem mesmo a comunicação ao sindicato.

Se a despedida já traz consigo o drama humano da sobrevivência no sistema capitalista, a dispensa coletiva tem consequências catastróficas, pois produz uma massa de pessoas desempregadas a reingressar no

---

18. BAUMAN (2014, p. 25).
19. STIGLITZ (2012).
20. A Lei 24013/91, nos arts. 98 e segs., prevê um capítulo relativo ao procedimento preventivo de crise de empresas, no qual se estabelece que, iniciado o procedimento no Ministério do Trabalho, a partir da notificação e até a conclusão, o empregador não poderá despedir sob pena de manutenção da relação de trabalho e da obrigação de pagar os salários.

mercado de trabalho, muitas vezes sem a qualificação necessária para a recolocação.

Se falamos de humanizar a despedida, com muito mais razão a coletiva: inexistindo possibilidade de manutenção dos postos de trabalho na empresa, a dispensa deve ser programada e planejada conjuntamente com governo e sindicatos, a fim de que as pessoas afetadas consigam, antes do desligamento, uma nova ocupação, repudiando-se o mero "descarte" preconizado pelo capitalismo. Assim, um curso de requalificação e a recolocação via agências estatais de emprego seriam medidas de humanização, com o pressuposto lógico e natural do pagamento correto dos haveres rescisórios às pessoas afetadas.

Importante mencionar que a jurisprudência do Tribunal Supremo[21] da Espanha interpreta a reforma trabalhista, na temática, tratando com rigor a despedida coletiva, evitando que se torne um ato empresarial desregulamentado:

> NULIDAD DESPIDO COLECTIVO. CAUSAS ECONÓMICAS. La principal finalidad del periodo de consultas es la de que los representantes de los trabajadores tengan una información suficientemente expresiva para conocer las causas de los despidos y poder afrontar el periodo de consultas adecuadamente. La ausencia de comunicación de las cuentas de las otras sociedades del grupo del que formaba parte la empresa, es trascendente y relevante ya que se trata de información necesaria para conocer las causas esgrimidas por la empresa para llevar a cabo el despido colectivo. Se estima el recurso de casación.

Nessa lógica vem se firmando a jurisprudência do eg. Tribunal Regional do Trabalho da 4ª Região, no sentido de exigir a prévia negociação coletiva, sob pena de nulidade da dispensa em massa e reintegração das pessoas desligadas, como se pode conferir nos julgados concernentes aos processos 0020009-54.2017.5.04.0000, 0020008-69.2017.5.04.0000, 0020007-84.2017.5.04.0000, 0020006-02.2017.5.04.0000, 0020005-17.2017.5.04.0000, 0020016-51.2014.5.04.0000 etc.

Tal medida é salutar para evitar o desemprego de inopino e o drama da corrida em busca de um novo trabalho, pois as pessoas não devem ser tratadas como objeto que se possa simplesmente descartar sem satisfação! E muito além do drama individual que gera, uma despedida coletiva também tem impactos sérios na comunidade, pois o desemprego afetará

---

21. Sentença n. 643/2017, do Tribunal Supremo, Sala 4ª, *de lo Social*, de 19 de julho de 2017, *ponente* Magistrado JESUS GULLON RODRIGUEZ.

o entorno familiar da pessoa trabalhadora, cuja renda mensal depende do salário perdido. Com isto, há uma afetação pública, já que o local da despedida coletiva terá, do dia para a noite, uma multidão de pessoas sem trabalho e sem renda. Dependendo o tamanho da cidade, pode causar um efeito cascata, de quebra geral, considerando a perda de poder aquisitivo que irá refletir no comércio do lugar.

Quanto à ultratividade das normas coletivas, é importante o destaque da reforma laboral espanhola e a jurisprudência de resistência do Tribunal Supremo[22] da Espanha, com o seguinte precedente, que adota a tese da contratualização das condições de trabalho[23] como forma de preservar a vigência:

> *Conflicto colectivo. Convenio Colectivo de la empresa Atención y Servicios SL (ATESE). Fin de la Ultraactividad. Inexistencia de convenio de ámbito superior. Determinación de si procede que la empresa abone la nómina de julio (mes en que el convenio expiraba en su vigencia en ultraactividad en aplicación del art. 86.3 ET), en dos partes, aplicando hasta el 7 de julio de 2013 las condiciones salariales del convenio y a partir del 8 de julio de 2013 las condiciones establecidas en el Estatuto de los Trabajadores. Los derechos y obligaciones de los trabajadores son aquellos por los que se rigió su contratación, plasmados en el contrato de trabajo bien de forma expresa, bien por remisión al Convenio Colectivo de aplicación.*

No Brasil, na linha da reforma importada, se pretendeu coibir "terminantemente" a ultratividade das normas coletivas, que estava já consagrada na Súmula 277 do c. TST[24]:

> CONVENÇÃO COLETIVA DE TRABALHO OU ACORDO COLETIVO DE TRABALHO. EFICÁCIA. ULTRATIVIDADE (redação alterada na sessão do Tribunal Pleno realizada em 14.09.2012) – As cláusulas normativas dos acordos coletivos ou convenções coletivas integram os contratos indi-

---

22. Sentença STS 5504/2014, do Tribunal Supremo, Sala 4ª, *de lo Social*, de 22 de dezembro de 2014, ponente Magistrada ROSA MARÍA VIROLÉS PIÑOL (Id Cendoj: 28079149912014100006).

23. Como se extrai do voto condutor:
    *"Dicho lo cual, es claro que cualesquiera derechos y obligaciones de las partes existentes en el momento en Que termina la ultraactividad de un convenio colectivo no desaparecen en ese momento en que dicho convenio pierde su vigencia. Y ello es así, no porque -como se ha dicho algunas veces- las normas del convenio colectivo extinto pasen a contractualizarse en ese momento sino porque esas condiciones estaban ya contractualizadas desde el momento mismo (el primer minuto, podríamos decir) en que se creó la relación jurídico-laboral, a partir del cual habrán experimentado la evolución correspondiente."*

24. No entanto, o STF, por decisão do Exmo. Min. Gilmar Mendes, já havia deferido liminar suspendendo a aplicação da citada Súmula (Processo STF-ADPF Nº 323/DF, Rel. Min. Gilmar Mendes – Res. 185/2012, DEJT divulgado em 25, 26 e 27.09.2012).

viduais de trabalho e somente poderão ser modificadas ou suprimidas mediante negociação coletiva de trabalho.

A Lei n. 13.467/2017, de forma inusitada, alterou a redação do art. 614 da CLT, acrescentando o §3º vedando essa possibilidade: "Não será permitido estipular duração de convenção coletiva ou acordo coletivo de trabalho superior a dois anos, sendo vedada a ultratividade".

Ocorre que, como dito, existem padrões constitucionais de direitos sociais e princípios a serem observados pelo legislador infraconstitucional, como, *v.g.*, a cláusula contida no *caput* do art. 7º da Carta Republicana que veda o retrocesso social. Assim, a conquista de direitos que visem à melhoria da condição social da pessoa trabalhadora, através de acordos e convenções coletivas de trabalho, deve obedecer à impossibilidade de se retroceder a um estágio anterior de menos direitos para que tudo seja sempre renegociado.

Novamente, há uma clara inconstitucionalidade, diante da norma constitucional supra, sendo que há, também, contrariedade ao disposto no PIDESC e na Convenção Americana de Direitos Humanos, no tocante à necessidade de desenvolvimento e progressão dos direitos sociais, o que não ocorre quando a lei "zera" as negociações anteriores, tornando as partes a um estágio que já superaram no passado.

E esta questão está jungida diretamente ao exercício do Poder Normativo da Justiça do Trabalho, o qual restou deveras limitado com a EC 45/04, ao condicionar o ajuizamento de dissídio coletivo para instituição de condições de trabalho ao "comum acordo", no art. 114 CR – ora, como ninguém, em sã consciência, concorda em responder processo, a via fica bastante restrita e condicionada a uma certa "benevolência" empresarial em aceitar ser acionada. Não há dúvida tratar-se de embaraço de acesso à justiça, não se podendo alegar disparidade com a ação individual pois, em consonância do PIDESC e da Convenção Americana de Direitos Humanos, cabe ao Brasil usar de todos os meios para a efetividade dos direitos reconhecidos nesses tratados e, como visto, as normas coletivas são a via mais rápida de consecução de direitos sociais; caso não alcançadas pela negociação coletiva, o Judiciário deve ser o garante último de sua instituição.

## 4  CONCLUSÃO

A situação criada pela reforma induz trabalhadores e sindicatos a um beco sem saída: enfraquecida a fonte de custeio pela pretensa retirada da obrigatoriedade da contribuição sindical; preconizada a prevalência do negociado sobre o legislado sem limites; permitida a dispensa coletiva; vedada a ultratividade dos acordos e convenções e restrito o acesso à justiça quanto ao dissídio coletivo, o quadro é deveras nefasto. Some-se a isto a extinção do Ministério do Trabalho e a agressão sindical promovida pela anacrônica e teratológica MP 873-19, que claramente posta o Estado brasileiro contra os sindicatos, o futuro que se desenha remonta aos primórdios da primeira revolução industrial, no século XVIII.

Nesses termos, não é só recomendável e desejável, mas imprescindível que a jurisprudência continue humanizando as despedidas coletivas – com a exigência de negociação coletiva prévia e direito de informação ao sindicato. Ainda, que a Justiça preserve a ultratividade das normas coletivas – seja pela teoria da contratualização, seja por outro fundamento (não retrocesso, v.g.) e adote a ampla aceitação de dissídio coletivo sem a necessidade do "comum acordo", por clara ofensa ao direito humano de acesso à justiça.

Pois somente preservando a essência do Direito Coletivo do Trabalho, quanto à busca de simetria nas relações entre capital e trabalho, é possível evitar regressão severa de direitos sociais enquanto direitos humanos que são neste pós reforma. É nesta linha que se pode preservar e valorizar a dignidade da pessoa humana trabalhadora, adotando uma ótica humanista das relações de trabalho e enaltecendo o valor social do trabalho como postulado da Constituição da República.

Por fim, cabe reiterar que a interpretação e aplicação do Direito do Trabalho está diretamente vinculada aos Direitos Humanos, e a Constituição brasileira de 1988 instituiu a cláusula pétrea de vedação de retrocesso social, com o reconhecimento das convenções e acordos coletivos de trabalho como direito visando à melhoria da condição social da pessoa trabalhadora, em consonância, aliás, das diretrizes das Convenções 98 e 154 da OIT. Neste particular, o Decreto n. 9571/18 reforça o norte constitucional e convencional instituindo as obrigações concretas do Estado com a proteção dos Direitos Humanos do Trabalho em atividades empresariais, inclusive com aperfeiçoamento dos mecanismos de reparação e remediação judiciais e não judiciais cabíveis e, também, estatuindo claramente a responsabilidade das empresas para com estes direitos, sobretudo em referência expressa à observância dos Princípios Orientadores sobre Empresas e Direitos Humanos da ONU, as Linhas Diretrizes para Multinacionais da OCDE e as Convenções da OIT (art. 5º). Destarte, não há possibilidade de negociação coletiva para diminuição de direitos sociais. E absolutamente não há nenhuma possibilidade de negociação individual neste sentido.

## 5 REFERÊNCIAS BIBLIOGRÁFICAS

AGAMBEN, Giorgio. **Homo Sacer: o poder soberano e a vida nua I.** Belo Horizonte: UFMG, 2002.

AMADO, João Leal. Negociado x legislado: o princípio do tratamento mais favorável ao trabalhador e as relações entre a lei e a convenção colectiva em Portugal. *In:* **Cadernos de Pós-Graduação em Direito: estudos e documentos de trabalho,** São Paulo: Comissão de Pós-Graduação da Faculdade de Direito da USP, n. 3, 2012. ISSN: 2236-4544.

ARAÚJO, Adriane Reis de; D'AMBROSO, Marcelo José Ferlin. Os limites do negociado sobre o legislado na reforma trabalhista. *In:* D'AMBROSO, Marcelo José Ferlin. **Direito do Trabalho, Direito Penal do Trabalho, Direito Processual do Trabalho e a reforma trabalhista.** São Paulo: LTr, 2017, p. 78-99.

AMNISTÍA INTERNACIONAL. *Pobreza y Derechos Humanos. Comité de Derechos Económicos, Sociales y Culturales de la ONU. (Comité DESC) Declaración sobre la pobreza y el Pacto Internacional de Derechos Económicos, Sociales y Culturales.* Disponível em: https://www.es.amnesty.org/en-que-estamos/temas/derechos-economicos-sociales-culturales/. Acesso em fev. 2018.

ANGULO SÁNCHEZ, Nicolás. *El desarrollo como derecho humano.* **Revista Gloobal,** n. 10-11, 2007. Disponível em: http://www.gloobal.net/iepala/gloobal/hoy/index.php?id=2863&canal=Articulos&ghoy=current. Acesso em fev. 2018.

AYALA, Natalia. *Derechos humanos y globalización: un análisis preliminar para América Latina.* Montevideo: D3E, Jul. 2003.

BAUMAN, Zygmunt. *¿La riqueza de unos pocos nos beneficia a todos?* Buenos Aires: Paidós, 2014.

BRASIL. Decreto n. 9571, de 21 de novembro de 2018. Estabelece as diretrizes nacionais sobre empresas e direitos humanos. DOU n. 224, 22 nov. 2018, p. 1.

BRASIL. Medida provisória n. 873, de 01 de março de 2019. Dispõe sobre a contribuição sindical e revoga dispositivo da Lei 8112, de 11 de dezembro de 1990. DOU n. 43-A, 01 mar. 2019, p. 1.

CANTOR, Ernesto Rey; RUIZ, Maria Carolina Rodriguez. **Las Generaciones De Los Derechos Humanos: Libertad – Igualdad – Fraternidad.** 6ª.ed., Bogota, 2008.

CORTINA, Adela. **Las fronteras de la persona. El valor de los animales, la dignidad de los humanos.** Taurus: Madrid, 2009.

D'AMBROSO, Marcelo José Ferlin (Coord.). **Direito do Trabalho, Direito Penal do Trabalho, Direito Processual do Trabalho e a reforma trabalhista.** São Paulo: LTr, 2017.

D'AMBROSO, Marcelo José Ferlin. Legitimidade da Contribuição Negocial nos Instrumentos Coletivos de Trabalho. *In:* COLNAGO, Lorena de Melo Rezende. **Direito Internacional do Trabalho e Convenções Internacionais da OIT Comentadas.** São Paulo: LTr, 2014.

FUMAGALLI, Andrea *et alli*. **La gran crisis de la economía global. Mercados financieros, luchas sociales y nuevos escenarios políticos.** Madrid: Traficantes de Sueños, 2009. ISBN 13:978-84-96453-43-2.

FÓRUM SOCIAL MUNDIAL. **Carta de Princípios.** Disponível em: https://fsm2016.org/en/sinformer/a-propos-du-forum-social-mondial/. Acesso em fev. 2018.

ILO. *Report of the Committee of Experts on the Application of Conventions and Recommendations. Report III (Part A). General Report and observations concerning particular countries.* Geneva: ILO, 2018.

JUNQUEIRA, Fernanda Antunes Marques; D'AMBROSO, Marcelo José Ferlin. *Poderes corrompidos: a inconstitucionalidade da tragicômica medida provisória 808-17.* **Empório do Direito,** Florianópolis, dez. 2017. Disponível em: https://emporiododireito.com.br/leitura/poderes-corrompidos-a-inconstitucionalidade-da-tragicomica-medida-provisoria-808-17. Acesso em mar. 2019.

JUNQUEIRA, Fernanda Antunes Marques; D'AMBROSO, Marcelo José Ferlin. *Os sindicatos sob aparelhos: uma análise sobre a MP 873/19 e seu ataque à vida sindical.* **Estado de Direito.** Porto Alegre, mar. 2019. Disponível em: <http://estadodedireito.com.br/os-sindicatos-sob-aparelhos-uma-analise-sobre-a-mp-873-2019-e-seu-ataque-a-vida-sindical/. > Acesso em mar. 2019.

LIMA, Luciana Ferreira de; D'AMBROSO, Marcelo José Ferlin. **A contribuição sindical como direito fundamental.** Porto Alegre: Elegantia Juris, 2018.

MASCARO, Alysson Leandro. *Direitos humanos: uma crítica marxista.* **Lua Nova,** São Paulo, n.101, 2017, p. 109-137. Disponível em: www.scielo.br/pdf/ln/n101/1807-0175-ln-101-00109.pdf. Acesso em jan. 2018. DOI: http://dx.doi.org/10.1590/0102-109137/101.

MATOS, José; MACHADO, Ineida; ARELLANO, Madelein. *Globalización y derechos humanos desde una perspectiva ética.* **Fermentum – Revista Venezolana de Sociología y Antropología,** vol. 19, n. 54, jan.-abr., 2009, p. 159-183. Disponible en: http://www.redalyc.org/articulo.oa?id=70513208009. Acesso em jan. 2018.

MESZAROS, István. **Para além do capital: rumo a uma teoria da transição.** Trad. Paulo Cezar Castanheira e Sérgio Lessa. São Paulo: Boitempo, 2011.

NIKKEN, Pedro. *Los sistemas internacionales de protección de los derechos humanos: la perspectiva del acceso a la justicia y la pobreza.* **Revista IIDH.** San José: Instituto Interamericano de Derechos Humanos, ago. 2008, vol. 48, p. 63-105.

ORGANIZAÇÃO PARA COOPERAÇÃO E DESENVOLVIMENTO ECONÔMICO. **Líneas Directrices de la OCDE para Empresas Multinacionales.** OECD Publishing, 2013. Disponível em: http://dx.doi.org/10.1787/9789264202436-es. Acesso em mar. 2019.

ORGANIZAÇÃO DAS NAÇÕES UNIDAS. **Declaração do Rio sobre Meio Ambiente e Desenvolvimento.** Conferência das Nações Unidas sobre Meio Ambiente e Desenvolvimento. Rio de Janeiro, 1992. Disponível em: www.onu.org.br/rio20/img/2012/01/rio92.pdf. Acesso em fev. 2018.

ORGANIZAÇÃO DAS NAÇÕES UNIDAS. **Declaração e Programa de Ação de Viena.** 1993.

ORGANIZAÇÃO DAS NAÇÕES UNIDAS. **Declaração Universal dos Direitos Humanos.** Disponível em: http://www.onu.org.br/img/2014/09/DUDH.pdf. Acesso em jan. 2018.

ORGANIZAÇÃO DAS NAÇÕES UNIDAS. **Declaração sobre o Direito ao Desenvolvimento.** Resolução 41/128. Assembleia Geral das Nações Unidas, 1986.

ORGANIZAÇÃO DAS NAÇÕES UNIDAS. **Principios Rectores sobre las empresa y los derechos humanos: puesta en práctica del marco de las Naciones Unidas para "proteger, respetar y remediar".** A/HRC/17/31, março 2011.

ORGANIZAÇÃO INTERNACIONAL DO TRABALHO. **Convenções.** Brasília: OIT. Disponível em: http://www.ilo.org/brasilia/convencoes/lang--pt/index.htm. Acesso em jan. 2018.

SMITH, Adam. **A riqueza das nações: investigação sobre sua natureza e suas causas.** São Paulo: Nova Cultural, 1996.

STIGLITZ, Joseph Eugene. *El precio de la desigualdade: el 1% de la población tiene lo que el 99% necessita.* Madrid: Taurus, 2012.

STRECK, Lenio Luiz. **Hermenêutica jurídica e(m) crise – uma exploração hermenêutica da construção do Direito.** 11ª.ed. rev., atual. e amp., Porto Alegre: Livraria do Advogado, 2014.

TORRAZZA, Rolando Murgas. *Los despidos colectivos por fuerza mayor o por dificultades económicas o tecnológicas. In:* BUEN LOZANO, Néstor de; MORGADO VALENZUELA, Emilio (Coords). *Instituciones de derecho del trabajo y de la seguridad social.* México D. F.: Universidad Nacional Autónoma de México – Instituto de Investigaciones Jurídicas, 1997, pp. 591-601. ISBN: 968-36-6126-2.

TOUSSAINT, Eric. *Neoliberalismo. Breve historia del Infierno.* Buenos Aires: Capital Intelectual, 2012. (Le Monde Diplomatique).

VASAK, Karel (Ed.). *The International dimensions of human rights.* Trad. Philip Alston. Westport, Paris: Greenwood Press, UNESCO. Vol. 1, 1982. ISBN: 0-313-23395-O (vol. 1).

ZIZEK, Slavoj. **Em defesa das causas perdidas.** 3ª. reimp. Trad. Maria Beatriz de Medina. São Paulo: Boitempo, 2015.

# ARTIGO 9º

# Greve e interditos possessórios na Justiça do Trabalho

*Pedro Lino de Carvalho Júnior*[1]
*Gabriela Lemos Cunha*[2]

**SUMÁRIO:** 1. Introdução: o direito de greve sob ataque – 2. Os interditos possessórios na justiça do trabalho – 3. Considerações finais – Referências bibliográficas.

## 1. INTRODUÇÃO: O DIREITO DE GREVE SOB ATAQUE

Apesar do seu fundamento constitucional, o direito de greve tem sofrido diversos ataques, não apenas de alguns segmentos da grande mídia e do patronato – que ainda pretendem enxergá-la como "caso de polícia"-, mas também, e infelizmente, de diminuta parcela do próprio Poder Judiciário trabalhista, como evidenciam decisões noticiadas pela imprensa de provimentos jurisdicionais que, em hipóteses de movimentos paredistas, deferem liminares determinando a manutenção de 100% do efetivo dos trabalhadores no horário do pico de certas atividades,[3] o que, em suma, representa a própria negação do direito de greve. Isso pode ser afirmado por razões tão evidentes que dispensam maiores comentários, malgrado seja mais difícil insistir no óbvio do que tentar explicar o absurdo.

---

1. Procurador do Trabalho/PRT 5ª Região – Bahia e Professor Assistente de Direito Civil da Faculdade de Direito da Universidade Federal da Bahia (UFBA). Mestre em Direito Econômico (UFBA). Especialista em Direito Constitucional do Trabalho (UFBA). Bacharel e Doutor em Filosofia (UFBA).
2. Assessora Jurídica da Procuradoria Regional do Trabalho da 5ª Região. Bacharela em Direito (UFBA).
3. A exemplo dos metroviários.

Como se não bastasse essas investidas contra o direito de greve, da mesma forma, outras ameaças e restrições tem despontado no horizonte a partir, pasme-se, da inadequada utilização do Código de Defesa do Consumidor (!) como instrumento para obstaculizá-lo.

Por exemplo, na Comarca de Uberlândia (MG), o Ministério Público do Estado de Minas Gerais, com fundamento nas regras da essencialidade do serviço e nos regramentos consumeristas respectivos, diante de movimento paredista dos trabalhadores em transporte coletivo, moveu Ação Cautelar Preparatória de Ação Civil Pública perante o juízo de 1º grau, a fim de que o sindicato dos motoristas[4] colocasse à disposição da municipalidade e do sistema de trânsito municipal, até final da lide, o percentual mínimo de 40% da frota existente, sob pena de multa diária. Deferida a medida, o ente coletivo obreiro interpôs recurso, no qual, dentre outras arguições, **suscitou a preliminar de incompetência absoluta do juízo estadual** para o processamento da ação.

Entretanto, em 21/10/2008, nos autos do Agravo de Instrumento nº 1.0702.08.438320-8/001 da 6ª Câmara do Tribunal de Justiça do Estado de Minas Gerais, o Relator, Des. Edilson Fernandes, rejeitou a preliminar referida e expressamente ressaltou, no seu voto, que não se tratava de hipótese de discussão do direito de greve (?):

> "Ao contrário do que sustenta o agravante não se trata a espécie de discutir a legalidade do direito de greve dos trabalhadores em transportes coletivos urbanos de Uberlândia, mas sim tutelar a defesa da ordem jurídica e o direito difuso da coletividade, ainda que de maneira reduzida, de utilizar esse serviço essencial e indispensável, o que legitima reconhecer a competência da Justiça Comum Estadual."

Ironicamente, porém, ao manter os termos da liminar, invocou o art. 11 da Lei nº 7.783/89 (Lei de Greve) para preservar-lhe os efeitos, além de demonstrar suas preocupações com os prejuízos financeiros acarretados pelo movimento paredista:

> "Analisando o primeiro requisito ('fumus boni iuris'), tem-se que o mesmo se faz presente, pois o serviço público de transporte coletivo não pode sofrer integral solução de continuidade na sua prestação, **pena de violar norma legal (art. 11, da Lei nº 7.783/89) em face da essencialidade desse serviço.**
>
> (...)

---

4. Malgrado o sindicato obreiro não ostentar a condição de "fornecedor", conforme a sistemática do CDC.

> O deferimento da liminar também se justifica pela existência do perigo da demora decorrente da necessidade de resguardar, de forma emergencial e transitória, a permanência de no mínimo 40% da frota de veículos de transporte rodoviário prestando serviços à população, até que dê solução à situação de indefinição narrada na peça vestibular, minimizando, assim, os prejuízos financeiros e transtornos provocados pelo movimento paredista consoante informam as declarações de f. 270/279-TJ."

(grifou-se).

Fica-se a imaginar o que aconteceria se instaurado dissídio de greve perante o TRT mineiro, com concessão de liminar que determinasse fosse mantida 60% da frota em circulação: duas decisões conflitantes, que somente trariam maiores transtornos à população, que assistiria, estupefata, o embate entre esferas distintas do Poder Judiciário.

## 2. OS INTERDITOS POSSESSÓRIOS NA JUSTIÇA DO TRABALHO

Pois bem. Além das duas situações acima expostas, uma das mais consistentes e reiteradas afrontas ao direito de greve tem sido a desmesurada utilização dos interditos possessórios no Judiciário Trabalhista que, não apenas desvirtuam por completo a dogmática dessas ações, como também se revelam como condutas abusivas (art. 187 do CC) e práticas antissindicais. A preferência por este tipo de ação decorre da circunstância de se tratar de procedimento específico em que se permite a concessão de liminar sem que seja ouvido previamente o réu, conforme prevê o art. 562 do Código de Processo Civil, nos casos da chamada "posse nova", ou seja, quando a demanda é proposta dentro de ano e dia da turbação ou do esbulho afirmado na petição inicial.

De todo modo, como sói acontecer em ações que obedecem a um rito especial, cada uma das espécies de possessórias tem requisitos determinados, cuja demonstração pelo autor é obrigatória para que alcance o provimento jurisdicional pretendido. No que toca as ações de manutenção e reintegração de posse, casos em que a posse foi perturbada ou esbulhada, respectivamente, é necessário fazer prova da posse, da turbação ou do esbulho, da data em que ocorreram, bem como da continuação da posse (no caso da turbação) e da efetiva perda (quando alegado o esbulho), por força do art. 561 do Código de Processo Civil, cumulado com o art. 1.210 do Código Civil. Por outro lado, quando proposto interdito proibitório, exige-se a comprovação da posse, bem como da ameaça de turbação ou esbulho e o justo receio que dela deriva.

A melhor doutrina esclarece, ainda, que o interdito proibitório pretende evitar que a ameaça de agressão à posse se concretize, pelo que, no entanto, é imprescindível haver iminente moléstia. Isto é, impõe-se ao autor a comprovação sumária da efetiva e real ameaça de que sua posse corre risco de ser esbulhada ou turbada,[5] de tal maneira que não deve ser concedida tutela judicial em virtude de qualquer mero receio, uma vez que é imprescindível a comprovação de um "ato que indique certeza de estar a posse na iminência de ser violada. Para vencer a demanda, o autor deve demonstrar que o seu receio é justo, fundado em fatos ou atitudes"[6] que tornam a moléstia à posse uma certeza próxima.

Em momento anterior à EC 45/04, especialmente por iniciativa de algumas entidades bancárias, foram propostas perante a Justiça Comum Estadual diversas ações possessórias para evitar piquetes dentro ou na porta da empresa, ou mesmo no intuito de impedir ou reprimir o esbulho nas chamadas "greves de ocupação". As alterações constitucionais promovidas à época, no entanto, desenharam outro perfil às ações que enformam os movimentos paredistas:

> Art. 114. Compete à Justiça do Trabalho processar e julgar:
>
> (...)
>
> II – as ações que envolvam exercício do direito de greve.

É incontroverso que os atos que eventualmente venham a caracterizar uma agressão à posse do empregador são praticados em razão do exercício do direito de greve, cuja abusividade somente pode ser declarada pela justiça laboral. Não teria sentido a Justiça do Trabalho reconhecer a legalidade do movimento paredista e o Judiciário Comum declarar a ilicitude das condutas que o materializam, na medida em que lícito e ilícito são polos antagônicos. A propósito, os participantes da greve não possuem **"animus domini"**. Não pretendem **"usucapir"** o bem do seu empregador. Não tencionam obrar **"benfeitorias e acessões"**, perceber os **"frutos"** e extrair **"produtos"** da coisa e nem exercer o **"direito de retenção"**. Em suma, almejam o óbvio: o exercício do direito constitucional de greve, que pode ou não ser exercido abusivamente. Assim, inquestionável a competência do Judiciário Trabalhista para dirimir eventuais contendas entre trabalhadores e empregadores que envolvam a prática

---

5. NEVES, Daniel Amorim Assumpção. *Manual de direito processual civil*. 9. ed. Salvador: Ed. JusPodivm, 2017, p.947.
6. GONÇALVES, Carlos Alberto. *Direito civil brasileiro: direito das coisas*. v. 5. 11. ed. São Paulo: Saraiva, 2016, p. 171.

de pretensos atos de agressão à posse destes, até porque tais condutas não são um fim em si mesmo, porém significam um meio para o exercício do movimento paredista, cuja legalidade, insista-se, há de ser perquirida na especializada. Deveras, em semelhante conjuntura, as ações possessórias no foro trabalhista **ganham um matiz especial: perdem o caráter essencialmente patrimonialista de que, em regra, se revestem na jurisdição comum**, pois a causa de pedir subjacente é uma questão estritamente trabalhista.

Nesse sentido, o Supremo Tribunal Federal no Recurso Extraordinário nº 579648/ MG, julgado em 10/09/2008, mais uma vez reiterando pronunciamentos anteriores no sentido de que "a determinação da competência da Justiça do Trabalho não importa que dependa a solução da lide de questões de direito civil (Conflito de Jurisdição n. 6.959), bastando que a questão submetida à apreciação judicial decorra da relação de emprego", deliberou que a ação de interdito proibitório, cuja causa de pedir decorre de movimento grevista, é da competência da Justiça do Trabalho:

> EMENTA: CONSTITUCIONAL. COMPETÊNCIA JURISDICIONAL. JUSTIÇA DO TRABALHO X JUSTIÇA COMUM. AÇÃO DE INTERDITO PROIBITÓRIO. MOVIMENTO GREVISTA. ACESSO DE FUNCIONÁRIOS E CLIENTES À AGÊNCIA BANCÁRIA: "PIQUETE". ART. 114, INCISO II, DA CONSTITUIÇÃO DA REPÚBLICA. JURISPRUDÊNCIA DO SUPREMO TRIBUNAL FEDERAL. COMPETÊNCIA DA JUSTIÇA DO TRABALHO.
>
> 1. A determinação da competência da Justiça do Trabalho não importa que dependa a solução da lide de questões de direito civil (Conflito de Jurisdição n. 6.959), bastando que a questão submetida à apreciação judicial decorra da relação de emprego.
>
> 2. Ação de interdito proibitório cuja causa de pedir decorre de movimento grevista, ainda que de forma preventiva.
>
> 3. O exercício do direito de greve respeita a relação de emprego, pelo que a Emenda Constitucional n. 45/2003 incluiu, expressamente, na competência da Justiça do Trabalho conhecer e julgar as ações dele decorrentes (art. 114, inciso II, da Constituição da República).
>
> 4. Recurso extraordinário conhecido e provido para fixar a competência da Justiça do Trabalho. (RE 579648, Relator(a) p/ Acórdão: Min. CÁRMEN LÚCIA, Julgamento: 10/09/2008, Órgão Julgador: Tribunal Pleno, DJe-043 DIVULG 05-03-2009 PUBLIC 06-03-2009).

Pretendendo colocar definitivamente uma pá de cal nesta controvérsia, a Suprema Corte brasileira aprovou a súmula vinculante nº 23, que afasta quaisquer dúvidas quanto à competência da especializada em relação à matéria: *"A Justiça do Trabalho é competente para processar e julgar ação possessória ajuizada em decorrência do exercício do direito de greve pelos trabalhadores da iniciativa privada.*

Superada a polêmica quanto à competência para apreciação das ações possessórias aforadas em decorrência do exercício do direito de greve, é mister avaliar qual o propósito de seu ajuizamento e qual o tratamento a especializada vem lhe dispensando, na medida em que, como se demonstrará, em muitos casos, o propósito deliberado da sua propositura é mais uma tentativa de inibir o direito de greve dos trabalhadores do que propriamente tutelar o patrimônio do empregador, a ponto de eventualmente configurar conduta antissindical e abuso de direito.

Em diversos movimentos paredistas, os empregadores ajuízam interditos possessórios nas varas trabalhistas[7] face à entidade sindical obreira sob a justificativa de ameaça de esbulho ou turbação à posse/propriedade, com o inevitável pleito de concessão de liminar interdital. Na maioria das vezes, sequer fazem prova consistente de suas alegações, pois se limitam a apresentar panfletos e convocatórias do sindicato, produzidos para divulgação do movimento. No caso dos bancos, invocam, ainda, possíveis embaraços ao acesso dos clientes às suas agências. Em tais hipóteses, alguns magistrados acabam concedendo a tutela de urgência pleiteada e não raramente impondo limites desarrazoados aos piquetes legítimos contemplados em lei, como prevê o art. 6º da Lei nº 7.783/89, que autoriza "o emprego de meios pacíficos tendentes a persuadir ou aliciar os trabalhadores a aderirem à greve", o que justifica o

---

7. Sustenta Raimundo Simão de Melo (*A greve no direito brasileiro*. 4. ed. São Paulo: LTr, 2017, p. 209) que a competência para apreciação dessas demandas seria dos Tribunais Superiores (TRTs e TST), pois gozariam da atribuição originária para apreciar os litígios coletivos envolvendo movimentos paredistas, mas esse entendimento é minoritário na jurisprudência: INTERDITO PROIBITÓRIO COM PEDIDO DE LIMINAR DE MANUTENÇÃO DE POSSE. COMPETÊNCIA FUNCIONAL DAS VARAS DO TRABALHO. AÇÃO CIVIL LIGADA À DEFESA DA POSSE. 1. Nos termos do art. 114, II, da Constituição Federal e da Súmula Vinculante nº 23 do STF, inscreve-se na competência originária das Varas do Trabalho julgar interdito proibitório cuja causa de pedir decorra de movimento grevista, ou seja, com o fim de garantir o livre acesso de funcionários e clientes a agências bancárias durante período de greve, na medida em que se trata de ação civil de natureza possessória, e não de dissídio coletivo de natureza econômica ou de greve, em que a Justiça do Trabalho exerce o Poder Normativo. 2. O acórdão regional divergiu dessa orientação ao declinar de sua competência recursal e determinar a remessa dos autos à Seção de Dissídios Coletivos do TST, órgão jurisdicional ao qual não foi outorgada constitucionalmente a competência originária para julgar ação possessória. Determinação de retorno dos autos ao TRT da 10ª Região para prosseguir no julgamento do recurso ordinário interposto pela entidade sindical. (Pet – 5473-59.2011.5.00.0000, Relator Ministro: Walmir Oliveira da Costa, Data de Julgamento: 12/09/2011, Seção Especializada em Dissídios Coletivos, Data de Publicação: DEJT 30/09/2011).

uso de carros de som, distribuição de material de propaganda, a presença de lideranças sindicais no interior do estabelecimento para buscar a persuasão dos trabalhadores, dentre outras condutas licitamente permitidas.[8] Para piorar, o cumprimento da ordem judicial, em muitas situações, é implementado com o auxílio de força policial.

Inegável que esta prática pode resvalar para o campo do abuso de direito, idôneo a materializar, em situações limites, verdadeiras condutas antissindicais, agravadas pela chancela do judiciário, em um verdadeiro assédio processual. Não se pode negar que em certas situações é bem possível existirem ameaças concretas de turbação e/ou esbulho capazes de autorizar a concessão da liminar possessória,[9] o que deve ser apreciado com a máxima cautela pelo condutor do feito, pois, se a propriedade é um direito fundamental, o mesmo deve ser afirmado em relação ao direito de greve, cuja fundamentalidade é igualmente inquestionável.[10] Como quer que seja, o mais prudente é que, tão logo lhe sejam encaminhados os autos respectivos, nos termo do art. 562 do CPC, com a máxima e possível urgência, determine o magistrado, em pauta especial (se existir), a imediata realização da audiência de justificação, para somente após esse ato apreciar o cabimento ou não da tutela provisória vindicada.

Foi exatamente em razão do exercício abusivo do direito de ação, que o Egrégio TST, em histórico acórdão relatado pelo ilustre Ministro Vieira de Mello Filho, considerou que o sucessivo ajuizamento de interditos possessórios para inibir o exercício do direito de greve, configuraria conduta antissindical:

---

8. Geralmente os piquetes ocorrem em vias públicas, ou seja, bens de uso comum do povo, o que torna inteiramente questionável a pertinência de boa parte das demandas interditais.

9. No particular, as ponderadas lições de João Humberto Cesário: "No interdito proibitório, a simples notícia do intento dos trabalhadores de promoverem a paralisação dos serviços não será motivo para que o Juiz do Trabalho defira a liminar perseguida pelo empresário, vez que sempre militará presunção de que os obreiros não exercitarão o direito de greve abusivamente. Cabe ressaltar, entretanto, que a concessão da tutela satisfativa será plausível na hipótese do interessado demonstrar que o movimento paredista foi engendrado muito tempo antes da data-base, com o objetivo gratuito de esgarçar as relações empregatícias." (CESÁRIO, João Humberto. *O direito constitucional fundamental de greve e a função social da posse — um novo olhar sobre os interditos possessórios na Justiça do Trabalho brasileira*. Revista LTr, São Paulo: n. 72, mar. 2008, pp. 303).

10. O direito de greve, ao receber o qualificativo "fundamental", após décadas flutuando entre as definições de delito, mera liberdade e direito propriamente, torna-se, como o próprio nome já antecipa, um dos fundamentos do ordenamento jurídico, isto é, um dos valores-objetivos básicos da normativa constitucional pátria, como ensina Luciano Martinez. In: *Condutas Antissindicais*. São Paulo: Saraiva, 2013, p. 40.

RECURSO DE REVISTA – AJUIZAMENTO SIMULTÂNEO DE INTERDITOS PROIBITÓRIOS – GREVE – CONDUTA ANTISSINDICAL – ABUSO DE DIREITO – INDENIZAÇÃO – DANO MORAL COLETIVO. Os interditos possessórios são ações hábeis a provocar o Estado no intuito de se promover a defesa da posse que tenha sido tomada, perturbada ou, ao menos, ameaçada. No caso dos autos, os réus impetraram vinte e um interditos proibitórios, tendo como suposto receio a iminência de moléstia à posse provocada pelos movimentos grevistas deflagrados pelos trabalhadores dos réus. A ordem constitucional brasileira, em sua evolução histórica, caminhou, de forma não linear, em torno de três acepções acerca do conceito de greve: – fato socialmente danoso (delito), socialmente indiferente (liberdade) ou fato socialmente útil (direito)-. Na Constituição Federal de 1988 ocorre, pela primeira vez, a elevação do direito de greve como direito fundamental, consagrando-o, desta via, como elemento definidor e legitimador de toda a ordem jurídica positiva. A garantia ao direito de greve deve ser interpretada no contexto de afirmação ao princípio da liberdade sindical e seu sistema e mecanismos de proteção, sendo que o sistema de proteção da tutela da liberdade sindical contra atos antissindicais transborda a ordem nacional e encontra abrigo no sistema internacional de direitos humanos trabalhistas. A impetração de interditos proibitórios, independentemente do sucesso ou insucesso das ações, representa, em si, a tentativa de inviabilizar a livre participação dos trabalhadores em atos reivindicatórios ou de manifestação política e ideológica, o que implica em ofensa ao princípio da liberdade sindical e faz incidir o sistema de proteção contra atos antissindicais, notadamente, o art. 1º da Convenção nº 98 da Organização Internacional do Trabalho. Portanto, utilizar de ações judiciais, na forma realizada pelos réus, em que se partiu da presunção de abusos a serem cometidos pelos grevistas, requisito particular do instituto do interdito proibitório, atenta contra os princípios concernentes ao direito de greve e configura ato antissindical, consubstanciando abuso do direito de ação, sendo devida a reparação do dano moral suportado pelos trabalhadores da categoria representada pelo Sindicato autor. Recurso de revista conhecido e provido. (RR – 253840-90.2006.5.03.0140, Redator Ministro: Luiz Philippe Vieira de Mello Filho, Data de Julgamento: 27/05/2014, 7ª Turma, Data de Publicação: DEJT 20/06/2014).

Tendo em conta que os movimentos paredistas no setor privado são de curtíssima duração – quando muito se estendem por poucos dias –, inevitavelmente estas ações possessórias perdem o objeto na quase totalidade dos casos, o que revela que sua utilização tem servido, em várias situações, como mais um instrumento de ataque ao direito de greve.[11] Tal circunstância conduz ao julgamento antecipado da lide sem

---

11. Como é sabido, não se permite ao empregador adotar medidas destinadas a frustrar a adesão ao movimento grevista deflagrado pelos trabalhadores, conforme estatui o art. 6º, § 2º, da Lei n. 7.783/89: "§ 2º É vedado às empresas adotar meios para constranger o empregado ao comparecimento ao trabalho, bem como capazes de frustrar a divulgação do movimento."

que o mérito seja apreciado, o que gera dúvidas, inclusive, em relação à condenação em honorários advocatícios, levando as cortes trabalhistas à adoção do princípio da causalidade para fixá-los:

> RECURSO DE REVISTA. INTERDITO PROIBITÓRIO. HONORÁRIOS ADVO-CATÍCIOS. EXTINÇÃO DO FEITO SEM JULGAMENTO DO MÉRITO. PERDA DE OBJETO. PRINCÍPIO DA CAUSALIDADE. Tendo em vista não se tratar de lide advinda da relação de emprego, a questão dos honorários advocatícios resolve-se pelo disposto no art. 5º da Instrução Normativa 27 do C. TST (sucumbência). Entretanto, o princípio da sucumbência se mostra insatisfatório para os casos de extinção do processo sem resolução de mérito, hipótese em que não há parte vencida ou vencedora. A solução encontrada pela doutrina e pela jurisprudência é a aplicação da teoria da causalidade, que não exclui o princípio da sucumbência, ao contrário, ambos se completam, pois o princípio da sucumbência reside na causalidade. À luz do princípio da causalidade, na ação extinta sem resolução de mérito, os honorários advocatícios devem ser suportados pela parte que ensejou a instauração da demanda. Recurso de revista conhecido e desprovido. VALOR DOS HONORÁRIOS ADVOCATÍCIOS. (...) (RR – 203200-44.2009.5.12.0038, Relator Ministro: Aloysio Corrêa da Veiga, Data de Julgamento: 22/09/2010, 6ª Turma, Data de Publicação: DEJT 01/10/2010.

A par da vigência dos novos dispositivos que regem as ações possessórias no CPC/15 – que estabeleceu pela primeira vez na história da nossa dogmática jurídica uma disciplina própria para os litígios possessórios coletivos-, doravante há necessidade, segundo pensamos, da intervenção obrigatória do Ministério Público do Trabalho no âmbito dos interditos possessórios que envolvem o direito de greve na especializada trabalhista, à luz do art. 554 do CPC:

> Art. 554. A propositura de uma ação possessória em vez de outra não obstará a que o juiz conheça do pedido e outorgue a proteção legal correspondente àquela cujos pressupostos estejam provados.
>
> § 1º No caso de ação possessória em que figure no polo passivo grande número de pessoas, serão feitas a citação pessoal dos ocupantes que forem encontrados no local e a citação por edital dos demais, determinando-se, ainda, a intimação do Ministério Público e, se envolver pessoas em situação de hipossuficiência econômica, da Defensoria Pública.

Por sua natureza a greve é um conflito intrinsecamente coletivo e conquanto nas ações interditais propostas figure, em regra, o sindicato obreiro no polo passivo, o que está em debate é a possível agressão à posse/propriedade por parte de um universo de trabalhadores, filiados ou não ao ente sindical e, não bastasse essa circunstância, tendo em vista que tais ações possuem como causa de pedir o exercício do direito de greve, existe também norma expressa na Lei Complementar nº 75/93, que já exigia a atuação ministerial em tais demandas, sob pena de nulidade do feito:

> Art. 83. Compete ao Ministério Público do Trabalho o exercício das seguintes atribuições junto aos órgãos da Justiça do Trabalho:
>
> IX – promover ou participar da instrução e conciliação em dissídios decorrentes da paralisação de serviços de qualquer natureza, oficiando obrigatoriamente nos processos, manifestando sua concordância ou discordância, em eventuais acordos firmados antes da homologação, resguardado o direito de recorrer em caso de violação à lei e à Constituição Federal.

## 3. CONSIDERAÇÕES FINAIS

O direito de greve tem assento constitucional e sua fundamentalidade está insculpida no art. 9º da trintenária Constituição da República, em norma de eficácia plena, com previsão de lei infraconstitucional como idônea à regulamentação do seu exercício, especialmente quanto à definição de serviços e atividades essenciais que podem ser afetados pela sua realização. Inaceitáveis, pois, as tentativas de impedir sua regular eclosão, especialmente quando pretendem utilizar abusivamente remédios processuais concebidos para o enfrentamento de pretensões originariamente distintas e alheias à sua realidade fática e jurídica.

Ensinava Amauri Mascaro Nascimento que "a greve é um direito individual de exercício coletivo. As Constituições anteriores que autorizaram a greve sempre atribuíram o direito aos trabalhadores [...]", para ressaltar, de todo modo, que "a legitimação para a declaração da greve é dos sindicatos. São eles os representantes dos trabalhadores. Defendem os interesses coletivos".[12] Ora, o que há de mais expressivo no Direito do Trabalho e que justifica sua existência é exatamente o princípio da proteção ao trabalhador, de tal maneira que deve ser respeitado em todos os seus quadrantes. Sendo o direito de greve manifestação tanto da liberdade sindical quanto prerrogativa individual do obreiro que a ela aderiu, não deveria ser obstaculizado por quaisquer condutas abusivas da parte patronal, notadamente a adoção de medidas judiciais manifestamente empregadas para pretender embaraçá-lo.

Por tais razões e em consideração ao sentido protetor da legislação trabalhista – que ainda resiste, apesar das desditosas reformas que

---

12. NASCIMENTO, Amauri Mascaro. *Curso de direito do trabalho*. 26. ed. São Paulo: Saraiva, 2011, p. 1.375.

intentam enfraquecê-lo-, na apreciação dos interditos possessórios na especializada é de boa prudência que os julgadores não percam de vista (como habitualmente procedem) o caráter tuitivo do Direito do Trabalho e a fundamentalidade do direito de greve, de tal modo que essas demandas hão de ser apreciadas e decididas conforme esse instrumental hermenêutico, a exemplo das reflexões e das providências que se ousou sugerir neste breve estudo.

## REFERÊNCIAS BIBLIOGRÁFICAS

AROUCA, José Carlos. *Curso básico de direito sindical.* São Paulo: LTr, 2006.

BRITO FILHO, José Claudio Monteiro. *Direito sindical.* São Paulo: LTR, 2007.

CESÁRIO, João Humberto. *O direito constitucional fundamental de greve e a função social da posse — um novo olhar sobre os interditos possessórios na Justiça do Trabalho brasileira.* Revista LTr, São Paulo: n. 72, mar. 2008.

COUTINHO, Grijalbo Fernandes. FAVA, Marcos Neves. *Nova competência da Justiça do Trabalho.* São Paulo: LTr, 2005.

CRIVELLI, Ericson. *Interditos proibitórios versus liberdade sindical – Uma visão panorâmica do direito brasileiro e uma abordagem do direito internacional do trabalho.* Revista LTr, São Paulo, v. 73, n. 12, dezembro de 2009.

GONÇALVES, Carlos Alberto. *Direito civil brasileiro: Direito das coisas, volume 5.* 11. ed. São Paulo: Saraiva, 2016.

LEITE, Carlos Henrique Bezerra. *Curso de direito processual do trabalho.* São Paulo: LTr, 2007.

MARTINEZ, Luciano. *Condutas antissindicais.* São Paulo: Saraiva, 2013.

MELO, Raimundo Simão de. *A greve no direito brasileiro.* 4. ed. São Paulo: LTr, 2017. NASCIMENTO, Amauri Mascaro. *Curso de direito do trabalho.* 26. ed. São Paulo: Saraiva, 2011.

NEVES, Daniel Amorim Assumpção. *Manual de direito processual civil.* 9. ed. Salvador: JusPodivm, 2017.

ROCHA, Andréa Presas. *Manual de competências da Justiça do Trabalho,* Rio de Janeiro: Elsevier Editora, 2008.

TUPINAMBÁ, Carolina. *Competência da Justiça do Trabalho à luz da reforma constitucional.* Rio de Janeiro: Forense, 2006.

# ARTIGO 92

# O papel do juiz contemporâneo sob a ótica da Constituição de 1988: Uma questão de ética e independência

*Roberta Ferme Sivolella*[1]

> "O direito é um trabalho incessante, não somente dos poderes públicos mas ainda de uma nação inteira. A vida completa do direito, considerada no seu conjunto, apresenta à nossa vista o mesmo espetáculo da luta pelo trabalho sem tréguas de uma nação que nos patenteia a atividade dos povos na posse plena da produção econômica e intelectual. Cada particular obrigado a sustentar o seu direito toma a sua parte nesse trabalho nacional e leva o seu óbolo à realização da ideia do direito sobre a terra".[2]

**SUMÁRIO:** Introdução – I – Independência do magistrado: uma questão de ética jurídica – II – A independência do magistrado na atividade judicante em si – III – A independência do juiz em relação ao processo – Conclusão – Bibliografia.

## INTRODUÇÃO

Cediço é que o Direito não é ciência que se mostra isolada em seu preceito, sofrendo influências diretas do momento econômico, político e histórico de determinada realidade social. Com muita propriedade,

---

1. Juíza titular da 2ª vara do Trabalho do Rio de Janeiro, atualmente Juíza Auxiliar da Vice-presidência do TST
   Diretora da Amatra-1
2. IHERING, Rudolf Von. *A Luta pelo Direito*. Trad. João de Vasconcelos. São Paulo: Martin Claret, 2009, p. 24.

portanto, vem a conclusão acerca da evolução do papel do Juiz e como esse papel se coloca dentro da chamada nova ordem constitucional.

Cada decisão judicial preenche um momento de nossa história institucional, tentando revelar a *melhor* leitura que a sociedade faz de suas próprias práticas sociais. Logo, o magistrado não é uma figura criadora do direito, mas, antes disso, um participante que argumenta com o restante da sociedade, tentando convencê-la que sua leitura de fato atinge o objetivo de trazer a justiça, ou a *expectativa social do justo*. Uma sociedade justa, assim, associa-se a uma *promessa de emancipação e de dignidade do homem,* garantidas, a princípio, pela ordem jurídica instituída. A aplicação de tal ordem emanada do Estado, sem dúvida, demanda atividade desenvolvida com acuidade pelos Magistrados, em tempo adequado a se atingir os fins colimados de justiça.

De outro tanto, é importante se perceber que o afluxo ágil e permanente de pessoas, bens e informações têm influência direta na forma como o mundo, hoje unificado por uma rede ágil de comunicações, vai lidar com suas questões sociais internas. Via de consequência, "os Estados deixam de ser aldeias, encraves de soberania e poder, passando a ser quase um mero espectador desta comunidade mundial que cada dia perde mais respeito às fronteiras".[3]

A velocidade das informações, a mídia cada vez mais tendenciosa a ditar (ou orientar) padrões de pensamento-, muitas vezes por meio das denominadas "fake news"- e a ausência de respostas satisfatórias por parte das instituições públicas acerca das mazelas sociais, tudo vem a concentrar as expectativas de uma mudança de postura do Juiz da modernidade. Mormente em um contexto de cultura do *"non compliance"*, ou da praxe de não cumprimento das normas jurídicas impostas (quiçá por certa expectativa de não punição), onde o cenário de cobranças frente ao Poder Judiciário só tende a aumentar e a se exacerbar. A ilustrar tal panorama, tem-se o grande e irrefreado aumento de índices de litigiosidade que assola os tribunais.

Some-se a tal constatação a extrema priorização do aspecto econômico das relações sociais, tido como mais urgente pela ordem política instituída, o que, aliás, não é novidade na história da humanidade. Tal aspecto passa a ser o grande motivo e objetivo em lides nas quais o bem jurídico envolvido, em sua essência, denotaria na verdade valores *imateriais*.

---

3. MANSUETTI, Hugo Roberto. *"Derecho del Trabajo em el Mercosur*. Buenos Aires: Ciudad Argentina, 1999, p. 43.

Ainda no campo econômico, as notícias de colapso financeiro levaram, inicialmente, ao impulso em se adotar medidas ditas "emergenciais", a fim de atender demanda imediata de escopo eminentemente pecuniário. Contudo, irremediável é o fato de que tais medidas, muitas vezes não atentas aos direitos fundamentais, acabaram por agravar a mesma problemática que as impôs. E a explicação se encontra dentro da própria ciência econômica, eis que o ramo jurídico que a estuda se baseia, primordialmente, no "princípio da economicidade",[4] assim entendido como a necessidade de valoração das decisões tomadas em âmbito econômico, a fim de se verificar se estas conjugam a diretriz da "maior vantagem" político-econômica, com o escopo do *justo ou ético*, segundo os interesses individuais e sociais a que está ligada.

Por óbvio, a ordem constitucional promulgada no final da década de 80 não poderia prever que, ainda jovem e na plenitude de seus 30 anos, pudesse presenciar uma avalanche de mudanças sociais de ordem tão significativa. Tanto assim, que apesar de ser uma das Constituições mais extensas do mundo (ao nascer já contava com 245 artigos e 1.627 dispositivos), a Constituição brasileira já apresenta inúmeras Emendas Constitucionais, em número de organização que beira a cem.

A Constituição de 1988, com intensa carga de princípios fundamentais e extremamente detalhista, refletia os anseios de uma sociedade ávida por amparo ideológico, e, ao mesmo tempo, pela liberdade de escolha, após um período de limitação tão rígida de direitos. Junto a então impensável evolução de ordem constitucional na seara trabalhista (a proteção contra a dispensa arbitrária foi inserida no rol de direitos sociais classicamente conceituados no art. 7º da Carta Maior Brasileira de 1988, em seu inciso I; os direitos do trabalhador como um todo, por sua vez, foram classificados como direitos sociais de forma expressa no art. 6º do mesmo título, e, portanto, cláusulas pétreas que não podem ser modificadas por emendas constitucionais em prejuízo dos trabalhadores -art. 60, § 4º, n. IV da CRFB/88-; o valor social do trabalho e a dignidade da pessoa humana, por sua, vez, foram indicados no artigo 1º como princípios inerentes ao Estado Democrático de Direito), uma nova organização do Poder Judiciário, externada pelo artigo 92 da Constituição, espraiava sua estrutura em pilares de garantias e prerrogativas que pudessem respaldar a atuação ética, efetiva e independente do Magistrado.

---

4. COLE, Daniel H; GROSSMAN, Peter Z. *"Princípios de Direito e Economia*. 2. ed. New York: Wolters Kluwer, 2011.

Em meio a um contexto de crise e retrocessos em vários nichos, surge o relevante questionamento sobre o papel do Juiz contemporâneo, à luz da ordem Constitucional vigente. Como coadunar a efetividade em tempos de metas sem violar o guarnecimento dos Direitos fundamentais? Qual o papel atual da ética na atividade do Juiz contemporâneo? E, o principal, como *transmitir tal real papel da atividade judicante à sociedade?*

Não nos parece possível alcançar uma resposta satisfatória, ao menos sob a ótica da Constituição de 1988, sem que essa resposta se paute na estrutura ética e material que permeia a independência do Magistrado, como valor, garantia e, ao mesmo tempo prerrogativa que se destina não só ao Juiz, mas à sociedade, por meio da contrapartida de uma prestação jurisdicional célere, eficaz e justa. Esse, portanto, será o foco das próximas linhas do presente estudo.

## I - INDEPENDÊNCIA DO MAGISTRADO: UMA QUESTÃO DE ÉTICA JURÍDICA

Nada obstante o valor da "ética" e o delinear de seu conceito sejam assuntos tão em voga em meio à avalanche de mudanças recentes e à crise de direitos da sociedade contemporânea, é curioso perceber que não há menção expressa em qualquer dispositivo da Constituição Federal de 1988. De se notar, contudo, que a sua observância como princípio encontra ponto de interseção com vários dispositivos constitucionais de ordem pétrea. Sua estrutura, portanto, é indubitavelmente constitucional.

Especificamente no tocante ao tema que nos aflige, a ética como pilar da independência do Magistrado merece os apontamentos conceituais que se seguem como fundamento às conclusões que advirão.

A palavra ética vem do grego *ethos,* palavra que possui duas acepções, dependendo da letra grega que a inicia (*eta* ou *épsilon*): a primeira significa a *morada habitual, o abrigo do homem,* ou, em sentido amplo a partir do radical que origina a própria palavra, a *origem* e o *desenvolvimento* do homem como personalidade e caráter, a sua *conduta*. Na outra acepção, o *ethos* grego corresponde à *repetição de comportamentos, os hábitos e costumes* que distinguem determinado grupo social, e o identificam. Trata-se de uma acepção mais sociológica, que identifica a *praxis humana*[5]. Com o tempo, e também com base em uma ligação inexorável que a própria sociedade faz com a moral (embora os dois institutos

---

5.  Cf. ARISTÓTELES. *Ética a Nicômaco.* Trad. *Alex Marins.* São Paulo: Martin Claret, 2009.

tragam em seus âmagos conceitos distintos), a palavra ética advinda do vocábulo *ethos* acabou tendo uma conotação positiva, referente ao *bom comportamento*, ao *caráter do homem*, à *conduta correta* em determinada situação.

Embora não se confunda com a moral, a ética muitas vezes encontra nessa última um fundamento ao seu agir e sentir; a ética, contudo, se ocupa de valores outros que não somente a moral. Enquanto a moral advém basicamente de valores definidos por *costumes, educação, e a cultura*, a ética busca um *estudo teórico* para fundamentar determinada ação. Ou seja, por meio da acepção da filosofia clássica, a ética busca entender a retidão e a lógica benigna do comportamento humano através da razão[6]. Seria uma maneira de *racionalizar* o conceito da moral.

Embora possa parecer *prima facie* mero preciosismo terminológico, o duplo conceito dado à palavra grega *ethos* em sua origem já denota uma *dupla acepção* da ética: inicialmente, o *caráter intrínseco (ou individual)* da ética, que remete às crenças do ser humano segundo sua ótica própria do correto e do bom, conforme o seu desenvolvimento educacional, cultural, e histórico; e, por fim, o seu *caráter extrínseco (ou coletivo)*, correspondente à forma com que as crenças individuais do ser humano se exteriorizam através de suas ações, em conjunto com diversos fatores de uma determinada sociedade (*e.g.* momento histórico, político e econômico; cultura e hábitos sociais em determinada localidade).

O caminho, ou a transição da ética individual para denominada ética coletiva, demanda uma análise valorativa e representa o *momento em que a moral é realizada por meio da razão*. Ou seja; antes de um ato que demande análise ética, o ser humano faz um juízo de valor, sopesando a importância dessas crenças individuais frente a outros valores extrínsecos. Decide, a partir de então, qual a ação "mais ética" a ser realizada.

Ao realizar tal análise, a razão humana guarda em seu âmago diversas exigências éticas que não podem ser afastadas por completo em virtude de mera vontade do indivíduo, seus desejos, emoção ou fé. Sob tal raciocínio, a liberdade de agir do indivíduo estaria limitada por conceitos éticos intransponíveis, fazendo com que a dita análise racional acerca da opção mais ética não possa ser realizada com base em elementos

---

6. Tanto assim, que alguns autores definem a ética como "a área da filosofia que se ocupa do estudo das normas morais nas sociedades humanas". Cf. BITTAR, Eduardo. C. B. *Curso de ética jurídica*: ética geral e profissional. 4 ed. São Paulo: Saraiva, 2007.

subjetivos, somente[7]. Trata-se de raciocínio que embasa de maneira semelhante a construção teórica dos direitos naturais e dos direitos fundamentais, por exemplo. Sob outra análise, pode-se dizer que tal conceito permite a conclusão acerca da existência de uma "ética profissional", ou seja, a existência de um *decoro próprio ínsito a cada função*, uma *moral formulada na razão*, própria para cada tempo e espaço, que pode reconhecer, através de raciocínio OBJETIVO, certas exigências subjetivas e amoldá-las para a adequação a determinado cargo ou situação.

Por meio das considerações tecidas, seria possível se atingir algumas conclusões: (i) a ética mescla conceitos subjetivos e objetivos, analisados segundo uma razão própria a cada indivíduo, porém dentro de um determinado contexto social; (ii) a análise da ética segundo conceitos puramente subjetivos se afasta da conclusão racional e adequada ao contexto social a que o indivíduo está inserido; e (iii) a ética se refere ao comportamento humano, dito "correto" (ou idealmente correto), e portanto não apresenta conclusões exatas ou eminentemente empíricas quanto a cada problema.

Chega-se, enfim, ao ponto de interseção entre a *Ética* e o *direito*: A **ÉTICA JURÍDICA**. Se a ética estuda as razões do comportamento humano, podemos dizer que não há nada mais relacionado com a ética do que o DIREITO, e, principalmente, a função do juiz, cuja atividade, em síntese, é analisar o comportamento humano, e verificar a sua adequação com o que prevê a norma jurídica, a qual, em tese, representa os valores éticos extrínsecos vivenciados (ou esperados) por determinada sociedade. O Direito, portanto, representa o momento essencial do processo ético, bem como a sua *garantia* específica[8]. A atividade do Juiz, indubitavelmente, possui papel essencial em tal processo *garantista* da ética.

Por tal motivo, o raciocínio jurídico do magistrado não pode se afastar da razão e da lógica, ou em outras palavras, não se pautar em suas convicções éticas puramente intrínsecas ou individuais. Embora o caráter humano inafastável do Juiz inevitavelmente venha a trazer "pitadas" de suas convicções e crenças pessoais em suas decisões (sendo, em alguns momentos, até necessária uma intervenção de sensibilidade para que seja captada a real essência do caso concreto), o caráter puramente

---

7. O pensamento exposto refere-se à corrente filosófica denominada "objetivista", cujo conceito e premissas encontram-se descritos principalmente por Ayn Rand. RAND, Ayn. *The virtue of selfishness: a new concept of egoism*. New York: Peguin. 1964.
8. Cf. REALE, Miguel. *Filosofia do direito*. 19 ed. São Paulo: Saraiva, 1999. p. 65.

subjetivo não pode suplantar a análise ética extrínseca que deve fazer do fato social submetido a sua análise. Em não procedendo desta forma, a decisão do Juiz corre o risco de se tornar arbitrária, parcial e, em última análise, "não-ética". A segurança jurídica e o Estado Democrático de Direito, em determinada medida, *dependem* de tal postura do magistrado.

A necessidade de fundamentação das decisões judiciais (*arts. 5º*, LXI e 93, IX, da CRFB/88) é um claro exemplo da manifestação da ética jurídica como elemento constitucional intrínseco, e exteriorização da vontade do legislador constitucional em se assumir tal conceito como princípio a permear a atividade judicante. Em sua contrapartida, tal garantia também se mostra com caráter dúbio, pois ao mesmo tempo em que se eiva do manto de dever do Magistrado, também lhe garante a prerrogativa de expressara a técnica jurídica do caso concreto segundo seu livre convencimento. É de fácil percepção, portanto, que esse caráter da independência *ética* do juiz contemporâneo somente logrará atingir o seu exercício pleno mediante uma contrapartida de garantias/ prerrogativas fornecidas pelo sistema jurídico vigente, sob pena de transformar em letra morta os objetivos constitucionais que lhe informam.

A fim de ilustrar a feição constitucional do papel do magistrado sob a ótica da ética jurídica, pode-se dividir a análise do tema sob três enfoques a saber: i) a *independência* do magistrado na atividade judicante em si, como atividade interpretativa; ii) a *independência* do magistrado em relação ao processo; iii) a *independência* do magistrado em relação a sua função, sendo esse último aspecto ligado às garantias do artigo 95 da Constituição Federal, e aos pilares constitucionais que garantem a atuação independente nos dois primeiros tópicos, como a questão remuneratória (art. 37, X da Constituição Federal), e as férias dos magistrados.

Ateremos-nos aos dois primeiros aspectos nos próximos tópicos.

## II – A *INDEPENDÊNCIA* DO MAGISTRADO NA ATIVIDADE JUDICANTE EM SI

A independência do magistrado na atividade judicante se revela por meio da **atividade interpretativa**, exercida com base no livre convencimento motivado (arts. 5º, LIV e LV, 93, IX da Constituição Federal, c/c arts. 370 e 371 do Código de Processo Civil). Consiste, em última análise, em coadunar a ética individual e social na decisão, com observância a princípios precípuos como a legalidade, finalidade social da norma, busca da verdade real dos fatos, ponderação de valores.

Os juízes acabam por realizar, diuturnamente, análises e escolhas éticas, baseadas na razão coletiva (ou *subjetivismo coletivo*, segundo KANT[9]), materializada através das leis (imperativos categóricos), às quais são acrescentadas pequenas medidas da ética pessoal de cada magistrado, ponderada, ainda, junto a fatores extrínsecos à existência humana, como o senso humano, a praxe social, e as máximas da experiência. A atividade jurídica não poderia, portanto, balizar suas estruturas em somente um desses elementos, sob pena de se afastar de seu escopo primordial: a busca da verdade real dos fatos, com a interpretação adequada da norma jurídica aplicável, de modo a se atingir a Justiça no caso concreto. Esta, enfim, é a essência do Direito como ciência de *luta pela Justiça*, tal como definido por Ihering:

> O direito não é uma pura teoria, mas uma força viva. Por isso a justiça sustenta numa das mãos a balança em que pesa o direito, e na outra a espada de que se serve para o defender. A espada sem a balança é a força brutal; a balança sem a espada é impotência do direito. Uma não pode avançar sem a outra, nem haverá ordem jurídica perfeita sem que a energia com que a justiça aplica a espada seja igual à habilidade com que manejar a balança[10].

Somente por meio de tal interpretação, enfim, a realidade econômica encontra sua *validade constitucional*, sob pena de, a par de provocar crescimento acelerado e diversificação das estruturas de produção, não conseguir proporcionar, de forma homogênea, uma distribuição acessível aos benefícios do desenvolvimento, engendrando o que alguns autores denominam de "desenvolvimento perverso" ou "maligno". Tal situação ocorre, por exemplo, quando o nível salarial médio da população não tem o viés de acompanhar a modernização e o custo do desenvolvimento produtivo, ou seja, quando não observado que o desenvolvimento implica o direito a um grau razoável de igualdade entre os cidadãos, mormente no que tange à repartição do rendimento e ao acesso às condições básicas de desenvolvimento social.[11] Ou, por exemplo, quando determinada mudança legislativa privilegia somente um dos atores sociais em detrimento de outros, de modo a quase inviabilizar o exercício de direitos pelo nicho prejudicado, máxime quando tal parcela significativa da população já apresenta, dentro do quadro de desigualdade econômica abissal que assola o país, gigantesca carga de hipossuficiência.

---

9. KANT, Immanuel. *"Werkausgabe*. v. III. Frankfurt: Suhrkamp, vol. III, 1992, pp. 125 e ss.
10. IHERING, Rudolf Von. *"A Luta pelo Direito*. Trad. João de Vasconcelos. São Paulo: Martin Claret, 2009, p. 23.
11. NUNES, Antonio José A. *"Uma leitura crítica da actual crise do capitalismo*. Coimbra: Coimbra Editora, 2011, p. 63-71.

Ainda para aqueles que privilegiam a "livre iniciativa" como princípio intocável pelos juízes em sua atividade, não há como se olvidar que a denominada "ordem econômica constitucional" demanda ações dos agentes econômicos que amoldem a livre-iniciativa de modo a direcioná-la a adotar medidas que, além de transcender a interesses individuais, os compatibilizem com os interesses sociais e auxiliem a concretizá-los. Afinal,

> examinar o mercado tão somente pelas cifras numéricas globais que produz e ressaltar apenas este aspecto não toma em conta a liberdade de troca e de transação que é ínsita ao seu funcionamento. Nesse sentido, a livre-iniciativa, fundamento da ordem econômica, informa a indispensabilidade de sempre se estar vigilante em relação à preservação desta liberdade, tomando-se em consideração um ponto de vista equitativo, mais consentâneo com os ideais democráticos e de justiça social.[12]

Ao privilegiar somente um dos valores envolvidos quando da sua intervenção, ao não observar as necessidades de cada um de seus atores e ponderá-las, ou, enfim, ao não considerar toda a complexidade de valores que permeiam o desenvolvimento social e os quais têm a sua garantia como indispensável à manutenção do próprio sistema moderno de produção, acaba o Estado contemporâneo por se apresentar, "enquanto forma social, dentro da qual se desenvolve e realiza-se a contradição entre aparência e essência do sistema, ( ) como violência concentrada na sociedade, na medida em que, preservando a igualdade dos contratantes, assegura a desigualdade entre as classes sociais".[13]

A justiça social, com efeito, somente se manifesta em sua plenitude quando representa, por meio das ações voltadas à coletividade, a expressão da dignidade como princípio essencial por cada indivíduo. Isso somente pode se dar quando o Estado institui ou fiscaliza a livre-iniciativa, sem anular sua essência, de modo a garantir o tratamento dos cidadãos segundo a sua desigualdade material, de modo a observá-la e, ao mesmo tempo, diminuí-la em suas discrepâncias.

Uma tendência ao individualismo social, expressa através de condutas egoístas reiteradas[14], acaba por identificar um contexto de "esqueci-

---

12. PETTER, Josué Lafayete. *Princípios Constitucionais da Ordem Econômica*. São Paulo: Revista dos Tribunais, 2005, p. 131.
13. TEIXEIRA, Francisco José Soares. Economia e Política n'O Capital. In: *Direito e Marxismo*. BELLO, Enzo (Org.). Rio de Janeiro: Lumen Juris, 2010, p. 263.
14. Segundo CRAIG BIDDLE, ao identificar as condutas "individualistas" e "coletivistas",
    "Individualism is the idea that the individual's life belongs to him and that he has an inalienable right to live it as he sees fit, to act on his own judgment, to keep and use the product of his

mento" coletivo e violação aos direitos fundamentais em práticas ilícitas (ou ao menos, antiéticas) habituais, tornando indispensável um posicionamento claro das instituições jurídicas.

A construção de uma teoria de valores inatos aos homens pela Constituição Federal de 1988, seja no campo material, seja no campo processual, neste contexto, se fez de suma importância para a compreensão de suas necessidades mais extremas e seus princípios demandantes de maior proteção por parte do Estado. Este, por sua vez, surge como ente de organização do homem em grupamento voltado à finalidade comum, reconhecendo tais valores fundamentais por meio da sua positivação em instrumentos de ordem normativa superior, primando pela sua constitucionalização e, assim, a sua indivisibilidade.

Contudo, tal teoria demonstra-se esvaziada, caso não seja enaltecida uma postura crítica do Juiz, a ponto de afastar o caráter "contemplativo"[15] face às mudanças sociais – o que, insta repisar, se afastaria da própria dinâmica do Direito como ciência mutável e dúbia, no sentido de expressar, e, ao mesmo tempo, absorver os anseios dos atores sociais. A atividade jurídica ética *consciente*, aqui, mostra-se essencial à adequação do regramento vigente em relação às situações que o desenvolvimento social e das relações humanas se lhes impõe. Afinal,

> Se a lei passa a se subordinar aos princípios constitucionais de justiça e aos direitos fundamentais, a tarefa da doutrina deixa de ser a de simplesmente descrever a lei. Cabe agora ao jurista, seja qual for a área da sua especialidade, em primeiro lugar compreender a lei à luz dos princípios constitucionais e dos direitos fundamentais.[16]

---

effort, and to pursue the values of his choosing. It's the idea that the individual is sovereign, an end in himself, and the fundamental unit of moral concern. This is the ideal that the American Founders set forth and sought to establish when they drafted the Declaration and the Constitution and created a country in which the individual's rights to life, liberty, property, and the pursuit of happiness were to be recognized and protected.

Collectivism is the idea that the individual's life belongs not to him but to the group or society of which he is merely a part, that he has no rights, and that he must sacrifice his values and goals for the group's "greater good." According to collectivism, the group or society is the basic unit of moral concern, and the individual is of value only insofar as he serves the group." In BIDDLE, Craig. *Individualism vs. Collectivism: Our Future, Our Choice*. The Objective Standard, Vol. 7, nº 1. Glen Allen: Glen Allen Pres, 2012.

15. "... os 'contemplativos', são cem vezes piores -- não sei de nada que suscite tanto desânimo como este gênero de 'poltrona objetiva'" (NIETZSCHE, Friedrich. *A genealogia da moral*. 2. ed. São Paulo: Editora Escala, 2007, p 149).
16. MARINONI, Luiz Guilherme; MITIDIERO, Daniel. *Teoria Geral do Processo*. v. 1. 3. ed. São Paulo: RT, 2008.

Não cabe ao magistrado assistir inerte a ineficácia do aparato estatal. Sob o prisma ético, a atividade do Juiz demanda, de per si, um posicionamento claro. A omissão frente ao injusto traz consequências muito mais nefastas do que, quiçá, um posicionamento equivocado. Não deve pretender ser um "consertador do mundo"[17], mas um realista que percebe na brecha do caso concreto e à luz da verdade do ordenamento uma oportunidade para a aplicação da Justiça. A lei, aliás, já traz em seus dispositivos a previsão de alguns mecanismos utilizáveis pelo magistrado na condução do processo com este fito, como, por exemplo, é o caso da inversão do ônus da prova:

> "o Juiz, neste contexto, seria parcial se assistisse inerte, como espectador de um duelo ao massacre de uma das partes, ou seja, se deixasse de interferir para tornar *iguais partes que são desiguais*. A interferência do juiz na fase probatória, vista sob este ângulo, não o torna parcial. Ao contrário, pois tem ele a função de impedir que uma das partes se torne vencedora na ação, não por causa do direito que assevera ter, mas porque, por exemplo, é economicamente mais favorecida que a outra. A circunstância de uma delas ser hipossuficiente pode fazer com que não consiga demonstrar e provar o direito que efetivamente tem. O processo foi concebido para declarar *lato sensu* o direito da parte que a ela faz jus e não para dela retirá-lo, dando-o a quem não o possua. Em função desses parâmetros, pois, devem ser concebidas todas as regras do processo, inclusive e principalmente as que dizem respeito ao ônus da prova."[18]

Como claro exemplo do privilégio ao fator econômico dentro do processo legislativo, e conforme já evidenciamos em outra obra[19], a edição da Lei n. 13.467/2017 evidenciou uma tentativa de convencimento social[20] para a aceitação da reforma trabalhista pelo grande público, sob o fundamento de um suposto fim da hipossuficiência do trabalhador ocasionado pelos avanços da tecnologia. Não se pode perder de vista,

---

17. Tal expressão em neologismo é utilizada por AMÓS OZ para se referir aqueles que, com prepotência, buscam o poder absoluto por meio da falsa justificativa de possuir o conhecimento dos remédios às mazelas humanas. OZ, Amós. *Judas*. Trad. de Paulo Geiger. São Paulo: Companhia das Letras, 2014.
18. WAMBIER, Teresa Arruda Alvim. O ônus da prova. *In Revista Jurídica Consulex*, Brasília, Editora Consulex, n. 200, maio 2005, p. 40.
19. SIVOLELLA, Roberta Ferme. Novas Formas de Contratação na Lei n. 13.467/2017 e Interpretação Sistemático-constitucional: o teletrabalho em foco. In: "REFORMA TRABALHISTA- impactos na relação de trabalho". TUPINAMBA, Carolina e GOMES, Fabio Rodrigues. Belo Horizonte: Ed. Forum, 2018.
20. Conforme já evidenciamos em estudos anteriores, um dos requisitos para a segurança jurídica é a *"aceitação social"*, que acaba por se traduzir na denominada *legitimidade democrática*, ratificado por meio da *legitimidade social das normas e decisões,* justamente em sistema de edificação e controle, de forma mútua, da ordem constitucional instituída.

contudo, que a atividade do operador do direito não se pauta nos grandes anúncios ou promessas de efeitos quando se trata de aplicar a norma jurídica ao bem da vida debatido.

Em consequência ao raciocínio exposto, são duas as premissas que devem pautar a atividade interpretativa no que tange às disposições advindas de qualquer nova lei.

Inicialmente, a *interpretação sistemática* deve, obrigatoriamente, direcionar o convencimento acerca de qualquer alcance que se pretenda dar aos noveis dispositivos legais. Sabendo-se que o direito do trabalho, quanto aos direitos fundamentais que encerra, é um todo sistemático e que "o sistema dos direitos apenas interpreta aquilo que os participantes da prática de auto-organização de uma sociedade de parceiros do direito, livres e iguais, têm que pressupor implicitamente",[21] inevitável concluir que a interpretação das regras e princípios inseridos no ordenamento deve ser realizada de maneira ampla e global.

A análise conjunta dos dispositivos alterados com aqueles que não o foram, por outro lado, revelam o real escopo da norma jurídica, "atendendo, fundamentalmente, ao seu espírito e à sua finalidade(...)" e, por conseguinte, "o valor ou bem jurídico visado pelo ordenamento com a edição de dado preceito."[22], já que o legislador, tendo a oportunidade de modificar determinado artigo, não o fez.

Tomando como exemplo, novamente, a Lei n. 13.467/2017, ao optar pelo caminho interpretativo de determinado preceito alterado pela que enseje discrepância entre este dispositivo e outro pré-existente não alterado, indubitavelmente leva à situação de contradição, não coesão e mesmo exclusão recíproca entre regras de um mesmo diploma consolidado. Tal situação, além de insustentável sob a lógica de unidade e racionalidade ínsitas a um Código específico ao Direito do Trabalho, ainda levaria ao aumento de um dos fatores reputados, justamente, como mal cuja extinção se objetiva por meio da reforma trabalhista: a insegurança jurídica.

Em segundo lugar, há que se ter em mente que esta interpretação sistemática interna não pode se dar sem o embasamento de uma visão mais ampla, calcada na interpretação da "totalidade do direito", não

---

21. HABERMAS, Jürgen. *Direito e Democracia*: entre felicidade e validade. Trad. F. B. Siebeneichler. Rio de Janeiro: Tempo Brasileiro, 1997, p. 159.
22. BARROSO, Luís Roberto. *Interpretação e Aplicação da Constituição*. 4. ed. São Paulo: Saraiva, 2002.

somente sob a ótica de que "se compreendem os enunciados prescritivos nos plexos dos demais enunciados"[23], mas também sob a visão de que determinado preceito positivado abstratamente aplicado ao caso concreto não pode se mostrar contrário a princípio constitucional que envolve (e dá fundamento de validade) à matéria.[24]

Trata-se da *interpretação conforme a Constituição*, corolário do Estado Constitucional Social de Direito, forma única de se respeitar o escalonamento das normas jurídicas e, por outro lado, de se propiciar "condições para que o indivíduo possa participar de um discurso de fundamentação racional acerca de direitos legais, para que estes possam ser legítimos", função esta que, nos moldes do chamado constitucionalismo social, somente seria atingida através do pleno exercício dos direitos fundamentais.[25]

Por certo que os sistemas normativos se retroalimentam, de modo que a Constituição espelha a realidade histórica de seu tempo, não podendo, portanto, sua interpretação ser contraposta à realidade cultural, econômica e política de determinado contexto temporal a que se refere. Sob tal concepção, "*a Constituição torna-se força ativa na realização das tarefas do Estado*", de modo que, "*para que ocorram a realização e efetivação constitucional há que germinar e florescer uma vontade constitucional (wille zur verfassung), que parta da consciência geral e dos responsáveis pela ordem constitucional: os julgadores, os hermeneutas, os doutrinadores.*"[26]

Assim, a interpretação de determinado preceito legal de forma contrária à Constituição significa não só inverter a ordem da força normativa e do fundamento de validade de determinado sistema jurídico, incorrendo em erro crasso de técnica hermenêutica, como também negar eficácia a uma vontade constitucional que embasa o Estado Democrático de Direito.

---

23. FREITAS, Juarez. *A interpretação sistemática do Direito*. 3. ed. São Paulo: Malheiros, 2002.
24. Segundo Rui Portanova, o juiz deve ser a expressão da democracia, não havendo razão para enclausurar o julgador em cubículos formais de procedimento com pouca liberdade criativa. Ao contrário, este deverá afastar a lei injusta aplicando os princípios gerais, a dialética, a transdogmática e a Constituição (PORTANOVA. Rui. *Motivações ideológicas da sentença*. 5. ed. Porto Alegre: Livraria do Advogado, 2003).
25. DIAS, Maria Clara Marques. Direitos Sociais Básicos: Uma investigação filosófica acerca da fundamentação dos Direitos Humanos. *Manuscrito*. V. XIX, n. 1, 1996, p. 129.
26. HESSE, K. A força normativa da Constituição. Tradução de Gilmar Ferreira Mendes. Porto Alegre: Sergio Antonio Fabris, 1991.

Partindo de tais ponderações, as principais inovações, não só da Lei n. 13.467/2017, mas de qualquer outra novel lei que seja aprovada, deverão, necessariamente, observar uma interpretação *sistemática* e *conforme a Constituição* como pressuposto básico para se conferir validade às alterações que se apresentam, e assim deverão ser analisadas.

Neste diapasão, repisa-se, por fim, que a atividade interpretativa é instrumento de importância ímpar na tentativa de não se afastar da decisão "eticamente" correta. O Juiz, na sua atividade, assim com a ética e o Direito, não está "isolado", vale dizer, tal atividade não acaba em si mesma. No exercício de seus misteres, o Juiz deve ter em mente que o próprio Direito não é uma ciência isolada, sob pena de suas decisões atingirem o *vazio ético*. A decisão judicial possui consequências sociais importantíssimas, atuando, inclusive, na modificação de costumes, praxes sociais, e até da própria legislação.

Coadunar as expectativas da sociedade aos limites da lei; interpretar tais limites à luz de preceitos éticos intrínsecos e extrínsecos; apresentar um resultado célere, justo, e eficaz, e, finalmente, *apresentar uma postura que englobe e exprima todos os ditos apontamentos:* eis um dos grandes desafios do Juiz contemporâneo, à luz da Constituição Federal de 1988. Para tanto, contudo, necessita que suas garantias e prerrogativas estejam asseguradas, sem as quais se mostra inatingível o escopo constitucional posto à prova.

## III – A INDEPENDÊNCIA DO JUIZ EM RELAÇÃO AO PROCESSO

Por certo que a garantia da independência do magistrado na condução do processo se reflete não só na sua *imparcialidade* na análise do caso concreto, mas também, como contraposição a tal dever do Juiz[27], à

---

27. Sobre a independência do Juiz, vide o que indica o Código Ibero Americano de ética em capítulo específico sobre o tema:

    Independência

    ART. 1º.- As instituições que, no âmbito do Estado constitucional, garantem a independência judicial não estão dirigidas a situar o Juiz numa posição de privilégio. A sua razão de ser é a de garantir aos cidadãos o direito de serem julgados com parâmetros jurídicos, como forma de evitar a arbitrariedade e de realizar os valores constitucionais e salvaguardar os direitos fundamentais. ART. 2º.- O Juiz independente é aquele que determina a partir do Direito vigente a decisão justa, sem se deixar influenciar de forma real ou aparente por factores alheios ao próprio Direito. ART. 3º.- O Juiz, com as suas atitudes e comportamentos, deve deixar evidente que não recebe influências – directas ou indirectas – de nenhum outro poder público ou privado, quer seja externa ou interna à ordem judicial. ART. 4º.- A independência judicial implica que, sob o ponto de vista ético, o Juiz não deve participar, de qualquer modo, em atividade

garantia da livre e ampla apreciação motivada como exteriorização da sua participação no processo.

Conforme já evidenciamos em obra recente[28], o Brasil vive um momento ímpar, de grandes alterações (em grande parte polêmicas) nos instrumentos legais colocados à disposição da sociedade para o exercício do pleno direito de ação, calcado nas garantias constitucionais do devido processo legal e do acesso à justiça.

A revisão dos *standarts* que pautaram as tradicionais "ondas" do neoconstitucionalismo processual[29] busca uma maior interlocução entre os atores processuais e a observância da nova ordem social vigente, em todos os seus avanços e revezes. O Código Processual vigente é clara expressão de tal tendência, ao trazer à baila diversos dispositivos normativos que deslocam o núcleo essencial do processo para os destinatários da prestação jurisdicional. Rediscutem-se os limites da atuação das partes, do Juiz, e do próprio Estado dentro de tal movimento, dissociando-se o último da figura do Magistrado e da tradicional acepção do Estado- Juiz[30].

Não há que se olvidar, contudo, que o poder de condução do processo atribuído ao Juiz sempre foi, ao mesmo tempo, uma garantia da proteção do princípio da isonomia no processo, e um indício de grande intervenção do Estado nas relações sociais. Traços da trajetória histórica e política de diversos países indicam uma mesma evolução processual com tal viés, como sói observar, por exemplo, nos países da América Latina, nos quais as similitudes culturais, identidade histórica e exploração

---

política partidária. ART. 5º.- O Juiz poderá reivindicar que se reconheçam os seus direitos e sejam fornecidos os meios que possibilitem ou facilitem a sua independência. ART. 6º.- O Juiz tem o direito e o dever de denunciar qualquer tentativa de perturbação da sua independência. ART. 7º.- Não só se exige que o juiz eticamente seja independente mas também que não interfira na independência de outros colegas. ART. 8º.- O Juiz deve exercer com moderação e prudência o poder que acompanha o exercício da função jurisdicional.

28. SIVOLELLA, Roberta Ferme. "AS CONVENÇÕES PROCESSUAIS E A VULNERABILIDADE NO PROCESSO DO TRABALHO: UMA QUESTÃO DE PRINCÍPIO E DE DIÁLOGO DAS FONTES" In: Teoria do Diálogo das Fontes no Direito do Trabalho. COLNAGO, Lorena e CLAUS, Bem-Hur Silveira (Coord.) São Paulo: Ltr, 2017.
29. Sobre a dimensão do acesso à justiça em suas "ondas", CAPPELLETTI, Mauro et al. *Acesso à Justiça*. Trad. Ellen Gracie Northfleet. Porto Alegre: Sérgio Antonio Fabris Editor, 1988.
30. Segundo Michele Taruffo, a expressão decorre do poder do Juiz como alicerce da concepção publicística do processo advinda do Estado (ou processo) denominado social. Cf. DENTI, Vittorio; TARUFFO, Michele. *Il profilo stirico*. In DENTI, Vitorio. La giustizia civile. Bologna: Il Molino, 2004. p. 22-27.

análoga sob as mesmas origens colonizadoras acabaram por originar sistemas processuais de intensa intervenção e protecionismo como meio de minorar suas intensas desigualdades[31].

De outro tanto, também não há como se ignorar a importância do incremento do poder do Juiz no guarnecimento da função social do processo e da denominada "paridade de armas"[32], como corolário da igualdade material aplicada ao direito processual, e identificada com o princípio do contraditório, também enaltecido pela Lei 13.105/15[33].

Tais princípios, contudo, não podem ser vistos de maneira isolada, ou mesmo somente sob a ótica de um caráter instrumental do processo. A importância da realocação da relação processual para o âmbito social se mostra cada vez mais premente, e espelhada em diversos dispositivos

---

31. METHOL FERRÉ, citado por DE LA ROSA, Carlos L. (LA EDICIÓN ARGENTINA-*IDENTIDAD CULTURAL Y GLOBALIZACIÓN*). In **Constituições dos paises do Mercosul: 1996-2000**: textos constitucionais- Argentina, Bolívia, Brasil, Chile, Paraguai e Uruguai. – Brasilia: Câmara dos Deputados, Coordenação de Publicações, 2001, p. 30, indica os seguintes fatores de identidade imediata entre os países da América Latina:

    - o mesmo início de emancipação e atos de independência;
    - as mesmas lutas internas de organização dos países;
    - as mesmas experiências "populistas";
    - as mesmas migrações rurais-urbanas;
    - as mesmas guerrilhas dos anos 60;
    - as mesmas ditaduras dos anos 70;
    - os mesmos retornos democráticos dos anos 80;
    - as mesmas buscas atuais de integração econômica;
    - as mesmas tentativas de integração como metodologia para serem protagonistas no mundo globalizado.

32. O tradicional princípio acabou imortalizado por meio da análise de BARBOSA MOREIRA em sua obra "Duelo e Processo", antecipando-se ao que o Código de Processo Civil vigente: a necessidade da aplicação de racionalidade não só instrumental, mas baseada em *aceitabilidade social* para a obtenção da isonomia real e da efetividade do processo. MOREIRA, José Carlos Barbosa. Duelo e processo. *Revista de Processo*, São Paulo, v. 28, n. 112, out./dez. 2003. Analisa sob o mesmo prisma a questão o artigo de PEDRON, Flávio Quinaud. ***A possibilidade de recurso como garantia constitucional do devido processo legal (constitucional).*** Revista CEJ, Brasília, Ano XII, n. 42, p. 4-10, jul./set. 2008.

33. MITIDIERO, por exemplo, classifica o modelo do processo civil contemporâneo como assimétrico, afirmando não parecer adequado afirmar que o Juiz se encontre em pé de igualdade com as partes. "Ignorar, no entanto, a imperatividade da jurisdição e a necessidade de submissão da parte ao seu comando à vista da assimetria inerente a esse momento da atuação judicial parece equivocado. Mais adequado, portanto, pensar mesmo em um Juiz paritário no diálogo e assimétrico na decisão para caracterização do papel do Juiz no Estado Constitucional" MITIDIERO, Daniel. Colaboração no processo civil: pressupostos sociais, lógicos e éticos. São Paulo: Revista dos Tribunais, 2015. 3ª ed. P. 72.

do Código em vigor. A interdependência entre os ditos comandos principiológicos, bem como sua correlação direta com o aspecto social do processo ficam evidentes já a partir da sistemática da Parte Geral do Código de Processo Civil, elevando a status de garantias processuais *fundamentais*, de observância obrigatória e *conjunta*, as normas previstas nos sequenciais artigos 7º, 8º, 9º e 10º do CPC[34].

Como consequência dessa visão contemporânea do processo, exsurge o papel participativo e colaborativo de todos os agentes que dele fazem parte. As normas processuais buscam, sob tal prisma, propiciar "condições para que o indivíduo possa participar de um discurso de fundamentação racional acerca de direitos legais, para que estes possam ser legítimos"[35]. É a chamada conduta "contrafática", consubstanciada em *teoria normativa da comparticipação* baseada na cooperação dos agentes sociais, dentro do processo judicial democrático[36]. A matéria se mostra tão e mais relevante quando se discute o papel do Juiz no âmbito das relações que envolvem algum tipo de vulnerabilidade.

No direito processual do trabalho, no qual a tensão entre os sujeitos que compõem a relação material que o origina lhe é intrínseca, fica mais visível a interdependência conflitiva entre os direitos fundamentais que a informam e a ordem econômica[37]. Na medida em que se

---

34. O Código de Processo Civil coloca no mesmo título os princípios da isonomia (art. 7º), finalidade social do processo (art. 8º) e o contraditório (arts. 9º e 10º):

    *Art. 7º É assegurada às partes paridade de tratamento em relação ao exercício de direitos e faculdades processuais, aos meios de defesa, aos ônus, aos deveres e à aplicação de sanções processuais, competindo ao juiz zelar pelo efetivo contraditório.*

    *Art. 8º Ao aplicar o ordenamento jurídico, o juiz atenderá aos fins sociais e às exigências do bem comum, resguardando e promovendo a dignidade da pessoa humana e observando a proporcionalidade, a razoabilidade, a legalidade, a publicidade e a eficiência.*

    *Art. 9º Não se proferirá decisão contra uma das partes sem que ela seja previamente ouvida.*

    (...)

    *Art. 10. O juiz não pode decidir, em grau algum de jurisdição, com base em fundamento a respeito do qual não se tenha dado às partes oportunidade de se manifestar, ainda que se trate de matéria sobre a qual deva decidir de ofício.*

35. DIAS, Maria Clara Marques. Direitos Sociais Básicos: Uma investigação filosófica acerca da fundamentação dos Direitos Humanos. *Manuscrito.* V. XIX, n. 1, 1996, p. 129.

36. NUNES, Dierle. *Processo jurisdicional democrático.* Curitiba: Juruá, 2008.

37. Segundo Alexy, as tensões entre os princípios são inevitáveis na medida em que "en el cumplimiento de los derechos fundamentales sociales, el Estado puede distribuir sólo aquello que, bajo la forma de tasas e impuestos, saca de otros". E complementa, resumindo que, como envolve "problema de redistribución, su 'explosividad política' es obvia. En ningún otro ámbito es tan clara la conexión entre el resultado jurídico y las valoraciones prácticas y políticas; en

auto complementam, os diferentes caracteres do sistema econômico e social pressupõem a observância de medidas que impõem ao Estado um papel ativo.

Frente às grandes mudanças sociais vividas, a relação processual mereceu novo olhar do mundo jurídico[38], o papel do Juiz não mais pode ser considerado como mera intervenção, mas sim participação conjunta aos sujeitos do processo, contando com a participação de todos os demais destinatários do provimento jurisdicional.[39] A atuação do Juiz, portanto, além de se pautar nas normas pré-estabelecidas[40] (aqui incluídos os princípios e garantias constitucionais[41]), tem tais elementos como limites da sua possível influência e fiscalização na manifestação de vontade das partes quando da realização, por exemplo, de acordos ou convenções processuais a serem chancelados pelo Magistrado. Não há possibilidade de se afastar, contudo, tal atuação quando evidenciada grande discrepância de forças ("disparidade" de armas) entre as partes, tal e qual ocorre no processo do trabalho, sob pena de quebra do princípio constitucional da igualdade material (artigo 5º, caput da Constituição Federal), inclusive quando da instrução do processo.

O papel do Juiz, dentro de tal contexto, exige equilibrada dose de sensibilidade do intérprete e julgador aos valores sociais e às mutações axiológicas de sua sociedade[42], sob pena de mácula à própria efetividade do processo, eivando-o, portanto de inconstitucionalidade do ponto de vista social.

---

ningún otro ámbito se discute tan tenazmente." (ALEXY, Robert. *Teoría de los derechos fundamentales*. 2. ed. Madrid: Siglo del Hombre, 2007.p. 427 e 493).

38. Cf. CÂMARA, Alexandre Freitas. Op. Cit. Vide nota 24.
39. Nesse sentido, OLIVEIRA, Marcelo Andrade Cattoni de. *Direito processual constitucional*. Belo Horizonte: Mandamentos, 2001; p. 154-155.
40. "...para que seja legitima, a atuação judicial não pode expressar um ato de vontade própria do órgão julgador, precisando sempre reconduzir-se a uma previa deliberação majoritária, seja do constituinte, seja do legislador". BARROSO, Luis Roberto. *Da falta de efetividade à judicialização excessiva: direito à saúde, fornecimento gratuito de medicamentos e parâmetros para a atuação judicial*. Estudo desenvolvido por solicitação da Procuradoria Geral do Rio de Janeiro. Disponível em <http://www.conjur.com.br/dl/estudobarroso.pdf>.
41. Segundo Luís Roberto Barroso, "*O Poder Judiciário ainda quando desempenha uma função criativa do direito para o caso concreto, deve fazê-lo à luz dos valores compartilhados pela comunidade a cada tempo*". BARROSO, Luiz Roberto. **O controle de constitucionalidade no direito brasileiro**. São Paulo: Saraiva, 2012, p. 382-383.
42. DINAMARCO, Cândido Rangel. **Teoria Geral do Processo**. São Paulo, SP: Malheiros Editores. Pp. 76- 78.

## CONCLUSÃO

São muitos os desafios do Juiz contemporâneo, e longo o caminho percorrido desde a promulgada Constituição Federal de 1988. Muito já se caminhou, contudo não há dúvidas de que muito também ainda há a trilhar, mormente em se considerando tempos em que a sociedade luta para garantir direitos fundamentais, aparentemente indenes de discussão.

A observância dos instrumentos normativos de aplicação imediata que tenham, ainda que implícitos, conteúdo de direito fundamental, com a cobrança jurídica de um controle prévio, cuidadoso e obrigatório por parte do aparato Estatal, por certo irão permitir a legitimação social das decisões sociais, guarnecendo o escopo essencial do papel do Poder Judiciário de pacificação dos conflitos e, ao mesmo tempo, desestímulo à litigiosidade desmesurada, sem que haja, no entanto, qualquer limitação ao legítimo exercício do direito de ação

O respeito ao Judiciário não depende de atos isolados de seus membros, mas demanda a atuação conjunta dos demais Poderes e da própria sociedade. Repousa a sua dignidade em um cotidiano também digno, respaldado por uma aplicação do Direito que amolda a matéria de sua teoria a uma prática evoluída, e que clama pela estabilidade e firmeza de suas instituições.

É fato que os Juízes têm intrínseca em sua atividade responsabilidade ímpar, funcionando como instrumentos de estabilização social, e espelho da crença da sociedade na busca da Justiça Social.

Longe de se atingir a uma solução mágica para tal problemática, encerramos com a incitação à reflexão, acerca da relevância do tema, e da importância em se garantir, principalmente em tempos de crise, a independência do Juiz como modo de se garantir a independência da própria sociedade, sem o que a Constituição reverte a status de letra morta.

Afinal,

> (...) *o juiz é uma partícula de substância humana que vive e se move dentro do Direito; e se essa partícula de substância humana tem dignidade e hierarquia espiritual, o Direito terá dignidade e hierarquia espiritual. Porém, se o juiz, como homem, cede ante suas debilidades, o Direito cederá em sua última e definitiva revelação.* A sentença poderá ser justa ou injusta, porque os homens necessariamente se equivocam. Não se inventara ainda uma máquina de fazer sentenças. No dia em que for possível decidir os casos judiciais, como decidem as carreiras de cavalos, mediante um olho eletrônico que registra fisicamente o triunfo

*ou a derrota, a concepção constitutiva do processo carecerá de sentido, e a sentença será uma pura declaração, como queria Montesquieu.* **Enquanto não se fabrica essa máquina de fazer sentenças, o conteúdo humano, profundo e entranhável do Direito não pode ser desatendido nem desobedecido, e as sentenças valerão o que valem os homens que as ditam. Da dignidade do juiz depende a dignidade do Direito. O Direito valerá, em um país e num momento histórico determinado, o que valem os juízes como homens. No dia em que os juízes tiverem medo, nenhum cidadão poderá dormir tranqüilo**"[43]

# BIBLIOGRAFIA

ALEXY, Robert. *Teoría de los derechos fundamentales*. 2. ed. Madrid: Siglo del Hombre, 2007.

ARISTÓTELES. *Ética a Nicômaco*. Trad. Alex Marins. São Paulo: Martin Claret, 2009.

BIDDLE, Craig. *Individualism vs. Collectivism: Our Future, Our Choice*. The Objetive Standart, Vol. 7, nº 1. Glen Allen: Glen Allen Prs, 2012.

BARROSO, Luís Roberto. *Interpretação e Aplicação da Constituição*. 4. ed. São Paulo: Saraiva, 2002.

_____. *Da falta de efetividade à judicialização excessiva: direito à saúde, fornecimento gratuito de medicamentos e parâmetros para a atuação judicial*. Estudo desenvolvido por solicitação da Procuradoria Geral do Rio de Janeiro. Disponível em <http://www.conjur.com.br/dl/estudobarroso.pdf>.

_____. *O controle de constitucionalidade no direito brasileiro*. São Paulo: Saraiva, 2012.

BITTAR, Eduardo. C. B. *Curso de ética jurídica: ética geral e profissional*. 4 ed. São Paulo: Saraiva, 2007.

CAPPELLETTI, Mauro et al. *Acesso à Justiça*. Trad. Ellen Gracie Northfleet. Porto Alegre: Sérgio Antonio Fabris Editor, 1988

COLE, Daniel H; GROSSMAN, Peter Z. *"Princípios de Direito e Economia*. 2. ed. New York: Wolters Kluwer, 2011.

COUTURE, Eduardo Juan. **Introducion Al Estudio Del Proceso Civil**. Buenos Aires: Depalma, 1988.

DENTI, Vittorio; TARUFFO, Michele. **Il profilo stirico.** *In* DENTI, Vitorio. La giustizia civile. Bologna: Il Molino, 2004.

DIAS, Maria Clara Marques. Direitos Sociais Básicos: Uma investigação filosófica acerca da fundamentação dos Direitos Humanos. *Manuscrito*. V. XIX, n. 1, 1996.

DINAMARCO, Cândido Rangel. **Teoria Geral do Processo**. São Paulo, SP: Malheiros Editores.

FREITAS, Juarez. *A interpretação sistemática do Direito*. 3. ed. São Paulo: Malheiros, 2002.

HABERMAS, Jürgen. *Direito e Democracia*: entre felicidade e validade. Trad. F. B. Siebeneichler. Rio de Janeiro: Tempo Brasileiro, 1997.

---

43. COUTURE, Eduardo Juan. **Introducion Al Estudio Del Proceso Civil**. Buenos Aires: Depalma, 1988. p. 75.

HESSE, K. A força normativa da Constituição. Tradução de Gilmar Ferreira Mendes. Porto Alegre: Sergio Antonio Fabris, 1991.

IHERING, Rudolf Von. "*A Luta pelo Direito*. Trad. João de Vasconcelos. São Paulo: Martin Claret, 2009.

KANT, Immanuel. *"Werkausgabe.* v. III. Frankfurt: Suhrkamp, vol. III, 1992.

MANSUETTI, Hugo Roberto. *"Derecho del Trabajo em el Mercosur*. Buenos Aires: Ciudad Argentina, 1999.

MARINONI, Luiz Guilherme; MITIDIERO, Daniel. *Teoria Geral do Processo*. v. 1. 3. ed. São Paulo: RT, 2008.

MITIDIERO, Daniel. Colaboração no processo civil: pressupostos sociais, lógicos e éticos. São Paulo: Revista dos Tribunais, 2015. 3ª ed.

MOREIRA, José Carlos Barbosa. Duelo e processo. *Revista de Processo*, São Paulo, v. 28, n. 112, out./dez. 2003.

NIETZCHE, Friedrich. *A genealogia da moral*. 2. ed. São Paulo: Editora Escala, 2007.

NUNES, Antonio José A. *"Uma leitura crítica da actual crise do capitalismo*. Coimbra: Coimbra Editora, 2011, p. 63-71. PETTER, Josué Lafayete. *Princípios Constitucionais da Ordem Econômica*. São Paulo: Revista dos Tribunais, 2005.

NUNES, Dierle. *Processo jurisdicional democrático.* Curitiba: Juruá, 2008.

OLIVEIRA, Marcelo Andrade Cattoni de. *Direito processual constitucional*. Belo Horizonte: Mandamentos, 2001.

OZ, Amós. *Judas.* Trad. de Paulo Geiger. São Paulo: Companhia das Letras, 2014.

PEDRON, Flávio Quinaud. *A possibilidade de recurso como garantia constitucional do devido processo legal (constitucional).* Revista CEJ, Brasília, Ano XII, n. 42, p. 4-10, jul./set. 2008.

PORTANOVA. Rui. *Motivações ideológicas da sentença.* 5. ed. Porto Alegre: Livraria do Advogado, 2003.RAND, Ayn. *The virtue of selfishness: a new concept of egoism.* New York: Peguin. 1964.

REALE, Miguel. *Filosofia do direito.* 19 ed. São Paulo: Saraiva, 1999.

SIVOLELLA, Roberta Ferme. "As convenções processuais e a vulnerabilidade no processo do trabalho: uma questão de princípio e de diálogo das fontes" In: Teoria do Diálogo das Fontes no Direito do Trabalho. COLNAGO, Lorena e CLAUS, Bem-Hur Silveira (Coord.) São Paulo: Ltr, 2017.

_____. Novas Formas de Contratação na Lei n. 13.467/2017 e Interpretação Sistemático-constitucional: o teletrabalho em foco. In: "REFORMA TRABALHISTA- impactos na relação de trabalho". TUPINAMBA, Carolina e GOMES, Fabio Rodrigues. Belo Horizonte: Ed. Forum, 2018.

TEIXEIRA, Francisco José Soares. Economia e Política n'O Capital. In: *Direito e Marxismo.* BELLO, Enzo (Org.). Rio de Janeiro: Lumen Juris, 2010.

WAMBIER, Teresa Arruda Alvim. O ônus da prova. *In Revista Jurídica Consulex*, Brasília, Editora Consulex, n. 200, maio 2005.

# ARTIGO 114

# A Justiça do Trabalho e seu papel na Ordem Constitucional

*Augusto César Leite de Carvalho*[1]

**SUMÁRIO:** 1. Os fundamentos constitucionais da república e o magistrado do trabalho – 2. Fundamentos da existência singular do Direito do Trabalho e da Justiça do Trabalho: 2.1. A dignidade humana como valor-vértice da ordem jurídica – 2.2. A dignidade do trabalho humano como fundamento da ordem republicana – 2.3. A igualdade substancial consubstancia a dignidade em relações assimétricas – 2.4. Direitos humanos são interdependentes e inter-relacionados – 2.5. O processo do trabalho como instrumento da tutela dos direitos humanos relacionados ao ambiente laboral – a autonomia do controle difuso de constitucionalidade e de convencionalidade – 3. À guisa de conclusão – Referências bibliográficas.

## 1. OS FUNDAMENTOS CONSTITUCIONAIS DA REPÚBLICA E O MAGISTRADO DO TRABALHO

A opção da sociedade brasileira por reservar a solução de conflitos relacionados ao trabalho a um ramo especializado do Poder Judiciário é constitucional. Está no art. 114 da Constituição e, sob o ponto de vista formal, integra a organização de poderes, separados e harmônicos, incólumes, em princípio, à atuação do poder constituinte derivado (art. 60, §4º, III da Constituição).

O magistrado que integra a Justiça do Trabalho investe-se, todavia, em cargo e função que somente se justificam quando servem às expectativas gizadas pela ordem constitucional, fonte de toda sua legitimação[2].

---

1. O autor é Ministro do Tribunal Superior do Trabalho e professor do Instituto de Educação Superior de Brasília (IESB). Mestre em Direito Constitucional e Doutor em Direito das Relações Sociais. É membro honorário do IPEATRA.

2. Conforme sustenta Ferrajoli, "a sujeição do juiz à lei já não é, como no velho paradigma positivista, sujeição à letra da lei, qualquer que seja seu significado, senão sujeição à lei enquanto

É justo e adequado, portanto, que se questione o que se deve esperar do magistrado do trabalho.

Afastando-se definitivamente dos modelos nomodinâmicos referidos por Kelsen[3], o poder constituinte, faz trinta anos, identificou a constituição de uma sociedade livre, justa e solidária, comprometida com a erradicação da pobreza e da marginalização, com a redução das desigualdades regionais e com a eliminação de todas as formas de discriminação como objetivo da república que estava a restaurar (art. 3º, III), além de conferir identidade ao nosso modelo de Estado ao prescrever o primado dos direitos humanos como princípio republicano (art. 4º, II).

No Brasil, quando o cidadão é selecionado para exercer cargo da magistratura, a sua investidura originária ou derivada depende, como preceitua o art. 79 da Lei Complementar n. 35/1979, de ele prestar "o compromisso de desempenhar com retidão as funções do cargo, cumprindo a Constituição e as leis". A praxe acresceu ao juramento a desinência que, sabiamente, afasta o juiz da armadilha de cumprir leis ilegítimas: o seu compromisso é o de cumprir "as leis da República".

Leis republicanas e, portanto, as únicas vinculativas da atuação jurisdicional são, como visto, aquelas que se afinam com os fundamentos, os objetivos e os princípios da República Federativa do Brasil, expressamente

---

válida, é dizer, enquanto coerente com a Constituição". O autor arremata: "Nesta sujeição do juiz à Constituição e, em consequência, em seu papel de garante dos direitos fundamentais constitucionalmente estabelecidos, está o principal fundamento atual da legitimação da jurisdição e da independência do poder judicial dos demais poderes, legislativo e executivo, ainda que sejam – ou precisamente porque são – poderes de maioria" (FERRAJOLI, Luigi. *Derechos y Garantías: la ley del más débil*. Tradução para o espanhol de Perfecto Andrés Ibáñez e Andrea Greppi. Tradução livre para o português. Madrid: Editorial Trotta, 2006, p. 26).

3. KELSEN, Hans. *Teoria Geral do Direito e do Estado*. Tradução de Luis Carlos Borges. São Paulo: Martins Fontes, 1998, p. 179. Em verdade, Kelsen rejeitava a ideia de uma ordem jurídica concebida a partir de um ponto de vista puramente dinâmico, pois no modelo monodinâmico "o Direito é qualquer coisa que se tenha efetuado da maneira que a constituição prescreve para a criação do Direito". Ele sustenta em seguida que "esse conceito dinâmico, contudo, é apenas aparentemente um conceito de Direito. Ele não contém nenhuma resposta à questão do que é a essência do Direito, de qual é o critério pelo qual o Direito pode ser distinguido de outras normas sociais. [...] Deve-se notar, porém, que não apenas uma norma, i.e., um comando que regula a conduta humana, pode ser criada da maneira prescrita pela constituição para a criação de Direito. Um estágio importante no processo criador de Direito é o procedimento pelo qual normas gerais são criadas, ou seja, o procedimento legislativo. [...] O procedimento criador de Direito inclui não apenas o processo de legislação, mas também o procedimento das autoridades jurídicas e administrativas" (pp. 179-180). Parece-nos que assiste razão a Ferrajoli quando argumenta que, em rigor, Kelsen adota o modelo monodinâmico que estaria a criticar, como se verá mais adiante neste texto.

catalogados na Constituição. E segue então um inevitável corolário: a enunciação de valores e programas éticos, assim axiomatizados na norma fundamental, impõe aos juízes não somente o dever de realizar, sem expurgo de sua liberdade de pensamento, os desígnios ideológicos da carta republicana, mas também lhes impinge um traço deontológico que vimos bem representado, certa vez, em alegoria usada pelo professor Mario Ackerman para definir o esforço que empreendemos para formar-nos juízes do trabalho.

Em conferência que presidiu no Tribunal Superior do Trabalho há cinco ou seis anos, Ackerman retratou, a seu jeito, a formação – que se diria cronológica – do mau intérprete do Direito: "A história diz que um angustiado buscador da verdade estudou Filosofia e perdeu o juízo. Depois, estudou Teologia e perdeu a fé. Depois, estudou História e perdeu a memória. Então, estudou Psicologia, Sociologia e Antropologia e perdeu o amor ao próximo. Finalmente, estudou Direito e perdeu tempo"[4]. Trazendo a parábola para a nossa realidade, o juiz que estudou Direito sem atinar para o drama social, historicamente situado, que o Direito pretende solucionar, não haverá de bem o entender e bem o aplicar. Está a perder seu tempo e comprometer o tempo dos jurisdicionados.

Neste ensaio despretensioso, concebido embora para pretensiosamente compor a primeira publicação do IPEATRA, intentamos relacionar alguns fundamentos da existência e subsistência da Justiça do Trabalho, sem os quais não fará sentido a sua preservação na ordem constitucional e na organização judiciária. A partir deste parágrafo, escreverei preferencialmente em primeira pessoa, menos por atribuir alguma plasticidade ou voluntarismo ao que sustento e mais para garantir a sua dialeticidade, pois não me desgarro da compreensão de ser a norma jurídica um dado construído, essencialmente cultural, que se legitima na racionalidade discursiva.

## 2. FUNDAMENTOS DA EXISTÊNCIA SINGULAR DO DIREITO DO TRABALHO E DA JUSTIÇA DO TRABALHO

Extrairia do ordenamento, para efeito de análise, o caráter incontrastável de cinco fundamentos a que não se pode dissociar a atuação da Justiça do Trabalho: a) a dignidade é valor que encima a tábua de Direitos Humanos e reveste-se de atributo normativo; b) a dignidade do

---

[4]. ACKERMAN, Mário. A contribuição da Comissão de Peritos da OIT para a efetividade dos princípios e direitos fundamentais no trabalho. Revista do Tribunal Superior do Trabalho, São Paulo, SP, v. 76, n. 4, p. 36-49, out./dez. 2010. Disponível em: <https://hdl.handle.net/20.500.12178/18796>. Acesso em 1/jun/2018.

trabalho humano é fundamento da ordem republicana; c) a igualdade substancial consubstancia a dimensão da dignidade nas relações sociais originalmente assimétricas; d) os direitos humanos afetos às dimensões da liberdade, da igualdade e da sustentabilidade são interdependentes e inter-relacionados, exigindo coerência dos modelos hermenêuticos correspondentes também no âmbito do trabalho; e) o processo do trabalho é instrumento dos direitos humanos exigíveis no ambiente laboral.

## 2.1. A dignidade humana como valor-vértice da ordem jurídica

É comum vermos sistematizados os Direitos Humanos em gerações de direitos (direitos civis e políticos seguidos de direitos sociais etc.) que teriam sido gradualmente incorporados ao direito positivo. Há os que preferem catalogar os Direitos Humanos em dimensões que, com igual conteúdo normativo, estariam, sem apego a ordem cronológica, a enfatizar que tanto a concretização dos direitos econômicos, sociais, culturais e ambientais é um estágio existencial imprescindível à realização dos direitos de liberdade, quanto o inverso.

Ao se falar em Direitos Humanos de primeira, segunda ou terceira geração, numa inexorável linha do tempo, ressente-se de deixar sem resposta o argumento de não ser plenamente livre aquele a quem não se garantem as expectativas positivas de saúde, educação, moradia, trabalho etc. Por outro lado, os que preferem sustentar que há Direitos Humanos de primeira ou segunda dimensão esboçam, talvez sem o querer, uma ordem de preferência que cataloga em segundo plano os direitos sociais, sem embargo de eles serem, não raro, o pressuposto material de todas as liberdades.

Parece mais consentâneo, portanto, dizer simplesmente que os direitos civis e políticos atendem à dimensão da liberdade e que os direitos sociais e ambientais correspondem à dimensão da igualdade. Sem ordem no tempo ou de prioridade.

Liberdade e igualdade são, porém, conceitos formais, sem conteúdo moral preconcebido. Não por acaso, a liberdade é associada por Kant à autonomia, vale dizer, à capacidade, inerente à razão, de decidir sem deixar-se influenciar por fatores externos ou interesses pessoais, em um exercício de abstração em que os limites não seriam traçados por cânones éticos preestabelecidos, mas por uma máxima de conteúdo fluido, contanto que universal[5].

---

5. KANT, Immanuel. *A Metafísica dos Costumes*. Tradução, textos adicionais e notas de Edson Bini. Bauru, SP: Edipro, 2003. Disponível em: https://archive.org/stream/KANTI.AMetafisicaDosCostumes/ KANT%2C%20I.%20A%20metafisica%20dos%20costumes#page/n33/mode/2up.

O conteúdo igualmente indeterminado do princípio da igualdade – em rigor, a igualdade é um conceito relacional, associado a um ideal de vida gregária, que não preordena *a priori* os setores da existência em que se justificam a equiparação ou a diferença de tratamento – fez Pérez Luño lembrar que Luhmann preconizava a "igualdade de regularidade do procedimento", ou igualdade na aplicação da lei, para a qual "carece de relevância se os homens são iguais ou desiguais por natureza ou por outras causas", dado que "a igualdade que se obtém por meio do procedimento, isto é, do tratamento regulamentado normativamente e imparcial das distintas relações e conflitos sociais, não constitui uma forma de igualdade natural (todos os homens são iguais), nem expressão de um valor ético a realizar (todos os homens devem ser tratados como iguais), senão um princípio de imparcialidade que exige que todas as distinções possam ou devam ser ignoradas, exceto aquelas que se considerem razoáveis em um determinado sistema"[6].

A Declaração Universal dos Direitos Humanos, de 1948, liberta todos os povos de governos arbitrários ao converter em direito positivo, de modo mais abrangente e sistêmico[7], os direitos da humanidade. E inicia-se com a afirmação categórica de que todos os seres humanos são livres e iguais em dignidade e direitos. Merece ênfase: iguais em dignidade. Não obstante as diferenças que caracterizam as tantas subjetividades, idiossincrasias e diversidades culturais, há um elo entre todos os homens e mulheres insusceptível de reduzir-se a algum arrebatamento de outras instâncias normativas: a dignidade da pessoa humana, um conceito de conteúdo ético e universal.

A dimensão da igualdade, no âmbito dos Direitos Humanos, é por isso, e ontologicamente, a dimensão da dignidade. Um aspecto relevante para a aplicação do direito objetivo: como se trata de um valor ético transcendente, a dignidade é princípio que não se traduz em regras de comportamento, antes o contrário. São as regras jurídicas, descritivas de conduta e sanção, que devem guardar relação de continência com a máxima

---

6. PÉREZ LUÑO, Antonio Enrique. *Dimensiones de la Igualdad*. Madrid: Editorial Dikinson, 2007. O autor distingue ainda *igualdade* (coincidência ou equivalência parcial entre diferentes entes), *identidade* (coincidência absoluta de um ente consigo mesmo) e semelhança (mera afinidade ou aproximação entre diferentes entes).

7. Sobre a evolução histórica dos Direitos Humanos: MARTÍNEZ QUINTEIRO, María Esther. "El Discurso de los Derechos Humanos en Perspectiva Histórica. El Síndrome de la Torre de Babel". VV.AAA. Coordenação de María de la Paz Pando Ballesteros *et alii*. Madrid: Catarata, 2016, pp. 41-60.

segundo a qual toda prescrição normativa indiferente à essência dos seres humanos, que a todos faz iguais naquilo em que se igualam, desatende ao axioma da dignidade e, portanto, não se reveste de validade.

As normas de direito internacional e de direito constitucional, exatamente porque se revelam de textura aberta, fazem da hermenêutica jurídica um constante desafio, sem a acomodação intelectual proporcionada por regras de conduta que se encontram amiúde no direito nacional. Alguns exemplos são ilustrativos:

a) O Tribunal Constitucional da Alemanha construiu toda sua rica jurisprudência acerca da proteção dos direitos sociais a partir do art. 1º, I e II, da Lei Fundamental de Bonn que, após proclamar ser intangível a dignidade da pessoa humana, arremata singelamente: "O povo alemão reconhece, por isso, os direitos invioláveis e inalienáveis da pessoa humana como fundamento de toda comunidade humana, da paz e da justiça no mundo". Nada é mais abstrato que essa assertiva, mas dela se inferiu o conteúdo essencial dos direitos fundamentais de índole social, no solo alemão.

b) Quando houve de dar efetividade ao direito constitucional ao trabalho (artigos 35.1 e 40.1 da Constituição espanhola), o Tribunal Constitucional da Espanha decidiu, por sua vez, que tal direito não se esgotaria na liberdade de trabalhar ou no direito de todos os espanhóis a um posto de trabalho, mas também "à continuidade ou estabilidade no emprego, ou seja, a não ser despedido se não existe uma justa causa" (STC 22/1981). Em suma, direito ao trabalho com o significado de direito a trabalho digno, assim também decidindo o Tribunal Constitucional da Itália nas Sentenças 47/1976 e 189/1980[8].

Qual o significado que os juízes e tribunais brasileiros estão dispostos a dar, sob tal perspectiva, ao art. 23.3 da Declaração Universal de Direitos Humanos ("Todo ser humano que trabalha tem direito a uma remuneração justa e satisfatória que lhe assegure, assim como à sua família, uma existência compatível com a dignidade humana e a que se acrescentarão, se necessário, outros meios de proteção social")? Esse

---

8. As duas sentenças da Corte Constitucional da Itália são referidas por Luigi Ferrajoli em: FERRAJOLI, Luigi. *La Democracia A Través de Los Derechos: el constitucionalismo garantista como modelo teórico y como proyecto político*. Traducción al español de Perfecto Andrés Ibáñez. Madrid: Editorial Trotta, 2014, p. 117.

dispositivo desdobra-se em outros, a exemplo do art. 7º do Pacto Internacional Sobre Direitos Econômicos, Sociais e Culturais (PIDESC).

Bem entendido, o art. 7º do PIDESC – à semelhança do art. 7º do Protocolo de San Salvador, ambos ratificados pelo Brasil – prefere usar o significante "decência", que guarda o mesmo significado de "dignidade", para exigir que as nações civilizadas exijam remuneração que proporcione, no mínimo, para os trabalhadores "uma existência decente para eles e suas famílias". Uma norma infraconstitucional que acaso produza incerteza quanto ao ganho salarial, transferindo ao empregado o risco da atividade econômica intermitente, decerto poderá ser confrontada, no plano abstrato ou concreto, com tal exigência de remuneração decente[9].

No âmbito interno, a ordem constitucional brasileira seguiu a trilha que lhe fora preordenada desde a DUDH de 1948, ao prescrever que a dignidade da pessoa humana é fundamento da República (art. 1º, III) e que a ordem econômica tem por fim assegurar a todos existência digna segundo os ditames da justiça social (art. 170). Para conferir à observância do princípio da dignidade um compromisso intergeracional, a Constituição exige que a discricionariedade do planejamento familiar e a educação das crianças e adolescentes brasileiros tenha ao menos um limite: a dignidade da pessoa humana como referência ética (art. 226, §7º e art. 227).

Ao legislador infraconstitucional e ao seu intérprete cabe, como é truísmo afirmar, agir em conformidade com essa mesma centelha de eticidade inaugurada no plano das normas internacionais e endossada pela carta constitucional. Não precisam dizer que o fazem, como se observa à leitura do Código Civil vigente no Brasil desde 2002 – cujo conjunto normativo revela amplo suporte na proteção aos direitos da personalidade, na oponibilidade da boa-fé e da função social dos negócios jurídicos, institutos sintonizados com a preponderância da dignidade humana.

Mas o princípio, enquanto norma jurídica, é mandamento de otimização[10]. Esse mesmo legislador e seus exegetas não estão vocacionados,

---

9. Sobre o trabalho intermitente no Brasil, ver: CARVALHO, Augusto César Leite de. *Princípios de Direito do Trabalho Sob a Perspectiva dos Direitos Humanos.* São Paulo: LTr, 2018.
10. Conforme ALEXY, Robert. *Teoria dos Direitos Fundamentais.* Tradução de Virgílio Afonso da Silva. São Paulo: Malheiros, 2017, p. 90: "o ponto decisivo na distinção entre regras e princípios é que *princípios* são normas que ordenam que algo seja realizado na maior medida

na direção oposta, a bloquear a trajetória sempre inflexível, quiçá ascendente, de tutela da dignidade da pessoa humana; vale dizer: não estão aptos a alforriar o Estado ou qualquer outra esfera de poder social para agirem com base na interpretação gramatical da lei, sem que atentem para a permeabilidade da lei ao primado da dignidade humana.

Os que produzem as leis ou as interpretam devem estar vigilantes à preeminência da máxima universal que liberta o destinatário da norma jurídica infraconstitucional quando ele percebe estar essa a desconsiderar a igualdade que há em todos, naquilo em que todos são iguais. Como pontua Ferrajoli, "[...] a interpretação das leis está (sempre esteve) confiada, no paradigma do estado de direito, a juízes independentes e não ao próprio legislador"[11]. Nesse horizonte, a lei *stricto sensu* tem sempre sentido e alcance condicionados, não podendo imunizar-se inteiramente da possibilidade de ser submetida à sindicância de validade.

A dignidade da pessoa humana tem enfim uma característica que lhe confere transcendência, quando não a imuniza, no tocante à suscetibilidade, que é comum às normas abertas, de ponderação. Por estar no vértice do sistema jurídico positivado[12], e por emprestar fundamento ético aos outros princípios reitores dos Direitos Humanos – em especial à liberdade e à igualdade –, a dignidade da pessoa humana prefere a eles e a quaisquer direitos fundamentais, dado que de ordinário a criatura não pode despojar-se da influência do criador.

---

possível dentro das possibilidades jurídicas e fáticas existentes. Princípios são, por conseguinte, *mandamentos de otimização*, que são caracterizados por poderem ser satisfeitos em graus variados e pelo fato de que a medida devida de sua satisfação não depende somente das possibilidades fáticas, mas também das possibilidades jurídicas".

11. FERRAJOLI, Luigi. *Garantismo: debate sobre el derecho y la democracia.* Tradução para o espanhol de Andrea Greppi. Tradução livre para o português. Madrid: Editorial Trotta, 2006, p. 96.

12. "Procedendo-se, em definitivo, a uma conexão axiológica do tímido elenco de hipóteses-tipo previsto no Código Civil de 2002 ao Texto Constitucional, parece lícito considerar a personalidade não como um novo reduto de poder do indivíduo, no âmbito do qual seria exercida a sua titularidade, mas como valor máximo do ordenamento, modelador da autonomia privada, capaz de submeter toda a atividade econômica a novos critérios de legitimidade. Com efeito, a escolha da dignidade da pessoa humana como fundamento da República, associada ao objetivo fundamental de erradicação da pobreza e da marginalização, bem como de redução das desigualdades sociais, juntamente com a previsão do § 2º do art. 5º, no sentido da não--exclusão de quaisquer direitos e garantias, ainda que não expressos, mas decorrentes dos princípios adotados pelo Texto Maior, configuram uma verdadeira cláusula geral de tutela e promoção da pessoa humana, tomada como valor máximo pelo ordenamento" (TEPEDINO, Gustavo. *Cidadania e Direitos da Personalidade*. Disponível em: http://www.amdjus.com.br/doutrina/civil/113.htm.).

## 2.2. A dignidade do trabalho humano como fundamento da ordem republicana

O poder constituinte, no Brasil, poderia ter esclarecido que vivemos em uma "república democrática baseada no trabalho", como anuncia a Constituição da Itália em seu primeiro dispositivo. Preferiu enunciar que no contexto constitucional a liberdade de empresa é princípio atrelado, qual amálgama, ao valor social do trabalho digno, porquanto assim prescrevem os artigos 1º, III e 170 da Constituição brasileira.

Não é tarefa simples, todavia, identificar, no mundo real ou sensível, as hipóteses em que tais ou quais condições de trabalho devam ser asseguradas como modo de garantir ao trabalhador aquela porção de dignidade que a todos faz iguais, independentemente de conjunturas sociais ou econômicas, de sexo, etnia, condição financeira, idade, aptidão física ou intelectual, grau acadêmico, origem, estado civil etc.

Além da alentada normatização pelos organismos internacionais e pelos estados nacionais, o direito ao trabalho digno não é norma puramente programática nas constituições dirigentes que se seguiram ao final da Segunda Guerra Mundial, durante a qual o planeta assistiu à barbárie que resultava de textos constitucionais com apreço apenas à democracia puramente formal e, por isso mesmo, com baixa ou nenhuma densidade normativa quanto ao primado dos Direitos Humanos[13].

É possível ilustrar: no plano pragmático, a norma-diretriz que exige o trabalho consentâneo com a dignidade humana pode importar tanto a proibição genérica de algum tipo de prestação laboral quanto a imposição de que algum tipo de trabalhador seja contratado em detrimento dos demais.

---

13. Secundando Gomes Canotilho, Celso Lafer anota que "as Constituições contemporâneas têm características diferentes da Constituição-garantia dos séculos XVIII e XIX. Podem ser classificadas como Constituições programáticas de ânimo dirigente, pois contêm normas definidoras de programas de ação e de linhas de orientação. É por este motivo que as Constituições do século XX, com destaque para as que foram elaboradas no Segundo Pós-Guerra, contêm, além de regras que atribuem competências, princípios gerais. A discussão sobre o papel dos princípios gerais num ordenamento jurídico é um grande tema de teoria geral do Direito, cabendo observar que se trata de tema que foi bem versado e com anterioridade no âmbito do Direito Internacional Público, em função do estatuto da Corte Permanente de Justiça Internacional. Este considerou, no seu art. 38, que são fontes do Direito Internacional Público não apenas as regras específicas dos tratados e dos costumes mas os princípios gerais do Direito, reconhecidos pelas nações civilizadas" (LAFER, Celso. *A Internacionalização dos Direitos Humanos: Constituição, Racismo e Relações Internacionais*. Barueri: Manole, 2005, p. 12).

Tivemos a primeira hipótese quando o Conselho de Estado, na França, repristinou a ordem do edil que proibia o jogo conhecido como "arremesso de anões"; e a temos também quando uma autoridade administrativa ou judiciária, no Brasil, interdita uma unidade produtiva que está a submeter empregados a condições de trabalho destoantes do direito fundamental à saúde (artigos 196 e 200, VIII da Constituição), ou à sadia qualidade de vida (art. 225 da Constituição). A vulneração de algum direito da personalidade – relacionado à vida, à intimidade, à privacidade, à honra, à imagem, à integridade física, intelectual ou moral do empregado – deve igualmente autorizar a atuação do Estado com o propósito de resgatar ou preservar a dignidade humana no ambiente de trabalho.

Exemplo da segunda hipótese seria a determinação legal de que trabalhadores com deficiência sejam contratados em certa proporção (art. 93 da Lei n. 8.213/1991), ou que assim se proceda em relação a trabalhadores por alguma razão injustamente estigmatizados (Lei n. 9.029/1995 e Súmula n. 443 do TST), pois não é condizente com o postulado da dignidade humana que alguém tenha o desenvolvimento de sua personalidade tolhido em consequência de pré-compreensão ou preconceito que impeça possa ela realizar-se no plano existencial ou ter suas habilidades reconhecidas e valorizadas.

Os exemplos citados para ilustrar a primeira hipótese (intervenção estatal para impor a modificação ou resolução do contrato) se relacionam com situações reais ou hipotéticas nas quais o aviltamento da dignidade humana revela-se *ipso facto*, o bastante para autorizar o ato judicial nos limites da norma constitucional vinculativa. Embora o direito comparado contenha precedentes judiciais que conotam igual discricionariedade na segunda hipótese (obrigação de contratar em atenção à dignidade da pessoa humana), a jurisprudência brasileira é aqui mais parcimoniosa, quase sempre a pressupor uma base normativa de origem estatal para a concretização da dignidade humana em casos concretos nos quais se pode obrigar o empregador a contratar algum segmento de pessoas.

Não estamos a sugerir, ainda assim, que o nosso sistema jurídico seja insuficiente ou precário para comportar a tutela judicial que ordene a constituição de uma relação jurídica de trabalho ou de qualquer outro direito com base no princípio da dignidade. Bastaria lembrar que o art. 5º, LXXI, da Constituição brasileira autoriza a concessão de mandado de injunção "sempre que a falta de norma regulamentadora torne inviável o exercício dos direitos e liberdades constitucionais e das prerrogativas inerentes à nacionalidade, à soberania e à cidadania". Cabe ao Supremo

Tribunal Federal, se provocado, atender a essa expectativa constitucional (art. 102, q, da Constituição).

### 2.3. A igualdade substancial consubstancia a dignidade em relações assimétricas

A dignidade da pessoa humana é, em todo caso, a fonte de legitimidade para a intervenção estatal que inibe, topicamente, a autonomia privada, princípio regulador dos negócios jurídicos.

E embora a função de estabelecer marcos regulatórios com esse fim seja primordialmente do legislador infraconstitucional, convém observar que os artigos 23 e 24 da DUDH positivam o direito ao trabalho que implique o labor em "condições justas e favoráveis", a proteção contra o desemprego, remuneração igual, justa e satisfatória, liberdade sindical, horas de trabalho que permitam repouso, lazer e férias remuneradas periódicas.

O art. 7º da Constituição brasileira assegura, por seu lado, direitos sociais relacionados ao trabalho em trinta e quatro incisos, abrindo o sistema, em seu *caput*, para outros que visem à melhoria das condições sociais dos trabalhadores. Alguns desses incisos enunciam princípios que se oferecem a alguma ponderação, a exemplo daqueles que preconizam a redução dos riscos inerentes ao trabalho, a proteção do trabalho em face da automação ou a proibição de distinção entre trabalho manual, técnico ou intelectual. Mas há outros que, ao descreverem a conduta lícita e, portanto, por prescreverem regras (não apenas princípios) alusivas a salário, jornada, proteção a menores e a avulsos, tornam-se indenes a qualquer tentativa de relativização de seu preceito ou desfiguração de seu conteúdo essencial[14].

É importante observar que estamos, nesta parte, a tratar de projeções da dignidade humana correlacionadas a manifestações da *igualdade substancial*, ou seja, enumeramos hipóteses nas quais o Estado, legislador ou juiz, intervém para atribuir direitos subjetivos e assim dignificar alguma específica condição de trabalho, em detrimento da desigualdade material que, não fosse a intervenção normativa, seria perceptível na relação jurídica regulada.

---

14. Sobre o tema: PEREIRA, Ricardo José de Britto. "Regime Jurídico dos Direitos Sociais dos Trabalhadores na Constituição". *In*: Direito Constitucional do Trabalho: princípios e jurisdição constitucional do TST. Coordenação de Gabriela Neves Delgado *et alii*. São Paulo: LTr, 2015, p. 131.

A restrição à vontade privada, de que ora cogitamos, não é a que se enquadra, portanto, nos escaninhos da *igualdade formal*, ou igualdade perante a lei, por meio da qual se admitem tanto a "igualdade por equiparação" quanto a "igualdade por diferenciação"[15] – esta a revelar-se, por exemplo, quando a Convenção n. 111 da OIT consente a existência de qualificação diferenciada para determinados empregos ou quando a Convenção n. 155 da OIT e a Constituição brasileira impõem que os trabalhos de risco ou insalubres impliquem um tratamento remuneratório diferenciado.

### 2.4. Direitos humanos são interdependentes e inter-relacionados

O Estado brasileiro atravessa quadra histórica que parece confirmar a tese, em parte aceita por historiadores, de que a humanidade, ou parte dela, vive ciclos de avanço sucedidos por outros de recuo em sua evolução na busca de melhor qualidade de vida.

Conta-nos Niall Ferguson, por exemplo, que ideias e comportamentos associados à competição, à ciência, ao direito de propriedade, à medicina, à sociedade de consumo e à ética do trabalho teriam permitido que as sociedades ocidentais superassem a vida precária que experimentavam há quinhentos anos e conquistassem então a supremacia civilizatória que antes se atribuía aos povos do oriente[16], os mesmos que agora ameaçam retomar a superioridade perdida.

Vivemos ciclos históricos em que oscilam ideologias e poder em várias perspectivas, amoldando-se o Direito às variações da Política, às vezes da Religião; a Política, aos desvelos da Ciência, ou às variáveis econômicas; estas, às limitações do Direito. São subsistemas sociais interdependentes que, não raro, atuam de maneira autorreferencial, sem atinarem para a necessidade e a complexidade do diálogo que os faria a todos sustentáveis.

Das digressões de Luhmann se extrai um inevitável questionamento: o que é o Estado do Bem-Estar Social, senão uma política de inclusão social? "O conceito de inclusão significa a incorporação de toda a comunidade às prestações dos distintos sistemas funcionais da sociedade", de modo que "na medida em que se realiza a inclusão, vão

---

15. Ver Pérez Luño, *op. cit.*, pp. 24-31.
16. FERGUSON, Niall. *Civilização: Ocidente x Oriente*. Tradução de Janaína Marcoantonio. São Paulo: Planeta, 2012.

desaparecendo aqueles grupos que não participam da vida social, ou o fazem só marginalmente"[17].

Como tal inclusão somente se tornou viável porque a antiga sociedade estamental converteu-se historicamente em sociedade funcional[18], a *desigualdade efetiva de possibilidades* tornou-se um problema porque ela não se apoia no sistema estamental, mas se reproduz de modo "afuncional"[19]. Em suma, o Estado do Bem-Estar Social, qual seja, aquele que se compatibiliza com a inserção dos direitos sociais e ambientais na lista dos Direitos Humanos e Fundamentais, reveste-se de aspectos contingentes ou históricos que os fazem sempre postos à prova, exigindo, a todo tempo, a evidência de que são imanentes à existência digna, ou à condição humana.

O sistema não está tensionado apenas na região dos direitos sociais. Não obstante a imperatividade dos catálogos de direitos humanos (de todas as dimensões), o modo de internalizá-los e torná-los efetivos se submete a juízos imprecisos e às vezes mutáveis de prudência também em relação aos direitos de liberdade, por meio de ponderações – encetadas pelos órgãos de poder – que sinalizam alguma crise nos direitos da humanidade, sem que nada se modifique no rol desses direitos. É possível exemplificar.

---

17. LUHMANN, Niklas. *Teoría Política en el Estado de Bienestar*. Tradução para o espanhol de Fernando Vallespín. Madrid: Alianza Editorial, 2002, p. 48. Tradução livre para o português.
18. Conforme Luhmann, a sociedade estamental "asignaba a cada persona (mejor: a cada familia) únicamente a un solo estamento. La persona era definida por su estamento de pertenencia, era así localizada e integrada socialmente. En consecuencia, mediante este esquema de diferenciación de la sociedad, el hombre como entidad social era, a la vez, diferenciado y determinado socialmente. Con el tránsito hacia una diferenciación orientada primariamente a partir del criterio funcional, este orden tuvo que ser abandonado. Pues es obviamente imposible atribuir a las personal al sistema de la religión, la economía, la ciencia, la educación y la política, de forma que cada individuo habite únicamente en uno de ellos. El lugar del antiguo orden lo ocupan las reglas de acceso. El hombre, en tanto que individuo, vive fuera de los sistemas funcionales, pero cada uno debe tener acceso a cada sistema funcional siempre y en tanto que su modo de vida le exija el recurso a las funciones sociales. Desde la perspectiva de los sistema social, esta pretensión se formula con el principio de la inclusión" (Luhmann, *op. cit.*, p. 48).
19. Luhmann explica: "Estado de Bienestar es la realización de la inclusión política. Esto no supone sólo, de ninguna de las maneras, el aseguramiento y el acrecentamiento continuo de unas condiciones mínimas de bienestar para cada cual, sino en gran medida también la aparición de problemas especiales de distinto género, que pueden ser graves para quienes resulten encontrarse en determinadas situaciones. Las mejoras discurren, por tanto, no sólo en la dirección del aumento de los niveles mínimos, sino también en la del descubrimiento continuo de nuevos problemas que competen a las autoridades públicas –embarcaderos más seguros para marineros domingueros, secadores de manos de aire caliente en los servicios públicos, etc." (Luhmann, *op. cit.*, p. 49).

Inverte-se hoje no Brasil a recomendação de priorizar-se, no âmbito dos direitos de liberdade, o direito de preservação da imagem ou da intimidade (que se traduz em "imunidade") quando contrastado com o direito de expressão (que se traduz em "faculdade")[20] [21]. A seu turno, a liberdade de ir e vir parece render-se à prevalência, com viés exacerbadamente punitivista, da garantia contra a proteção insuficiente[22].

O direito fundamental a um meio ambiente ecologicamente equilibrado (art. 225 da Constituição) convive, nos estados brasileiros de Minas Gerais e Espírito Santo, com a tragédia do Rio Doce, contaminado – até agora sem a reparação civil ou penal esperada – com rejeitos de mineração que o transformam em *rio morto* pelos próximos cem anos; no universo

---

20. "Os direitos fundamentais consistentes em meras imunidades – ou seja, somente em expectativas passivas negativas como a liberdade de pensamento ou de consciência ou a imunidade frente às torturas [...] – porquanto não pressupõem algum ato concreto para o seu exercício, estão tendencialmente no vértice da hierarquia. Com efeito, ao não poder limitar ou interferir nas liberdades e nos direitos dos demais, são um limite ao exercício de todos os demais direitos e não são limitáveis pelo exercício de nenhum destes" (FERRAJOLI, Luigi. *La Democracia A Través de Los Derechos: el constitucionalismo garantista como modelo teórico y como proyecto político*. Tradução para o espanhol de Perfecto Andrés Ibáñez. Madrid: Editorial Trotta, 2014, p. 120. Tradução livre para o português). O autor completa: "Sin embargo, no siempre las relaciones entre derechos de inmunidad y derechos activos de libertad permiten soluciones en abstracto. Por ejemplo, la libertad de manifestación del pensamiento topa ciertamente con el límite de la dignidad de la persona, y por eso de su inmunidad frente a difamaciones o calumnias; pero tal límite puede ser considerado más o menos rígido, dando lugar a soluciones diversas en los casos concretos, según, por ejemplo, el papel público de la persona cuya privacidad resulta violada"

21. Ao julgar a ADPF 130 (STF, Pleno, Relator Ministro Ayres Britto), em abril de 2009, sobre a constitucionalidade da chamada Lei de Imprensa (Lei n. 5.250/1967), afirmou o STF: "Os direitos que dão conteúdo à liberdade de imprensa são bens de personalidade que se qualificam como sobredireitos. Daí que, no limite, as relações de imprensa e as relações de intimidade, vida privada, imagem e honra são de mútua excludência, no sentido de que as primeiras se antecipam, no tempo, às segundas; ou seja, antes de tudo prevalecem as relações de imprensa como superiores bens jurídicos e natural forma de controle social sobre o poder do Estado, sobrevindo as demais relações como eventual responsabilização ou consequência do pleno gozo das primeiras". Na ementa do julgado, há o complemento que prestigia, a nosso ver, a monetização do direito à preservação da intimidade em proveito da liberdade de expressão: "Lógica diretamente constitucional de calibração temporal ou cronológica na empírica incidência desses dois blocos de dispositivos constitucionais (o art. 220 e os mencionados incisos do art. 5º). Noutros termos, primeiramente, assegura-se o gozo dos sobredireitos de personalidade em que se traduz a "livre" e "plena" manifestação do pensamento, da criação e da informação. Somente depois é que se passa a cobrar do titular de tais situações jurídicas ativas um eventual desrespeito a direitos constitucionais alheios, ainda que também densificadores da personalidade humana".

22. Sobre o tema: VIEIRA, Vanderson Roberto. As funções do Direito Penal e as finalidades da sanção criminal no Estado Social Democrático de Direito. In: Âmbito Jurídico, Rio Grande, X, n. 37, fev 2007. Disponível em: <http://www.ambito-juridico.com.br/site/index.php?n_link=revista_artigos_leitura&artigo_id=1691>. Acesso em jun 2018.

laboral, esse mesmo direito à sustentabilidade assiste a recentes arroubos legislativos que, embora tristemente fecundos, mostram-se indiferentes à proteção de ambientes de trabalho que agora não se circunscrevem ao chão da fábrica, pois se revelam difusos e não raro virtuais, com um claro potencial de deteriorar as condições existenciais que oferecem aos trabalhadores na mesma proporção em que se amoldam aos avanços da ciência e da tecnologia. A autodenominada *modernização* do Direito do Trabalho ignorou, no Brasil, as mudanças reais no mundo do trabalho[23].

É sob esse panorama crítico para todos os direitos humanos que os direitos sociais sofrem, talvez com maior intensidade, onda de desregulação que não produz efeitos econômicos proveitosos e, o mais das vezes, devolve a relação de trabalho ao estágio normativo em que estava há um século, quando, segundo Henri Lacordaire, a liberdade contratual oprimia e era incipiente a lei que libertava.

Se há uma conjuntural hegemonia da ideologia liberal[24], com requintes de desumanização das leis[25], impõe-se constatar que a atmosfera humanista do pós-guerra não inspira o legislador ou o intérprete das leis atuais, malgrado ambos devam render-se a um sistema de positivação dos Direitos Humanos que se mostra, ainda assim, nomoestático[26], ou seja, enunciativo de normas jurídicas superiores – de direito

---

23. Sobre os temas esquecidos pelas reformas trabalhistas: CHAVES JUNIOR, José Eduardo de Rezende. *Desafio do Direito do Trabalho é Limitar o Poder do Empregador-nuvem*. Disponível em: https://www.conjur.com.br/2017-fev-16/desafio-direito-trabalho-limitar-poder-empregador-nuvem. Acesso em 1/jun/2018.

24. Assinala Enrique Cabero que ao menos desde o final da década de oitenta "as teses neoliberais na economia aspiram converter-se no pensamento único que determine a análise do sustento financeiro do Estado Social, que começa então a qualificar-se como insustentável". O remate é preciso: "Desaparece a predisposição dos grupos com rendas mais altas a contribuir fiscalmente no financiamento do modelo. E se começa a culpabilizar normalmente a legislação laboral e de seguridade social, como já se esgrimiu nos anos setenta, como causas das crises econômicas e da geração de empregos". (CABERO, Enrique. "La Consolidación de los 'Recortes Laborales' Aprobados en un Contexto de Crisis Económica. El Caso del Despido del Puesto de Trabajo en España (1977-2017)". Tradução libre para o português. *In:* Revista do Tribunal Superior do Trabalho, vol. 83, n. 3, jul/set 2017, pp. 59-81. São Paulo: Lex Magister, 2017, fragmento de texto na p. 60).

25. Sobre as novas formas de gestão empresarial, que comprometem o sentido do trabalho, ver: ARAÚJO, Adriane Reis de. *Assédio Moral Organizacional*. Disponível em: https://juslaboris.tst.jus.br/bitstream/handle/20.500.12178/2307/010_araujo.pdf?sequence=5. Acesso em 1/jun/2018.

26. Luigi Ferrajoli explica que as constituições do pós-guerra, com índole dirigente, contam com uma dimensão nomoestática (que antagoniza com o modelo nomodinâmico que, em nota ao início deste texto, vimos que Ferrajoli diz ser o adotado por Kelsen), no qual: "las normas indebidamente producidas o no producidas contradiciendo la constitución se conciben como vicios,

internacional ou constitucional – que não se contentam com estabelecer competências legislativas, posto avancem para delimitar conteúdos éticos e vinculativos relacionados ao primado da dignidade humana, da liberdade, da igualdade e da sustentabilidade.

O que importa, neste ponto, é questionar a validade de qualquer construção teórica ou normativa que retroaja ao tempo no qual os direitos de prestação – incluídos os direitos sociais e também os direitos de matriz ambiental – não se revestiam da mesma superioridade normativa, ou *fundamentalidade*, atribuível desde longínqua era aos direitos de liberdade por obra heroica da classe burguesa[27].

Além de positivar os direitos humanos, a DUDH de 1948, com resistência das economias liberais que se estendeu até a edição e ratificação dos Pactos Internacionais de 1966, pontuou que os direitos humanos afetos às dimensões da liberdade e da igualdade são interdependentes e inter-relacionados[28], exigindo coerência dos modelos hermenêuticos em

---

es decir, como antinomias o como lagunas que deben ser eliminadas". Ferrajoli segue a afirmar que seriam três, portanto, os modelos de direito identificáveis a partir de três diversas normas de reconhecimento: um primeiro, a exigir conteúdo normativo da norma inferior; um segundo, ligado unicamente à conformidade com as normas formais sobre a produção da norma inferior; um terceiro modelo, em que o reconhecimento da norma reclama conformidade de sua forma e também coerência de sua substância ou significado com as normas não apenas formais mas também substanciais. E então arremata: "La modernidad jurídica nace con el segundo modelo y alcanza su cenit con el tercero, gracias a la positivización, primero, de las formas formas de la producción legislativa y, después, de los límites y los vínculos de sustancia impuestos por normas constitucionales supraordenadas a ellas" (Ferrajoli, *op. cit.*, p. 20).

27. Sobre a evolução jurídica que viabilizou o surgimento dos direitos sociais, Enrique Cabero anota: "Este modelo (que corresponde ao Estado Social) surge de um pacto interclassista e de rendas, pensado para retificar os mais graves fracassos do sistema de produção capitalista no Estado liberal de Direito e, com isso, afugentar os processos revolucionários que poderiam inspirar-se na revolução russa de 1917. O reconhecimento, a promoção e a garantia reais dos direitos das pessoas e da cidadania facilitaram a abertura de um esperado futuro de concórdia, sem negação do conflito social, de crescimento econômico, baseado nas teses keynesianas, com uma adequada redistribuição pessoal e territorial da renda, e, enfim, de bem estar, daí a também se falar em Estado do Bem Estar. O desenho constitucional do Estado Social e Democrático de Direito se consolidaria nos Estados mais avançados com o fim da Segunda Guerra Mundial" (Cabero, *op. cit.*, p. 59).

28. Em seu art. 26, a DUDH assenta: "Todo ser humano, como membro da sociedade, tem direito à segurança social e à realização, pelo esforço nacional, pela cooperação internacional e de acordo com a organização e recursos de cada Estado, dos direitos econômicos, sociais e culturais indispensáveis à sua dignidade e ao livre desenvolvimento da sua personalidade". E, em seu Preâmbulo, o PIDESC (1966) endossa: "em conformidade com a Declaração Universal dos Direitos do Homem, o ideal do ser humano livre, liberto do medo e da miséria, não pode ser realizado a menos que sejam criadas condições que permitam a cada um desfrutar dos seus direitos econômicos, sociais e culturais, bem como dos seus direitos civis e políticos".

todos os âmbitos do direito constitucional, penal, civil, do trabalho ou ambiental. Não há região do Direito que possa priorizar, *exempli gratia*, a liberdade de trabalhar em detrimento do conteúdo mínimo de direitos sociais (compatível com a dignidade humana); ou que possa, em caráter absoluto, prestigiar a livre iniciativa em desapreço da promoção de habitat laboral que preserve a intimidade do trabalhador, a sua saúde e segurança no trabalho.

## 2.5. O processo do trabalho como instrumento da tutela dos direitos humanos relacionados ao ambiente laboral – a autonomia do controle difuso de constitucionalidade e de convencionalidade

Nem sempre o controle de constitucionalidade se realiza, com maior proveito, pelo modo concentrado. Há casos nos quais a ausência do fundamento de validade da norma inferior salta aos olhos e então o controle concentrado é mais racional e eficaz (ex.: a violação do princípio da legalidade onde a Constituição reserva a regulação à lei). Noutros, a violação de algum princípio convencional ou constitucional é perceptível apenas, ou sobremodo, ao exame do caso concreto, resultando infrutífera a declaração de convencionalidade ou constitucionalidade da norma em abstrato (ex.: o controle difuso está mais habilitado a verificar a violação dos princípios da capacidade contributiva e da proibição de confisco no Direito Tributário[29]; ou a violação dos princípios da redução dos riscos inerentes ao trabalho ou da proteção em face da automação, no Direito do Trabalho).

Se assim é no choque entre princípios, pois "a pluralidade de princípios e ausência de uma hierarquia formal entre eles fazem com que não possa existir uma 'ciência' sobre sua articulação, mas apenas uma prudência na sua ponderação"[30], também assim sucede no plano das regras. Para a hipótese, *verbi gratia*, de alguma condição de teletrabalho em que o empregador controle a jornada e a exija extenuante, não há influência de uma decisão que, em controle concentrado, afirme a convencionalidade ou constitucionalidade de lei que exclua do teletrabalhador, em abstrato, o direito fundamental de ter remuneradas

---

29. Sobre os Princípios Gerais do Direito Tributário: SOUZA, Carlos Fernandes Mathias de. *O Direito Tributários e os Princípios Gerais de Direito*. Disponível em: <http://www.editorajc.com.br/o-direito-tributario-e-os-principios-gerais-de-direito/>. Acesso em: 1/jun./2018.
30. Celso Lafer, *op. cit.*, p. 21.

as horas de trabalho excedentes da jornada normal (seja legal ou contratual).

Se a antinomia se dá entre um princípio e uma regra (coetâneos), há a forte tendência de preferir-se a norma hierarquicamente superior[31], o que é quase o mesmo de afirmar que os princípios têm preferência quando cotejados com as regras – dado que as normas de hierarquia superior são tendencialmente de textura aberta (contemplam, portanto e prioritariamente, princípios) e as leis normalmente veiculam normas descritivas de condutas (contemplam, prioritariamente, regras). Uma vez mais, a análise do caso concreto pode ser imprescindível à solução da antinomia que assim se apresente (princípio *vs.* regra), como decidiu o Supremo Tribunal Federal ao examinar, em análise delibatória para eventual concessão de liminar, a constitucionalidade da Medida Provisória n. 173/1990, norma que impedia fossem deferidas liminares para desbloqueio de ativos interditados por planos econômicos.

Nesse precedente do STF, o Ministro Paulo Brossard, relator, fez constar na ementa que o "indeferimento da suspensão liminar da MP 173" [...] "não prejudica, segundo o relator do acórdão, o exame judicial em cada caso concreto da constitucionalidade, incluída a razoabilidade, da aplicação da norma proibitiva da liminar". O primeiro a votar no sentido de remeter a matéria ao controle difuso de constitucionalidade foi o Ministro Sepúlveda Pertence, para quem:

> "[...] depois de longa reflexão, a conclusão a que cheguei [...] não está na suspensão cautelar da eficácia, em tese, da medida provisória.
>
> O caso, a meu ver, faz eloquente a extrema fertilidade desta inédita simbiose institucional que a evolução constitucional brasileira produziu, gradativamente, sem um plano preconcebido, que acaba, a partir da Emenda Constitucional 16, a acoplar o velho sistema difuso americano de controle de constitucionalidade ao novo sistema europeu de controle direto e concentrado. Mostrei as dificuldades que vejo na suspensão cautelar da eficácia da própria lei em tese. [...]
>
> O que vejo, aqui, embora entendendo não ser de bom aviso, naquela medida de discricionariedade que há na grave decisão a tomar, da suspensão cautelar, em tese, é que a simbiose institucional a que me referi, dos dois sistemas de controle da constitucionalidade da lei, permite não deixar ao desamparo ninguém que precise de medida liminar em caso

---

31. Sobre tal possibilidade na jurisprudência do Tribunal Constitucional Alemão, ver: GUEDES, Néviton. *Constituição e Poder: uma decisão judicial que se tornou celebridade internacional.* Disponível em: <http://www.amdjus.com.br/doutrina/civil/113.htm>. Acesso em 1/jun./2018.

onde [...] a vedação da liminar, porque desarrazoada, porque incompatível com o art. 5º, XXXV, porque ofensiva do âmbito de jurisdição do Poder Judiciário, se mostre inconstitucional"[32].

As reformas nas leis trabalhistas, engendradas com o claro propósito de transferir para o âmbito negocial os temas até então regulados por base legal que os impregnava de indisponibilidade jurídica, devem ser aplicadas às mesmas relações de emprego de antes, com grau de complexidade que corresponde à multiplicidade das formas como se organiza e se realiza o trabalho na contemporaneidade, e também às relações laborais que emergem nos sulcos das plataformas digitais, em um contexto de economia colaborativa, trabalho integrado, treinamento e apropriação de habilidades intelectuais fora do tempo e do espaço convencionais[33].

O conteúdo do contrato de trabalho é, normalmente, definido de acordo com o tipo de trabalho, de atividade econômica e de estrutura empresarial que a ele corresponderá. As velhas formas de organização do trabalho, as únicas que o legislador teve e tem em mente, remetem a contratos de trabalho com conteúdo variado, na mesma proporção em que de fato variam. Não parece viável conjecturar, *a priori*, a compatibilidade com o princípio da dignidade da pessoa humana de todas as condições de trabalho possíveis nos variados contratos.

A preeminência da dignidade ainda assim haverá de vigorar. A valorização do trabalho humano, com vistas a promover a existência digna, é mandamento constitucional que reclama efetividade, ainda que difusa a realidade sobre a qual pretende incidir. São essas as premissas que fazem mais pertinente o controle difuso de convencionalidade e de constitucionalidade no exame de validade ou eficácia das normas de direito do trabalho, sobretudo daquelas que abdicam de regular as condições de trabalho em favor de contratos ou da negociação coletiva.

Em princípio, o controle concentrado de constitucionalidade deverá ser reservado às hipóteses em que a inconstitucionalidade for de clareza

---

32. STF, ADIN n. 223-DF, Relator Ministro Paulo Brossard, transcrição de excertos das páginas 49 e 50 dos votos disponíveis em <http://redir.stf.jus.br/paginadorpub/paginador.jsp?docTP=AC&docID=346264>. Acesso em 1/jun./2018. Na página 64, em meio a seu voto, também o Ministro Sidney Sanches enfatiza que aquele julgamento (pelo indeferimento da medida cautelar que, se concedida, impediria o bloqueio de ativos encetado pela MP 173/1990) não obstaria que o desbloqueio de depósitos bancários se desse por decisões liminares de juízes, em controle difuso de constitucionalidade.
33. Sobre o tema: COELHO MOREIRA, Teresa. "Algumas Questões Sobre Trabalho 4.0". *Em* Prontuário de Direito do Trabalho II 2016, pp. 245-264. Centro de Estudos Judiciários (Portugal).

palmar, convindo ao Supremo Tribunal Federal, que tem a competência intransferível de guardar a Constituição brasileira, ponderar, se assim lhe parecer, sobre a importância de ressalvar, como fez ao julgar a ADIN 223-DF, a possibilidade de submeterem-se ao controle difuso de constitucionalidade os dispositivos da lei trabalhista que não tiverem por que serem, desde logo, acoimados de inconstitucionais.

Mas a pergunta derradeira seria sobre termos, no Brasil, um modelo de processo judicial que autorize, em qualquer grau de jurisdição, a tutela – antecipada ou definitiva – dos valores convencionais e constitucionais relacionados (inclusive) ao trabalho humano. Não basta, a propósito, exercer a tutela jurisdicional constitucional se não há aparato normativo que empreste efetividade à decisão judicial correspondente.

É que não adiantaria ter-se a preeminência de trabalho digno, a cuja promoção se dedique a Justiça do Trabalho, sem a contribuição instrumental de um processo condizente com valor ético – em destaque a dignidade da pessoa humana – cuja concretização não pode ser relevada ou postergada. Se a dignidade humana está no vértice da pirâmide axiológica, deduz-se inclusive, na hierarquia dos valores que haverão de suportar o tempo do processo, que são os interesses de natureza econômica aqueles que deverão aguardar a dilação processual.

A bem dizer, a ordem jurídica oferece aos atores processuais, no Brasil, amplo manancial de institutos que garantem a eficácia do provimento jurisdicional, cabendo às partes e aos magistrados a prudência de manejá-los em benefício da prevenção ou real pacificação dos conflitos.

Para começar, os interesses inerentes ao trabalho costumam situar-se em ambientes coletivos, onde se compartilham por vezes as mesmas inquietações, angústias ou desinteligências. A esse propósito, a processualística brasileira conferiu identidade às ações coletivas que vicejam no Brasil, pois aqui elas permitem a resolução dos conflitos de modo homogêneo e impessoal – vale dizer: de modo a equalizar a solução judicial e a inviabilizar alguma represália contra o autor da pretensão deduzida. A sentença ou acórdão proferidos em favor de uma determinada categoria, ou dos que a integram, tem inclusive efeito *in utilibus*, não impedindo a ação individual nos casos em que rejeitada a pretensão coletiva (art. 103 da Lei n. 8.078/1990).

A solução uniforme de demandas de massa ganhou novo instrumental com o atual Código de Processo Civil, pois trouxe este a disciplina dos incidentes de resolução de demanda repetitiva, de recurso repetitivo e de assunção de competência que fazem repercutir a tese fixada em precedentes judiciais (com tese e *ratio decidendi* explicitados) nos processos que cuidem de igual matéria (art. 927, III, do CPC), promovendo assim a isonomia extraprocessual e a segurança jurídica a que aspiram os atores sociais.

Há mais. Faz algum tempo os mecanismos que invertem a lógica segundo a qual o ônus do tempo processual deve recair sobre o credor (normalmente o trabalhador) foram apropriados pela lei processual civil, que esquematizou as tutelas provisórias de modo a permitir que o credor tenha acautelada a proteção dos bens que servirão ao atendimento de sua pretensão e, o mais importante, possa ele obter a antecipação dos efeitos da tutela satisfativa que está a deduzir (Livro V do CPC – artigos 294-311). O art. 15 do CPC prevê sua aplicação subsidiária ou supletiva ao processo do trabalho.

Noutra parte do Código de Processo Civil, superou-se definitivamente a máxima de ser a vontade intangível, ou de que ninguém pode ser obrigado a prestar um fato, máxima que induzia a atividade judicial a sempre priorizar a resolução em perdas e danos das obrigações de fazer ou não fazer. Na regra processual de nossos dias, a tutela específica, ou a que produza o resultado prático equivalente, é que deve ser priorizada (artigos 497 e 536 do CPC). Em vez de aguardar-se o dano patrimonial ou extrapatrimonial que o ambiente adoecido de trabalho provoca, restaura-se ou preserva-se o ambiente saudável por meio de tutelas inibitórias ou de cessação do ilícito.

Ademais, o art. 139, IV, do CPC autoriza o juiz a adotar meios mandamentais ou coercitivos para compelir o devedor a cumprir sua obrigação, inclusive quando se trata de obrigação de pagar. Ao juiz cabe fazer úteis esses instrumentos de efetividade, preferindo medidas ou ritos que viabilizem a tutela da prestação *in natura* àquelas fórmulas que conspiram, ancilosamente, para a mera monetização do direito.

Em suma, o magistrado do trabalho tem ferramentas processuais valiosas para assegurar equidade, igualdade intra e extraprocessual, efetividade e celeridade ao processo sob sua apreciação. As recentes reformas na lei processual do trabalho, no Brasil, não comprometem qualquer dessas ferramentas.

A novidade, em contraponto, é a possível inibição da ação judicial relacionada aos conflitos do trabalho. Optou o legislador por presumir, sem dados estatísticos de fonte conhecida ou confiável[34], que havia exercício abusivo do direito fundamental de provocar a jurisdição, ou de acesso à justiça, e estabeleceu como argumento, em um diálogo que não esconde uma clara polarização ideológica, que a judicialização massiva não é consequente da ilicitude em escala, mas sim e paradoxalmente o contrário: a ilicitude em massa seria uma estranha consequência da expectativa de judicialização[35]. As causas socioeconômicas desse mosaico de irregularidades no ambiente de trabalho formam um dado metajurídico inconveniente, esquecido na dialética do processo legislativo e às vezes do processo judicial.

A destoar das regras que predominam em processos judiciais voltados à resolução de conflitos nascidos em relações de baixa expressão econômica ou em relações também assimétricas – a exemplo daquelas que se pautam aos montes nos juizados especiais[36] ou nas varas dedicadas às relações de consumo[37] – o novo processo do trabalho, no Brasil, onera o trabalhador e suas testemunhas com custas e honorários pelo fato singelo de não produzirem prova do que alegam, sejam ou não beneficiários da justiça gratuita, seja o processo individual ou coletivo.

O direito de ação, a partir da Constituição de 1988 (art. 7º, XXIX), está surpreendentemente associado à prescrição da pretensão correspondente e essa esquisita simbiose foi potencializada pela nova CLT, que em seus novos artigos 11, §2º, e 11-A, §2º, prevê a prescrição total e *ex officio* tanto da pretensão fundada em regra contratual ou regulamentar

---

34. Ler, por todos: CASAGRANDE, Cássio. *STF pode usar a matemática para decidir a reforma trabalhista? Se ministros querem usar aritmética nas decisões, não podem criar os seus próprios números.* Disponível em: <https://www.jota.info/opiniao-e-analise/colunas/o-mundo-fora-dos-autos/stf-pode-usar-a-matematica-para-decidir-a-reforma-trabalhista-21052018>. Acesso em: 31/maio/2018.

35. Ver julgamento da ADI 5766 pelo STF. Notícia no sítio eletrônico do STF: <http://portal.stf.jus.br/noticias/verNoticiaDetalhe.asp?idConteudo=378076>

36. Ver art. 55 da Lei n. 9.099/1995 – "A sentença de primeiro grau não condenará o vencido em custas e honorários de advogado, ressalvados os casos de litigância de má-fé. Em segundo grau, o recorrente, vencido, pagará as custas e honorários de advogado, que serão fixados entre dez por cento e vinte por cento do valor de condenação ou, não havendo condenação, do valor corrigido da causa".

37. Ver art. 87 e parágrafo único da Lei n. 8.078/1990 – "Nas ações coletivas de que trata este código não haverá adiantamento de custas, emolumentos, honorários periciais e quaisquer outras despesas, nem condenação da associação autora, salvo comprovada má-fé, em honorários de advogados, custas e despesas processuais. Parágrafo único. Em caso de litigância de má-fé, a associação autora e os diretores responsáveis pela propositura da ação serão solidariamente condenados em honorários advocatícios e ao décuplo das custas, sem prejuízo da responsabilidade por perdas e dano".

quanto da pretensão alicerçada em cláusula contratual que, não obstante permaneça em vigor, esteja sendo descumprida há mais de cinco anos. Os empregados mais antigos terão gradualmente as suas pretensões tolhidas por modalidade de prescrição que estaria aparentemente a comprometer, nuclearmente, o direito constitucional de ação.

O direito subjetivo reclama a possibilidade de um processo judicial efetivo, ou direito não há. É o que se contempla no art. 8º da Declaração Universal dos Direitos Humanos: "Todo ser humano tem direito a receber dos tribunais nacionais competentes remédio efetivo para os atos que violem os direitos fundamentais que lhe sejam reconhecidos pela constituição ou pela lei". No plano interno, mas com força normativa concorrente, o art. 5º, XXXV, da Constituição: "a lei não excluirá da apreciação do Poder Judiciário lesão ou ameaça a direito".

Ter assegurado o direito fundamental de ação é, portanto, uma garantia convencional e constitucional que, à semelhança de outros direitos fundamentais, está a reclamar máxima efetividade[38]. À Justiça do Trabalho cabe assegurar a concretização dos fundamentos, objetivos e princípios republicanos no ambiente laboral, garantindo a ação e a justa tutela judicial.

## 3. À GUISA DE CONCLUSÃO

O magistrado que integra a Justiça do Trabalho investe-se em cargo e função que somente se justificam quando servem às expectativas traçadas pela ordem constitucional, fonte de toda a sua legitimação. Ao tomar posse, presta o compromisso, exigido em lei, de cumprir a Constituição e as leis da República.

Leis republicanas, as únicas vinculativas da atuação jurisdicional, são aquelas que se afinam com os fundamentos, os objetivos e os princípios da República Federativa do Brasil, expressamente catalogados na Constituição.

Das normas internacionais e constitucionais que positivam os Direitos Humanos, em consonância com os fundamentos, objetivos e princípios republicanos, é possível extrair o caráter incontrastável de cinco fundamentos a que não se pode dissociar, por sua vez, a atuação da Justiça do Trabalho: a) a dignidade é valor que encima a tábua de Direitos Humanos e reveste-se de atributo normativo; b) a dignidade do trabalho humano é fundamento da ordem republicana; c) a igualdade

---

38. Sobre o direito fundamental de ação: CARVALHO, Augusto César Leite de. *Garantia de Indenidade no Brasil.* São Paulo: LTr, 2013.

substancial consubstancia a dimensão da dignidade nas relações sociais originalmente assimétricas; d) os direitos humanos afetos às dimensões da liberdade, da igualdade e da sustentabilidade são interdependentes e inter-relacionados, exigindo coerência dos modelos hermenêuticos correspondentes também no âmbito do trabalho; e) o processo do trabalho é instrumento dos direitos humanos exigíveis no ambiente laboral.

## REFERÊNCIAS BIBLIOGRÁFICAS:

ACKERMAN, Mário. A contribuição da Comissão de Peritos da OIT para a efetividade dos princípios e direitos fundamentais no trabalho. Revista do Tribunal Superior do Trabalho, São Paulo, SP, v. 76, n. 4, p. 36-49, out./dez. 2010. Disponível em: <https://hdl.handle.net/20.500.12178/18796>. Acesso em 1/jun./2018.

ALEXY, Robert. *Teoria dos Direitos Fundamentais.* Tradução de Virgílio Afonso da Silva. São Paulo: Malheiros, 2017.

ARAÚJO, Adriane Reis de. *Assédio Moral Organizacional.* Disponível em: <https://juslaboris.tst.jus.br/bitstream/handle/20.500.12178/2307/010_araujo.pdf?sequence=5. Acesso em 1/jun./2018>.

CABERO, Enrique. "La Consolidación de los 'Recortes Laborales' Aprobados en un Contexto de Crisis Económica. El Caso del Despido del Puesto de Trabajo en España (1977-2017)". Tradução livre para o português. *In:* Revista do Tribunal Superior do Trabalho, vol. 83, n. 3, jul/set 2017, pp. 59-81. São Paulo: Lex Magister, 2017.

CARVALHO, Augusto César Leite de. *Direito do Trabalho: curso e discurso.* São Paulo: LTr, 2018.

_____. *Garantia de Indenidade no Brasil.* São Paulo: LTr, 2013.

_____. *Princípios de Direito do Trabalho Sob a Perspectiva dos Direitos Humanos.* São Paulo: LTr, 2018.

CASAGRANDE, Cássio. *STF pode usar a matemática para decidir a reforma trabalhista? Se ministros querem usar aritmética nas decisões, não podem criar os seus próprios números.* Disponível em: https://www.jota.info/opiniao-e-analise/colunas/o--mundo-fora-dos-autos/stf-pode-usar-a-matematica-para-decidir-a-reforma-trabalhista-21052018. Acesso em: 31/maio/2018.

CHAVES JUNIOR, José Eduardo de Rezende. *Desafio do Direito do Trabalho é Limitar o Poder do Empregador-nuvem.* Disponível em: https://www.conjur.com.br/2017--fev-16/desafio-direito-trabalho-limitar-poder-empregador-nuvem. Acesso em 1/jun./2018.

COELHO MOREIRA, Teresa. "Algumas Questões Sobre Trabalho 4.0". *En* Prontuário de Direito do Trabalho II 2016, pp. 245-264. Centro de Estudos Judiciários (Portugal).

FERGUSON, Niall. *Civilização: Ocidente x Oriente.* Tradução de Janaína Marcoantonio. São Paulo: Planeta, 2012.

FERRAJOLI, Luigi. *Derechos y Garantías: la ley del más débil.* Tradução para o espanhol de Perfecto Andrés Ibáñez e Andrea Greppi. Tradução livre para o português. Madrid: Editorial Trotta, 2006.

_____. *Garantismo: debate sobre el derecho y la democracia*. Tradução para o espanhol de Andrea Greppi. Tradução livre para o português. Madrid: Editorial Trotta, 2006.

_____. *La Democracia A Través de Los Derechos: el constitucionalismo garantista como modelo teórico y como proyecto político*. Traducción al español de Perfecto Andrés Ibáñez. Madrid: Editorial Trotta, 2014, p. 117.

GODOY, Arnaldo Sampaio de Moraes. *A Biblioteca Alemã de Tobias Barreto: uma biografia intelectual do insurreto sergipano*. Curitiba: Juruá, 2018.

KANT, Immanuel. *A Metafísica dos Costumes*. Tradução, textos adicionais e notas de Edson Bini. Bauru, SP: Edipro, 2003. Disponível em: <https://archive.org/stream/KANTI.AMetafisicaDosCostumes/KANT%2C%20I.%20A%20metafisica%20dos%20costumes#page/n33/mode/2up>.

KELSEN, Hans. *Teoria Geral do Direito e do Estado*. Tradução de Luis Carlos Borges. São Paulo: Martins Fontes, 1998.

LAFER, Celso. *A Internacionalização dos Direitos Humanos: Constituição, Racismo e Relações Internacionais*. Barueri: Manole, 2005.

LUHMANN, Niklas. *Teoría Política en el Estado de Bienestar*. Tradução para o espanhol de Fernando Vallespín. Madrid: Alianza Editorial, 2002.

MARTÍNEZ QUINTEIRO, María Esther. "El Discurso de los Derechos Humanos en Perspectiva Histórica. El Síndrome de la Torre de Babel". VV.AAA. Coordenação de María de la Paz Pando Ballesteros *et alii*. Madrid: Catarata, 2016, p. 49.

PECES-BARBA MARTÍNEZ, Gregorio. *La Constitución y Los Derechos*. Bogotá: Universidad Externado de Colombia, 2006.

PEREIRA, Ricardo José de Britto. "Regime Jurídico dos Direitos Sociais dos Trabalhadores na Constituição". *In*: Direito Constitucional do Trabalho: princípios e jurisdição constitucional do TST. Coordenação de Gabriela Neves Delgado *et alii*. São Paulo: LTr, 2015, p. 131.

PÉREZ LUÑO, Antonio Enrique. *Dimensiones de la Igualdad*. Madrid: Editorial Dikinson, 2007.

SOUZA, Carlos Fernandes Mathias de. *O Direito Tributário e os Princípios Gerais de Direito*. Disponível em: <http://www.editorajc.com.br/o-direito-tributario-e-os-principios-gerais-de-direito/>. Acesso em: 1/jun./2018.

TEPEDINO, Gustavo. *Cidadania e Direitos da Personalidade*. Disponível em: <http://www.amdjus.com.br/doutrina/civil/113.htm>.

VIEIRA, Vanderson Roberto. As funções do Direito Penal e as finalidades da sanção criminal no Estado Social Democrático de Direito. In: **Âmbito** Jurídico, Rio Grande, X, n. 37, fev. 2007. Disponível em: <http://www.ambito-juridico.com.br/site/index.php?n_link=revista_artigos_leitura&artigo_id=1691>. Acesso em jun. 2018.

# ARTIGO 170

# A proteção constitucional do trabalho contra automação: Uma proposta clarividente

*Luiz Alberto de Vargas*[1]

Quando Ulisses Guimarães, em 5/10/1988, promulgou a "Constituição-cidadã", em pronunciamento emocionado, denominou-a "o documento da liberdade, da democracia e da justiça". Assim, sintetiza o espírito nacional que, esperançoso, compreendia que ali se iniciava um novo tempo para o Brasil. Um novo tempo em que se pretendia abandonar um passado de atraso, de miséria e de obscurantismo e se projeta um tempo de prosperidade, de democracia e de justiça. Ainda que, à época, nem todos vissem o futuro com o mesmo otimismo (o Partido dos Trabalhadores, por exemplo, não assinou a Constituição promulgada), pode-se dizer que, com certeza, eram nela depositadas as melhores esperanças do povo brasileiro.

Fruto de intenso debate que empolgou a nação por quase dois anos, ao ser promulgada a Constituição se distinguia de todas as demais por exibir, de forma extensa e cuidadosa, todo um elenco de direitos e garantias, previstos em especial no Título 2, que se tomavam a sério, já que a própria Constituição, no seu art. 5º inciso 1º, estabelecia que tais normas tinham aplicação imediata.

Hoje, passados mais de vinte anos daquele momento histórico, há de reconhecer que boa parte do programa constitucional efetivamente se concretizou, tendo o Brasil realmente mudado para melhor, ainda que continue sendo, proporcionalmente à sua população, o país mais

---

1. O autor é Desembargador do Trabalho do TRT4, Mestre em Direitos Humanos pela Uniritter, membro do Instituto de Pesquisas e Estudos Avançados da Magistratura e do Ministério Público do Trabalho (IPEATRA) e associado da Associação dos Juízes para a Democracia (AJD).

desigual do mundo; ainda com bolsões de miséria; com grande atraso tecnológico e dependência econômica de outros países; baixo nível de desenvolvimento social quando se analisa ter se tornado, nesse período, uma das dez nações mais desenvolvidas do mundo. Assim, pode-se dizer que, nestes vintes anos, foi bem-sucedida a luta para "tirar do papel" um Brasil solidário e próspero que se desenhava no Título II da Constituição. Houve não apenas progresso econômico, mas também grande (embora insuficiente) progresso social, a ponto de que, em 2015, falava-se na "revolução pacífica brasileira" pela qual, através do distanciamento de predições neoliberais, promoveu-se através de indução estatal o fortalecimento do mercado interno, maior soberania nas relações internacionais, grande desenvolvimento econômico e social, com redução significativa da pobreza e da desigualdade social[2].

Tal progresso econômico e social está diretamente associado à realização de um generoso "programa de ação" inscrito na Constituição de 1988 que indicava para o Brasil um caminho de ousada distribuição de riquezas e promoção da igualdade; de progresso econômico alicerçado pelo desenvolvimento soberano das forças produtivas e dos recursos nacionais; pela ampliação e fortalecimento da democracia. No que tange às diretrizes programáticas constitucionais no rumo de maior igualdade, há de se destacar a importante aposta feita nos direitos sociais, especialmente os contidos no art. 7º, que garante um extenso rol de direitos e garantias a todos os trabalhadores urbanos e rurais. Foi em torno da efetivação deste elenco e de todos os direitos previdenciários que se construiu um sistema de proteção ao trabalho e da renda dos trabalhadores e família mais pobres que assegurou um significativo salto para o Brasil em termos de desenvolvimento humano (o Brasil passou de um IDH de 0,575 em 1985 para 0,744 em 2014).

Tais progressos não ocorreram sem sérios solavancos e marcados por acirrados debates, pois os setores retrógrados do país jamais se conformaram com a Constituição-cidadã, desde sempre qualificada como "detalhista", "intervencionista", "inexequível", "estatalista" e, mesmo, "socialista"[3]. Ultimamente, é bastante comum dizer-se que "a Constituição não cabe no orçamento", imprecando contra os direitos sociais que

---

2. FONSECA, FCP; CONDÉ, SC. O novo desenvolvimento social brasileiro no século XXI. Doc. Eletr. FGV-EAESP 2015. Disponível em: https://pesquisa-eaesp.fgv.br/publicacoes/gvp/. Acesso em 10/3/2019.

3. Por todos, Roberto Campos: ""Nossa Constituição é uma mistura de dicionário de utopias e regulamentação minuciosa de efêmero; é, ao mesmo tempo, um hino à preguiça e uma coleção

teriam decorrido de um particularismo histórico que teria levado a um "dirigismo distributivista"[4].

Em verdade, o Brasil próspero que se projetou mundialmente – e que passou, por algum tempo, a integrar o seleto grupo das economias emergentes, junto com a China, a Rússia e a Índia – somente pode ser explicado por agressivas políticas públicas de promoção de emprego e de transferência de renda às camadas mais pobres e, dessa forma, ampliou significativamente ampliou o mercado interno e destravou as forças produtivas nacionais. Em tais políticas, cumpriu um papel essencial os direitos e garantias sociais previstos na Constituição que, fruto do esforço coletivo de efetivação dos direitos sociais ali contidos na contramão de uma tradição constitucional de entendê-los como simples "normas programáticas".

De fato, foi com um notável labor hermenêutico, enfrentando forte oposição retrógrada, que incontáveis normas constitucionais, muito delas acolhidas como princípios, transformaram-se em regras concretas e efetivas, tornando realidade a promessa constitucional de construção de um Estado democrático destinado a assegurar o exercício dos direitos sociais e individuais, a liberdade, a segurança, o bem-estar, o desenvolvimento, a igualdade e a justiça.

Assim, o Brasil, impulsionado pelas normas constitucionais previstas no Título II, conta com uma legislação atualizada de natureza protetiva, ao nível dos países mais desenvolvidos, que oferece uma cobertura trabalhista, previdenciária e sindical que, ao menos no que concerne à regulação normativa, preenche o preconizado pela OT relativamente ao trabalho decente.

Mesmo alguns institutos que foram agudamente criticados, mesmo por setores progressistas, como a unicidade sindical, a contribuição sindical compulsória e o poder normativo da Justiça do Trabalho, hoje, são objeto de revisão conceitual: aqueles que duramente criticaram tais "atrasos", agora, mesmo sem autocrítica formal, engrossam as fileiras da resistência contra uma séria de projetos de reforma constitucional de cariz neoliberal que pretendem implantar justamente o que tais setores, antes, equivocadamente postulavam. A Constituição demonstrou ser mais sábia do que seus críticos.

---

de anedotas", citado em PRADO, Ney. "A Constituição de 1988 na visão de Roberto Campos". O Estado de São Paulo, São Paulo, 24 out. 2017. Opinião.

4. GIAMBIAGI, F. "As raízes do atraso". Rio de Janeiro: Elsevier, 2007.

Se ainda podemos apontar algumas importantes deficiências da legislação trabalhista nacional no que tange à proteção ao emprego ou na inexistência de organização sindical de base, por exemplo, não se pode culpar a própria Constituição, porque tais aspectos, com notável clarividência, foram previstos no caso, no art. 7º, inciso 1º (proteção contra despedida imotivada) e 11 (representação dos trabalhadores na empresa).

Enfim, a Constituição de 88 venceu o debate jurídico e político no plano progressista, sendo hoje estimada pelo povo e admirada pelos juristas, transformando em realidade a sonho profético de Ulisses Guimarães. A proposta de revisão constitucional ou mesma a equivocada bandeira de uma nova Constituinte, hoje, é empunhada apenas pelos setores conservadores, que sempre a ela se opuseram; ou neoliberais, que pretendem a desregulamentação econômica e o Estado mínimo. Nenhum progressista defende tal Constituinte ou, mesmo, uma profunda revisão constitucional, exceto por extrema teimosia ou grave miopia política.

Mas a defesa da Constituição não se limita à resistência, porque nela ainda remanescem importantes dispositivos que, apesar de duas dezenas de anos, ainda não foram merecedores da devida atenção, carecendo ainda de maior desenvolvimento. Um deles, de notável importância e atualidade, é o artigo 7º, XXVII, que prevê proteção do trabalho em face da automação, na forma da lei.

A melhor interpretação constitucional indicava que o legislador constitucional, em completa harmonia com o princípio da valorização social do trabalho (art. 1º, IV), do pleno emprego (art. 170, VIII) e da saúde como direito social (art. 6º e 196), elevava o emprego como bem jurídico no sentido de "prevalecer a ideia de continuidade e estabilização das relações empregatícias".[5] Caberia, mesmo, pensar a introdução unilateral da automação por fins de redução de custos como uma "prática inconstitucional"[6]. Como bem analisado por Patrícia Diniz, a aplicação do princípio de proteção ali previsto, trata-se de um verdadeiro limite "entre o direito do empregador em automatizar e informatizar o

---

5. JOSÉ FILHO, WL. A eficácia do direito fundamental da proteção em face da automação prevista no inciso XXVII, do art. 7º da Constituição Federal de 1988. "Revista do Tribunal Regional da 18ª Região, Goiânia, v. 15 p. 77-89.
6. ALONSO, Ricardo P.; SILVEIRA, Rafael S. "O papel do trabalho e o princípio do "pleno emprego" em face da automação da mão-de-obra". In: COUTINHO, Nilson Carlos Almeida (coord.). Direitos constitucionais dos trabalhadores e a dignidade da pessoa humana – uma homenagem ao ministro Marco Aurélio Mendes de Farias Mello. São Paulo: LTR, 2015.

ambiente de trabalho e seu poder potestativo de efetivar a dispensa do empregado e extinguir o posto de trabalho por este fundamento".[7] Não faltaram propostas que desenvolviam o conceito protetivo ali previsto, como medidas de incentivo à negociação coletiva, prévia e obrigatória, que previsse a participação dos empregados nos ganhos de produtividade; contrapartidas necessárias em termos de redução de jornada e aumento real de salários e melhoria das condições de trabalho; seguro-desemprego ampliado para demitidos por automação; oferecimento de cursos de capacitação para os trabalhadores afetados; planos de demissão voluntária; maior tributação para empresas automatizadas. Além disso, deve-se lembrar sempre que as soluções possíveis para o desemprego tecnológico são as mesmas do desemprego em geral, como apresentado por Adriana Campagnoli e Silvana Mandalozzo, base em Beatrice Majnoni d´Istigano: a) subsídios para desempregados; b) partilha do tempo de trabalho; c) medidas de incentivo à produção e ao consumo, aumento o número de empregos.[8] Além disso, as mesmas autoras lembram que, nas comissões do processo constituinte, já havia propostas mais avançadas para a redação da norma constitucional que incluía: a participação dos trabalhadores nas vantagens advindas do processo de automação, mediante a redução da jornada de trabalho e/ou distribuição dos benefícios decorrentes do aumento de produtividade gerada pela automação; reaproveitamento da mão-de-obra e acesso a programas de reciclagem prestados pela empresa; participação das organizações de trabalhadores nos processos decisórios relativos à implementação de sistemas de automação[9].

Porém, no sentido oposto ao indicado pela norma constitucional, ao invés de proteção ao emprego, caminhou-se para a precarização do emprego como uma consequência inevitável da introdução de novas tecnologias no mundo do trabalho. À época, já se vislumbrava a forte influência do impacto da "automação flexível" que transformava as relações de trabalho e os debates foram marcados pelas profecias de

---

7. WINTER, LAC; DINIZ, PDF. "Proteção em face da automação: uma discussão ultrapassada?" In: GUNTHER, Luiz Eduardo. 25 anos da Constituição e o direito do trabalho. Curitiba: Juruá, 2013.
8. CAMPAGNOLI, Adriana FPF; MANDALOZZO, Silvana SN. Desafios sobe a (in)efetividade da proteção do trabalho prevista constitucionalmente – um panorama sobre a relação "trabalhador versus máquina". "Revista de Processo do Trabalho e Sindicalismo", n. 5, HS Editora, 2014, p. 59-73.
9. Ibidem, p. 62

Jeremy Rifkin[10] (muitas delas que se tornaram reais) sobre a destruição de postos de trabalho. Criou-se um verdadeiro pânico que justificava, segundo alguns autores, uma ampla investida contra os direitos trabalhistas sob a consigna da " flexibilização laboral", sob o argumento de que era preciso diminuir os custos laborais para manutenção dos empregos remanescentes. Ainda que tenha ocorrido, realmente, uma "escassez do emprego"[11], a ideia de flexibilização laboral para ampliar os empregos disponíveis revelou-se uma estratégia fracassada que não fez mais do que promover uma enorme precarização do trabalho[12] e uma forte transferência de renda dos setores sociais mais vulneráveis para os mais ricos[13].

A ideia propalada e tornada realidade em muitos países, inclusive o Brasil[14] a partir do governo Collor, baseava-se na suposição que a automação não destruiria empregos, mas apenas os distribuiria, extinguindo grande quantidade de empregos manuais e substituindo por empregos de mais qualidade, de natureza técnica. Apontava-se a educação e a requalificação profissional como grandes fatores de promoção de uma saudável melhoria da qualidade do trabalho, com substancial aumento da produtividade e das condições de segurança e saúde no trabalho. Por isso mesmo, houve críticas ao próprio texto constitucional que fala em "proteção contra a automação", pois, no entender de tais críticos, a automação era sempre benéfica aos trabalhadores.[15]

Na prática, o emprego industrial não desapareceu, mas tornou-se em grande parte precário e desprotegido. Houve sim, uma "desterritorialização" do trabalho industrial, que migrou para o Oriente, com a

---

10. RIFKIN, J. "The end of work". Los Angeles: Tarcher, 1995.
11. OLEA, MA. "O trabajo como bien escaso". Revista de Ministerio de Trabajo Migraciones y Seguridade Social. Doc. Eletr. 2001. http://www.mitramiss.gob.es/es/publica/pub_electronicas/destacadas/revista/numeros/33/estudio1.pdf. Acesso em 20/3/2019.
12. OLIVEIRA, L; CARVALHO, H. "A precarização do emprego na Europa". Doc. Eletr. 2008. Disponível em http://www.scielo.br/scielo.php?script=sci_arttext&pid=S0011-52582008000300001. Acesso em 20/3/2019.
13. MONTALLI, L., TAVARES, M. "Família, pobreza e acesso a programas de transferência de renda nas regiões metropolitanas brasileiras". Revista Brasileira de Estudos Populacionais, São Paulo, v. 25, n. 2, p. 211-231, jul./dez. 2008, p. 211-31.
14. NETO, FS. "Flexibilização, desregulamentação e o direito do trabalho no Brasil". In: Crise e trabalho no Brasil modernidade ou volta ao passado? Org. OLIVEIRA Carlos Alonso. MATTOSO, Jorge Eduardo Levi. São Paulo: Fecamp, 1996.
15. DE LAVOR, Francisco Osani. Proteção em face da automação. "Revista do TRT da 19ª Região", 1994, p. 31-39.

simultânea precarização do que restou no trabalho industrial no Ocidente, tendo como grandes beneficiárias – senão únicos – as grandes empresas transnacionais.

Além disso, a automação não se mostra sempre benéfica, sendo o argumento sobre uma "inevitabilidade da inovação tecnológica" cada vez mais contestado, não apenas em face dos seríssimos custos sociais e econômicos envolvidos, mas também em face da urgente necessidade de alteração substancial dos padrões de consumo em busca de parâmetros ecologicamente sustentáveis.[16]

Assim, equivocada a ideia de que, por conta de supostos benefícios indiscutíveis ou de uma inevitabilidade da inovação tecnológica, há de se apoiar a automação a qualquer custo, cuidando apenas de minorar o efeito danoso sobre os empregos existentes.

Nem sempre uma inovação tecnológica implica um benefício para a sociedade – embora quase sempre possa se surpreender nesta um aumento da produtividade e, em consequência, um aumento dos lucros para as empresas. Assim, por exemplo, mostra-se inteiramente desnecessária e prejudicial a automação das bombas de abastecimento de combustível, substituindo os operadores pelo próprio consumidor, alteração proibida no Brasil pela lei n. 9956/2000, exemplo concreto de aplicação da norma constitucional que expressamente prevê a proteção *contra* a automação.[17]

Tal norma, tal como o projeto de lei n. 2.902/1992[18], de autoria de então Senador Fernando Henrique Cardoso, não encara a automação como algo inevitável ou inerentemente benéfico, a que a sociedade deve se adaptar, mas como uma inovação que deve ser bem avaliada e essencialmente negociada dentro da sociedade, especialmente pelos atores sociais diretamente envolvidos no processo.[19]

---

16. Tanto se fala, nesse sentido, na busca do "decrescimento econômico" em substituição ao atual padrão consumista e ecologicamente insustentável. A respeito: TAIBO, C. "Em defensa del decrescimiento. Sobre capitalismo, crisis y barbárie". Madrid: Los libros de la catarata. 2017.
17. Ainda que haja autores que entendam que se tratar de "erro gramatical insuperável" (GONÇALVES, RMV. "Ponderações acerca da automatização". Revista do TRT da 13ª Região. v. 5, n. 2, 1990, p. 83-9.
18. Tal projeto cria, no âmbito das empresas interessadas em programas de automação, comissões paritárias com o objetivo de negociar medidas que visem a redução dos efeitos negativos que possam acarretar ao emprego.
19. Um dos primeiros dispositivos legais de proteção contra a automação no Brasil foi a Lei 7232/84 (Lei da Informática) que previa o estabelecimento de mecanismos e instrumentos

Há, portanto, uma clara concepção de que a decisão sobre introduzir ou não alterações tecnológicas que automatizam processos produtivos é essencialmente política (ou seja, diz respeito a todos nós) em função de seus graves desdobramentos sociais, políticos, econômicos e culturais, não cabendo apenas aos empreendedores proprietários. Esse é essencialmente o conteúdo do art. 7º, XXVII, que, nos dias atuais, não está superado, mas, pelo contrário, mostra clarividente.

De fato, conforme se divulga amplamente, estaríamos, na esteira da Quarta Revolução Industrial[20], no limiar de uma sociedade pós-industrial,

> "assentado em novos valores e com uma visão diferenciada a respeito da centralidade do trabalho, do sistema produtivo e da distribuição de bens e serviços e impulsionada por um intenso desenvolvimento tecnológico(...) com devastadores reflexos sobre o mundo das relações de trabalho: desemprego estrutural, subemprego, informalidade, precarização das condições de trabalho, fragmentação da classe trabalhadora e enfraquecimento da organização sindical".[21]

Em tal contexto, ocorre uma vertiginosa substituição do trabalho humano pelas máquinas, atingindo agora especialmente o setor de serviços e trabalhadores especializados de nível superior em operações rotinizadas, que passam a ser desempenhadas por novas tecnologia de informação e comunicação baseadas em logaritmos.

Parece claro que muitas destas tecnologias não servem à sociedade, mas apenas às empresas que pretendem reduzir custos com a substituição de trabalhadores por máquinas, sem qualquer proveito útil aos clientes e tomadores finais do produtos e serviços. Assim, a substituição de trabalhadores humanos por robôs em empresas de telemarketing e em serviços de atendimento ao consumidor representa apenas uma piora considerável nos serviços oferecidos ao público, sem qualquer contrapartida social. Em tais casos, o desemprego tecnológico mostra-se injustificável.

Mais uma vez a Constituição de 1988 pode ajudar a enfrentar esses novos desafios, podendo aplicar a proteção constitucional em face da

---

para assegurar o equilíbrio entre os ganhos de produtividade e os níveis de emprego na automação dos processos produtivos.

20. Tratar-se-ia da integração de tecnologias e de pessoas através de sistemas de inteligência artificial, que passariam a tomar decisões simples e descentralizadas, com forte impacto sobre os processos produtivos.
21. QUEIROZ, Sérgio Roberto de Mello, O direito do trabalho no pós-industrialismo: crise e transformação, "Revista do TRT da 19ª Região, 1994, p. 141-184.

automação no sentido de, por exemplo, constituir mecanismos institucionais que analisem e regulem desnecessárias – e mesmo contraproducentes – medidas empresariais de automação e, tal faz como o CADE regulando a concorrência predatória –, crie limites para a utilização abusiva da tecnologia na substituição do trabalho humano.

## ARTIGO 200, INCISO VIII

# Meio ambiente do trabalho: relevância sociojurídica de seu reconhecimento constitucional e internacional

*Ney Maranhão[1]*

**SUMÁRIO:** 1. Introdução – 2. Relevância Sociopolítica – 3. Relevância Jusambiental – 4. Relevância Sanitária – 5. Relevância Juslaboral – 6. Considerações Finais: Incontestável Alinhamento Axiológico-Constitucional – Referências Bibliográficas.

## 1. INTRODUÇÃO

Nossa Carta Constitucional, ao enunciar o rol de atribuições reservado ao Sistema Único de Saúde, conferiu-lhe a missão de "colaborar na proteção do meio ambiente, *nele compreendido o do trabalho*" (art. 200, VIII)[2]. Daí já se poder afirmar que a entidade *meio ambiente do trabalho* não decorre de entusiasmada elucubração acadêmica, tampouco advém de aguerrido ativismo judicial ou mesmo de qualquer diligente *performance* sindical. Na esfera jurídica, sua *autonomia conceitual* e seu *reconhecimento dogmático* estão evidenciados, peremptoriamente, no bojo do mais importante documento de nossa sociedade: a *Constituição Federal de 1988*.

---

1. Professor Adjunto do Curso de Direito da Universidade Federal do Pará (Graduação e Pós-graduação *stricto sensu*). Doutor em Direito do Trabalho e da Seguridade Social pela Universidade de São Paulo (USP), com estágio de Doutorado-Sanduíche junto à Universidade de Massachusetts (Boston/EUA). Mestre em Direitos Humanos pela Universidade Federal do Pará. Especialista em Direito Material e Processual do Trabalho pela Universidade de Roma – La Sapienza (Itália). Ex-bolsista CAPES. Professor convidado do Centro Universitário do Estado do Pará (CESUPA) e da Universidade da Amazônia (UNAMA) (em nível de pós-graduação). Professor convidado em diversas Escolas Judiciais de Tribunais Regionais do Trabalho. Membro do Instituto Goiano de Direito do Trabalho (IGT) e do Instituto de Pesquisas e Estudos Avançados da Magistratura e do Ministério Público do Trabalho (IPEATRA). Membro fundador do Conselho de Jovens Juristas/Instituto Silvio Meira, sendo Titular da Cadeira de nº 11. Membro do Conselho Editorial da Revista de Direito do Trabalho – RDT (São Paulo, Editora Revista dos Tribunais). Juiz Titular da 2ª Vara do Trabalho de Macapá (AP) (TRT da 8ª Região/PA-AP). E-mail: ney.maranhao@gmail.com / Facebook: Ney Maranhão II

2. BRASIL. Constituição Federal (1988). **Constituição da República Federativa do Brasil**. 52. ed. São Paulo: Saraiva, 2015. Grifamos.

Essa assertiva constitucional foi firmada sem grandes pompas e vazada em local bem pouco chamativo. Não foi gravada em meio ao longo catálogo de direitos dos trabalhadores (art. 7º), muito menos veio a lume no famoso preceito que versa sobre o direito ao meio ambiente ecologicamente equilibrado (art. 225). Em verdade, cuida-se mesmo de sutil adição textual consignada na parte final do último inciso do derradeiro artigo da Seção "Da Saúde", contida no discreto Capítulo II do Título VIII da Carta Magna. É de se reconhecer, todavia, que tamanha singeleza formal contrasta com a múltipla importância do citado comando normativo – circunstância que, de regra, vem passando despercebida mesmo por atentos cultores das searas jurídicas *trabalhista, constitucional* e *ambiental*. A seguir, cuidaremos de arrazoar algo a respeito dessa poderosa relevância.

## 2. RELEVÂNCIA SOCIOPOLÍTICA

O reconhecimento expresso e inequívoco da categoria jurídica *meio ambiente do trabalho* no âmago do privilegiado solo constitucional bem revela a destacada *importância sociopolítica* que lhe foi conferida. Ou seja, mais que uma simples categoria *jurídica* erigida por um legislador ordinário, o meio ambiente do trabalho passou a ser reconhecido pelo próprio legislador constituinte *originário* como um *locus* de destacadíssima importância social, econômica, política, científica e jurídica, o que demonstra uma valia que segue bem além de sua estrita faceta jurídico-contratual de fundo meramente empregatício[3]. Logo, assoma-se o meio ambiente laboral, nesse contexto, como ente de nobilíssimo vulto constitucional, porquanto expressão da mais genuína soberania popular.

Claro que isso ocorreu debaixo de enorme polêmica. José Carlos do Carmo e Maria Maeno trazem à lembrança o duro embate político travado quando da Assembleia Nacional Constituinte:

> Entre os que se ocupavam de temas relacionados à Saúde do Trabalhador, havia diferenças entre dois grandes blocos. O primeiro, dos setores mais progressistas, defendia que as ações em Saúde do Trabalhador fossem, sem restrições, objeto da ação do SUS. O segundo bloco, de grupos corporativistas, formados por técnicos da área e setores do empresaria-

---

3. Como bem frisado por Angelo Antonio Cabral, "[...] o conceito de *Gestalt* do meio ambiente do trabalho supera a simples tutela obrigacional – empregador x empregado – e coloca a tutela ambiental como concreção da dignidade humana" (CABRAL, Angelo Antonio. Desequilíbrio labor-ambiental e direito de resistência: abordagem jusfundamental. **Revista do Tribunal Regional do Trabalho da 8ª Região**. v. 48, nº 94, jan/jun 2015, p. 83-125, p. 103).

do, alegava que a exclusividade da fiscalização dos ambientes de trabalho deveria permanecer com o Ministério do Trabalho.[4]

Fábio Fernandes, de sua parte, também faz importante apanhado histórico a respeito, *in verbis*:

> Resgatando parte dos fatos relacionados ao tema em análise ocorridos naquele importante momento histórico de nosso país, é pertinente referir a proposta de Emenda Constitucional apresentada pelo então deputado federal Eduardo Jorge, inclusa no inciso I do art. 57 do anteprojeto das Comissões Técnicas: 'A saúde ocupacional é parte integrante do Sistema Único de Saúde, sendo assegurada aos trabalhadores mediante medidas que visem à eliminação de riscos de acidentes e doenças do trabalho'. Essa proposta foi mantida no anteprojeto da Comissão de Sistematização, mas alterada no Plenário da Assembleia Nacional Constituinte que, todavia, aprovou a redação dos incisos II e VIII do art. 200 da CF.[5]

Não sem motivos. De fato, o meio ambiente do trabalho há muito vem angariando cada vez maior relevância no seio da sociedade, haja vista a enorme influência que tem exercido perante o nível de qualidade de vida não só dos trabalhadores. Com efeito, hodiernamente, impera mesmo convicção científica de que existe forte ligação entre os riscos do trabalho e o perfil de morbimortalidade que será determinado à população em geral, "como uma consequência dos impactos que a atividade produtiva gera ao ambiente, através da poluição causada pela produção ou pelo consumo dos produtos"[6].

Propriamente no âmbito da classe trabalhadora, não se tem mais como negar que o tempo gasto na atividade laborativa ocupa grande parte do tempo útil do trabalhador, de modo que, em regra, **a qualidade de vida do obreiro é diretamente proporcional à qualidade do meio ambiente em que presta sua atividade laboral**. Deveras, a dinâmica de trabalho cada vez determina mais o estilo de vida do trabalhador, interfere em seu humor e não raro afeta diretamente a própria qualidade

---

4. CARMO, José Carlos do; MAENO, Maria. **Saúde do trabalhador no SUS**: aprender com o passado, trabalhar o presente, construir o futuro. São Paulo: Hucitec, 2005, p. 101.
5. FERNANDES, Fábio. A Constituição de 1988 e a saúde do trabalhador. Competência administrativa concorrente do Ministério do Trabalho e Emprego e do Ministério da Saúde para a fiscalização das normas de medicina e segurança do trabalho. **Revista da SJRJ**. n. 24, Rio de Janeiro, 2009, p. 163-186, p. 175.
6. CÂMARA, Volney de Magalhães; GALVÃO, Luiz Augusto Cassanha; ALONZO, Herling Gregorio Aguilar. A patologia do trabalho numa perspectiva da saúde ambiental. In: MENDES, René (Org.). **Patologia do trabalho**. 3. ed. São Paulo: Editora Atheneu, 2013, v. 2, p. 1.543-1.567, p. 1.565.

das relações interpessoais desenvolvidas no lar[7]. Não causa espanto, pois, que, hoje, além da *família* e da *escola*, o *trabalho* também surja como instância social que tem logrado cada vez maior atenção como elemento de influência na saúde *física* e *mental* do ser humano[8]. Afinal, nas bem colocadas palavras de Sebastião Geraldo de Oliveira:

> O homem passa a maior parte de sua vida útil no trabalho, exatamente no período da plenitude de suas forças físicas e mentais, daí porque o trabalho, frequentemente, determina o seu estilo de vida, influencia nas condições de saúde, interfere na aparência e apresentação pessoal e até determina, muitas vezes, a forma da morte [...] **é impossível alcançar qualidade de vida sem ter qualidade de trabalho, nem se pode atingir meio ambiente equilibrado e sustentável, ignorando o meio ambiente do trabalho.**[9]

A vertiginosa ocorrência de acidentes do trabalho e doenças ocupacionais, sobretudo afetações osteomusculares e distúrbios de ordem psíquica, bem como a grande quantidade de casos a evidenciar graves exposições químicas afetadoras da qualidade de vida não só de trabalhadores, mas também de toda a comunidade circundante a fábricas e lavouras, constituem uma dura demonstração da veracidade dessas afirmações. Trata-se, por certo, do reconhecimento público e explícito de que também não se pode lograr vida saudável se grande parte de nossa trajetória existencial está *imersa* ou simplesmente se desenvolve *vizinha* a uma fonte labor-ambiental de influxos poluentes.

Aqui, decididamente, a Carta Magna foi marcantemente sensível inclusive a vívidas diretrizes internacionais que apontavam para o fato de que a garantia de um meio ambiente laboral hígido, seguro e sadio, já àquela época, constituía benfazejo traço de maturidade civilizatória e expressivo fator preventivo de fenômenos poluitivos em geral[10].

---

7. COSTA, Cristiane Ramos. **O direito ambiental do trabalho e a insalubridade**: aspectos da proteção jurídica à saúde do trabalhador sob o enfoque dos direitos fundamentais. São Paulo: LTr, 2013, p. 54.
8. SELIGMANN-SILVA, Edith. **Trabalho e desgaste mental**: o direito de ser dono de si mesmo. São Paulo: Cortez, 2011, p. 42.
9. OLIVEIRA, Sebastião Geraldo de. **Proteção jurídica à saúde do trabalhador**. 5. ed. São Paulo: LTr, 2010, p. 118.
10. ARMENTI, Karla; MOURE-ERASO, Rafael; SLATIN, Craig; GEISER, Ken. Joint occupational and environmental pollution prevention strategies: a model for primary prevention. In: LEVENSTEIN, Charles. **At the point of production**: the social analysis of occupational and environmental health. Amityville, New York: Baywood Publishing Company, 2009, p. 145-166, p. 146.

## 3. RELEVÂNCIA JUSAMBIENTAL

Demais disso, insta anotar que, para além de reconhecer, como expressão da soberania popular, a autonomia dogmática do ente *meio ambiente do trabalho*, nossa Carta Magna, também às escâncaras, pela via da mesma soberana vontade, autenticou a integração jurídica do meio ambiente laboral ao meio ambiente humano, inserindo-o dentre as dimensões passíveis de identificação no plexo ambiental. **Noutras palavras, ficou firmado, em seio constitucional pátrio, não apenas a existência jurídica, mas sobretudo a conformação jusambiental da ambiência laboral.**

Cuida-se, é verdade, tão só do reconhecimento *jurídico* de uma realidade que, há muito, expressa-se no plano fenomênico: o meio ambiente do trabalho constitui dimensão intrínseca ao meio ambiente humano. Sem sombra de dúvida, referida admissão constitui fator que potencializa, ainda mais, no aspecto jurídico, a proteção e a promoção da saúde física e mental da classe trabalhadora. Todavia – e este é um ponto crucial para nossas reflexões –, é preciso perceber que tal alocação dogmática tem o propósito de dar braçadas mais largas, amplificando sua eficácia a ponto de gerar benefícios também, ainda que indiretamente, a toda a sociedade e ao meio ambiente em geral.

Ora, a proteção jusambiental, em essência, guarda ligação direta com o duplo e integrativo compromisso de *resguardar o equilíbrio ecológico* e *proteger a vida humana*[11]. Nessa visão, o meio ambiente *natural*, que induz preocupação primária com a *esgotabilidade* dos componentes naturais, recebe proteção por ser o próprio âmago desse perseguido equilíbrio ecológico. Já o meio ambiente *artificial* atrai preocupação primária ligada ao resguardo da *utilidade* de componentes construídos para facilitar a segura e saudável habitação e circulação humanas, estando mais vinculado, portanto, à questão da qualidade da vida humana. O mesmo se pode dizer do meio ambiente *cultural*, para o qual a preservação da *singularidade* da exteriorização psicossensorial e social do criativo espírito humano se apresenta como fator decisivo de preocupação.

**O meio ambiente laboral, nesse contexto, exsurge como dimensão ambiental deveras diferenciada, na medida em que apta a**

---

11. Como bem assevera Elida Séguin, "a inserção no texto constitucional, de 1988, da expressão *sadia qualidade de vida* configura a busca de uma proteção ambiental holística" (SÉGUIN, Elida. **O direito ambiental**: nossa casa planetária. 3. ed. Rio de Janeiro: Forense, 2006, p. 6). Grifo no original.

**propiciar, em paralelo, o resguardo do equilíbrio ecológico e a preservação da vida humana.** Realmente, a proteção do meio ambiente do trabalho é medida que atinge, a um só tempo, a ambos os citados objetivos, ou seja, tanto serve à proteção do ser humano investido no papel social de trabalhador quanto à proteção da população vizinha e do equilíbrio ecológico que o circunda. É essa visão mais ampla e integrada, a conferir ao tema estatura de questão de *saúde pública*, **como genuíno *interesse público primário*[12], que precisa impregnar a mente do estudioso jusambiental.**

Confira-se, ademais, que, ao clarificar que o *meio ambiente do trabalho* avulta como uma das específicas dimensões do meio ambiente, o legislador constituinte originário cuidou de sanar o incômodo viés restritivo textualmente proclamado no art. 3º, I, da Lei nº 6.938/1981[13], oficializando, no plano jurídico, de uma vez por todas, na ideia de meio ambiente, a intrincada dimensão *social* ou *humana* até então "esquecida", operando fabulosa ampliação conceitual e investigativa. Assim acontece porque, como muito bem destacado por Elida Séguin, os princípios ambientais "devem considerar o homem como um ser social que somente atinge a plenitude de seu desenvolvimento no contato com os semelhantes, passando a abranger aspectos artificiais, culturais e do trabalho"[14].

Na mesma assentada, o legislador constituinte originário também ofereceu alguma boa baliza compreensiva para a enigmática previsão que estatuiu configurar *poluição* a afetação ambiental lesiva resultante de atividades que, direta ou indiretamente, "criem condições adversas às atividades sociais e econômicas" (Lei nº 6.938/1981, art. 3º, III, "b" [15]). Ora, certamente, a principal zona de confluência entre *trabalho* e *ambiente* é o meio ambiente do trabalho, e, tratando-se de um dispositivo

---

12. Conforme Celso Antônio Bandeira de Mello, interesses públicos ou interesses *primários* "são interesses da coletividade como um todo", ao passo que interesses *secundários* são aqueles "que o Estado (pelo só fato de ser sujeito de direitos) poderia ter como qualquer outra pessoa" (MELLO, Celso Antônio Bandeira de. **Curso de direito administrativo**. 16. ed. São Paulo: Malheiros Editores, 2003, p. 63).
13. BRASIL. Lei nº 6.938, de 31 de agosto de 1981. Dispõe sobre a Política Nacional do Meio Ambiente, seus fins e mecanismos de formulação e aplicação, e dá outras providências. **Diário Oficial da União**, 2 set. 1981. Disponível em: <http://www.planalto.gov.br>. Acesso em: 14 nov. 2015.
14. SÉGUIN, Elida. **O direito ambiental**: nossa casa planetária. 3. ed. Rio de Janeiro: Forense, 2006, p. 4.
15. BRASIL. Lei nº 6.938, de 31 de agosto de 1981. Dispõe sobre a Política Nacional do Meio Ambiente, seus fins e mecanismos de formulação e aplicação, e dá outras providências. Op. cit.

que refere ao conceito de poluição ambiental, pode-se até admitir que criar *condições adversas* às atividades sociais e econômicas possa comportar inúmeras ilações, todavia, já agora, a partir dessa luz, não se tem como refutar que entre essas efetivamente está a *degradação labor-ambiental*, que é corriqueira fonte de poluição e afetação da saúde e do bem-estar de toda a comunidade, mas cujas vítimas primeiras são os membros da classe trabalhadora, porque diretamente integrados à ambiência-fonte do fenômeno poluente[16].

Outra ilação que podemos extrair está no nítido reforço do importante elo existente entre proteção *ambiental* e resguardo de *direitos fundamentais* e da *dignidade da pessoa humana*[17], o que confere ainda mais importância à já portentosa valia científica do *Direito Ambiental*, cujas elogiáveis diretrizes, sobretudo as de ordem principiológica, deverão ser igualmente canalizadas, agora, para a seara labor-ambiental, com franco favorecimento da classe trabalhadora, que, embora não sendo a única afetada com a ocorrência de quadros de poluição labor-ambiental, sem dúvida emerge como a prejudicada mais direta, de modo que essa proteção jurídica mais contundente e reforçada soa mesmo como medida da mais lídima justiça.

A propósito, acreditamos, inclusive, que a opção constitucional por reconhecer a integração jurídica do meio ambiente do trabalho junto ao meio ambiente humano **permite reinserir a Organização Internacional do Trabalho (OIT) no cenário internacional de cooperação de esforços frente à complexa pauta ambiental**. Isso porque o assunto da saúde e segurança do trabalhador, que encontra no *meio ambiente do trabalho* seu ponto central de confluência jurídica e fenomênica, também permite articulação direta entre a rica temática do *trabalho decente* – proclamação ético-jurídica firmemente abraçada pela OIT – e a propalada inflexão ambiental preventiva de *combate na fonte* no tocante aos riscos ambientais.

De fato, há abalizada convicção doutrinária no sentido de que *condições seguras e sadias de trabalho* compõem o feixe mínimo de direitos

---

16. A respeito da temática da *poluição labor-ambiental*, confira-se o nosso: MARANHÃO, Ney. **Poluição labor-ambiental**: abordagem conceitual da degradação das condições de trabalho, da organização do trabalho e das relações interpessoais travadas no contexto laborativo. Rio de Janeiro: Lumen Juris, 2017.
17. SARLET, Ingo Wolfgang; FENSTERSEIFER, Tiago. **Direito ambiental**: introdução, fundamentos e teoria geral. São Paulo: Saraiva. 2014, p. 27.

subsumidos na expressão *trabalho decente*. Assim pensa, por exemplo, José Claudio Monteiro de Brito Filho, afirmando que "de nada adianta ao trabalhador um emprego, mesmo que com remuneração razoável, se sua saúde é comprometida"[18]. Também Platon Teixeira de Azevedo Neto considera a *saúde e segurança* como "requisito positivo endógeno essencial" para o conceito de *trabalho decente*, ao lado da dignidade, da liberdade e da igualdade, anotando que "trabalho é vida, e não se pode conceber o trabalho decente sem um bem-estar completo, físico e mental, e numa situação de riscos de acidentes"[19].

É bem verdade que a proteção da saúde e segurança no trabalho lamentavelmente acabou não figurando no rol de objetivos estratégicos e centrais da OIT, conforme elenco constante de sua *Declaração sobre os Princípios e Direitos Fundamentais no Trabalho* (1998), que se reportou apenas à **(i)** liberdade sindical e reconhecimento efetivo do direito de negociação coletiva, **(ii)** eliminação de todas as formas de trabalho forçado, **(iii)** abolição efetiva do trabalho infantil e **(iv)** eliminação de todas as formas de discriminação em matéria de emprego e ocupação[20].

No entanto, essa lastimável omissão foi relativamente contornada quando da *Declaração da OIT sobre a Justiça Social para uma Globalização Equitativa* (2008), ocasião em que a própria Organização Internacional do Trabalho esclareceu que:

> I.A. [...] os compromissos e esforços dos Membros e da Organização visando a colocar em prática o mandato constitucional da OIT, par-

---

18. BRITO FILHO, José Claudio Monteiro de. **Trabalho decente:** análise jurídica da exploração do trabalho – trabalho escravo e outras formas de trabalho indigno. 2. ed. São Paulo: LTr, 2010, p. 48.

19. AZEVEDO NETO, Platon Teixeira de. **O trabalho decente como um direito humano.** São Paulo: LTr, 2015, p. 103-109 e 119. Após minuciosa exposição de cada elemento integrador, conclui o autor: "[...] trabalho decente corresponde à soma necessária da dignidade à liberdade (que abrange o pressuposto da erradicação do trabalho forçado), à igualdade (que abarca o pressuposto do fim da discriminação), à segurança e à saúde, à atividade lícita e à remuneração justa, bem como à liberdade sindical, desde que não haja trabalho infantil. [...] Com base nesses elementos, chegamos à seguinte 'fórmula': *Trabalho decente = dignidade + liberdade + igualdade + saúde + segurança + remuneração justa + atividade lícita + equidade + lazer + aposentadoria digna + liberdade sindical – trabalho infantil*. Considerando que somente podemos conceber dignidade no trabalho se houver a somatória dos elementos liberdade, igualdade, saúde e segurança, remuneração justa, atividade lícita, equidade, lazer e aposentadoria digna, propomos uma 'fórmula' simplificada: *Trabalho Decente = Dignidade no Trabalho + Liberdade Sindical – Trabalho Infantil*" (AZEVEDO NETO, Platon Teixeira de. **O trabalho decente como um direito humano.** São Paulo: LTr, 2015, p. 119). Grifos no original.

20. ORGANIZAÇÃO INTERNACIONAL DO TRABALHO. **Declaração sobre os Princípios e Direitos Fundamentais no Trabalho.** Disponível em: <http://www.ilo.org>. Acesso em: 19 mai. 2015.

ticularmente pelas normas internacionais do trabalho, para situar o pleno emprego produtivo e o trabalho decente como elemento central das políticas econômicas e sociais, deveriam basear-se nos quatro igualmente importantes objetivos estratégicos da OIT, sobre os quais se articula a Agenda do Trabalho Decente e que podem resumir-se da seguinte forma: [...] ii) adotar e ampliar medidas de proteção social – seguridade social e proteção dos trabalhadores – **que sejam sustentáveis** e estejam adaptadas às circunstâncias nacionais, e particularmente [...] **condições de trabalho que preservem a saúde e segurança dos trabalhadores [...]**.[21]

Com essa nova declaração, na parte que nos interessa mais diretamente, mais algumas relevantes considerações podem ser feitas. Por primeiro, insta anotar que a Organização Internacional do Trabalho não apenas voltou a incorporar a saúde e segurança no trabalho como um de seus pontos centrais de atuação para a contemporaneidade, como também – e o que é por demais importante para nossos propósitos – expressamente reconheceu a promoção da saúde e segurança no trabalho como ação integrante de um quadro mais geral de medidas de sustentabilidade aplicáveis ao contexto laboral. Noutras palavras: **a Organização Internacional do Trabalho novamente articulou** *meio ambiente do trabalho* **e** *questão ambiental*, **alinhando-se à sábia e prodigiosa perspectiva jusambiental firmada duas décadas antes em nossa Carta da República.**

De toda sorte, apesar desse "esclarecimento", concordamos com Platon Teixeira de Azevedo Neto na defesa da ideia de que a *proteção e promoção eficaz da saúde e da segurança no trabalho* é assunto por demais relevante para ficar "perdido" entre tantas outras considerações, sendo certo que, no plano ideal, o que caberia mesmo à Organização Internacional do Trabalho (OIT) seria realizar – e ainda há tempo para isso – um adendo à *Declaração sobre os Princípios e Direitos Fundamentais no Trabalho* (1998) com o elogiável acréscimo de um seu quinto objetivo estratégico: a eliminação dos riscos à saúde e à segurança no trabalho[22].

Ainda nessa ordem de raciocínio, afigura-se importante também realçar a importância de se inserir a temática da saúde e segurança no trabalho na pauta global do *desenvolvimento sustentável*. Assim, o vetor

---

21. ORGANIZAÇÃO INTERNACIONAL DO TRABALHO. **Declaração da OIT sobre a Justiça social para uma Globalização Equitativa**, 2008. Disponível em: <http://www.ilo.org>. Acesso em: 19 maio 2015. Grifamos.

22. AZEVEDO NETO, Platon Teixeira de. **O trabalho decente como um direito humano**. São Paulo: LTr, 2015, p. 105.

axiológico da *sustentabilidade* demandaria algo como um desenvolvimento econômico que há de se processar permeado por uma *dupla* proteção da vulnerável classe trabalhadora: proteção *social* e proteção *ambiental*.

Com isso, a nosso ver, a agenda internacional de concretização do trabalho *decente* ganharia maior alcance sociojurídico, com considerável incremento de seu poder institucional de penetração junto a agendas mais amplas e globais, como a *Declaração do Milênio das Nações Unidas* (2000)[23], onde ficaram apontados como objetivos para este novo milênio, entre outros: **(i)** "formular e aplicar estratégias que proporcionem aos jovens de todo o mundo a possibilidade real de encontrar um *trabalho digno e produtivo*" (tópico 20, item 2), ou seja, segundo pensamos, compromisso com a ideia de **trabalho decente**; e **(ii)** "intensificar a cooperação para *reduzir o número e os efeitos das catástrofes naturais e das catástrofes provocadas por seres humanos*" (tópico 23, item 5), ou seja, segundo pensamos, compromisso com as ideias de *prevenção* e de *combate ao risco na fonte,* noções que, como vimos, alavancam a importância da dimensão *labor-ambiental* como histórico ponto de vulnerabilidade do bem jurídico ambiental.

Tal fato só reforça nossa compreensão de que **a noção jurídica de trabalho decente, se bem trabalhada, pode ser mesmo um ótimo canal para a afirmação internacional do meio ambiente do trabalho como tema integrante de uma pauta genuinamente** *ambiental*. Por corolário, a Organização Internacional do Trabalho (OIT) reassumiria importante papel no debate internacional a respeito de um desenvolvimento verdadeiramente *sustentável* para a humanidade, o que, por certo, não pode olvidar a proteção e promoção do equilíbrio *labor-ambiental*.

## 4. RELEVÂNCIA SANITÁRIA

Note-se, ainda, que a Carta da República faz enunciação meramente exemplificativa das atribuições do Sistema Único de Saúde (art. 200, *caput* – "dentre outros"[24]), o que significa dizer que, em meio a tais, a proteção do meio ambiente do trabalho mereceu menção expressa, compondo, assim, seu seleto rol de atribuições *nucleares*. Referência

---

23. ORGANIZAÇÃO DAS NAÇÕES UNIDAS. **Declaração do Milênio.** Disponível em: <http://www.pnud.org.br> Acesso em: 19 mai. 2015. Grifamos.
24. Idem. Constituição Federal (1988). **Constituição da República Federativa do Brasil.** 52. ed. São Paulo: Saraiva, 2015.

dúplice, diga-se de passagem, já que, também em seu inciso II, o referido art. 200 atribui ao Sistema Único de Saúde a incumbência institucional de "executar as ações de vigilância sanitária e epidemiológica, *bem como as de saúde do trabalhador*"[25]. E toda essa importante diretriz depois bem repercutiu na legislação ordinária (*v.g.*, Lei nº 8.080/1990, art. 6º, I, "c", e V[26]).

Visualizamos nisso, ainda, o reconhecimento constitucional da crucial importância de um meio ambiente do trabalho sadio e seguro como fator de garantia de **saúde pública**, também reservando aos profissionais da área de saúde a relevante tarefa de identificar, combater e prevenir doenças cujo foco de origem está relacionado, de algum modo, à degradação do labor-ambiente. Com efeito, não raro são médicos e psicólogos, por exemplo, os primeiros a identificar *indícios* de danosidades físicas ou psíquicas relacionadas ao contexto laboral (distúrbios mentais, depressões, afetações cancerígenas, distúrbios osteomusculares, pressão alta, problemas cardíacos, além de elevados índices de absenteísmo e presenteísmo etc.), cujos relatórios técnicos servirão, mais à frente, como importante material de estudo para a análise, identificação, correção e prevenção de fatores de risco labor--ambientais[27], desembocando, quem sabe, até mesmo em uma eventual judicialização do assunto.

Desse vigoroso cenário normativo também é possível extrair a notória consagração da ideia de que **a proteção adequada do meio ambiente do trabalho há de envolver desassombrado diálogo entre diversos saberes e uma profícua sinergia entre múltiplos profissionais, tudo a revelar, pois, uma extensa área de pesquisa intrinsecamente** *interdisciplinar*.

---

25. BRASIL Constituição Federal (1988). **Constituição da República Federativa do Brasil**. 52. ed. São Paulo: Saraiva, 2015. Grifamos.

26. Lei nº 8.080/1990, art. 6º: "Estão incluídas ainda no campo de atuação do Sistema Único de Saúde (SUS): I – a execução de ações: [...] c) de saúde do trabalhador; [...] V – a colaboração na proteção do meio ambiente, nele compreendido o do trabalho" (Idem. Lei nº 8.080, de 19 de setembro de 1990. Dispõe sobre as condições para a promoção, proteção e recuperação da saúde, a organização e o funcionamento dos serviços correspondentes e dá outras providências. **Diário Oficial da União**, 20 set. 1990. Disponível em: <http://www.planalto.gov.br>. Acesso em: 14 nov. 2015).

27. SOKAS, Rosemary K.; LEVY, Barry S.; WEGMAN, David H.; BARON, Sherry L. Recognizing and preventing occupational and environmental disease and injury. In: LEVY, Barry S.; WEGMAN, David H.; BARON, Sherry L.; SOKAS, Rosemary K. **Occupational and environmental health**: recognizing and preventing disease and injury. 6th ed. New York: Oxford University Press, 2011, p. 23-54, p. 28-29.

Eis outro fato relevante e pouco destacado na doutrina: a nova ordem constitucional instaurada em 1988[28] inovou ao se valer da palavra *saúde* quando do arrolamento de direitos da classe trabalhadora. De fato, a referência à *saúde* no citado inciso XXII do art. 7º da Carta Constitucional, empregada em contexto de anunciação de direitos dos trabalhadores, aliada à previsão do meio ambiente do trabalho especificamente quando da referência a atribuições do *Sistema Único de Saúde* (art. 200, VIII), deixam a nu a circunstância de que a integração do meio ambiente do trabalho ao bem jurídico ambiental também decorre do reconhecimento constitucional acerca da fortíssima ligação havida entre *trabalho, meio ambiente* e *saúde pública*, a reforçar o incontornável **foco publicista** que deve nortear esse tipo de assunto.

Com isso, nosso legislador constituinte originário pontuou, de forma categórica, a importância da qualidade labor-ambiental não só para a proteção mais eficaz e direta de uma específica parcela da população que diariamente se sujeita a exposições deletérias à sua saúde e segurança (classe trabalhadora), mas também para a própria sociedade como um todo, em especial quando essa qualidade é percebida enquanto fator inibidor de focos de poluição ambiental. Nesse prisma, o tema da qualidade e higidez do meio ambiente do trabalho, decididamente, como temos tentado alertar, fortalece-se como autêntica **matéria de ordem pública**.

É certo, portanto, que a proteção e promoção da *saúde humana* constituem ponto nevrálgico em sede labor-ambiental. Não sem razão, o citado art. 200, VIII, da Carta Constitucional está inserido em seu Título VIII ("Da Ordem Social"), mais precisamente na Seção II de seu Capítulo II ("Da Seguridade Social"), que contém a epígrafe "Da Saúde", um direito de todos e dever do Estado (art. 196, *caput*), resguardado em um panorama em que o *bem-estar* (equivalente jurídico de "sadia qualidade de vida") figura entre os alicerces da *ordem social* (art. 193) e a *existência digna* (outro sinônimo de "sadia qualidade de vida") ressoa como um dos fundamentos da *ordem econômica* (art. 170, *caput*), que, de sua parte, também tem como um de seus princípios a "defesa do meio ambiente" (art. 170, VI) e a "função social da propriedade" (art. 170, III)[29].

Nossa Constituição Federal também aduz que essa *função social*, no âmbito da propriedade *rural*, só é cumprida se houver aproveitamento

---

28. BRASIL Constituição Federal (1988). Op. cit.
29. BRASIL Constituição Federal (1988). **Constituição da República Federativa do Brasil**. 52. ed. São Paulo: Saraiva, 2015.

"racional e adequado" (art. 186, I), "utilização adequada dos recursos naturais disponíveis e preservação do meio ambiente" (art. 186, II), "observância das disposições que regulam as relações de trabalho" (art. 186, III) e "exploração que favoreça o bem-estar dos proprietários e dos trabalhadores" (art. 186, IV). Perceba-se, desse modo, aqui, na enunciação prática do vetor axiológico da função *socioambiental* da propriedade, o elevado destaque conferido pela Suprema Carta à dimensão labor-ambiental das relações trabalhistas praticadas no âmbito rural, exemplo de construção jusambiental que decerto serve de excelente referência de *sustentabilidade* para todas as demais relações laborais.

## 5. RELEVÂNCIA JUSLABORAL

As normas antes referidas não são, contudo, as únicas disposições *constitucionais* que versam sobre o meio ambiente do trabalho. Comumente se olvida, por exemplo, que o legislador constituinte originário vedou a dispensa arbitrária ou sem justa causa do empregado eleito para o cargo de direção de *Comissão Interna de Prevenção de Acidentes – CIPA*, "desde o registro de sua candidatura até um ano após o final de seu mandato" (ADCT, art. 10, II, "a"[30]), o que, a toda evidência, expressa preocupação com a realização prática do direito fundamental a um meio ambiente do trabalho *sadio* e *equilibrado*.

Não se esqueça, também, do próprio *art. 7º da Constituição Federal*, que reconhece serem direitos dos trabalhadores urbanos e rurais, entre outros, a "redução dos riscos inerentes ao trabalho, por meio de normas de saúde, higiene e segurança" (inciso XXII); "adicional de remuneração para as atividades penosas, insalubres ou perigosas, na forma da lei" (XXIII); "seguro contra acidentes de trabalho, a cargo do empregador, sem excluir a indenização a que este está obrigado, quando incorrer em dolo ou culpa" (XXVIII); "remuneração do trabalho noturno superior à do diurno" (IX); "duração do trabalho normal não superior a oito horas diárias e quarenta e quatro semanais, facultada a compensação de horários e a redução da jornada, mediante acordo ou convenção coletiva de trabalho" (XIII); "jornada de seis horas para o trabalho realizado em turnos ininterruptos de revezamento, salvo negociação coletiva" (XIV); "repouso semanal remunerado, preferencialmente aos domingos" (XV); "remuneração do serviço extraordinário superior, no mínimo, em

---

30. BRASIL Constituição Federal (1988). **Constituição da República Federativa do Brasil**. 52. ed. São Paulo: Saraiva, 2015.

cinquenta por cento à do normal" (XVI); "gozo de férias anuais remuneradas com, pelo menos, um terço a mais do que o salário normal" (XVII); e "proibição de trabalho noturno, perigoso ou insalubre a menores de dezoito e de qualquer trabalho a menores de dezesseis anos, salvo na condição de aprendiz, a partir de quatorze anos" (XXXIII), **todos dispositivos que, em menor ou maior grau, se bem interpretados, também atinem com a garantia e promoção de um meio ambiente do trabalho seguro e sadio.**

No mais, para além de um frio arrolamento de dispositivos constitucionais concernentes ao tema da segurança e saúde da classe trabalhadora, o ponto central a ser assimilado é que o reconhecimento do meio ambiente do trabalho como elemento integrante do conceito constitucional de meio ambiente demonstra que o resguardo da saúde e da segurança do trabalhador constitui preocupação *pública* e, por isso, assume alto grau de relevo no tocante ao plexo de deveres patronais, diante de quem a garantia de um meio ambiente do trabalho hígido e sadio passa a ser responsabilidade incontornável, porque inserida na sensível **pauta ambiental**. Uma das consequências dessa realidade jurídica é a fortificação da auspiciosa linha de *humanização* das relações de trabalho e do próprio Direito do Trabalho. Por corolário, "a luta pelos direitos trabalhistas também se insere na perspectiva de assegurar ao trabalhador um ambiente de trabalho saudável, equilibrado e seguro"[31].

Com isso, descortina-se uma nova forma de enxergar as relações laborais, sobretudo as *empregatícias*, agora a demandar uma ordem de ideias que, fugindo de exclusivas tônicas patrimoniais/contratuais e na esteira de um genuíno interesse público/existencialista, passe a considerar a saúde e a segurança humanas como pautas de concreção inadiável frente a qualquer contexto jurídico-laborativo.

## 6. CONSIDERAÇÕES FINAIS: INCONTESTÁVEL ALINHAMENTO AXIOLÓGICO-CONSTITUCIONAL

Diante do exposto, a certeza que fica é de que a afirmação do meio ambiente laboral como elemento integrante do bem jurídico *meio ambiente*, longe de expressar invencionice acadêmica, em verdade revela constructo realizador de valores nodais para o bom convívio em

---

31. SARLET, Ingo Wolfgang; MACHADO, Paulo Affonso Leme; FENSTERSEIFER, Tiago. **Constituição e legislação ambiental comentadas**. São Paulo: Saraiva, 2015, p. 64.

sociedade (art. 3º, I, da CF), na medida em que entrecruza, organicamente, anseios constitucionais variados, tais como a promoção de um desenvolvimento verdadeiramente sustentável (arts. 3º, II, e 225), a proteção da saúde (art. 196), a garantia de um meio ambiente equilibrado (art. 225) e a redução dos riscos inerentes ao trabalho (art. 7º, XXII)[32].

Aqui, calha trazer à fiveleta a precisa lição de Ingo Wolfgang Sarlet, Paulo Affonso Leme Machado e Tiago Fensterseifer, *verbo ad verbum*:

> A questão da salubridade e dos riscos inerentes ou mesmo mais acentuados em determinadas atividades laborais interessa sim à proteção ecológica como um todo, considerando, em particular, que geralmente as pessoas afetadas por condições de trabalho em cenários de poluição e degradação ecológica são os trabalhadores de menor renda, num contexto que agrega privação de direitos sociais com violação a direitos ecológicos. A proteção da saúde do trabalhador e a tutela do ambiente do trabalho congregam esforços na perspectiva de assegurar um ambiente de trabalho em patamares dignos, com segurança e qualidade ambiental. Aí reside a importância de vincular o Direito Ambiental e o Direito do Trabalho, e a CF/88 fez questão de assinalar tal conexão normativa entre as matérias no seu art. 200, VIII.[33]

Logo, não há como deixar de conjugar todo esse denso arcabouço jurídico-constitucional com aqueles grandes vetores de nossa Carta Magna, a saber, a dignidade da pessoa humana (art. 1º, III), os valores sociais do trabalho e da livre iniciativa (art. 1º, IV), a construção de uma sociedade livre, justa e solidária (art. 3º, I) e a promoção do bem de todos (art. 3º, IV), itens esses de alta envergadura política, social e jurídica, porquanto reconhecidos como *fundamentos* ou *objetivos fundamentais* da República Federativa do Brasil[34].

O que fica do quanto apresentado é que, **no plano constitucional pátrio, há mesmo um incontestável alinhamento axiológico entre os temas *meio ambiente*, *trabalho* e *saúde***, o que revela, por consequência, a profunda imbricação jurídica havida entre os artigos 1º, 3º, 7º, 170, 186, 193, 196, 200 e 225 da Carta da República, todos, de algum modo e a seu modo, sinalizando a importância de se promover sadia qualidade de vida também no específico e intrincado contexto labor-ambiental.

---

32. BRASIL Constituição Federal (1988). **Constituição da República Federativa do Brasil**. 52. ed. São Paulo: Saraiva, 2015.
33. SARLET, Ingo Wolfgang; MACHADO, Paulo Affonso Leme; FENSTERSEIFER, Tiago. **Constituição e legislação ambiental comentadas**. São Paulo: Saraiva, 2015, p. 64.
34. BRASIL Constituição Federal (1988). Op. cit.

# REFERÊNCIAS BIBLIOGRÁFICAS

ARMENTI, Karla; MOURE-ERASO, Rafael; SLATIN, Craig; GEISER, Ken. Joint occupational and environmental pollution prevention strategies: a model for primary prevention. In: LEVENSTEIN, Charles. **At the point of production**: the social analysis of occupational and environmental health. Amityville, New York: Baywood Publishing Company, 2009.

AZEVEDO NETO, Platon Teixeira de. **O trabalho decente como um direito humano**. São Paulo: LTr, 2015.

BRITO FILHO, José Claudio Monteiro de. **Trabalho decente:** análise jurídica da exploração do trabalho – trabalho escravo e outras formas de trabalho indigno. 2. ed. São Paulo: LTr, 2010.

CABRAL, Angelo Antonio. Desequilíbrio labor-ambiental e direito de resistência: abordagem jusfundamental. **Revista do Tribunal Regional do Trabalho da 8ª Região**. v. 48, nº 94, jan/jun 2015, p. 83-125.

CÂMARA, Volney de Magalhães; GALVÃO, Luiz Augusto Cassanha; ALONZO, Herling Gregorio Aguilar. A patologia do trabalho numa perspectiva da saúde ambiental. In: MENDES, René (Org.). **Patologia do trabalho**. 3. ed. São Paulo: Editora Atheneu, 2013, v. 2, p. 1.543-1.567.

CARMO, José Carlos do; MAENO, Maria. **Saúde do trabalhador no SUS**: aprender com o passado, trabalhar o presente, construir o futuro. São Paulo: Hucitec, 2005.

COSTA, Cristiane Ramos. **O direito ambiental do trabalho e a insalubridade**: aspectos da proteção jurídica à saúde do trabalhador sob o enfoque dos direitos fundamentais. São Paulo: LTr, 2013.

FERNANDES, Fábio. A Constituição de 1988 e a saúde do trabalhador. Competência administrativa concorrente do Ministério do Trabalho e Emprego e do Ministério da Saúde para a fiscalização das normas de medicina e segurança do trabalho. **Revista da SJRJ**. n. 24, Rio de Janeiro, 2009, p. 163-186.

MARANHÃO, Ney. **Poluição labor-ambiental**: abordagem conceitual da degradação das condições de trabalho, da organização do trabalho e das relações interpessoais travadas no contexto laborativo. Rio de Janeiro: Lumen Juris, 2017.

MELLO, Celso Antônio Bandeira de. **Curso de direito administrativo**. 16. ed. São Paulo: Malheiros Editores, 2003.

OLIVEIRA, Sebastião Geraldo de. **Proteção jurídica à saúde do trabalhador**. 5. ed. São Paulo: LTr, 2010.

ORGANIZAÇÃO DAS NAÇÕES UNIDAS. **Declaração do Milênio**. Disponível em: <http://www.pnud.org.br> Acesso em: 19 mai. 2015.

ORGANIZAÇÃO INTERNACIONAL DO TRABALHO. **Declaração sobre os Princípios e Direitos Fundamentais no** Trabalho. Disponível em: <http://www.ilo.org>. Acesso em: 19 mai. 2015.

ORGANIZAÇÃO INTERNACIONAL DO TRABALHO. **Declaração da OIT sobre a Justiça social para uma Globalização Equitativa**, 2008. Disponível em: <http://www.ilo.org>. Acesso em: 19 maio 2015.

SARLET, Ingo Wolfgang; FENSTERSEIFER, Tiago. **Direito ambiental**: introdução, fundamentos e teoria geral. São Paulo: Saraiva. 2014.

SARLET, Ingo Wolfgang; MACHADO, Paulo Affonso Leme; FENSTERSEIFER, Tiago. **Constituição e legislação ambiental comentadas**. São Paulo: Saraiva, 2015.

SÉGUIN, Elida. **O direito ambiental**: nossa casa planetária. 3. ed. Rio de Janeiro: Forense, 2006.

SELIGMANN-SILVA, Edith. **Trabalho e desgaste mental**: o direito de ser dono de si mesmo. São Paulo: Cortez, 2011.

SOKAS, Rosemary K.; LEVY, Barry S.; WEGMAN, David H.; BARON, Sherry L. Recognizing and preventing occupational and environmental disease and injury. In: LEVY, Barry S.; WEGMAN, David H.; BARON, Sherry L.; SOKAS, Rosemary K. **Occupational and environmental health**: recognizing and preventing disease and injury. 6th ed. New York: Oxford University Press, 2011.

# ARTIGO 226, PAR. 8º

# O feminismo brasileiro e a construção dos direitos humanos das mulheres

*Tania Regina Silva Reckziegel[1]*
*Rubia Abs da Cruz[2]*

SUMÁRIO: 1. A importância dos movimentos feministas – 2. A importância das políticas públicas para as mulheres – 3. Os direitos humanos das mulheres no ordenamento jurídico internacional e violência de gênero – 4. O direito como regulador das relações sociais – 5. Considerações finais – Bibliografia

## 1. A IMPORTÂNCIA DOS MOVIMENTOS FEMINISTAS

O feminismo tem relação direta com a democracia e com os direitos humanos das mulheres. Assim, para falarmos de democracia temos que dar visibilidade a toda construção dos direitos das mulheres no ordenamento jurídico nacional e internacional.

Na década de 70, as mulheres começaram no Brasil a se insurgir de forma mais organizada e contundente em relação às violências por elas sofridas, especialmente em relação aos crimes contra a vida. Embora a

---

1. Doutoranda em Ciências Jurídicas pela Universidad del Museo Social Argentino. Mestre em Direito – Área de Concentração: Direitos Sociais e Políticas Públicas pela Universidade de Santa Cruz do Sul. Possui Graduação em Ciências Jurídicas e Sociais pela Universidade do Vale do Rio dos Sinos. Atualmente é desembargadora – Tribunal Regional do Trabalho – 4ª Região. Pesquisado do Grupos Vulneráveis no direito privado pela UFRJ. Atuando principalmente nos seguintes temas: violência contra a mulher, direitos humanos, dignidade da pessoa humana, direito ao esquecimento, direitos da personalidade e cultura. E-mail: yaniasilvareck@gmail.com.

2. Advogada, Mestre em Direitos Humanos, Conselheira Diretora da Themis Gênero Justiça e Direitos Humanos e Integrante do CLADEM Brasil. Especialista em Sistema ONU e OEA pela American University College of Law e em Direitos Humanos das Mulheres pela Universidade do Chile.

história do feminismo seja anterior no Brasil, destacando-se a luta pelo direito à educação em 1832, com Nísia Floresta como precursora, possibilitando assim o direito das mulheres de ingressarem em cursos superiores em 1879, seguindo com a luta pelo direito ao voto em 1932[3] e, após, na década de 60, com as lutas trabalhistas, foi somente na década de 70 que a luta pelo fim da violência contra a mulher surgiu com mais força. Destacamos as lutas feministas específicas à violência de gênero contra a mulher, pois o movimento feminista esteve ativo em muitas outras áreas que não estão contempladas neste artigo.

Com a campanha *Quem ama não mata*, criada nos anos 1980, as mulheres passaram a ter visibilidade política em relação à violência contra as mulheres, devido a casos de assassinatos de mulheres, nos quais os homens alegavam "legítima defesa da honra", ou seja, além de assassinar *suas* mulheres, ainda justificavam sua conduta na honra e moral das mulheres mortas. Um caso emblemático e que mobilizou o movimento feminista foi o de Ângela Diniz, assassinada por Doca Street, o qual alegou *legítima defesa da honra*, tese que, em um primeiro julgamento, foi aceita, sendo a pena reduzida para 2 anos. Entretanto, o Ministério Público recorreu da decisão e a pressão feminista surtiu efeito, sendo a condenação criminal final de 15 anos, embora em regime fechado tenha o réu permanecido por 3 anos.

Outras campanhas se seguiram na década de 80 e 90 como a *Em briga de marido e mulher, vamos meter a colher*. Do ano 2000 em diante, outras campanhas surgiram mais institucionalizadas como: *Toda Mulher tem direito a uma vida livre de violência, Sua vida recomeça quando a violência termina, Onde tem violência todo mundo perde*, entre outras. Foram muitos os slogans utilizados durante essas décadas, buscando dar publicidade à violência silenciosa que o Estado brasileiro, através de suas instituições, fazia de conta que não via. A luta feminista prosseguiu destacando-se o caso emblemático de Maria da Penha, que sofreu duas tentativas de homicídio e que também não conseguiu uma resposta positiva do Poder Judiciário, conforme será mais adiante abordado.

---

3. A instituição do voto feminino se deu a partir de uma reforma no Código Eleitoral, com a assinatura do Decreto-Lei 21.076, de 24 de fevereiro de 1932 pelo então Presidente Getúlio Vargas. Mas somente as mulheres casadas, viúvas e solteiras que tivessem renda própria podiam votar.

    Matéria completa disponível em: <http://www.geledes.org.br/voto-feminino-no-brasil-completa-83-anos/#ixzz4HzffnYEV>. Acesso em: 10 nov. 2016.

As mulheres morriam e ainda morrem em nome de uma honra masculina, em segredo e por questões ligadas a sua privacidade e intimidade e muito ainda pelo medo e/ou dependência, emocional ou financeira. Por isso, foi de grande importância o movimento feminista ter dado visibilidade a esse grave problema social e seguir lutando pelo seu reconhecimento, buscando a prevenção da violência e sua criminalização mesmo em casos onde a violência era considerada branda como a lesão corporal leve e as ameaças.

O SOS-Mulher, criado para atender mulheres que sofriam violência doméstica e familiar na cidade de São Paulo, foi uma organização muito importante para as feministas identificarem os entraves e possibilidades de avanços referentes à temática da *violência de gênero contra a mulher*, em especial através da pesquisadora Maria Filomena Gregori, que por meio de sua pesquisa e observações problematizou a questão da mulher ser vista somente enquanto vítima ou cúmplice, buscando uma abordagem relacional dessas relações de poder entre homens e mulheres, conforme vimos na parte sobre as correntes teóricas relacionadas à violência contra a mulher e violência de gênero.

O movimento feminista assim, com estudos e atuação política, foi avançando e gerou no Brasil a criação das Delegacias de Mulheres na década de 80, que foram – e são – locais importantes de referência às mulheres, nos mostrando de maneira mais concreta os problemas enfrentados pelas mulheres em relação à violência. Esse é o local mais acessado pelas mulheres que sofrem violências no âmbito doméstico e familiar até os dias de hoje.

Temos também os Centros de Referência às Vítimas de Violência, que prestam atendimento psicossocial e jurídico às mulheres que sofrem violência e surgiram no final dos anos 90 como uma importante política pública, basicamente nas capitais e grandes cidades do interior, tendo sido ampliados nos períodos em que contamos com a Secretaria de Políticas para as Mulheres no Governo Federal. No entanto, a Delegacia de Polícia ainda é a referência para as mulheres e homens em geral, conforme se verifica na pesquisa do Instituto Patrícia Galvão.

## 2. A IMPORTÂNCIA DAS POLÍTICAS PÚBLICAS PARA AS MULHERES

Importante mencionar que foi a luta feminista que fez surgir a institucionalização de políticas públicas para as mulheres, com Conselhos e Coordenadorias de Mulheres, até conseguir uma Secretaria de Políticas para as Mulheres, com status de Ministério. Infelizmente, após o

Impeachment da Presidenta Dilma Rousseff, em 2016, a Secretaria foi extinta pelo governo Temer, assim como muitas políticas públicas específicas às mulheres. Com a atual governo as políticas públicas estão ainda mais complexas visto não existirem recursos específicos e contarmos com uma desqualificação das feministas.

Examinando o tema sob uma perspectiva histórica, as primeiras Constituições brasileiras (1824 e 1891) asseguraram formalmente o postulado da isonomia. A Carta de 1934 conferiu às mulheres o direito ao voto, bem como vedou expressamente privilégios e distinções por motivo de sexo, vedação que se estendia, inclusive, ao pagamento de salários diferenciados. Ainda no primeiro governo de Getúlio Vargas foi assegurada assistência médica e sanitária à gestante, antes e depois do parto, sem prejuízo do salário e do emprego, garantia que se repetiria nas Leis Maiores de 1937, 1946 e 1967, emendada em 69.

A Constituição de 1988 é a primeira a estabelecer plena igualdade jurídica entre homens e mulheres no Brasil, introduzindo importantes avanços para as mulheres. Mudou radicalmente o status jurídico das brasileiras, que até 1988 estavam em posição de inferioridade e submissão em relação aos homens. A Lei Maria da Penha é um exemplo: a criação teve como base o parágrafo 8º, do artigo 226 da Constituição Federal.

O texto constitucional em vigor garante a isonomia jurídica entre homens e mulheres especificamente no âmbito familiar; proíbe a discriminação no mercado de trabalho por motivo de sexo protegendo a mulher com regras especiais de acesso; resguarda o direito das presidiárias de amamentarem seus filhos; protege a maternidade como um direito social; reconhece o planejamento familiar como uma livre decisão do casal e, principalmente, e institui ser dever do Estado coibir a violência no âmbito das relações familiares, dentre outras conquistas.

Entre os direitos conquistados pela Constituição de 1988 está a legalização da união estável (art. 226, parágrafo 3º), a licença-maternidade remunerada de 120 dias (art. 7º, XVIII), o planejamento familiar passa a ser direito do casal, competindo ao Estado propiciar recursos para o exercício desse direito (art. 226, parágrafo 8º) e a equiparação salarial para homens e mulheres que exerçam a mesma função (art. 7º, XXX). Em relação aos direitos das presas quanto à amamentação de seus filhos (art. 5, art. 6 e art. 227), o CNJ editou a Resolução CNJ 252/2018, que estabelece princípios e diretrizes para o acompanhamento das mães e gestantes privadas de liberdade nos estabelecimentos penais.

Nas últimas décadas, os movimentos feministas e de mulheres conseguiram muitas conquistas evidenciadas em legislações e políticas públicas, como a multiplicação de Coordenadorias e Conselhos nos municípios e Centros de Referência para Atendimento às Vítimas de Violência em todo o Brasil e atualmente com a Casa da Mulher Brasileira[4], além de núcleos específicos para violência contra as mulheres em órgãos importantes como nas Defensorias Públicas, Poder Judiciário, Ministério Público e órgãos de Executivo. Atualmente verificamos uma tentativa governamental de extinguir Conselhos.

É possível afirmar que as políticas públicas conquistadas e outras legislações específicas às mulheres fazem parte de inúmeras conquistas feministas no Brasil. Menciono aqui alguns direitos importantes relacionados à legislação somente, conquistados ao longo da história brasileira, que possibilitaram o enfrentamento à violência, tais como: o *direito à igualdade*, conquistado na Constituição Federal de 1988, que atingiu diretamente o lugar da mulher na família e no âmbito doméstico, assim como o artigo 226 da CF, que determina ao Estado coibir qualquer forma de violência no âmbito familiar; os direitos trabalhistas reconhecidos à mulher; os direitos sexuais e direitos reprodutivos assegurados em inúmeras legislações; protocolos e normas; a mudança do Código Penal em relação aos crimes sexuais, colocando a mulher em outro patamar já que constava no Código Penal como crime contra os costumes e não contra pessoa, passando a ser considerado um crime em relação à liberdade sexual; a legislação de assédio sexual e moral; o direito à moradia para mulheres de classes populares prioritariamente; o direito das trabalhadoras domésticas; das mulheres rurais; das mulheres negras e a legislação da igualdade racial.

Temos ainda o novo Código Civil (Lei 10.046/2003), no qual o preceito constitucional de igualdade é refletido em diversos dispositivos como a igualdade entre os cônjuges, estabelecendo o fim do pátrio poder, substituído pelo poder familiar, o que possibilita que o homem utilize o sobrenome da esposa. Há conceitos familiares mais abrangentes, ampliando os direitos das mulheres nesse contexto, entre outras lutas importantes do movimento feminista, pois devemos ter esforços para ir além das legislações, para avançarmos em atitudes e comportamentos que possibilitem a evolução dos padrões culturais da sociedade como um todo.

---

4. A Casa da Mulher Brasileira é um espaço governamental que conta com profissionais da área da segurança, saúde, assistência social e do Direito para o atendimento às mulheres.

Tivemos também a atuação das feministas em relação à Lei 9.099/95[5], legislação que deu visibilidade a várias formas de violência contra a mulher, mas também demonstrou o desconhecimento dos operadores do direito quanto à temática e a banalização dessa violência pelo Poder Judiciário. Antes da Lei 9.099/95, os inquéritos policiais eram realizados somente em casos mais graves, assim como a posterior denúncia do Ministério Público. Chegavam ao Poder Judiciário somente casos de lesão gravíssima, estupro ou homicídio (não havia a qualificadora de feminicídio da Lei 11.304/2005, que alterou o Código Penal), sendo desconsideradas outras formas de violência como as lesões leves e graves contra as mulheres, ou as ameaças e violência psicológica, moral e patrimonial que as mulheres sofriam.

Mesmo que a Lei 9.099/95 tenha demonstrado melhor a dimensão do problema da violência enfrentada pelas mulheres no âmbito doméstico e familiar, não se demonstrou eficaz na resolução do problema da violência contra a mulher, já que o procedimento da referida Lei possibilitava acordos e pagamento de cestas básicas que não eram medidas educativas ou punitivas, parecendo ser uma forma legítima de assegurar a impunidade nesses tipos de violência. Havia evidências de que uma legislação específica se fazia necessária.

Assim, a Lei Maria da Penha, embora sem esse nome ainda, começou a ser construída por feministas que acompanhavam essas falhas no sistema judicial e de segurança, considerando as Recomendações da Comissão Interamericana de Direitos Humanos – CIDH ao Estado Brasileiro, que determinavam entre outras coisas a elaboração de uma legislação específica. Essas Recomendações da CIDH decorreram do ingresso de organizações feministas (CLADEM[6] e CEJIL[7]), junto ao Sistema Interamericano de Direitos Humanos, denunciando o Estado Brasileiro por conta de um padrão sistemático de violência contra as mulheres e da impunidade nesses casos, exigindo uma legislação específica. Para o ingresso dessa ação, as organizações ingressaram em nome de Maria da Penha Maia Fernandes, que havia sofrido duas tentativas de homicídio pelo marido, sem uma resposta efetiva do Poder Judiciário por muitos anos.

---

5. A Lei 9.099/95 surgiu para tratar de crimes considerados de menor potencial ofensivo de acordo com a pena e para ações cíveis de pequeno valor, sendo criados Juizados Específicos, o Juizado Especial Criminal e o Juizado Especial Cível.
6. CLADEM – Comitê Latino Americano e do Caribe em Defesa dos Direitos das Mulheres: rede feminista que atua no litígio internacional.
7. CEJIL – Center for Justice and International Law: Centro pela Justiça e Direito Internacional.

Com o ingresso do Caso 12.051[8] na CIDH, em nome de Maria da Penha Fernandes, na decisão de mérito em 2002 foram recomendadas ao Brasil uma série de medidas, entre elas a elaboração de uma legislação específica. Assim, um Consórcio de ONGs Feministas[9] elaborou uma proposta de projeto de lei buscando pressionar o Estado brasileiro ao cumprimento das Recomendações da Comissão Interamericana de Direitos Humanos. As feministas exigiam o cumprimento das Recomendações em relação ao Caso Maria da Penha, com o foco principal na elaboração de uma legislação específica. Conseguiram em 2003 o compromisso do Executivo, através da Secretaria de Políticas para as Mulheres e da Ministra Nilcéia Freire e equipe, na construção e aprovação de uma legislação específica após o Diálogo Construtivo do Brasil e representantes governamentais.

Sendo assim, após intensa mobilização das feministas, inclusive feministas governamentais, houve a construção de uma Comissão Interministerial em todas as instâncias do Governo Federal, juntamente com o Consórcio de ONGs e representantes do Poder Judiciário, Ministério Público, Defensoria Pública e Polícia Civil. A Comissão se posicionou favorável em contarmos com uma legislação específica, como uma alternativa de combater a *violência de gênero contra a mulher* no âmbito doméstico e familiar, devido à invisibilidade desse fenômeno no meio jurídico. Após a elaboração da Lei e entrega pelo Executivo à Câmara, os trâmites necessários junto ao legislativo contaram com o apoio da Deputada Jandira Feghali, que realizou audiências públicas nas principais capitais para discussão sobre o projeto de lei. Assim em 7 de agosto de 2006 a Lei Federal 11.340 foi aprovada, demonstrando a importância desse marco legal, um dos mais avançados do mundo, que ainda é atravessado pelo domínio cultural que afeta decisões judiciais e políticas públicas, mas tendo agora maior visibilidade.

O enfoque anterior quanto a não intervenção do Estado ou de uma intervenção mínima, como era colocada a violência doméstica e familiar contra a mulher em nossa legislação, não conseguia dar conta de forma mais efetiva dessa forma de violência. A lei acabou por determinar ao

---

8. Informe 54/01, CIDH/OEA, 16 de abril de 2001. Disponível em: <www.oas.org/cidh>. Acesso em: 5 jul. 2016.

9. CLADEM, Cfemea, CEPIA, Agende e Themis, que são organizações não governamentais feministas que atuam em relação aos direitos humanos das mulheres. Mais informações em: <www.cladem.org>; <www.cfemea.org>; <www.cepia.org>; <www.themis.org>. A Agende não tem mais atuação, tendo sido encerrado seus trabalhos.

Estado outras formas de intervenções, inclusive reconhecendo outras formas de violência que não somente a física, como a psicológica, a sexual, a patrimonial e a moral.

De acordo com o Relatório Global do Fundo de Desenvolvimento da ONU para a Mulher (UNIFEM, 2009), a Lei Maria da Penha é considerada uma das três leis mais avançadas no mundo para o enfrentamento da violência contra as mulheres, embora o documento afirme que o Estado brasileiro tenha dificuldade para aplicar a Lei, o que é um fato, especialmente nos municípios do interior.

Estão entre as mudanças na legislação devido à Lei Maria da Penha e em relação ao seu procedimento: o reconhecimento de que a violência contra a mulher é uma violação aos direitos humanos; a competência civil e criminal para resolver os conflitos familiares como guarda dos filhos e direito de visitas de forma liminar e também para poder verificar os aspectos criminais de quem pratica a violência; o aumento do rigor das punições contra as agressões sofridas pelas mulheres no âmbito doméstico ou familiar com a possibilidade de prisão em flagrante ou prisão preventiva; a obrigatoriedade de a mulher ser acompanhada por um(a) defensor(a) público(a); a impossibilidade de aplicação da Lei 9.099/95[10], e consequentemente de poderem ser aplicadas penas de pagamento de cestas básicas ou multas pecuniárias; e ainda, o impedimento de se desistir da ação quando há lesão corporal, ou seja, violência física.

Temos ainda como inovações introduzidas: a mudança de paradigma no enfrentamento da violência contra a mulher; a incorporação da perspectiva de gênero para tratar da violência contra a mulher; a incorporação da ótica repressiva, integrada e multidisciplinar com o fortalecimento da ótica repressiva; a harmonização da Convenção Interamericana para Prevenir, Punir e Erradicar a Violência contra a Mulher de Belém do Pará; a consolidação de um conceito ampliado de família e visibilidade ao direito à livre orientação sexual e estímulo a banco de dados e estatísticas. (PIOVESAN; PIMENTEL, 2011, p. 113-115).

Não obstante a Lei seja um marco importantíssimo no Brasil, encontrou muita resistência em diferentes instâncias, seja junto aos defensores do abolicionismo penal, que são contrários à criminalização prevista, ou no âmbito do Judiciário, que contou com decisões que a

---

10. Lei que criou os Juizados Especiais Civis e Criminais, conhecido como de pequenas causas e que por 10 anos, de 1996 a 2006, processava e julgava casos de violência contra a mulher, sendo considerados crimes de menor potencial ofensivo.

consideraram inconstitucional por promover a desigualdade de direitos entre homens e mulheres. Foi necessária a manifestação do Supremo Tribunal Federal, impulsionado pela Advocacia Geral da União (que ingressou com a Ação Direta de Constitucionalidade – ADC 19[11]) e por organizações feministas como CLADEM, Themis e IPÊ – Instituto para a Promoção da Equidade, que apresentaram *Amicus Curiae* com as razões para sua constitucionalidade.

Essa decisão do STF foi um marco importante para o cumprimento da Lei em nosso país, que a considerou constitucional, por entender que, na prática, a desigualdade entre homens e mulheres existe, embora formalmente a Constituição assegure essa igualdade. Essa decisão ADC 19 do Supremo será verificada na análise da jurisprudência. Além disso, o Supremo se manifestou quanto à impossibilidade de a mulher desistir da ação em caso de lesão corporal ou da delegacia de polícia não encaminhar em caso da mulher desistir, pois se trata de ação pública incondicionada (ADI 4424/DF), devendo prosseguir a ação independentemente de representação da vítima após ser feito o registro policial. Nesse sentido, a Lei Maria da Penha se faz necessária para assegurar essa igualdade formal. Esta ADI 4424/DF também é mencionada na análise jurisprudencial do STF, embora não trate especificamente de violência de gênero.

Importante que se diga que a concepção feminista esteve presente na construção de uma transformação social, cultural e política, que nesse caso se deu através da elaboração da Lei e da luta pela sua aprovação e implementação. A Lei Maria da Penha buscava justamente a mudança dos lugares de poder, pois nos estudos jurídicos a dificuldade encontrada era justamente a separação entre a teoria e a prática, ou como nos ensina Rabenhorst (2012, p. 21), entre a razão e a vontade. Para isso, duas coisas seriam importantes: a educação e as leis. Vejamos:

> Penso, assim, que a maior virtude da filosofia feminista do direito está na sua capacidade de provocar inversões, de subverter olhares, de ensejar porquanto, outros pontos de vista e novos conceitos. [...] E é assim, não mais como uma abordagem explicativa do direito, mas acima de tudo, como um olhar permanentemente subvertor, que a reflexão feminista vem exercendo uma incontornável função no âmbito dos estudos jurídicos. (RABENHORST, 2012, p. 21-25).

---

11. Disponível em: <www.agu.gov.br/page/download/index/id/508300>. Acesso em: 5 jul. 2016.

Nesse sentido, a Lei Maria da Penha foi elaborada tendo em vista coibir as práticas machistas em vários âmbitos, seja na criminalização da violência contra a mulher, como na proteção das mulheres, ou na prevenção da violência via educação e mídia. Isto é, a Lei busca uma transformação em várias áreas, tanto nas de segurança e justiça (mais diretamente devido aos registros policiais e processos judiciais decorrentes) como nas da educação, comunicação e mídia.

Ao repudiar a tolerância estatal e o tratamento discriminatório concernente à violência contra a mulher, a Lei Maria da Penha constituiu-se em uma conquista histórica na afirmação dos direitos humanos das mulheres. Sua plena implementação – com a adoção de políticas públicas voltadas à prevenção, punição e erradicação da violência contra a mulher, em todas as suas manifestações – surge como imperativo de justiça e respeito aos direitos das vítimas dessa grave violação que ameaça o destino e rouba a vida de tantas mulheres brasileiras. (PIOVESAN; PIMENTEL, 2011, p. 116).

A evolução de direitos específicos às mulheres não foi apenas legislativa e de políticas públicas, mas também foi conceitual, com novas classificações sobre violência contra a mulher que chegaram ao conceito de violência de gênero contra à mulher, mas que no ordenamento jurídico nacional se limitando a Lei Maria da Penha, mas no âmbito de estudos acadêmicos é muito mais amplo, assim como no âmbito internacional.

Finalizamos esse item sobre o avanço legislativo e a luta feminista no que se refere à violência de gênero contra a mulher, onde buscou-se demonstrar as mudanças ocorridas e a atuação política para construção de políticas públicas e legislações, em especial sobre a construção da Lei Maria da Penha. Passaremos agora a discorrer sobre legislações relacionadas à *violência de gênero contra a mulher* no plano internacional.

Por definição, compreende-se que violência de gênero é um tipo de comportamento deliberado e consciente, seja ele físico ou psicológico, exercido contra qualquer pessoa ou grupo de pessoas sobre a base de seu sexo ou gênero que impacta de maneira negativa em sua identidade e bem-estar social, físico ou mental. Conforme a Organização das Nações Unidas o termo utiliza-se "para distinguir a violência comum daquela que se dirige a indivíduos ou grupos sobre a base de seu gênero", constituindo numa violação dos direitos humanos.

Apresenta diferentes manifestações, como atos que causam sofrimento ou dano, ameaças, coerção ou outra privação de liberdades. Estes atos manifestam-se em todos os âmbitos da vida social e política, entre os que se encontram a própria família, o Estado, a educação, os meios de comunicação, as religiões, o mundo do trabalho, a sexualidade, as organizações sociais, a convivência em espaços públicos, a cultura, etc.

De acordo com a antropóloga argentina Victoria Barreda,

> "o gênero pode ser definido como uma construção social e histórica de caráter relacional, configurada a partir das significações e da simbolização cultural de diferenças anatômicas entre homens e mulheres. [...] Implica o estabelecimento de relações, papéis e identidades ativamente construídas por sujeitos ao longo de suas vidas, em nossas sociedades, historicamente produzindo e reproduzindo relações de desigualdade social e de dominação/subordinação."

Escreve Alice Bianchini, doutora em Direito Penal pela PUC-SP[12]:

> "A violência de gênero, por sua vez, envolve exatamente essa determinação social dos papéis masculino e feminino. Toda sociedade pode (e talvez até deva) atribuir diferentes papéis ao homem e à mulher. Até aí tudo bem. Isso, todavia, adquire caráter discriminatório quando a tais papéis são atribuídos pesos com importâncias diferenciadas. No caso da nossa sociedade, os papéis masculinos são supervalorizados em detrimento dos femininos".

Bianchini cita os alertas de Maria Amélia Teles e Mônica de Melo, de que "os papéis impostos às mulheres e aos homens, consolidados ao longo da história e reforçados pelo patriarcado e sua ideologia, induzem relações violentas entre os sexos."

Segundo Bianchini, os papéis sociais atribuídos a homens e a mulheres são acompanhados de códigos de conduta introjetados pela educação diferenciada que atribui o controle das circunstâncias ao homem, o qual as administra com a participação submetida por cultura, mas ativa das mulheres, o que tem significado ditar-lhes, e elas aceitarem e cumprirem, rituais de entrega, contenção de vontades, recato sexual, vida voltada a questões meramente domésticas, priorização da maternidade etc. Acaba tão desproporcional o equilíbrio de poder entre os sexos, que sobra não interdependência, mas hierarquia autoritária. Tal quadro cria condições para que o homem se sinta (e reste) legitimado a fazer uso da violência, e permite compreender o que leva a mulher vítima da agressão a ficar muitas vezes inerte, e, mesmo quando toma algum tipo de atitude, acabe por se reconciliar com o companheiro agressor, após reiterados episódios de violência.

---

12. Disponível em: <https://professoraalice.jusbrasil.com.br/artigos/312151601/o-que-e-violencia-baseada-no-genero>.

## 3. OS DIREITOS HUMANOS DAS MULHERES NO ORDENAMENTO JURÍDICO INTERNACIONAL E VIOLÊNCIA DE GÊNERO

O conceito normativo da *violência de gênero* aparece em duas importantes Convenções: na Convenção para a Eliminação de Todas as Formas de Discriminação contra a Mulher (CEDAW), com sua Recomendação Geral 19, da Organização das Nações Unidas – ONU, no âmbito global, e na Convenção para Prevenir, Punir e Erradicar a Violência contra a Mulher (Convenção de Belém do Pará), da Organização dos Estados Americanos – OEA, no âmbito regional. A base da construção da lei Maria da Penha veio da Convenção Belém do Pará e da Recomendação Geral 19 da CEDAW. Entretanto, antes de analisar e transcrever os artigos importantes das Convenções, entendo ser importante descrever a história de luta do movimento feminista internacional no âmbito do Ordenamento Jurídico Internacional.

No contexto internacional, relacionamos a *violência de gênero contra a mulher* com a violação aos direitos humanos, apresentando sua evolução nesse campo, que se mistura com a luta feminista internacional pelo reconhecimento de direitos. Importante destacar que a Lei Maria da Penha reconheceu que a violência de gênero contra a mulher é uma violação aos direitos humanos.

A *violência de gênero contra a mulher*, apesar de se tratar de um fenômeno mundial, não era identificada ou denunciada como uma violação aos direitos humanos ou como uma questão jurídica e legal. Era reduzida ao âmbito privado, mudando um pouco em diferentes contextos e realidades, sendo aceita e até naturalizada pela cultura, pela religião ou política de uma forma global.

Conforme nos ensinam Rabelo e Amazonas (2014, p. 1285), "O que é denominado violência passa por várias transformações dependendo da época, local, realidade e circunstâncias diferentes". Todavia, considerando a realidade atual, com situações de graves violações aos direitos humanos das mulheres, o movimento de mulheres em nível mundial verificou a necessidade de mudanças legislativas internacionais e locais que garantissem a proteção e o acesso à justiça para as mulheres, visando transformar essa realidade.

O Comitê pela Eliminação da Discriminação contra a Mulher, em 1982, criado para supervisionar a aplicação da Convenção pela Eliminação de Todas as Formas de Discriminação Contra a Mulher – CEDAW, explicitou seu entendimento já nesse período, de que a violência de gênero contra a mulher é uma violação aos direitos humanos. Nesse sentido, foram elaboradas também Recomendações Gerais, definindo a discriminação como uma forma de violência contra a mulher e reconhecendo a *violência de gênero contra a mulher*.

Ainda é importante constar que somente em 1993, com as mulheres mundialmente organizadas, foi possível garantir o reconhecimento, em âmbito internacional, de que *os direitos das mulheres são direitos humanos*, ficando expresso na Declaração e Programa de Ação de Viena (item 18) que: "Os direitos humanos das mulheres e das meninas são inalienáveis e constituem parte integral e indivisível dos direitos humanos universais."[13] (ONU, 1993). Tal declaração pode parecer um preciosismo, mas está longe disso, pois se trata de um reconhecimento legítimo quando sabemos que, em muitas ocasiões a mulher, enquanto categoria é vista como objeto, mercadoria, propriedade, serviçal e/ou escrava. Em geral, é secundária na correlação de forças.

A Declaração oriunda da Conferência de Viena de 1993, sobre a eliminação da violência, expressou que a violência constitui uma manifestação de relações de poder historicamente desiguais entre o homem e a mulher, o que tem conduzido à dominação da mulher e a sua discriminação por parte dos homens, impedindo o seu desenvolvimento pleno.

Essa Conferência desvelou os diferentes cenários de *violência de gênero contra as mulheres* e destacou alguns grupos de mulheres mais vulneráveis como as indígenas, as refugiadas, as indigentes, as reclusas em presídios ou em locais psiquiátricos, as deficientes, as anciãs, as meninas e as mulheres em situação de conflitos armados. A Conferência contribuiu pressionando os Estados-partes a coibir a *violência de gênero contra as mulheres*.

O reconhecimento da *violência de gênero contra as mulheres* como uma questão de direitos humanos amplia o debate, empodera as mulheres como sujeitos de direitos e possibilita-lhes acessar a justiça através de uma série de instrumentos e mecanismos. Entretanto, pondera-se que um enfoque universalista de direitos humanos nem sempre dá conta das especificidades de grupos de mulheres e assim, pensando em direitos humanos de forma integrada, podemos afirmar que contribuem nas violações e discriminações outros fatores ou *categorias* (SAFFIOTI,

---

13. Disponível em: <http://www.pge.sp.gov.br/centrodeestudos/bibliotecavirtual/direitos/tratado9.htm>. Acesso em: 21 nov. 2016.

2001), como raça e etnia, classe social, idade, sexualidade, deficiência, religiosidade, cultura, nacionalidade, entre outras especificidades que possam surgir.

Em se tratando do Sistema Interamericano de Direitos Humanos e do Sistema Global das Nações Unidas, é possível afirmar que contamos na nossa região com Convenções específicas que asseguram direitos às mulheres. A Declaração Universal dos Direitos Humanos de 1948, pós-segunda Guerra Mundial, e a promulgação posterior da Convenção Interamericana de Direitos Humanos são marcos históricos iniciais na construção dos direitos humanos universais, sendo a Declaração um marco ético e político e a Convenção um marco jurídico. Apesar de os Direitos Humanos terem sido concebidos, desde a Carta das Nações Unidas, para todos e cada um dos seres humanos, na prática, muitos não foram contemplados, como os indígenas, os negros, os deficientes, as crianças e, no caso em tela, as mulheres.

A Corte Interamericana de Direitos Humanos, órgão máximo do Sistema Interamericano, assim como o conjunto dos sistemas de proteção internacionais existentes têm se posicionado no sentido de exigir que Estados sejam compelidos a evitar ou punir as violações existentes, garantindo na sua integralidade todos os direitos estabelecidos pelos instrumentos internacionais. Nesse sentido, o Caso 12.051[14] de Maria da Penha Maia Fernandes, que tramitou na Comissão Interamericana de Direitos Humanos – CIDH, no Sistema Interamericano, com base legal nas Convenções específicas para as mulheres já mencionadas, teve como um de seus resultados, em âmbito nacional, a elaboração e aprovação da Lei Maria da Penha, justamente devido a uma das Recomendações da CIDH nesse sentido, conforme já mencionado.

O Caso foi encaminhado à CIDH porque a decisão final do processo levou muito anos e mesmo após a condenação, a pena determinada quanto à tentativa de homicídio[15] não havia sido executada. Descaso refletido processualmente que se relaciona com a cultura sexista. Em muitos processos judiciais na década de 70 e 80, traziam a tese da legítima defesa da honra e conseguiam obter a absolvição de homens assassinos de suas próprias esposas, sempre desqualificando o comportamento moral e sexual das mulheres assassinadas.

---

14. Informe 54/01, CIDH/OEA, 16 de abril de 2001. Disponível em: <www.oas.org/cidh>. Acesso em: 5 jul. 2016.
15. Atualmente seria tentativa de feminicídio.

Conforme nos ensina Cançado Trindade (1999), o futuro do sistema interamericano de proteção dos direitos humanos está condicionado aos mecanismos nacionais de implementação. Exatamente por isso se destaca a importância da Lei Maria da Penha, pois se trata de um mecanismo nacional que surgiu justamente em decorrência do litígio internacional junto à Comissão Interamericana de Direitos Humanos no Sistema Interamericano de Direitos Humanos. Os direitos humanos devem ser protegidos no âmbito interno dos países signatário das Convenções Internacionais.

A discriminação e a *violência de gênero contra as mulheres* são questões sociais com alto componente cultural e, nesse sentido, foi necessária, além da própria Constituição Federal e de Declarações e Tratados internacionais, uma legislação específica, a fim de transformar essa realidade. O Brasil tem obrigações internacionais na garantia dos direitos humanos consagrados, visto ter ratificado Convenções nesse sentido, sendo signatário do Sistema Interamericano de Direitos Humanos da Organização dos Estados Americanos – OEA e do Sistema Global da Organização das Nações Unidas – ONU.

O Brasil, sendo signatário desses Tratados Internacionais de Direitos Humanos, tem o dever de combater o machismo, o sexismo, a cultura discriminatória e garantir um ambiente cultural e social positivo para a igualdade entre homens e mulheres.

Em agosto de 1996, representantes de organizações ligadas a defesa das mulheres participaram de um encontro promovido pelo Conselho Nacional dos Direitos da Mulher, vinculado ao ministério da Mulher, da Família e dos Direitos Humanos, no qual elencaram propósitos. Nos Princípios Gerais reivindicava que o Brasil "acate, sem reservas, as convenções e tratados internacionais de que o país é signatário, no que diz respeito à eliminação de todas as formas de discriminação". No item Trabalho, havia referência a "salário igual para trabalho igual", e "igualdade no acesso no mercado de trabalho e na ascensão profissional". No tópico sobre Violência, o documento pedia "a criminalização de quaisquer atos que envolvam agressões físicas, psicológicas ou sexuais à mulher, fora e dentro do lar."

A Conferência Mundial sobre Direitos Humanos teve como pilar, o debate sobre as mulheres como detentoras de pleno e igual acesso aos direitos humanos, e definiu que esse assunto deve ser uma prioridade para os Governos e as Nações Unidas, enfatizando a importância da integração e plena participação das mulheres como agentes e beneficiárias do processo de desenvolvimento. As declarações oriundas de Conferências são um trunfo político importante para eliminar todas as formas de violência contra as mulheres na vida pública e privada, erradicando práticas tradicionais ou costumeiras que discriminem as mulheres, seja por preceitos culturais ou religiosos.

A Declaração de Pequim, adotada na IV Conferência Mundial sobre a Mulher, realizada na capital da República Popular da China (1995), reiterou que práticas e atos de violência são incompatíveis com a dignidade e o valor da pessoa humana e devem ser combatidos e eliminados. Também responsabilizou os Estados quanto às medidas destinadas a combater e a eliminar todas as formas de violência contra as mulheres.

Para além de Conferências e Declarações, que são instrumentos éticos e políticos internacionais importantes, contamos com dois instrumentos jurídicos principais já mencionados, que são as Convenções internacionais específicas para as mulheres e que serão melhor explicitadas a seguir.

A Convenção Interamericana para Prevenir, Punir e Erradicar a Violência contra a Mulher, também conhecida como Convenção Belém do Pará, foi adotada pela Assembleia Geral da Organização dos Estados Americanos em 6 de junho de 1994 e ratificada pelo Brasil em 27 de novembro de 1995. Embora seja posterior à CEDAW, inicio com ela por ter sido a Convenção que embasou a Lei Maria da Penha.

O artigo 1º. da Convenção define violência contra a mulher como "qualquer ato ou conduta baseada no *gênero* que cause morte, dano, sofrimento físico, sexual ou psicológico à mulher, tanto na esfera pública como na privada". (OEA, 1994).

O artigo 2º. da Convenção, assim como a Lei Maria da Penha, também prevê o âmbito em que pode ocorrer a violência contra a mulher, entretanto a diferença entre o artigo 1º da Convenção e o artigo 5º da Lei Maria da Penha é que esta é restrita à violência no âmbito privado, familiar ou doméstico ou decorrente dessas relações, enquanto a Convenção é mais ampla e privilegia também a proteção à mulher na esfera pública.

A Convenção de Belém do Pará (artigo 8º, b) previne os Estados Partes de que

> [...] convêm em adotar, progressivamente, medidas específicas, inclusive programas destinados a: [...] b. modificar os padrões sociais e culturais de conduta de homens e mulheres, inclusive a formulação de programas formais e não formais adequados a todos os níveis do processo educacio-

nal, a fim de combater preconceitos e costumes e todas as outras práticas baseadas na premissa da inferioridade ou superioridade de qualquer dos gêneros ou nos papéis estereotipados para o homem e a mulher, que legitimem ou exacerbem a violência contra a mulher [...]. (OEA, 1994).

A Convenção para a Eliminação de Todas as Formas de Discriminação contra a Mulher (CEDAW, na sigla em inglês) foi aprovada em 1979 na Assembleia Geral das Nações Unidas e ratificada pelo Brasil em 1984. Nesse documento, a discriminação contra a mulher é entendida como "qualquer distinção, exclusão ou restrição baseada no sexo que tenha por objeto anular o reconhecimento, o gozo ou o exercício de direitos humanos ou liberdades fundamentais pelas mulheres". (ONU, 1979). Partindo-se dessa definição bastante ampla de discriminação, a violência contra a mulher se configuraria como uma forma acentuada de discriminação, na medida em que restringe o exercício dos seus direitos humanos. Contudo, a temática da violência contra a mulher com base na discriminação não foi abordada com tanta clareza nesse documento internacional, tendo sido especificada posteriormente, em 1992, na Recomendação Geral n. 19 da mesma Convenção e que igualmente embasa a Lei Maria da Penha.

> Artigo 1º. Para os fins da presente Convenção, a expressão 'discriminação contra a mulher' significará toda a distinção, exclusão ou restrição baseada no sexo e que tenha por objeto ou resultado prejudicar ou anular o reconhecimento, gozo ou exercício pela mulher, independentemente de seu estado civil, com base na igualdade do homem e da mulher, dos direitos humanos e liberdades fundamentais nos campos político, econômico, social, cultural e civil ou em qualquer outro campo. (ONU, 1992).

Com o reconhecimento das lutas feministas pelo fim da *violência de gênero contra as mulheres*, essa Recomendação Geral foi elaborada pelo Comitê CEDAW, que justamente avalia a implementação da Convenção CEDAW. Como vimos, nesse documento, a violência contra a mulher é reconhecida como uma forma de discriminação.

A Recomendação Geral n. 19 da CEDAW também reconheceu que:

> A violência baseada no gênero é uma forma de discriminação que compromete seriamente a capacidade das mulheres de gozarem de seus direitos e liberdades em um patamar de equidade em relação aos homens.[16]
>
> [...]

---

16. COMITÊ SOBRE A ELIMINAÇÃO DA DISCRIMINAÇÃO CONTRA AS MULHERES. Violence against women. CEDAW General Recommendation 19, A/47/38. (General Comments),

A violência contra a mulher por motivos de gênero é a violência dirigida contra a mulher porque é mulher o que a afeta de forma desproporcional. Inclui atos que infligem danos e sofrimentos de índole física, mental, e sexual, e ameaças de cometer esses atos, coação e outras formas de privação de liberdade.[17] (ONU, 1992).

A CEDAW ainda se preocupou com os padrões socioculturais discriminatórios, trazendo em seu artigo 5º. da Convenção o que segue:

> Os Estados Partes tomarão todas as medidas apropriadas para: [...] modificar os padrões socioculturais de conduta de homens e mulheres, com vistas a alcançar a eliminação dos preconceitos e práticas consuetudinárias, e de qualquer outra índole que estejam baseados na ideia de inferioridade ou superioridade de qualquer dos sexos ou em funções estereotipadas de homens e mulheres [...]. (ONU, 1992).

A partir da Convenção, os Estados Partes se comprometem a seguir uma política voltada à eliminação da discriminação contra a mulher, como as seguintes: estabelecer proteção jurídica dos direitos da mulher com base na igualdade com os homens e a garantia dos tribunais nacionais competentes e de outras instituições públicas de proteger efetivamente a mulher contra todo ato de discriminação.

A CEDAW estabelece expressamente que a busca de uma igualdade que de fato transforme uma realidade social precisa modificar padrões socioculturais, não sendo a referida Convenção uma legislação neutra, pois busca transformar as percepções sobre a violência contra a mulher.

A *violência de gênero contra a mulher* ainda é moralmente aceita e reproduzida em alguns contextos, por isso a importância de legislações que determinem não somente punições, mas também mudanças culturais e educacionais, com o objetivo de transformação comportamental, conforme se depreende das Convenções explicitadas.

Partindo desses conceitos legais, podemos reconhecer que tanto a Lei Maria da Penha como as Convenções se fizeram necessárias e foram construídas porque os homens foram autorizados, ao longo da história, a punir a mulher até com a morte, mas também com o estupro ou da forma violenta e humilhante que entendessem como necessária, de modo a exercerem o poder que lhes foi delegado culturalmente em relação a qualquer desvio comportamental das mulheres ou qualquer

---

29/01/92, parágrafo 1º. Conteúdo integral da Resolução disponível em: <http://www.unhchr.ch/tbs/doc.nsf/0/300395546e0dec52c12563ee0063dc9d?Opendocument>. Acesso em: 15 nov. 2010.

17. Idem

comportamento que não estivesse na ordem patriarcal de gênero. (SAFFIOTI, 2001).

Ou seja, foi permitido aos homens historicamente mandarem e desmandarem nas *suas* mulheres sempre que o comportamento delas estivesse em desacordo com a ordem imposta no sistema heteronormativo e machista que as subjuga. Os homens, assim, se utilizam da violência para manter seu poder na família e na sociedade, sendo a violência de gênero subsumida ao espaço doméstico e à esfera familiar. (DEBERT; GREGORI, 2008, p. 66). De acordo com Saffioti (2001, p. 121): "Os homens estão, permanentemente, autorizados a realizar seu projeto de dominação-exploração das mulheres, mesmo que, para isto, precisem utilizar de sua força física."

Legislações e políticas públicas nesse sentido são essenciais para uma mudança social e comportamental, já que a *violência de gênero contra a mulher* tem sido uma forma eficaz de perpetuar a subordinação feminina, funcionando como um mecanismo de manutenção da autoridade dos homens sobre as mulheres. Assim, a Lei Maria da Penha, em conjunto com a Constituição Federal e com as Convenções Internacionais, visa à transformação social e cultural por intermédio da imposição legal e jurídica, que determina mudanças também na esfera educacional, embora pouco tenha sido feito nesse sentido nesses dez anos de implementação da Lei.

Destaco que, caso o Brasil descumpra a Lei Maria da Penha e permaneça com profissionais despreparados e políticas públicas insuficientes ou ineficazes, o Caso Maria da Penha Maia Fernandes pode ser encaminhado à Corte Interamericana de Direitos Humanos através da Comissão Interamericana de Direitos Humanos, desde que acionada a Comissão pelas peticionárias, visando à condenação do Brasil, já que, pela Comissão, o país foi *recomendado* mas cumpriu. Realizou medidas de capacitação de policiais, além de indenizar a Maria da Penha, elaborou uma legislação específica e, ainda, realizou o ato simbólico em relação à violência contra a mulher quando a Lei foi aprovada e nominada de *Lei Maria da Penha*. Entretanto, caso descumpra sistematicamente a Lei que criou, poderá o Estado brasileiro vir a ser condenado.

Além dessas Convenções específicas quanto aos direitos das mulheres, destaco outras Convenções, visto que a discriminação e a violência contra as mulheres, para além do gênero, ocorrem por outros fatores como os étnicos raciais. Cito assim a Convenção para Eliminação de

Todas as Formas de Discriminação Racial ONU[18], adotada na Assembleia Geral das Nações Unidas, em 21.12.1965 – ratificada pelo Brasil em 27.03.1968 – e a Convenção Interamericana Contra o Racismo, a Discriminação Racial e Formas Correlatas de Intolerância[19], que define, nos seus primeiros artigos, algumas formas de discriminações, citadas por considerar um avanço em relação à Convenção.

> Artigo 1º – Para os efeitos desta Convenção Interamericana:
>
> 1. Discriminação racial é qualquer distinção, exclusão, restrição ou preferência, em qualquer área da vida pública ou privada, cujo propósito ou efeito seja anular ou restringir o reconhecimento, gozo ou exercício, em condições de igualdade, de um ou mais direitos humanos e liberdades fundamentais consagrados nos instrumentos internacionais aplicáveis aos Estados Partes. A discriminação racial pode basear-se em raça, cor, ascendência ou origem nacional ou étnica.
>
> 2. Discriminação racial indireta é aquela que ocorre, em qualquer esfera da vida pública ou privada, quando um dispositivo, prática ou critério aparentemente neutro tem a capacidade de acarretar uma desvantagem particular para pessoas pertencentes a um grupo específico, com base nas razões estabelecidas no Artigo 1.1, ou as coloca em desvantagem, a menos que esse dispositivo, prática ou critério tenha um objetivo ou justificativa razoável e legítima à luz do Direito Internacional dos Direitos Humanos.
>
> 3. Discriminação múltipla ou agravada é qualquer preferência, distinção, exclusão ou restrição baseada, de modo concomitante, em dois ou mais critérios dispostos no Artigo 1.1, ou outros reconhecidos em instrumentos internacionais, cujo objetivo ou resultado seja anular ou restringir o reconhecimento, gozo ou exercício, em condições de igualdade, de um ou mais direitos humanos e liberdades fundamentais consagrados nos instrumentos internacionais aplicáveis aos Estados Partes, em qualquer área da vida pública ou privada.

A Convenção Interamericana Contra o Racismo, a Discriminação Racial e Formas Correlatas de Intolerância avança em reconhecer a discriminação múltipla ou agravada, compreendendo que podem ocorrer mais de um dos critérios proibidos de discriminação conforme consta no artigo 1º, Item 3, citado acima, e que certamente pode contribuir para a proteção dos direitos humanos das mulheres negras. No Brasil, contamos com o Estatuto da Igualdade Racial, embasado nas Convenções Internacionais tanto da ONU quanto do Sistema Regional Interamericano.

---

18. Disponível em: <http://www.dhnet.org.br/direitos/sip/onu/discrimina/lex81.htm 01/11/2016>. Acesso em: 23 dez. 2016.

19. Disponível em: <http://www.oas.org/en/sla/dil/docs/inter_american_treaties_A-68_Convencao_Interamericana_racismo_POR.pdf>. Acesso em: 23 dez. 2016.

E, ainda, há a Convenção para Pessoas com Deficiência[20], da ONU, ratificada pelo Brasil em 2007, que define, no artigo que trata de mulheres com deficiência, o seguinte:

> Artigo 6º. Discriminação por motivo de deficiência significa qualquer diferenciação, exclusão ou restrição baseada em deficiência, com o propósito ou efeito de impedir ou impossibilitar o reconhecimento, o desfrute ou o exercício, em igualdade de oportunidades com as demais pessoas, de todos os direitos humanos e liberdades fundamentais nos âmbitos político, econômico, social, cultural, civil ou qualquer outro. Abrange todas as formas de discriminação, inclusive a recusa de adaptação razoável. (ONU, 2007).

Os Estados Partes reconhecem que as mulheres e meninas com deficiência estão sujeitas a múltiplas formas de discriminação e, portanto, tomarão medidas para assegurar às mulheres e meninas com deficiência o pleno e igual exercício de todos os direitos humanos e liberdades fundamentais.

No Sistema Regional, também contamos com a Convenção Interamericana para a Eliminação de todas as formas de Discriminação contra as pessoas portadoras de Deficiência[21]. Em seu artigo 1º, o termo "deficiência" significa uma restrição física, mental ou sensorial, de natureza permanente ou transitória, que limita a capacidade de exercer uma ou mais atividades essenciais da vida diária, causada ou agravada pelo ambiente econômico e social.

> 2. Discriminação contra as pessoas portadoras de deficiência
>
> a) O termo 'discriminação contra as pessoas portadoras de deficiência' significa toda diferenciação, exclusão ou restrição baseada em deficiência, antecedente de deficiência, consequência de deficiência anterior ou percepção de deficiência presente ou passada, que tenha o efeito ou propósito de impedir ou anular o reconhecimento, gozo ou exercício por parte das pessoas portadoras de deficiência de seus direitos humanos e suas liberdades fundamentais.
>
> b) Não constitui discriminação a diferenciação ou preferência adotada pelo Estado Parte para promover a integração social ou o desenvolvimento pessoal dos portadores de deficiência, desde que a diferenciação ou preferência não limite em si mesma o direito à igualdade dessas pessoas e que elas não sejam obrigadas a aceitar tal diferenciação ou preferência. Nos casos em que a legislação interna preveja a declaração

---

20. Disponível em: <http://www.planalto.gov.br/ccivil_03/_Ato2007-2010/2009/Decreto/D6949.htm>. Acesso em: 23 dez. 2016.
21. Disponível em: <http://www.planalto.gov.br/ccivil_03/decreto/2001/d3956.htm>. Acesso em: 23 dez. 2016.

de interdição, quando for necessária e apropriada para o seu bem-estar, esta não constituirá discriminação.

Com essas considerações quanto ao reconhecimento dos direitos humanos das mulheres em âmbito internacional, é importante destacar que o Direito, como produto social, não está alheio às relações de poder. Se o gênero é uma condição estruturante do poder transversal das sociedades, não é de se estranhar que o Direito reproduza essas relações de gênero. Enquanto as mulheres forem relegadas à subordinação, o Direito acabará por refletir isso. A violência de gênero não atua somente no privado, pois a desigualdade cultural, social, estrutural, racial e étnica, para além da desigualdade de gênero, tem efeitos de poder em muitos planos, inclusive no jurídico.

## 4. O DIREITO COMO REGULADOR DAS RELAÇÕES SOCIAIS

Exatamente por isso o Direito ainda pode legitimar a forma que a relação entre os sexos e entre os gêneros se estabelece. O Direito, como um regulador das relações sociais, reflete o modelo social predominante e, consequentemente, as relações de subordinação entre os sexos. O princípio dogmático da neutralidade no Direito deve ser constantemente questionado para se revisar profundamente práticas usuais e normalizadas ou naturalizadas pela justiça, assim como de instrumentos jurídicos que continuam em vigor, mesmo que não tenham incorporado os princípios de igualdade e não discriminação baseados em gênero.

Algumas das dificuldades encontradas no mundo jurídico em relação ao reconhecimento da violência de gênero ocorrem justamente porque não são percebidas as especificidades mencionadas e suas interseccionalidades. Não há uma visão quanto à violência de gênero nas histórias de violências sofridas, na pobreza estrutural, no analfabetismo, no pertencimento racial ou étnico de povos originários ou no desenvolvimento cultural.

Há uma ausência de leis específicas ou de reconhecimento de vulnerabilidades dos direitos humanos que vinculem o pertencimento étnico racial ou de gênero e essa necessária intersecção nem sempre percebida, o que faz com que se utilizem estereótipos de gênero para fundamentar decisões, reproduzindo-se, assim, situações discriminatórias e de violência que afetam o Direito, o acesso à justiça e especialmente, as pessoas.

Para Kimberle Crenshaw, precursora da concepção de interseccionalidade em que vincula gênero e raça:

> [...] a busca de marcos conceituais e operativos para enfrentar as desigualdades e discriminações através de leis é uma tarefa estratégica que busca influir não somente no processo de categorização, de interpretação de categorias existentes e das formas que se essas se articulam, mas sobretudo, na busca dos significados e conceitos que impulsionem um processo emancipador da dominação e da subordinação. (CRENSHAW, 1991, p. 13).

Existe a necessidade de contarmos com um marco legislativo nacional e internacional que leve em conta a forma que as identidades e fatores de subordinação e diferenciação atuam. A raça e a etnia, a origem, a classe social, a religião, a orientação sexual, a deficiência, entre outras vulnerabilidades, atuam de maneira conjunta ao sexo e ao gênero, seja simultaneamente ou de maneira cumulativa, determinando a desvantagem estrutural das mulheres na sociedade e ocasionando a violência de gênero. Um marco jurídico nesse sentido poderá trazer respostas através de políticas públicas, legislativas e judiciais destinadas a enfrentar as mais variadas formas de discriminações na sociedade, cada dia mais complexa e multifacetada.

Todo o panorama de leis e ordenamentos jurídicos apresentados em âmbito nacional e internacional pretendeu demonstrar a evolução no campo legal em relação à *violência de gênero contra a mulher* e como essas mudanças têm relação com a Democracia e com os direitos humanos das mulheres.

## 5. CONSIDERAÇÕES FINAIS

Ao longo dos séculos, as mulheres foram privadas do exercício pleno de direitos humanos e submetidas a abusos e violências, tanto em situações de guerra, como no espaço da vida familiar e doméstica, elas têm tido um papel de grande relevância na ampliação do alcance dos direitos humanos. Conceitos de direitos humanos, todavia, vêm adicionando novas perspectivas. É bem verdade que movimentos ocorridos no século 20 foram importantes, no qual se destacam a Declaração Universal de Direitos Humanos de 1948 e a Convenção contra Todas as Formas de Discriminação Contra a Mulher (CEDAW), de 1979.

No Brasil, questões como violência doméstica, violações de integridade física, entre outros temas, ganhou um capítulo na Constituição de 1988 e, fundamentalmente, uma lei de referência, a Lei Maria da Penha. Contudo, apesar de avanços importantes introduzidos no governo da presidente Dilma Rousseff, ainda há uma distância enorme entre leis e realidade, situação que somente vai diminuir com ações políticas mais contundentes na defesa de implementação de planos nacionais de políticas para as mulheres.

O Brasil tem caminhado em direção às previsões estabelecidas por convenções e tratados internacionais sobre direitos das mulheres. Em 2003, foi sancionada a lei 10.714/03, que autorizou o Poder Executivo a disponibilizar, em âmbito nacional, um número de telefone para o atendimento de denúncias de violência contra a mulher. No âmbito doméstico e familiar, a violência passou a ser combatida pela lei Maria da Penha e, mais recentemente, em 2015, foi sancionada a lei 13.104/15 que alterou o Código Penal e incluiu o feminicídio – homicídio cometido contra a mulher – no rol de crimes hediondos. Ainda em 2015, mas no âmbito da área militar, as mulheres que prestam serviço às Forças Armadas obtiveram direito à licença-gestante e à adotante com criação da lei 13.109/15. O benefício, que se aplicava à área trabalhista desde a edição da Consolidação das Leis Trabalhistas (CLT), também foi estendido, em 2017, às estudantes que recebem bolsa-pesquisa.

Vale citar ainda a Lei 13.505/17. Ela acrescenta dispositivos à Lei Maria da Penha, para dispor sobre o direito da mulher em situação de violência doméstica e familiar de ter atendimento policial e pericial especializado, ininterrupto e prestado, preferencialmente, por servidores do sexo feminino. E a Lei 13.427/17 que altera o art. 7º da Lei nº 8.080/90. Dispõe sobre as condições para promoção, proteção e recuperação da saúde, a organização e o funcionamento dos serviços correspondentes e dá outras providências", para inserir, entre os princípios do Sistema Único de Saúde (SUS), o princípio da organização de atendimento público específico e especializado para mulheres e vítimas de violência doméstica em geral.

A lei federal brasileira 11.489/07 criou o *Dia Nacional de Mobilização dos Homens pelo fim da violência contra as mulheres*, comemorado sempre no dia 6 de dezembro. Desde 1999, as Nações Unidas instituíram o dia 25 de novembro como *Dia Internacional de Não-violência contra a Mulher*. As estatísticas, porém, continuam mostrando números alarmantes de crueldade contra as mulheres.

Historicamente, ameaças e desrespeito às conquistas das mulheres são acompanhadas de resistências. A diferença é que os movimentos do século 21 contam com mais recursos de divulgação como aliados para amplificar cada vez mais o alcance de suas propostas. Cresce a possibilidade de atrair um número de meninas, promover a inclusão de mulheres negras, indígenas, de jovens de diferentes orientações sexuais, assim como trabalhadoras rurais e de distintos setores da sociedade.

## BIBLIOGRAFIA

BARSTED, L. L.; HERMANN, J. Instrumentos Internacionais de Proteção aos Direitos Humanos: Os Direitos das Mulheres são Direitos Humanos. Rio de Janeiro: CEPIA, 2001.

BRASIL. Lei n. 9.099, de 26 de setembro de 1995. Disponível em: <http://www.planalto.gov.br/ccivil_03/leis/L9099.htm>. Acesso em: 5 jul. 2016.

_____. Decreto nº 3.956, de 8 de outubro de 2001. Disponível em: <http://www.planalto.gov.br/ccivil_03/decreto/2001/d3956.htm>. Acesso em: 23 dez. 2016.

_____. Lei n. 10.778, de 24 de novembro de 2003. Disponível em: <https://www.planalto.gov.br/ccivil_03/Leis/2003/L10.778.htm>. Acesso em: 5 jul. 2016.

_____. Lei n. 11.340, de 7 de agosto de 2006. Disponível em: <http://www.planalto.gov.br/ccivil_03/_ato2004-2006/2006/lei/l11340.htm>. Acesso em: 24 jan. 2017.

_____. Supremo Tribunal Federal. Ação Declaratória de Constitucionalidade n. 19 – ADC 19. Disponível em: <www.agu.gov.br/page/download/index/id/508300>. Acesso em: 5 jul. 2016.

CANÇADO TRINDADE, Antônio Augusto. Tratado de Direito Internacional de Direitos Humanos. Porto Alegre: Sergio Antônio Fabris, 1999.

COMISSÃO INTERAMERICANA DE DIREITOS HUMANOS (CIDH – OEA). Informe 54/01: Caso 12.051, Maria da Penha Fernandes v. Brasil, 16-4-2001. Disponível em: <www.oas.org/cidh>. Acesso em: 5 jul. 2016.

_____. Status de Ratificações e Reservas à Convenção de Belém do Pará. Disponível em: <http://www.cidh.org/Basicos/Portugues/n.Belem.do.Para.Ratif.htm>. Acesso em: 5 maio 2015.

COMITÊ SOBRE A ELIMINAÇÃO DA DISCRIMINAÇÃO CONTRA AS MULHERES (CEDAW – ONU). Violence against women. General Recommendation 19, A/47/38. (1992). Disponível em: <http://www.unhchr.ch/tbs/doc.nsf/0/300395546e0dec52c12563ee0063dc9d?Opendocument>. Acesso em: 15 nov. 2010.

CRENSHAW, Kimberlé Williams. The Intersectionality or Race and Gender Discrimination em Race, Ethnicity, Gender and Human Rigths in the Americas. American University: Ed. Cecilia Romany, 2001.

CRUZ, Rubia Abs da; SILVEIRA, Ielena Azevedo; PASINI, Elisiane. Nominando o Inominável: violência contra a mulher e o poder judiciário. 1. ed. Porto Alegre: Editora Themis – Assessoria Jurídica e Estudos de Gênero, 2008. p. 1-124.

ORGANIZAÇÃO DAS NAÇÕES UNIDAS (ONU). Convenção Sobre a Eliminação de todas as formas de discriminação contra a Mulher (1979). Disponível em: <http://www.pge.sp.gov.br/centrodeestudos/bibliotecavirtual/instrumentos/discrimulher.htm>. Acesso em: 21 nov. 2016.

_____. Convenção Interamericana para Prevenir, Punir e Erradicar e Violência contra a Mulher – Convenção de Belém do Pará (1994). Disponível em: <http://www.pge.sp.gov.br/centrodeestudos/bibliotecavirtual/instrumentos/belem.htm>. Acesso em: 21 nov. 2016.

_____. Convenção Internacional sobre a eliminação de todas as formas de discriminação racial (1968). Disponível em: <http://www.pge.sp.gov.br/centrodeestudos/bibliotecavirtual/instrumentos/discriraci.htm>. Acesso em: 21 nov. 2016.

ORGANIZAÇÃO DOS ESTADOS AMERICANOS (OEA). Convenção Interamericana Contra o Racismo, a Discriminação Racial e Formas Correlatas de Intolerância (2013). Disponível em: <http://www.oas.org/en/sla/dil/docs/inter_american_treaties_A-68_Convencao_Interamericana_racismo_POR.pdf>. Acesso em: 23 dez. 2016.

PASSADOR, Luiz Henrique. Masculinidades e Construção Social da Violência. São Paulo: Outras Vozes, 2013. p. 1-6.

PIMENTEL, Silvia; PIOVESAN, Flávia. A Lei Maria da Penha na perspectiva da responsabilidade internacional do Brasil Rio de Janeiro. In: CAMPOS, Carmen Hein (Org). Lei Maria da Penha Comentada em uma perspectiva jurídico-feminista. Rio de Janeiro: Lumen Juris, 2011. p. 101-118.

RABELO, José Orlando Carneiro Campello; AMAZONAS, Maria Cristina Almeida. Violências e Conjugalidades: Reflexões sobre o "dispositivo gênero". REDOR. Universidade Federal Rural de Pernambuco, 2014.

RABENHORST, Eduardo Ramalho. As Teorias Feministas do Direito e a Violência de Gênero. Revista EMERJ, Rio de Janeiro, v. 15, n. 57 (Edição Especial), janeiro-março de 2012. p. 20-32.

## ARTIGO 230

# O dever constitucional de amparo às pessoas idosas – O direito de a pessoa idosa não ser discriminada no trabalho e em concurso público

*Maria Aparecida Gugel*[1]

**SUMÁRIO:** Introdução – 1. O dever constitucional de amparo às pessoas idosas – 2. A proibição de não discriminação por idade do(a) trabalhador(a) idoso(a) – 3. Conclusões – Referências.

**INTRODUÇÃO**

A Constituição da República no artigo 230 determina que a família, a sociedade e o Estado têm o dever de amparar as pessoas idosas, assegurando sua participação na comunidade, defendendo sua dignidade e bem-estar e garantindo-lhe o direito à vida. A primazia do dever familiar para o cuidado e o amparo da pessoa idosa está evidente no artigo 229 ao estabelecer que os filhos maiores têm o dever de ajudar e amparar os pais na velhice, carência e enfermidade.

A idade está marcada no quadro de proibição constitucional da discriminação no trabalho do artigo 7º inciso XXXI, relacionada às diferenças de salário, exercício de funções e, especialmente, critérios de admissão da pessoa, e está perfeitamente refletida nas leis ordinárias

---

1. Subprocuradora-geral do Trabalho; Doutora pela Università degli Studi di Roma Tor Vergata, Facoltà di Giurisprudenza, Autonomia Individuale e Collettiva, Roma, Italia; Membro Colaborador do Núcleo de Atuação Especial em Acessibilidade do Conselho Nacional do Ministério Público (Neace/CNMP) e do GT7/CDDF/CNMP; Vice-Presidente da Associação Nacional de Membros do Ministério Público de defesa da pessoa com deficiência e idoso (AMPID).

e, em especial, no Estatuto do Idoso que trata da não discriminação de candidatos idosos em concursos públicos. O comando constitucional ao evidenciar a idade, quando se trata da pessoa idosa, visa a contrapor-se às desvantagens intrínsecas do processo de envelhecimento do trabalhador.

## 1. O DEVER CONSTITUCIONAL DE AMPARO ÀS PESSOAS IDOSAS

O Estado Democrático de Direito fundamenta-se constitucionalmente – além da soberania, cidadania e pluralismo político – em dignidade da pessoa humana e em valores sociais do trabalho e da livre iniciativa (artigo 1º, incisos III e IV), e tem como objetivos construir uma sociedade justa e solidária, garantir o desenvolvimento nacional, erradicar a pobreza e a marginalização e reduzir as desigualdades sociais e regionais com a promoção do bem de todos, livre de preconceitos de origem, raça, sexo, cor idade e quaisquer outras formas de discriminação (artigo 3º).

Esses pilares constitucionais decorrem essencialmente da concepção universal de dignidade e no valor da pessoa humana, na igualdade de direitos dos homens e das mulheres para alcançar o progresso social e instaurar melhores condições de vida dentro de uma liberdade mais ampla, conforme a Declaração Universal dos Direitos Humanos (Resolução 217A (III), de 10/dezembro/1948).

A mesma concepção está reiterada na Convenção Americana sobre Direitos Humanos (Pacto de São José da Costa Rica), de 22 de novembro de 1969 (Decreto n° 678, de 6 de novembro de 1992) entendendo o ser humano livre, isento do temor e da miséria, se forem criadas condições que permitam a cada pessoa gozar dos seus direitos econômicos, sociais e culturais, bem como dos seus direitos civis e políticos.

A dignidade humana volta a ser destacada no Protocolo da Convenção Americana sobre Direitos Humanos em Matéria de Direitos Econômicos, Sociais e Culturais (Protocolo de São Salvador), concluído em 17 de novembro de 1988 (Decreto n° 3.321, de 30 de dezembro de 1999), ao considerar a estreita relação que existe entre a vigência dos direitos econômicos, sociais e culturais e a dos direitos civis e políticos, por motivo de as diferentes categorias de direito constituírem um todo indissolúvel que tem sua base no reconhecimento da dignidade da pessoa humana, razão pela qual exigem tutela e promoção permanente, com o objetivo de conseguir sua plena vigência, sem que jamais possa justificar-se a violação de uns a pretexto da observação de outros.

A essência do reconhecimento à dignidade da pessoa humana está presente em todos os documentos internacionais, especialmente geracional (criança/idoso), de forma a esclarecer ao Estado a necessidade de ação progressiva de medidas visando a proteção social das pessoas na velhice[2], e também o direito à assistência social de modo a ficar protegida contra as consequências do desemprego, da própria velhice e da incapacidade que, provenientes de qualquer causa alheia a sua vontade, a impossibilitem física ou mentalmente de obter meios de subsistência (Declaração Americana dos Direitos e Deveres do Homem, abril/1948, Artigo XVI). O rumo norteador esperado dos Estados Membros é o de construir sólido acesso à previdência social que decorre da possibilidade de a pessoa ganhar a vida mediante um trabalho livremente escolhido ou aceito (Artigos 9 e 6 do Pacto de San José da Costa Rica).

Referidas normas internacionais permearam a conformação constitucional brasileira que marca a dignidade da pessoa humana como um dos princípios fundamentais da República Federativa do Brasil – o inciso III do artigo 1º –, tratando-se do "mandamento nuclear de um sistema, verdadeiro alicerce dele, disposição fundamental que se irradia sobre diferentes normas compondo-lhe o espírito e servindo de critério para a sua exata compreensão e inteligência ..." (Mello 1992, p. 408).

A partir da concepção tipológica dos princípios segundo a visão do mestre Canotilho[3] (2000), percebem-se no artigo 230 os princípios constitucionais fundamentais repetidos em proteção e garantias às

---

2. Protocolo Adicional à Convenção Americana sobre Direitos Humanos em Matéria de Direitos Econômicos, Sociais e Culturais "Protocolo de São Salvador" (1988), Artigo 17 – Proteção de Pessoas Idosas:

    Toda pessoa tem direito a proteção especial na velhice. Nesse sentido, os Estados-Partes comprometem-se a adotar, de maneira progressiva, as medidas necessárias a fim de por em prática este direito e, especialmente, a:

    a) proporcionar instalações adequadas, bem como alimentação e assistência médica especializada, às pessoas de idade avançada que não disponham delas e que não estejam em condições de adquiri-las por seus próprios meios;

    b) executar programas de trabalho específicos, destinados a proporcionar a pessoas idosas a possibilidade de realizar atividades produtivas adequadas às suas capacidades, respeitando sua vocação ou desejos;

    c) promover a formação de organizações sociais destinadas a melhorar a qualidade de vida das pessoas idosas.

3. Princípios jurídicos fundamentais (*Rechtsgrundsatze*). Consideram-se princípios jurídicos fundamentais os princípios historicamente objetivados e progressivamente introduzidos na consciência jurídica e que encontram uma recepção expressa ou implícita no texto constitucional. Isso acontece, por ex., com o princípio da proibição do excesso de poder.

pessoas idosas, resguardada a primazia da família, seguida da sociedade e do Estado para o dever de amparo, a garantia de participação, a defesa da dignidade e bem-estar e o direito à vida:

> Art. 230. A família, a sociedade e o Estado têm o dever de amparar as pessoas idosas, assegurando sua participação na comunidade, defendendo sua dignidade e bem-estar e garantindo-lhe o direito à vida.

Dos registros históricos da Subcomissão da Família, do Menor e do Idoso da Assembleia Nacional Constituinte[4], constata-se que as diversas representações da sociedade civil trataram de denunciar a invisibilidade da pessoa idosa, sobretudo a carente, e o anseio por políticas públicas para garantir o direito de viver e morrer com dignidade, com propostas de não discriminação por idade, autonomia e direito ao trabalho que entendiam factíveis de inserção na Constituição:

> [...] peço a V. Exas. que anotem duas questões que gostaria de ver inseridas na Constituição: primeiro, que não se faça discriminação por idade, da mesma forma que não se faz por sexo, por religião, por raça ou em qualquer outro pretexto. Uma leitura da Constituição teria que nos garantir que ninguém perde o emprego porque fez 70 anos. Abolem, de saída, as datas-limite para as pessoas se aposentarem, para fazerem concurso ou para estudarem de dia, pois o trabalhador da zona rural chega à cidade e tem que estudar à noite, porque tem 14 anos. Não estou falando de velhos, mas de idade. Que se constitua numa das nossas garantias que o cidadão brasileiro não seja penalizado a pretexto de idade, tenha ele um dia de concepção ou esteja ele no dia da sua morte.

---

Princípios políticos constitucionalmente conformadores. Designam por princípios politicamente conformadores os princípios constitucionais que explicitam as valorações políticas fundamentais do legislador constituinte. Nesta sede situar-se-ão os princípios definidores da forma de Estado: princípios da organização econômico-social, como por ex., o princípio da subordinação do poder econômico ao poder político democrático, o princípio da coexistência dos diversos setores da propriedade – público, privado e cooperativo; os princípios definidores da estrutura do Estado (unitário, com descentralização local ou com autonomia local e regional), os princípios estruturantes do regime político (princípio do Estado de Direito, princípio democrático, princípio republicano, princípio pluralista), e os princípios caracterizadores da forma de governo e da organização política em geral como o princípio da separação e interdependência de poderes e os princípios eleitorais.

Os Princípios Garantia. Há outros princípios que visam instituir direta e imediatamente uma garantia dos cidadãos. É-lhes atribuída uma densidade de autêntica norma jurídica e uma força determinante, positiva e negativa. Refiram-se, a título de exemplo, o princípio de *nullum crimen sine lege* e de *nulla poena sine lege*, o princípio do juiz natural, os princípios de *non bis in idem* e *in dubio pro reo*. (Canotilho, 2012, p. 1167).

4. Em <http://www2.camara.leg.br/atividade-legislativa/legislacao/Constituicoes_Brasileiras/constituicao-cidada/o-processo-constituinte/comissoes-e-subcomissoes/comissao8/subcomissao8c>; acesso em 15 mai. 2018.

A outra questão que gostaria que contasse na Constituição é que não seja permitida, a nenhum pretexto, a segregação de cidadãos brasileiros de qualquer condição. Em outras palavras: uma criança não pode ser reclusa porque é órfã, ainda que se façam eufemismos em cima dessa realidade. O velho não pode ser recluso nem em gaiolas enferrujadas, nem em gaiolas de ouro, isto é, nem em asilos, nem em clínicas geriátricas, nem em *day care centers*, ou quaisquer outras sofisticações que as profissões inabilitantes, que proliferam no nosso meio, venham a criar para o seu benefício. Seriam, então, as duas coisas: nenhum preconceito de idade e segregação de nenhuma forma e pretexto, quer dizer, que não haja apartheids no Brasil sob qualquer pretexto (14ª Reunião Ordinária, 7/maio/1987, Sra. Maria Leda de Rezende Dantas, p. 201).

São dois aspectos fundamentais que precisamos garantir ao idoso. O primeiro, a responsabilidade dentro da sociedade porque, de repente, marginalizamos o idoso. Completou 60 ou 70 anos, pronto: "Mãe não faça isso, aquilo não precisa fazer". Esta é a atitude das nossas famílias. O segundo é a liberdade, que a própria Constituição lhe garantiria, do ir e vir, do andar, do resolver, do pagar suas contas, do receber sua pensão (14ª Reunião Ordinária, 7/maio/1987, Dra. Lourdes Cunha, p. 203).

[...] reivindicamos um direito que nos parece não somente lógico, como de profundo sentido humano: o direito de trabalhar, quando em perfeitas condições físicas e mentais, de permanecer uteis e ativos dentro da sociedade. Esse direito ao trabalho remunerado, independente de idade, deve ser acompanhado da certeza de uma aposentadoria ou pensão justa para uma sobrevida com dignidade (14ª Reunião Ordinária, 7/maio/1987, Sra. Luciana Caetano Ribeiro, p. 205).

Não queremos que na nova Constituição a questão do menor e do idoso seja colocada de maneira como foi no Projeto Afonso Arinos, dentro da perspectiva tutelar, mas, sim, numa perspectiva de direito e garantia de cidadania e participação. [...] O importante é que se criem instancias de participação de todos os cidadãos na definição dessas políticas, e instâncias de participação não com o voto vencido, mas realmente com o voto que tenha direito a definir o encaminhamento dessas políticas de alocação de recursos do próprio orçamento e da destinação de verbas para a área de educação, saúde e de reabilitação (14ª Reunião Ordinária, 7/maio/1987, Sra. Ana Helena Freire de Magalhães Campos, p. 207).

[...] o que estou pedindo e desejando é que haja, nobre Constituinte, mais seriedade da parte do Estado, em prover os recursos da política social, que é a maneira como o Estado se responsabiliza pelo ônus dos prejuízos do capital, porque o necessário, o bom seria que cada trabalhador ganhasse o salário justo e o trabalhador aposentado fizesse jus à aposentadoria justa, ele saberia para onde ir, Não tendo, terá que haver políticas sociais, transporte gratuito, isto é, os arranjos até que a sociedade ache uma nova forma de ordenação da sua existência (14ª Reunião Ordinária, 7/maio/1987, Sra. Maria Leda de Rezende Dantas, p. 214).

O legislador constituinte, em capítulo específico na Constituição da República Federativa do Brasil, antepõe a família como base da sociedade para ao cabo tratar do amparo à pessoa idosa com garantias específicas de i) assegurar-lhe a participação na sociedade, ii) de defesa de sua dignidade e bem-estar, iii) de garantia do direito à vida.

A participação (ativa) na sociedade, que depende da capacidade individual de análise e compreensão das realidades política e social e da existência de espaços próprios para poder criticar e atuar sobre ela, derivam os direitos de votar, de associação, de sindicalização, de voluntariar-se, dentre outros. Atualmente referida concepção está mais claramente exposta no II Plano de Ação Internacional para o Envelhecimento (concebido em Madri, ano 2002) da Organização das Nações Unidas (ONU), que afirma a participação da pessoa idosa para a tomada de decisões em todos os níveis, com a participação e associação dos interessados, incluídas as organizações profissionais, empresas, trabalhadores e sindicatos, cooperativas, instituições de pesquisa e ensino e outras instituições educativas e religiosas e os meios de comunicação (Secretaria de Direitos Humanos, 2003, p. 33):

> A participação em atividades sociais, econômicas, culturais, esportivas, recreativas e de voluntariado contribui também para aumentar e manter o bem-estar pessoal. As organizações de idosos constituem um meio importante para facilitar a participação mediante a realização de atividades de promoção e o fomento da interação entre as gerações. (Secretaria de Direitos Humanos, 2003, p. 34).

A participação na vida política como manifestação da soberania popular, na forma do artigo 14, é exercida pelo voto direto e secreto com valor igual para todos os brasileiros. O direito ao voto obrigatório a partir dos 18 anos terá condição facultativa para pessoas com mais de 70 anos (artigo 14, inciso II, b), o que para doutrinadores especialistas na área da pessoa idosa é contrária aos seus interesses por "estimular justamente a sua apatia" (Ramos, 2002, p. 97).

O direito e a liberdade de a pessoa idosa fazer as próprias escolhas, inclusive e especialmente sobre como gerir a sua própria existência, implica o Estado em preservar o mais possível a independência econômica e social da pessoa idosa, por meio de prestações previdenciárias (conforme o Regime Geral da Previdência Social para trabalhadores do setor privado e o Regime Próprio de Previdência Social para servidores públicos de cargo efetivo, de filiação obrigatória) e assistenciais eficazes.

Dentre os objetivos da assistência social, a quem dela necessitar, coloca-se constitucionalmente a proteção à velhice com a garantia de um salário mínimo de benefício mensal à pessoa idosa que comprove não possuir meios de prover a sua própria manutenção ou de tê-la provida por sua família, na forma da lei (artigo 203 incisos I e V).

O direito de associação, tal como delineado no artigo 5º incisos XVII e XVIII, permite à pessoa idosa integrar-se, por meio de organizações representativas, aos espaços de discussão e de controle social, a exemplo dos conselhos de direitos cujo fim desagua na elaboração de políticas públicas voltadas para o segmento – conforme, por exemplo, o artigo 204, inciso II. Reafirma-se (Gugel, 2009, p. 217) que:

> O controle social e a participação estão, portanto, intrinsecamente ligados à democracia participativa (Art. 1º, Parágrafo Único, da Constituição), e que com mecanismos de participação do cidadão permite a formulação, deliberação e fiscalização das políticas públicas. Os conselhos de direitos (criança e adolescente, pessoas com deficiência, idosos, mulheres), os conselhos de políticas públicas (saúde, educação, assistência social, cultura) e as conferências temáticas respectivas são exemplos típicos desse mecanismo.

Já o direito de associação sindical assegura ao trabalhador idoso – e também ao aposentado com direito a voto (artigo 8º inciso VII) – colocar em pauta na negociação coletiva os direitos concernentes à preparação para a aposentadoria e melhores condições de trabalho com respeito às suas condições físicas e mentais, além de previsões sobre formação e qualificação profissional, tempo de trabalho e de repouso.

O direito ao voluntariado permite à pessoa idosa colaborar (ativamente) para a transformação social.

Ao final do artigo 230, na perspectiva de amparo pela família, sociedade e Estado, encontra-se a garantia do direito à vida que abarca não apenas a condição de longevidade, como também o direito de ter um envelhecimento ativo fincado na dignidade, no respeito, nas participação e inclusão sociais. Ou seja, o círculo virtuoso do envelhecimento digno. Nesse ponto os especialistas dos direitos da pessoa idosa identificam e alertam para a necessidade de providências do Estado quanto a violência existente em relação ao grupo de pessoas idosas que se manifestam por conta da desigualdade social, das relações e comunicações cotidianas e da falta de políticas públicas adequadas, em três dimensões específicas – estrutural, interpessoal e institucional –, respectivamente:

> As violências contra idosos se manifestam de forma: (a) estrutural, aquela que ocorre pela desigualdade social e é naturalizada nas manifestações de pobreza, de miséria e de discriminação; (b) interpessoal nas formas de comunicação e de interação cotidiana e (c) institucional,

na aplicação ou omissão na gestão das políticas sociais pelo Estado e pelas instituições de assistência, maneira privilegiada de reprodução das relações assimétricas de poder, de domínio, de menosprezo e de discriminação. (Minayo, 2005, p. 14)

Alcântara (2009, p. 17) se utiliza dos mesmos apontamentos de Minayo (2005) para relacionar a classificação internacional dos diferentes tipos de abusos[5] praticados contra pessoas idosas, e que são utilizadas na Política Nacional de Redução de Acidentes e Violências do Ministério da Saúde, com o objetivo de demonstrar que a violência agride a garantia constitucional de direito à vida:

a) Abuso físico, maus tratos físicos ou violência física são expressões que se referem ao uso da força física para compelir os idosos a fazerem o que não desejam, para feri-los, provocar-lhes dor, incapacidade ou morte.

b) Abuso psicológico, violência psicológica ou maus tratos psicológicos correspondem a agressões verbais ou gestuais com o objetivo de aterrorizar os idosos, humilhá-los, restringir sua liberdade ou isolá-los do convívio social.

c) Abuso sexual, violência sexual são termos que se referem ao ato ou jogo sexual de caráter homo ou hetero-relacional, utilizando pessoas idosas. Esses abusos visam a obter excitação, relação sexual ou práticas eróticas por meio de aliciamento, violência física ou ameaças.

d) Abandono é uma forma de violência que se manifesta pela ausência ou deserção dos responsáveis governamentais, institucionais ou familiares de prestarem socorro a uma pessoa idosa que necessite de proteção.

e) Negligência refere-se à recusa ou à omissão de cuidados devidos e necessários aos idosos, por parte dos responsáveis familiares ou institucionais. A negligência é uma das formas de violência contra os idosos mais presente no país. Ela se manifesta, frequentemente, associada a outros abusos que geram lesões e traumas físicos, emocionais e sociais, em particular, para as que se encontram em situação de múltipla dependência ou incapacidade.

---

5. Para cada forma de abuso em destaque há figuras típicas penais correspondentes criadas e/ou revisadas pelo Estatuto do Idoso (lei n° 10.741/2003), a partir do artigo 96.

f) Abuso financeiro e econômico consiste na exploração imprópria ou ilegal dos idosos ou ao uso não consentido por eles de seus recursos financeiros e patrimoniais. Esse tipo de violência ocorre, sobretudo, no âmbito familiar.

g) Autonegligência diz respeito à conduta da pessoa idosa que ameaça sua própria saúde ou segurança, pela recusa de prover cuidados necessários a si mesma.

Outros aspectos importantes da proteção constitucional à pessoa idosa decorrem de previsões constitucionais como a de proteção à idade para o cumprimento da pena (artigo 5º inciso XLVIII) e a defesa dos direitos difusos, coletivos e individuais indisponíveis pelo Ministério Público (artigos 127 e 129), com legitimidade de ação na forma do Estatuto do Idoso (artigos 73-92).

## 2. A PROIBIÇÃO DE NÃO DISCRIMINAÇÃO POR IDADE DO(A) TRABALHADOR(A) IDOSO(A)

Do dever de amparo ao direito de a pessoa idosa ser igual às demais pessoas no exercício de direitos sociais (educação, saúde, alimentação, trabalho, moradia, lazer, segurança, previdência social, proteção à maternidade e à infância, assistência aos desamparados, artigo 6º), é o direito ao trabalho que, junto do alicerce constitucional de promoção do bem de todos sem preconceitos de qualquer natureza (artigo 3º inciso IV), melhor reflete o fator idade nas relações de trabalho dos trabalhadores com 60 anos ou mais. A idade está marcada na moldura de proibição constitucional da discriminação no trabalho do artigo 7º inciso XXXI, relacionada às diferenças de salário, exercício de funções e, especialmente, critérios de admissão da pessoa.

O direito de não ser discriminado é corolário do princípio da igualdade e está presente em nosso sistema de garantias constitucional e legal. A discriminação nas relações de trabalho deve ser entendida como o ato de distinguir, excluir ou preferir alguém, cuja consequência ou resultado destrói e altera a igualdade de oportunidade e tratamento no trabalho, conforme a previsão da Convenção n° 111, da Organização Internacional do Trabalho (OIT), concernente à Discriminação em Matéria de Emprego e Profissão, ratificada pelo Brasil em 1965, com vigência a partir da publicação do Decreto nº 62.150, de 19/janeiro/1968.

No âmbito das relações de trabalho, conforme autoriza a lei n° 8.213/91, é permitido ao trabalhador aposentar-se e permanecer trabalhando, e acumular os proventos da aposentadoria e de salários, exceto na hipótese da aposentadoria por invalidez. A aposentadoria espontânea não é causa de extinção do contrato de trabalho se o empregado permanece prestando serviços ao empregador após a jubilação é o que diz a jurisprudência do Tribunal Superior do Trabalho (Orientação Jurisprudencial 361, DJ 20, 21 e 23.05.2008), o que significa afirmar que a regra geral é a da inexistência de limite máximo de idade para trabalhar.

A partir do comando constitucional de não discriminar, irradiou-se e se consolidou nas leis a referida vedação. Iniciou-se com a Política Nacional do Idoso discorrida na lei nº 8.842/1994, cuja regência é a do princípio da não discriminação de qualquer natureza da pessoa idosa (artigo 3º, III).

Seguiu-se a lei nº 9.029/1995, com a redação da lei nº 13.146/2015, que proíbe a adoção de qualquer prática discriminatória e limitativa para efeito de acesso à relação de trabalho, ou de sua manutenção, por motivo de sexo, origem, raça, cor, estado civil, situação familiar, deficiência, reabilitação profissional, idade, entre outros, ressalvadas no caso da idade as hipóteses de proteção à criança e ao adolescente previstas no inciso XXXIII do artigo 7º da Constituição da República. Referida lei no artigo 4º assevera que uma vez rompida a relação de emprego por ato de discriminação de trabalhador por motivo de idade, é possível a anulação da despedida, podendo o trabalhador optar pela reintegração no cargo/função/posto de trabalho com o pagamento da remuneração de todo o período de afastamento, ou a indenização em dobro da remuneração corrigida monetariamente e acrescida de juros de mora, além de dano moral para reparar e compensar a lesão à vítima na forma dos artigos 186 e 927 do Código Civil.

O Estatuto do Idoso – lei nº 10.741/2003 – tem como princípio básico a não discriminação da pessoa idosa (artigo 4º), reforçando no artigo 27 a vedação expressa da discriminação e da fixação de limite máximo de idade, inclusive para concursos públicos. Ao vedar a discriminação e a fixação de limite máximo de idade, na primeira parte do artigo 27, coloca-se em acordo com o pressuposto de inexistência de limite de idade para o exercício de cargos e funções no mundo privado das relações de trabalho e emprego.

O Estatuto do Idoso garante o pleno acesso da pessoa idosa ao concurso público sob dois fundamentos expressos: primeiro, veda a discriminação e a fixação de limite máximo de idade, inclusive para concursos, ressalvados os casos em que a natureza do cargo o exigir; segundo, prefere o candidato de idade mais elevada como critério de desempate.

O Supremo Tribunal Federal (STF) desde a década de 90 pacificou a questão da idade do candidato ao afirmar que "vedar a inscrição em concurso ao maior de certa idade, *data venia*, é a forma mais radical de impor critério de admissão em razão da idade num país onde a investidura em qualquer cargo público está, hoje, subordinada ao concurso" (RMS 21.046-RJ, Ministro Sepúlveda Pertence, DJ 14/novembro/1991). Na decisão consta ainda que, não obstante a vedação constitucional de diferença de critério de admissão por motivo de idade (artigo 7º, inciso XXX) e o princípio fundamental da igualdade (artigo 5º *caput*), "é ponderável a ressalva das hipóteses em que a limitação de idade se possa legitimar como imposição de natureza e de atribuições do cargo a preencher", ressalvados os casos em que a lei não limita os já servidores públicos.

Ocorre que o nosso sistema elege expressamente a idade mínima e a máxima da pessoa para o exercício de cargos e funções públicas, repercutindo junto à sociedade brasileira como sendo o início e o marco final da atividade laborativa. No âmbito do serviço público são aposentados compulsoriamente, com proventos proporcionais ao tempo de contribuição, aos 75 anos de idade, os servidores titulares de cargos efetivos da União, dos Estados, do Distrito Federal e dos Municípios, incluídas suas autarquias e fundações; os membros do Poder Judiciário; os membros do Ministério Público; os membros das Defensorias Públicas; os membros dos Tribunais e dos Conselhos de Contas, conforme a Emenda Constitucional n° 88/2015 e a Lei Complementar n° 152/2015. A Constituição da República também excepciona tal limite para o exercício de cargos e funções, ressalvando, inclusive, os casos em que é possível a adoção de requisitos e critérios diferenciados na concessão de aposentadoria para as atividades exercidas em condições especiais que prejudiquem a saúde e a integridade física do trabalhador (exemplo da profissão de professor, art. 40, §5°, Constituição da República).

Ora, diante dessa concepção constitucional fixada como o prazo final para o exercício de atividades, é possível o administrador público limitar o acesso ao concurso público e a consequente investidura em cargo ou emprego público para candidatos idosos de 75 anos ou mais. Essa prática, no entanto, é equivocada e só poderá ocorrer segundo a natureza do cargo, conforme decido pelo STF. No mais, preponderam as regras de avaliação do servidor para o exercício do cargo durante o estágio probatório visando à estabilidade (artigos 21 e 22 da lei n° 8.112/1990 com as alterações da Emenda Constitucional n° 19/1998), ocasião em que será aferida por meio de regras objetivas, dentre outras, a capacidade produtiva do servidor para o exercício das funções.

Por fim, o Estatuto do Idoso, no artigo 100, incisos I e II, trata do crime em espécie, com pena de reclusão de seis meses a um ano, a quem obstar o acesso de alguém a qualquer cargo público por motivo de idade e, quem negar a alguém emprego ou trabalho por motivo de idade.

## 3. CONCLUSÕES

As garantias específicas de assegurar a participação na sociedade, de defesa da dignidade e bem-estar e de garantia do direito à vida que, em conjunto com a proibição de não discriminação por motivo de idade, determinam a moldura constitucional de amparo e proteção da pessoa idosa em todos os domínios da vida e direitos correspondentes, especialmente o direito ao trabalho e ao concurso público.

## REFERÊNCIAS

ALCÂNTARA, Alexandre de Oliveira. A Velhice no Contexto dos Direitos Humanos *in* Pessoas Idosas no Brasil: Abordagens sobre seus Direitos. GUGEL, Maria Aparecida, MAIO, Iadya Gama (orgs.), Brasília: Instituto Atenas, AMPID, 2009.

CANOTILHO, José Joaquim Gomes, Direito Constitucional e Teoria da Constituição, 4ª ed. Coimbra: Livraria Almedina, 2000.

GUGEL, Maria Aparecida. Conselhos de Direito – Controle Social e Participação da Sociedade Organizada *in* Pessoas Idosas no Brasil: Abordagem sobre seus direitos. GUGEL, Maria Aparecida, MAIO, Iadya Gama (orgs), Brasília: Editora Instituto Atenas, AMPID, 2009.

MELLO, Celso Antônio Bandeira. Elementos de Direito Administrativo, 3ª ed. São Paulo: Malheiros, 1992.

MINAYO, Maria Cecília. O avesso do respeito à experiência e à sabedoria. 2ª ed. Brasília: Secretaria Especial de Direitos Humanos, 2005.

PLANO DE AÇÃO INTERNACIONAL SOBRE O ENVELHECIMENTO, 2002/ Organização das Nações Unidas; tradução de Arlene Santos, revisão de português de Alkmin Cunha; revisão técnica de Jurilza M.B. de Mendonça e Vitória Gois. Brasília: Secretaria Especial dos Direitos Humanos, 2003.

RAMOS, Paulo Roberto Barbosa. Fundamentos Constitucionais do direito à velhice. Florianópolis: Editora Obra Jurídica, 2002.